図説 世界文化地理大百科
日　本

Martin Collcutt
プリンストン大学東洋学部教授.

Marius Jansen
プリンストン大学東洋学部教授.

Isao Kumakura
国立民族学博物館第一研究部教授.

Editor Graham Speake
Art Editor Andrew Lawson
Map Editor Olive Pearson
Picture Editor Linda Proud
Index Ann Barrett
Design Adrian Hodgkins
Production Clive Sparling

AN ANDROMEDA BOOK

Copyright © Andromeda Oxford Ltd 1988

Planned and produced by
Andromeda Oxford Ltd
11-15 The Vineyard, Abingdon
Oxfordshire, England OX14 3PX

All rights reserved. No part of this book may be reproduced or utilized in any form or by any means, electronic or mechanical, including photocopying, recording, or by any information storage and retrieval systems, without permission in writing from the publisher and copyright holder.

口絵　歴世服装図のなかより武士と女性の服装.

図説 世界文化地理大百科

日　本

Cultural Atlas of
JAPAN

マーティン・コルカット
マリウス・ジャンセン　著
熊倉　功夫

マーティン・コルカット
熊倉　功夫　　編・訳
立川　健治

朝倉書店

目　次

8　年　表
10　序

第1部　日本の起源

12　日本の地理
32　原始古代

第2部　伝統的世界

48　古代の宗教と文化
68　平安の宮廷
104　中世の文化と社会
132　近世の文化と社会

第3部　近代日本

168　明治維新とその遺産
188　帝国日本
206　改革と復興

225　参考文献
228　付　表
230　図版リスト
232　編・訳者のことば
233　地名索引
237　索　引

史　跡

40　登　呂
50　伊　勢
54　法　隆　寺
59　飛　鳥
60　平　城　京
62　東　大　寺
69　平　安　京
90　宇治平等院
112　鎌　倉
116　熊野三山
121　禅寺の庭園
135　江　戸

トピックス

- 37 アイヌの文化
- 43 埴　輪
- 86 曼陀羅と密教文化
- 92 地獄と極楽
- 100 神道と本地垂迹
- 102 武士の道
- 122 日本の庭園
- 124 能楽と人形劇
- 126 近世の城
- 130 歌舞伎
- 150 茶の湯
- 158 浮世絵に見る風俗
- 160 陶　芸
- 162 根　付
- 164 浮世と浮世絵
- 166 寺社参詣
- 184 日本と西洋の出会い
- 186 ジャポニスム
- 213 今日の日本

地図リスト

- 13 日本の地形
- 14 日本の植生
- 15 潮　流
- 15 極　東
- 16 日本の気候
- 18 日本の地質
- 20 1721年と1980年の人口
- 21 律令時代の分国制と現在の県制
- 22 現代日本
- 33 旧石器時代の日本
- 33 大陸との地橋
- 35 縄文中期の文化
- 39 稲作の道
- 39 弥生文化
- 41 古墳文化
- 46 邪馬台国への道
- 52 仏教の伝播
- 57 古代の寺社と街道
- 66 遣唐使とシルクロード
- 70 古代の遷都
- 71 東北地方の支配
- 73 平安時代の荘園
- 84 熊野詣と伊勢詣
- 97 武士団の成立
- 98 源平の戦と平家落人伝説
- 105 蒙古襲来
- 106 守護大名と戦国大名
- 109 倭寇と貿易
- 112 鎌倉仏教
- 119 中世文化における中央と地方
- 126 近世の城
- 133 文禄・慶長の役
- 140 大航海時代
- 143 18, 19世紀の一揆と外国の脅威
- 146 近世の宗教
- 148 近世の交通路
- 153 キリシタンの時代
- 156 松尾芭蕉の旅
- 170 幕末維新の動乱
- 180 岩倉遣外使節団
- 191 日清戦争
- 192 日露戦争
- 195 第1次世界大戦
- 201 日本の植民地支配
- 204 太平洋戦争
- 205 戦災と敗戦

年表

	前50000年	前11000年	前300年	300年	552年	710年	794年
年代	先土器文化	縄文文化	弥生文化	古墳文化	飛鳥・白鳳文化	奈良時代	平安時代
政治			倭人は百余国に分かれ、一部の国は漢の楽浪郡に朝貢 57年、委奴国が後漢の光武帝から印綬を賜る 184年、倭国乱れる、邪馬台国で女王卑弥呼が立つ 239年、卑弥呼が魏に使いを送り、親魏倭王の号を賜る	古墳の地方普及 4世紀中頃までに大和政権の成立 421-480年頃、倭の五王の時代	豪族間の対立と聖徳太子の執政 593-622年、聖徳太子、推古女帝の摂政となる 603年、冠位十二階制定 604年、憲法十七条制定 622年、聖徳太子没 645-710年、大化改新から律令国家の形成へ 701年、大宝律令なる	710年、平城京に遷都 724-749年、聖武天皇在位 741年、国分寺と国分尼寺建立の詔 747年、東大寺の大仏造営 781-806年、桓武天皇在位 784年、長岡京に遷都 794年、平安京に遷都	律令政治の再建 810年、蔵人所を設置 藤原北家の台頭と他氏排斥 866年、藤原良房、摂政となる(人臣摂政の初め) 872-890年、藤原基経、摂政と関白となる 970-1080年、摂関政治の全盛 995-1027年、藤原道長の栄華 1086-1156年、院政の展開 1156年、保元の乱 1159年、平治の乱 1167-85年、平氏政権 1180-85年、源平合戦
	縄文中期の燈火、前3000年前後	古墳時代の埴輪、琴を引く女性、6世紀			奈良法隆寺、高くそびえ立つ五重塔		東大寺の大仏殿、745年聖武天皇造営
文化・宗教	ナイフ形石器、尖頭器、細石器など	縄文土器、貝塚、土偶、鹿の骨による卦	弥生土器、共同墓地、支石墓	古墳の地方普及、副葬品に馬具・刀などの軍事的な物増える	552年、『日本書紀』によると仏教の伝来(一説では538年) 607年、法隆寺創立	712年、『古事記』撰上 713年、諸国に『風土記』編纂命ずる 720年、『日本書紀』撰上 752年、大仏開眼供養 754年、唐僧鑑真来日 南都六宗 759年、大伴家持『万葉集』を編集する	805年、最澄帰国、天台宗を開く 806年、空海帰国、真言宗を開く 901年頃、『竹取物語』『伊勢物語』(延喜以前) 905年、『古今和歌集』 国文学の隆盛 985年、源信『往生要集』 浄土教の発展と末法思想 1003年頃、紫式部『源氏物語』 1052年、末法思想流行 1053年、平等院阿弥陀堂(鳳凰堂)完成 1175年、法然が専修念仏(浄土宗)を唱える
社会・経済	狩猟採集経済	狩猟採集経済 竪穴住居、集落生活	稲作と金属器 銅剣、銅鐸など	氏と姓の社会 強大な地方政権の支配浸透 騎馬民族の文化	公地公民制度 645年、大化改新 646年、改新の詔、戸籍を作る 701年、大宝律令成る 708年、和同開珎		荘園の発達と武士の台頭 935年、平将門の乱 1045年、新立の荘園停止 1051-62年、前九年の役 1083-87年、後三年の役 源氏の台頭、地方武士団の増大
国際関係			倭は中国に朝貢		607年、小野妹子など隋に派遣 630-894年、遣唐使 663年、白村江の戦いで大敗	754年、唐僧鑑真来日	894年、遣唐使中止

1185年	1333年	1392年	1568年	1600年	1868年	1912年	1926年
鎌倉時代	南北朝時代	室町時代	安土・桃山時代	江戸時代	明治時代	大正時代	昭和時代　平成時代
1184年, 源頼朝は問注所・公文所などを置く, 鎌倉幕府の成立へ 1185年, 壇ノ浦の海戦, 平氏一門滅亡, 日本国総守護と総地頭を設置 1192年, 源頼朝, 征夷大将軍となる 1219年, 3代将軍源実朝殺される, 執権政治の確立 1221年, 承久の乱 1274, 1281年, 元寇と幕府の衰退	1333-36年, 後醍醐天皇による建武の新政 1336年, 後醍醐天皇と足利尊氏との不和, 後醍醐天皇は吉野に移る (南北朝の対立), 室町幕府成立 1338年, 足利尊氏, 征夷大将軍となる	1368年, 3代将軍足利義満, 征夷大将軍となる 1392年, 南北朝の統一 守護領国制, 守護による荘園侵略, 守護や国人の成長 1441年, 嘉吉の乱, 守護赤松父子, 6代将軍義教を殺す 1449-73年, 8代将軍足利義政, 東山文化の時代 1467-77年, 応仁の乱	室町幕府滅亡から織豊政権へ 1568年, 織田信長, 足利義昭を奉じ入京 1573年, 信長, 足利義昭を追放 (室町幕府の滅亡) 1576年, 信長, 安土城を築いて移る 1582年, 本能寺の変 (信長自殺) 1585年, 豊臣秀吉, 関白となる 1590年, 秀吉の全国統一 1598年, 秀吉没	幕藩体制の確立へ 1600年, 関ヶ原の戦 1603年, 徳川家康, 征夷大将軍となる (江戸幕府成立) 1615年, 大坂夏の陣, 武家諸法度・禁中並公家諸法度の制定 1716年, 享保改革 1787年, 寛政改革 1841年, 天保改革 1858年, 開国	1868年, 明治維新 1874年, 民撰議院設立建白書 1877年, 西南戦争 1889年, 大日本帝国憲法発布 1890年, 第1回帝国議会, 教育勅語発布 1894年, 条約改正, 日清戦争 1904年, 日露戦争 1910年, 日韓併合 1912年, 明治天皇没	1920年代, 政党政治の確立と国際協調外交 1923年, 関東大震災 1926年, 大正天皇没	1930年代, 政党政治の崩壊, 大陸への侵略, 軍閥支配の進展 1941年, 太平洋戦争開始 1945年, 広島・長崎に原爆投下, 第二次世界大戦終結, 占領と民主化 1951年, 対日平和条約, 日米安全保障条約調印 1950年代, 国際社会への復帰 1972年, 沖縄返還協定調印 1989年, 昭和天皇没

鎌倉大仏, 1252年頃

源頼朝 (1147-99)

伊万里の壺, 19世紀

広島, 1945年8月6日

武家文化の流れ 鎌倉新仏教の成長, 旧仏教の改革 『平家物語』と軍記物 1191年, 栄西帰朝, 臨済宗を広める 1195年, 東大寺再建供養 1207年, 法然を土佐, 親鸞を越後に配流 1227年, 道元帰朝, 曹洞宗を開く 1253年, 日蓮, 法華信仰を唱える 1289年, 一遍上人没		禅文化の広がり 京都の文化都市としての回復 能, 狂言, 茶の湯, 生け花, 連歌の流行 足利義満と北山文化 1397年, 義満の北山第 (金閣) 造営 足利義政と東山文化 1467年, 雪舟明へ渡る 1485年, 慈照寺東求堂 (銀閣) 完成 浄土真宗の成長 1496年, 蓮如, 石山に御坊を建立	安土・桃山文化 1576年, 安土城築城, 狩野永徳が安土城の襖絵を描く 1587年, 聚楽第完成, 秀吉移る 秀吉, 千利休らと北野の大茶会 1591年, 千利休自刃	江戸文化 1603年, 出雲の阿国, 京都でかぶき踊りを演ず 1607年, 林羅山, 将軍の侍講となる 1680年代-1710年代, 元禄文化 1719年, 近松門左衛門『心中天網島』 1798年, 本居宣長『古事記伝』 1829年, 葛飾北斎『富嶽三十六景』 1833年, 安藤広重『東海道五十三次』	明治文化 文明開化 1872年, 福沢諭吉『学問のすゝめ』 1877年, 東京大学創立 (1886年, 東京帝国大学と改名) 1883年, 鹿鳴館竣工 1905年, 夏目漱石『吾輩は猫である』	大正文化 1916年, 夏目漱石没 1925年, 東京放送局ラジオ試験放送開始	昭和文化 1926年, 川端康成『伊豆の踊子』 1935年, 湯川秀樹, 中間子論を発表 美濃部達吉『憲法提要』など出版禁止 1943年, 英米楽曲1000を演奏禁止 1953年, NHKテレビ本放送開始

将軍と御家人の主従関係 1232年, 御成敗式目			守護両国制から戦国大名の領国支配へ 1454年, 山城の国一揆 惣村 (郷村制) の形成進む 1467-77年, 応仁の乱 戦国時代, 戦国大名の分国法による支配 倭寇の活動活発	1577年, 織田信長, 城下を楽市とする 1582年, 豊臣秀吉, 山城を検地 1588年, 刀狩令 1591年, 身分統制令	封建的な秩序・統制 1637年, 島原の乱 五人組による取締りを強化 1650年以後, 大坂と江戸の成長, 都市と商業の発達 1702年, 赤穂浪士の仇討 1782-87年, 天明の飢饉, 天明の打毀し	1871年, 廃藩置県 1873年, 地租改正 1880年代, 松方財政, 紡績業の勃興 1897年, 労働組合期成会・鉄工組合の結成 1900年代, 重工業の発展	1915年, 大戦景気, 米騒動 1923年, 関東大震災	1930年, 金解禁, 昭和恐慌 1939年代, 価格統制令 1946年, 農地改革 1947年, 財閥解体 1950年代後半から, 経済の高度成長 1964年, 東海道新幹線開通 1970年代, 公害・環境・都市問題 1980年代, 経済大国へ 1988年, 青函トンネル開業, 瀬戸大橋開通

1274, 1281年, 蒙古襲来		1402年, 将軍義満, 明使を引見, 国書に日本国王と記す 1404年, 勘合貿易始まる 1547年, この頃勘合貿易終わる 1543年, ポルトガル人が種子島に来て鉄砲を伝える 1549年, フランシスコ・ザビエル, 鹿児島に上陸 (キリスト教伝来) 倭寇最も活発	1591年, 豊臣秀吉, 朝鮮出兵を命じる 1597年, 再度朝鮮へ出兵	1604年, 糸割符法制定, 貿易船に朱印状下付 1609年, オランダとの貿易開始 (平戸に商館) 1616年, 中国以外の外国船来航, 長崎と平戸に限定 1635年, 海外渡航と海外在留日本人帰国禁止, 朱印船貿易終る 1641年, オランダ商館, 出島へ移す 1853年, 米使ペリー, 艦隊率いて浦賀に来港 1858年, 日米修好通商条約調印	1871年, 岩倉遣外使節団 1894年, 日英通商航海条約調印, 日清戦争 1902年, 第一次日英同盟条約調印 1904年, 日露戦争	1914年, 第一次世界大戦勃発 1920年代, 国際協調外交	1931年, 満州事変 1937年, 日中戦争の全面化 1941年, 太平洋戦争開始 1950年, 朝鮮戦争おこる 1951年, サンフランシスコ講和会議, 日米安全保障条約調印 1956年, 国連総会, 日本加盟可決 1964年, 東京オリンピック 1970年, 大阪万国博覧会 1979年, 第5回サミット会議東京で行う 1986年, 第12回サミット会議東京で行う

序

　迅速な航空輸送手段と遠隔地の通信方法の発達により，現代日本は世界のあらゆる場所からも容易に手の届くところとなっている．日本製の自動車，カメラ，電子製品は世界のいたるところで見受けられる．日本のビジネスマン，学生，旅行者は群をなして海外へ出ており，たとえば1992年には，1000万人以上になっている．日本の工場は世界の数多くの国々で稼働している．日本の舞踊団，伝統的なまた前衛的な劇団，音楽家，ファッション・デザイナー，映画・食品・芸術など各種の催物により，この国についての知識とその伝統的および近代文化が広く紹介されている．急速な円高情勢にもかかわらず，外国からのビジネスマン，旅行者，学生の訪日者数は年々増えている．関税障壁の緩和と円の高騰により，日本の国内市場は外国製品にその門戸を開放している．20世紀末，驚異的経済大国を成就したとして知られる日本はますます国際舞台の上で活躍し，日本人自身が常にその「国際化」を語るのである．

　しかしながら，日本は島国としての地理的環境を脱却しているとはいえないし，その歴史の絆を断ち，その過去との文化的つながりを切り捨てたわけでもない．今日，年長の日本人はときに軽侮の思いを込めて，日本人のなかの「新人類」について語ることがある．その頭のなかには，それらの年長者とは異なった関心と価値観をもつように見える，高度経済成長後に生まれた年齢層がある．若年層は，規律の遵守に欠けるところがあり，倹約を旨とせず，一方，より独断的で，個人主義で，西欧化し，消費者指向と見える．しかしながら，いわゆる「新人類」は，明らかにその両親たちの文化的価値の大部分を享受し，教育，勤勉，家族・集団内の調和，世論，個人的目標を抑制し国民の目標を優先せしめるなどの，近代日本の経済的成功に貢献した価値を強調するのである．西欧文化には，その両親たちよりも快適感を覚えながらも，なお日本人としてその文化の独自性について明確な感覚を維持し続けているのである．

　歴史と地理がこの国の現在を形成したのであるが，またその未来にも貢献し続けることであろう．その歴史の大部分について，アジアの最東端，太平洋の最西端に位置するという関係から，この国は比較的僻遠の地として取り残されてきたのであるが，それでも完全に孤立してきたわけではない．大陸からの文化の波は，たえずこの国に影響を与え，ときには日本人自身，中国あるいは西方の進んだ文明を求めて，大きな努力をはらってきたのである．

　地理と気象条件も別の面で，日本文化の発展に影響を与えている．日本の四季とその風景，その動植物のすべてがこの国の豊かな文学，芸術および神話のなかに反映している．弥生時代（前300-後300）に米作技術がこの国に紹介されて以来，日本のほとんどの地域は，米の水田耕作に適していることを実証している．社会組織，経済，宗教観と政治機構の各種の様相は，水田耕作を中心として19世紀まで日本文化形成の一助となり，さらに20世紀の産業化・高度技術時代の経済・政治を支える主要な要素として残存し続けるのである．

　自然は，日本人に対して温和なものではあったが，さりとてそれほど鷹揚なものではなく，火山地帯の土地はしばしば激しい地震に襲われ，人口は稠密で，家屋は密集しており，鉱物その他の資源は不足している．日本人は特に自然資源の乏しい国土と考えていた．この国内資源の不足という観念から，日本は朝鮮，満州への侵略を企て，1941年の太平洋戦争へと突き進んだ．また戦後の日本は，同じ国内資源の不足という観念から石油供給の道を求め，原材料と技術を輸入し，高品質完成品を輸出する方向に向った．今日では西欧の人々が，日本人は大きな豊かさと安全を享受していると信じているにもかかわらず，日本人は一方で経済成長の成果を誇り，ときには西欧を軽侮しながらも，実は日本が比較的貧困で，世界から隔絶し，外部へ依存しなければいられないと思いこんでいる．古くからの考え方はなかなか消滅するものではない．多くの日本人は，新しく築かれた豊かさが持続することは信じがたいと見ている．日本人は，その社会を世界の多くの人々よりも悲観的，批判的に見ている．

　この『図説世界文化地理大百科　日本』は，日本の豊かな文化の歴史とこの国が発展してきた自然環境になじみたいとする一般の読者，旅行者向けに書かれたものである．本書は日本史，地理，あるいは文化についての予備知識をもたない人々のために書かれたものであるが，同時に，日本をよく知る人々にも興味ある書物でありたいと願っている．内容は広範で，旧石器時代人の石器から現代の幼稚園児童用のコンピューター端末機にまで至っており，地図の選択は，それに従い多種多様である．

　本書は共同執筆の成果で，地理，古代史，中世史に関する章はマーティン・コルカットが執筆し，近世文化の章は熊倉功夫が担当した．明治と現代日本の章はマリウス・B・ジャンセンの執筆による．地図，挿絵，美術工芸品はオリーブ・ピアソン，リンダ・ブラウドとアンドリュー・ローソンの制作で，その品質についての細心の留意は，本書の1頁1頁に明らかなところである．グラハム・スピークは熱心かつ要求事項の多い編集者で，全執筆チームの努力に協力したが，同氏の熱狂的努力と勤勉なくしては本書の完成は望むべくもなかった．図版の掲載許可を与えられた多くの出版社，博物館，個人蒐集家，図書館などにも感謝の意を表したい．

第1部　日本の起源
ORIGINS

日本の地理

あらゆる国民と同様に，日本人とその文化もその生活の基盤となっている風土により形成されたのである．日本の位置，その地形的特徴，気候がその文化の発展に一面では制約を，その反面ではチャンスを与えてくれた．日本列島がかりにもっと北寄りにあり，雪冠を頂く山々，河川，肥沃な平野の恩恵を受けることが少なかったとしたら，古代より現代に至る日本文化に顕著な痕跡を残した水田による米の栽培は決して行われることはなかったであろう．また，かりに日本がアジア大陸からもっと離れたところに位置していたとしたら，中国と朝鮮のあのように強烈な文化的衝撃の恩恵を受けることはなかったであろう．逆に日本が中国にもっと近接していたとしたら，日本の特色ある文化を展開できなかったことであろう．日本は何世紀にもわたって，資源，気候，位置をその顕著な文明形成に役立ててきたのである．一般的に，日本人はその地理に恵まれていると信じ，偶発する火山の爆発，地震，台風の災害があるにせよ，列島と気候がかれらに対して常に寛容であると信じてきた．古代においては，その時代の人々が土地から恩恵を受けているとの信条は，伊弉諾尊，伊弉冉尊両神の結合により列島が作り出されたとする国土創造神話のなかに表明されている．すなわち，伊弉諾，伊弉冉の両神が天の浮橋の上に立ち，相談の上「この下に国はないのか」と問い，その後天の瓊矛を突き下し，手探りの末，海洋を発見，槍の穂先から滴り落ちた海水が凝固して「おのころじま」と命名された島になったという．それより両神は地上に降り，この島に住みついたという．ここで，両神は夫婦となり国を作り出したという『古事記』の神話である．

日本列島の地形と構造

日本列島は，アジア大陸の東端に沿って横たわる環太平洋造山帯の一部である．列島は，四つの大島と1000以上におよぶ小島からなり，その面積は37.8万km²で，ほぼフィンランド，イタリア，あるいはアメリカ合衆国のモンタナ州かカリフォルニア州に匹敵する．四つの大島は，アイルランドよりわずかに小さい北海道―約8万3000km²，イギリス本土よりやや大きい本州―23万1000km²，台湾より少し大きい九州―4万2000km²，ほぼサルディニアと同面積の四国―1万9000km²の4島である．他の数多くの小島のなかで最大のものは，琉球諸島中の沖縄と本州北部沖にある佐渡である．1945年太平洋戦争の終結に際して，日本は戦前の日本帝国の版図の一部としていた多くの領土の支配権を失った．それらのなかには，千島列島，南樺太，南西諸島，太平洋諸島，台湾，朝鮮が含まれる．小笠原諸島（ボニン諸島）はアメリカ合衆国より1968年に，また沖縄は1972年にそれぞれ返還された．

1945年以来ソビエト連邦（現ロシア）により占領されている千島四島に対する日本の領有権の主張は，爾来日ソ両国間の摩擦の主因として残されたままになっている．

日本列島が今日のような姿になったのは，約1万2000年前の氷河期の終末時にさかのぼる．化石や考古学的遺跡から見て，日本は氷河期の間アジア大陸の一部であったことは明白で，気温の低下により極地の氷が増大するにつれ，海洋が後退し大陸への地橋が創成されたのである．アジア大陸本土に住んでいたあらゆる動物――北からはマンモス，オオカミ，シカ，ヒグマ，南からはナウマンゾウ，レイヨウが徘徊するに至る．これらの動物を追って猟人たちが，今日，日本と呼ばれるところに渡来し定住するに至った．氷河期の末期に気温の上昇が始まり，極地の氷冠が後退するにつれ再び海面の上昇がおこり，約1万2000年前，この海面上昇のため地橋が切断され，列島はアジア大陸から分離されるに至った．

今日われわれは人口稠密な大都市，雑踏する港，超近代的な工場，渋滞する高速道路，新幹線に代表されるアジアの産業巨人としての日本を思い浮かべるのを常とするが，なお反面日本は空高くそびえる高山，灼熱の火山，鋭く刻み込まれた峡谷，静かな森林，急流の河川と輝く海を残している．山々が景観を支配している列島は，西太平洋の海床からそびえ立つ数多くの火山を含む山々からなっている．火山，温泉，地震はこの国の特質で，180座以上の火山が第四紀地質時代以来活動していたとされ，うち40座以上が今日も活火山である．富士山は現在休眠しているが，桜島，阿蘇，浅間，磐梯，三原の各火山は活動する火口から噴煙を吐き続けている．

地震も頻発している．日本人は年間1000回も地震を経験しているはずで，マグニチュード4―6の地震は異常なことではない．たとえば，マグニチュード6.6を測定した地震が1987年12月17日正午に，千葉・東京方面を襲い，崩壊した建物やコンクリート・ブロック塀で死者2名，負傷者50名以上の災害がおこり，すべての列車輸送は一時不通となった．1923年の破滅的な関東大震災はマグニチュード8.2であった．大規模地震の発生周期が60年くらいと見て，多くの日本人は，遠からず破壊的な地震が東京地方を襲うものと恐れている．その結果，建築物はより堅固なものとなり，東京の中心街には50階建の摩天楼が，強烈な地震による最悪な衝撃をも吸収しうる耐震構造で建てられている．海底地震は，破壊的な津波をおこし，その震源から何百，何千マイルも離れた海岸線に猛威を振うのである．

日本の大半は山岳地帯で，国土の約75％は15度以上の傾斜地にある．この国の多くの部分では，山が出入りの激しい海岸に急降下しており，わずかに河川の流域と扇状地性海岸

日本の植生

日本は高度に工業化した国としては，山がちの地勢のゆえに，その植生は非常に豊かである．国の70％ほどは山林か低木におおわれた土地である．何世紀も以前は，国の南西部の低地帯は濶葉樹が，高地は針葉樹がおおっていた．中部および東部日本では落葉樹林が広がり，北部では針葉常緑樹が普通である．今日では，多くの森林では主として針葉樹による移植が行われ，山岳部の高地では高山植物が見受けられる．

平野が，集落の立地や農業・工業用地の適地になっているにすぎない．これが東京から大阪へかけての狭い太平洋岸沿いの帯状地と瀬戸内海沿岸に伸びる都市の過度な集中と工業発展の主因といえる．日本の大きな沖積層平野は，北海道の石狩平野，本州北部の新潟平野，東京湾頭に広がる関東平野，本州中部の名古屋周辺の濃尾平野，大阪平野および北九州の筑紫平野である．これらの平野のうち，面積3万2375 km²に及ぶ関東平野が最も大きい．

いくつかの峻険な山脈が，弧状に日本列島の脊梁山脈を成している．北海道は，大雪山と日高山系に占められ，本州では南北両アルプスが脊梁として走り，3000 m以上の高峰は20座以上を数え，富士山は標高3776 mに達している．紀伊半島は山がちで，本州西部は中国山地山間部によって山陽と山陰の両地区に分断されている．九州，四国の両島および南方の小諸島もすべて，火山系の山が多い．

往時においては，この山々の連なりは，特に本州を横断する際に交通輸送の不便を生じ，狭い河川流域と，より広い海岸沿いの平地に居住地と文化の発展を促すこととなった．このような山地による分断は，地域差や局地的特性が形成される原因となり，また，近代以前の豪族や封建領主による小地域支配の背景であった．しかし，山岳と火山は反面，日本に水力発電，温泉，夏冬のリゾート地，数多くの美しい国立公園を提供している．それらは神話，芸術，文学のなかで称賛され，山岳信仰の長い伝統のなかに如実に示されているように，山への畏敬意識に寄与してきた．

山は，日本の河川の特徴を作り，灌漑の基礎ともなっている．日本には数多くの河川があり，大部分は長さ300 km以下の短いもので，山から海へと急流をなして走っている．北海道の石狩川，関東の利根川，関西の淀川のようなごく少数の川は，大きな平野のなかを蛇行しながら流れている．低地帯の直線流域を除いて，航行できる河川は少ない．多くの河川は，春の融雪期や台風による豪雨の後は奔流をなして流れ，さらに岩壁に狭められた地峡を流れ下る．橋を架けたり，道路を建設するのに近代的な土木技術がなかった時代には，河川は交通と通信に重大な障害となった．江戸時代の木版画には，江戸への幹線道路であった東海道を切断している河川での，船や人夫の背による旅人の渡河の様子がしばしば描かれるのである．もちろん，航行に適している河川は少ないが，それにもかかわらず，河川交通が交通体系のなかで重要な位置を占めていた．

降水量と河川が多いことは，日本が歴史的に豊かな灌漑用水に恵まれていたことを示している．どの時代にも，荒れ狂う河川を制御し，灌漑に利用したり，近代に至っては，これを水力発電に利用するという不断の苦闘が続けられてきた．しかし，豊かであるとはいえ，河川の水だけでは，農工業用水や生活用水と動力源の需要を満たすには不足している．地表水に加えて地下水が，水力発電に加えて石油と核エネルギ

自然植生
- 高山植物
- 針葉樹林
- 落葉広葉樹林
- 常緑照葉樹林
- 沿岸砂丘帯

縮尺 1:10 000 000

潮流

日本の海岸線を洗う二大潮流が，この国の気候に大きな影響を与えている．暖かい黒潮（日本海流）が日本の南部海岸沿いに温暖な気温をもたらし，その結果蒸し暑い夏と日本海に面する海岸線に大量の降雪をみる．寒冷な親潮（千島海流）が夏の暑熱をやわらげ，北海道と本州東北地方には植物の成長期間を短縮する影響を与えている．黒潮と親潮が本州東端沖で会合する一帯は世界でも有数な魚類の宝庫である．

―による補充がなされている．日本はエネルギー消費量の60％を輸入石油に依存している．

日本は驚くほど深く森林におおわれている．複雑な山地を含むこの国土の70％は森林である．この割合はスカンジナビア諸国のそれに酷似し，世界の平均値30％をはるかに超えている．亜寒帯，冷帯，温帯，亜熱帯という気候帯に対応して，日本には四つの主たる森林帯がある．北部の北海道では森は主として常緑針葉樹，本州北部は落葉広葉樹，本州南部は常緑広葉樹，琉球諸島は熱帯樹林におおわれている．本州とこの国の南部では竹林も見ることができる．これらの森林帯はほとんどすべて山地にあり，日本の町や都市ではその域内に広い森林地があることはまれである．

人類の圧力の下に，森林の様相は時とともに変化してきた．元来日本全体は深い森に包まれていたが，西暦前10000-300年にこの列島に住みついた非農業，狩猟民族であった縄文人が中央および東部日本の落葉樹林を焼畑によって開拓したと推定される．弥生時代（前300-後300年）に米や他の穀物栽培が導入されてからも林地は焼畑に利用された．時の経過とともに，主要な平野部では林地が開墾されて水田になった．さらに開墾は山地斜面，森林の下部にも及び，そこでは見事な棚田が造成された．近代に北海道が開拓されるまで，森林は一般に牧場のための犠牲に供されることはなかった．また適当な牧草地の不足と，動物の殺生を禁ずる仏教の教えは，19世紀以前に食用の家畜と牧畜が重視されなかった理由であった．さらに，土着の神道崇拝のなかでは，山々と森林は神聖なものとされ，幾世紀にもわたって侵すべからざるものとして残された．

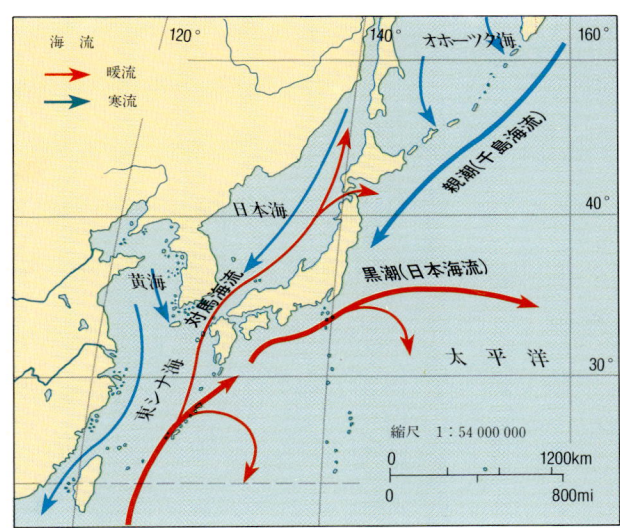

集落の成長，鉄器の利用，製錬のための木炭と製陶用薪に対する需要により，森林はより大きな危機に見舞われることとなる．8-9世紀の奈良と平安京の建設，16-17世紀の築城と都市化の大波は，前近代の木材資源に特に大きな打撃を与えた．近世の将軍と大名たちのなかには，自分たちの狩猟の領域としてばかりではなく，土壌侵食と洪水を防止するものとして森林の価値を認識していたものもいた．これらの支配者たちは，森林の育成と保護について思慮深い政策をとり，木材の伐採を制限し植林を実施した．

近代における工業化，都市化と人口増加，それに付随する建設材料と燃料の需要の増大は再び森林に危機をもたらした．自然の落葉樹林は減少し，植林された森林にとってかわられた．植林された樹種の大部分は，杉，檜，黒松，赤松などの針葉樹で，今日ではそれらが樹種構成の25％以上を占めている．この国の広大な森林資源にもかかわらず，日本はアメリカ合衆国と世界の各地から膨大な量の木材を輸入している．森林の多くは，燃料とするには適していても，商業用建築材としては適していない．峻険な山岳傾斜地は接近するのに困難で，かつ多くの森林は樹種が混在している．建築，家具用材，チップ，パルプはアメリカ，カナダ，ロシア，インドネシアとその他の国々から輸入されている．

海の影響

日本では海から遠く離れたところはほとんどない．海は，山と同じように日本の特性を形成するのに寄与してきた．太平洋，日本海，瀬戸内海が日本の気候に深い影響を及ぼしている．太平洋は東から流れこむ温暖かつ湿潤な気団の形成に役立っている．太平洋は，一般的に沿岸では，温和で日照の多い気候をもたらしてくれるが，反面この列島に雨を降らし，ときには災害をもたらす台風の原因となる．日本海によって，冷たい乾燥したシベリアからの風が温度と湿度を与えられ，冬期には日本海側に吹きつける．この影響で山岳地帯には深雪が降り積もる．二つの海流もまた気候に大きな影響を及ぼしている．西太平洋を流れる黒潮（暖流）は南部沿岸地帯を暖

極東 下

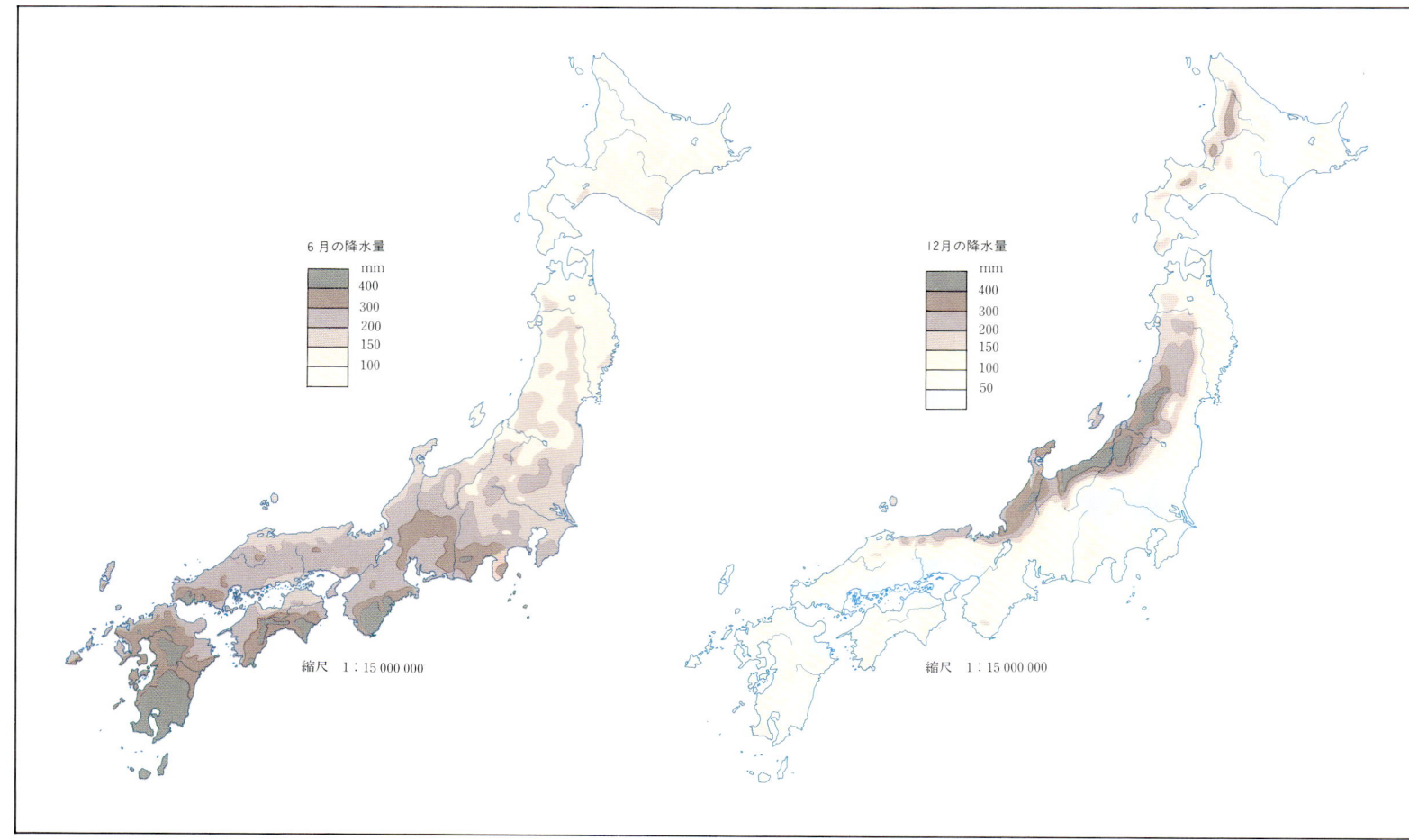

　め，この地方の植物成長期間を長くしている．北海道と本州北部沿岸は，オホーツク海からの親潮（寒流）に洗われている．これらの暖流と寒流が北緯36°付近でぶつかりあうが，そこはとりわけ魚類の宝庫である．瀬戸内海は，暖流に保護された，魚類の豊かな内海であるが，最近は工業の著しい発達によって深刻な汚染にさらされている．

　日本を囲む海は，いつの時代でも重要な食料源であった．歴史の最も初期の頃から，日本人はその食料と肥料源として，海藻，魚類，貝類に依存してきたのであり，海を農地と同じように集約的に利用してきた．工業汚染，漁獲高の減少，鯨やその他の絶滅に瀕している海中生物に対する関心，領海域の支配を拡大しようとする他国の政策のために，いまや日本の海洋利用の可能性は著しく制約されるおそれに直面している．それでも，貧欲な東京・大阪市場の需要に応えるために日本の沿岸漁村から出漁する小型漁船は，幾世紀にもわたって行ってきたのと同様に豊かな近海漁場に魚類を追い続け，大型漁船は世界のあらゆる海域に魚介類を求めて驀進している．

　日本の島国としての立地条件は，その歴史と文化に顕著な影響を与えてきた．海は外国との接触に重要な防御壁の役割を果たしてきた．日本と朝鮮の間は200 km，中国大陸へは日本海を隔てて，その最も広いところで800 kmである．今日の航空輸送ではこの隔りは遠距離とはいえない．東京からソウル，北京，香港，ホノルル，さらにモスクワ，ニューヨーク，ロンドンへさえも長短の差はあるものの数時間から十数時間という単位で到達しうる．しかし，古代においては，舟による渡海を唯一の手段とし，航海技術も不確実な時代では，日本を取り巻く海は，旅と通信には威圧を与える障壁であった．これらの海は荒々しく，年に数度は台風の脅威にさらされた．しかし一方では，この海という障壁が日本を防護してくれていたのである．この島への侵攻は蒙古襲来以外ほとんどなく，また一般に海上よりの接触を規制するのは容易なことであった．外国との交渉の規制により，列島内には独特な同質文化が育成された．日本には島国としての孤立性があったために，国内の秩序と安定を維持するのに外界との接触を規制した徳川将軍家のような体制が存続しえた．この時代は不毛の時代どころか，かえって顕著な文化創造の時代で，いわゆる「鎖国」の時代にもかかわらず，ある程度外界との通信は保たれていた．海の障壁は決して乗り超ええないものではなく，日本は完全に孤立していたわけではなかった．

　日本史の当初から，海は通信，文化導入，貿易の主たる通路でもあった．古代において中国と朝鮮からの影響力は，徐々にではあるが日本に及んでおり，一方日本人自身も7世紀と8世紀には，大陸文明の先進知識を入手するため，中国に多くの大使節団を派遣している．16世紀には，イベリア半島からの使節団と貿易商たちがキリスト教，鉄砲，西欧文化を日本に伝達した．かれらは，渡来の途次，南方マラッカまでアジアの海を渡航し貿易に従事していた日本の商人，船乗

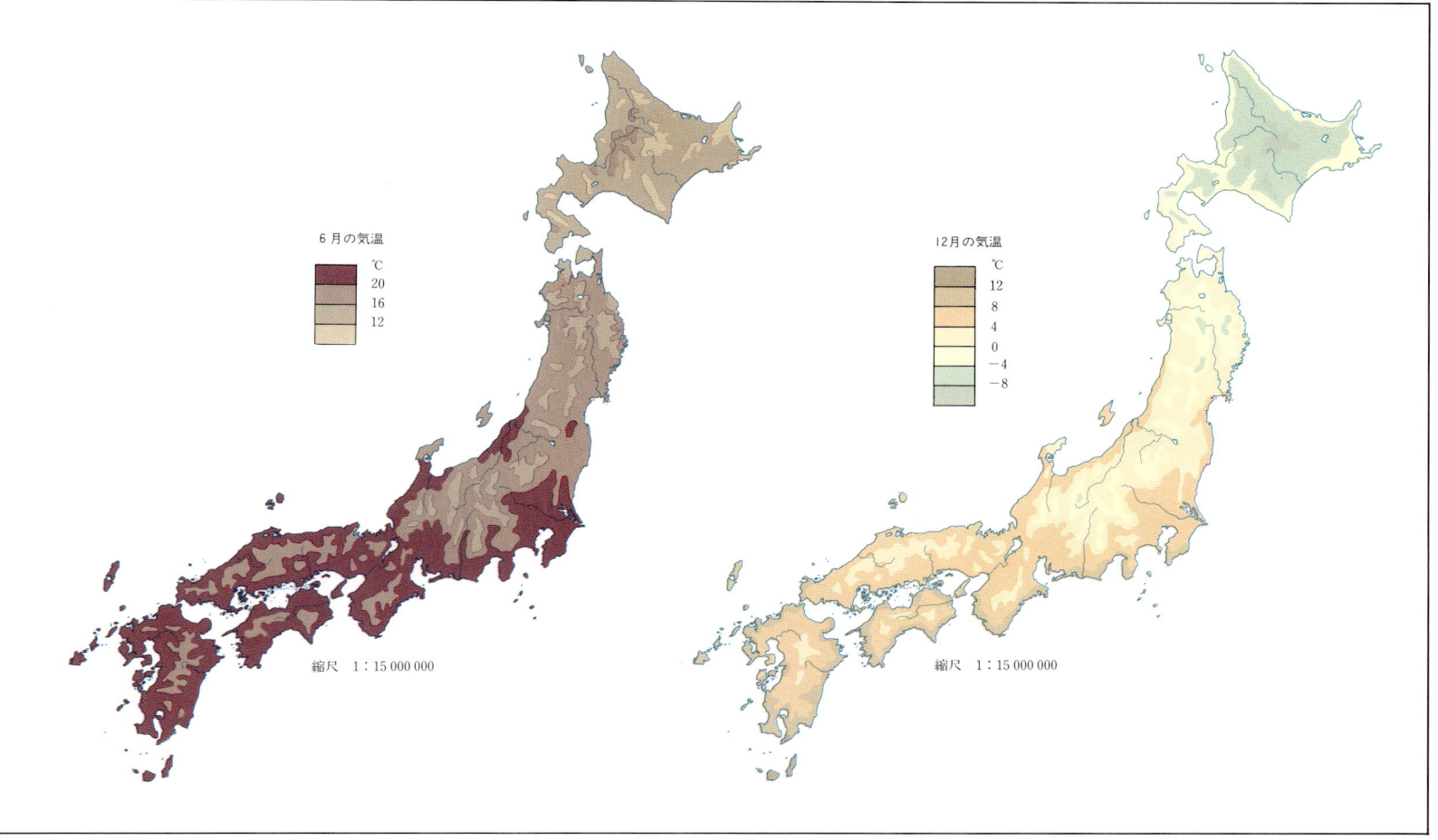

日本の気候

亜熱帯に属する沖縄と琉球諸島を除き，日本列島は文字通り季節的気候の恩恵を受けている．7，8月と9月初めは，北海道を除いたこの国の大部分では摂氏30度台の暑熱と高湿度となり，夏期に入る前の6月と7月初頭には九州以東の本州の大部分は雨期となり，その後，9-10月には台風に見舞われる．春（3-5月）と秋（10-11月）には，安定した温和な気候で日中は暖かく，夜は涼しい．12，1，2月には北部日本の気温は寒冷で，日本海沿岸と中部山岳地帯は深雪におおわれる．太平洋と瀬戸内海沿岸地帯の山岳の東側では，冬期は寒冷ではあるが晴天で乾燥がちである．

りたちと出会っている．徳川時代においてすらも，つねに海を通っての往来があった．オランダは長崎に貿易拠点を確保し，他方中国商人，朝鮮，琉球の使節の往来も行われていた．19世紀に至リ，徳川幕府の鎖国政策への脅威と封建制度の終末を早める外圧が高まってくる．すなわち，北からはロシアの探査船，南からはイギリス船，その外圧はペリー司令官の率いる東からのアメリカ艦隊の来航で最高潮に達した．海軍力と海上貿易の強力な影響力を認識した明治政府の指導者たちは，豊かで強力な近代国家樹立に不可欠の要因として，日本海軍と商船隊の確立に大いに意を用いた．

迅速な航空交通時代の今日でも日本は，その高度の成功を収めた貿易でなお海に依存している．この国は，食料と原材料の輸入と完成品の輸出に依存するところ多大で，これらの輸出入品の大半は海上輸送されている．外国からの圧力で，日本政府と消費者は輸出額を減らし，輸入の増大をはかるよう強く求められている．これらの要求にもかかわらず，自動車，機械，電子製品を世界市場に輸送する貨物船はほとんど減少していない．日本の石油のほとんど全部が海上からの輸入で，アルミニウム，ニッケル，鉄鉱，錫，銅の95％までが同様である．日本人の消費する穀類の3分の2，大豆の大部分も海上からの輸入である．拡大された航路による輸出入への高度の依存は，多くの日本人に一面では弱点として意識されているものの，同時にそれは今日の繁栄の根源となっていることも否定できない．

今日では海は交通という点では障壁とはなっていない．現代の海上および航空輸送，特にチャーター便のおかげで，日本は世界の各地により近接したものとなった．世界の各地から日本へも同様である．旅行が容易になったこと，日本経済の国際水準への到達，増大した日本人の富と円高のため，何百万という数の日本人が商用，研究，レジャーの目的で海外旅行に出かけ，さらにその量は増加しつつある．他国の通貨に対して常に高い水準にある円相場にもかかわらず，日本は外国からの来訪者や学生にとって魅力ある国であり続けている．日本の金融市場が開放され，日本の豊かさへの誘惑がある一方，外国企業にとって日本の市場はわかりにくいため，多くの外国人居住者は東京や大阪，その他の大都市に集中している．日本人は自国の「国際化」を語るが，これは「国際化」が一層遂行されねばならぬという多くの人々の心の動きである．それでも，過去数十年のうちに，日本人がより国際人になったことも事実である．

気候

狭くて長い日本列島は，北海道の北端から南の琉球諸島に至るまで，緯度にして22度に広がっている．この緯度の広がりは，北部イタリアからエジプト南部，あるいはカナダのモントリオール州からアメリカ合衆国のフロリダ州南部間の距離に匹敵する．

気候の上からは，日本はアメリカ合衆国の東海岸地帯と多

くの共通性があるが，夏と冬の降水量の大きな違い，広大な大陸に近接した位置を占める山がちの列島であることによる複雑さの点で，きわだって対照的である．気候上の最も顕著な特色は，年間気温の著しい変動，明白な季節の移り変り，大きな降水量である．列島の長さと複雑な地形のゆえに，日本の気候は地域的・季節的差異が大きい．北日本では，夏は温暖であるが，冬は深雪を伴う長く厳しい季節である．中部日本では，夏は暑く湿度も高いが，冬は短いながらも寒い．東京の1月の平均気温を例にとると，それははるかに北寄りにあるアイスランドのレイキャヴィクより低い．日本南西部では暑い高湿の夏が長く続き，冬は温和である．沖縄と琉球諸島は亜熱帯気候の恩恵を受けている．

日本の気候は，太平洋の海洋性気団，大陸性気団と前線の複雑な相互作用に支配されている．これにより，しばしば季節による天候の変化が生じる．日本の気候は，12月から2月の冬の間，バイカル湖からモンゴル国境地域を中心に発達する，寒冷かつ乾燥した大陸性シベリア気団によって左右される．この厳寒の大陸性気団からの寒波と西北の季節風が日本海上に吹き込み，そこでより温暖な気流と出合い，大量の湿気を吸収し，日本海に面する山岳地帯に降雪をもたらすのである．冬季の大雪と，よく開発されたリゾート地をもつ北海道と本州は，ゲレンデが混み合うことさえ気にしなければ，スキーヤーにとって天国である．

山脈と周囲の海流も，気候に著しい影響を与える．本州北西部の日本海に面している地方は，水分を含むシベリア気団が山脈を越える前に落とす大量の降雪に見舞われる．日本海は，冬期にはこの海を囲む陸地より温度が高くなり，シベリア気団の低層部を暖め加湿し，不安定にするのである．日本の他の場所では，冬の降水量は著しく少なく，年間降水量の70-80%は夏に集中する．大西洋のメキシコ湾流に相当する太平洋の暖流は南部日本沿岸と太平洋沿岸地域を暖め，逆にオホーツク海からの寒流が北海道東岸と本州北部の東西両沿岸に沿って南流する．

6-8月の夏期には，日本は太平洋から押し寄せる高気圧の影響を受ける．暑い湿度の高い気流が西から東へ，また南から北へ流れ，シベリア上空の低気圧を埋めようとする．日本では，温度と湿度を基準に計算した夏季不快指数が用いられているが，東京と大阪では，夏はほとんど連日，不快を感じるとされる数値を記録する．暑熱を避けて，多くの日本人は夏の山岳リゾートに向かう．近年では，休暇を海外で過ごそうとする者が増えている．

夏の始まり，6月から7月初旬にかけて雨期（梅雨）がある．それは南に始まり，しだいに北進していく．この梅雨前線は，オホーツク海からの寒冷な気団が南太平洋からの暖かく湿度の高い気団と遭遇して発生する．これらの気団は数週間にわたり停滞して，西部および中央日本に大雨を降らす．雨は米栽培と水資源の補給に重要であるが，激しい豪雨は反面，洪水と地すべりの原因ともなる．

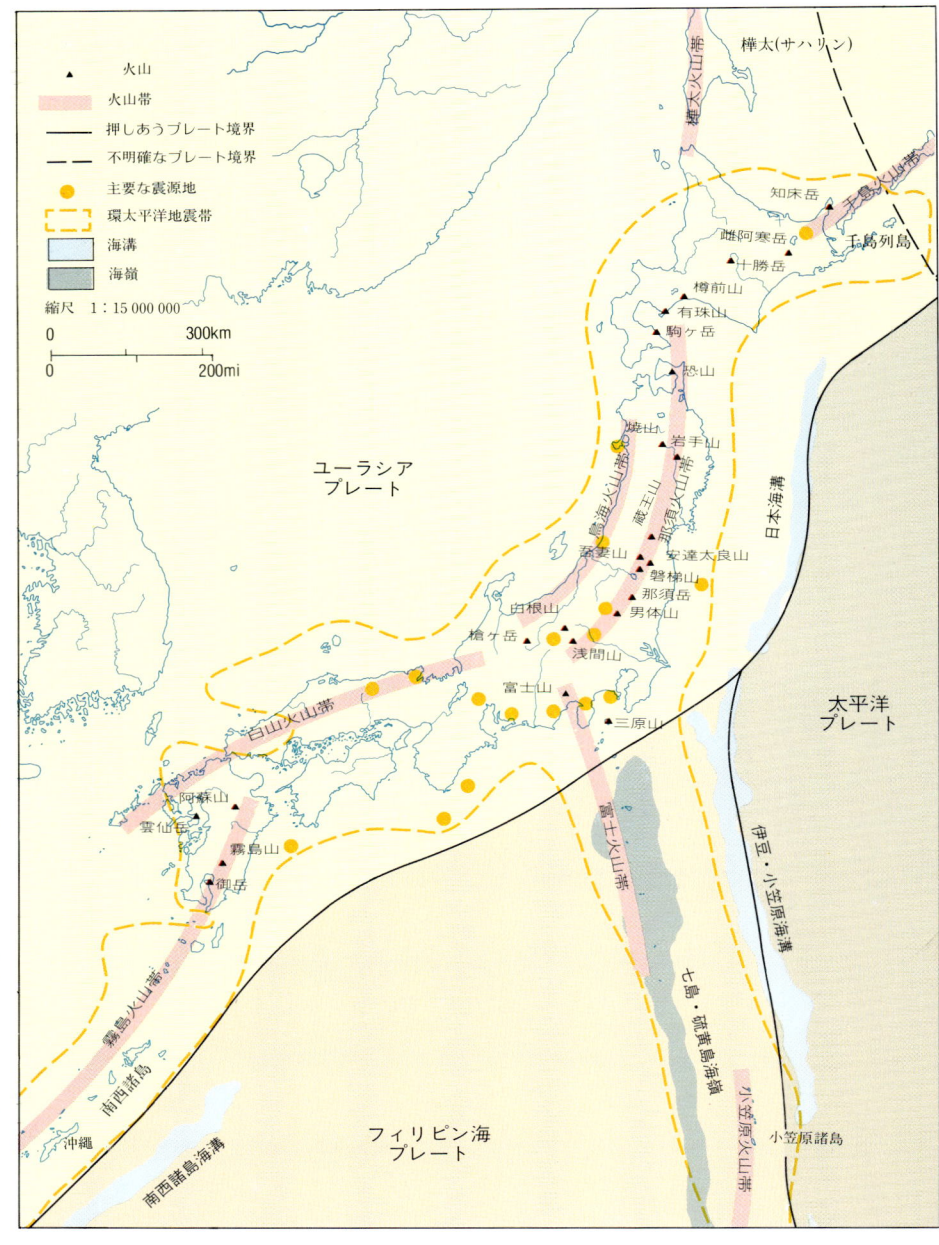

夏の終り，9月と10月には台風の季節が訪れる．台風は赤道付近の南方海上で発生する強力な熱帯低気圧で，一般にその中心部では風速17.2m/秒以上の風が吹くものをいい，それ以下のものを熱帯性低気圧という．台風のなかには，早春日本の方へやってくるものもときにはあるが，秋にくるのが普通である．大西洋のハリケーン，インド洋のサイクロンと同じように，台風は広域にわたって滝のような雨を降らせ，深刻な災害をもたらす．13世紀の終り，蒙古の襲来を撃退した神風も，こうした台風の一つであった．10月中旬には天候は安定し，冬の季節風がしだいに吹き始める．

春（3月から5月）と秋（10, 11月）には，日本上空で大陸と海洋の高気圧帯の均衡が保たれ，快晴かつ安定した天候となる．この季節は快適で，昔から詩歌のなかで称賛されている．夜には冷気が残るとはいうものの，気候は穏やかである．2月には，人々は春一番の吹くのを待ち焦がれ，ついで梅と桜の開花が北上していく．秋には，空はときに輝くほど澄み切り，紅葉見物は何百万という人を公園，寺院の庭園，山

日本の地質

地質学的には，日本列島はいくつかの火山脈からなっている．千島列島，本州東北部から小笠原諸島へと南下するものが，日本の東北部を形成する連続する島弧で，本州南西部と琉球諸島に及ぶ島弧は，地質学的にはより古い南西日本を構成している．

ユーラシアプレートの大陸地殻の辺縁に位置する日本列島は，ユーラシア，太平洋，フィリピン海の三つのプレートの交差するところに横たわっている．何百万年以上もの間にわたる，これらのプレートの地質学的地殻運動のために，日本はたえまなく，強い地震，火山活動の様相にさらされる．

たとえば，太平洋の大部分を占める海床をなす太平洋プレートは，年間数 cm という速度で西方に移動し，ユーラシアプレートの末端でその下にもぐりこむあたりで，日本海溝を形成し，火山活動の様相を激化させるのである．

の小道へと誘なう．

地質と土壌

日本列島はユーラシアプレートの辺縁に位置し，太平洋とフィリピン海の両プレートに接触していることから，長期的運動と断続的な地震活動の両者を含む激しい地殻変動を受けている．それは，単一の地殻噴出というよりも，山々を上方に押し上げる一連の造山運動の結果として生まれたものであろう．日本列島の地質学上の起源は，少なくとも，約4億年前の古生代シルル紀にまでさかのぼる．地殻運動はいまだに継続しているのである．太平洋の沖合には，数カ所の深い海溝やトラフがあり，そこでは地殻は著しく薄くなっている．千島・カムチャッカ海溝，日本海溝，伊豆・小笠原海溝は，北東日本島弧に沿う水深9000mに及ぶ1本の長い溝と考えてよいであろう．南海トラフと南西諸島海溝は南方の別の海溝である．地殻の厚さは，日本海溝の海床で7km，中央山岳地帯で36kmと差がある．

地質学的に，日本は東北と西南の二つの地帯に分けられる．東北日本は，新生代の新第3紀に属する岩石層で構成されている．火山は第4紀以来活動し，その活動は千島，鳥海，那須火山帯が走る東北日本で著しく激しい．ここでは地震活動も活発である．東北日本の地震の震源地は，日本海溝でできた島弧の内側でしばしば発生している．

西南日本は，比較的早い時期に形成された．西南日本の大部分の岩石層は古生代または中生代に形成されたものである．西南日本は，和歌山県，四国，北九州中央へと走る「中央構造線」として知られる大断層帯により，日本海に面する内帯と太平洋に面する外帯の2帯に分けられる．西南日本には火山の数は少なく，火山活動は日本海に面する地域と九州に集中している．地震活動の方も東北日本ほど烈しくない．

日本の土壌は，当然地質構造と地形を反映している．約3分の2の地域の土壌は，種々の割合で砂と火山灰を含む薄い山土である．残りの約35％のうち約20％は，褐色ポドゾル性土に覆われた高地および北部と，低地の赤・黄色ポドゾル性土を含む成帯土壌である．残りの約15％の低地帯のほとんどは，河川の堆積により創り出された沖積土である．この15％の沖積土こそが集約的な日本の農業を支え，居住地や工業用地として役立ってきた．

エネルギー資源と鉱物

日本はエネルギー用の石炭と水には恵まれているが，石油と天然ガスは輸入に頼らねばならない．フランスや旧ソ連と同様，この国も輸入への依存を低減しつつ，将来のエネルギー需要の相当部分を確保するためには，原子力エネルギーの利用に踏み切らざるをえなくなっている．石炭は北海道と北九州に豊富に存在するが，その炭質は劣悪で，炭層は地下深く散在しているので，採炭は困難で経費がかかる．それでも，石炭は日本の必要とする全エネルギー量の5分の1を供給している．しかし，石油，水力，原子力エネルギーへの依存度が増大するにつれ，その役割は相対的に減少し続けている．

日本の急流をなす河川は，なお有用なエネルギー源となっている．この資源開発のため，いくつかの大型ダムと多数の小型ダムが建設されてきた．このような水力発電の最大規模のものは，富山県の黒部川を堰き止めた高さ186mの黒部ダムである．ダムの水は，日本アルプスを掘削したトンネルを通して14カ所の発電所に供給されている．日本全体では，水力で2000万キロワットの電力を供給する能力があるが，そのうち1200万キロワットほどが利用されている．水力によるエネルギー供給量は，過去40年間増大し続けてきたが，より効率のよい石油，天然ガスや原子力エネルギーの利用が急速に増えるに従い，その割合は減少してきた．今日では，石炭による電力供給が20％であるのに対し，水力発電によるものはわずかに5％を占めるにすぎない．

日本には，石油と天然ガスの鉱床はあるにはあるが，全エネルギー消費量の1％もまかなえないほどである．1970年代と1980年代の奇跡的な経済発展は，石油を主とする輸入エネルギーにより支えられたものである．ペルシア湾からの石油供給が断絶されたり，原油価格が暴騰したり，ホルムズ，マラッカあるいはロンボク海峡の閉鎖を惹起するような政治的・国際的危機がおこったならば，それは日本経済に最も甚大な影響を与えるものであることを日本人は強く意識している．1973年の石油危機以来，政府はこの弱点を軽減する幾多の政策を推進してきた．石油の備蓄，エネルギー集約型産業の縮小または輸出，代替エネルギー資源の研究促進，石油購入国の分散，原子力エネルギー依存の増強などがあげられる．弱点を認識しているゆえに，日本は強力な商船隊を増強し，他国とのよい外交関係を保ち，イラク・イラン戦争では中立を保ち，ASEANやその他の国々との戦略的開発プロジェクトの促進に努力してきた．

日本政府の立案者たちは，原子力エネルギーこそが日本のエネルギー問題を解決する方策と見ている．原子力エネルギーは，すでに日本の電力の30％を供給しており，この割合は来るべき数十年の間に50％以上にするよう計画されている．日本人は，核による事故の危険には神経質であるが，エネルギー源として輸入化石燃料への依存度を減らそうとするならば，原子力エネルギーの開発に代わる案はほとんどない．

日本は，鉱物についても，外国資源に高度に依存している．日本の刀剣，鉄器，銅像，金細工，その他の金属製品はよく知られている．日本国内には鉄，非鉄鉱物が存在するが，その量は乏しい．銅鉱は秋田県と北関東で，鉄鉱は岩手県と東北地方の他の場所で採掘されてきた．クロム鉄鉱，亜鉛，鉛もあるが，そのどれもが莫大な産業需要の5％以上を満たすものではない．日本がこれらの重要資源を外国に著しく依存していることも，その国際外交に影響している．南アフリカ共和国のような鉱産物の大供給国と良好な経済関係を維持することが避けることのできない政策となる．

人口と居住パターン

外国人の多くがもつ日本のイメージは,「小さな孤立した超過密の島国」というものである. 外国人は,「日本ではどんな小さな土地でも利用できるものであれば, それを農地として集約的に利用したり, 人が群がる都市を建設したり, 超近代的な工場用地として利用する」といったイメージをもっている. しかし, このような見方は, いくつかの点で誤った理解を与えるものである. アメリカ合衆国, カナダ, 中国, インド, ブラジル, 旧ソ連のような国々と比較すれば, 日本は非常に小さく見えるが, その面積はアメリカ合衆国のモンタナ州に相当し, 旧西ドイツやイギリスの約1.5倍あり, ポーランドやイタリアよりも大きい.

人口についても同様で, 約1億2100万という人口は, 世界で人口の多い国を並べてみても目立つ存在である. 日本は, 中国, インド, 旧ソ連, アメリカ合衆国, インドネシア, ブラジルについて第7位を占める. 過密という感覚は, 純然たる人口規模から生ずるものではなく, その分布状態に由来する. 1km²当り322人という日本の人口密度は, ベルギーやオランダより低いが, 利用しうる土地が約4分の1であることを考えると実際の人口密度は著しく高い. 人口の75％以上が都市に集中し, 都市と工業・商業の中心地はすべて沖積性低地に集まっている. 東京-川崎-横浜大都市圏は世界最大の人口3000万を超え, 大阪-神戸-京都の大都市圏は, 1300km²以下の地域に1500万の人口を擁し, 1km²当り1万人以上の人口密度である.

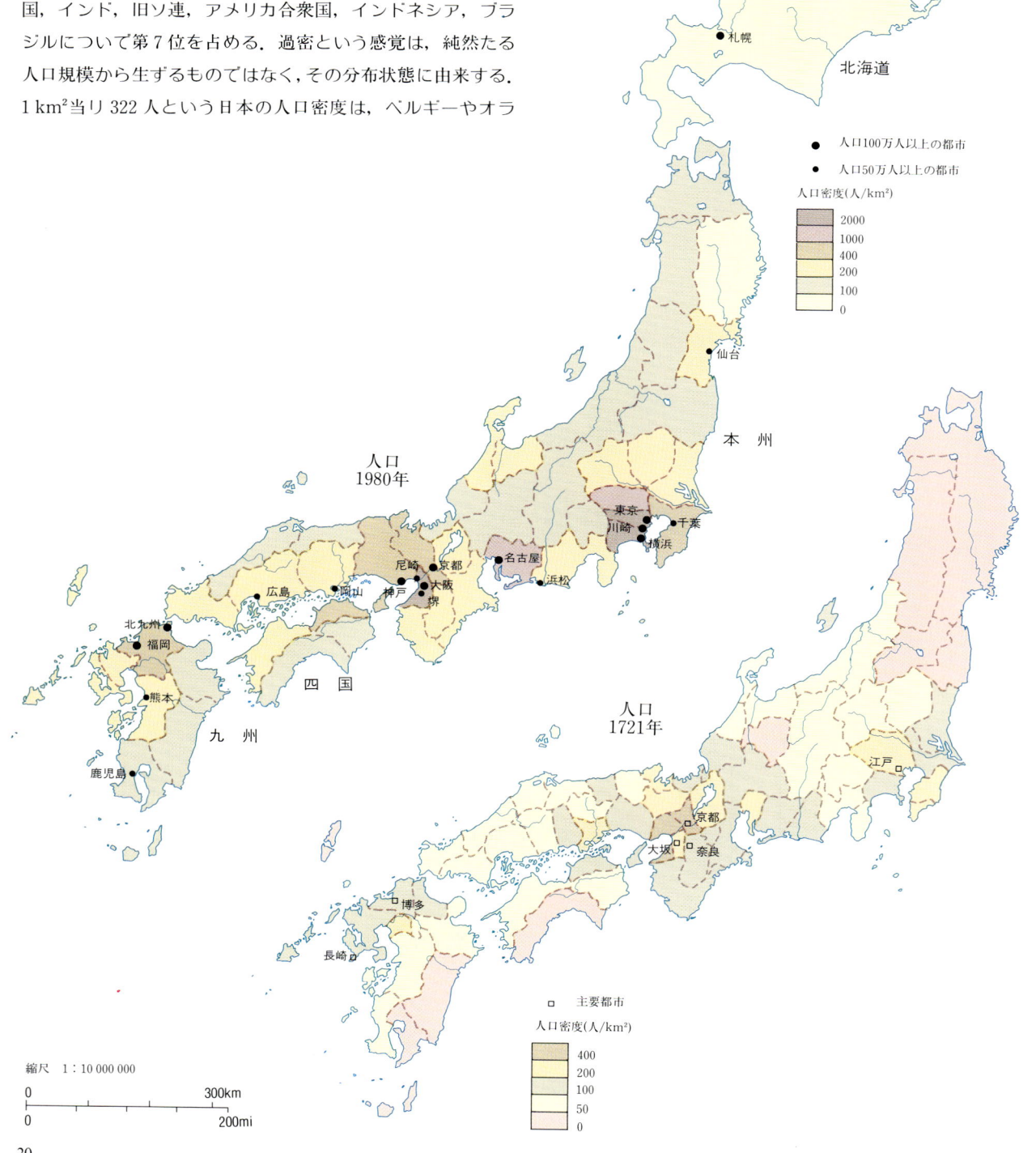

1721年と1980年の人口

1986年, 日本の人口は世界で第7位の1億2150万となっている. 1km²当りの世界の平均人口密度は36人であるのに対し, 日本のそれは322人である. どの規模の国々をとり上げてみても, バングラデシュ, 韓国, オランダだけがより人口稠密である.

日本の多くの部分が山岳地帯であるため, 都市人口は沿岸地域の平野に集中している. 人口のほとんど半分が, 大規模な3カ所の都市, すなわち東京圏(川崎, 横浜, 千葉を含む), 名古屋圏(愛知県と三重県を含む), 大阪圏(兵庫県と京都府を含む)に集中している.

17世紀初頭における推定人口は, 1700万～1800万である. 1720年頃まで人口は急速に増大していたことには, 一般に意見の一致をみているが, この時期の幕府の調査では, 2600万を数えている(武士, 宮廷貴族, 無宿者の数を斟酌すれば, 総数は3000万ほどであったろう). それ以後, 全体としての人口増加率は緩慢となり, 著しい地域差が見られた. 大坂, 京都, 江戸(東京), 名古屋は, 前産業社会として高度に都市化した.

日本人自身は，単一民族の国家と考えがちであるが，それは誤っている．社会的地位が安定していない重要な少数民族が存在している．在日韓国人は人口の0.5％を占めている．日本政府が，その国民の資格を定めるのに民族の原則を採用して以来，韓国人社会の構成員は，たとえ日本に生まれ，流暢な日本語を話す者であっても外国人とされ，差別待遇に直面する．著しい偏見にさらされているもう一つの集団は，前近代の被差別民の後裔である同和地区住民である．明白な差別から法的には保護されているとはいえ，実態としては職業，結婚，居住について差別が残っており，その解決は日本の近代化にとって重要な課題である．

第2次世界大戦以来，農村から大都市への人口移動が促進されてきたが，これらの大都市は一般に，農業地域に近接しているので，若干の問題がひきおこされてきた．都市化は，それに付随して農地を喪失することを意味する．日本の農業は非常に集約的かつ効率的であるが，農民はアメリカ合衆国やその他の国の大規模農場と同様の経済性で米やその他の農産物を産出することができない．純粋に経済的な見地からすれば，外国産の安い穀類，柑橘類，牛肉を無制限に輸入することにより日本の人口の多くは利益を享受することになるであろう．

しかしながら，日本政府は戦略上の必要性と文化的伝統の見地から国内農業の維持を指向している．その上多くの政党は農村票に大きく依存しており，農民はまた，政治的に強力な圧力団体である．農業を保護し，農村票を確保するため，政

下　律令時代の分国制
日本の行政構造の基礎は7-8世紀の中国風の中央集権的改革で定められた．国またはその当時朝廷の支配下にあった領域の大部分は，約60の地区，すなわち「国」に分けられ，それぞれの国は都から定期的に派遣される国守と国衙の官人によって支配されていた．この中央集権行政機構は，まず平安・鎌倉時代に，領内に荘園の誕生，ついで封建時代における武士の抬頭により，徐々に損なわれていった．しかし，国の名は19世紀までその名前が存続した．

左　現在の県制
1871年，明治政府はすべての封建領土の廃止を布告した．日本は，三つの都市（府）と他の72の県に再分割され，それぞれ中央政府により任命された長官の下に置かれた．この分割は，かなりの調整を受け，それ以来地方政治の基礎として残されている．1889年には，北海道と琉球諸島を除き，その数は3府と42県にと減少した．今日，日本の行政組織は都-道-府-県と記述される．ただ一つの都（首都）は東京で，唯一の道は北海道，府には大阪と京都があり，県は42ある．

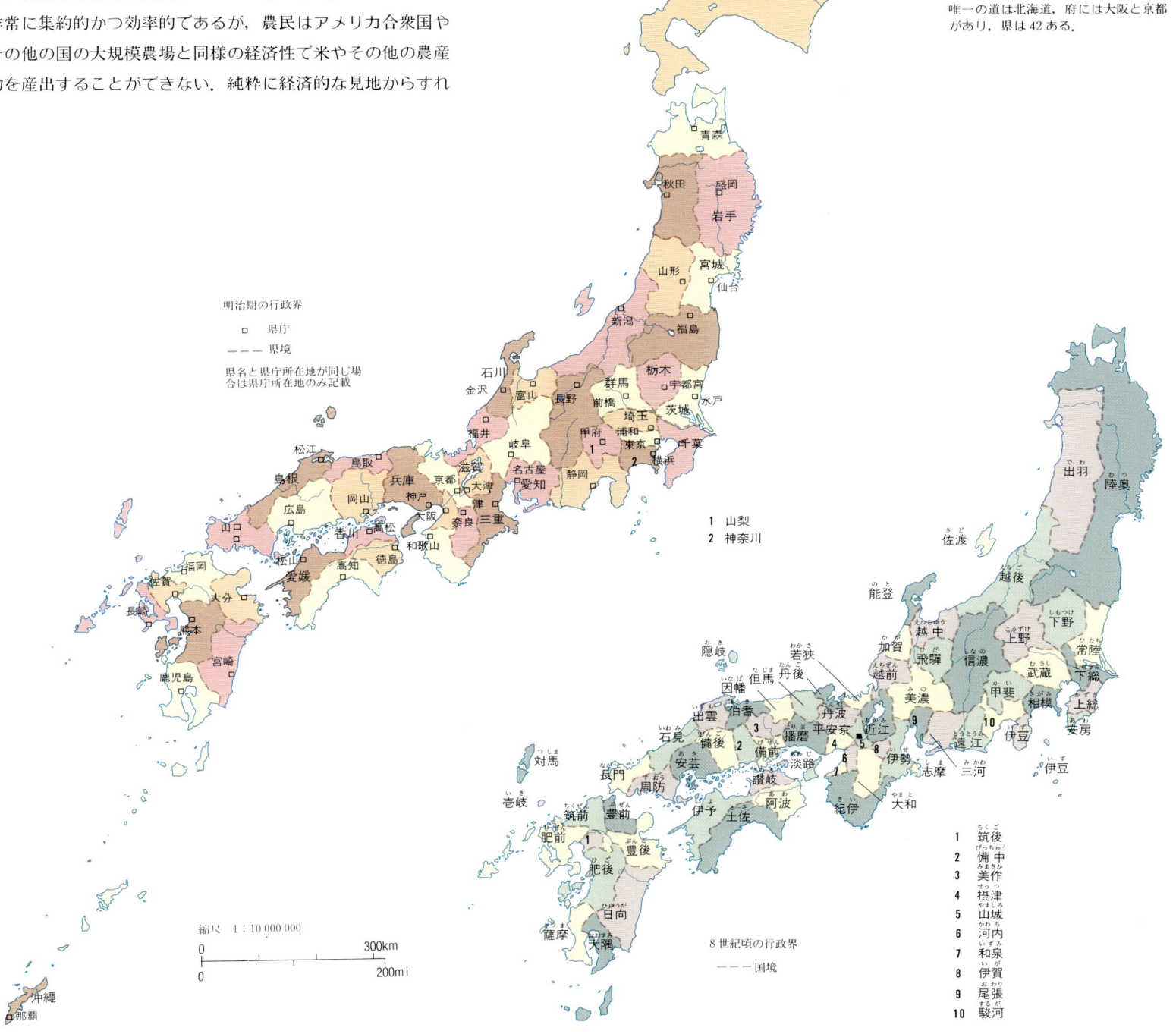

府は農民にさまざまな助成金を提供し，米やその他の農産物価格を人為的に高値水準で持続せしめてきた．この政策は，ある程度，農村を支援するために都市生活者に負担を強いてきたことを意味する．この政策は，さもなければ住居用に利用されていたかもしれない農地を市場から遠ざけ，東京その他の都市部の地価を天文学的数字に高騰せしめる誘因となったのである．都市化と人口増加は，旧来からの人口分布のパターンを単に強化したものにすぎない．近代日本における人口増加の大部分は，つねに商・工業都市での増加であった．総体的にみて，日本の農村人口は緩慢に減少してきた．1900年には農村人口は3000万を超えていた．その後農村人口は1965年には3300万，1970年までに3000万以下となり，減少し続けてきた．一方，都市人口の増加ははるかに劇的で，今日，人口の75％が都市域に住んでいる．

明治維新のあった1867年には日本の人口は約3300万で，1900年までに4400万になり，1920年には5500万を超えた．1940年までにそれは7000万を超え，第2次世界大戦中も増え続け，1950年には8300万，1960年に9300万となった．1億台に移行したのは1967年で，1989年には1億2100万を超えているものと推定される．明治維新以来，人口はほとんど4倍になったことになる．しかし増加率は，想像されるほど大きなものではない．近代における年間増加率は1.5％を超えることはなく，1960年代以降は1％以下となり，アメリカ合衆国，フランス，その他の国々より低い．出生率は死亡率よりはるかに急速に低下してきた．1985年の出生率は1000人につき12.0人，死亡率は1000人当り6.0人で，自然増加率は0.06％であった．戦争直後のベビー・ブーム期を通りぬけた後，平均余命が男女とも世界の最高値に達した日本は，高齢人口国となっている．新生児の平均余命は，男性75.2歳，女性は80.9歳である．20世紀末から21世紀初頭には，社会福祉の拡充，高齢者の保護や，若年労働力の不足などが深刻な社会問題となろう．既婚婦人の正規雇用の導入，第3次・第4次産業部門の急速な成長，ロボットの大量導入などは，日本人がすでに労働力の需給関係の変化という問題に取り組みはじめていることを示している．

日本の主要地域

日本は国土がかなり小さく，しかも，ほぼ単一民族国家といってよい．しかし，国土は亜寒帯から亜熱帯にまたがって長く伸びており，山がちという地形的特性とあいまって，著しい地域差が生み出されてきた．この地域差は，ライフスタイル，方言，話し方，特産品，動植物相，歴史や経済の発展パターンの地域的差異のなかに反映されている．この地域差は一方では，都市と農村間の接近，迅速な交通・通信体系，精巧なマスメディアの発達などによって緩和されている．日本は今や都市化された村落と世界都市からなる国である．いくつかの小さな離島と交通路から孤立した山間の村だけが，僻遠の地として残されているにすぎない．

現代日本

この地図は，現代日本の土地利用と通信の主要な様相を示すものである．日本の土地利用の，ほぼ70％を占める森林と山岳（国定公園を含む）とともにすべての農業，道路，鉄道，産業・居住地の開発は，沿岸平野と，谷からなる土地の20％以下の地域に集中している．日本の太平洋沿岸，本州の瀬戸内海沿岸，四国，九州は，高度に開発された産業，居住帯となっている．

1960年代と1970年代に日本の大気，海，河川は，高度経済成長の副産物として，甚大な汚染を受け，水俣・新潟における水銀中毒の恐怖，四日市・

北海道

北海道は日本の北の境界地域である．大雪山と大雪山国立公園をいただく北海道は，森と川と険しい崖，なだらかに起伏する放牧場の島である．おおよそニューイングランドまたは南フランスと同緯度に位置し，北と東はオホーツク海，西は日本海，南は太平洋に囲まれている．その面積はアイルランドよりやや小さい8万3517 km²，人口密度は1 km²当り71人で，本州の5分の1以下である．北方に位置し，その沿岸がオホーツク海からの寒流に洗われているので，気候は本州とは全く異なる．気温が低く，降水量は少ない．梅雨がなく，台風の襲来も少ない．植物成長期間は年間120-140日にすぎない．近代以前には，北海道は米作の限界外にあったが，耐寒品種が開発された．今日では大量の米のみならず，家畜，酪農製品，魚類，ジャガイモ，その他の作物を生産している．人口150万の道庁所在地札幌は，近代における北海道開発の中心地であった．

1868年の明治維新前には，北海道は「蝦夷地（アイヌ人の土地の意味）」として知られ，他の日本人とは人種的に異なるコーカソイド系のアイヌ人が住んでいた．近代以前には，アイヌは北海道のみならず，本州北部，南樺太，千島列島にも住んでおり，鹿，鮭，アザラシの狩猟で生計を立てていた．その数は，今日では2万人以下となっている．いくつかのアイヌの習慣や祭や工芸製作が今日まで伝えられているが，その多くは観光目的である．

明治維新後，新政府は北海道開拓使を置き，植民に努め，ロシアの南進に先んじて北海道を占有した．北海道は，西欧の強い影響力の下で，本州からの日本人先駆者たちにより開発された．札幌農学校として創設された北海道大学は，科学者，宣教師，教育者でマサチューセッツ州立農科大学長であったアメリカ人，W・S・クラーク（1826-86）によって創設された．北海道開拓使に招聘された外国の専門家のなかには，農政家のH・ケプロン（1804-85）も含まれていた．西洋の穀物や酪農技術が早くから取り入れられ，小麦，豆類，ジャガイモ，燕麦，甜菜が栽培されてきた．米作も盛んである．日本の牧草地の90％は北海道にあり，酪農製品の生産でもほぼ同じ割合を占める．森林に恵まれた土地，牧草地や牛の群，あるいは大農場とサイロが存在する景観は，ニューイングラ

川崎・尼崎のような場所での呼吸器疾患の重大な発生率は，市民にも当局にも環境保全と産業汚染に対する責任を企業に引き受けさせる基本法制定の必要性を確信しめるに至った．

右　北海道庁の所在地で，1980年の冬季オリンピック・ゲームの開催地であった札幌は人口150万の繁栄する都市である．19世紀には，ここはアイヌ人の小屋と本州からの少数の移民がいるだけのところであった．政府後援の開発事業の中心として札幌は急速に成長した．京都のように，碁盤目状に街路が走り，札幌は最近まで産業としてはこれといったものはない，主として行政と商業の中心であった．1876年ウィリアム・S・クラークによって創設された札幌農学校で，クラークとホーレス・ケプロンはニューイングランドの農業実務のみならずキリスト教の信条も北海道に紹介した．今日，札幌は冬季スポーツの中心で，また2月の第1週に開かれる，年1回の雪の祭典の開催地であり，そこで日本の歴史，伝説，スポーツや漫画にテーマを求めて，チームで見事な雪の彫刻の建設に競い合う．

ンドを思わせる．個々の農家の経営規模は，南日本より大規模で，人口密度はより小さい．林業，漁業も重要な産業である．工業開発はとくに道南を中心に盛んに行われている．

　日本の北方領土問題は，江戸時代にはじめてもちあがった．1855年の日露和親条約は，千島列島のウルップ島以北はロシア領，択捉（えとろふ）島以南は日本に属するものと規定している．両国籍をもつ人々は樺太（サハリン）に定住することを認められていたが，1868年の明治維新後，日本は樺太から撤収し，北海道開発に専心する道を選んだ．境界を公式に確定した1875年の条約によれば，樺太はロシアに与えられ，すべての千島列島は，その北洋漁業権とともに日本に帰属するとした．第2次世界大戦後，千島列島と沿岸漁業権は日本にありとする日本の再三再四の抗議にもかかわらず，ロシア（旧ソ連）は択捉（えとろふ），国後（くなしり），色丹（しこたん），歯舞（はぼまい）諸島を占領し，今日も保有し続けている．この問題は，第2次大戦後，未解決のまま残されている唯一の紛争で，ロシアとの平和条約締結の妨げとなっている．

上と左　19世紀の開発以来，北海道は農業，林業，漁業，鉱業の中心で，製造工業は小規模なものであった．厳冬と短い植物成長期間のために，農業は日本の他のいずれの場所よりも大規模で，より機械化される傾向にある．酪農場も盛大である．米も成育するが，ジャガイモ，豆，小麦，燕麦，甜菜もまた重要なものである．北海道は，今日でも何千ヘクタールもの山岳，森林，荒涼とした海岸線をもつ日本の北の辺境であるが，その環境は農業，工業，住宅開発による強烈な圧力を受けやすい状態にある．その過程で，この島の豊かであった野生の生命は減少したり，ある場合には絶滅に瀕してさえいる．

本　州

本州は面積23万1000 km²で、イギリス本土より大きい。人口密度もはるかに高く、1 km²当り404人となっている。本州は、脊梁山脈弧により、いくつかの地域に分断されているが、緯度といずれの海に面しているかによって、はっきりした特徴をもっている。本州の沿岸地帯は何世紀にもわたって日本の米作農業の中核地帯となってきた。この地帯はまた、人口稠密な都市が立地し、重要な工業開発が行われたところでもある。

青森、岩手、秋田、山形、宮城、福島の6県よりなる本州の東北部は、東北地方として知られている。伝統的に、日本の穀倉地帯と呼ばれてきたが、今日でもぬきんでた農業地域で、仙台や巨大な東京・横浜市場に米や他の農産物を供給している。東北地方北部の農業経営規模は、北海道の酪農農家よりは小さいが、国全体の平均よりは大きい。今日、東京から盛岡までを結ぶ東北新幹線の窓から、広い沖積平野に規則正しい碁盤模様で広がっている水田を眺めることができる。米作は高度に機械化されてきた結果、今日では農民たちが水田に腰をかがめて田植えをしたり、除草に従事している姿を見ることはほとんどできなくなった。

寒冷な冬が長いので、二毛作は困難である。そのため、米価は政府により保証されてはいるものの、東北地方の農家は日本東南部の農家に比して一般に恵まれていない。林業と漁業も重要であり、さらにいくつかのハイテク産業地区が成長しつつある。観光も主要産業の一つで、松島、十和田湖、陸中海岸国立公園、磐梯朝日国立公園などは、すべて多くの観光客をひきつけている。磐梯山（1819 m）は今も活動しており、1888年の爆発では400人以上の犠牲者を出した。ダムの建設と東北地方への新幹線の拡張は、この地方に多大の繁栄をもたらしてきた。東北地方の中心都市は、大名の伊達政宗（1567-1636）の城下町として成長した仙台である。仙台は、広瀬川が貫流する沖積平野に位置する。電子製品、特殊鋼、合成樹脂、工作機械などの工場や国立東北大学をかかえる繁栄する産業・大学都市である。

関東地方は、広い関東平野上に東京を中心に広がる七つの都県から成り立っている。それらは、神奈川県、東京都、埼玉、群馬、栃木、茨城、千葉の各県で、伊豆諸島と小笠原諸島は行政上東京都の一部である。関東平野には、本州中部の山岳部に源を発する数本の河川が流れている。この地方は北と西は山岳に囲まれ、東と南は太平洋に面している。かつて幕府所在地であった関東地方は、近代日本発展の中心ともなってきた。千葉-東京-横浜を結ぶ首都圏は、2500 km²の土地に1985年の時点で2500万以上の人口をかかえる、日本最大

完全に円錐形をした秀麗な富士山は、富士-箱根-伊豆国立公園の中空に3776 mの高さでそびえ立っている。富士山はここ何世紀もの間活動していない。過去18回の爆発が記録されており、最悪のものが800年、864年、1707年にあり、江戸の町を15 cmもの厚さの灰でおおったことがある。この火山は何世紀にもわたって芸術や文学のなかで称賛されてきており、古来より聖なる山とされてきた。明治維新までは、女性の登山は禁じられていたが、今日では毎年六つの登山道を通って30万人以上の人が登山する。

の人口集中地である．この首都圏は政府の所在地であり，産業，大学と文化施設のこの国最大の中心地でもある．工業は京浜（東京-横浜）地帯と千葉県に多く立地しており，その業種は石油化学，自動車，ロボット，電子機器，精密機械，繊維製品に及んでいる．

関東平野の多くの部分は住宅，商業または工業施設の建設のために蚕食されてきたが，残された部分では今日でもなお集約的な農業が行われ，米，茶，豆類，野菜や他の農産物が東京大都市圏市場向けに生産され続けている．ここでは，養蚕業のための桑の栽培も続けられている．植物成長期間は平均215日である．

中部地方は，この国の高峰のいくつかを含む日本アルプスをはさんで日本海から太平洋側まで広がっている．中部地方は新潟，富山，石川，福井，長野，山梨，岐阜，静岡，愛知の9県からなっている．前4県は，北陸地方として知られている．気候は地域により著しい差がある．日本アルプスが，この地方を日照の多い太平洋側と，より寒冷な日本海側とに分けている．今世紀の経済発展では日本海沿岸は太平洋側に立ち遅れたが，上越新幹線が新潟まで敷設されたことにより，また変化をみせてきている．北陸も東北地方同様，水田稲作地域で，新潟県はその最大の産地である．植物の成長期間は太平洋岸より短く，一毛作が普通である．2000 mmから2500 mmに達する降水量の多くは，冬期の降雪によるものである．太平洋側は一般に日照に恵まれ，降水量は1500-2000 mmほどで，梅雨期や台風の時期に雨が多い．太平洋岸地帯では，静岡は蜜柑と茶で有名で，山梨は葡萄と桃を産する．長野県は「日本のスイス」と呼ばれる山岳県で，第二次世界大戦以前には養蚕で著名であったが，今日では主として観光と果樹栽培で知られている．太平洋岸沿いの静岡と愛知の両県は，東海地方と呼ばれている．両県では沿岸や近海での漁業が盛んであったが，工業化とそれに伴う海域汚染が漁業に大きな影響を及ぼした．静岡はそれでも，焼津という良港をもち，大きな漁獲水揚を得ている．

中部地方の太平洋側の最大の都市・産業の中心地は，人口200万を超える名古屋である．名古屋は，古くから東海道上に位置し，17世紀以来尾張藩の城下町として発展してきた．1692年にその人口は4万にすぎなかった．19世紀末に名古屋は，東京-大阪間の鉄道の重要な接続点であった．第2次世界大戦中の爆撃により破壊された後，名古屋は完全に再建され，その近くにはトヨタの本拠地があり，日本における自動車生産の主要な中心地の一つとして栄えている．北陸地方の主要都市としては，新潟と金沢があげられる．石川県の県庁所在地である金沢は，16世紀末以来富裕な前田家の城下町として栄えてきた．第2次世界大戦中の爆撃を免れたこの都市は，特に陶芸・漆工・染織に代表される工芸の中心地である．金沢には，封建時代の名残りをとどめる古い武家屋敷が残されている．

大阪，京都，神戸，奈良の諸都市は，関西地方の中核をな

下 都市の街路は車の渋滞と駐車場の不足のため，通勤者は学校や会社への往復には，多くの場合，電車やバスに依存している．最寄りの駅へは，自転車が人々を運んでくれるが，駐輪場所の問題が新しくおこり，住民の我慢はほとんど限界に達している．1986年には，日本の自動車工場は781万台を生産し，うち457万3000台を輸出しているが，同年の自転車生産台数は658万3000台で，うち輸出はわずかに68万2000台である．

日本の地理

左 日本人はいつの時代でも、海から漁獲を得てきた。今日、この写真に見られるような小舟は岩手県の浄土ヶ浜のもので近海漁用であるが、一方近代日本の漁船団は世界の海を走りまわり、日本市場への供給を続けている。

左下 火山国日本は数多くの温泉に恵まれている。山岳地帯にも海岸沿いにも何百という自然の温泉保養地がある。熱海・有馬・別府のような有名な温泉地は、大規模の商業化された歓楽センターであるが、この写真の温泉は、日光国立公園の山奥深くにあり、簡素な野天のものである。何世紀も前から、日本人はこれらの温泉を保養と医療目的で利用してきた。

下 雑踏する近代港湾都市神戸は、小さな前近代的な兵庫港から発展してきたものである。兵庫の港は、1860年代に西欧の圧力の下に開港されたものの一つであるが、それ以来日本の最も国際的な都市となった。背後は峻険な山で、この近代的な港は、海の埋立てによるポートピアのようなかたちで伸展の道を求めている。

27

日本の地理

左　1945年初頭の焼夷弾爆撃により瓦礫の原と化して以来，東京は数次にわたって再建されてきた．東京の中央部は今やコンクリートとガラス，高架の高速道路と地下商店街の巨大都市となっている．かつては江戸から諏訪への甲州街道の宿場であった新宿は，現在東京の最も繁忙な鉄道ターミナルと商業センターとなっている．流行の先端をいく商店街と百貨店の頭上に40階以上の摩天楼がそびえる．新宿は最も活気ある歓楽境の一つとなっている．

している．話し方，食物，習慣は東京を中心とする関東のそれと異なっている．794年から1868年まで日本の首都であった京都は，宮廷風の過去と，大学都市・工芸品生産の中心，最新のハイテク産業の中軸としての現代の繁栄の姿を併せもっている．京都は人口140万の活気のある都会で，静寂な神社・仏閣と宮殿，混雑する商店街，手工芸品，セラミックなどのハイテク産業とその研究センターが混在する都市である．

関西地方のなかで，滋賀，三重，京都，奈良，大阪，和歌山，兵庫の各県が近畿地方を形成している．この地方の工業の中心地は，大阪-神戸間を中心とする阪神工業地帯である．大阪は大和川と淀川によって作られた三角州に立地しており，ある時期には「八百八橋の町」とか「日本のヴェニス」と呼ばれたこともあるが，現在では都市開発のために古くからあった運河網の大半は失われた．17世紀以来商業の中心地であった大阪は，米の主要市場・日本の「台所」で，活気あふれる都市文化の中心として発展してきた．現在は，人口260万をかかえ，東京につぐ日本第2の商・工業都市となっている．工業生産の面では，大阪府は東京について2位で，兵庫県は第6位である．神戸は西日本における最も重要な国際港で，年間1万隻以上の船舶を処理している．水深の大きい天然港として知られ，日本の歴史を通して外国との交易に重要な役割を果たしてきた．19世紀中期に外国船に開放された港の一つで，神戸は今日でも西欧風の建物を多く成し，国際都市としての香リを漂わせている．大阪をめぐる沿岸地帯は，大規模に埋め立てられてきた．計画中の新大阪国際空港は，大阪湾内の埋立地の上に建設されることになっている．電子機器，コンピューター，合成樹脂，化学製品，金属，ロボット産業を含む日本の巨大企業では関西を本拠とするものが多い．この地域の農業は小規模・集約的で二毛作が普通である．その生産物は，関西市場向けの果物，野菜，神戸牛を含む畜産物である．

本州の西部は，中国地方として知られ，鳥取，島根，岡山，広島，山口の5県からなっている．この地方は中国山地によって，日本海に面する山陰と，瀬戸内海に面する山陽の二つの地帯に分断されている．山陽地方を含む瀬戸内海沿岸は急速な発展をとげてきた．たとえば，1945年の原子爆弾により廃墟と化した広島は，今や人口90万を超える工業都市となっている．反面，山陰地方は工業開発が遅れ，林業，畜産，漁業に依存する割合が大きい．

四 国　　　　　　　　　　九 州

　四国という名称は，この島に古くから讃岐(現香川県)，阿波(現徳島県)，土佐(現高知県)，伊予(現愛媛県)という四つの国が存在してきた事実に由来する．瀬戸内海と太平洋沿岸の平野を除いて，四国は山地の多い島で，広さはサルディニアにほぼ等しく，400万の人口をかかえている．徳島付近と香川県から愛媛県におよぶこの島の北部は，瀬戸内海工業地帯の一部となっている．対照的に四国の南部は，柑橘類，林業，漁業が盛んな地域である．植物成長期間は著しく長く，260日に達する．この島は，古くから観音霊場八十八カ所をめぐる巡礼の地で，それは今日もなお行われている．

　瀬戸内海の大部分は国立公園に指定されている．白砂の浜，松の樹におおわれた小島の群，峻険な断崖，波の上にただようかのように見える厳島神社を含む，目をうばう美しい風致区域をもっている．この地域はさらに，船舶がひっきりなしにいきかう，活気のある漁業・工業地域でもある．瀬戸内海を囲む11の県は年間何百万トンもの鉄鋼，化学薬品，石油化学製品，パルプ，紙と石油を産出する．しかし，産業活動と大規模埋立は沿岸各地を荒廃させ，水の汚染をもたらし，漁場に問題をもたらしてきた．

　古い時代の「九つの国」を意味する九州は，台湾よりやや大きい山地に富む島で，都市化・工業化した豊かな北部と，今なお主として農業に頼りがちな南部とに区別される．暖かい気候と長い植物成長期間のために二毛作が容易であるが，耕地はきわめて少ない．九州は本州と，潮流の激しい関門海峡にかかる関門橋(1500m)と，新幹線用・鉄道・国道の走る3本のトンネルで結ばれている．北九州は，初めは絹と綿の生産，ついで1900年頃より八幡製鉄工場(現新日本製鉄八幡工場)における鉄鋼生産で，近代を通して重要な工業地域となってきた．製鉄には，九州産の石炭と中国から輸入される鉄鉱石が用いられた．1963年に門司，小倉，八幡，戸畑，若松の5市が合併して，北九州市が誕生した．北九州市と福岡市は，それぞれ100万以上の人口をもつ．

　福岡の東南に荒野の景観を呈する阿蘇国立公園があり，その中央には活火山で巨大なカルデラを備えた阿蘇山がある．活動中の中岳の噴火口は，さしわたし600mと1200mの楕円形をなし，深さは160mである．噴煙とガスが山腹の割れ目から，恐ろしい勢いで吹き出している．

　長崎は，大陸と南方に向けて開いている，深く湾入した長

下　日本の経済は原材料の輸入と完成品の輸出に依存している．適地が不足しているところから日本のコンビナートは，海の埋立地にその多くが建設されてきた．倉敷付近の水島大工業団地は高梁川両岸の埋立地に建設され，石油精製，石油化学，鉄鋼その他の重工業が含まれている．産業開発とそれにともなう汚染は，その初期の段階では瀬戸内海のこの地方の漁業に重大な衝撃を与えた．

左と下　世界一のカルデラをもつ活火山阿蘇は，九州熊本県の阿蘇国立公園の中央に位置する．阿蘇山は，5座の火山峰の総称で，そのなかで中岳（標高1323m）の活動が最も激しく常時，黒煙をもくもくと吐き，火山灰を噴出している．硫黄分を含む風景は，荒涼とした地味な美しさを呈している．五つの峰の北と南に，古い火山の噴火口であった二つの荒野が広がっている．他の国立公園同様，阿蘇山も数多くの観光客を集め，その多くは日曜祝日の休日を利用して頂上へのドライブと中岳の灼熱火口の俯瞰を楽しんでいる．その周辺には広さ400km²にいくつかの町村があり，人口5万6000人が生活しており，日本各地に見られるような農村風景が広がっている．

崎湾頭に位置する．長崎は，16世紀以来，イベリア諸国，イギリス，オランダ，朝鮮，中国との貿易の港であった．17世紀初頭，他の西欧諸国が日本から追放された後，いわゆる鎖国時代を通じてオランダは長崎湾に浮かぶ扇形の小島である出島で，貿易に従事することを認められた．近代になっても，長崎は商業都市としての性格を維持し続け，明治，大正時代を通して中国と東南アジアとの交易を行ってきた．天然港に恵まれ，長崎は造船業の中心地ともなってきた．1945年8月9日原子爆弾により破壊され，7万3000人以上が死亡し，その後数多くの人々が放射能による疾病で死亡してきた．再建された長崎は，再び活気のある商・工業都市となっている．三菱は，この地に造船，製鉄，機械工場をもっている．造船と製鉄業は近年不況であるが，三菱は今日でも地域の大きな雇用者である．長崎は台湾と中国大陸との貿易促進を目指している．

　鹿児島は人口ほぼ50万人で，南九州での最も重要な都市である．鹿児島は，湾を隔てて活火山桜島を望むすばらしい位置にある．鎌倉時代以来，この地域は島津家によって支配されてきた．鹿児島の青年武士たちは，明治維新に際して重要な役割を演じた．この地域は，焼酎と陶器で有名である．桜島は霧島屋久国立公園の一部で，この国立公園には20ヵ所以上の噴火口と杉の原生林を有する屋久島と標高1930m以上の宮之浦岳が含まれている．

日本の地理

沖縄

琉球諸島中最大の島，沖縄は長さ140km，幅は3-19kmである．沖縄の亜熱帯性気候は，降霜がなく，通年植物成長期間である点で，日本の他の地域の気候とは異なっている．沖縄ではかつて工業が発達せず，鉱物資源もわずかであった．そのため畜産，漁業，砂糖，パイナップル，煙草が収入源となってきたが，米，サツマイモ，絹の生産は減少あるいは低迷を続けている．いくつかの民芸品，特に紅型として知られる染織品と陶器は復調した．それでも沖縄の経済は，サービス業と観光業に強く依存している．

琉球諸島は，日本と中国の中間に位置するので，伝統的にその強力な二つの隣国との関係を維持しなければならなかった．1609年以来，薩摩の島津家は沖縄を支配し，砂糖産業を開発し，それを大阪市場に売却することで巨利を得た．1868年以後，明治新政府は琉球王国を接収した．琉球に対する中国の要求は日清戦争で終焉した．日本は第2次世界大戦の終息まで沖縄を支配していたが，その後沖縄は1972年の日本復帰まで，アメリカ合衆国の支配下にあった．沖縄の断崖や洞窟は，1945年4月から6月にかけての連合軍と日本軍との間の最も苛烈な戦闘の痕跡を留めている．約14万という沖縄の非戦闘員が殺戮され，古い建物の大半は瓦礫と化した．

現代の交通

現代の航空，道路，鉄道交通は，ここ20-30年の間に，列島の島々をはるかに緊密につなぐこととなった．新設の高速道路，橋梁，トンネル，信頼のおける鉄道輸送，新幹線，航空便の増便のすべてが日本の地域差の解消と列島再構成のために，その役割を果たしてきた．新幹線は特に顕著な影響を及ぼした．最初，京都，大阪，広島，福岡を東京とつなぎ，この高速列車はつぎに新潟と盛岡へと延長された．この新幹線は，将来，本州の北端青森までと北陸沿岸に沿って拡張される予定である．新幹線が敷設されたところではどこでも，商業や住宅が新しく開発され，それは回廊状にメガロポリス化を促進してきた．青森と函館の間に新設された青函トンネルは，北海道を本州と接続し，北海道の一層迅速な発展に寄与することであろう．1988年4月に開通した瀬戸大橋は，四国と本州を連結した．もっとゆっくりと，近代化されていない日本を探し求める旅行者も，これらの都市化された回廊を渡って移動しなければならなくなっている．それでも，金沢，熊本，長崎，鹿児島など，新幹線によってまだ大都市回廊と結ばれていない都市には，より「地方的」な雰囲気が残っている．これらの都市も遠からず，新幹線網のなかに組み込まれていくのであろう．一方，日本人は21世紀に向けてリニア・モーターカーによる次の世代の高速鉄道輸送を積極的に開発しつつある．

下　日本列島は，南は亜熱帯の沖縄（本写真）と琉球諸島から北はシベリア気候の北海道と千島列島へと弧を描いて伸びている．古くから，琉球諸島は中国の影響を受けて，日本と大陸との間の文化の踏石の役割を果たしてきた．琉球王国は，彼らの独自の文化を発展させてきた．琉球は，17世紀初頭に中国から薩摩藩に支配が移り，砂糖の供給源として開発された．

原始古代

日本人の祖先は誰なのか？ 彼らの起源は何なのか，そして何時，われわれが今日，日本と呼んでいる灼熱の火山列島に住み始めたのか？ 残された記録は，日本語によるものであれ，中国語によるものであれ，いずれもあまり役立つものではない．最古の史料である『古事記』と『日本書紀』の編纂はいずれも西暦8世紀初頭に始まっている．『日本書紀』はその後編の部分では，歴史学者にとって有用な，しかも詳細な年代記となっている．『古事記』と『日本書紀』の冒頭の部分は，この国の神話的起源と高天原にいた神々の支配的権力の伝承を記述しているだけである．日本は「倭」という名で，西暦1世紀から中国の史料に現われているが，中国の初期の史料に現われる日本に関する記述は魅惑的ではあるが，それらは直接観察し，接した結果記されたものではなく，伝聞に基づいて書かれたものである．

日本の文化の発祥を徹底的に調査するには，考古学者の調査結果に依存せざるをえない．幸いにも，考古学研究は日本では第2次世界大戦後発展し，これにより日本社会の最も初期の様相を理解しうることとなった．日本考古学の科学的研究は，19世紀後半，アメリカのE・S・モース（1836-1925）の影響で始まった．モースは東京大学の動物学教授として在任中，東京近郊の大森貝塚を発掘し，1879年本件について最初の書物『大森貝塚』を発刊した．モースに続いて20世紀初頭までに，日本の考古学者は遺跡を重点的に発掘し，縄文時代と呼ばれる初期の文化を分類した．その結果，大森貝塚は紀元前3000年の遺跡とされた．

これらの戦前の前途有望な展開は，日本が軍国主義的な皇国史観に巻き込まれるという政治風土の変化によって阻止されてしまった．1930年代から1940年代初頭にかけての思想統制による弾圧の下に，日本の国は，帝位についた天照大神の後裔である神武天皇によって，前660年に国家統一がなされたという，天皇家を中心とする神話が事実のように教えられた．日本社会の起源についての活発な神話に対する批判的研究は挫折したのである．考古学者たちの発掘作業は可能ではあったが，国の神話を何らかの形で修正することになるかもしれない学説を公表することは投獄されることを覚悟しなければならなかったのである．

考古学者は，歴史学者とともに，戦後，神話のタブーが解かれると発表の自由が得られた．学者たちは日本の経済，産業の復興とそれに基づいて迅速に進展する技術的専門知識を利用することができた．戦後，数万カ所の遺跡が，精細な層位学，放射性炭素年代測定法，動植物遺体の実験分析といった最新技術を駆使して発掘が進められた．経済の急速な発展は数々の重要な発掘物に輝きを与えたが，同時に多くの物が新しく流し込まれたコンクリートの下に埋没してしまっている．多くの場合，新しいビル，住宅開発，地下鉄，空港，高速道路建設のためのブルドーザーの刃先を引き留めておいて，その間に研究者は緊急発掘をしなければならなくなっている．日本人のあらゆる年代層が，その社会と文化の起源に寄せる強烈な魅力により，考古学への熱中に拍車がかけられた．日本中の各書店には考古学に関するコーナーが設けられ，小規模の発掘も，1972年に開かれた高松塚古墳の壁画のような重要な発見も大小さまざま，新聞紙上やテレビニュースで報道されている．

これらの考古学的発掘によって日本の先史の限界は着実に，より古代へと押し上げられることになった．50年前には，日本での人類活動の発祥は縄文時代（前1万2000－前300年）であったろうとされていたが，今や，縄文時代以前にも豊かな旧石器時代の文化が存在し，日本列島の島々にはおそらく30万年前に人が住んでいたことが明らかになっている．

日本の先史時代は一般に四つの段階で論じられる．それぞれの段階は独自の顕著な特徴をもっているが，それでも4段階を通じて強力な連続性が厳存している．それはいつも一様なものとはいえないまでも，累積的な文化の発展を探知することができる．何千年もの間に，石器時代から土器製作と狩猟採集段階を経て，金属器使用の農耕社会へ，何万，何十万という労働力を必要とする巨大古墳の建設を可能とする力をもった在地首長によって特徴づけられる古墳時代へと漸進的な変化があった．一つの段階から次の段階への推移は，大陸からの人々の流入と折々の局地的な征服に関係があったかもしれない．しかしながら，それらの変遷は外部からの征服

旧石器時代		
初　期	約300000 －	30000年前
後　期	約30000 －	12000年前
縄文時代		
発　端	前12000 －	7500年
最初期	前7500 －	5500年
初　期	前5500 －	3500年
中　期	前3500 －	2500年
後　期	前2500 －	1500年
最後期	前1500 －	300年
弥生時代		
初　期	前300 －	100年
中　期	前100 －後	100年
後　期	100 －	300年
古墳時代		
初　期	300 －	400年
中　期	400 －	500年
後　期	500 －	650年

上　1877-79年，東京大学で新設の動物学教授として在勤したアメリカの動物学者E・S・モースは日本文化と日本における西欧科学の研究に重要な貢献をした．モースは大森貝塚を発見し，日本の縄文文化について啓蒙的役割を果たした．

右　旧石器時代の日本
1946年岩宿遺跡での最初の発見以来，日本における旧石器時代文化の存在が確認され，その遺跡の年代は，放射性炭素年代測定法やその他の近代技術によって少なくとも3万年前に遡るものとされるに至った．最近発掘された宮城県高森遺跡からの石器は30万年前のものと思われる．現在，日本では2000カ所以上の旧石器時代の遺跡が確認されている．これらの遺跡からは石斧，ナイフ，掻具，石の薄片，刃物が出ており，より後期の旧石器時代遺跡からは黒曜石でできた数多くの細石器が出ている．

挿入地図　大陸との地橋
地質学的証拠や大陸を原産地として今日も残存している植物・動物の化石遺物などによって更新（洪積）世後期の間氷期には日本はアジア大陸とつながっていたことがわかる．旧石器時代の狩人たちは，マンモス，ナウマンゾウ，オオジカ，小動物などの後を追って，今日の対馬（朝鮮）海峡を渡り朝鮮から日本へ，あるいは宗谷（ラ・ペルーズ）海峡を渡りシベリアから北海道へと渡来した．琉球諸島北部と北海道・本州間のより深い海峡も，短期間は地続きの橋として使われたようである．日本が地誌学的に孤立するのは，巨大な氷河の融解とそれに伴う海面の上昇により，現在日本列島となっている島島の間を切り離した海峡が作り出された時期で，約2万年前からである．

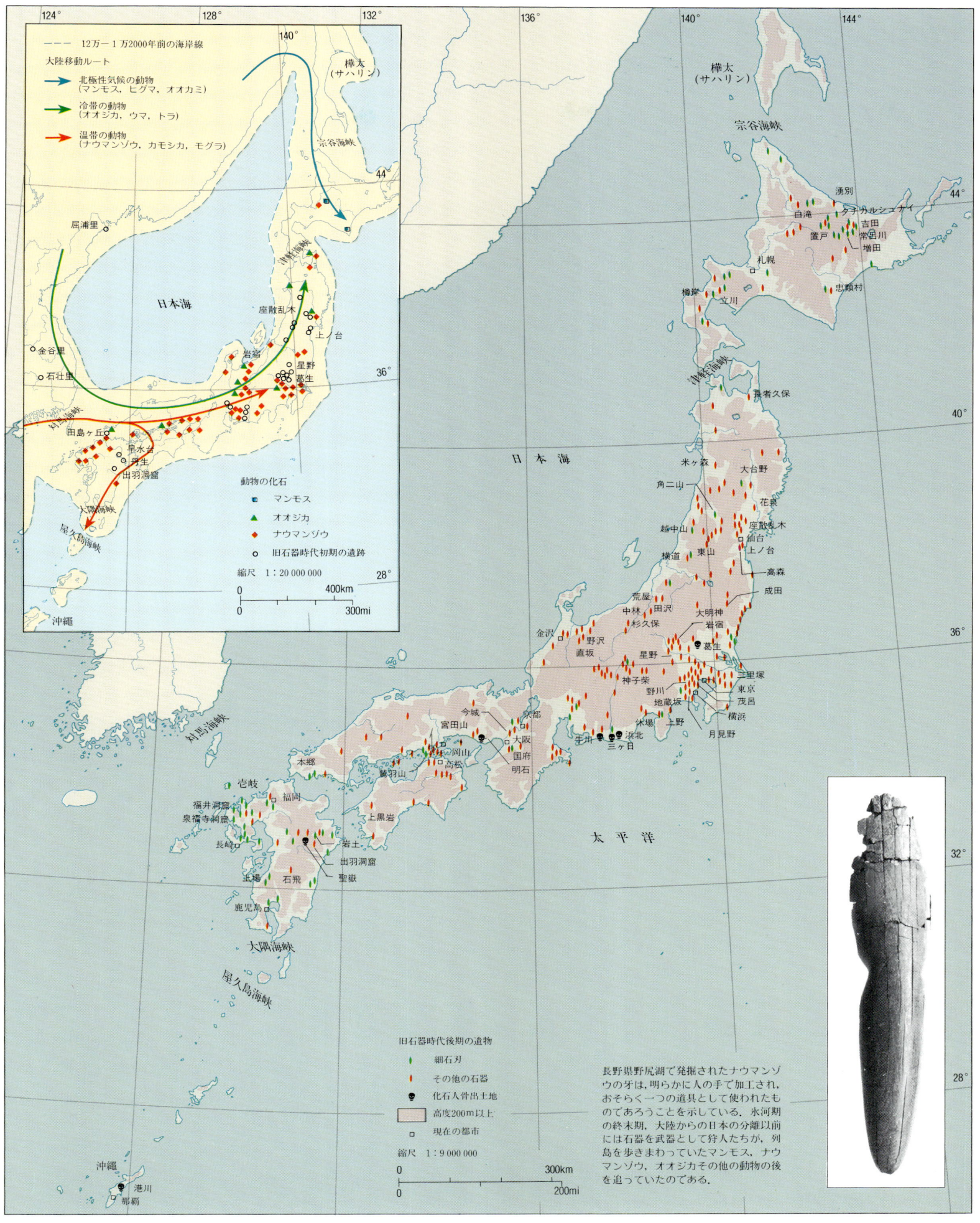

よって特徴づけられたのではなく，むしろ，より古い文化の上をおおう新技術の増加によって形成されていったもののように見える．これらの技術の大部分は，元来は大陸から渡来したものであったが，その普及と実際的発展の多くは日本で行われたもののようである．このようにして，石器と縄文文化の影響を受けた土器の様式は，金属器と農業技術の導入後も永く持続したのである．

日本の先史における最も初期の段階は旧石器時代で，石の道具，武器を駆使する狩猟採集の時代で土器を制作する技術はまだ知られていない．これに続いて，西暦前1万2000年前頃，「縄文」すなわち縄の模様という非常に顕著な土器模様から知られている土器をもつ新石器時代がくる．前300年頃，縄文文化は，金属器の使用，織布・農耕に従事する人々の弥生文化によっておおわれてしまう．さらに西暦300年頃から，文化的風景は，大和地方を中心に，巨大な墳墓が出現するに及んで一変してしまった．この墳墓の様相は，日本にはじめて明確に政治的統一体＝国家と定義しうる大和政権が出現したことを示している．

これらの文化に異なった名前が与えられているように，この三つの文化の間には断絶があったと考える向きもある．後を引き継いだ文化形態に非常な違いが生じているところから，おそらく外部からの侵入による文化的断絶があったと考えるのは容易である．歴史学者と考古学者のある人々は，弥生時代か古墳時代のいずれかの時代に国外からの侵入があったことを示唆している．食事と生活様式で作り出される体格に変化があったことは事実である．しかしながらこれらの文化は，朝鮮半島，中国，千島列島経由でアジア北部のいずれからか渡来した少数の移住者の新技術に大きな影響を受けたとはいえ，民族の交替があったとはいえない．新しい文化の定着は，各時代の社会のいくつかの集団に担われて基本的には継続的に発展したのである．

最初の道具作り—旧石器時代文化

高森のような遺跡からの発掘品を放射性炭素年代測定法にかけることによって，石製道具や武器を作り使用した人々がこの列島に，30万年前，おそらくは，もっと早い時代から住んでいたことがわかる．洪積世の氷河期，海が遠く沖へ退いていた時期には，日本は周期的にアジア大陸と陸続きの状態を有した．北海道は今日宗谷海峡となっているところでシベリアとつながっていた．西日本は対馬海峡のところで朝鮮半島とつながり，さらに北海道と本州間，琉球北部と九州間も陸地で連結されていた．先端に石をつけた武器を携えた狩猟人の小規模な一隊がマンモス，ナウマンゾウ，オオジカのような野生動物の群を追って，これらの陸路を通って渡来したであろう．洪積世の後期は，また著しい火山活動の時代でもあった．火山灰が東日本の関東ローム層を形成したのであるが，その最上層から洪積世の遺物の発掘がなされているのである．

日本は火山土壌が酸性であるため，人の化石遺物は数多くは保存されない．この時代の人骨化石遺物が発掘されたとする遺跡は，明石，牛川，三ヶ日，浜北，葛生だけである．しかし，何百という洪積世遺跡からは動物化石，石器の剝片，小石の斧，刃，手斧，搔器，矢じりなどが豊富に出現している．約1万3000年前の頃，豊かな黒曜石の供給によって作られた非常に鋭い，しかも大規模な細石器生産の存在を示す証拠がある．

縄文土器

西暦前1万年の頃，世界的に温暖化傾向があり，西暦前3000年頃その最高度に達した．海面は高くなり，火山活動は減衰した．本州と北海道は再度切り離され，日本は今一度アジア大陸から分離し，地理的に，より顕著な孤島となった．大陸との連繋が断絶すると大型動物のある種のものは死に絶えたが，温暖な気候によって，それを補充する動植物の生命が残存した．

この頃になって，列島の住民たちは，粘土を紐状にして渦巻型に積みあげて土器を成型するという技法を会得した．この技法が輸入された可能性は高いが，明確な大陸製の縄文式土器は今のところ発見されていない．これに最も類似しているであろうとされるのは，シベリア東部のアムール川と朝鮮の遺跡からの縄模様の容器であろう．しかしながら，これらの発掘品は初期縄文土器より年代が後である．粘土を焼いて容器に成型するという技術は，食物の煮炊を通しての生活の向上，よりよい貯蔵法，身近な水源からより自由に離脱移動しうるという重要性を生んだ．縄状の粘土で作られた壺は，おそらく500-600℃というかなり低火度で，露天の穴で焼かれたのである．

前10000—300年の時期を縄文時代と称するのは，この非常に特徴のある土器の名称に由来している．「縄文」とは紐状の模様がついた，という意味で，多くの部分に，柔らかい粘土に紐や小枝あるいは竹を押しつけて模様をつけたものである．何千という遺跡が発見され，無数の壺や破片が慎重に分類されている．ほとんど途方に暮れるほどの多数の種類の縄文土器に順序をつけて整頓し，考古学者は普通年代によってあるいはまた異なる段階において主流をなしていた地域的な類型によって土器を分類している．早期と初期の縄文土器は西暦前1万1000-5000年のものであるが，典型的に底が円味を帯びているか尖っており，不安定に見える．これらの壺は屋外の炊事に用いられ，炉床の石と石の間に立てることができたり，あるいは柔らかい灰や砂の上にさして安定させたものであったのであろう．長崎県の福井洞穴と愛媛県の上黒岩遺跡とその他2，3の遺跡は放射性炭素年代測定法により1万750年（±500年）前のものとされた．これにより，早期縄文は明確に年代が指摘される最古の土器で，このような古い土器は世界中どこにも今のところ発見されていない．初期縄文，西暦前5500-3500年の時代になると，平底が通例のものとなり，それは壺類が屋内で使用されることが多くなり，屋内の乾いた土間の上に定置させねばならなくなったことを意味する．本州北東部と北海道南部では，すぐれた縄模様のついた円筒状の容器が作られていたのに対して，九州では杉綾模様が普通である．中期縄文土器は華麗な形態と表面の力強い装飾が特に印象的である．たとえば，新潟から出土した

縄文狩猟採集文化（西暦前約1万1000—300年）は，その名を豊かで特色ある「縄模様」（縄文）のついた土器からとっている．東京湾の夏島遺跡のようなところからの早期の縄文土器（次頁上段右の写真）は形態と表面の模様が単純で，一般に先底である．中期縄文（次頁下の写真）期になると，形態と縄，竹で作られた模様は複雑で，力強いものとなる．この写真のような，迫力ある形態のものには跳躍する炎やとぐろを巻く蛇，または人面などの飾りがついている．平底のものは，それらが屋内の平らな床に置くように作られたものであることを示唆している．縄文後期は，より落ち着いたものとなり，機能的にも多様になる．

中・後期の縄文遺跡からは，「土偶」として知られる動物や人型の儀式に関する土人形が数多く出土している．最初は平面の念入りに作られた像として，縄文後期になると，それらは数多く作られるようになる．人形の大部分は女性で，あるものは独特の雪めがねをつけたような顔をしている．多くのものが故意に打ちこわされており，それらは出産や疾病の苦しみを取り除いてくれる交感魔よけとして用いられたものと考えられる．

縄文中期の文化

石器時代・縄文狩猟採集文化（前約1万1000-300年）の生活様式を示すものが日本全国に散在する何千という遺跡から発掘されている．地図は主要な縄文中期（前3500—2500年）の遺跡を示している．東京—横浜間の大森にある貝塚では，縄文時代の人々は貝殻，骨ばかりでなく，石器，装飾品，土器，儀式上の人形（土偶）を残しており，非常に啓示的である．縄文は，地域による変異と，土器の形態に基づいて複雑に分類されている．ある遺跡は，屋内炉床を備えた一部水没の家屋遺跡群からなる半永久的な縄文村落の様相を呈示している．大湯の環状列石のような2，3の遺跡からは縄文時代の儀式習俗の証拠が呈示されている．温暖な縄文中期の間に，縄文人たちは沿岸地域を立ち去り，中部日本の高地をより多く利用する傾向にあったようである．

現在の東京周辺の関東平野（挿入地図）には縄文遺跡が点在している．大森，姥山（千葉県市川市柏井姥山），加曽利（千葉県千葉市加曽利町）の遺跡の分析は縄文社会と土器の様式の概略を設定する一助となっている．縄文中期に，関東地域と中部山岳方面に多数発見される2種類の土器は，力強いものである．全面に模様がついており，発掘遺跡の名をとり勝坂土器（神奈川県相模原市勝坂），阿玉台土器（千葉県香取郡小見川町阿玉台字先堂）とされている．

縄文時代中期遺跡

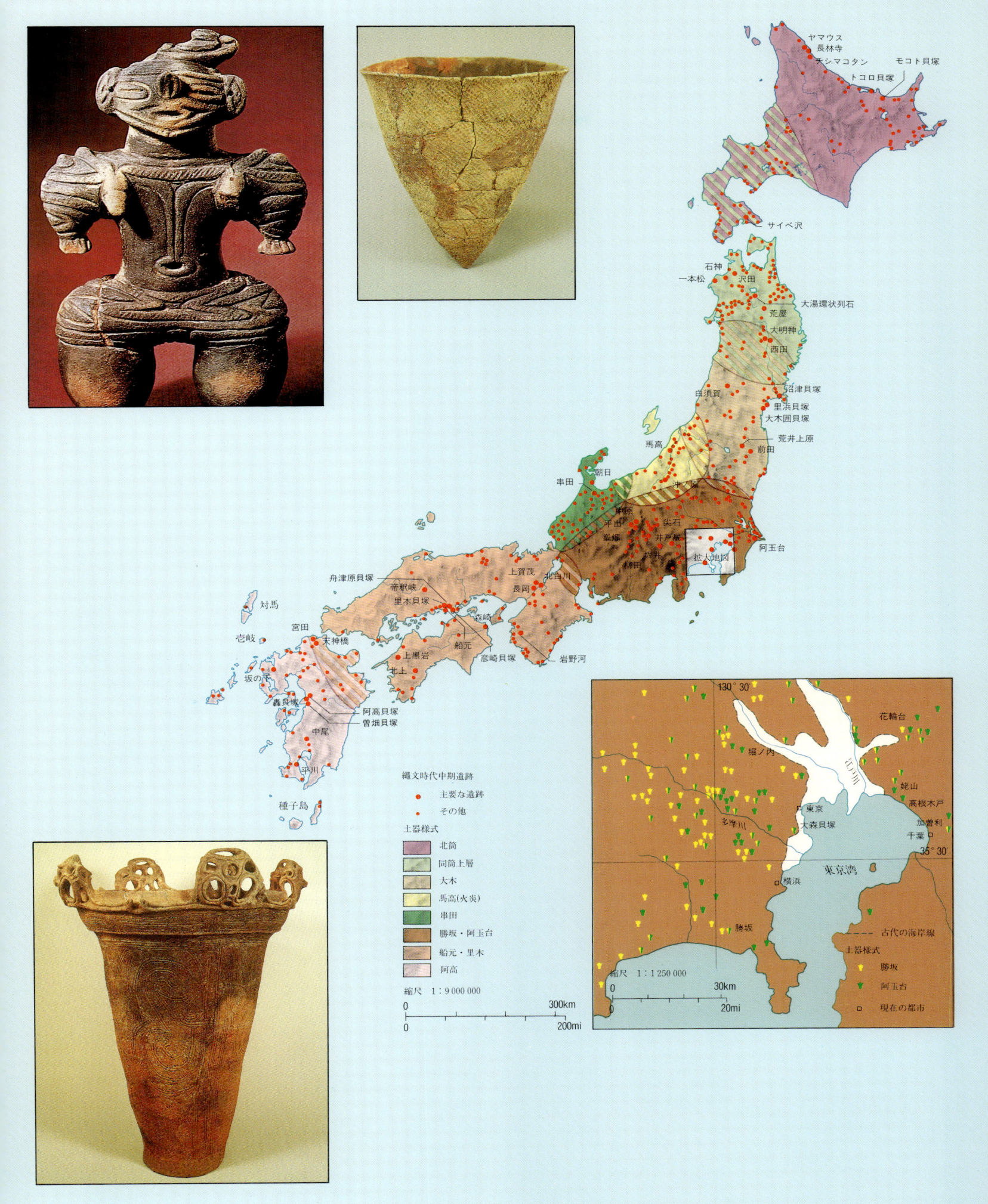

記号	内容
●	主要な遺跡
●	その他

土器様式
- 北筒
- 同筒上層
- 大木
- 馬高(火炎)
- 串田
- 勝坂・阿玉台
- 船元・里木
- 阿高

縮尺 1:9 000 000

0　　300km
0　　200mi

拡大地図

土器様式
- ▼ 勝坂
- ▼ 阿玉台
- ☐ 現在の都市

――― 古代の海岸線

縮尺 1:1 250 000

0　　30km
0　　20mi

東京湾

原始古代

火焔土器の辺縁には跳躍する炎が示唆されており，一方長野県から発掘された土器には蛇頭の模様がついている．これらの壺は実用性をもつと同時に，その風変りな装飾は儀式に関する目的を示唆している．西暦前2500-1500年の後期縄文では，数多くの異なった種類の，より実用的な容器が，数多くの地域で作られている．そこには実用と美的効果の点で，より大きな多様性が窺える．たとえば，日本の東北部から出土する亀ヶ岡式土器は，表面に研磨が施され，帯状模様がついた小型の壺を含んでいる．

土器を含め，われわれが今日縄文社会について理解しているところは，そのごみや貝の棄て場，すなわち貝塚と，食物，日常生活，埋葬の習俗を示す数多くの遺物を保存している縄文定住地近くで発見される貯蔵坑の発掘から得られたものである．縄文人たちは，木の実，果物，根茎，動物の肉，魚，貝類で生きる狩猟採集民であった．西暦前8000-3000年の頃の温暖化の傾向によって，沿岸および河口の三角州沿いでの貝類の繁殖が促進された．これらが初期縄文人たちへの豊かな食糧資源となり，その近接した地にかれらを定住せしめ，その後に貝殻の大きな堆積とその他の廃棄物を残したのである．これらの堆積のなかから，鹿，猪，熊の骨，何十種という魚の骨と貝の殻，石と木製の道具，弓と矢じり，釣鉤，おもり，銛の頭，櫂，骨製の針，装飾品，網の破片が出土している．

縄文中期の温暖な気候のなかで，落葉樹が繁茂し，数多くの大規模な縄文遺跡が，現在の長野県に当る中部日本の高地に建てられた．動物の狩が行われ，どんぐり，栗の実，胡桃やその他の木の実，やまのいも，山葡萄が採集された．西暦前2500年の頃，気候の悪化，より寒冷な冬，増大する豪雨のために，高地定住民たちは，より苛酷な条件に直面し，縄文人たちは再び沿岸地域に移動した．これは後期縄文期の典型的遺跡である大森，加曽利，姥山に見られる数多くの大型の沿岸貝塚の存在を説明しうる鍵である．

縄文人の定住地の多くは，少なくとも半永久的で，わら葺屋根の竪穴の家屋群で，各家には5人から6人が住んでいた．屋内中央の炊事炉は石板の列が敷かれ，五ないし六つの柱穴がそのまわりに掘られていた．後期縄文社会では，竪穴の広さが他の家より著しく大きいものがあるが，これらは儀式用の敷地であったか，おそらく村の首長の家であったのであろう．大部分の社会は，おそらく自給自足生活をしていたであろうが，それでも，沿岸地域から山間部の定住地へ塩の道が探し出され，山間部の原産地から沿岸地域へ道具の材料として黒曜石や石が移動するという局地的または地域的な交易が行われていたといういくつかの徴候がある．後期縄文人たちが農業に従事していたか否かについては相当の議論が交わされている．ある学者は，雑穀や紫蘇の栽培を指摘し，芋類の焼畑農業の存在を認めているが，縄文人たちは特定の植物をどこで見つけうるか，あるいは水さらし法などによる植物からのタンニン濾過法，食物の貯蔵，塩漬法は知っていたとしても，農業の組織的展開までには至っていなかったといえよう．

縄文期の土器やその他の遺物から，これらの人々の芸術的な，そして宗教的な造形について，いくらかの洞察を得ることができる．迫力のある土器は必ずしも一般的なものではなく，個々のものは，それ自体創造的で特異な作品であった．ある種の大型の甕は，中期および後期縄文では，子供の埋葬用に作られている．甕はまた宗教上の奉納物の埋蔵にも使われていた．いくつかの男根像が家の敷地や丘陵の側面で発見されている．縄文時代の最も印象的な文化遺物は「土偶」として知られている石と粘土製の彫刻である．土偶は南は九州から，北は青森に至る各所で発見されるが，縄文中・後期，この国の東北部でしだいに手の込んだものとなっている．これらのものの多くは，明らかに擬人化したもので面をかぶったような顔と目の飛び出た妊婦に似たものである．それらは出産の苦しみを軽くし，疾病を軽減し，模擬埋葬をする意図で作られたもののようである．多くの遺跡でそれらは疾病が病人から土偶に移し変えられるように祈る儀式のなかで用いられたかのように，破壊された状態で発見されている．東北地方では，数多くの環状列石の遺跡が確認されている．秋田県の大湯では2カ所で環状列石が発掘され，一つは，男根を意味したと思われる1個の直立する石を取り囲んだものである．山形県の金成では，中央の石は高さ1.5mの広い石の輪で囲まれている．これらのものおよび類似の遺跡は，一つの村落の儀式としては大きすぎるので，数カ村によって使われたものに違いなく，おそらく狩猟か鮭の捕獲についての儀式用のものであったろう．縄文の墳墓遺跡と貝塚からは，漆塗りの櫛，骨製の髪留め，貝の耳輪，その他の装飾品が出土している．いくつかの縄文貝塚における埋葬は屈葬で，縄文後期になると，同じ墳墓遺跡でいくつかの土葬が行われていた．思春期に達した男子には，儀式として抜歯が行われた．

言語学者のなかには，日本語のなかに東南アジアの影響を探知する者もいるが，通説では日本語の根源はウラル・アルタイ語にあるとされている．結局は日本語として発展する言語は，縄文時代に日本に入ったもののようである．

縄文遺跡は，アイヌ人の故国である北海道で見つかっている．アイヌ人は北部アジアコーカソイド人で，これらの島々に非常に早い時期に入ったものである．これらのアイヌ人たちは北海道一帯と東北地方に広がっていったもので，今日もなお多数のアイヌ地名が残っている．いくつかのアイヌ語は，日本語に著しく類似している．アイヌ語でのカムイは，日本語の神を表わすカミと非常によく似ている．考古学者のある者は，東北日本の晩期縄文は，アイヌ文化時代のものであると論じているが，後期および晩期縄文時代におけるアイヌ文化の役割は，まだ明らかではない．これに続く何世紀もの間に，アイヌは蝦夷として知られていたが，本州からのより進んだ技術をもった種族により，北方遠くへ追い立てられたのである．アイヌ文化は20世紀まで残存しえたが，前世紀以来の本州からの移民の急激な流入による重圧下に置かれ，現在急速に消滅しつつある．アイヌの熊と鮭の祭は北海道で今日も行われているが，純粋のアイヌ人はきわめて少なくなっている．

下　この写真は1900年頃のアイヌ部落のものである．アイヌの住居は長方形で，柱を立て，薄（すすき）か竹の壁とそれらを積み重ねて葺いた屋根でできている．家の東端には「心の窓」として知られる，一つの窓が開いている．内部には，中央部に炉床，儀式用の祭壇と貴重品用の台がある．

アイヌの文化

消えゆく文化である北海道のアイヌ民族は，少なからず学問的な注目をひいてきたが，今日もなおいくつかの謎が残されている．アイヌ人は土着の少数民族であるが，多くの非日本人的な身体的特徴を呈している．1万7000–2万4000人の純血または混血アイヌ人が北海道に，数百人が南樺太とシベリア大陸東端に残存しているものと推定されている．顔付の特徴，体毛，あごひげの濃いことから，アイヌ民族は，普通コーカソイドを源流にするものといわれている．近年の血清と骨格の研究では，シベリアのウラル民族とのより密接なつながりが指摘されている．いずれにせよ，アイヌ人は本州東北部に長く住みつき，多くのアイヌ語の地名を残している．

左 古代のアイヌの生活は，狩猟と採集によっていた．熊，鮭その他の動物は，経済のみならず精神的な意味をもっており，祭はそれらのものの栄誉のために取り行われた．3日間にわたる特別の熊祭では，呪術師が犠牲となった熊の魂を，祖先の魂への伝言を届けさせるために呼び寄せるのである．

下 男女とも，飾りのついた頭部バンドをつけ，綿または楡の木の皮の繊維で織った厚司（あつし）という長外套に，曲線状の綿アプリケ模様のついたものを着る．以前は，女性は口のまわりに入れ墨をつけていた．

左 明治の初頭以来，日本人の衣・食・住とその他の生活や経済の面で着実な同化の過程があったが，伝統的な服装や宗教上の対象は，今日ではわずかに儀式に使われるだけとなった．また，狩猟，漁業，野生植物の採集から農業・商業的な海洋漁業への転換があったが，さらに義務教育の開始によって日本語使用が進められた．

左端 今日ではアイヌ語を話す人はほとんどいない．北海道，樺太，千島の三つの主要な土語は孤立しているが，アイヌ語と他の言語との関係は，まだ明確にされていない．その音韻構造は北部アジアのそれと多くの点で共通するものがあるが，その他の文法面では，東南アジアやオセアニアのそれに類似するものがある．

原始古代

弥生—稲作農民と金属工人

前300年から後300年までの約600年間に,列島住民の日常生活は新しい土器製作技術,稲の栽培,金属技術と織物技術の導入と普及によって著しく豊かになった.この文化に,弥生という名がつけられたのは,東京都文京区弥生町で発掘された土器に由来するが,その特徴はおそらく,最古の共同作業による米の水田栽培の出現であった.それは,近年に至るまでの日本の村落生活と文化様式の大きな部分を特徴づけるものであった.

稲は,少なくとも西暦前5000年前に,中国の揚子江流域で栽培されていた.西暦前1500年頃には稲は朝鮮半島でも栽培されていた.大陸から渡来した集団が,その技術を西日本にもたらし,その地において,いくつかの縄文人集団に取り入れられたものであろう.最も初期における稲作の場所は,人工灌漑路を必要としない自然の湿地帯であったであろう.米は最初は縄文人たちの食事を補うものでしかなかった.しかしながら,注水される平原,灌漑用水路,貯蔵設備が整い,新しい道具が導入されるに従い,稲作はしだいに組織的なものとなった.米と穀類は食物のなかで,より重要な役割を担うことになった.水田による米の栽培は,田を準備し,灌漑を整備し,取り入れを成就するという共同作業を必要とする集約的なものである.米は他の食料よりも,より多くの人口を維持することが可能なので,弥生時代には人口増加現象が見られた.

数多くの弥生時代の稲作遺跡は,慎重に発掘された.初期弥生時代の遺跡は大部分は沼沢低地帯にあり,人々はそこで洪水と地下水の利を得ることができた.それに続く何世紀かの間に,灌漑技術の調整が改善されると,稲作水田は,より高い場所に作られるようになった.最古の農業遺跡は,福岡県の板付にある.約30軒の家が,ある時期に一度に居住していた模様である.木の杭が水田を区切るのに使われ,その広さは400 m²であった.遺跡と発掘された道具類から判断すると,耕作は石包丁,木製の熊手,鍬で行われたようである.

中期弥生時代の生活を最も明らかに示してくれる遺跡は,静岡市の登呂にある.遺跡は公園となっており,いくつもの家の敷地と穀物倉が復原されている.登呂遺跡は,それに続く何世紀か後には急速に,より一般的なものとなる弥生時代の米作農業村落についての典型的なイメージを与えてくれる.遺跡は,安倍川の河口近くの低地にある.そこは,数戸の住居と貯蔵倉を北側に,水田を南下りに備えた村落で構成されている.相当手の込んだ灌漑と排水機構があったことが証明される.おそらく鉄製の道具で,丁寧に切られた木の薄板により,水田の間の畔道が確保されている.家の形態は長円形で約8 m×6 mである.4本の太い柱は柱穴に立て,沈下を防ぐために板の上に設置し,それに渡した大梁が草葺屋根を支えている.家は竪穴で,そのまわりに盛り土をして水の侵入を防ぎ,その中央に浅い炉床が設けられている.いくらかの食物は,甕のなかに貯えられたが,登呂遺跡に見られるような中期の弥生時代には,まことにうまく設計された高床式の倉庫が建てられた.貯蔵庫は,基礎杭の上に地上1 mほどの高さに建てられ,支柱に仕つけられたねずみ返しで,貯蔵米を鼠害から守っていた.貯蔵庫は,共同体にとっても,個々の家族にとっても,きわめて重要な建物で,初期の銅鐸や埴輪に描かれている.こうした弥生時代の建築の様式は,後に神社,宮廷の建築に影響を与えている.

青森県は,弥生時代には稲作農業の北限であった.北海道が重要な米の産地となるのは,近年稲の耐寒品種が開発されてからのことである.北日本の,気候に恵まれないところでは,水田は小さい.青森県の垂柳遺跡は1981年に発掘されたが,ここでは中期弥生時代の水田遺跡が,広さ5-10 m²の小水田の形で出土している.

弥生時代の稲作民は,石,木,鉄の混在する道具を使用していた.石斧と新たに大陸から導入された石包丁が,なお

上 写真は,弥生時代の豪族の力の象徴であった青銅製の銅鐸である.この時代の最も精細な発掘物の一つは,西暦2-3世紀のものとされる.神戸市東灘住吉町から出土した,この写真(高さ475 mm)のような銅鐸である.初期の銅鐸は小型で,朝鮮製の銅スズの貧弱な鋳造模写品であった.西暦2世紀になると,日本人は砂岩による鋳型とスズ鋳造の技術を会得し,その最後期のものは,大型,肉薄で優雅である.あるものは,流水模様の浮彫りが施され,あるいは次頁右上のもののように,動物,狩猟,農作の風景を棒線画で表わしたものもある.

原始古代

左下 稲作の道
米は、何世紀にもわたり、日本人の食生活中の重要品で、日本の社会、文化の形成に大きな影響を与えてきた。この作物は本来、日本固有のものではなく、その栽培技術を学び取らねばならなかった。米の栽培を冠水した平地で行うことは、数千年前から中国にその端を発している。その技法は東南中国を経由し朝鮮半島から、あるいは直接日本へ西暦 300 年頃広がってきたのである。後期縄文人たちは、稲作を知っていた可能性はあるが、稲作の普及は、一般に弥生時代と結びつけて考えられる。

右 弥生文化
地図上の色分けは、弥生時代を通して、水田による稲作の普及の段階を示すものである。水田遺跡は、各地域で発掘はされているが、その数は少ない。それは稲作の技法が、それを知る者の手元に留まるだけで、直ちに広く伝播されるものではなかったことを示している。赤い印は、青銅器が発掘された重要遺跡を示すものである。銅鐸は近畿地方に、銅戈と銅矛は九州と四国地方に、銅剣類は瀬戸内海沿岸地方にと集中する傾向があるのは注目すべきことである。さらに、中国の皇帝から地方の小首長に贈られたものと考えられる金印が発見された北九州の遺跡も示してある。地図には、青銅製の鏡が発掘された数多くの遺跡は図示していない。

稲作の伝播
- - - 中国における稲作の北限
→ 日本への伝播ルート
田 古代の稲作遺跡
── 交易ルート
▨ 漢（前260年）
縮尺 1:25 000 000

弥生式文化圏
- 前期（前300—100年）
- 中期（前100—後100年）
- 後期（後100—300年）
■ 主要な弥生時代の遺跡

青銅器
● 銅鐸
▲ 銅戈
× 銅剣

縮尺 1:7 500 000

原始古代

の基本的道具であった．木製の熊手，シャベル，鍬，水田用の田げた，製米用の臼，摺子木なども基本的道具であった．先端に鉄を使った斧，手斧，採掘具も使われた．鉄は土中ではあまり長くは残らず，そのために鉄製道具の発掘物は乏しいのであるが，整然とした水田杭打や貯蔵倉の木の厚板から道具の刃に鉄が相当に使われていたことが窺われる．

縄文時代と同様，弥生時代も，その特色ある土器が出土した地名からその名がついている．考古学者は，主要な五つのタイプを区別している．一般に，弥生土器は縄文のものより機能的である．弥生土器は面が赤褐色で，文様は概して簡略で沈線文・櫛目文・突帯文などがみられる．弥生土器は木炭による平窯で縄文期より高温の 800-900 ℃ で焼成されたものである．製品はしばしば優雅で慎重に仕上げられている．弥生土器の製作は専業化への傾向を示しているが，専門の土器製作者によって大量に作られた後世の土師器よりも，芸術的に興味深いものがある．縄文の縄模様の影響は，弥生時代に入っても，東北日本でなお強く残っていた．弥生土器は機能的な日常具と祭祀用の2種類が見出せる．数多くの炊事用具と貯蔵用の甕があった．いくつかの遺跡で発見されたある種の丹色に塗られた土器は，祭祀用の道具と奉納物と思われる．弥生土器はまた埋葬にも使われていた．大型の甕は，口と口を寄せて置かれ，弥生中期のある遺跡では埋葬用に使われていた，いわゆる甕棺である．たとえば，板付遺跡では50以上の甕棺が発見されている．このような大型の甕は，専門の特殊な技術者の手でしか製造できなかったに違いない．

甕の埋葬だけが，唯一の土葬物だったわけでなく，朝鮮半島に見られるような，棺をおおう巨石墳や石棺も一般的であった．個々の木棺，石棺，甕棺や小部屋のついた墓も同様に普通に見られるものであった．弥生時代後期では，ある首長やその家族は，竪穴式墳墓のついた長方形の塚に埋葬された．これらは，4-5世紀の巨大墳墓に先行するもので，特定の人々にのみ見られたものである．大部分の縄文墳墓遺跡では

登呂

静岡市には，興味深い遺跡が多数あり，なかでも久能山の徳川家康霊廟，臨済宗の禅僧院，芹沢銈介美術館，登呂考古遺跡が興味の対象である．現在発掘された多数の弥生時代遺跡のなかでも，登呂の遺跡は，注意深く切り削った板を適当なところに置いた水田，複雑な灌漑用の堀，水門，再建された家屋と穀倉などが展示され，農具，陶器を納めた考古学博物館が併設されて，後期弥生と古墳時代の農業と家庭生活についての具体的なイメージを与えてくれる．

下 登呂遺跡は安倍川に沿う低地帯に位置し，北から南へのゆるい傾斜地に広がっている．家屋の敷地跡，再建された家屋の群は北側に設けられ，一方，12面以上の水田が，木板による通路で仕切られ，灌漑用路と水門を備えたものが設けられている．

下 弥生時代の家屋は，かなり単一様式である．形体は長円形で半沈床で，床面積が8m×6mで，上部構造物は，中央に換気穴をつけた草葺屋根が，4本の太い柱と横梁で支えられている．柱は，その基部のところで，その下に置かれた支板の上まで沈めて定置されている．

下端 竪穴住居の跡地は長円形で，四つの柱穴があり，大部分の場合，浅く沈下した炉床が中央部に設けられている．弥生時代社会の多くは，その米を貯蔵甕か貯蔵穴に保存していた．登呂では，銅鐸面に線状画で画かれていたような共同の貯蔵庫を建てていた．

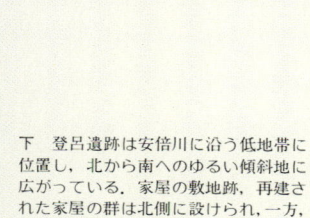

凡例:
- 低位段丘
- 竪穴住居
- 高床式倉庫
- 井戸
- 灌漑水路
- 砂礫層
- 木柵
- 木柱
- 樹木
- 水門

古墳文化

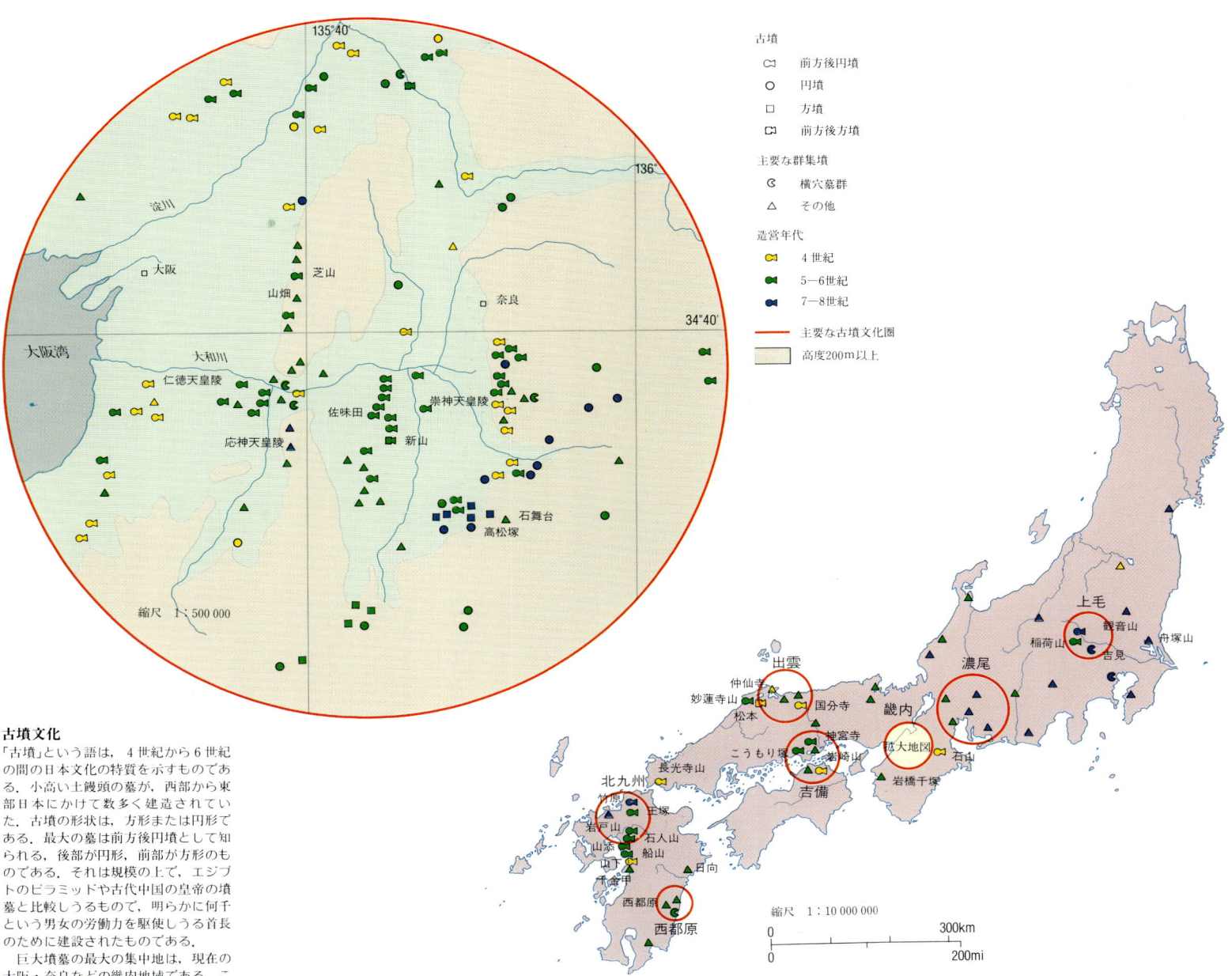

「古墳」という語は，4世紀から6世紀の間の日本文化の特質を示すものである．小高い土饅頭の墓が，西部から東部日本にかけて数多く建造されていた．古墳の形状は，方形または円形である．最大の墓は前方後円墳として知られる，後部が円形，前部が方形のものである．それは規模の上で，エジプトのピラミッドや古代中国の皇帝の墳墓と比較しうるもので，明らかに何千という男女の労働力を駆使しうる首長のために建設されたものである．

巨大墳墓の最大の集中地は，現在の大阪・奈良などの畿内地域である．これらの被葬者たちは現在の皇室の流れである大和の為政者とつながりをもつ者たちであった．5世紀の墳墓は，騎馬文化の明白な証拠を示し，騎馬民族による侵入という仮説を生む論拠となっている．

畿内地方（挿入地図）の巨大墳墓のうち，周囲に堀をめぐらした巨大古墳は，崇神，仁徳，応神天皇の陵であるとされている．『日本書紀』によると，崇神は第10代の天皇である．その墳墓は，前方後円墳中，最古のものと考えられている．第16代天皇の仁徳は，在位67年目にその墳墓の建設に着手し，20年後に死亡したと記されている．その墳墓は日本最大で，長さは500mに達する．日本における最大の石廓下と石室の遺跡である石舞台古墳は，蘇我馬子（626年没）の墓であると伝えられている．

埋葬に社会的差別がほとんど見られないのと対照的に，弥生時代のものでは，墳墓の副葬品などに，社会的地位を証するものがより明確になってきている．副葬品には，青銅の鏡，円筒形の飾りまたは勾玉，青銅と石製の武器，鉄と木製の鳥の人形，平形の木製人形，個人用の装身具などが含まれている．

何世紀かの間に伝えられた金属技術は，日本における社会的・文化的水準を高めることになった．日本は，その青銅器と鉄器の時代に同時に入ったのである．鉄はより実利的な金属で，青銅は祭祀と権威を象徴する金属であった．この二つの金属は中国と朝鮮では古くから使われていた．これらの金属は，日本では西暦1世紀には加工が行われていた．青銅の武器には，刀，投槍が含まれている．初めて導入されたときには武器はおそらく実用的なものであったろう．日本人は，それらを模写し，ある場合にはそれらを祭祀用にと展開させていったのである．銅鐸も大陸，おそらく朝鮮のものを模写したものであろうが，日本人の鋳造技法の改善によりさらに大きくなり，芸術的な品格が高められたのであった．後世の銅鐸は，区画をした模様がついた，楽器本来の機能が発揮できないほどの肉薄で，政治的権威，祭祀上の力の象徴であったと推察される．これらのものの一群が村落遺跡から少し離れた丘の斜面に埋められ，またいくつかの広く分布している鏡が明らかに単一の鋳型から製作されたものという事実から，政治的・祭祀上の意義は確認できる．

村落組織と局地的な政治勢力がはっきりと成長し始めたのは，弥生時代からのことである．稲作と金属農具に対する管理に，灌漑に関する管理が加わったことで，各首長たちは，その周囲の人々に自己の勢力を伸ばす機会が訪れたのである．鏡・金属製の刀・槍などの貯蔵庫，各地方からの銅鏡は，局地的な小国家の発生を示唆するものである．富と地位の相違は，弥生時代の墳墓遺跡に反映しており，そこからは縄文遺跡よりも，はるかに多くの副葬品が出土している．弥生時代の後期になると首長たちとその家族は，ときに一般の墳墓

原始古代

と区別される小丘の特別な祭祀区域に埋葬された．祭祀用の品には鹿の骨が含まれるが，これは卜占のためのもので，明らかに加熱されひびが入っている．どのような占いが考えられ，与えられたのかは不明であるが，戦うか平和を保つか，あるいは，疾病と出産に関する何らかの祈願であったに違いない．

古墳の時代

弥生時代の特徴，たとえば灌漑施設のある水田，定着農業，鉄と青銅の使用頻度の増加，織物，金属・土器・塩生産における専業化，多数の副葬品を入れた首長の墳墓，社会的階層の発達，小国家の統合が何世紀も続き，展開した．水田は，標高のより高い土地に設置され，灌漑施設はより複雑なものとなり，土器はより平凡なものとなり，鉄製道具と武器はより大規模に使われるようになった．

これらの現象の一つである古墳の建設は，時代を画するもので，古墳の名をその時代に冠している．3世紀から7世紀は，普通古墳時代といわれている．大和地方に設けられた，これらの墳墓の最大のものは，王家の政治体制の力の表現と見られる．

古墳時代の小首長の墓も，強力な支配者の墳墓も，その起源は弥生後期の竪穴式石室墳墓にあったものであろうが，この時期のものはより大規模またはより巨大な墳墓群である場合が多かった．何千という個人の墳墓と墳墓群が九州南部から北海道北部にかけて発見されている．最大の墳墓群は，現在の奈良・京都・大阪地区，岡山県地方，北九州，本州北部および東北部に存在する．これらは，この時代の政治・文化の中心が，それらの地区にあったためと考えられている．墳墓のなかの最大のものは，奈良盆地と河内平野で発見されている．その形状は，最も普通の円形，方形と両者の組合せの3種類がある．墳墓のなかで最大で，最も日本的特徴を有するものは前方後円墳である．最も初期の墓は，既存の丘の側面にしばしば設けられるか，丘の頂きに切り開かれた数個の埋葬用の溝が備えられていた．それより後期の墓は，竪穴式または横穴式の石室の上に，より大規模な盛土をしたものでできている．棺は，上方から石室のなかに下されるか，石で整えた横穴を通って運び込まれた．

4世紀からは，周囲に堀をめぐらした長さ数百mの大規模な前方後円墳が建設された．墳墓は5世紀に至り，その最大規模に達した．いわゆる仁徳天皇陵は，世界最大の墳墓の一つである．これはピラミッドに対抗しうるもので，等身大の粘土作りの兵員と馬の大軍を備えた中国の秦の始皇帝の墳墓よりはわずかに小さい．仁徳は伝説上の天皇で，『日本書紀』によれば，その治世は約90年に及んだという．その間に，巨大な墓を思いつき，それを建設したといわれている．三重の堀で囲まれ，広さは32ヘクタール，長さ500m，高さ35mである．これらの後期古墳は，石を並べた羨道を通って側面から入るようになっている．その奥には精細に配置された石の玄室が備えられ，ある場合には壁は鮮やかな色で塗られ，石棺と副葬品が納められていた．

皇室に関係のある墳墓は，宮内庁の管理下にある．それらに接近することは制限され，多くの遺物は未発掘のままである．いくつかの墳墓は，何世紀にもわたって盗掘に遭遇している．発掘によって，豊富な発掘品が得られ，埋葬習俗を理解するための資料が提供された．初期の古墳からは，石で模造された多くの個人の身の回り品や，腕輪，小刀，鏡，武器，道具，木靴，シャーマンの象徴と考えられる杖などが出土し，後期の古墳からは鉄製の刀，鎧，陶器，勾玉，家具，農具，冠，青銅の鏡が出ている．

5世紀から6世紀にかけての多くの墳墓は騎馬民族の存在を立証している．古墳の副葬品には，轡，鐙，鞍飾り，障泥，

大阪平野にある最大の前方後円墳は半伝説的な存在である仁徳天皇のものといわれている．『日本書紀』によれば，仁徳帝は313年から399年まで在位したとしているが，この年代は神話にすぎない．5世紀の中国の文献に記されている倭の5王の1人であったであろうとされている．長さ500m，緑地帯の間の3重の堀に取り囲まれた巨大墳墓は，5世紀初頭のものと考えられている．

埴　輪

　言語上では「粘土の輪」を意味する埴輪は，4世紀から7世紀の間に建設された古墳の斜面に置かれた．それらは粘土の筒であったり，無生物や動物や人形などであった．『日本書紀』によると垂仁天皇の治世に，埴輪は生存者埋葬の代替物とされたと伝えられる．埴輪は単純な円筒か甕を墓の表側斜面に土留め用として整然と置いたものか，単なる装飾効果のために置いたものから発展していったものであろう．西日本で4世紀に初めて作られてから，しだいに古墳時代を代表する原始芸術となり，当時の日本の数多くの生活様式を反映するものとなった．一つの古墳は，それを囲んで何千という埴輪が置かれていたに違いなく，それはしばしば，死者を迎える埴輪の大行列になったのである．

左下　群馬県太田市から出土したこの埴輪は高さ125.7 cm，面頬，肩庇をつけ，肩当，頚当，長いひだ入り鎖かたびらとひだ入りズボンの完全な甲冑で身を固めたもので，関東方面の墳墓から発見される独特の精細な埴輪兵士である．大量の戦士の人形，兜，甲冑，靴の一揃いは古墳時代の戦闘の様相と豪族の特質について強い印象を与えるものである．

上　群馬県二つ山墳墓の平面図は，石室を備えた後期前方後円墳に，埴輪がどのように配置されていたかを示している．前方丘の正面斜面は，家屋，扇，人形の混ざったもので飾られている．帽子，射手の小手飾り，馬の形をした埴輪や人形は，後方の丘から発見されている．

左　日本と朝鮮あるいは中国との間を渡った舟は，南九州(宮崎県西都市)西都原古墳群の一つから出た6世紀埴輪モデルのこの舟とよく似た形のものであったに違いない．それは非常に複雑な組立を示している．

上　この美しい形の頭は，仁徳天皇陵から出土したもので，最古の人間の顔を表わした埴輪人形である．それは，若いシャーマンの姿を代表しているもののようである．口もとや眼もとがややふっくらとし，頬は円味を帯びている．

左　馬の埴輪は数多く，散在する5世紀の墳墓から出土しているが，騎馬民族による侵入という仮説の設定に貢献している．この完全盛装の馬は，鈴の装飾をつけ，高い鞍は鞍敷きの上に設けられている．

革帯飾りが含まれるようになる．5—6世紀の墓からは馬骨も出現している．これらの馬具の出現と社会の人的・物的備蓄は，巨大墳墓の建設に人々を強制的に就労せしめた騎馬民族の存在を説明するものであると，江上波夫は強力に主張した．4世紀の間に朝鮮半島からの騎馬民族による日本侵入があったとする説である．多くの考古学者は，そのような「侵入」を単一の英雄的なできごととする騎馬民族説の論理について疑問をさしはさんでいる．しかしながら，騎馬の文化は，新羅あるいは百済からくり返し行われた小集団の渡来によって日本にもたらされ，種族の首長の手により，局地的にその勢力を伸長するための軍事技能として採用されたものであろうことは明瞭である．日本の氏族集団と朝鮮諸国の間は，常に友好的であったとは限らないが，密接な接触があったことは，墳墓それ自体およびそこから発掘される青銅器，鉄器その他の副葬品から見て明白である．

埴輪として知られている，この時代の特色ある芸術品は，大部分墳墓の外で発見されている．埴輪は，当初土の小丘を安定させるための円筒埴輪から始まり，しだいに，その時代の日常生活の数多くの様相を表現する豊かな芸術作品へと展開したのである．埴輪には，戦士などの人物埴輪，馬その他の動物埴輪，家形埴輪がある．ある墳墓では，埴輪は，死者を歓迎し，身近な品物で取り巻いてやるという宗教儀式のなかで配置されたもののようである．仁徳陵をおおう小丘のような規模のものに必要とされる，何千という埴輪は，おそらく窯の近くに住む専門の職人たちによって作られたものであろう．

大和政権

墳墓の数と規模，その他の豊富な考古学的な証拠によって，この時代の日本の政治的・社会的組織について幾多の考察を導き出しうる．このように大規模な人的資源を動員しうるのはどのような政治組織であったのであろうか．5世紀と6世紀までは，後世の日本の歴史史料の記載事項や中国，朝鮮の史料から，社会の概略を考察することは可能である．これらの各種の史料によれば，一部に非常に強力な小国家連合が存在し，その小国家の多くは大陸との接触があり，大和地方で勢力を増し，中央集権化しつつある王朝によって支配されていた．大和の支配勢力は，それ自体，豪族の首長間の結婚による流動的な連合であったと思われるが，天照大神の後裔であると主張し，東西両方向にその勢力を伸ばし，自らのために最も堂々とした古墳を建設しえたのである．同一の鋳型から鋳造された鏡が，畿内を越えて他の地方の部族たちにも，大和政権の象徴として広く配布されたようである．大和と結託していた地方の勢力は，副葬品を納める大きな玄室のついた古墳を建設したが，副葬品の多くは，大和朝廷からの贈り物であったと思われる．日本海に浮かび，安全航海のための神社がある沖ノ島で発見された数多くの出土物は，大和の古墳から出土するものと類似しており，これは大和地方の首長たちがこの島の祭祀を後援していたことを示唆している．東日本の埼玉県稲荷山から出土した鉄剣には，家臣の忠実な奉仕の義務を強調する銘が刻まれ，九州の熊本県江田船山古墳出土の大刀銘との相似性から，権力の中央集権化が示唆され，多くの学者は大和の首長の政治的支配が関東地方から北九州まで広がっていたことを指摘している．『古事記』記載の出雲の国譲りの神話は，出雲が大和に敗れるとともに，出雲の神神と祀りの様式が大和によって認められたことを語っている．

考古学者も歴史学者も，大和政権の起源または展開について完全に意見の一致を見ているわけではない．古墳時代の社会は，階層分化した社会であった．階層分化が進んだ氏族の連合の上に，大和政権は規制と影響を発揮し支配を強めていたことは，かなり明確である．5世紀または6世紀までは，単一の王系が大和のなかで，その卓越性を主張していたようである．鏡に刻まれている銘文によると，大和の首長たちは大王として知られ，それはまた「大君」とも読めるのである．日本の主権者を表示するために歴史的に使われている「天皇」という語は，7世紀までは使われていない．大和の王権は，それにいくつもの要素がついていた．その第一は血族関係である．血のつながりは，皇室のなかの重要な要素であり続けた．もう一つの要素は，軍事的優越性であった．さらに，別の要素として，その権威を増大するための太陽神話の象徴を操作し独占した．天照大神をまつる祭祀は，天皇家の起源を太陽とする思想と結びついたのである．その他大和政権を強めた要素に，称号の授与により，対抗する氏族の勢力関係に均衡を保たせること，血族結婚，有力氏族の利益を中央権力のそれに連結せしめること，大和朝廷の直轄領である「屯倉」の取得などがあげられる．

大和政権の下に，氏族社会は，氏と部民・奴婢から組織されていた．大規模な氏族の首長もまた「大王」として知られている．大和政権と緊密に結ばれていた強力な氏族には，蘇我，物部，中臣，紀，大伴，土師がある．それらの首長は，その親族関係または職掌を基礎に「姓」が与えられ，朝廷への近接度に応じて位階の差がつけられていた．それらの「姓」には「おみ」（臣）と「むらじ」（連），「とものみやっこ」（伴造）と「くにのみやっこ」（国造）がある．これらの氏族のいくつかは大陸にその起源があり，特定の技能による奉仕者であった．氏の首長たちは，氏族の祭祀を行い，地域の神々を取り込み，祖先礼拝を導いた．

氏の下に，氏に仕える「部民」として知られる私有民がいた．この「部民」たちは紙，織物，武器，農業用具を生産したり，宮廷や地方の「氏」のために従僕や書記という伝統的な任務を実行する職業集団の場合もあった．部民は，戦争でいけどりにされたり，奴隷社会に生まれた奴の水準よりは，いくらか上位にあった．書記，外交，農業，鉄工，製織，土器生産に先進技術をもつ漢と秦族を含む渡来集団は，氏族と部民の両者の間の社会で重要な役割を果たしていた．

大陸との関係：邪馬台と大和

弥生と古墳時代のこれらの初期の数世紀間を通して，断続的ながらも，日本の豪族と大陸，特に朝鮮半島に住む人々との間に密接な関係が存在していた．東方の倭（委）の国々の未開民族は，中国の歴史書編纂者の関心事であった．『後漢書』

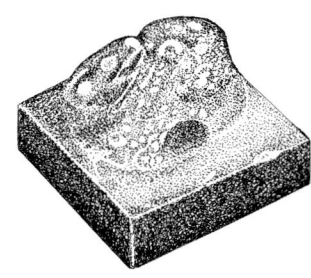

日本が中央集権的支配王朝をもつずっと以前に，本州西部と九州の局地的な首長たちは，自らの合法性を求めて，朝鮮，中国と接触を保っていた．『後漢書』（東夷伝）は西暦57年に「漢委奴國王」（かんのわのなのこくおう）による貢物と中国の皇帝による金印の授与を記録している．1784年，北九州の志賀島（福岡県粕屋郡志賀町叶ノ崎）の田のなかから「漢委奴國王」の文字を刻んだ金印が発見された．この印は底部で2.4 cm²，高さ2.4 cm，つまみの部分は蛇頭のついた動物が彫ってある．かつては偽作ともいわれたが，現在では中国の記録に示されているものの一つとして，一般に認められている．

原始古代

には，西暦57年中国の皇帝により，これらの部族の首長の1人は，「漢委奴國王」と刻まれた金印を授与したと記されている．刻印の「委の奴の国王」は漢に服属していたことを示唆している．この刻印のある印が，1784年北九州の志賀島の田のなかから偶然に発見された．『後漢書』によると永初元年(107)に倭国王師升らが，160人の生口（奴隷）を献上したことが述べられている．後漢の班固（32-92）の撰した『前漢書』には倭が100余国に分かれていたことが語られている．これらの断片的資料によって，2世紀までに多数の互いに対抗する小国が倭に存在し，そのなかのある国は中国と接触があり，これらの地域国家の統一がしだいに進められつつあったことを示唆している．

1-2世紀の間に，漢は衰退し，北は魏，東と南は呉，四川盆地に蜀の国が勢力をもった．西暦265年には，魏は西晋に受けつがれた．これは不安定な時代で三つの王朝のそれぞれが，その影響力を拡張し，国の統一をはかろうとしていたのである．魏は，中国東北部と朝鮮半島の北部に対し積極的で，北方で高句麗と争い，楽浪郡と帯方郡における中国の支配を強化していた．魏は倭にも関心をもち，少なくとも1回は使節を派遣していた．九州地方の倭の人々も，それなりに半島の南部と魏との接触に積極的であった．

晋の陳寿（233-297）の撰した『三国志』の一つである『魏書』の「東夷伝・倭人条」のなかの記述によると，倭では，邪馬台国の女王でシャーマンでもある卑弥呼の統率の下に，30の国が3世紀半ばには統合されていたとしている．その記述は，邪馬台国における社会習慣の詳細な説明や，中国からの実際の旅程にまで及んでいる．しかし『古事記』や『日本書紀』には，邪馬台国や卑弥呼の記述は全くない．『魏書』のなかの邪馬台国の記述は古代日本史において，次のような最大の論争をひきおこした．邪馬台国は正確にはどこにあったのか．そして，大和とどのような関係にあったのか．邪馬台国が大和地方にあったと推定する説はすでに平安時代から始まっていた．それ以来邪馬台国は，ほとんど西日本のどこにでも存在したようなさまざまの説があった．ある研究者は，邪馬台国が存在したはずの場所と中国との間の所用時間から割り出して，邪馬台国を九州に存在したとするし，また他の者は邪馬台国は大和地方にあったとする．もし邪馬台国が九州にあったとすると，『魏書』の記述の時期には，あくまで地方の政治組織にすぎなかったはずである．また反対に，それが大和にあったとするならば，大和政権として考えられているものは，すでに3世紀までに確立されていたこととなる．さらに，邪馬台国の勢力範囲は，局地的な地方政権ではなく，

弥生，古墳時代の多くの遺跡からは，表が鮮やかに磨かれ，裏には浮彫りと装飾を施した青銅の鏡が出土している．最も初期の鏡は，中国から輸入されたものであろうが，日本列島の工人たちは速やかに技法を習得し，輸入のものを模倣して小型の鏡を生産し始めた．ここに掲載した鏡は，中国で一般的な，神々と獣を装飾主題にしたものを示している．盛り上りの突起のまわりに，片方には神の座像と虎，もう一方には神の座像と竜がいる．それらを取り巻いて，浮彫りの文字の彫刻，外側帯には抽象的な幾何学模様が施されている．全体の直径は21cmである．銅鏡は機能的な目的をもつというよりは宝物あるいは祭祀用具とみなされていたようである．同一の鋳型から作られた多数の鏡が，広く分布する墳墓から発見されたという事実は，それらが政治的正当性を象徴するものとして授与されたものであることを示している．鏡は古代皇室の権威を象徴するものの一つになっている．

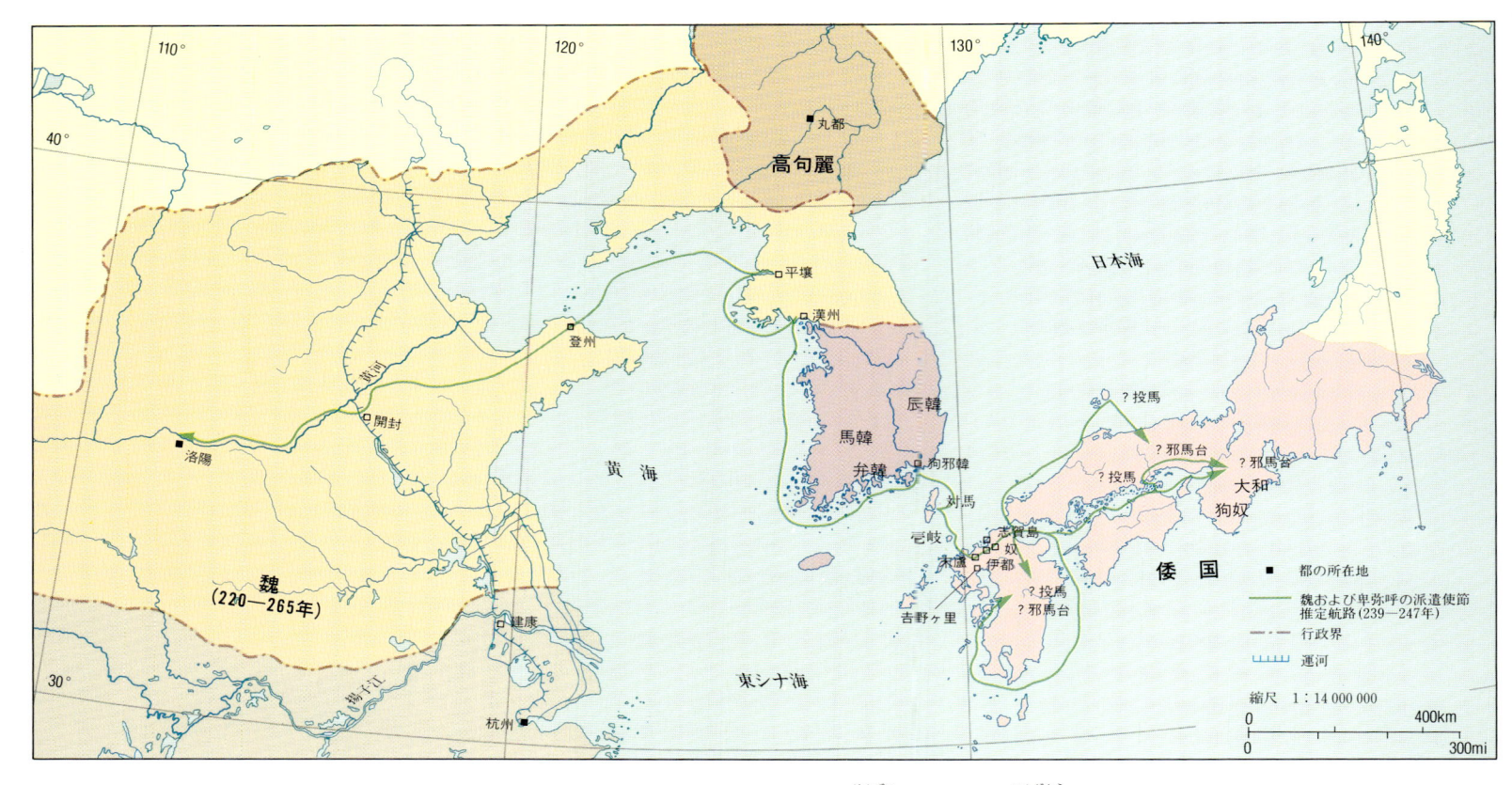

はるかに広大なものであったことになる．最近の吉野ヶ里遺跡の発掘によって、これを邪馬台国にあてる説が現われた．

朝鮮半島への中国の影響が4世紀に衰退するに従い、新羅と百済が南部に基盤を得、一方高句麗は、北方から南部へその勢力を伸長しようとしていた．かつて日本の歴史家は、大和政権（倭）が366年に百済と外交関係を樹立し、朝鮮半島南部に拠点を設け、任那（加耶）の植民地を得、562年新羅によって追放されるまで支配を続けたと考えた．それに対して、朝鮮の歴史家は、加耶への日本の支配を否定する傾向があった．朝鮮半島内部では百済が中国文化を採り入れ国家体制を整え、聖明王のときに高句麗・新羅としきりに戦い、倭と親交をもとうとした．『日本書紀』の欽明朝には百済との国交記事が多く、562年の任那日本府の滅亡記事も、その現われの一つである．663年には、唐と新羅の連合軍は、大和に支援されていた百済を白村江の戦闘で打ち破った．これは古代における重要な戦闘の一つで、日本は新羅を中心とする勢力により朝鮮半島から駆逐された．この時点から、軍事力による勢力の確保が不可能となった．大和朝廷は、むしろ中国・新羅連合軍の侵略にそなえて、国内の防衛強化をはかる方向で中国との文化的・外交的政策へと転回したのである．

中国の史書『宋書』によれば、413-478年の間に、倭の歴代の5人の王が中国へ貢物とともに、合計9人の使節を派遣している．ある学者たちは、この時代の支配者が外交に従事した動機は、朝鮮半島における大和の国際的地位の確立についての承認を求めていたものであると説いている．これらの王に次の天皇をあてる説があるが、疑問も残っている．賛（讃）（仁徳天皇），珍（弥）（反正天皇），済（允恭天皇），興（安康天皇），武（雄略天皇）である．確実なことは、これらの世代には、大和は文化的・技術的摂取のために、百済、新羅と中国の王朝に強く接近をはかり、さらに中国との積極的な接近のなかで、半島における自国の権益を保守しようと試みたものであろう．これらの接近によって、大和の文化的水準は当然向上した．氏族や部民のなかに数多くの渡来系の人々が存在するということがまず指摘され、政治的・社会的活動のあらゆる分野で大和政権に高水準の文化的技能を提供したのである．たとえば、日本人が中国の書法を導入したのは、この時期のことであった．刻印の入った鏡と刀剣も発見されている．これらの文化技術を身につけていた者は、歴史書編纂者と同様、大和朝廷や高位の氏に仕えていた渡来集団であった．この段階においては、その文化的発展度から見て、日本は大陸の影響の外にあったものとは考え難い．

古墳は、7世紀においても、なおつくられていた．しかし、その時期までに、日本の社会は大陸からの新しい文化によって変貌しつつあった．その変貌はまず指導的氏族の精神生活に影響を及ぼし、ついでこの国の政治と行政の組織に波及した．6世紀半ばには、中国と朝鮮にまで深く根を下ろしていた仏教が、渡来人の社会を経由して、日本への道をたどりつつあった．しだいに、日本の支配階層の祭祀埋葬の場が巨大墳墓から仏教寺院に取ってかわるようになった．飛鳥・奈良時代の間に、日本に新しい形態を取らせることになる中国の模倣と改革の変動においては、仏教渡来はわずかにその最初の衝動にすぎなかったのである．

邪馬台国への道

先史日本社会についての最も広範かつ多彩な記述は、3世紀後半における『魏書』の「東夷伝・倭人条」のなかの「邪馬台」と呼ばれる国についての記述である．『魏書』の記述は、シャーマンの女王卑弥呼が支配する邪馬台国の人たちの慣習を非常に詳細に説明している．そこには邪馬台国への道程も説いている．帯方郡から狗邪韓国まで7000里、対馬まで1000里、壱岐まで100里、末盧国まで1000里、伊都国まで東へ500里、奴国まで100里、それより投馬国を経て邪馬台国へとある．残念ながら距離と方角は全く不正確であり、これらを調整してみても、その位置は九州の異なった場所、本州西部、あるいは瀬戸内海の西端となる．邪馬台国の真の位置はいまだ明らかにならないが、このような論争は全く意味のないものでもない．それは、古代日本の政治勢力と国家形態の問題の核心を指向するものだからである．

第2部　伝統的世界
THE HISTORICAL PERIOD

古代の宗教と文化

神道の起源と日本の神話

　神道, 仏教, 儒教と, より影響は小さいが道教とキリスト教のそれぞれが, 日本の文化と日本人の精神的生活に深い影響を及ぼしている. これらのなかで, 後に神道すなわち神ながらの道として知られるものは, 最も古くから, 最も深い精神的影響を及ぼしている. 神道は日本史の曙にその起源を有し, 日本人の情緒的経験のあらゆる面に触れ, 自然, 生死, 社会生活, 社会組織, 政治思想, 祭祀と美に対する日本人のあり方を形成したのである. 18世紀から19世紀初頭にかけては, 素朴で純粋な日本固有の精神を美徳とする国学が盛行し, 日本の文化が中国や西洋のそれとは一線を画して独特のものであるという主張がなされ, 神道は国家的復古運動と国をあげての国学運動の中核を形成した. 19世紀末から20世紀初頭にかけて, 神道は政治的に利用されるようになり, 皇室崇拝という精神論を支持する国家神道へと転進した結果, 第2次世界大戦後の占領政策のなかで, 政治的世界から追放されたのである. 1945年からは, 神社は地域社会の祭礼や家族の儀式の中心としての, 本来の役割へと戻った.

　6世紀に, 仏教が初めて日本に導入されたときには, 日本人はすでに, 精神的な信仰と祭祀の習俗について独自の体制をもっていた. 文字にして書き残すという方法は知らないまま, これらの信仰と習俗は, 体系化されず未完成のまま, 何世紀もの間存続していたのである. 原始的な信仰と習俗は非常に古いものではあるが, その観念が元来始めから日本列島のなかにあったものとは思えない. 狩猟や漁猟のための祭典, 自然の神々と圧倒的な力への精霊信仰, 豊作への祈りと, 病気と災害からの忌避など, これらの習俗のあるものは, アジア大陸から早い時期に渡来した人からもたらされたものであったり, 縄文時代またはそれ以前にすでに存在し, 定着していたものである. 農耕生活の周期に関する地域社会の祭祀は, 弥生時代の間に発展したものに違いない. その他の, たとえば氏族の祖先や神々と皇祖神, あるいは大和朝廷の神々に対する信仰は, 古墳時代を通してさらに洗練された. その時代の墳墓からは, 数珠の頸飾りと腰に鏡をつけた巫女像の埴輪が出土する. 勾玉, 鏡と剣という強力な崇拝の対象は, 古墳時代に顕著なものである. これらの家族的および地方的な信仰については, 明確な記録はない. 仏教の渡来によって, 神への道である神道の姿がしだいに明らかになった. 仏教と同様に, 日本固有の神とその神格性を, 律令制官僚機構のなかで秩序立てる整理が始められ, 『古事記』と『日本書紀』における神話の編纂が始まった.

　神道という語は, 伝統を形成する過程で, 神の概念の中心性を表現するものである. 神は計ることのできない, 超自然的な力であり, 自然のなかに先天的に備わっており, 成長と再生の力の源となるものである. 神と自然の間の関係は『日本書紀』のなかの創造神話の序説においてすでに描かれている. 「天地が創造される前には 国土は浮遊したたよりないもので, まるで遊び泳ぐ魚が水の上に浮いているようであった. あるとき, 天地のなかに一つの物が生まれた, それは葦の芽のようなものであった. さらにそれをモノザネとして神が生まれた」.

　神は擬人化された力でもなく, 人の一生に対して座して裁断を下す天の象徴でもない. しかし, 神々は人々が困ったときに助けを求めることができ, あるいは神々が怒れるときは, 祭礼による清めと慰めにより, 怒りを和らげることができる. 神々は八百万の神といわれ, 神は実際には無数にいる. なぜならば, いかなる人も, 超自然的で超越的な性質を有するいかなる場所もいかなる物も, 「神」になりうるものだからである. 神の住むところは通例, 天, 岩, 樹木, 滝あるいは島である. その神の使いは鹿, 狐その他の動物たちである. 神々の意志は神職とシャーマンによって伝えることができた.

　最初は, 神々には何らかの特別な建物は必要ではなかった. 神々は, 最初の頃はおそらく個人または地域社会により, 屋外の自然のなかで崇拝されたものであろう. 堂々とした自然の環境で十分であったであろうし, あるいは樹間や岩の間の開けた神聖な空間が神にふさわしい地であったであろう. 後には, 神々は氏族の首長たちにより, その宮廷内や特別にまつられた神社で, 拝されるようになった. 6世紀末になると, 中臣氏のような世襲の祭祀専門の氏族が出現してくる. 神社が建設されるべき時代が到来すると, 自然環境が常に重要なものとなる. 今日では, 神社は繁華な都会の裏通りにも, 田園地帯や山間部にも見受けられる. 瀬戸内海の宮島のように, ある神社は海のなかにも設けられている. 美しい自然環境を享受しえないような神社でも, 神体は常に, なんらかの樹木や岩と合体している. 神は, 常に神社のなかにいるわけではない. 神々は, 神職や奉納によって呼び求められたとき, 訪問者として到来するのである. 神社内部の神聖なところには, たとえば鏡のような「御神体」が, そこに置かれている. 古代より神社の入口は鳥居によって表示されている. 高い樹木や岩は, 神に神聖な場所に降下してもらう際の大切な依代であるとされている. ある場合には, いかなる建物よりも, 島や滝そのものが神体であることもある.

　初期の神道史は, 『古事記』と『日本書紀』のなかで, 大和氏族の神聖な血筋が, 日本の唯一の正当な支配家系とする主張の形で, 政治的思想に強く彩られたものになっている. 『古事記』は, 天照大神とその先祖, 伊弉諾と伊弉冉を至上の宇宙的中心に置き, 皇室の血筋の源流をそこから説明している. 創造神話によると, 神聖な男神女神, 伊弉諾, 伊弉冉が日本列島と数多くの神々を生んだ. 伊弉冉は, 火の神を生んで死に, 伊弉諾はギリシア神話のオルフェウスのように, 伊弉冉

古代の宗教と文化

神道の中心には，自然と祖先の霊の神秘な力，神への崇拝が存在する．神社が建立される以前には，信仰は滝，島，岩，高い樹木，神聖な動物たちに捧げられた．この写真の女男岩は，伊勢の二見ヶ浦にある．この岩は，神話のなかで日本列島・天照大神，その他の神々を生んだ最初の夫婦神，伊弉諾，伊弉冉の両神と伝統的に結びつけられている．鳥居が一つの岩の上に立ち，一対の岩は，毎年元旦に新しく藁で編んだしめ縄で結び合わされる．

古代の宗教と文化

伊勢

下図は、四重の垣に囲まれ、傍に交替用の空地を備えた、内宮の聖域を示すものである．何世紀にもわたり，いくつかの中断を除き，伊勢の神殿は，20年ごと(のちには21年ごと)に交替地に建て替えられている．

　8世紀初頭に，最初の日本の歴史書が記述されたときには，伊勢はすでに古い神聖な場所で皇室の血統，すなわち天照大神と結びつけられており，そこから直接に皇室の後裔が出ているとしている．伊勢神宮は，天照大神に捧げられた内なる社（内宮）と，米と豊穣の神，豊受大君に捧げられた外なる社（外宮）とからなっている．

　15世紀に皇室が衰退するまで，伊勢神宮には皇室の構成員だけが訪れていた．伊勢の御師たちが，15-16世紀に大衆の後援を求め始めたときには，伊勢は大衆の巡礼の拠点となった．江戸時代になると，何千，何万という参拝者が毎年伊勢への道をたどった．仏教寺院や歓楽街が，神宮の郊外に建てられた．

　第2次大戦前には，伊勢は軍国主義の拠点となった．今日では，伊勢は再び静謐な霊域と神に対する民衆尊崇の場所となっている．

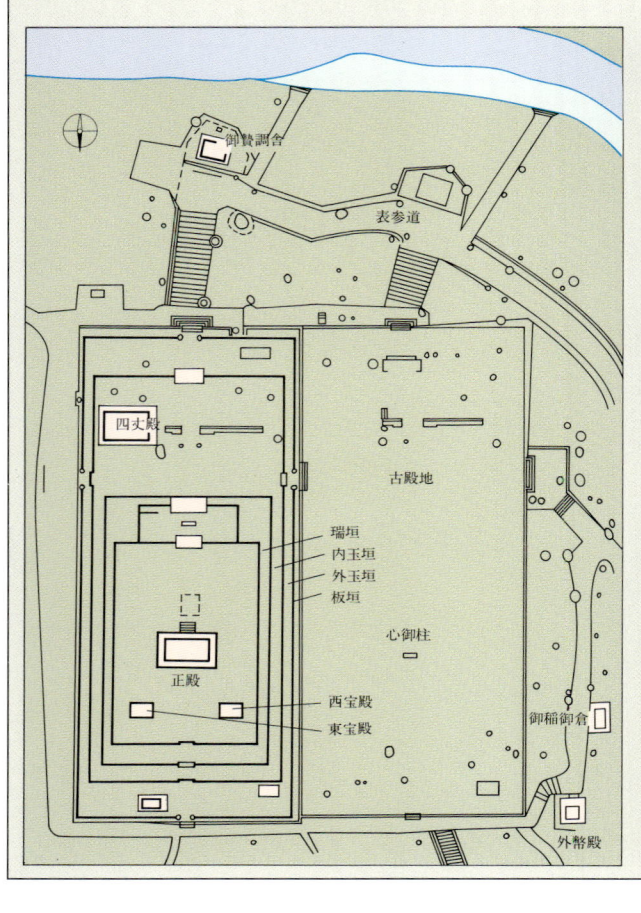

この写真は，内宮の聖域の両敷地を俯瞰したものである．交替地は手前のところにある．中央には，宝物殿を傍らに備えた社殿があり，神聖な区域の輪郭をなす四重の木の垣で囲まれている．参拝者は南門の外で礼拝する．内部の聖域への進入は，神職と皇室などの一部の人々にのみ許される．

を追って死の国に赴いたが，黄泉（よみ）の国の禁忌を破り，かえって伊弉冉を敵にまわしてしまう．そして黄泉の国から戻った後，川の流れのなかで，自らの身を洗い清め，数多くの神を生んだ．そのなかで最も重要なのは，天照とその弟で荒々しい神である素戔鳴尊（すさのおのみこと）である．その血統からは，さらに神々が生まれた．素戔鳴は手におえない乱暴者で，その姉の天照の水田を荒し，宮廷のなかで排便して怒らせる．その結果，天照は洞窟のなかにかくれ，全世界を闇のなかへ沈めてしまった．他の神々は祭を行って，天照を再び洞穴の外へ誘い出したが，素戔鳴は出雲に追放され，出雲の神々の先祖となった．この出雲の神々はのちに天照の後裔たちと戦い，最後は大和に敗北してしまう．

　神話が色々な神の格付をしているのと同様なやり方で，大和朝廷は，その勢力下におさめた氏族の格付を行い，その崇拝する神を己れの神に従属する地位に置いた．神道の神話によると，天皇は太陽女神である天照大神の後裔である．記紀は，このつながりを明快なものにしようと苦心している．すなわち，「そこで天照大神は，その皇孫に命じていった『この豊葦原千五百秋瑞穂耳國は我が後裔が支配すべき地である．皇孫，汝彼の地に赴き支配せよ．行け．汝の統治に繁栄が齎され，天地の如く永久に持続するであろう』」（『日本書紀』）天照大神の孫，瓊瓊杵命（ににぎのみこと）は，三種の神聖な神器，すなわち八咫鏡，素戔鳴尊が八岐大蛇の腹中から発見した神聖な剣である草薙剣と八坂瓊の勾玉を携えて，日向の高千穂の峰に降下した．瓊瓊杵の孫は東方に戦いを進め，大和に達し，そこで初代の天皇神武として即位し，皇統を築いた．神武の

古代の宗教と文化

後裔は，出雲とその他の地方の支配者を征服し，出雲人とその神を大和の統治下に置いたが，素戔鳴に対する崇拝を出雲大社で行うことを認めた．

元来，太陽の神は，大和朝廷内の特別な祈禱の対象であった．天照大神に捧げられた伊勢大神宮は，西暦5世紀末に建立されたものといわれている．古代から，この神宮は20年ごとに忠実に再建されること（式年造替）で，たえずあらたまりながら永続すべきものという伝統が確立した．出雲人は大国主と素戔鳴を，島根県の出雲大社で祀っている．その他の氏もそれぞれの神をもっていた．大和と同じように，有力な氏族たちは，その祖先が神であったことを主張する．たとえば後に藤原氏となる中臣氏もその祖を神の時代に遡らせている．主要な宮廷の儀式は，2月に行われる播種の祭と，収穫に感謝を捧げる新嘗祭である．その国土と王位のための，これらの祭典に対する祭祀上の支配は，初期の皇室の力を強めることになった．それを象徴するように，政治または支配に対する初期の用語は「マツリコト」で表わされ，祭祀の意味を含んでいた．しかし，神との交わりは大和朝廷や強力な氏に独占されたわけではなく，神は至るところにおり，高い樹木，風雨にさらされた岩，清水の湧き出る泉というような，最も簡素な自然の環境のなかに見出され崇拝されたのである．

明らかに，初期の神道は，複雑な哲学や形而上学的な体系をもっていたわけではなく，仏教の影響を受けるまでは教典や教説，美術的表現を欠いていた．その世界観は，現世的で，楽観的で，遠い救済や死後よりも，現在，この土地のことに関心をもつ．人と自然と神の間の親和性が強調された．自然への強い崇拝，純粋な自然物，形式，手順に対する尊敬があった．自然の天地万物は，善良かつ道徳的なものとみなされていた．人間の性質は，自然の力との調和に依存したものであり，善は自然の清純さと調和と同一視されるべきものとし，悪はけがれと同一視された．「誠」，すなわち心と行動の誠実さ，または清純さが，中心的な美徳として早くから出現してきたのである．神社は，祭祀と祈禱の場所があるばかりではなく，舞踊，お祭り，相撲，競馬，弓矢によって神を喜ばせるための空間でもあった．自然の運行に対する穢れあるいは妨害は，破壊的かつ罪深きものとされていた．黄泉の国における伊弉諾と伊弉冉の神話は汚濁，血，死の恐怖を物語るものであった．古代の神話のなかの最も極悪な罪は，清浄な空間を穢し，水田の畦を切り壊した暴虐の神，素戔鳴のそれである．

仏教の導入

仏教は日本文化にとって，少なくとも6世紀以来，不可欠なものとなっている．初期には，仏教は日本人の精神的世界を豊かにし，中国文化の摂取に大きく役立っていた．最初は，強力な氏族と古代国家に支援され，全宇宙を救済するという仏教の教えは，平安時代には庶民の間に広がっていった．そして，日本が完全に仏教の時代に入ったといってもよいだろう．仏教の影響は大きく，現代に至るまで継続しているが，18-19世紀には国学者により，仏教は日本土着の神道の伝統とは相容れない，迷信深い異質の教えであるとして，批判さ

上端　伊勢の主たる聖域は，神道建築の神明造りで建てられている．それは，古代の穀倉様式で，地上約2mの高床に建てられる．その柱も壁も，加工しない自然の檜作りである．

上　伊勢で取り行われる主な祭礼は，毎日の潔めの儀式（写真）と豊穣と皇室の平安を祈る儀式である．

右　島根県の出雲大社は，その古さからも，重要性からも伊勢神宮に比肩するものである．堂々とした大社造りで建てられている出雲大社は，何度も再建されている．掲載した建物の右の方に本殿があり，それは18世紀半ばのもので，高さ24mで，大きな15段の階段がついている．本殿は，九つの小柱を固定した太い中央柱（心の御柱）を含め，九つの柱のまわりに建てられている．主な祭礼は，日本中のすべての神が集い収穫に感謝する10月に行われる．出雲の神への祈禱は，結婚と農作の願いに，特に有効なものと考えられている．

古代の宗教と文化

れることとなった．1870年代になると，神道を国家の宗教とすることを決定した明治政府によって，仏教は神道から強制的に分離されることとなった（後述，169頁参照）．仏教はまた，活動が再開されたキリスト教布教活動とも競争の余儀なきに至った．仏教はそのため，いくらか衰退の様相を見せたが，19世紀末には回復している．今日では，種々の宗派を通して，日本人の心のなかにしみ通る影響を及ぼし続けている．

それではここで，仏教の起源と伝播について概観してみよう．釈迦（西暦前約563-483年）の教えは東アジア一円に急速に広がった．西暦1世紀には，らくだによる隊商によってインドと西アジアから中国へと運ばれ，漢王朝の間にその地に深く根を下ろし，その後4世紀には朝鮮へと伝えられた．スリランカと東南アジアの戒律の厳しい小乗仏教と区別して，東アジアの仏教は，すべての生きとし生けるものが彼岸へ到達する乗り物が大きい仏教，普通大乗仏教と呼ばれるものである．仏教内部のこの区別は西暦前1世紀頃に発生している．大乗仏教の主張は，次のようなものであった．すべてを包摂する大乗の教えは，彼らが「小さな乗物」の教えとして軽視するいわゆる小乗仏教より，救済についてより多くの機会を提供してくれるものだということである．

初期の大乗仏教と小乗仏教の間には，その強調するところにいくつかの重要な違いが見られたが，両者の間にはまた多くの共通点も存在していた．両者とも，その理想とするところは，仏陀の生活と精神的な求道とである．仏陀の生活とその教えに関する記述は，その死後数世紀に至るまで書き残されていない．その後，その忠実な信者によって言行録は編纂されたが，そのねらいとするところは，仏陀の遺徳を顕彰することであった．そのなかには数多くの神秘的な特色が含まれているが，それらを通してわれわれは仏陀を神としてではなく，流転，苦難，死に直面して精神的な洞察を求める人道的な悩める人の姿を見るのである．

伝承によると，仏陀，すなわちゴータマ・シッダールタ（悉達多）はインド北部の王侯の家庭に生まれ贅沢に育てられた．29歳のとき，病気，老齢，死の現実に直面して衝撃を受け，より深遠な精神的な理解を求めて，自分の宮殿を捨てて家を出た．6年間にわたって厳格な苦行にその身を投じた後，禁欲の道をあまりにも苛酷なものとして捨て去り，かわりに，より穏やかな瞑想という中道に乗り出していった．ある夜，樹下で瞑想にふけっていたとき，彼は悟り，あるいは涅槃の境地，すなわち存在の非実体性について完全な理解に達した．仏陀は，すなわち「悟りを開いた者」と認められ，その後の長い余生を，あちらこちらとさすらいながら，増大しつつあった俗人の後援者や托鉢する弟子の従者たちに教えを説いていたが，それらが修道僧や修道尼僧による初期の仏教集団を形成していくのである．仏陀の死後，彼の従者や後の解説者たちは，仏陀の説くところを広げ続け，仏陀の教えた真理を，仏陀自身の説教の経である経蔵，説教を後に組織して体系づけて論議解釈した論蔵，仏陀が制定した教団の生活規則である律蔵の三蔵のなかで，その哲学的含蓄を解明しようとし続けた．

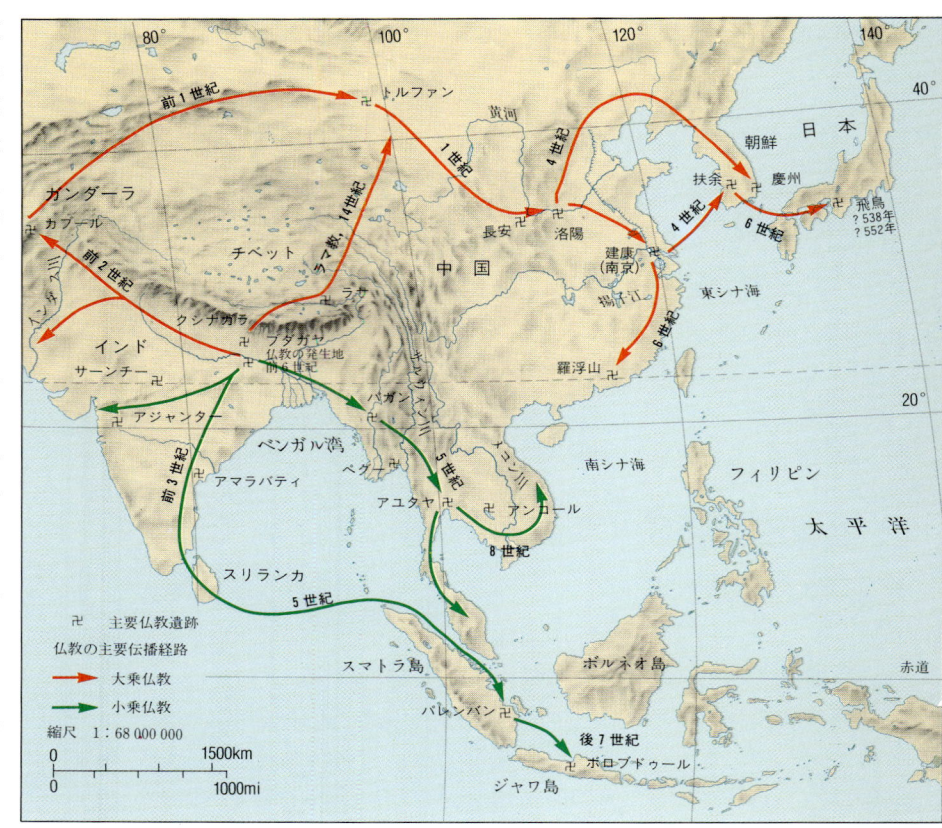

仏陀の教えの中核には，あらゆる生きとし生きる者は，苦悩と無常のなかで，生と死の再生の輪廻があることを知らず，生に対する欲望に縛られているとする確信がある．無知に根を下した執着に縛られている業（カルマ），すなわち人間の行動のすべては，生と死の輪廻を永続させているのである．輪廻の苦しみを打ち破り，涅槃に到達する唯一の方法は，仏陀の例にならい，あらゆる執着を捨て，先験的な知恵を求め，本質的な涅槃を認めることである．この教えは，四諦，八支聖道のなかに秘められている．すなわち生は苦難であり，苦難の源は欲求あるいは願望で，苦難を止めるには願望を止めねばならず，願望を止めるためには，その道の探求者は八支聖道に従って道徳的な生活をしなければならないとする．

四諦（苦，集，滅，道）のなかに記されている八支聖道は，正見，正思，正語，正業，正命，正精進，正念，正定からなっている．ここに，あらゆる生物を尊重し，正直・思いやりを重視し，欲望・盗みと不道徳を回避することを含む倫理要綱の大要が述べられている．禁欲，菜食主義，禁酒を含む瞑想的な宗教生活のなかの道徳生活を包み込むことによって，真面目な求道者は正しい所業を重ね，結局苦しみ多い生と再生の輪廻からの解放が得られる見識に到達することができる．

小乗仏教の指導者たちが，阿羅漢の理想である仏陀の状態（悟りの境地）を求めるために，托鉢をする求道者の厳格な瞑想の生活などの伝統的な仏教のあり方を強調したのに対し，大乗仏教の方は，時間もなく，訓練や教育もなく，托鉢をする求道者の厳格な修行に追随する手段をもたない人々の間に，仏陀の教えた真理を広め，その心をひきつけていった．大乗仏教では崇仏中心主義と魂の救済を強調する教義の大きな潮流が発達し，そのなかで仏陀は僧侶のみならず俗人たちに

仏教の伝播

西暦前5世紀から後6世紀にかけて仏陀の死後，その教えはアジア全体に，二大潮流となって広がった．その一つは小乗仏教として知られる流れで，南に向かってスリランカから東南アジアに流布されていった．もう一つの流れは，あらゆるものが救済に向けて乗ることができる大乗仏教で，山岳，砂漠を超えて，ガンダーラ（アフガニスタン），チベットから中国へと伝わった．西暦4世紀頃までに仏教は中国から朝鮮へと導入され，そこから6世紀の半ば頃，日本へ渡来した．日本へは仏教は洗練された哲学的，道徳的体制を提供しただけでなく，豊かな芸術と音楽，中国，朝鮮，インドの文化，寺院の経済的，社会的組織をもたらしたのである．

右上　奈良時代に描かれた「過去現在因果経」は，釈迦自身の生涯の物語を描写したものである．仏教の中心的な教えは，生は一時的なはかないもので，男も女も情熱の炎のために盲目となり，生，死，再生の周期に執着によって縛りつけられているとし，それでも仏陀は，男も女も瞑想と道徳的行動によって情熱の炎を制御し，再生の周期を断ち切ることができることを，自身の生活のなかで示しながら教えているのである．

右　この17世紀の絵巻物の場面は，仏陀の死，あるいはニルヴァーナ（涅槃）への移行を示すものである．

古代の宗教と文化

も尊崇され、仏陀・菩薩とその従者たちで構成された仏世界の先頭に置かれ、そのすべての者が仏陀の教えた真理の実現のために働き、知覚あるすべての生物に悟りという共通の目的を達成させるために働いたのである。仏陀のなかで、毘盧遮那仏(るしゃなぶつ)は宇宙普遍の表象となり、西方楽土に住んでいた阿弥陀仏は忠実な信仰者を救済することを誓い、弥勒は将来、世界を浄化するため現われるのである。

菩薩の理想は、大乗仏教のなかではひときわ強力なものである。それは、己れの悟りの境地を拡大して、他を救うために現世に働き続け、悟りの境地の瀬戸際にたたずむ先験的な知恵と思いやりをもつ、啓発された者たちである。聖母マリアやキリスト教の聖者たちと同様に、菩薩たち自身が尊崇の的となるのである。数多くの菩薩のなかで、たとえば観音は崇高な慈愛を象徴する大衆的な仏像として現われている。観音は男性から女性へと変身し、より多くの知覚ある者を救済へと導くために千の手をもつ像（千手観音(せんじゅかんのん)）として、しばしば述べられている。

さて、日本への仏教の渡来は、5世紀の終りから6世紀の始めにかけて、朝鮮半島からの渡来人を経て大和に浸透し始めたものらしい。しかし、6世紀の半ば頃までは、大和朝廷には真剣にとり上げられることはなかった。『日本書紀』に

古代の宗教と文化

よれば，552年（ある記述では538年），百済王が自国と新羅との争いに大和の支援を得ようとして，欽明天皇に仏教経典と金銅仏を贈り，仏教を新しいより高度な知恵と魅力あるものとして大和朝廷に推賞した．

この行動は朝廷内に緊張をもたらした．問題の一つは朝鮮半島における百済の政治的意図を支援するかどうかについての意見の分裂から生じたものであった．第二の問題は，日本にはすでに伝統的な神への祭祀が存在し，それと相反するおそれのある新しい異質の宗教を採用しようとする立場と，それに抵抗する二つの立場の対立である．祭祀に精通する中臣氏と軍事専門家の氏族である物部氏とに率いられる，強力かつ保守的な氏族たちは，この外国の神の受入れに反対した．強力な蘇我氏に率いられた他の氏族たちは，ひそかに受入れをはかった．欽明帝は蘇我稲目に仏像を家の神として尊崇することを許した．しかし，この時期に疫病が流行すると，排仏派の氏族は仏教が流行病の原因だとして非難し，仏像を難波の堀江に投げ込んだことから，仏教は後退を余儀なくされた．ところが今度は排仏派の物部守屋と敏達天皇が天然痘にかかった．仏教の後援者たちは，怒った仏陀が悪疫と流行病をひきおこしたのだと論じた．587年，蘇我馬子が物部氏を圧倒するに及んで，仏教受入れの態勢は完全となった．その頃までに，僧，尼僧，写経生，建築技術者，仏像製作者が朝鮮から到来しつつあった．仏教はしだいに大和朝廷とそれにつながる家族のなかに，その足掛リを固めていったのである．最初は，仏教の知恵や悟リの意義が理解されることはほとんどなく，むしろ強力な奇跡をおこし病気に対して治癒力のある神秘的な力として，認識されていた．

626年に死んだ蘇我馬子は謎の多い人物であった．その生前には，馬子は強力な政治力を有し，仏教を積極的に後援した．588-609年の間に，物部氏に勝利を得た感謝の意を仏に表わすために，百済から渡来した工人を使って飛鳥寺（現法興寺）を建立した．馬子はその血縁者を王位につけ，また自分の都合によってそれを廃すということで，大和朝廷を支配していた．その姪推古を王位につけるため，その甥崇峻を暗殺せしめたといわれている．推古帝は，その甥で摂政の厩戸皇子（聖徳太子）にその政治を委ねていた．

聖徳太子（572-622）は，日本では文化面での英雄として最も尊崇される一人である．仏教の熱烈な普及者で，日本の仏教信者の支援者として，多くの人から仏陀その人の化身であるとされ，8世紀には宗教的崇拝の対象となっていた．『日本書紀』のなかでの太子の記事は，その死後1世紀を経た後に書かれたものであるので，その業績とされているすべての改革が太子に帰しうるかどうかを確かめるのは困難であるが，傑出した政治家で，信心深い仏教徒であったようである．太子は蘇我氏が物部氏に勝利をおさめた後，難波に四天王寺を建立した人物と考えられている．彼は後に法隆寺を建立し，そして伝説上は300寺にも及ぶ他の寺を建てたとされる．この300という数字は明らかに誇張である．『日本書紀』は，聖徳太子の死亡後の622年には，日本に46の寺院，816の僧院，569の尼院があったと記している．彼の死後何十年も経ってから，300寺が建立されているのである．聖徳太子は

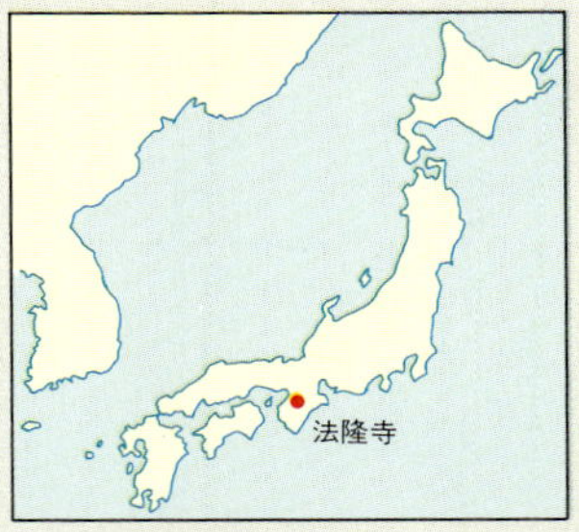

法隆寺

法隆寺は601-607年の間に聖徳太子により建立され，670年火災により焼失し，直ちに再建された，日本の現存する最古の寺院建築物で，偉大な奈良時代以前の芸術の宝庫となっている．法隆寺は聖徳太子の斑鳩宮の近くに建てられ，法相派の中心となっている．聖徳太子への信仰が広まるにつれ，法隆寺は大衆的信仰の中心となった．

法隆寺の西側境内には，金堂，五重塔，回廊，講堂があるが，7世紀末のものとされている．8世紀に増築された東側境内の中心に，聖徳太子に献じられた八角形の夢殿がある．

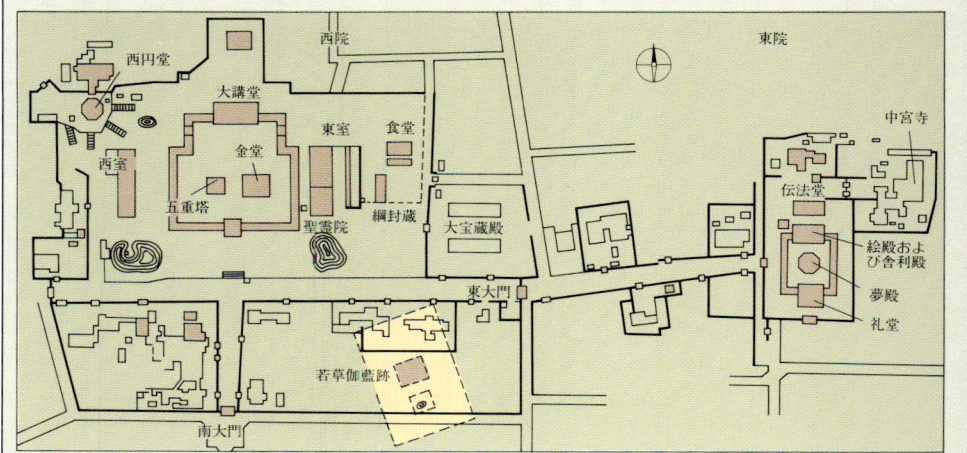

左　日本での最初の五重塔は，585年に建造されたものとされている．7世紀末に法隆寺に建てられた優雅な五重塔は，日本に残る最古の仏塔である．全体で32mの高さがあり，優雅で安定ある姿を創造するため，各層を少しずつ小さく組み上げている．他の仏塔と同じく，法隆寺のそれも仏舎利を祭るものであると信じられている．その位置と規模は，初期の仏教徒の宗教生活における重要度を証するものである．

古代の宗教と文化

高句麗僧恵慈や百済僧恵聡などの助けを借りてスートラ(経)を学び，少なくとも法華経，維摩経，勝鬘経の三経に注釈(『三経義疏』)を書いたといわれている．聖徳太子は，その憲法十七条のなかで仏教保護を記している．その第2条は，「三宝(仏・法・僧)を敬え」で始められている．「俗世のことはすべて幻で，ただ仏陀のみが真実である」(世間虚仮，唯仏是真)との所説をなしたと信じられている．その所説が聖徳太子のものとすることに，若干の疑問はあるとしても，聖徳太子は，仏教の深遠なものを血肉化した最初の日本人であったといえよう．

仏教は，最初は完全には理解されてはいなかったが，日本の文化に大きな貢献をした．それは精神的な領域では，瞑想によって悟りを得た仏陀を模範として示したことである．さらに経典を通して，すべての者が救済されるという大乗仏教の伝統のなかに，仏教の教えをもたらした．仏教はまた道徳的行動の観念，業による因縁と四諦の認識と八支聖道の実践による個人の救済をもたらした．仏教は，仏陀の状態を探求する阿羅漢の小乗(上座部)仏教の教えと，哀れみ深い菩薩の大乗仏教の教えの両者をもたらした．仏教は，在来の信仰とは比ぶべくもない深さと率直さをもって人間の苦難に取り組んだ．仏教はまた，よく発達した教理，芸術，呪術と医療，音楽と祭祀をもたらし，解脱の抽象的観念が理解できない人人には極楽と地獄の観念を提供している．

仏教はインド，中国，朝鮮で発達し，知的に洗練された高度に教養のある哲学的・文化的伝統を，文字や哲学的思考がまだ未発達な日本社会へもたらした．経と経典注釈(論)と僧と尼僧のための戒律(律)よりなる，膨大な経典が成立した．仏教は日本の僧侶と世俗の後援者にも入手可能なほど多数の経典をもたらした．蓮華経，維摩経，金光経の経典は，精神的な教えとしてのみならず，豊かな文学として読みあるいは聞くことができた．

さらに，仏教は単に精神的，知的な力であるばかりではなかった．それは，日本に新しい物質的，芸術的な様式をもたらした．仏塔，山門，回廊，金色の広間，講堂などの巨大な建物とその特異な配置の仏教寺院は，日本には完全に新しい建築の形態であった．僧侶と尼僧の規則正しい生活は新しいものであった．複雑に区別された儀軌にしたがって製作する専門的な彫刻師による仏像と絵画，仏教式典に関連する祭祀用の道具もまた新しいものであった．

仏教は，それまで初期の神道では排除されたきた穢れの部分を処理する機能を引き受けたのである．これらの機能というのは，毎日の生活に非常に直接関係するものであった．その一つは，死者の冥福と悩みをもつ魂あるいは荒々しい亡霊の鎮魂と救済を提供することであった．最初は，これらの葬儀や法会は宮廷の一員あるいは貴族のために取り行われていた．しだいに，それは仏教寺院と地方社会の間の関係に主要な要素をなすようになった．第二の機能は，祈りを捧げる人人に，病気と飢餓からの救済，豊かな収穫，安産，男子の出生あるいは旱魃時の降雨のような現世的な御利益を提供するものである．こうした現世利益は，日本の多くの仏教各派の特徴となったのであった．初期の日本仏教の第三の機能は，

仏塔の進化．仏塔は仏舎利を祀るために月いられた多層階の塔である．仏塔は埋葬用の塚に始まるインドの卒塔婆(ストウパ)にその様式や機能の起源を受けている．釈迦の死後，その遺物を納めるために八つの卒塔婆が建てられた．仏教のなかの大乗仏教運動は卒塔婆崇拝を実践する一団の戒律から始まったもののようである．仏教が広まるに従い，卒塔婆は聖遺物収容の機能を保持はしたが，それはしだいに手の込んだ塔の構造をもつパゴダ(仏塔)に変形していった．698年頃の薬師寺の塔(7)は，一見すると6層に見えるが，各層の下に裳層を備えた3層の塔である．

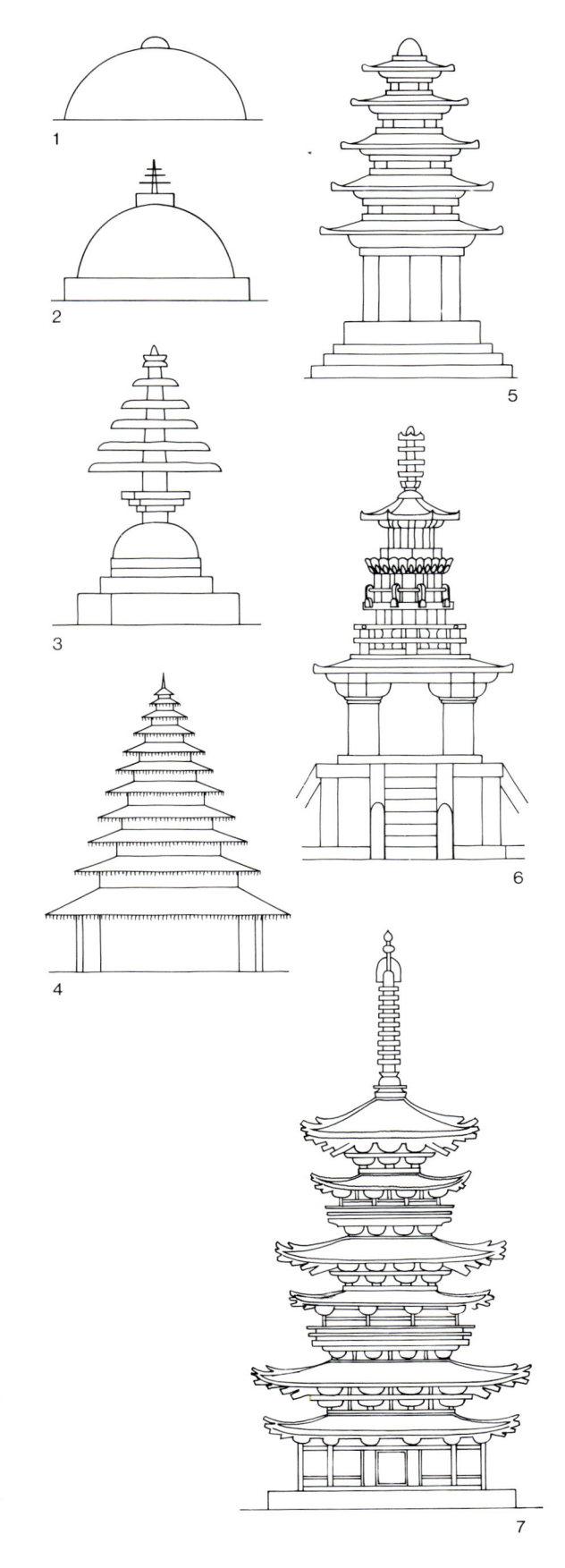

下 この釈迦と2人の侍者を示す金銅の三尊像は，現在法隆寺の金堂内の本尊となっている．同時代の中国(北魏)の様式—河南の長身像洞窟内の彫像—に似た形で作られ，623年製作と考えられ，その時代最も評判の高かった仏師，鞍作止利の作と考えられている．この三尊像は聖徳太子の死にあたって製作された．

上 この空中からの風景は，西側境内の最古の建物を示すものである．門，回廊，五重塔と金堂が並んで設置され，後方に講堂がある．もとの寺院(斑鳩寺)は，単一の垂直軸上に主殿と仏塔を建てるという朝鮮から伝えられた四天王寺形式で建てられていた．法隆寺が再建された際，仏塔の高さと金堂との均衡を得るため，仏塔と金堂を並べて建て，大陸風の様式を断ち切ったものである．

古代の宗教と文化

国の防衛，鎮護国家の機能であった．神と同じように仏は守護神として見られ，僧と尼僧は自分自身と同胞の救済のために祈るのと同様な熱烈さをもって，国の安泰のために祈り，かつ働くことが期待された．このことが古代日本の仏教の興隆と国の支援を確かなものとしたが，反面仏教の精神的理想を俗世の要請に従属せしめる結果となった．

さらに，仏教は政治的イデオロギーとしても機能した．インドの最大の仏教支援者であったアショカ王に関する説話としては，三宝を支援した仏教の指導者はまちがいなく繁栄し，その国は仏陀の保護を享受するであろうと強調している．こうした仏教の政治的役割を大和の支配者たちが利用して仏教を保護したことがわかる．より普遍的な意味では，国家の支配者は，宇宙体系の頂上で光を放つ仏陀と対等の位置に立つことができたのである．この思想は，その後天皇たちによって利用されたが，なかでも東大寺の大仏を建立した聖武帝を特筆すべきであろう．より現実の政治的問題として，天皇あるいは国に保護された都の大寺院は，地方の寺院の中心の役割を果たし，地方の豪族たちは寺院を通して政治力の中心と連繋をもつことになった．その反面，僧と寺院は，放置されれば国への脅威となるおそれもあった．このために，朝廷は発展しつつあった仏教教団に僧尼令を課した．

仏教と神道

仏教はその受入れに際して，最初は崇仏論争などさまざまな問題があったが，その後は，日本に土着の文化と補完し合う安定した関係で定着することとなった．初期の神道は，哲学的な深遠さ，教典上の洗練さと芸術的な創作力の点で仏教とは比ぶべきものではなかったが，神への崇拝心はあまねくしみ透っており，そう簡単には捨て切れないほど深く根づいていたのである．土着の文化が知的なあるいは教義的な争いを挑むことがなかったため，仏教がこの地にとどまりうる余地があり，仏教と神道の儀式が融合し，神と仏の間が容易に結びついた．仏教を興隆させるために，僧侶たちは，仏陀を説明する場合，単純にすぐれた神として説明した．また仏教を日本社会のなかで正当化するために，在来の神を仏の守護神に位置づけた．初期の寺院は，神社境内に近接するかあるいはそのなかに建てられることもあり，神は仏教寺院の守護者と見られていた．仏教の彫像は，しばしば神のために刻まれ，地方の神は，寺院建立の前に，その土地の神を鎮めるために呼びよせられた．その後の寺院では，その境内に小さな神社が建てられた．多くの寺院は，近くの神社と密接な関係をもっていた．たとえば奈良の興福寺と春日神社，京都の延暦寺と日吉神社との関係である．

仏教と神道の間の密接な関係はこのように進展し，日本人の宗教生活の特徴を形成してきて，1868年の神仏分離令に至るのであろう．さきの神仏習合を通して，個々の仏は特定の神と一対として組み合わされ，そこに神と仏の融合が生じた．後の天台と真言の密教的な仏教思想（後出，83，85頁参照）の影響下に，10世紀と11世紀の間に仏教と神道との信仰についての組織的な融合は一層進み，その間に仏の本来の姿である普遍的な仏陀の神性（本地）は日本に土着の神として顕示（垂迹）したと考えられた．この本地垂迹の統合は，しばしば芸術と文学のなかにその表現がなされ，日本人の宗教思想のなかに深く留まることとなった．神道の神は，本地垂迹説では仏陀よりも低い水準に置かれたが，神道の発達のなかで，文化的な独自性が創造された．ときには，神道の支持者たちは，土着の神こそが事実上本来の姿であって，仏陀はその痕跡にすぎないという説（反本地垂迹説）も現われた．

聖徳太子と飛鳥文化

6世紀末から7世紀初頭にかけて，聖徳太子が活躍してい

曼陀羅は，神秘的な宗教教理を表現するために，ヒンズー，仏教，神道によって使われた対称的に体系化された象徴的な図形である．日本での最初の曼陀羅は仏教のものである．しかし，平安後期では，神道あるいは神仏習合の信仰を表現する曼陀羅が製作されている．これらのなかには垂迹曼陀羅が含まれており，そこには神道の神々が対応する仏陀あるいは菩薩の化身として，また神社曼陀羅が著名な神社を描くものとして表現されている．多くの曼陀羅は，春日神社崇拝の一部として作られたものである．709年に藤原不比等によって平城の新都を守護するために建てられた春日大社は藤原氏の氏神として祀られたものである．これは藤原氏の氏寺である近くの興福寺と密接に連繋している．この曼陀羅は14世紀のものとされ，下の方に興福寺に関係のある仏陀が描かれ，その上に春日神社と三笠山，上の部分に春日の五神が描かれている．

下 聖徳太子は政治家，賢者，仏教後援者として尊崇されていたので，その死後まもなく太子に敬意を表して敬虔な信仰がおこっている．その尊崇は日本の仏教のあらゆる分野に浸透し，それは鎌倉時代に最高潮に達し，その時代には太子は大衆信仰のなかで芸術と工芸の守護として採り上げられた．この木彫像は，太子を幼児として描いている．伝説によると，2歳のとき，東を向いて「南無仏」と唱えた．その姿を表わしている．

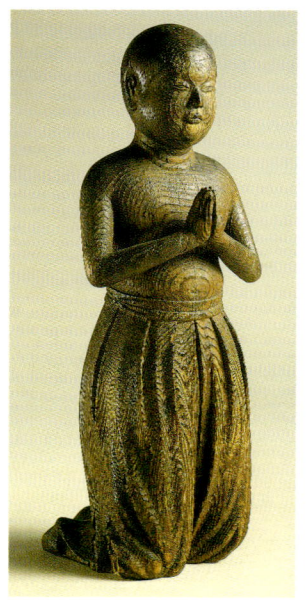

古代の寺社と街道

7-8世紀にかけて，日本は大王を頂点にいただく氏族社会から，中国の制度を手本とし，天皇を頂点とする中央集権体制へと変化したのである．この変化は，最初は仏教の輸入，ついで，律令制度として知られている中国の行政および司法制度の輸入に基礎を置いている．大化改新（645年）と藤原京・平城京の新都市の建設以後，全国に国郡制が敷かれ地方支配者に徴税と地方秩序の監督が委ねられ，中央からは国司が派遣された．道路は改善され，新しい土地と税制が導入された．

622年聖徳太子死亡の年には，日本には46ヵ所の仏教寺院と，1345人の制定された僧尼がおり，その大部分が飛鳥地方に集中していた．平城京という新首都と新しい中央集権化した官僚制度の樹立とともに，仏教寺院は国の組織のなかにくり入れられ，僧尼たちは著しく政治力を獲得した．大規模な寺院のなかで，東大寺は地方の国分寺・国分尼寺制度の頂点をなしたもので，同時に神道の神社も再編成された．

た時期は，大和内部における政治・文化活動の中心は飛鳥地方にあった．この時代はしたがって，普通飛鳥時代と呼ばれている．聖徳太子とその朝廷に後援された仏教建築と彫刻は飛鳥文化として知られている．『日本書紀』の推古紀によれば，聖徳太子は仏教の積極的な後援者であっただけではなく，より強固な国家のための青写真を提供し，氏族連合政権の上に，大王家による中央集権化をはかろうと，政治的には中国の制度を採用した．603年には新たに冠位十二階を制定したが，これは中国の習俗にのっとったもので，古い型の豪族首長の伝統的な力を弱め，より小さい豪族指導者の間から才能ある人を昇格させることによって，政治勢力の再編を容易ならしめんとはかったのである．

聖徳太子はまた国家の基本となる憲法十七条も作成した．この憲法は，公の官僚組織が存在していたことを示唆し，中国の儒教と政治における忠誠，調和，献身，才能を日本の政治における理想とする法律尊重主義の原則を強調していた．その第1条は和を強調し，大和氏族社会を悩ますような派閥主義を非難し，「和を以て貴しとし，忤ふること無きを宗とせよ」とし，第3条は王位への服従を命じ，「詔を承りては必ず謹め．君をば天とす．臣をば地とす．天は覆ひ地は載す」としている．その他の条文は，諸役人たちに，その支配する民衆に公平，勤勉，信頼を受け，公正であるべきことを奨めている．この憲法は，大王への官僚奉仕の道義を強め，大王の地位を氏族連合の上位に高めることによって，社会調和の理想を注入することをねらった一連の道徳教訓として後世に

古代の宗教と文化

まで影響をもったものである．

聖徳太子は朝廷の地位を高めたことで特別に重視されている．『隋書』倭国伝の記事によると，聖徳太子が隋の煬帝に宛てた国書には，「日出ずる処の天子，書を日没する処の天子に致す．恙が無きや云々」と書かれており，煬帝を怒らせたという．今日では，聖徳太子が実際に中国との対等外交を意図していたかどうかは疑問視される．あるいは，聖徳太子は中国との外交における外交辞礼に熟知していなかったものと思われる．それでも，この国書は，日本が巨大な帝国である中国から独立した国家と初めて明らかに承認されたものとして記憶されている．それはまた，「大君」から「天子または天皇または日本語の敬称として，すめらみこと」と呼ぶことで天皇の権威を高揚した重要な一歩であると見られている．

聖徳太子は，彼の死後，日本にもたらされた中国風の改革の大波に対してこれを受け入れる基礎を築いた．日本が朝鮮半島における地歩を維持できないことが明らかとなったとき，聖徳太子は外交政策に転換し，数次にわたって隋朝に公式の使節を派遣している．遣隋使とともに渡航した学者と僧侶は数年後に帰国し，さらに進んだ改革の波に参加することになる．中国との大規模な組織的文化接触が行われた結果，仏教，儒教，中国暦，律令を含む広範囲な領域における中国文化の影響を日本が受け入れたのである．

聖徳太子は，政治的に自由自在に行動していたわけではない．太子は蘇我氏のような強力な氏族と協力して事を進めねばならなかった．聖徳太子の数多くの改革とされるものが，太子の存命中に実行されたものかどうかは疑問である．冠位十二階と憲法十七条は，その現実性よりも，たぶんより強い願望の現われであろう．そうだとしても，聖徳太子は啓発された仏教徒であり，儒教的政治家であり，天皇優越主義者，宗教と芸術の援護者，後世の宮廷廷臣の模範，日本における政治家の手本を示したといえる．その死後数世紀にして，仏陀の化身として賛美され，民衆崇拝の象徴となったのである．

大化改新

聖徳太子は，622年病気で死亡している．その死後，中央集権化の勢いと政治・文化改革は弱まった．誰もその後を継いで摂政に任命されず，蘇我蝦夷（そがのえみし）とその子入鹿（いるか）に率いられた蘇我氏が王位に対する支配力を主張するに至った．中央集権化を強行しようとする指導者がないままに，氏族間の抗争はそれぞれ自己主張をくり返し，朝廷は再び陰謀と流血の泥沼に落ち込むに至った．643年，入鹿は，太子の子で，蘇我勢力の対抗者であった山背大兄王（やましろのおおえのおう）を攻め殺した．このような蘇我氏の暴虐な行動のために，蘇我氏に敵対し，中央集権化の遂行と改革の継続に熱意を示した廷臣たちの間に強い反感が生じた．645年，帝の皇子の一人である中大兄皇子（なかのおおえのおうじ）と中臣鎌足（なかとみのかまたり）は，クーデターを計画し，新羅使節の歓迎と詐って宴の最中，まず入鹿を斬殺，次に蝦夷を攻め滅ぼした．

この事件を改新への道の出発点として，新帝孝徳が即位した．中大兄皇子は，後に天智天皇（てんじ）となった．鎌足は藤原という新姓を賜わり，この藤原氏は日本史のなかで最も影響力を発揮する氏の一つとなり，何世紀にもわたり天皇家を支援し，皇室と婚姻関係を続け，朝廷内に優位を占めるに至った家柄である．都は一時的に難波に移され，大化すなわち「大きな変化」の年と改元されたといわれ，改新の方向を示す詔（改新詔）（かいしんのみことのり）が646年に公布された．

『日本書紀』によれば，大化改新の指導者たちの宣言した目標は，支配者（天皇）の力を回復せしめ，氏族支配による有害な影響を払拭し，聖徳太子によってすでにその輪郭が示

白鳳文化を代表するこの唐風のすばらしい仏像の頭は高さ42cmである．この像は，飛鳥の山田寺のために作られた大型の三体像のなかの中央像の頭部であったものと考えられている．12世紀に，三体像は奈良の興福寺に移されたが，後にはその大部分が破壊された．

右　飛鳥地方の平地からは，多数の土饅頭型の墳墓，寺院や宮殿の基礎，得体のしれない石が出土している．この写真に見られる奇妙な形に彫られた石像は，畑や道端の守り神，里程標，豊穣の象徴として使われたと思われる．

聖徳太子の墓．聖徳太子は，その母と配偶者の一人とともに，現在二上山の大阪側に位置する太子町と呼ばれている場所に埋葬されていると伝えられている．その近くには敏達，用明，推古，孝徳天皇の陵がある．聖徳太子が摂政の役を果たした推古女帝も近くに埋葬されている．推古は，聖徳太子の墓の傍らに神社の建立を命じたが，今日ではその痕跡も残っていない．

飛鳥

下　日本史の揺籃である飛鳥は，なだらかな丘が点在する，ゆるやかな盆地にあり，その周辺は山岳地帯である．50カ所以上もの寺院，宮殿，墳墓の遺跡が発見されている．最も強い印象を与えている建物は，再建された飛鳥寺で，最初の建立は596年である．

飛鳥のなだらかな盆地は，大和の三山に囲まれ，飛鳥川が横切っている．そこは6世紀後半から7世紀にかけての政治的権威と仏教文化の中核地域であった．数多くの宮殿，墳墓，神社があり，推古天皇とその摂政聖徳太子が政務を行ったのは，この地である．また，1972年極彩色の高松塚古墳の発見をはじめ，飛鳥での考古学的研究はさらに進んでいる．

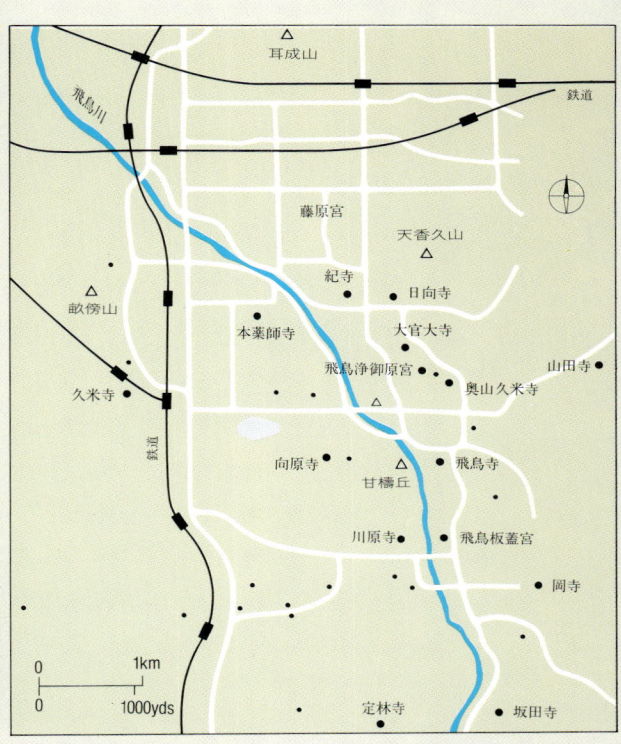

された線に沿い，隋，唐の法典と行政体制を模範とし中央集権化を目指したものであった．大化改新の詔は，政治的・社会的変化が広範囲に行われる兆しを示していた．私的な土地所有は廃止された．すべての土地は，中央政府の管理下に置かれ公地として把握され，中国の均田制の例に従い水田は各世代ごとに再分配がなされた．いわゆる班田収授の法であり，この実施のために6年ごとに戸籍が作られた．私有民たる部曲（かきべ）は廃止され，氏族に従属するのではなく，公民とされた．経済的基盤確立のために，中央官僚政治，道路網の整備，駅伝制，軍事施設，新税制を設ける必要が生じた．班田公民には租や庸調，雑徭が課せられた．反面，これは定期的な人口調査を必要とすることになった．地方支配においては全国に評（こおり）を設置し，国造などの在地首長を評の官人に任命し，民衆の直接的支配を意図した．中央政府の後援によりその領地の平和と安定が保証されることで，新制度は受け入れられ吸収されることとなった．改革を促進するために，中大兄皇子は手本となるよう自分の土地を国に差し出した．

中央集権化と自己強化の革新的な推進は，663年，日本の百済救援軍が唐と新羅の連合軍によって朝鮮半島の白村江で，170艘の船舶と2万7000の人員を失ったとされる大敗北を喫したことで，相当促進されたようである．この敗北により，日本は朝鮮半島から完全に撤退しなければならなくなった．日本はその上，唐の侵入を覚悟しなければならなくなり，大宰府を含めて，北九州に防禦線を築いた．大宰府は，西日本の行政と中国と朝鮮半島との貿易と外交について重要な軍事・行政上の中心であった．侵略のおそれが薄らぐと，日本は一連の使節を唐朝に派遣し始め，強固な外交関係を樹立し，唐朝の制度と文化を輸入しようとした．

改新政治は，一夜にして押しつけようとするには，あまりにも大がかりで，手の届くものではなかった．たとえば，第1回目の戸籍の作成は670年まで行われなかった．それでも改新令は順調な道をたどり，中国にならった日本の変革は，7世紀後半から8世紀にかけて，中国の刑法と行政法典（律と令）を基礎にした一連の編纂作業により着実に進展していった．これらのなかで最も大規模なものは，702年に公布された大宝律令であった．なお現代の歴史学者のなかには，大化改新があまりにも革新的で，後の律令制の展開からみると時期的に早すぎるとして，改新詔の存在を疑う説があること

古代の宗教と文化

奈良時代の政治と文化

7世紀の後半になるまで,日本の支配者は恒久的な宮都の必要性を感じてはいなかった.宮処というのは,単純に支配者の宮殿であったので,支配者が没すると,死につながる穢れを避けるためであろうか,一般に放棄され,新しいものが建てられたのであった.しかし,宮殿を変更するということは,しばしば朝廷のなかでの氏族間の対立を反映するものでもあった.日本人が天皇制を樹立し始め,中国の行政制度を採用し出してから,中央官司制が急速に成長し,政府の建物にとり囲まれた巨大な宮殿の必要を感じるようになった.都城の最初のものは藤原京で,694年から710年まで3代の天皇の所在地とされたのである.

708年,元明皇后は,その宮都を藤原の都から平城京として知られる新地に遷す詔を出した.平城京は長安の条坊制にならった本格的な都城で,藤原京の約3倍の大きさで東西4.3km,南北4.8kmの規模である.710年に遷都された平城京は,宮城を北端に,内裏・朝堂院ほか各官司,貴族の新住居,寺院を備え,東西の官営市場を南方に設置する小型の長安として建設された.8世紀半ばの最盛期には,ある学者によると,人口20万を数えたと考えられていたが,最近では10万人前後と考えられている.平城京は784年の長岡京遷都まで首都であった.この安定した70年は奈良時代として知られている.

8世紀には,大宝律令に基づく律令制の拡張と統合,整理が続いた.国の行政と組織は中国の唐朝のそれに一段と近いものとなったのである.国全体は行政上,国・郡・里に分割され,再分割や再分配が容易にできるように口分田が条里に基づいて造り直されるにつれて,京・畿内の国々の風景は変化したのである.以前からいた耕作者たちは国家への租税負担をになう公民として公地で働くことになった.これらの人人は里単位で再編され,村人は互いに他人の行動に対して相互に責任を取ることとなった.租税は米で,織物その他の地方的な特産品の調や物納の形をとる庸が徴収された.律令政府はまた正丁の男性に対しては兵役を強制した.外国からの侵略の脅威は減少していたが,この時代には,九州南部と東北地方に中央政権の拡張にともなう緊張が見られ(71頁の地図参照),その結果,徴集された兵士を必要とする事態がおこったのである.

古くからの氏族たちは,それぞれの地方の土地に留まっていたが,その権威と収入は律令地方官たる郡司として得ていた.中央貴族たちは,地方行政と人口調査,徴税の実行を監督するために地方へ国司として派遣された.政府の各官司や省や太政官といった中央の官僚政治の職員として膨張した貴族の構成員は,従来の大和地方の氏族から抜擢された.彼らには国庫や国有地からの収入に加えて広範囲な権利を授与されることで,旧勢力を吸収したのである.この中央貴族はまもなく世襲的となった.中国の制度と異なり,日本はその官僚制指導者の選出を試験制度に依存しなかった.官司内の勲功や能力よりは,生まれや個人的な推薦の方が採用や昇進の

平城京

新都平城京の建設は,708年に始まっている.10年の間に,規則正しい碁盤の目状の中国風の都が形を整えつつあった.その大きさは東西4.3km,南北4.8kmで,1町を120mとする32町×36町の升目で区画されており,都の内部は,南北に走る条による九つの区画,東西に走る坊による八つの区画に分けられ,それぞれの区画はさらに,貴族と庶民用の家屋のための敷地のために細分されていた.

下 宮殿は,都の北端に位置していた.貴族や庶民の住居,寺院,神社,市場は遠く南方の離れたところにあり,都は2本の大通りで区分けされ,宮殿の前で1本は南北に,他の1本は東西に走るものであった.

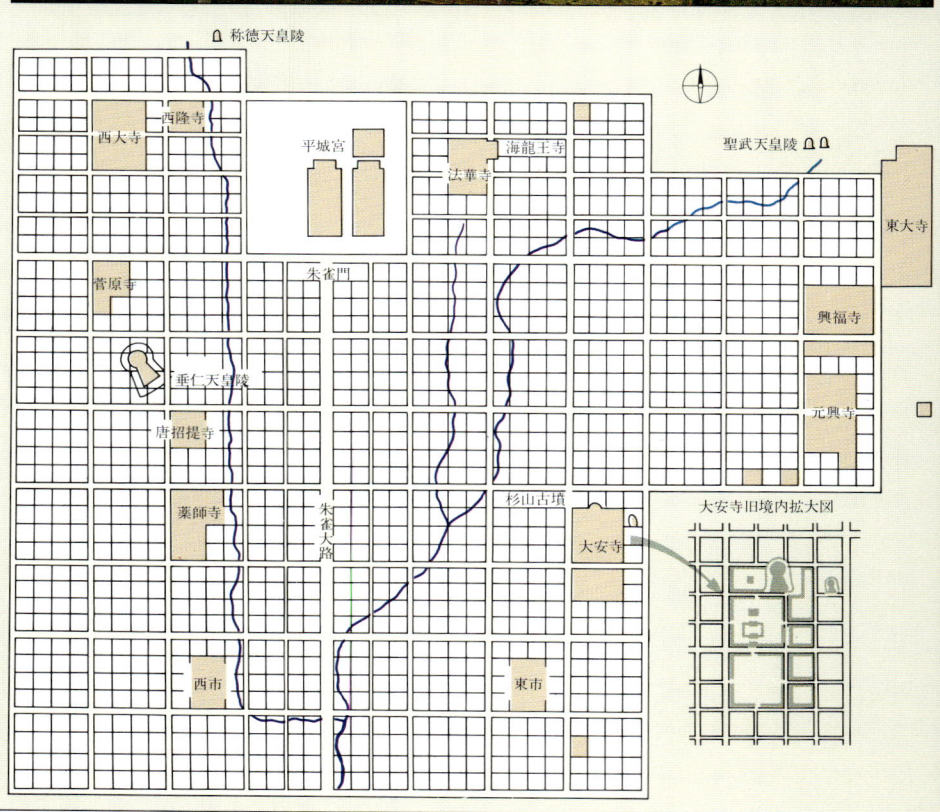

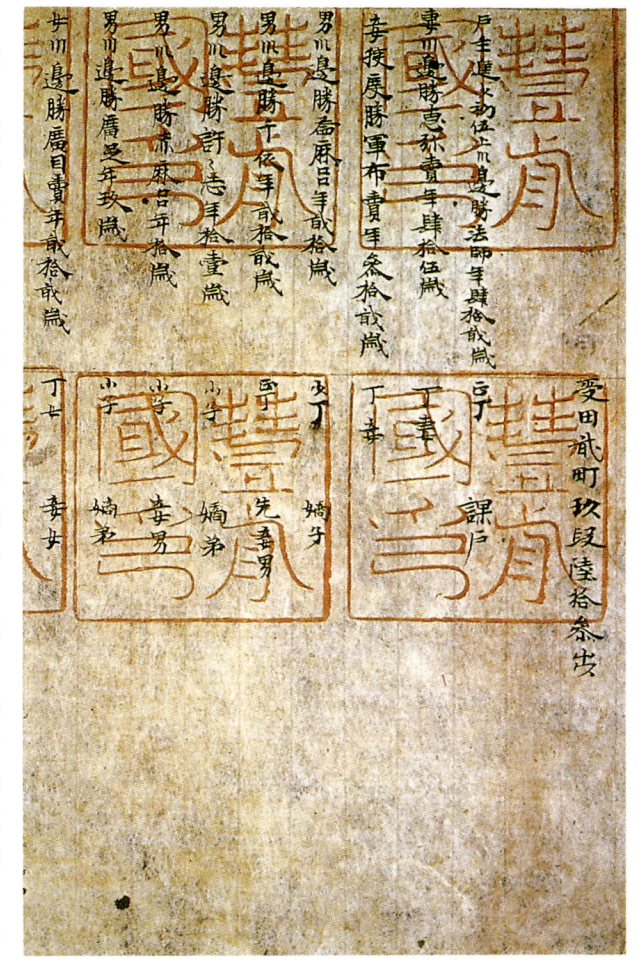

古代の宗教と文化

右　7世紀後半からの律令制の下に導入された新しい土地、税、徴兵制を実施するため、地方の役人は6年周期で精細な戸籍の作成を命ぜられていた。この写真は戸籍の一部で、「豊前國印」が押されている。

ための基準となっていた。仏教寺院が新しい都城に建立され、国の保護と支援を享受した。これらの寺院も貴族同様、広大な公有地と免税特権が与えられていた。

　新しい中国式の官僚制度の頂点に皇室があり、それは中国の王朝の様式に多くならっていたが、なお明らかに日本固有の特徴を持ち続けていた。中国の考え方は王位の範囲を限定するためではなく、それを強化するために取り入れられた。天子あるいは天皇は中国の皇帝同様、神聖な天からの委託を受けていたのであるが、日本の天皇への委託は、中国のそれとは異なり、不可侵かつ取消不能のものである。そこには中国の禅譲のような位を移譲できる委託の観念は全く受け入れられることはなかった。天皇への委託は天皇の軍事的な武勇とか政治的な明敏さによったものではなく、天照大神からの神聖な血統によって、永遠に皇室に託されたものであると観念されてきたことは、日本における王権論者が認めるところである。

　7世紀の天智と天武、8世紀の聖武と桓武天皇は、政治的決断をなし、貫徹した積極的な支配者として記述されてきた。しかし、天皇の力や統率力は朝廷にとり本質的なものではなかった。弱い天皇、子供の天皇、皇后も聖なる血統に属していることが認められれば、皇室の力の根源である祭司者の儀式を取り行うことができた。日本の朝廷は一方で、中国の王朝統治の観念と、三宝を護持することで繁栄をもたらす仏教の観念によって強化され、他方では、その基底において神という土着文化に深く根ざしていたのである。そのため、新しい中国式の官僚制度にならいながら、中国にない、土着の神の儀式を担う神祇官が存在していた。歴史を通して、日本の天皇は、春の田植えと秋の収穫の重要な儀式を含めてその任務の一部として祭祀を取り行ってきた。

　日本人は、7世紀から8世紀にかけて中国式の改革を行おうと断固とした努力を払ったが、生活文化の数多くの領域は、手つかずのままに置かれるか、速やかにもとの姿に戻されたのである。班田制が確立され、数十年にわたって実施されたが、それは貴族や寺社の富や地位を弱めることはなく、むしろそれらを高める傾向にあった。皇室の家系が皇位についての権利を喪失しえなかったのと同様に、貴族制度も日本人が世襲制度を好むという傾向から温存されたともいえよう。政府の官司は中央といわず、地方の官司も決して完全には官僚化されず、あるいは勲功に準拠するものでもなく、あくまで縁故関係により、家柄のよい者たちによって独占が続けられた。

　都城における貴族たちの生活は贅沢になり、かつての最悪な血なまぐさい氏族間抗争もある程度抑制された。とはいうものの、奈良時代の日本の社会は、いつも平穏というわけではなかった。兵役と重税が人々の上にのしかかり、多数の人々が逃亡を余儀なくされた。ウェイン・フェリスの研究によれば、天然痘を含む疫病は通常のことで、8世紀、9世紀には定期的に人口減少を呈していた。都城のなかでは、新しい貴族階級が政府内部で、また皇位継承について、その権勢を振おうと努めていた。藤原氏はすでに他の貴族階級の競争者を退け始めていたが、奈良時代の終りまでは、完全な指導権の

近年注目されている史料に木簡がある。紙のかわりに板に記録を書いたもので、不要になると表面を削って再利用する。その削りくずが大量に見つかったりして、新たな古代史の解明が進んでいる。これは長屋王の邸あとから発見された木簡で、王家の田の収穫物について倉がいっぱいとなっており、どこへ納めるか現地から問い合わせたものである。

掌握には到達していなかった。奈良の寺院の高僧たちも宮廷政治に積極的で、天皇家に多大の影響を及ぼしはじめたため、貴族官僚層から危険視された。僧侶による宮廷支配の脅威は、道鏡事件により最も明らかになったのである。道鏡は法相宗の僧で、称徳天皇の寵愛を利用して自己の政治的地位を進展させようとはかった。称徳女帝は宮廷に内道場を設け、出家した天皇の称号である法王を道鏡に授与した。しかし道鏡が天皇の位に即く可能性が示されるや、和気清麻呂、藤原百川らを中心とする貴族たちの抵抗によって、769年、道鏡は流刑に処せられ、配所で死亡した。道鏡の排除は貴族派閥、特に藤原氏の政治的勝利を意味したものであった。貴族社会と僧侶たちとの争いは、結局、桓武帝とその近臣の貴族層に、遷都を真剣に考えるべきときがきたことを確信せしめるに至った。

文芸

　中国文化の大波で、また中国の法律、歴史の著作、詩、思想、仏教の原文に親しむ風潮が増大してきた。奈良時代に至って、中国の言葉を修得した日本人によって文芸の開花が見られた。話言葉としては、日本語と中国語は言語上は遠く離れた言葉であるが、日本人は中国の漢字を意味の表現のためだけではなく、日本語のいろいろな音を表現する表音文字としても用いることができることを発見したのである。日本の初期の二つの史書のうち、歴史的作品とされている『日本書紀』は漢文で書かれている。ところが『古事記』に記録され

古代の宗教と文化

東大寺

　偉大な東の寺を意味する東大寺は，745年から752年の間に，聖武天皇（701-56，在位724-49）の命により，毘盧遮那仏の巨大な銅像を納めるために建立された．聖武天皇は熱烈な仏教信者で，741年には国分寺と国分尼寺を地方の各国に建造するよう命じている．東大寺は，この仏教制度の中枢の役目をなすものであった．その巨大な仏像は悪疫と政治的内紛からの救済をもたらし，仏教と国との統合を意図するものであった．

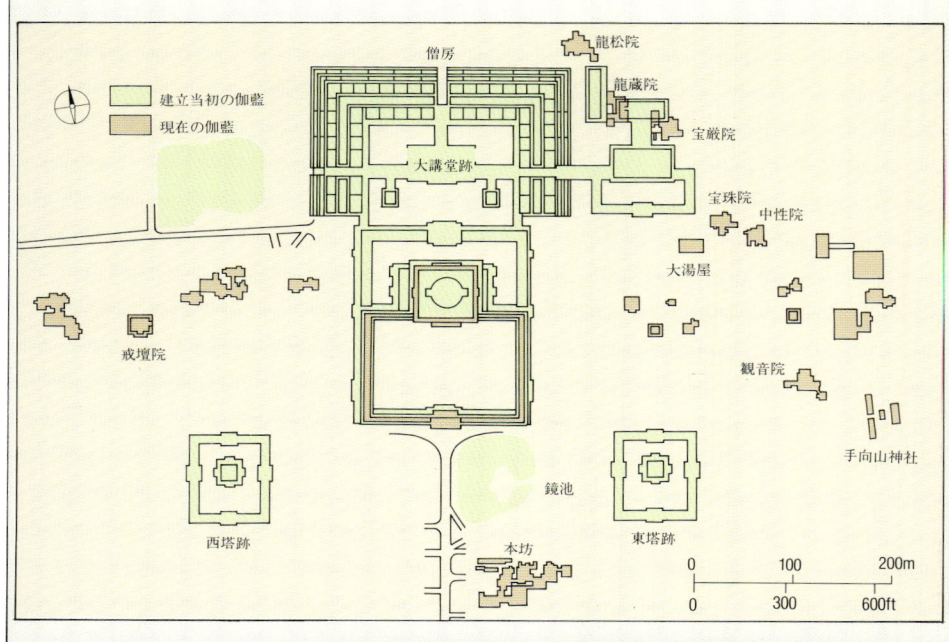

　建立当時，東大寺は広大で複雑な伽藍であったが，何世紀にもわたる略奪と火災による破壊で，現在では初期の建物は一部分だけが残存している．

　右　この木像は東大寺を再建した俊乗坊重源（1121-1206）のものである．1180年，東大寺は，源氏を支援したとのかどで平家の武将，重衡により破壊されたが，後に朝廷は源頼朝の支援を受けて，重源に資金調達と寺院再建を監督するよう命じた．その献身的な監督の下に，大仏，主殿，正門，南門，回廊のすべてが修復されたが，その大半は中国の宋代の影響に由来する新しい建築様式にのっとったものであった．

ている神話は，ときには中国文字をその意味を表現するのに用い，またあるときには単にその音を表わすだけに用いるという混在した形で使っている．

この使い方の違いは，最も初期の詩集や歌集においても確認できる．8世紀半ばの漢詩集である『懐風藻』は漢文体で書かれている．ほぼ同時期の『万葉集』は日本語の音声を表わすのに漢字を用いているが，言葉としては大和言葉であるから，より直接かつより自然な表現を歌人に与えてくれるのである．『万葉集』は日本人の詩的感受性が力強く表現された最初のもので，日本における最大の歌集とされている．数多くの長歌も含まれているが，31文字の短歌形式を日本詩の代表的な形態として確立した．この歌集に含まれている和歌は，天皇皇后，貴族，防人，僧侶，若い婦人を含む世の中の数多くの異なった地位の人々によって作られたもので，作者は愛，願望，歓喜，悲哀，大和の地への永遠の愛，地方の神々への信仰を語っている．代表的な歌人たちのなかで，最も印象的なのは柿本人麿である．その素朴な短歌は，石見という地方で死に臨んで悲しんで詠んだ次の歌に見い出せる．

　　柿本朝臣人麿，石見國に在りて死に臨みし時，自ら傷みて作れる歌一首
　　鴨山の，磐根し枕ける，吾をかも，知らにと妹が，待ちつつあらむ
　　　　　　　　　　　　　　　　　　　　（万葉集 223）

この歌の後に，その死の知らせを受けて，悲しみを詠んだ人麿の妻の歌が2首続いている．

　　柿本朝臣人麿，死せし時，妻依羅娘子の作れる歌二首
　　今日今日と，吾が待つ君は，石川の，貝に交りてありといはずやも
　　　　　　　　　　　　　　　　　　　　（万葉集 224）
　　直の逢ひは，逢ひかつましじ，石川に，雲立ち渡れ，見つつ偲ばむ
　　　　　　　　　　　　　　　　　　　　（万葉集 225）

奈良時代の仏教

数多くの寺院と尼寺が，皇室や貴族たちの庇護の下に新しく建立されたことで，仏教は奈良時代に，都城および地方のいずれの地においても，より深く根を下ろした．本来聖徳太子により建立され，その後火災により焼失した法隆寺は670年に再建されている．薬師寺，大安寺，元興寺を含む藤原京の時代に存在していたいくつかの寺院は，平城京で大規模に再建されている．その他の大寺院もつぎつぎと建立されたものである．たとえば，興福寺は藤原氏の一族のための寺院となり，藤原氏の氏神の春日神社の管理をするに及んでいる．745年には，日本全土が自然災害に襲われるや聖武天皇は万民のための巨大な仏像とそれを納める広大な建物の建立を始めている．この寺院は，東方の大寺院を意味する東大寺として知られている．東大寺は後に，国のため祈りを捧げる地方の国分寺と国分尼寺の中心となった．国分寺は，各地の豪族からの寄進によって各国にそれぞれ建立されたものである．765年，孝謙上皇は藤原仲麻呂の乱平定の勝利を祈願して金銅の四天王像を発願し，それが契機となり，東大寺に相対するものとして，巨大な西の寺を意味する西大寺の建立を命じた．これらの大寺院を南都七大寺と呼んでいる．

宗教活動に従事する日本人の数は増えていたが，都城内にある大寺院の多くは，なお朝鮮または中国の僧をその長に頂いていた．日本に新しい仏教の教えをもたらした中国の僧のなかに，僧院生活の戒律の専門家で，6回にものぼる渡航失敗と失明の後，753年に日本に渡来した鑑真がいる．鑑真は，唐招提寺を建立したが，この寺は奈良時代日本に対する唐代仏教の強力な影響を思いおこさせ，また奈良時代の公共建築に一般的であったに違いない唐の建築様式を伝えてくれるものである．唐招提寺には，日本の肖像彫刻のなかで最も精細な表現を見せてくれる鑑真の彫像が安置されている．

日本の仏教は，より多くの経典が日本人に入手しうるようになるにつれ，新しい哲学的な深遠さに到達することとなった．奈良時代に特に影響力があったのは，華厳経と金光明経（金光明最勝王経）である．華厳は仏陀の教えを最も純粋にまた忠実に解説したものと信じられていた．それは光の源である毘盧遮那仏(Vairocana)を仏教的宇宙観の中心に置き，相互に依存する因果関係の調和のなかで，精神，物質両領域にまたがるすべてのものに仏陀の心がしみとおっているという教理を強調したものである．金光明経は，仏陀の遍在，仏陀の慈悲がすべてを抱擁し，超越した智慧（prajna＝悟り）の内面的な光の作用を通して，すべての生きとし生けるものが成仏できることを説いたものである．経文は，慈悲の例として仏陀が己れ自身を飢えた虎の餌に供するという，すばらしい寓話で終っている．経文のなかの数章で，仏教と国家の間の政治的関係が扱われ，仏法と王法の調和が強調されている．そして，仏教の教えを促進し，教団の発展を支援した支配者に仏教の保護を約束している．経典はまた，善行の実行と前世における仏縁の功徳が原因（因）となって，現世の結果（果）が生じるという因果応報の理論を説明している．この仏教の王法の理論によって，聖武天皇のような天皇支配が理論的に強化された．そして天照大神から受けている統治の委託の観念を強め，補強するため，仏教が利用されたのであった．

仏教の種々の学派あるいは宗派が奈良の寺院のなかに共在した．奈良仏教の六大宗派である，三論，成実，法相，倶舎，華厳，律のすべては，元来インドあるいは中国に始まったもので，7-8世紀に，帰国した留学僧かまたは中国の高僧によって日本に伝えられたものである．それらは明確に定義される宗派として考えられるべきものではなく，焦点を当てた経典の違いによって生じる哲学的思想の流れと考えるべきものである．それらは互いに必ずしも排他的ではなく，僧侶は異なった師や経典を信奉し，一つの寺院のなかに数派が存在していたのである．これらの教義は，その後の日本での寺院仏教の教義上の基礎を確立するのに重要なものではあったが，あまりにも深遠なものであったので，主たる寺院のなかでも最も博学の僧侶のみが，よく理解するところであった．たとえば，三論宗は，真実の認識を空または無として導く，弁証法的な八不中道（不生・不滅・不断・不常・不一・不異・

上　奈良の寺院には，天平時代の彫像が，他にも多数残されている．この炎のように立ち上がった髪の毛の恐ろしい容貌の塑像は，新薬師寺の守護神像を写したものである．

左上　この最近の俯瞰図は，正門，回廊と世界最大の木造建築物である東大寺の大仏殿を示すものである．数回にわたり再建がなされているが，今日のものは大部分1709年に再建されたときのものである．その屋根のふき替えは1980年に行われた．

左下　東大寺の大仏殿に安置されている毘盧遮那仏は，日本に数カ所ある大仏像のなかでも最も有名なものである．1180年と1567年の2回にわたって，ひどく損傷を受けたが，大規模な修復が施されている．現存する彫像のうち，原型のままの部分は，蓮弁の一部分だけである．それでも，高くそびえる仏像は，東大寺の建造・再建に邁進した献身的な心を伝えている．

古代の宗教と文化

インドの仏教以前の考えでは、阿修羅は天の神の敵で、悪魔のような悪の力と考えられていた。仏教では、阿修羅は仏法の強力な守護者として組み込まれた。宿縁の変移の6個の領域のなかで、阿修羅の領域は、一方で天と人の領域の間にあり、また他方では地獄、餓鬼亡霊、畜生の領域の間にある。この阿修羅の三つの顔と6本の手は、その守り神としての機能を示すものである。この像は乾漆塗で高さ1.5m、天平芸術のみごとな作品である。

不来・不去)の大乗仏教の中観派の哲学を説くものであった。法相宗は、思想を超える存在は架空のもので、悟りは精神・知性を通してのみ到達しうるとする万法唯識の教義を説くものである。華厳宗は、世界を相互に依存する全体とする崇高な教義を説く華厳経に基づくものである。六つの宗派のうち、律(戒律)宗は、753年鑑真によって導入されたもので、寺院生活の詳細な儀式と聖職者の叙任儀式の適切な執行を重視することに最も具体的な宗派であった。これらの宗派は、日本仏教の哲学的、あるいは制度上の発展には重要なものではあったが、一般の日本人の生活には直接影響を及ぼすところは少なかった。

上流社会の後援者と一般の人々にとっても、仏教の主な魅力は、その印象的な芸術と建築、複雑な儀式、疫病や悪霊の退散、埋葬と供養、この世における現世の恩典(現世利益)を得るための祈禱にあった。それらが日本仏教の大きな特徴として存続しているのである。上流階級に属する者の多くが仏教の儀式と病気の治癒力のゆえに、仏教を支援した。そして、病気からの回復、死者への功徳とその結果としての幸福、あるいは鎮護国家を願ったのである。経典は個人の悟りのための指針として用いられるよりも、雨乞い、天皇の病気平癒、男子後継者の誕生、病気・流行病の軽減のための祈りまたは呪文であった。たとえば、金光明経のなかには仏陀の病気治癒力のために捧げた一章がある。病気を治癒する仏である薬師如来は大衆信仰の中心で、たとえば平城京にある薬師寺の如来像は最も重要な仏像の一つである。

東大寺の建築

天皇による鎮護国家のための、仏教興隆政策の最たるものは、聖武天皇による東大寺の大仏鋳造であった。高さ16mの巨大な金銅像は、毘盧遮那仏の広大無辺さと地上における皇室の高貴を象徴するものであった。聖武天皇は、この毘盧遮那像とそれを収容する大仏殿を建立するために、日本国中の銅と貴金属を使い果たしたといわれている。大仏造立の詔のなかで、聖武天皇は、すべての富は自分に所有が帰されるものであるから「一本の小枝か一握りの土でも」献上するよう説いた。大仏建立のための勧進者たちは、人々の寄進を求めるために地方に派遣された。752年の開眼式には何千人という僧侶が日本とアジアから集まった。婆羅門僧菩提僊那(704-60)は巨大な筆をもって高いやぐらの上に立ち、大仏像の眼の紅彩を塗り、生命をふき込んだのである。聖武天皇と皇后

光明子は筆に結ばれた綱の一端をもった．宮廷の舞踊手と音楽師が，雅楽を奏し中央アジアの面をつけた踊りが供された．儀式の間に，聖武天皇は自らを「三宝の奴（奉仕者）」であると宣言し，これによって国家支配のために仏教を強調する思想は最高潮に達したのである．

東大寺の大仏と大仏殿は，数回にわたって破壊され再建されている．現在では，最初のものはほとんど残存していないが，この寺院はなお，仏教芸術と儀式用具の巨大な宝庫といえ，数百点の国宝と重要文化財が納められている．東大寺では数多くの季節的な儀式が行われ，あるものは1000年以上にもわたって続けられてきた．よく知られているその一つは，二月堂で行われる修二会（お水取り）である．新しく，井戸からくみ上げられた水を十一面観音像の前に捧げる儀式は，燃えさかる大松明の光の下に，午前1時半の寒さの最中に行われる．それは神道と仏教の特徴を組み合わせた1カ月余にわたる斎戒の式典の最高潮で，僧侶たちが己れ自身の精神的救済，皇室と国全体の幸福，あらゆる生物のために演ずる儀式である．

東大寺は，仏教秩序のなかの中心的役割を保ちながら，平城京の主たる寺院となり，また全国の国分寺，国分尼寺の中心となったのである．741年，聖武天皇は，7層の仏塔を備えた国分寺と国分尼寺を各地方に建立すべきことを命じた．さらに各国は，法華経10部と金光明最勝王経を備うべきこととされた．僧侶と尼僧は，これらの経典とその他の経典を，天皇と国の幸福を願って絶え間なく詠唱し続けたのである．東大寺は，国分寺の僧たちを訓練するための組織と寺院の頂点に立つものとして指定され，尼院の長は法華寺であった．

大仏完成時の開眼供養会にみられるように，8世紀の日本は，アジアの国際文化へ参加し，文物流通の点ではシルクロード（絹の道）の東端に位置する終点であった．楽器，ガラス器，儀式用金銅器，織物，鏡，屛風，真珠貝を用いた装飾品などアジアのあらゆるところからの貴重品が，聖武天皇の朝廷に献上された．聖武帝の死後，それらの献上品は皇后によって，特に建造された倉庫である正倉院に納められた．荒削りの桧の角材で，簡素な校倉造りで建てられた正倉院は，湿度の高い夏期数カ月は気密とし，乾燥する月には完全な換気がなされるように設計されている．そこにはシルクロードを通ってきた，他にかえがたい宝物が収蔵されている．

律令政府は仏教が一般人の間に普及することには積極的ではなかった．金光明経の写しは各地方に分配されたが，それはおそらく地方の強力な豪族に留まっていたもののようである．聖武天皇は，氏族ごとに仏壇を備うべきことを布告している．これについても，この布告に応えうるのは，地方の選ばれた上流階級のみのようであった．大衆への伝道者が，大衆を魅了して，国家支配に不安材料を与える危険性が想定された．政府は，必ずしも目的は達しなかったが，私度僧を禁止し，僧尼の生活を厳重に規制しようと試みた．そのようななかで，遍歴の聖僧とされたのが行基（668-749）である．行基は東大寺建立の資金集めに役立った人物で，大僧正に栄進したが，その生涯の多くを，灌漑施設，池，医療設備の建設といった民衆の間の慈善事業に捧げたのである．その尽力によって，行基は生きた菩薩として崇められた．もし庶民が仏教の教えをつかみ始めたとするなら，それは行基のような托鉢僧との接触を通してであり，いかに微力であるといえども，東大寺建立のような巨大計画と連繋があるという共通感覚，あるいは善行は速やかに利益に顕現し，悪行は不幸な結果をもたらすという因果応報という単純な観念によって，徐徐に普及してきたことによる．この理解しやすい業の観念は，9世紀初頭に僧景戒が編集したとされる仏教の教訓物語集である『日本霊異記』のなかに反映されている．この書物は，インドの劫といった長い時間のなかでくり返される因果を，即時の応報と懲罰という即時性のなかにはめ込もうとした．こうした点に日本的な信仰の特徴を見ることができる．

784年に，桓武天皇の支配の下に朝廷は長岡京に遷都するが，この地が不吉の地であるとされたとき，後の平安京へ再度移された．不浄につながる禁忌も遷都の理由の一つであったかもしれないが，さらに宮廷生活への仏教僧の増大する影響を回避しようとして，天皇および宮廷貴族たちが計画したものであるとする向きもある．この影響力は，僧道鏡と女帝称徳天皇との関係において危機的局面に達したのである（前出，61頁参照）．道鏡は流刑に処せられたが，僧侶たちによる政界への影響を恐れる傾向は長引いていた．新都への移転に際し，平城京に設けられていた寺院が，新都へ移転したり，分院を建てることを禁じたので，寺院の影響力は著しく減少した．同時に，道鏡事件があったために女帝が皇位につくことが非常に困難となり，その後天皇の歴史の上で女帝の誕生は江戸時代までなかった．

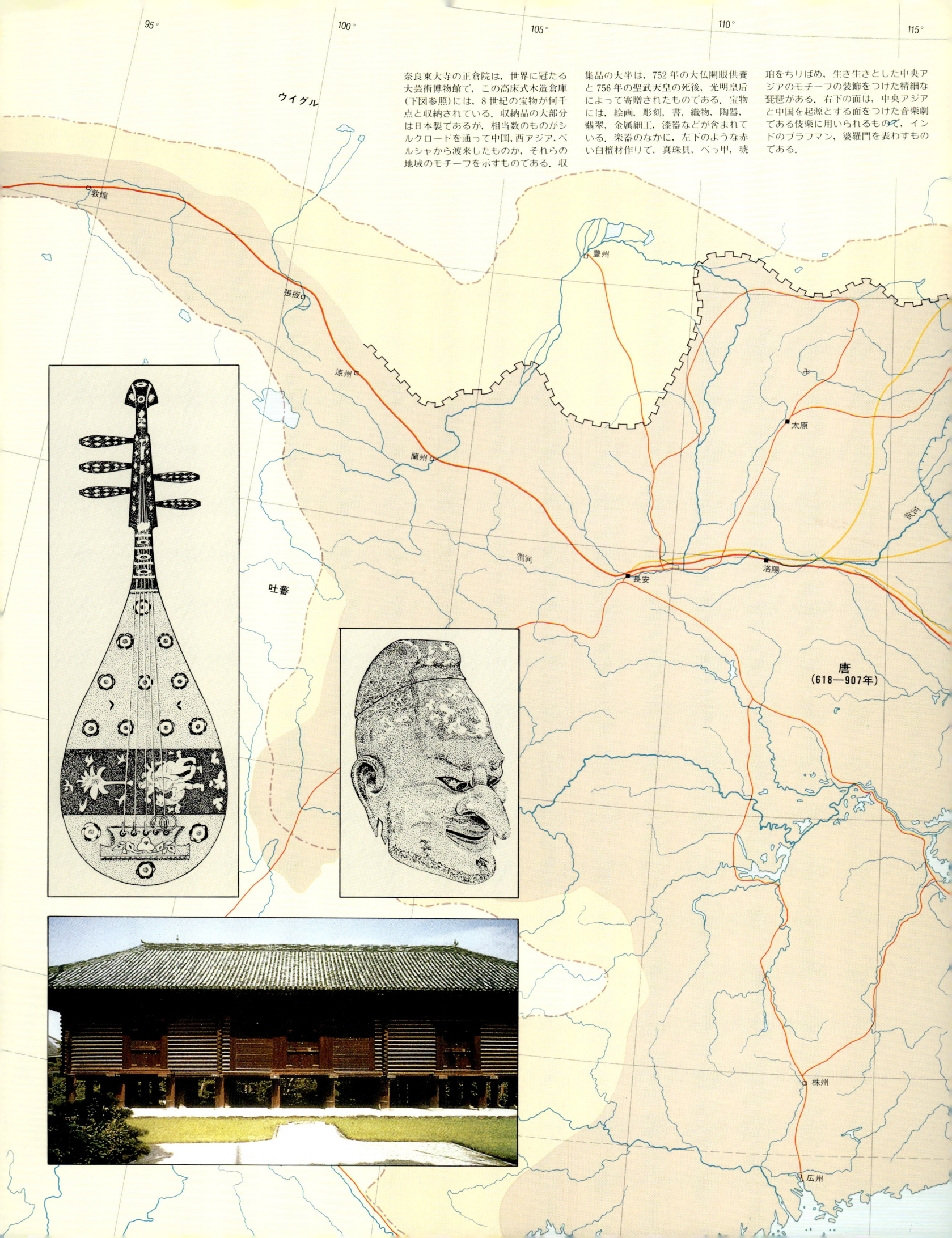

奈良東大寺の正倉院は，世界に冠たる大芸術博物館で，この高床式木造倉庫（下図参照）には，8世紀の宝物が何千点と収納されている．収納品の大部分は日本製であるが，相当数のものがシルクロードを通って中国，西アジア，ペルシャから渡来したものか，それらの地域のモチーフを示すものである．収集品の大半は，752年の大仏開眼供養と756年の聖武天皇の死後，光明皇后によって寄贈されたものである．宝物には，絵画，彫刻，書，織物，陶器，翡翠，金属細工，漆器などが含まれている．楽器のなかに，左下のような赤い白檀材作りで，真珠貝，べっ甲，琥珀をちりばめ，生き生きとした中央アジアのモチーフの装飾をつけた精細な琵琶がある．右下の面は，中央アジアと中国を起源とする面をつけた音楽劇である伎楽に用いられるもので，インドのブラフマン，婆羅門を表わすものである．

遣唐使とシルクロード

中国との貿易と文化の交流についての熱意が増大するにつれ、大和朝廷は606-14年の間に中国の隋に5回使節を送り（遣隋使）、630-894年の間に19回にわたって公の使節を唐朝に派遣したが（遣唐使）、894年を最後に公の使節派遣は停止された。

大規模な使節団は、4隻の船と600人もの人たちを参加させたが、彼らは中国語に精通した朝廷の役人に率いられ、最澄、空海のような学僧・学者も随伴し、それらの人々は勉学のため中国に留まり、その帰国後も中国制度・文化の導入の推進に貢献した。

初期の使節団は、より容易な北方ルートをとっていた。7世紀半ば頃から、朝鮮半島における外交的緊張のために、危険度のより高い南方への航海ルートをとったのである。ごく初歩の航海技術しか備えていなかったので、船はしばしば難破した。

この地図には日本の多くの学者たちが4-6世紀の間、日本によって支配されていたと主張している任那（伽耶）が示されている。この主張に対しては韓国の学者から論議のあるところである。日本がどのような影響を与えていたにせよ、それは6世紀の新羅の征服で終わっている。663年、白村江で唐と新羅の連合軍によって、日本は決定的な敗北を喫し、日本の支配者たちに国の成熟が必要なことを確信させたのである。

凡例:
- ■ 主都
- 卍 寺院
- ✕ 戦闘地点
- 使節団（出発日）
- シルクロード
- その他の交易路
- 行政境（650年）
- 万里の長城
- 運河
- 吐蕃　漢民族
- 倭
- 隋（581－618年）
- 唐（618－907年）

縮尺 1：9 000 000

平安の宮廷

平安時代

784年，桓武天皇（737-806）は宮都を平城京から移転することを決意した．天皇は藤原種継に命じて，適切な土地を選定させた．種継は平城京の北方，山背国乙訓郡長岡を選び工事は始まった．発足の時点から，計画は政治的陰謀と派閥抗争に悩まされ，種継は反対派の勢力に暗殺された．また造営工事も天候の不順とそれによる飢饉・疫病によっておくれた．これらの事件を凶兆とし，桓武天皇は半ば完成していた計画を放棄し，新しい用地を見出すよう命じた．さらに北方の桂川と賀茂川の中間に用地が選ばれ，新都の造営が再度新しく始まった．新都は，「平和と静穏の都」として平安京と呼ばれた．後には京都として知られる平安京は，1868年の明治維新で，明治天皇が維新政府の政策のもとに，皇居を東京へ移転するまで，日本の首都であり続けたのである．

794年の平安京への遷都から1185年源頼朝による鎌倉幕府の開府までの間の4世紀は「平安時代」として知られている．朝廷の観点からすれば，この長い期間は安定した平穏な時代と見られたであろうが，その間に著しい国内的な変化が見られた．平安時代初期には，唐の政治と文化を積極的にとり入れた．また奈良時代に律令制の名の下に導入された中央集権体制の日本的な定着がはかられたのである．10世紀からは朝廷内と地方の両者における政治，経済上の変化によって，律令制度の本来の意図がまげられ，国司などの私的利益を目指し，やがて荘園制へと変質していった．中央と地方の両方にわたって，貴族，豪族勢力の再興に貢献することになる．894年，朝廷は遣唐使の派遣を中止した．11, 12世紀になると，地方では頻繁に反乱がおこり，都においても混乱が続いた．朝廷の発する勅令を実施し，地方における秩序を維持するために，貴族たちは武士の棟梁に依存していたのである．まもなく，これらの武士団の何人かの棟梁たち自身が政治勢力についての構想を抱くようになる．

西暦1000年頃，平安中期には，朝廷を中心とする独特な貴族文化の開花が見られた．平安時代は，日本における宮廷文化の最盛期で，文学，宗教，芸術における大きな創造の時代であった．『源氏物語』と『古今和歌集』は，この時代のすぐれた文学作品である．平安時代はまた，貴族の住宅建築，庭園，絵巻物，仏教彫刻のそれぞれに一様式を樹立している．天台，真言，浄土の各宗派が開花し，中国の文芸と儒教はなお影響力を残していたが，日本語も仮名文字の発展によって散文と和歌において，より柔和で独特の表現法を見出していた（後出，77頁参照）．

新都：平安京

桓武天皇の新都建設の決意は，奈良時代に確立された中央集権的な行政組織の理想を放擲することを意味したものではない．桓武天皇は，後継者争い，氏族間の抗争，平城宮廷を悩ました寺院勢力の干渉から解放されて，新しい環境で新鮮な政治的発足を望んでいたに違いない．

藤原京や平城京と同様，新しい平安京は，長安城（現在の西安）の様式にのっとっている．ただし，長安やその他の中国の都城とは異なり，日本の古い都城は城壁で防禦されてはいない．平安京は広い盆地のなかに設けられ，北部，東部，西部は低い山に囲まれている．東北と西北の両隅は，比叡山と愛宕山の両峰によって守られていた．平安京は平城京より水利の便がよかった．賀茂川，桂川，白川がこの都の周囲の丘陵地を流れ下り，淀川に注ぎ込み，淀川は難波の港と海をこの都市に結びつけている．新都は，構想としては平城京より大きく東西4.5 km，南北5.2 kmであった．最初は，計画された敷地の一部だけが使われたが，しだいに西部の湿地帯を嫌って東の方へ移動していった．

長安や平城京と同様に，宮城と政治の中心（大内裏）は，都の北辺に建設されていた．大規模な公の建物は，中国風に，赤い柱と緑色の屋根瓦で輝いていた．対照的に，天皇の居住区域（内裏）内の住居は，簡素な白木造りで屋根は桧皮葺きである．都城内は，南北の通りと東西の通りで碁盤の目状に建設され，約1200の区域が造られていた．中央大通りの朱雀大路が都城を左京と右京に分けていた．貴族階級の住居は都城の東北隅つまり，左京の三条以北にあたる大内裏の近くに位置していた．都のなかに認められていた唯一の仏教寺院は，国の後援を受けている東寺と西寺である．官営の市場も同様に左右両京に東市・西市がそれぞれ設けられていた．

平城京のように，平安京は，元来この国の行政上の首都であり，政治，社会，文化の中心であった．宮廷貴族のほかには，この都市の住人は，下級官吏，工匠，小売商人，衛士，少数の僧侶たちであった．9世紀の都の総人口はおそらく10万人，うち1万人くらいが貴族と官人であった．一般庶民の人口は，貴族階級の需要を満たすために膨張した．馬は，税物やその他の物資を政府の貯蔵庫や貴族の住宅へ運搬するのに用いられた．屋台や商店が官営の東西市と競って出現し始めた．神社，寺院や貴族の邸宅が建てられ，建て直されるにつれて，職人や工匠たちはしだいに増加し，仕事場や作業場が設けられた．市街地区が東の方へとしだいに伸びていくと，一般庶民は四条通り以南の賀茂川の堤沿いにも掘立小屋を建てた．10世紀以後，公権力の崩壊とともに，都は犯罪，放火，略奪に悩んだ．延暦寺や奈良の寺院から，無法者の僧兵たち

京都は，何世紀にもわたって，戦争，地震，火災，洪水で破壊されては再建され，創設時代の元のものはほとんど残っていないが，この町の特徴は碁盤の目状の通りに残されている．現在の御所は，1855年の火災以後，元の場所より東よりの地に再建された．それは平安時代のスタイルに基づいて建てられている．南から眺めた宮殿敷地の空中写真で，この都の初期の形の印象が得られるが，かつては中央の大通りである朱雀大路は直接，壁に取り囲まれた，宮殿，諸官庁，事務所を含む行政府の囲い（大内裏）へと通っていたが，現在は烏丸通りが西側塀，寺町通りが東側塀に面する位置となっている．内部の天皇の住居（内裏）は行政府の囲いの東北部の壁の囲いのなかにある．この建物群のなかの再建された主な建物は，天皇の私的住居である清涼殿と儀式用大ホールである紫宸殿である（右図）．

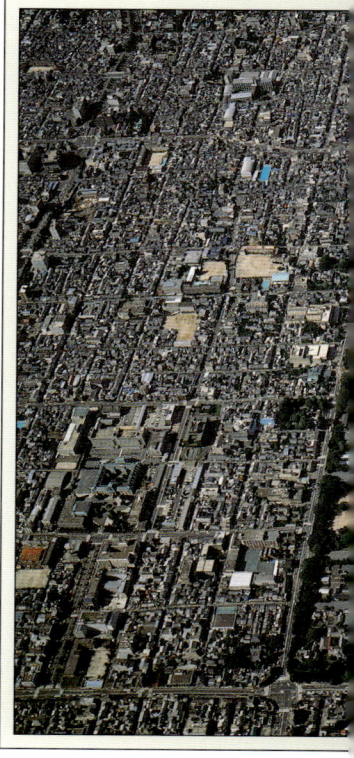

平安京

　中央集権化した律令制行政体制をよみがえらせ、巨大な奈良の寺院勢力から逃れようとする努力のなかで、桓武天皇は政治の場を平城京から、784年に長岡京へ、ついて794年には、文字の上で平和と静穏の都を意味する平安京へと移転した。平安京は、11世紀頃からしだいに京都と呼ばれるようになってきたが、明治天皇が1868年にその宮城を東京に移転するまで日本の首都であり続けた。その長い年月の間、ただ一度の中断は、1180年に平清盛が摂津国の福原へ6カ月の間、都を移したときだけである。平安京は宮廷文化の中心、仏教寺院と神社の存在、活気にあふれる商人と工匠の社会などの特徴をもつ都市となった。

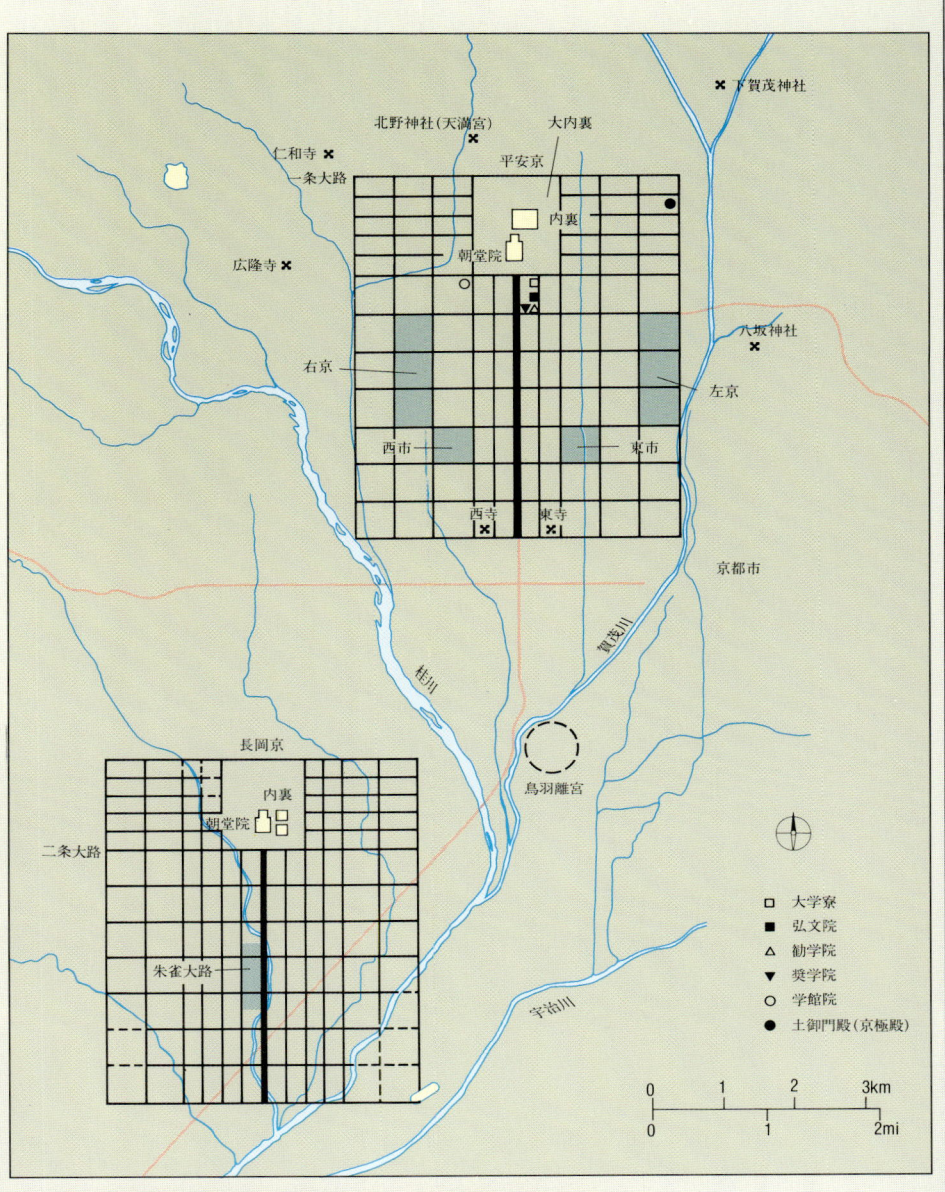

上　この見取図は、最初に計画されたときの平安京の配置を示したものである。都の北側に巨大な宮殿の囲いと内裏をとりまいて、都は規則正しい区画、坊に分かれていた。さらに各坊は16町（各町は1450m²）に細分され、南北の通り、東西に走る町筋で切られていた。平安京は朱雀大路（幅85m）によって左京（東部）と右京（西部）に二分されていた。桓武天皇は、都のなかに寺院を設けることに制限を加え、そのうち東の寺院、東寺が真言宗の中心として発展した。

左　内裏のなかの天皇の私室には装飾のついた屏風に囲まれた一段高くなった台座が置かれている。

平安の宮廷

が，その要求が満たされないと，しばしば朝廷を脅かした．放浪の兵士や暴漢が町中を歩きまわり，強盗が昼日中公然と行われた．築地塀に取り囲まれた貴族たちの住居も難を免れることはできず，しばしば略奪されたり放火された．内裏と天皇の住居もしばしば火災に見舞われ，天皇権威の象徴である大極殿も1156年の第3次大火災の後は再建されなかった．

古い寺院は，移築することを禁じられていたが，仏教は平安京から完全に除外されていたわけではなかった．桓武天皇は仏教に敵対していたのではなく，ただ単に，都とそこに住む僧侶に対し，ゆるぎのない天皇家の支配，制御を主張したかっただけである．事実，天皇は積極的な仏教の後援者であった．天皇は，最澄(767-822)，空海(774-835)を含む数多くの僧侶の後援をし，この2人を中国に派遣し新しい教えと経典をもち帰らせている．この2人は，後に天台宗と真言宗へと発展する教えをもち帰った．最澄は，都の東北方の比叡山に，その僧院延暦寺を創設した．この寺は日本での最も影響力のある寺院の中心となり，その後の数多くの日本仏教の母体となるものであった．空海は山岳の僧院である金剛峰寺を紀州の高野山に創設したが，この寺は東寺の長であることも認められている．桓武天皇は，このようにして古い奈良の寺院の悪い影響力を振り払うことができた．桓武天皇は彼の理想に近いかたちで仏教を配置することに成功した．最澄と空海も，僧侶の規律の革新と，精神的指導者として国に奉仕をする僧侶の修行を強調したが，これは桓武天皇の意図するところにふさわしいものであった．やがてこの時期に，皇親勢力や貴族に後援された仏教寺院が平安京の周辺に建立された．

桓武天皇は積極的な天皇であった．天皇は衰退しかけた大化改新の理想を回復するための改革政治を導入した．天皇は中央官人のより精細な審査を実行し，制度の不備を補う律令規定外の官司(令外官)を新設し，天皇を警護する左右近衛府を設定した．天皇はまた東北地方の蝦夷征服を推進するめ，新しい軍制を用いた．桓武天皇の律令制再興の企図は続行はされたが，その後継者，嵯峨天皇はそれほど積極的ではなかった．それでも嵯峨天皇は最後の活動的な天皇のうちの一人であった．平安時代の残りの期間は，天皇の主張というよりも，貴族特に藤原氏の北家による宮廷の支配が拡張されたことに特徴がある．天皇は，政治の名儀上の長，律令の象徴，その神聖な子孫であることによって尊崇の対象として存在し続けた．しかし，実際の権力は，しだいに藤原氏の指導者たちに委ねられた摂政として，母方の祖父，伯父，義理の父として姻戚関係にある藤原氏によって政治は実施されることとなる．これは，政治の私物化である．表向きは官僚的な法体制のなかで，氏族政治または門閥政治へと逆戻りしたことを示すものであった．この私物化の過程で，政治の形式的な機構は保たれてはいたが，しだいに地方豪族，皇親勢力や大きな寺院や神社によって無視されることとなった．

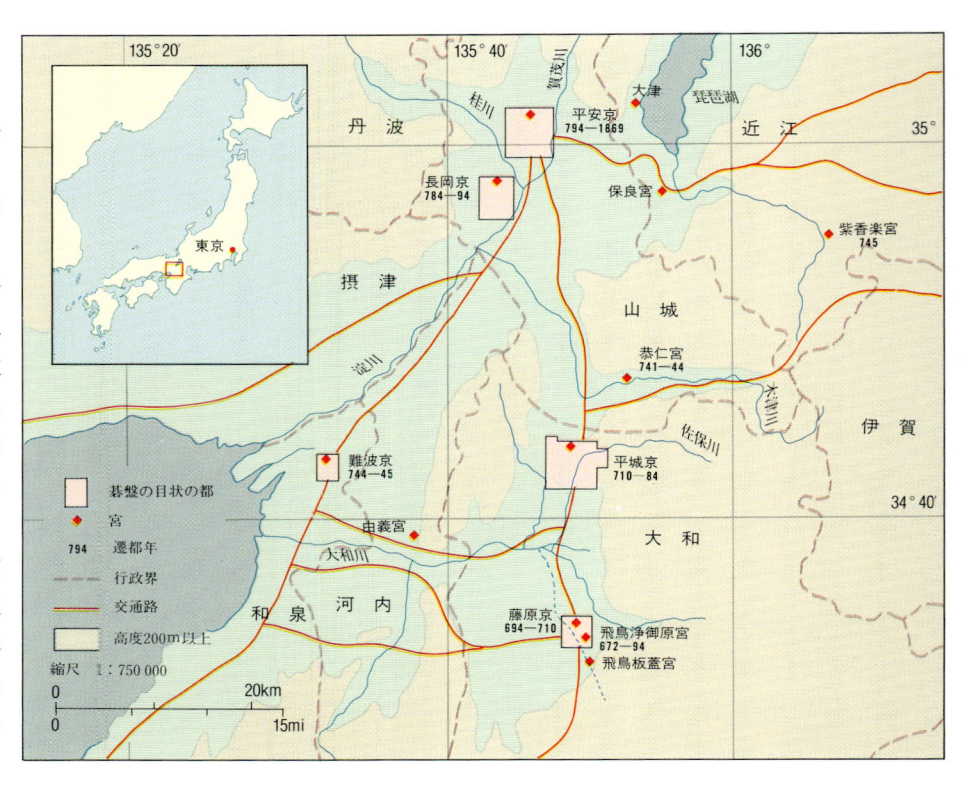

藤原氏による朝廷支配は非常に浸透していたので，9世紀中期より11世紀中期までは普通，藤原時代と呼ばれる．支配者である天皇自身と同様に，改革によって樹立された中央官制はしだいに儀礼的なものとなった．それは単に，位階・官職などの発給機関であり，実際の権力を正当化するための機関となっただけで，天皇は君臨することはし続けたが，統治するのは藤原氏であった．この種の間接統治の形は日本における政治形態の特徴の一つとなった．平安時代が進むにつれ，宮廷政治だけでなく，地方の土地保有や軍事組織にも私物化の傾向が増大した．

藤原氏

藤原氏は天皇支配の当初から勢力を有していた．藤原氏は，645年の政争の際，中大兄皇子を援助した中臣氏の長，中臣鎌足によって基礎が固められた(前出，58頁参照)．鎌足は藤原の氏を669年に天智天皇から与えられたが，それは蘇我氏を倒す計画を企図した場所を記念したものといわれている．鎌足の息子不比等(659-720)は大宝律令の撰修に積極的で，大納言から右大臣となった．不比等は2人の天皇，文武天皇と聖武天皇の義父でもあり，孝謙天皇の祖父であった．不比等の4人の息子は藤原の4家の家長となった．藤原氏は，奈良中期に，この4人の息子が737年の疫病の流行で死亡したため，一時衰微したが，同家の家運は速やかに回復した．奈良時代後期になると，藤原氏は橘氏やその他の貴族を押しのけ，さらに僧籍にいて皇位をねらっていた道鏡への抵抗を指導した．平安時代になり，政治の前線に出てきたのは，不比等の息子，房前(681-737)の後裔藤原北家であった．

藤原氏は，その力を種々の方向に働かせ，伸長させた．その過程で，藤原氏は宮廷政治の計略のあらゆる分野について精通していると自信をもつようになった．対抗者を孤立させ，

上 古代の遷都
後継者争いの頻発，また死亡や疾病による死穢の思想によって，都の用地はしばしば放棄されるに至った．7世紀までには，都の観念が根付きつつあった．これらの都は，中国の王朝の都の様式にならい碁盤の目状の敷地上に建てられ，しだいにより大規模なものとなり，北方へも移動する傾向にあった．最初の中国風の都は，694-710年に文武天皇に使われた藤原京である．大都市平城京は首都として710-84年に用いられた．この間，聖武天皇は，741-45年，都を短期間，恭仁，難波，紫香楽の各地に移転させた．平城京は784年，桓武天皇によって放棄された．長岡京建設の計画は凶兆ありとされた後，北山背の地が選ばれ，794年に都城建設が始められ，この都市は1868年まで日本の首都となっていた．

右 東北地方の支配
平城京(710-84)と平安京(794年以降)の朝廷は，この国の周辺に対する支配を確立するのに数世紀を要している．北方では，蝦夷の武装抵抗を受けにしい，7-10世紀に国境はしだいに東北地方へと広げられていった．

右上 春日大社は藤原氏の氏族のための神社で，そこには主だった4体の守護神がまつられている．もともと三笠山の麓に建てられていたが，769年に都により近いところに移された．

平安の宮廷

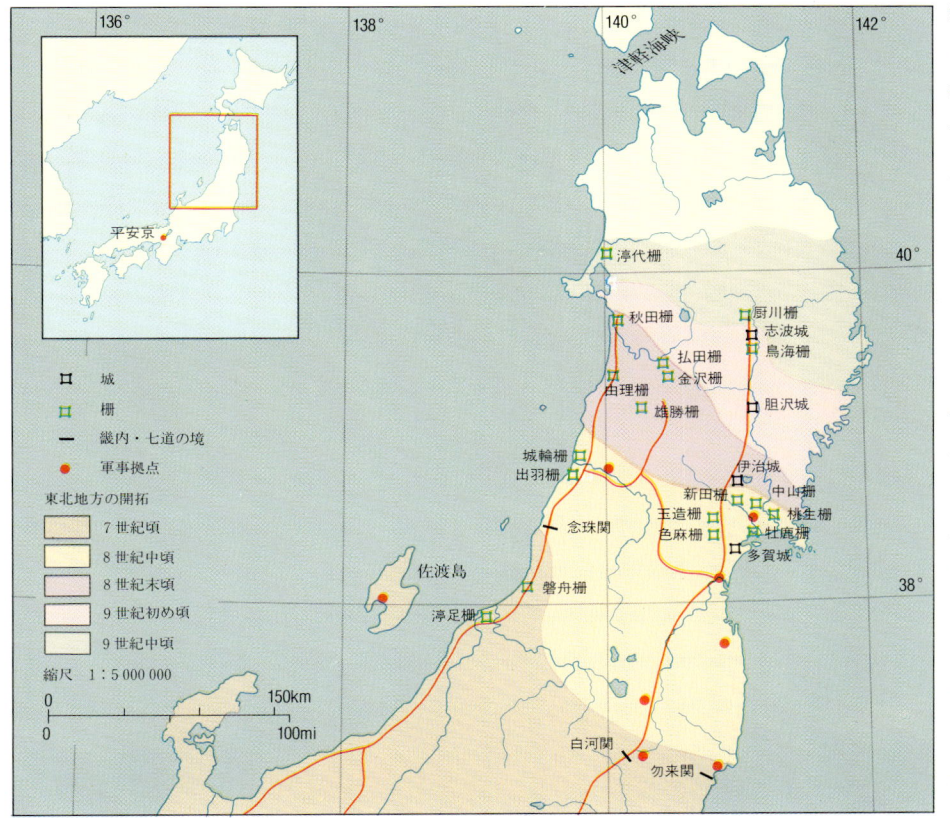

締め出して，他氏を陥れる事件の筋書を作ることに専心していた．彼らは，婚姻政策に熟達し，熱心で，皇子または皇統継承者の誕生を通して，冷静に自分自身を皇室にからみ合わせているのである．彼らは，その私的な財産と力に私的不動産（荘園）の保有権を集積してつけ加えた．その結果，下級の貴族はその保護のもとへと集まった．

しかし，長期間にわたって藤原氏が権力を掌握できた原因は，摂関の力を最大限にしたことであり，それを恒常化させたことであった．藤原氏は，律令制度では規定されていなかった天皇の補佐機関を独占していた．天皇が年少者のときは摂政として補佐し，天皇が成人の場合は関白として天皇を制御した．天皇に早期の退位をすすめ，その幼年の後継者のために自分自身が摂政の地位につくことで，藤原氏は自らは皇位につかずとも，天皇を操縦する方法を見出したのである．藤原氏は，天皇の名における支配体制である摂関制度を樹立することができたのである．

摂政による支配は，858年に，太政大臣藤原良房(804-72)が自分の9歳になる孫を，清和天皇(850-80)として皇位につけ，自らが摂政の位についたときに確立したのである．皇統にあらざる者が摂政の位についたのは，これが初めてであ

った. 基経(836-91)は, 天皇成人の後も摂政にかわって関白として, 補佐の地位をとり続けた. この慣習によって, 藤原氏の貴族たちは天皇の生涯を通して隠然たる権力者たりえたし, 政策の指導者としてあり続けたのである. 藤原忠平(880-949)は, 939年から941年まで朱雀天皇の摂政, 941年から949年まで関白の位にあった.

藤原氏出身の母をもたないか, あるいは何らかの事情で, 藤原氏に摂関として補佐されることのなかった何人かの天皇は, 天皇親政の復権を試みた. 宇多天皇(867-931), 醍醐天皇(885-930), 村上天皇(926-67)らの天皇はすべて藤原氏の干渉なしでの統治親政をしようと努めた. 他の対抗しうる貴族の家系や藤原氏の分家を頼り, 藤原氏の勢力に抵抗しようとした. 一つの方法は, 才能ある非藤原系の廷臣を宮廷内の指導的地位に昇格させようとするもので, この最初の, しかし悲運の例は, 政治家であり, 詩人, 学者, 能書家でもあった菅原道真(843-903)である. 道真は詩人であると同時に政治家としても敬愛され, 宇多, 醍醐の両天皇に支援されたが, 政治的には藤原氏に匹敵すべくもなく, 藤原時平(871-909)の策略によって九州の大宰府に左遷され, その地で病と悲嘆によってまもなく死を迎えることとなる. 当時, 道真の怨霊が, 都を雷, 火災, 嵐, 疫病で悩ましたものと信じられていた. 道真の怒れる霊魂を慰めるために, 道真は天神として神格化され, 京都の北野に, その鎮魂のための神社が建立された. それが北野天満宮である.

藤原氏は967年に摂関体制を再建した. 1068年までの時代は, 藤原氏による政治体制を強調して, 摂関時代あるいは藤原時代といわれている. この時代の天皇は, すべて藤原氏に属する母から生まれたもので, その育まれた家の伯叔父, 義父, 祖父によって管掌されていたのである. 藤原氏は, 藤原道長(966-1028)の時代にその繁栄の極に達した. 天皇家よりも輝かしく, 強大となった道長は, 30年以上も宮廷を支配したのである. 道長は莫大な土地を収得し, 自分自身とその家族のために壮麗な宮殿を建設した. 道長は4皇后妃の父, 2天皇の伯父, さらに3天皇の祖父となった. 1016年には, 自分の甥, 後一条天皇の摂政となった. 道長は決して正式には関白の位を引き受けたことはなかったが, その全力を振って皇位と宮廷に緊密な支配力を維持したのである. 1017年には道長は太政大臣に任ぜられ, 敵, 味方を問わず贈り物を贈り, 自分の息子頼通(990-1074)を摂政と大臣に就任させ, 1019年には実際の政治生活から隠退し, 剃髪の後, 法成寺を建立した. 道長は, 御堂関白として知られるようになったが, それは実際に出家後も関白の権力を振ったからである. 軍事的背景を確保するため, 地方武士に成長していた清和源氏と同盟を結んだ. 平安期の多くの貴族同様, 道長も音楽, 詩歌など深い教養をもち, その日記『御堂関白記』は宮廷生活についての貴重な史料となっている. 道長の一生は『栄華物語』として物語化され,『源氏物語』の主人公である光源氏のモデルであったとされている. 1000年頃, その得意の絶頂にあった道長は, このような意味において, 平安時代の宮廷生活と文化の典型であると考えられる.

道長以後は, 藤原の勢力は宮廷内においても, 地方においても衰退した. 道長の後にはその息子頼通が後継者として摂政と関白の両方につき, 教通(997-1075)は関白となった. しかし, この両者はいずれも道長ほどすぐれたところがなく, また強力でもなかった. 地方にあっては, 藤原氏の力は, 武士集団によって弱められ, 以前は藤原氏の保護下に置かれた土地も武士集団の指導者に侵食されるようになった. 都においては地方よりも一段と深刻な反動が藤原氏支配体制に向けられた. 藤原氏出身の母をもたない幾人かの天皇は, 藤原氏による支配を阻止する方策を案出した. それは, 在位の天皇が退位して, その幼い子を皇位につけて, 自らは上皇としてその力を行使し続けるのである. これは父権政治を実現する政治で, 藤原氏が採った母系親族による政治と対照的なものである. このような支配体制は, 院政と呼ばれた. 白河(1053-1129), 鳥羽(1103-56), 後白河(1127-92)の法皇は, それぞれ長命で, 宮廷支配のために, 藤原氏に挑んだ. それらの法皇の指導の下に, 天皇家は政治経済的に他の集団と対抗しようとしたのである. 法皇たちは, 藤原氏流の政所にならって, 家族による政府を樹立しようと試みた. 藤原氏同様, 法皇たちは土地を媒介とする主従関係を強く求め, これらの方法により, 天皇自身の政庁の確立とまではいいえないまでも, 天皇家の勢力の復活に部分的には成功した. しかし, 院政は, 藤原氏支配の姿がそうであったのと同様, 天皇を媒介とする間接支配という異常な政治形態と考えられた. 12世紀半ばになると, 宮廷内部の政争は, 平清盛に率いられた平家の武家集団の介入によってさらに激化した. この介入については, 詳細には後述(96頁参照)するが, これは宮廷衰微と日本における武家の勃興を示す, 最初の顕著な一歩であった.

土地の私有:私有地の拡散

藤原氏の存在は, 奈良時代に創設された公の律令官僚制度に対する私的制度を象徴するものである. 経済的には, 藤原氏の力は律令制のなかにおこった土地の私有制のなかに増強された. 平安時代を通して, 土地の「公有制」の理想は存続していたが, 私有化も急速に進行し始めた. 公地公民の制と租庸の制度は, 強力な氏族の利害関係と妥協するために, その発足時からうまく機能を発揮しなかった. その結果, 奈良時代の終熄の前からも「荘園」として知られている土地の私的保有制が地方でも発達し始めていた. しだいに, 日本の習俗は, 中国の理想から離れ出したのである.

奈良時代に中国から採り入れた班田収授の制度は複雑で, やっかいなものであった. 田畑の再分配をするには, それらの田畑は, 条里に従って造り直さなければならなかった. このことは, 中部日本の数多くの地に, 苛酷な労働と田畑の変貌をもたらした. 新しい公地公民の制度の下では, 田畑と農業耕作者は, もはや私的に所有されるものとは考えられなか

平安時代の荘園

中世の土地制度は, 私有地(荘園)と公有地(国衙領)制度として記述される. 公有地は奈良時代以前から存在していたが, その時代には各地方のすべての土地は朝廷の財政上, 行政上の当局の管理下にあった. 平安時代になると, 藤原氏のような貴族, 東大寺, 延暦寺, 春日神社のような神社・仏閣, 皇室の構成員のような領家は, 地方に散在する開墾または寄進による土地保有について私権(職, しき)の集中を得るようになった. これらの保有地は「荘園」として知られるが, しだいに国の役人たちの徴税と行政管理から逃れるようになった. このようにして, 12世紀までには, 日本の大部分の地方は, 土地の保有について, 公有地と私有地が混在する錯綜した様相を呈した.

73頁の地図は, 9-12世紀に存在するようになった4000くらいの荘園の小区分を示すもので, 13世紀には武士たちが荘園の権利をめぐって競い合い, 荘園に侵入し始め, 結局その侵食に至るのである.

前市場経済の自然経済の時代には, 荘園はその領家のために日常生活の基本的物資を提供していたのである. 荘園からの年ごとの税(年貢)は, 米でのみ支払われたのではないとされている. 正確な数字はつかみえないものの, 東北地方の多くの荘園では, 時々その年の税の大部分を絹, 鉄, その他の物品で支払っていた.

った．それらは原則的に中央政府に属すべきものであった．農地とそこに働く耕作者は国家の所有物として扱われた．この官僚的な中国の理想は，日本に深く根づいていた氏族の利害と伝統的な慣習とは正反対のものであった．家族は，自らの集団を血縁的な存在と考え，世襲的に土地を所有しようと求めた．定期的な土地調査，戸籍調査が行われ，家族内の人数に従って公民に土地を再分配するという新制度は，土地を家族の所有物として扱うのには障害となっていた．条里制と班田制が完全に採用されたかどうかは明らかではないが，発掘によって九州から関東平野にかけて，相当広範囲に，同一サイズの耕地の遺跡が発掘されている．しかしながら，8世紀後半に南九州で班田制が適用されるようになった頃には，他の地区ではこの制度はすでに衰微し，私的土地保有が見られ始めている．

荘園の起源は，奈良時代の中央集権国家の初期から明らかにすることができる．日本人は，中国の均田制を採用し，その制度下で徴税対象の水田が公民に分配され，死亡によって収公される原則となっていたが，ある種の土地は除外されていた．皇室が保有するものや，位田・職田，国に功績のあった者に許される功田・賜田はしだいに私有化の傾向をたどり，荘園の源流の一つとなった．仏教の大寺院，神社に認められた寺田・神田はもとから不輸租田であり，墾田永年私財法以後は荒野を開墾してできた農地も除外の対象となっていった．土地の割当はしだいに世襲の傾向をとり，特に功績のある者，高位の者や宗教組織に認められた土地については世襲的私有となった．

開墾をして水田にした場合は私有を認めるという法の実施は，土地に対する私的保有の始まりとなっている．人口増加による公地の減少，再分配のための土地供給の必要性から，常により多くの土地を開墾することが必要となっていた．政府そのものは開墾用の資金がほとんどなく，政府の計画は濫用，非能率，高原価に苦しむことになる．有力氏族や特権貴族だけが，開墾計画を進めることができた．貴族や寺院は，新しい土地を開くのに必要な資金と労力を保有しており，政治的勢力を背景に，違法なものにもかかわらず，開墾事業を可能なものとしていたのである．政府が開墾した土地は，公的支配下に留められていたが，奈良時代の始めから個人の手によって開墾された土地は，定められた期間開墾者の所有とされていた．724年には，埋め立てされた沼沢地は，3代の間，埋立施工者の所有とされ，未灌漑原野を水田に開墾した場合は1代の所有とされた（三世一身の法）．743年の勅令では，私的に開墾した土地は，再割当とは関係なく開墾者の永久所有とすることを認めている（墾田永年私財法）．農村人口は公有地からしだいに減少していった．土地を開墾しようとする競

9－12世紀の主要な荘園
- ◆ 天皇領
- ◆ 藤原氏領
- ◆ 東大寺領
- ◆ その他

―――― 国境

諸国の調庸物
- 米
- 絹糸
- 絹・麻
- 絹織物
- 鉄
- その他

争がおこり，これが私有地の率を増加させ，公有地に留まるよりは軽減された税負担での労働を得ようとして，私有地の小作人となる方を選ぶ農民の率が結果として増えたのである．新しい土地の欠乏を強く感じ，やっかいな班田収授制は停止となり，記録に残る最後の班田収授制は844年であった．開墾によって創成された荘園の数は，まもなく寄進地系荘園の数に追い越されることになる．保護と租税免除の特権を得るため，小領主は，都にいる貴族とか寺院のような領家に自分の土地を寄進したのである．耕作者は，毎年の地租を支払うかわりに，その名儀は貴族や寺院のものとした．しかし，保有する土地を耕作する権利は確保していた．もし荘園領主が完全にその土地を保守しえない場合は，耕作者は，かわりに高位にある藤原氏の系統や宮廷内での発言力に期待できる皇族の配偶者にその土地を寄進し直すのである．よい職務を確保するために，土地についての「職」(権利)を譲ることもある．分配され，分割された「職」は本来，土地からの収益への権利である．「職」は分割可能，売却可能，相続可能のものである．機関または個人，男子も女子も，同一物件中の異なった種類の「職」を保有しえ，あるいは，問題の土地のいずれにも訪れたことがなくても，数多くの異なった土地の異なった種類の「職」を保有してもかまわない．このような重層的な職の体系ができあがったのである．寺院と貴族たちはその利益を守るために，荘官を置き，地図の作成，米，絹その他の物品による税の徴収や荘民の支配を行った．これらの荘官も税収から分け前を取っていたのである．

この私権化された土地保有である荘園制度は，ヨーロッパにおける領地制度と共通するものがあったが，広い範囲に散らばっていることと，土地の完全所有ではなく，重層的な所有の権利を包含している点で異なるところがある．荘園は，ヨーロッパのような領主直営地に取り囲まれている領地とは著しく異なっている．構造上，荘園は異なった種類の4ないし5段階の耕作者を包含している．その一は，委託に先立ちその土地を管理していた局地的な所有者(荘民)，不在所有者のために土地の管理をする荘官と名づけられた役人，中央の所有者(領家)と奈良または平安京に住む，前記の者の上に立つ最も重要な荘園所有者の本家がいる．

荘園として認知することは，それだけで公的当局への税金支払の義務やその監督を受ける義務から自動的に免除されるものではないので，所有者の側は，当然完全免除を確保したいと望んだ．平安中・後期に地域のなかの公有地(国衙領)と並んで私有地保有の発達に伴い，勢力のある貴族と寺院に認められた免税(不輸)の承認の制度がおこった．やがては，それらの荘園は，立入や検査の免除が認められ(不入)，事実上，中央政府の管理はできなくなった．

荘園はときとして，その増加を停止させようとする努力があったにもかかわらず急増した．平安時代の幾人かの天皇と法皇は，今後新しい荘園名儀は一切認めない旨の詔勅を発したが，これらの努力はあまり積極的ではなかったので，決して終始一貫して実施されることはなかった．特に藤原氏と上皇たちは，荘園の増加のために競い合い，そこから利益を得ようとしていたのである．荘園の増加の傾向は11世紀までは穏やかなものであったが，12世紀になると著しくその速度は速められた．ジョン・W・ホールは，1086年には備前における米作地の75％は公有地で，25％が私有地であったとしている．12世紀の間に上皇が積極的に保護委託をする土地を求めたので，荘園名儀の率は増加した．13世紀の土地台帳(大田文)によると，多くの地方において，土地の大部分は荘園の形で私有化された．公的な職務が世襲となるにつれ，それまで公的支配であった土地も，同じように「公的荘園」とでもいうべき取扱いをされていた．

荘園は本所や領家の閉鎖的，あるいは自己充足的な経済・文化指向を象徴していた．貴族や寺院は，贅沢品のみならず，生活の必需品をも国庫や商品の公共市場に依存することなく，自分自身の土地にその調達先を求めていた．荘園は，寺院や貴族たちに，米，絹，木材と建築材料，剣と馬，漆と蠟，墨と筆，魚と鶏，労働者と武士を供給していた．平安貴族たちの優雅で有閑の文化生活は，公私ともどもの宝庫からの豊かな収入という，堅固な基盤の上に依存していたのである．

平安時代の文化

平安時代の輝かしい文化は一般に宮廷独特の所産と考えられている．確かに，日本文化の最高不朽の作品の多くは，宮廷あるいは藤原氏の邸内で，この時代に創造されたものである．さらに，『源氏物語』や『枕草子』は，何よりも明快に宮廷生活や文化活動の生きた史料をわれわれに提供してくれる．これらの文化活動は宮廷に焦点を当てているが，人々の生活は都の領域を超えた範囲でも営まれていたことを念頭に置くべきである．平安中期と後期には，武士の発生が見られるからである．初期の武家文化の形態は，この時代の文化生活の一面として見ることができる．仏教寺院の文化もまた同様にそうであった．残念なことに，残った記録はあまりにも断片的なので，田畑を耕し人口の大半を構成していた庶民の文化生活とか精神的な経験とかについては，多くを知ることができない．

貴族の生活と文化

最高の文化は，平安京の宮廷内部や貴族の邸宅内にサロンを作り上げた貴族たちの小集団によって形成された．このわずか数百人の貴族と女房や皇室の人々が，高度に洗練された文芸に深く通じ，文学的素養を育み，文人世界を形成していた．残存している豊かな文学的記録から，出自や，地位と教養がかけがえのないものとされる社会であったのは明らかである．宮廷の階級社会のなかでは，外交上の儀式，慣例，書道，音楽，服装，所作についての精通が剣技や乗馬術よりも重要なものになってきていた．その最盛期には，「みやび」といわれる洗練された美の教化は人生と芸術の融合をもたら

12世紀初頭のものとされるこの書は，藤原公任(きんとう)が撰定した三十六歌仙の一人で，その情熱で機知に富んだことで知られる女性歌人伊勢(？877-？940)の詩歌が書かれている．平安時代になって仮名の文化の発展が見られる．この「石山切」のような，華麗な製紙技術による巧みに着色された紙に，斬新な組合せ構成で重ね張りをしたり，筆扱い，銀粉，雲母あるいは金箔で装飾した名品が生まれた．

平安の宮廷

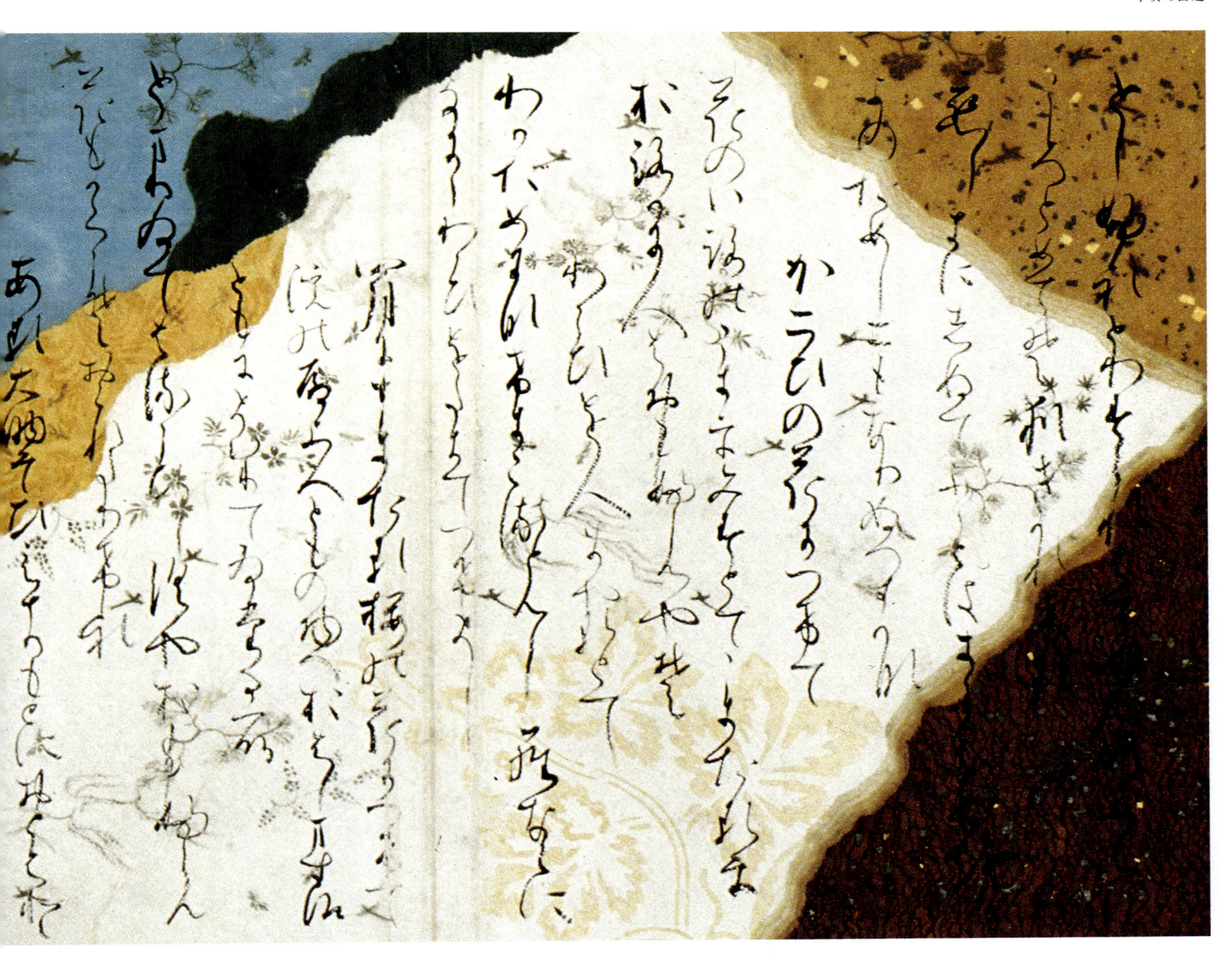

法華経は、最も雄弁に宇宙救済を唱える大乗仏教の経典である。これは6世紀以来、日本で崇拝されていた。法華の教えに対する信仰は、平安末期と鎌倉時代に最高潮に達した。この12世紀末期の扇には、法華経の経文の一部が書かれ、その下絵には宮廷の廷臣たちがその住居の縁側を掃除している日常生活の断片図が描かれている。色彩豊かな扇の絵、装飾的な紙と放射状に書かれた経文の書の組合せが、宗教と現世のテーマの優雅な融合を創造している。

平安の宮廷

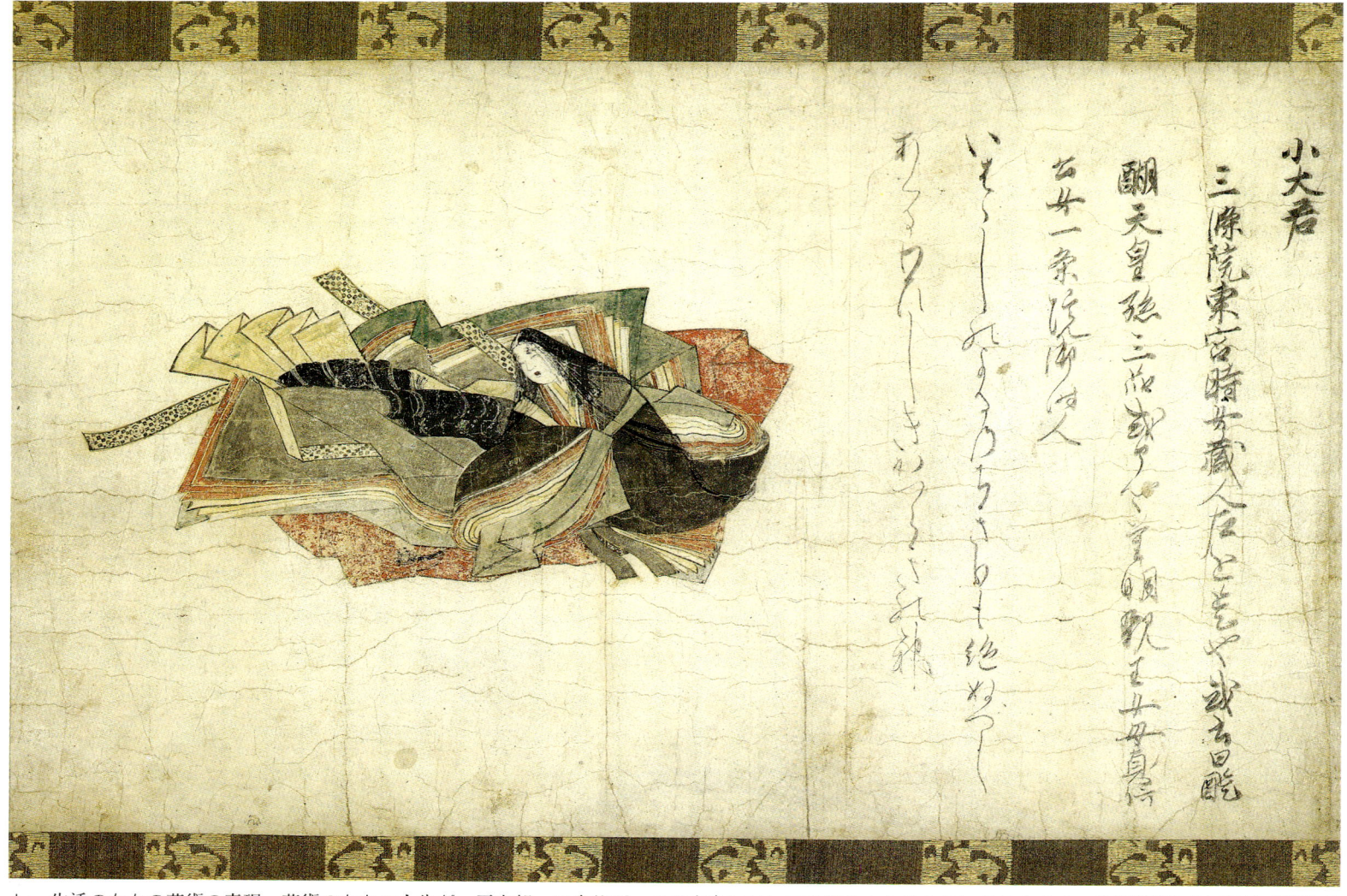

し，生活のなかの芸術の表現，芸術のなかの人生が，平安朝の貴族文化のほとんどあらゆる面における特徴であった．十二単衣の絹の衣服に対する色彩の選択，その長い黒髪，白粉を塗った顔，御歯黒などの化粧に対して，平安貴族たちが他をかえりみることなく注いだ配慮は，芸術的感受性の生きた表現であり，それはまた日常生活における洗練の美学へのたえまない開拓の一部であった．情緒と間接的な表現が重視される社会であって，貴族の女性たちは衝立と幕を生活のなかに取り入れていた．人に接するときは，直接対面して話すのではなく，女性の長い黒髪やその香り，さらにその優雅な絹の袖がちらりと衝立や暖簾の陰から見えることを良しとした．人間の最も一番の尺度となるものは書であった．男にとっても，衣装の洗練，身体の外見，書と和歌の才能が，宮廷政治と恋愛において成功を納めるための必須のものであった．

平安朝の貴族社会を理解するための記録としては，和歌，物語，日記がある．これらの記録から見ると，恋愛の技法が貴族生活で重視された行動であるとの印象を強く受ける．感受性が男女間においては本質的に重要なものとなっていた．節操はそれほど厳格に要求されなかった．平安朝の貴族社会は妻問婚であった．結婚は家族の利害関係によって手配され，後継者の誕生のためになされた．妻とその子女たちは普通その家族とともに住み，そこへ夫が訪れていた．平安朝の一人の貴族が，その本妻に対して礼節にかなうようにふるまおうとすれば，本妻と家格も同程度の女を第二夫人あるいは，一時の相手として私通関係を結ぶのに何の障害もなかったのである．女の方も，その配偶者以外の男たちと関係を結ぶことは自由にできた．和泉式部などは，その恋愛術の巧みさの故に評判になった．逆に『蜻蛉(かげろう)日記』の作者のごとき人は，その夫との関係が疎遠になったことで，責めさいなまれるような嫉妬に悩まされていた．悪くいえば，平安朝の宮廷文化は，取るに足らない，洗練されすぎた，生活感の乏しいものであった．それはまた，閉鎖的で，内向的な社会であった．894年には朝廷は遣唐使の派遣を停止している．それでも，ある種の接触は僧侶と私的な貿易商たちによって持続はされていたが，やはり日本の視野を狭められていた．9世紀から10世紀にかけて，朝廷は，地方に対する効果的な規制のいくつかを失うことになった．廷臣たちは，家を離れて遠くへ旅するということをせず，宮廷の囲いの外に出かけると，その折に出会う庶民との時たまの接触が，ぞっとするほどいやだ，という感覚をもつものも出てくる．清少納言は初瀬に参詣したとき，蓑虫のような下賤な者が不作法きわまりないふるまいをしたので，突き倒してやりたいような気がしたと記している（『枕草子』）．

この非常な内省と自己専念は，宮廷社会を文化的に高水準

11世紀初頭の詩人であり，批評家である藤原公任は，『万葉集』から自分が生きた時代までの36人の傑出した詩人を選定した．このなかには，柿本人麿，小野小町，伊勢のような名士から，この写真にあるような知名度の低い小大君という宮廷婦人も含まれている．この選集は，歌人とその作品についての興味を後世に伝えたものである．12世紀の終りまでに，個々の歌人の肖像に，短い伝記と代表歌が添えられたものが作られ，作詩，作画，書法の技法とともに伝えられた．この『佐竹本三十六歌仙』はそのなかでも代表的なもので，強い色彩と大和絵の技法による絵画は，肖像画というより，その十二単衣の上に振りかかる長い黒髪の宮廷美人の理想化された姿である．この歌は，平安時代の歌集『拾遺集』からのもので，次のように読む．

いははしの　よるのちぎりも絶ぬべし
あくるわびしき　かつらぎの神

のものとするのに貢献するものがあったかもしれない．平安時代の文化は，しばしば日本の真の意味での最初の文化であるとされる．実際には中国の影響がまだまだ残されていたが，それらにしても日本風に変形された．

平安時代初期の頃は，中国の文化的影響はなお強く，周期的に大規模遣節団が，中国から日本へ新しい文献や知識をもち帰った．中国語は，詩や散文における文学的表現のための主要な表現手段であった．中国語はあくまで文章表現手段にすぎない面があった．日本人，特にそれを駆使するのが困難であると思われた女性の情緒的表現には，あまりふさわしいものではなかった．したがって漢文は，婦人たちが自分たちの最も内奥の感情のやりとりを表現しなければならないときには，しばしば和歌によって処理された．繊細な表現が必要とされる宮廷内の必要性に応ずることは，日本的漢文体にはできなかった．やがて漢字をかりた万葉仮名，さらに漢字のくずし字から発展した平仮名が開発されたのである．仮名の発明を空海の功績としている説があるが，伝説にすぎない．『古事記』や『万葉集』に採用されていた複雑で煩瑣な万葉仮名のかわりに，日本語の発音表記法として簡単で正確な仮名がつくり上げられた．

仮名は，文学的表現のための扉を，男のためのみならず，特に女性のために開放してくれた．仮名書きによる最初の文芸大作は，『古今和歌集』(905年編)である．『古今和歌集』の序文をその編者，紀貫之(859?-945)は漢字・平仮名の両様で著し，日本文学の不朽の理想，情緒が漢文学に卓越する旨を述べている(『古今和歌集』仮名序)．

> やまとうたは，ひとのこゝろをたねとして，よろづのことの葉とぞなれりける．世中にある人，ことわざしげきものなれば，心におもふことを，見るもの，きくものにつけて，いひいだせるなり．花になくうぐひす，みづにすむかはづのこゑをきけば，いきとしいけるもの，いづれかうたをよまざりける．ちからをもいれずして，あめつちをうごかし，めに見えぬ鬼神をも，あはれとおもはせ，おとこ女のなかをもやはらげ，たけきものゝふのこゝろをも，なぐさむるは哥なり．

『古今和歌集』は，それに続く1000年にわたって多くの歌人が使う詩的な言いまわしを確立したものである．それはまた，歌の主題，情緒，季語などの文学的基礎を樹立した．その全20巻にわたる歌集はかなりの部分が季節と恋の歌で満たされている．季節の歌は，桜の開花，紅葉を強調し，ある種の定型を作りあげたが，それは一方でマンネリ化をまねき，歌人の独創性を削ぐことにもなった．しかし，「おとこ女のなかをもやはらげ」る恋こそが中心となる主題であった．この恋への集中が日本の歌を中国から引き離すことになる．しかし，恋といっても情熱，情交，親密さを詠ったような作品は少なく，その巧妙さ，繊細さ，関係の始まりの不確定さと終りでの悲しみといった，愛の始まりと終りについて詠われることが多い．これは，短歌の型式の微妙な雰囲気と簡潔さに調和していたのである．

『古今和歌集』の歌人たちは，そのすぐれた技法においては評価されたが，個性と情緒の強烈さには欠けるところがあった．それでも，在原業平(823-80)，紀貫之，小野小町(活躍期850年)，宇多天皇の寵を受けていた伊勢女御らは，より深遠さと情緒的な熱烈さをその歌に示していた．例として，小野小町による和歌を取り上げてみよう．〔＊1〕〔＊の現代語訳の出典については99頁の編・訳者注を参照，以下同様〕

人にあはん月のなきには
　思ひをきてむねはしり火に心やけをリ　　　(1030)
(大意：人にあおうにもその手がかりの無いためには，思いつつ起きていて，胸はいらいらしながら心こがれている．)

わびぬれば身をうき草のねをたえて
　さそふ水あらばいなんとぞ思ふ　　　(938)
(大意：わたしはもう弱りきっているので，この身を浮き草と思いなし，今のところを離れて，もし誘ってくださるお方があるなら，誘われるままに行こうと思っています．)

次に伊勢の歌をあげる．

夢にだに見ゆとは見えじ
　あさなあさな我おもかげにはづる身なれば　　　(681)
(大意：現実にはもちろん，夢にだって，あの方にお目にかかるとは見られまい．あの方の夢の中へも出て行くまい．鏡にうつる自分の姿に恥じている自分であるから．)

『古今和歌集』の編者であった紀貫之は，また四国の土佐から都へ帰る旅を和文で記述した『土佐日記』(935年)も著している．それは旅日記の形で書かれているが，日本の多くの文学的な日記と数多くの古典小説の場合と同じように，和歌と和文との混交になっている．その作品は，貫之が愛娘を土佐で亡くしたこともあり，悲しみに満ちたものである．男性が普通日記を書く場合に使う漢文体より和文を使いたいと思った貫之は，貫之に侍した女性の立場に仮託して書いた．

これは日記という日本文学の一つの重要な分野の最初のものであった．この分野に属する平安時代の見事な作品が数人の宮廷婦人によって書かれている．それらのなかで『蜻蛉日記』は，954-74年にわたるもので，多分に小説化された日記文で，その夫である藤原兼家に捨てられ，つらい思いをした貴族の女性の作である．夫は他の女性との間にも子供が生まれ，たまにしか妻のところへ訪れてこない．それでもなお彼女は夫を待ち続け，悲しみと嫉妬にとりつかれて苦しんでい

た.

　あの時めく女の所では，出産予定のころになって，吉い方角を選んで，あの人も一つ車に乗り込み，京じゅう響きわたるぐらいに仰々しく車を連ねて，とても聞くにたえないまで騒ぎたてて，所もあろうにこの門の前を通ってゆくではないか．わたしはただ茫然と言葉もなく黙りこんでいるので，その様子を見る人は，身近に使う侍女をはじめ，みな，「ほんとに胸が張り裂けるようですね．通る道はいくらだってありますのに」などと大声で言いたてているのを聞くと，いっそ死ぬことができたらと思うけれども，命は思いのままになるものではないから，それがかなわぬなら，ぎりぎりのところ，せめて，まったく姿を見せずにいてほしいものだ，ほんとにつらいと思っていると，3，4日ほどして，消息があった．あきれた，薄情なと思い思い見ると，「このごろこちらで臥せっておられる人があって，うかがうことができなかったが，きのう，無事にすまされたようだ．その穢れの身では御迷惑だろうと思ってね」と書いてある．あきれた，なんてことだと思う気持は，この上もない．ただ，「ちょうだいいたしました」とだけ，いってやった．その使いに家の者が尋ねると，「男のお子さまで」と答えるのを聞いて，いよいよ胸がいっぱいになる．3，4日ほどして，当の本人がいとも平然と姿を見せる．何の用があって来たのかと思って，迎え入れようともしないものだから，まったくとりつくしまもなく帰ってゆくというようなことが，たびかさなった．……

　こんなふうにしているうちに，あのすばらしく時めいていた女の所とは，出産してから，しっくりいかなくなってしまったようなので，意地悪くなっていたわたしの気持では，生き長らえさせておいて，わたしが悩んでいるのと同じように，逆につらい思いをさせてやりたいと思っていたところ，そのようになってしまったそのあげくには，大騒ぎして生んだ子まで死んでしまったてはないか．あの女は，天皇の孫に当たる人だが，嫡出ではない皇子の落胤である．とるにたりないつまらぬ素姓であること，この上もない．ただ最近の実情を知らぬ人たちがちやほやするのにもたれ甘えていたのだが，急にこんなふうになってしまったので，どんな気がしたことであろう．わたしが悩んでいるよりも，もうすこしよけいに嘆いているだろうと思うと，やっと胸がすく．……〔＊2〕

　平安時代中期に，仮名を通して発達した文学の分野は物語である．物語は詩と散文を含む小説風の作品である．これらのもののなかで最も見事なものは『伊勢物語』である．これは，在原業平を主人公にした物語で，125の短編よりなり，各短編は，業平の作とされる1句ないし2句の短歌を含んでいる．『伊勢物語』は，独特な優雅さをもつ若い主役の紹介から始まっている．

　昔，ある男が，元服をして，奈良の京の春日の里に，所領の縁があって，鷹狩りに行った．その里に，たいそう優美な姉妹が住んでいた．この男は物の隙間から2人の姿を見てしまった．思いがけず，この旧い都に，ひどく不似合いなさまで美女たちがいたものだから，心が動揺してしまった．男が，着ていた狩衣のすそを切って，それに歌を書いて贈る．その男は，しのぶずりの狩衣を着ていたのであった．
　春日野の若むらさきのすりごろもしのぶの乱れかぎりしられず（春日野の若い紫草のように美しいあなたがたにお逢いして，わたくしの心は，この紫の信夫摺の模様さながら，かぎりもなく乱れみだれております）
と，すぐに歌を詠んでやったのだった．こういうおりにふれて歌を思いつき，女に贈るなりゆきが，興あることとも思ったのであろう．
　みちのくのしのぶもぢずりたれゆゑに乱れそめにしわれならなくに（あなたのほかのだれかのせいで，陸奥のしのぶもじずりの模様のように，心が乱れだしたわたくしではありませんのに．わたくしが思い乱れるのは，あなたゆえなのですよ）
という歌の趣によったのである．昔の人はこんなにも熱情をこめた，風雅な振舞をしたのである．〔＊3〕

『源氏物語』の文学世界

　平安時代の多くの物語は，宮廷世界にその関心を向けているのが普通であるが，いくつかの物語は，関心がより広い範囲に及んでいる．『竹取物語』は，子供のない竹切職人の老夫婦が竹の幹のなかから見つけた少女が実は月からきた乙女であったというお伽話である．『竹取物語』は，人と神との出会いという点で，他の国のお伽話と共通するものがある．その幻想的な要素においては，これより前に成立した『日本霊異記』に匹敵するものである．『日本霊異記』は僧景戒の著とされる平安初期の仏教説話である．『今昔物語』は，インド，中国，日本の農夫，皇子，僧侶，尼僧，武士その他いくつかの異なった人間の型を扱った教訓的な説話集である．

　しかし，物語のなかで最も見事なもの，日本文学の最高峰とされるものは，1014年頃死亡したとされる紫式部による『源氏物語』である．式部という名は，父の藤原為時が式部丞の官職に就いていたことに由来し，「紫」は『源氏物語』のなかの主要人物の一人である「紫の上」からきていると考えられる．式部は999年，藤原宣孝と結婚し，娘一人を生んだが，宣孝は2年後に死亡した．1006年または1007年に，式部は一条天皇の中宮である藤原彰子に仕えた．中宮彰子の後宮は，女流文学者の輝かしい集団の中心となった．彰子をとりまく女房には，女流歌人和泉式部，赤染衛門が含まれる．一条天

平安の宮廷

紫式部の『源氏物語』は宮廷の周辺で、おそらく熱心にまわし読みされるか、声高に読まれたものであろう．12世紀には、物語の情景が絵巻に描かれ、巻物がほどかれると、見る人に物語の最高の場面が賞味できるようになっていた．この写真の情景は、物語の「東屋」の章で、匂宮（におうのみや）の后中君（なかのきみ）が、匂宮からの誘惑から若い浮舟を救ったところである．浮舟を慰めるため、中君は浮舟を自分の部屋に招き、浮舟に絵物語を見せ、その召使いの一人に絵に続く物語の文を声高に読ませて、浮舟がついこの間出合った試練から心をそらさせようと努める．様式化した、「引目、鉤鼻」と「吹抜屋台」と斜め上方の角度からの室内描写は、中国の模倣ともいうべき唐絵からはっきりと別個の「大和絵」の特徴を見せるものである．

皇のもう一人の中宮であった藤原定子（ていし）の後宮には才能豊かで、機知に富んだ清少納言がいた．それぞれの後宮は、一流の女房の集団で、文学的な競争によってそれぞれの代表作が生み出されたのである．紫式部が宮廷からいつ隠退したのか、また死亡したのかは知られていない．

『源氏物語』が現在のような形で完成されたのはおそらく1010年前後であったようである．それは54章から構成されている．作品は挿話風で、主人公の光源氏と彼をとりまく数多くの人物によって展開されているが、光源氏は他の人物とはきわだって巧みに描写されており、一つ一つの情景はそれぞれ面白味をそえているが、大きな物語絵巻物の一部分であることを明らかに示している．最初の3分の2は光源氏の青年期と成人期を記述している．その残りの部分は光源氏の死後の世界に割かれている．『源氏物語』にはしばしば「もののあはれ」という宗教的感覚を含んだ美意識が現われる．その美意識は光源氏の輝かしい物語が創作された後も、日本人をとらえ続けてきた．

光源氏は天皇の子息として理想的な平安宮廷に生きる男性であり、完成した楽人、詩人、画家、踊り手、蹴毬の名人でもあった．しかし、源氏の最大の魅力は多くの女性に示す愛で、平安宮廷社会で最も高く評価され、最も見事に創作された人物である．このように『源氏物語』は多数の恋愛事件の

記録でもある．あるものは、つかの間の、淡いものであり、またあるものは、長続きし、深刻で痛みを感じるものである．あるものは、宮廷内の最高位の婦人との恋であり、またあるものは、都の裏通りで見つけた名もなき美人とのものである．これらの恋愛事件のそれぞれのなかで、光源氏はただの漁色家でとどまらない手際と思いやりを見せている．物語のなかで照明は、源氏や男性像にだけ当てられているわけではなく、紫の上は、男に依存し、傷つきやすい感受性をもった女性の輝かしい代表として紹介されている．紫の上は自分の性格を形成する思想や感情に関心をもち、宮廷生活の表面的な係わり合いや男女間の関係の単なる記述以上のことをやりとげている．その性格は内省的で、心理的に複雑であるといいうる．『源氏物語』の豊かさを、数行の短い引用文で評価することは困難であるが、次の文から著者が紫の上の性格について理解していたことのヒントは少なくとも得られるであろう．源氏が最も長い関係をもったのは、紫の上との間であった．紫の上はある皇子の娘ではあったが、その位階が源氏の下であったので、その正室になることは望めなかった．そのため、紫の上は、源氏がその姪で朱雀帝の娘である「女三の宮」を自分の室に入れ、毎晩、三の宮の方へ通うのを知って深く苦しんだのである．

3日の間は，毎晩欠かさず宮のほうへお越しにな られるので，これまで長年の間そのようなことにはお慣れ にもなっていらっしゃらない上のお心地では，こらえよう とするもののやはりわけもなく悲しく感じられる．殿の 数々の御衣などにひとしお念入りに香をたきしめさせな さりながらも，放心の体にうち沈んでいらっしゃるご様 子は，たいそういじらしげに美しく見える．「どのような 事情があったにせよ，どうしてほかに妻を迎える必要が あるだろうか．浮気っぽく気弱になっていた自分の気持 のゆるみから，このような事態にもなってくるのだ．ま だ未完成ではあるけれども中納言を婿にとはお考えにな られずじまいだったらしいのに」と，我ながらつい情け なくご思案にふけっていらっしゃる．

　……(紫の上は)「あまり夜更けして起きているのも例 にないことで，人が変に思うであろう」と，気がとがめ て，寝所におはいりになってみると，御夜具をお召しに はなられたが，いかにもさびしいひとり寝の幾夜かを過 ごしてきたことから，やはり平静ではいられない気持 であるけれども，あの須磨のお別れのときのことなどをお 思い出しになるので，「いよいよこれで遠くどこぞにおい でになってしまわれても，ただ同じこの世の中にご無事 で生きていらっしゃるとお聞きすることさえできれば， と自分自身のことまではさておいて，殿の御身を惜しく 悲しく思ったことであった．もしあのまま，あの騒ぎに 紛れて，自分も殿も命がもちこたえられなくなってしま っていたならば，いまさら何のかいもない2人の仲であ っただろうに」と，お気持をお取り直しになられる．風 のある今夜の空気は冷え冷えとしていて，すぐには寝つ かれずにいらっしゃるのを，近くに控えている女房たち から様子が変だと思われはしないかと，身動きひとつな さらないでいるのも，やはりまことにおつらそうである． 真夜中の鶏の鳴き声が聞こえてくるにつけても，しみじ みと無性に悲しいことである．

　上が，ことさら恨んでおいでになるというのではない けれども，このように思い悩んでいらっしゃるせいであ ろうか，そのお姿が院の御夢枕にお見えになったので，ふ と目をお覚ましになって，どうしたことかと胸騒ぎがな さるので，一番鶏の鳴く声をお待ちかねになるようにし て，まだまっ暗なのも気づかないふりで急いでお出まし になる．宮はまだひどく幼げにしていらっしゃるので，乳 母たちがおそば近くに控えているのであった．妻戸を押 し開けてお立ち出でになるのを，お見送り申しあげる．夜 明けのほの暗い空に，雪明りが白く見えて，まだあたり はほんのりしている．お帰りになったあとまでただよっ ている御匂いに，「闇はあやなし」とつい口をついてのひ とり言になる．

　雪は，所どころ消え残っているのが，まっ白な真砂の 庭なので，一目では見分けがつかない時刻であるから，

「猶残れる雪」と，ひっそりとお口ずさみになりながら， 御格子をお叩きになるが，長らくこうしたことはなかっ たので，女房たちも寝たふりをしては，しばらくお待た せ申してから格子を引き上げた．〔＊4〕

　18世紀の古典学者本居宣長（1730-1801）は，『源氏物語』 を称賛して，「もののあはれ」―物に対する感受性，心を動か す喜びまたは悲しみの本質を理解する力―を表象する文学 ととらえている．物語は，一つ一つの瞬間または挙動，ある いは美と愛のはかなさの感覚と人生そのものの悲劇的な含蓄 に満ちている．このなかに，人生は夢のように，実体のない， はかない幻であるとする仏教の基礎的な教えを見るのは容易 である．『源氏物語』の登場人物によって例示される平安朝の 文化的価値を表現するのは，優雅，洗練，宮廷風を示唆する 「みやび」という語で，すべての粗野，生硬なものを取り除い た洗練された振舞，会話，感情を表わすものである．あはれ もみやびも，芸術と人生の美的理想を表現するものである．

　紫式部は短い『紫式部日記』という，皇后彰子に仕えた約 15カ月の勤めの期間を含む日記を書いている．日記は紫式部 自身の感情をいくらか明らかにし，われわれに宮廷の毎日の 魅惑的な生活に関する知識を与えてくれる．紫式部は子供の ときから中国の古典の教育を受けたが，当時は女性には漢学 の教養は不必要とされていたため，多くの婦人同様，それ以 来自分の知的教養を同僚の眼から隠さなければならなかった のである．

　　左衛門の内侍という人があります．妙にわけもなく（私 に）敵意を抱いていたようだが，（そんなこととは一向に） 身におぼえのありもしません不愉快な悪口が，ずいぶん と私の耳にはいってきたことです．
　　お上が，『源氏物語』を，ちょいちょい女房にお読ませ になってはお聴き遊ばしていたとき，「この作者は，きっ と国史を読んでいるに違いない．ほんとうに学殖がある ようだ」と仰せられたらしいのを，（この内侍は）途端に 悪推量して，「ひどくまあ学問を鼻にかけている」と，殿 上人やなんかに言いふらして，「日本紀の御局」というあ だ名をね（私に）つけたんですって．実に滑稽なことで す．私の実家の召使の女の前でさえ遠慮していますのに， そんな宮中なんかで，学問をひけらかしたりしましょう か．
　　うちの式部の丞という人（惟規）が，まだ小さくって 経書を素読していましたとき，いつもそれを聞いている のが習慣で，あの人は暗誦するのに手間どったり，すぐ 忘れるところでも，（私は）不思議なほどよくできました ので，経書に熱心だった父は，「残念だなあ．（この娘を） 男の子で授からなかったのがなあ，不運というものだよ」 とね，始終歎いておいででした．
　　それでも，「男性だって，学問を鼻にかける癖のついた

中国からの文学上の影響は，平安時代には強力に感知せられ，それは894年に遣唐使の派遣が終わった後さえも続いた．日本の天皇，貴族，僧侶，尼僧のすべての人が漢詩と漢字の書法を賞賛し，それを修得しようと求めた．80頁の書は，唐の詩人李白（李太白）の詩を中国の能書家欧陽詢風の書体で書いたものである．欧陽詢の書は平安初期には特に賞賛されていた．

人間はどうですかねえ．きまってうだつがあがらないようですよ」と，ぼつぼつ人が話しているのを小耳に挟んで以後は，「一」という（簡単な）文字をさえ，まともに書ききりはしません．全く無筆でみっともないくらいです．かつては読んだ「経書」とか何とかいってたらしいものを，見向きもしなくなってしまっていましたのに，重ね重ねご丁寧にも，こんな噂をききましたので，「世間の人も噂を聞いてどんなに（私を）嫌うだろう」と恥ずかしくって，（宮中では）お屏風の絵の上に書いてある文句をさえ目に入れないふりをしていましたところが，中宮さまが，（私に）中宮さまの御前で，『白氏文集』のあちこちを拾い読みをおさせになったりして，その方面のことをお知りになりたそうなご意向でしたので，ごく内緒で，女房たちの伺っていない何かの隙を見つけては，一昨年の夏頃から，『楽府』という書物2巻をね，不調法ながら，熱心にご教授申しあげたことです．（そのことは）隠していますし，中宮さまも内密になすっていらっしゃったのですが，殿も主上もその様子をお気づきになって，漢籍の類を（能書に命じて）りっぱにお書かせになってね，殿は（中宮さまに）御献上なさる．正真正銘（中宮さまが私に）講読おさせになったりすることを，もしかしたらあの金棒ひきの内侍は，聞けないでいるのでしょう．（もし）知ったとしたら，どんなに悪口をいうでしょうことかと（心配で），全く世間とは，口数の多い，煩わしいものなのですねえ．〔＊5〕

日記は，和泉式部を立派ではあるが，反面突飛な，そして行動に放縦なところがある人と記し，また清少納言を気どり屋の，衒学的な女だと見ている．

和泉式部という人は実に，気の利いた恋文をやりとりしたという（人です）．それにしても和泉は，とても不埒な一面があるものの，気軽にすらすらと書いた手紙に，その筋の才能のある人で，さり気ない言葉が光って見えもするのでしょう．和歌は，ほんに洒落たこと．（古歌の）知識や，作歌の理論（の点）では，本格的な歌の詠みぶりとはいえないでしょうが，口をついて出て来る歌などに，必ず洒落た一か所，目につく文句を詠み込んでいます．それでも，他人の詠んだような歌を非難したり，評論したりする段になると，さあそれほどにはわかってはいまいし，ともかく口まかせに歌が出てくるのだろうとね，思われるようなタイプなのですよ．「立派な歌人だなあ」とは思われません．……清少納言は全く，得意顔もはなはだしい人だったといいますよ．あれだけ利巧ぶって，漢字を書き散らしていますところも，よく見たら，まだまだ未熟な点がたくさんある．〔＊5〕

清少納言は，確かに気取った，おそらくちょっと軽率なところがあったであろうが，反面，気転の利く，宮廷という狭い世界を構成していた男と女の厳しい観察者でもあった．『枕草子』のなかで，密会場所から暁方，まごまごして出掛ける愛人を見ていらだつ女の記述のなかで，清少納言は首尾一貫しないことと支離滅裂なことを指摘し，深刻なときに，喜劇的な要素を発見するという才能を示している．

暁に女のもとから帰る人が，昨夜寝所に置いておいた扇や，ふところ紙を探すというので，暗いので，探し当てよう探し当てようと，手さぐりでそこら辺を一面にたたきまわりもして，「へんだ，へんだ」などと言い，やっと探し出して，ざわざわと紙をふところに差し入れて，扇をひろげて，ばたばたと使って，別れの挨拶言上をしているのは，にくらしいとは世間普通の言い方，とてもそんなことでは追っつかず，ひどくかわいげがない．この男と同じように，まだ夜の明けないうちに女のもとから出る人が，烏帽子の紐を強く結んでいるのは，そんなにきちんと結び固めなくてもいいはずであろう．そっと静かに，紐を結ばないまま烏帽子を頭に差し入れているとしても，こうした忍び所からの帰りの姿を，人が非難するはずのことであろうか．ひどくだらしなく，見苦しく，直衣や狩衣などがゆがんでいるとしても，だれがそれを見知って笑ったり悪口を言ったりしようとするだろうか．

人はやはり暁の別れのありさまこそが，風流であるはずのことなのだ．分別を越えてしぶりしぶり起きにくそうにしている男を，無理にすすめてその気になるようにし向けて，「とうに夜明けが過ぎてしまいました．ああみっともないこと」などと女に言われて，男がため息をつく様子も，なるほど満ち足りない気持で，ほんとうにつらいのであろうよと感じられる．指貫なども，坐ったまま，はきおえもしないうちに，何はさておいて，女のもとにさし寄って，昨夜から一晩中話したことの残りを，女の耳にささやき，それからもじもじと何をするというわけでもないけれど，帯などはどうやら結ぶようである．格子を押し上げて，妻戸のある所は，そのまま一緒に女を連れて行って，別れ別れている昼の間の，どうしているかと不安な思いで過ごす気持なども，口にしながらそっと女の家を出て行ってしまうのなどは，自然，女にとってはその男の後ろ姿を見送るようになって，別れの名残りもきっと明るい風情があるはずのことであろう．

それとは反対に，その名残りの折も，男には自然他に思い出す女性の所があって，たいへんさっぱりと起きて，支度のためにふらふら立ち動いて，指貫の袴の腰を強く引き結び，直衣や，袍や，狩衣も，その袖をまくりあげて，いろいろのものを全部ふところに差し入れて，帯をしっかりと結ぶ，こういう名残り惜しげもない挙動は，にくらしい．〔＊6〕

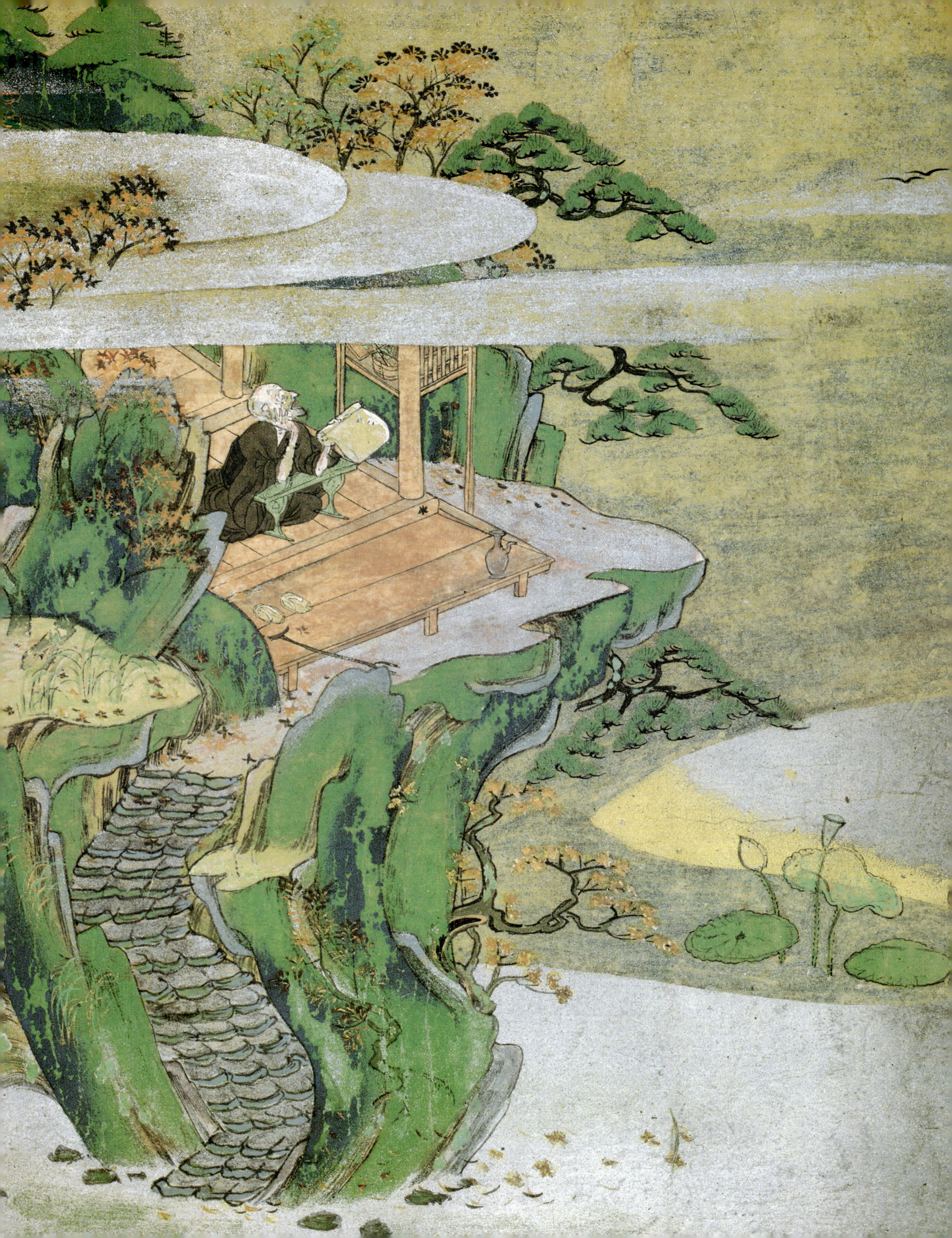

平安時代初期の最も強力な二つの宗教活動は天台宗と真言宗であった．日本の天台宗の創始者である最澄（767-822）の像は，その死後長く経過してから作成されたものであるが，大僧正の木彫の椅子に掛けて瞑想をする学僧の姿を表わしている．瞑想の姿，やさしい内省の表情とみごとな衣は，この絵に聖像としての特徴を与えている．これは，聖徳太子と中国の天台宗の創始者と日本の10人の像を描いたセットのなかの1枚である．

ここに，われわれは芸術と恋愛と人生が一つの美意識のなかに含みこまれている姿を見ることができる．この美意識こそが，貴族的な平安文化の理想としてとらえられるのである．

平安時代の宗教

平安の社会には，宗教と呪術が浸透していた．平安貴族たちは，宗教ないしは呪術的な意味を含むある種の儀式がなくては，一日が過ごせないのであった．武士たちには戦の神である八幡への信仰，またその他の地域的な神や仏が精神的安楽の源泉を提供してくれた．仏教はますます強力なものとなり，奈良仏教の6派に加えて，平安初期に天台宗と真言宗の2派が加えられた．平安時代末には，仏の教えの末法の時代が差し迫っているとの信仰からもたらされ，緊迫感と厭世感に促進されて，阿弥陀信仰が天台宗の活動圏にその地歩を固め始めた．

平安時代の精神生活に影響を与えたのは，ひとり仏教だけではない．本地垂迹として知られる折衷主義的な風潮は，仏陀の信仰と土着の神の崇拝との混合したものであるが，これもこの時代に，密教的仏教の影響を受けて，より広く流布されるようになった．山岳信仰も隆盛となった．道教の観念，陰陽五行説の思想，儀式上のタブーも平安時代の精神構造の一部を組織していた．仏教は僧院のなかから出て貴族の家庭に入り込み，文字研究，密教の儀式，芸術的表現を発展させた．これらは写経とか仏像の製作などの宗教的な作業のなかで，種々異なった表現を生じた．

仏教の教えの深遠さは，地方の武士や開拓者にはなお，よく理解されるには至っていなかったけれども，因縁とか仏陀を守護神とか病気治癒の神とする一般化された観念は，仏教がしだいに定着するにつれて，広く流布されるようになった．平安時代の初期には，すべての者を救済するという大乗仏教の託宣は，日本の仏教の最も基本的な経文の一つである蓮華経のなかに留め置かれているのであるが，救済への道の実践は，学問と修練と宗教生活に捧げるのに十分な時間をもった僧侶や尼僧にのみ委ねられていた．12世紀末になると，法然を中心とする僧侶たちは，仏の救済は一般の男女にも等しくもたらされうるものであることを伝道し始めている．

桓武天皇は聖武天皇や自分の後継者嵯峨天皇と比較して，それほど熱心な仏教の後援者ではなかった．桓武帝の関心は，皇室支配の基礎として，むしろ道教に向いていたのである．それでも，仏教は平安京から完全に除外されたわけではなく，桓武天皇は2人の若い僧，没後伝教大師と諡号が贈られた最澄（767-822）と，没後弘法大師として知られる空海（774-822）とを後援していた．この2人は，日本の仏教復興のために中国へ渡った．この若い有能な僧は，日本仏教の最も重要な仏教の潮流である天台宗と真言宗の創始者となった．

左　平家は厳島神社の絶大な後援者であった．平清盛とその家族は，33巻の彩飾された法華経の巻物を奉納している．平家が宮廷から学んでいた芸術と宗教的表現の最高の遺産とするために，その巻物は華麗に装飾され，描かれている．絵巻物の巻軸は金と水晶の握りで飾られている．巻物の各巻は，大和絵あるいは大和絵と唐絵の混合による伝統にのっとり，法華経の救済を約束する生き生きした絵で始まっている．この第21章の表紙絵は，蓮池を俯瞰する険しい岩山の上の小屋から，遁世した人が夢中で経文を唱えているところを表わしている．

最澄と天台宗

最澄と空海は2人とも，804年の遺唐使と一緒に中国へ渡っている．空海は第1艘目で渡航し，南方へ吹き流され，ついに福建省の地に着いた．最澄は第2艘目で渡航し，空海よりもまっすぐに海路を進み，まもなく浙江省の天台山（天の地）への道にたどりついた．そこで最澄は，智顗（538-97）によって大成された天台山の法華経解釈の活力と包含力に感銘を受けた．

天台山の思想では，法華経は仏陀の教えの最も崇高な結晶で，救済に必要とするすべてのものを含んでいる．他派の教えが間に合わせか，あるいは不完全なものであるのに対して，法華に基盤を置くものだけが完全であるとする．このようにして，法華こそが他派の種々な不完全な理解力を超えて，すべてを包み込む統合的で充足力のある完全な教えとして見られるのである．この統合の核心に法華経の偉大な教えがある．あらゆる知覚力のある存在は仏陀の本性の部分であり，換言すればそれらの存在は本質的に啓かれており，救済を待っている．また仏陀と菩薩は永遠に救済実現のために従事するということである．智顗は，宗教への瞑想的で，知的な接近は，一羽の鳥の双翼のようなものであると強調する．このために天台仏教は，瞑想の強調と一体化した強い哲学的な思考によって特徴づけられている．天台宗で強調される修行は，厳格な寺院での戒律，祈禱と経典の研究，密教的な儀式と集中的な瞑想（止観）を含んでいる．それを通して個人は，一瞬の時間，あるいは小さな事物のなかに，三千世界の一切が含まれていることを認識し，把握することができ，そして輪廻の苦しみを断ち切り，極楽に入る涅槃は輪廻のなかにすでに内在しているということの認識を得ることができる．

最澄は，泥と水から生まれる美しい蓮の花に啓示を求める人間本来の能力に注目している．最澄の説明を要約すると次のようになる．蓮の花は水から現われ，やがて花を咲かせる．すでに水面下にあって花開くことが暗示されている．その水の深さが3尺あれば，花柄は5-6尺になるだろう．もし水深が7-8尺になるならば，花柄の長さは10尺を超えるものとなるだろう．水の深さが深ければ深いほど，花柄の長さは長くなる．そのもっている潜在力は無限である．今や人々は皆，それぞれのなかに「仏性」という蓮をもっている．それは，小乗仏教の深い泥と南都仏教の濁った水を超え，その後，菩薩の段階を通して，満開の状態で葉と花を咲かせようと伸び上がろうとするであろう．

805年に日本に帰った最澄は，京都の東北に位置する比叡山に延暦寺を創建した．最初は小規模であった延暦寺は，急速に日本最大の中心的寺院へと成長した．首都に近接していたことから，延暦寺は宮廷と貴族の援護を享受していた．まもなく，貴族や皇室の若い子弟たちが僧籍に入るようになった．新しい天台仏教の教えが認められるために，最澄は仏教の役割を国の守護者であると強調している．最澄は仏教を国の柱とし，寺院のふもとに位置する平安京とその支配者の精

神的支援者になろうと夢見ていた．最澄の理想は菩薩の献身と同情を，儒教的な国と社会への奉仕という徳行と組み合わせようという，「国の宝」となる精神的指導者を作り上げるところにあった．「国の宝」とは何か．宗教的な天性は一つの宝である．このような天性を有する人は国の宝である．それだから，昔から，鳩の卵くらい大きな真珠玉10個でも国の宝とはなりえないが，ただ一人の人間がその光を国の一隅に投じえたときは，国の宝であるといいえよう．

この目的のために，最澄は天台僧のために，厳しい宗教修行の12年計画を樹立した．その計画を最高の栄誉をもって完遂できた少数の者は，比叡山に止め置かれ，僧の訓育に当てられた．資格のやや劣る者たちは地方に派遣され，そこで僧侶として勤めた．最澄は，托鉢をする求道者であろうとする伝統的な小乗仏教の理想とは非常に異なり，僧侶を社会奉仕の活動的な生活のなかで使うことを計画したのである．

およそ止観業（大乗仏教の行業）と遮那業（密教の行業）の両方を学ぶ学生は，12年修業して学んだ課目に従って任用される．よく説きよく行う者は一山大衆の頭首とし，国の宝とする．よく説教するがよく行わぬ者は国の師とし，よく行うがよく説教しない者は国の用にあてる．国の師，国の用にあたる者は，法律に従って仏法を伝え，国々の講師として赴任しなければならない．その国の講師は任用の間，受ける布施は国司・郡司に管理をまかせる．講師たる者は池を直し，溝を直し，荒地を耕し崩れた所を埋め，橋や舟を作り，樹を植え麻を播き，井戸を掘り水を引き，国の利益，人の利益に役立つようにする．経を講じ心を修めて，私的な農業や商業をしてはいけない．そうすれば仏道の心を求める人は続き，君子の道は永久に断絶することはない．（『山家学生式』）

日本の宗教環境に応え，最澄は天台宗をいくつかの点で改革した．最澄は天台の大乗仏教による普遍救済を，最澄が嘲笑的に小乗と称した古い奈良の寺院の大乗仏教と区別するのに全力を尽くした．最澄は，奈良の寺院で採用されていた小乗仏教の授戒の型を排し，いわゆる菩薩の教えを授戒の際の適切な誓約として採用した．授戒が従来どおりに行われていた東大寺による支配から天台宗の僧を解放しようと，最澄はまた宮廷に対して，延暦寺が独自に授戒を取り行うことの許可を請願している．この請願は最澄の死後にようやく認められ，叡山に戒壇が設けられたのであるが，最澄の天台式授戒の主張と大乗仏教の菩薩の教えの採用は，奈良仏教との対立を意味するものであった．奈良の僧侶たちもまた最澄の強引さに憤慨し，皇室の庇護を求めて接近をはかり，ことごとく最澄に反対の立場に立った．

最澄は，また日本の天台宗を非常に異なった方向へ変えていった．最澄は密教の教えに強くひかれていた．最澄は中国に滞在中，密教の儀式に出会い，そのいくつかを自分の天台宗という宗派のなかに取り入れたが，さらにその密教の教えについて，より多くのものを空海から得ようとした．最澄は自ら，空海による真言宗に入信し，弟子僧を送って空海とともに研鑽し，真言儀式についての著作を空海から借りたりもした．この2人の関係は，空海が最澄に書籍を貸すことを拒否し，最澄が真言を学びたいのなら，正規の弟子となるべきであると主張するに及んで，けわしいものとなった．空海の主眼とするところは，密教の真実は，文章によって明らかにできるものではなく，ただ心から心へと伝えうるもので，これは空海だけが授けうるものであるとしている．この個人的な疎遠も，天台宗による真言の密教的思想と実践への浸透の妨げとはならなかった．真言宗は，天台仏教に真言宗の強力な儀式的・美的様相を付加することで，天台宗を都における宮廷貴族たちにとってより魅力あるものにしていた．

最澄も延暦寺も，伝統的な神との間の提携を探し求める傾向から免れえていたわけではない．最澄自身も大山咋命または山の王，山王として知られる古くからの比叡山の守護神に対して，格別の尊崇を表わしていた．山王に奉納された日吉

熊野詣と伊勢詣

一般には，平安時代の貴族は，平安朝宮廷の壁を出て遠くへは出かけなかったものである．しかし歴代天皇，貴族，一般庶民は，骨の折れる巡礼だけは行ったのである．奈良の七大寺院は，1週間の旅で歴訪できた．その効果を維持していくために，巡礼は奨励された．奈良の巡礼から高野山の山岳修行の中心である室生寺（女性に入山が許された少数の寺の一つ）や笠置山の石仏群へと巡礼は進展する．しかしながら，さらに篤信徒のための聖地は，それらとは問題にならないほど骨の折れる熊野神社への参詣であった．退位後の宇多天皇は，907年皇室の一員として初めて熊野詣を行った．徒歩または一人乗りの輿にのって，険しい山道を320kmにわたる旅は，ほとんど1カ月を要するものであった．後世の巡礼者たちは，熊野への道を沿岸経由とする方を選んだが，それにより同時に伊勢神宮への参詣が可能となった．

神社は，比叡山の東の斜面に琵琶湖を俯瞰して建立されている．延暦寺の僧たちは，いつも山王を自分たちの守護神として眺め，それに敬意を表わして儀式を行ってきた．比叡山と天台仏教の提携を通して，それまで地方の小さな宗教集団であったものが，都の宗教生活の主流のなかに引き込まれた．天台宗と山王社との間の慎重な提携は，日本仏教の指導者たちが，自分たちの寺院を建立しようと求めていた地域の神道の神を，その勢力圏のなかに包含することにより，外来宗教に対する在来神の地域的な敵意を克服しようとする努力を示すものである．

延暦寺は，最澄の死後も，円仁（794-864）と円珍（814-891）の指導の下に成長し続けた．中国から輸入した密教の教えと日本の真言仏教から採用した教えを用いて，日本の真言宗の東密に対する台密として知られる天台密教を樹立した．10世紀までには，延暦寺は大規模な宗教集合体となった．10世紀には，延暦寺の内部で派閥間の争いがあり，一つの集団が延暦寺を去り，山麓に園城寺（三井寺）という対抗する寺院を建立した．

奈良の大寺院と同様に，延暦寺も律令制の下に免税の土地保有の特権が与えられており，その財力と影響力によって地方に寺院を建立したり，開墾または保護の請託によって，多くの荘園を保有するに至った．12世紀までには，延暦寺とその多数の支院は，山のすぐ下と，さらに遠く離れた田野に散在する荘園を保有していた．そして延暦寺は，その利益と土地保有を守護するために，僧兵という強力な私兵を擁立した．僧院がその利益について危惧を抱くと，その僧兵たちは日吉山王崇拝の神聖な象徴である神輿を押し立てて都に降り，宮廷をして僧院の要求に同意するよう強要し，精神的な圧力となった．奈良僧院と延暦寺僧院の僧兵間，延暦寺僧兵と宮廷・藤原氏を護衛する武士団との間の抗争は，平安時代後期の日本の政治的騒乱の助長に拍車をかけることとなった．無秩序な僧兵の群は，大部分が規制されることもなく続いたが，16世紀に至り，織田信長と豊臣秀吉が，軍事力をもって僧兵たちを服従せしめることとなった．

空海と真言の教義

輝かしく若い僧空海は，804年，同じ船ではないが，最澄と同じ遣唐使団で中国に渡っている．最澄と同じように，空海も南都宗派の抽象的な教義よりも，自分自身が，また空海周辺の庶民たちが必要とする，より適切な普遍的，統一的な仏教の教理を求めていた．中国では，空海は遣唐使とともに，首都長安に赴き，そこで著名な恵果（746-805）について仏教を学んだ．空海は学識のある若者で，すでに中国語に精通していた．空海によると，60歳になる中国の老師は，あたかも空海の到着を待っていたかのように暖かくもてなし，すぐ仏陀に選ばれた弟子とみなし，密教の真言の秘法を授けたのである．

空海がその師との出会いを書いた叙述は，真言の教え，儀式，仏像研究の基本的な特性も紹介しているので，引用するのに十分の値打ちがある．

延暦23（804）年夏，私，空海は，藤原卿にしたがって，遣唐使の第1号船に乗って唐へ渡った．私たちは8月に福州に到着し，12月下旬に首都長安に着き，宣陽坊の官宅に泊まっていた．遣唐使の一行は805年3月11日に日本へ帰国の途についたが，勅命に従い私ひとりは後に残り，前に永忠和尚が滞在されたことのある西明寺に入った．

ある日，城中の高僧を歴訪しているときに，私は偶然青龍寺の東塔院の僧正に出会った．この偉大な高僧の諱は恵果といい，大興善寺の大広智三蔵の付法の選ばれた弟子であった．恵果の徳行は，その時代の尊崇を集め，その教えるところは，帝の師となるほど高遠なものであった．3人の皇帝（代宗・徳宗・順宗）が恵果をその師として尊崇し，恵果によって灌頂を受けた．弟子たちは恵果を仰ぎ，秘教の教えを求めた．

私は，西明寺から5，6人の僧とともに恵果師を訪ねた．恵果師は私を見るや，喜びをたたえて微笑し，うれしそうに，「私は，あなたがくることを知っていた．こんなに長い間待っていたのだ．今日，あなたと，とうとう会えるようになったのは何という喜びでしょう！　私の生命はもう終リに近づいているが，あなたがこの地にくるまでは，私が教えを授けようとする相手は誰もいなかった．直ちに，香と花を持ち，灌頂の壇に入りなさい」といわれた．私は自分の寺に戻リ，儀式に必要なものを揃えた．灌頂の壇に入ったのは6月の始めであった．私は，胎蔵曼陀羅の前に立ち，定められた作法によって，私の花を投じた．偶然，その花は，毘盧遮那（大日如来）仏陀の御身体の上に落ちたのです．恵果師は歓喜のなかに，「何とすばらしいことよ！　何とすばらしいことよ！」と叫んだ．師は，再三これを讃嘆した．私は，それから五部の灌頂を沐し，三密の加持を受けた．次に，私は，胎蔵曼陀羅のためのサンスクリットの規則を教えられ，絶対者へのヨーガ瞑想を学んだ．

7月の始めに，私は金剛曼陀羅を前にして重ねて五部の灌頂を受けた．私が花を投げると，それは再び毘盧遮那仏の上に落ち，恵果師は前と同じように驚嘆した．私は8月上旬に伝法阿闍梨位の灌頂を受けた．……

私は，金剛頂瑜伽と真言の教えの五部とを学び，さらにサンスクリットとサンスクリットによる学問を学んだ．恵果師は私に，秘教の経典はあまりにも深遠であるので，その意味は図像を通して以外，伝達することはできないと知らせてくれた．このようなわけで，師は画家の李真と約12人にも及ぶ画家たちに10幅もの胎蔵界曼陀羅と金剛界曼陀羅を制作するよう注文し，さらに20人以上の写字生を集めて金剛頂などの重要な密教教典の

日本の真言仏教の創立者である空海（774-835）が真言密教の法具と数珠をもった図で，空海の死後，真言の教えと儀式は天台仏教のなかに普及し，山岳修行と混じって修験道を形成した．中世を通して強力な潮流となった真言宗の流れとともに，空海は尊崇される像であり続けた．空海は死んではいないと信じられ，深い深い瞑想に入り，未来の仏陀弥勒の到来を待っているのだと信じられた．

平安の宮廷

写経を制作するよう依頼してくれた．師はまた鋳物の博士に，15個もの儀式用具を鋳造するよう注文してくれた．……

ある日，恵果師は私にいわれた．「ずっと以前，私がまだ若かった頃，私は偉大なる師三蔵に出会った．私と出会った最初の瞬間から三蔵師は私を自分の息子のように扱ってくれ，師の宮廷への訪問にも寺への帰路にも，私を師の影のように伴った．師は私を信頼して『密教の教えの人材になりなさい！　最善を尽しなさい！　最善を尽せ！』とすすめた．それから，私は胎蔵界曼陀羅と金剛界曼陀羅の双方の教えを授けられ，秘められた印契も授けられた．僧侶といい俗人も含めて，その他の弟子は，曼陀羅の一つだけ，または一つの儀式だけを学び，私がやったようにその両方を兼ねることはなかった．私がどのように深く恩を受けたか，いい尽すことはできまい」

「今や，地上における私の存在はその終りに近づいている．だから，この二つの曼陀羅，密教の教え100巻，儀式用具と私の師が私に残してくださった物を受け取り，あなたの国に帰り，そこで教えを広めなさい」

「あなたが着いた始めの頃は，あなたに何もかも教えるのには，時間が十分残されていないのを危惧していたが，今や私の教えるところは終ったし，経典の写しも像の制作も完成した．急ぎ，あなたの国に帰り，それらのものを国家に奉り，人々の幸福を増やすために，あなたの国中に教えを広めなさい．そうすれば，国は平和を知るようになり，すべての人が満足を得ることになりましょう．そのようにして，あなたは仏陀とあなたの師に報いることになる．それはまた，国に対しては忠，家においては孝となる．私の弟子の義明はこちらで教えを続けていく．あなたの任務は教えを東方の地に伝達することである．最善を尽しなさい！　最善を尽しなさい！」これらの言葉が親切に，いつも忍耐強く私に与えてくださった御指導だったのです．その年の12月15日，師は斎戒沐浴して清められ，身体の右側を下にして横たわり，毘盧遮那の手印を結んで，最後の息を引き取った．

その夜，私が道場で瞑想をして座っていますと，師がにわかに私の前に現われて，「あなたと私は，長い間密教の教えを広めることを誓ってきた．私は日本に生まれて，あなたの弟子にきっとなろう」といわれた．

私は，師のいわれたことの詳細までは述べないが，師より受けた教えと法のだいたいは伝えました．

先の引用文から，われわれは，空海が日本にもち帰った教え，儀式の方法，用具について，非常によく理解することができる．真言の教えの中核には，超越的な，すべてを抱擁する仏陀，毘盧遮那，日本でいうところの大日如来がいると信じるということがある．この仏陀は，宇宙の核心にあり，また真言芸術における宇宙を表現するのに使われる胎蔵界と金

曼陀羅と密教文化

9世紀初頭に空海によって日本にもたらされた密教の教えは，急速に日本に根づいて，平安仏教を通して数本の強力な潮流となって流布していった．この潮流の一つは，金剛峰寺（高野山）と京都にある教王護国寺（東寺）を基盤とする空海自身の真言派である．その他の密教の流れは日本の天台仏教のなかに流布していった．密教の教えは，悟リは，遠い極楽のなかで長年月待つことなく，この人生のなかで可能であることを説いたのである．その方法は，経典の研究のなかにあるのではなく，悟りの内面的な秘法を含め，仏陀により秘かに伝達される教えの理解を通してはじめて得られるのである．宇宙の図解（曼陀羅），秘密の儀式（印契），神秘的な象徴（真言）の秘法伝授を通して，熟達者は，これらの内在する秘法に近づくことを見つけえた．二大密教曼陀羅は胎蔵界曼陀羅と金剛界曼陀羅で，その双方が根源的な仏陀で，すべての他の仏の存在の源である大日如来の知恵と慈悲の光リ輝く姿である．

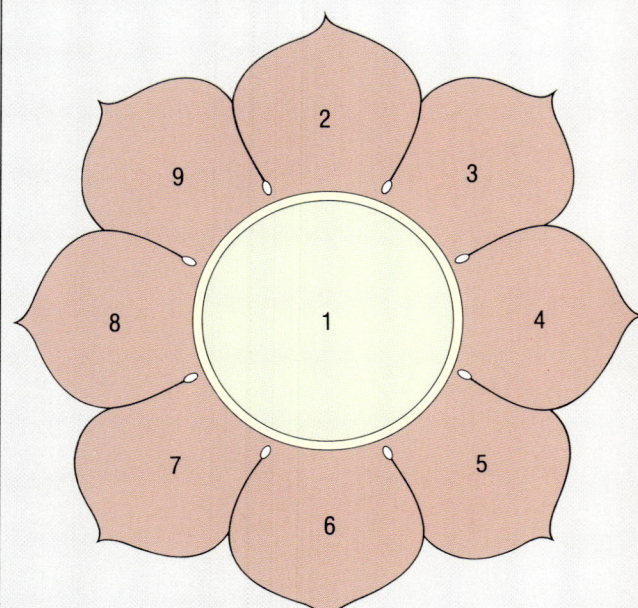

上　この図は，胎蔵界曼陀羅の中心部を描いたものである．中央に毘盧遮那仏が座り，交互の花弁に4人の仏陀と4人の菩薩が座っている．
1. 大日如来 (Mahāvairocana)
2. 宝幢如来 (Ratnaketu)
3. 普賢菩薩 (Samantabhadra)
4. 開敷華王如来 (Samkusumitarāja)
5. 文珠菩薩 (Manjushrī)
6. 無量寿如来 (Amitāyus)
7. 観音菩薩 (Avalokiteshvara)
8. 天鼓雷音如来 (Divyadundubhimeghanirghosa)
9. 弥勒菩薩 (Maitreya)

右　胎蔵界曼陀羅は毘盧遮那仏の永遠で，すべてを抱擁する悟りの宇宙を表現するものである．「母胎」という観念は，この宇宙の悟りというのは，すべての現象の土台をなし，すべてを育てる，すべてを抱擁する原則であることを暗示している．細長い長方形の曼陀羅は，中央の区画のなかに，大日如来が蓮の冠に座っていられる周囲に，414体の仏陀と菩薩で満たされた12の部門あるいは区画でできている．蓮の上に三角があり，絶対智を表現している．蓮の下には，5体の知恵の大王が並んでいる．

下　密教は簡単な手の動きから複雑な儀式まで，多くの式典を用いる．それらの式典のなかで，中国で空海によって行われていたような秘密伝授の儀式（灌頂）は後出（88頁）する．今一つ別の重要な儀式は護摩行法で，祈禱文を書いた木の棒を燃やすものである．この他の念入りな儀式は，仏陀や真言の開祖の生涯における種々な段階を記念したり，僧侶や世俗の人たちの宗教生活における秘密伝授の段階を刻印するためにも行われた．これらの儀式は精巧な金銅製の道具としてともに行われ，鈴と鐘を鳴らして進行し，密教芸術と儀式は，平安貴族の美的感受性を形成するのに，有効な影響をもたらしている．中世の絵巻物からのこの絵は，宮中にあった真言院での密教儀式を描写したものである．

上　ここに，根源的な仏であり，すべての事象，力，知覚の根源であり，他のすべての仏，菩薩，知恵と共感の根源であるMahāvairocana＝大日（偉大なる太陽）が金剛界曼陀羅の中央の蓮の冠に座しているところが描写されている．大日如来は，この曼陀羅の多数の仏と菩薩の間にあって，幻想を打破する強固なダイアモンド（金剛）のように変わらない普遍の知恵の姿で現われている．

左　インドの金剛杵（日本で金剛）は密教（真言）の最も特徴的な儀式用具の一つである．「金剛＝ダイアモンドの固さと雷の力」があると考えられて，これは究極の真理という，打ちこわすことのできない特質を象徴している．

上　広大な密教仏殿のなかには，仏陀のために信義を守る勇猛な姿の神がある．それらのなかには，知恵の王であり，大日如来の随行者である明王がいる．ここに示したものは不動明王で，情熱，愚行，我欲と誘惑に直面しての不動という心理精神的状態を象徴するものである．

剛界の二大曼陀羅の中央にある．無数の他の仏と菩薩は，単に大日如来の具現にすぎず，感覚力のある存在と自然の対象である．あらゆる現実体は，大日如来からの流出（発散）である．ここから，人は大日如来の内在性を認めると，「己れの身体自身のなかで，仏陀に到達」しうるのである．

この実現のために，真言宗は宗教的修行の三つの主要な型を唱道する．これらの三つの儀式的な修行は，信仰者を通して具現化される大日如来の思想，言語，行動をそれぞれ表現するものである．その第一の修行は，金剛界と胎蔵界の二つの曼陀羅への瞑想である．これらは，宇宙を通しての大日如来の内在性と多数の形体と存在への変化を図形で表現したものである．真言宗における宗教的修行の第二の形は，「真言と陀羅尼」として知られる，秘密の呪文「真言」の繰返し発声である．第三の実践は，儀式的な身振りあるいは印契である．

空海自身の，師との経験から明らかなように，真言の真実は経典の研究だけで簡単に近づきうるものではなく，それらは神秘的あるいは密教的で，師によって儀式により秘伝の授受のかたちで弟子へ伝えられるものである．式典により水を振りかける abhiseka（灌頂）の儀式は，真言における主要な伝授式典の一つである．仏陀の教えの崇高な真実であるこれらの秘密の教え（密教）は，公然と表わされた教え（顕教）よりもすぐれたものと信じられていた．

真言の儀式と実践は，手の込んだ式典の形で表現された．曼陀羅，印契，真言に加えて，真言の式典は多くの独特な用具を必要とした．たとえば，真実の見識を曇らせる幻想を粉砕するのに使われるインドの武器から考案された先の尖った金剛杵などはその一例である．真言の儀式の複雑性，色彩と芸術的洗練のゆえに，この教えは平安の宮廷にも，日本の仏教の他宗派にも特別な魅力を与えるものとなった．真言は急速に，奈良の大寺院にも最澄の延暦寺の僧院にも受け入れられるようになった．

桓武天皇は，空海が806年に日本に帰国する前に没していた．しかし，この若い僧は，すぐれた詩人，能書家としても，密教の師としても評判が高くなっていて，特に桓武天皇の後継者である嵯峨天皇の支援を受けていた．809年には，空海は宮廷により，京都の郊外にある高雄（後の神護寺）に入寺を任命され，そこで空海は平安社会の宗教的・文化的指導者として専念し始めた．そこで空海は，灌頂の秘儀を指導し，小さな集団を作りあげた．空海は独自の戒壇を開き，このことによって，僧侶としての資格と儀式のなかに，真言を取り入れる機会を得たのである．

816年に嵯峨天皇は，紀伊地方の山岳，高野山を修行の道場として認許を得たいとの空海の請願を認めた．そこに空海は，宗教，政治，経済のあらゆる面で延暦寺に対抗する一大寺院センターを建設した．寺院は，それ自体が真言仏教の真実を表現する曼陀羅として想定され，また胎蔵と金剛領域の互いに浸透し合った非二元性のものであると考えられた．空海は高野山を蓮の花で象徴される母体の領域と見ていたのである．中央高地をとりまく八つの峰は蓮の花弁であり，空海は胎蔵界のなかにある聖地の中央に位置する寺院の複合体をヴァジラ（金剛杵）とし，永遠，無限の活動，知恵の金剛界を表現する金剛峰の寺すなわち金剛峰寺と命名した．金剛界の中央大仏塔に座っているのは，東西南北の周囲を胎蔵界の4体の仏陀に囲まれた，根源的，普遍的な実在である金剛界の毘盧遮那である．

空海とその後継者たちは，数年を費やして高野山に集落を作った．山上で空海は瞑想，祈禱と著作に専念した．しかし空海はまたその活動の達成のために経済的な支援を必要とし，都との結び付きを維持しなければならなかった．823年には，空海は嵯峨天皇から東寺を委ねられた．空海は東寺を真言道場として完成させなければならなかったが，これによって密教には都のなかに強力な足掛りが与えられることになった．ここでも，寺院とその仏像は，毘盧遮那仏の領域という空海の精神的理想像に合致するように作られていた．空海は，東寺で50人の真言僧を育成することを認められ，さらに真言を奉じうるという特権を許諾されたのである．おそらく，自分の死が近づいたことを感じたのか，空海は831年に高野山に戻っている．834年の3月に空海は没したが，その後継者たちにとっては，空海は死んでおらず，深遠な瞑想の状態（サマーディ）に入り，そこで未来の仏陀である弥勒を待つと考えられている．

阿弥陀信仰

平安時代中期より，日本の天台寺院のなかには，瞑想，法華経の研究，密教儀式のほかに，新しい礼拝志向が発展し始めた．最初の頃は，この新しい興味は，黙想にふける寺院内の現象に留まっていたが，12世紀になると，この新しい礼拝主義は，世俗社会にも広がり，暗黒化しつつある世界で救済への希望を満たすものとなった．この新しい宗教活動は，阿弥陀における希望を支持し，西方楽土の浄土のなかに救済の約束を提供するものである．浄土仏教において強調されていることは，救済や悟りの達成は自分自身の努力（自力）によるよりも，救済は他者の救いの力（他力＝この場合は阿弥陀）を通して到達しうるとするものである．

阿弥陀の崇拝と阿弥陀の慈悲によって，死者はその西方極楽浄土で再び生まれ変わるのだという信仰は，アジアを通しての大乗仏教の強力な潮流となった．日本では，特に大乗仏教の諸仏のなかでは阿弥陀が最も深い信仰を克ちえた．阿弥陀の力は，僧侶や尼僧ばかりでなく，浄土への接近は一般の男女にも開かれており，到達するのには困難ではないとの約束を示した．要求されることは，ただ念仏として知られる仏陀の名前を，「南無阿弥陀」と唱えることだけである．阿弥陀の教えは，浄土における信仰によって発見される喜びと罪人が引き渡されることを覚悟する地獄の苦しみを叙述した，豊かな信仰文学や芸術の興隆をもたらしたのである．

阿弥陀という称号は，サンスクリット語で「無限の光」を

806年に中国から帰った空海は，京都の東寺（教王護国寺）の指導者として任命され，それを真言の教えの一大中心とした．816年には，紀伊国，高野山の未開の山地に禁欲生活による訓練の道場，金剛寺建立の許可を宮廷から与えられた．奥の院にある空海の墓所は，今日でも一般大衆の信仰の中心となっている．平安時代の間，高野山は山岳を取り巻く広大な土地保有と，それ自体の僧兵を擁する日本における最も強大な宗派の一つに成長した．

意するアミターバと「永遠の生命」を表わすアミターユスからきたものである。阿弥陀とその浄土に関する主な教えは、浄土経（Sukhavati vyuha）のなかに見られるが、スカヴァティは「純粋で幸福な土地」を意味する。上座部の因縁の観念と救済のための個々の努力とを合同させる、より長い、より古い経典は、浄土における再生の達成は、阿弥陀仏における称賛に値する行為と信仰の実践を通してなされることを強調し、中国や日本でより広く使われた、より簡略な経典は、救済へのただ一つの道は、阿弥陀仏の信仰であると教える。

阿弥陀崇拝の起源は明らかでない。阿弥陀仏という語は、初期の仏教書のなかにはほとんど記されていない。その語が表わされているときも、それはごく小さな存在にすぎない。阿弥陀仏が大乗仏教の仏の一人として現われ始めるのは、1世紀からで、西方極楽を支配する長命と永遠の光の仏として確

平安の宮廷

立されてからである．初期の頃の崇拝は，インドと西アジアの観念の混じり合ったものであったかもしれない．イランのゾロアスター経典の光の神，アフラマツダも西方極楽であがめられていた．阿弥陀仏をしばしば三位一体の中心像として思いやりのある救いの神とする観念も，ギリシアまたは初期キリスト教の何らかの影響を受けているのかもしれない．

阿弥陀崇拝はさらに中国で発展した．5世紀と6世紀には，慧遠あるいは曇鸞といった僧侶たちが，すべて阿弥陀仏の信仰を述べ，その極楽に再度生まれることを誓い，阿弥陀の観念を，長命という土着の道教の観念と，西王母によって統轄されている西方浄土の観念とに融合させようと求めた．

道安の弟子で廬山の寺院集落の長であった慧遠（334-417）は，後にその名で呼ばれる浄土派の創設者であると考えられている．道安のように，慧遠も般若波羅蜜経典と瞑想の精通者であった．慧遠は阿弥陀仏の極楽という栄光への道は瞑想によってのみ達せられるのだと教えた．慧遠は，僧侶と世俗の双方が阿弥陀仏を信仰するための集団を創設し，その集団は白蓮社として知られていたといわれている．慧遠が実際にそのような集団を創設したのか，またこの学者と隠者たちの集団が実際に浄土教を広めたのかどうかは未解決の問題である．しかし，慧遠とその後継者たちが阿弥陀仏について瞑想をし，西方浄土に再度生まれることを誓ったことは疑いもない．慧遠は，感化と模範の役を果たし，中国における最初の浄土創始者とみなされるに至った．曇鸞（476-542），道綽（562-645），善導（613-681）も阿弥陀信仰の流布に積極的であった．たとえば，道綽は『安楽集』のなかで，仏陀の教えが衰退した時代にあっては，仏陀阿弥陀の名前による救助嘆願（念仏）こそが，浄土における再生を保証する最も確実な方法であると論じている．これらの影響力ある僧侶とその後継者たちの活動の結果，阿弥陀信仰は中国で仏教の一派として，またさらに唐朝における仏教迫害の時代を通して持続し続け，大衆的な信仰中心主義の一潮流として根を下ろしたのである．

阿弥陀教は，日本に早く渡ってきた．640年に極楽往生が公

宇治平等院

宇治の平等院は，平安時代の宮廷の美しさの典型を，阿弥陀仏の浄土が地上に現出したとして表現した寺院である．本来は藤原道長の別荘であった平等院は，1053年，その子藤原頼通によって寺院として建て替えられた．平等院の中核は鳳凰堂である．鳳凰堂の名はその建物の屋根に設置されている青銅製の鳥の名をとって名づけられたものである．そのなかには仏師定朝作の阿弥陀仏の木像が蓮池の上を東の方を向いて安置してある．巨大な鳥の姿のように建てられた広い翼の部分は回廊となり，一方尾の部分は池を渡って伸びている．その内部は，阿弥陀仏がその浄土に霊魂を迎えて降りてくる場面を示している．

左下　長さ48.7mの鳳凰堂の正面図．この北西からの景観は，南北に伸びる2階建の塔作りの堂の正面部分を示している．地上の形として再現された阿弥陀の極楽である鳳凰堂は池のなかの小島に建てられていた．その建築趣向は，平安宮廷の大講堂を取り巻く回廊と貴族たちの両翼状の寝殿造りからとったものである．

下　鳳凰堂の名は，その建物の配置とその屋根を優美に飾り，阿弥陀仏の極楽浄土における再生を象徴する，金色の金銅製の生き生きとした2羽の鳥からとったものである．この鳳凰も阿弥陀堂内の中央像を作成した仏師定朝の設計にかかわるものと考えられる．

然と唱えられていたという記録がある．浄土宗派の発展は遅遅としていた．数世紀の間，阿弥陀教は，最初は奈良仏教の，ついで天台と真言仏教のなかで種々の仏の美徳についての瞑想の密教的実践の一部として，僧侶と尼僧の間に主として知られていた．念仏を通して阿弥陀の名を唱えつつ，あるいは阿弥陀に集中しながら常行三昧し，死者のために祈る実践も普及していた．

平安時代中期から，阿弥陀信仰は宮廷の貴族たちを惹きつけ始めていた．源信（942-1017）が『往生要集』のなかで記した阿弥陀仏の西方浄土と仏教上の地獄についての生き生きとした記述は，僧侶と世俗の人々の間に阿弥陀信仰が流布されるのを助け，人々の心のなかに天上の喜び（極楽）と恐怖の光景を吹き込んだのである．源信は，単純な「念仏」のくり返しだけで，往生に十分であると述べている．貴族たちは経典を筆写し，塑像の作成を依頼し，あるいは阿弥陀仏を納める宇治の平等院のような特別な空間や寺院を建立した．藤原道長は，法成寺（ほうじょうじ）を，地上に浄土を造りあげようという贅沢な企図の下に建立した．道長は，法成寺の阿弥陀仏の像の前で，像につけられた紐にすがりつき，阿弥陀仏とその従者菩薩たちが現われて，道長を天上の極楽に歓迎してくれるという期待をしながら「念仏」を唱えつつ死んでいったと報じられている．さらに，1052年には，日本は，仏の教えの衰滅の第3期または最終の年（末法）に入るのだという強い信仰のために，阿弥陀という「他力」または救済の慈悲に依存する傾向が強められた．良忍（1072-1132），永観（1032-1111），珍海（1091-1152）は浄土信仰を平安の貴族社会に広めたが，その一方，放浪の托鉢僧空也（903-72）は再生の約束を一般大衆に伝え始めた．

しかし，阿弥陀教が古い宗派から独立した一派として創設されたのは，浄土宗の創始者の法然（1133-1212），浄土真宗の創始者で法然の弟子であった親鸞（1173-1262），時宗の創始者で托鉢僧の一遍（1239-89）が出た12世紀になってからである．その頃になってようやく，念仏を通して表わされる阿弥陀仏への熱烈な信仰が，すべてのものを容易に救済する

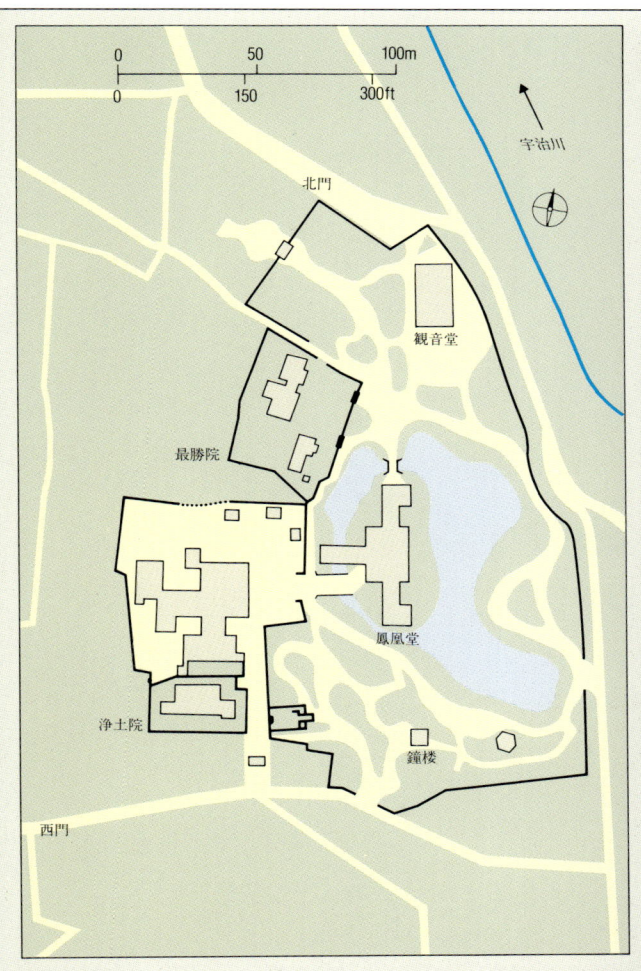

上　鳳凰堂は，東を向いて建てられている．蓮池に反映している西方浄土の阿弥陀像を西を向いて拝礼することになる．建物の両翼をなす回廊は南北に走っている．1235年の火災までは，その両翼は，はるか前方の池のなかに伸びていた．その建物と庭園は，平安建築の最もみごとな典型である．

右　中央の金色の木彫阿弥陀像は，平安時代の優秀な仏師定朝の作である．それは定朝が開発した寄木造りの技法で作られている．平安初期の1個の木塊から彫り出す技法よりも，芸術的表現により大きな自由が与えられた．菩薩が雲や炎の上に浮かんでいる様を示す動きのある光背は，蓮の花の上で瞑想する阿弥陀の静寂さと対照をなすものである．

地獄と極楽

　阿弥陀信仰と西方極楽浄土での救済（往生）を信ずる風潮は，10世紀からまず貴族社会の間に，ついで一般大衆の間に広がった．阿弥陀仏と浄土信仰は中世の日本仏教のなかで最も強力な潮流の一つとなり，それに続いておこる日本の多くの仏教信仰の基礎を築いた一つであった．

　阿弥陀仏信仰は，広く展開した宗教改革運動の一部であって，それは貴族支配の安定期から局地的戦闘，武士団の間の闘争，僧院の腐敗，僧兵の略奪横行などのさまざまな社会現象によって生じた混乱のなかから，人々の末法思想への確信がますます深まってきたことでおこったものである．日本では1052年に始まると信じられていた仏法の末法の時代にあっては，一人の人間の努力（自力）により功徳を積むという伝統的な方法によるのでは，救済は不可能であると考えられた．他方，阿弥陀とか弥勒菩薩（釈迦入滅後56億7000万年後の未来に出現する弥勒菩薩）のような思いやりのある仏の「他者の力」（他力）への信仰こそが，救済を保証するものであると信じられるようになった．源信や空也のような初期の浄土教唱道者たちは，浄土での救済は，念仏という信仰告白または阿弥陀仏の聖なる称号（南無阿弥陀仏）のくり返しという単純な表現によって，生きとし生けるものは阿弥陀の救いに到達しうると主張した．浄土教の教えは，最初は貴族の間に広がり，貴族のなかから平等院や中尊寺のような阿弥陀堂を建立したり，浄土の絵や浄土を象徴する彫刻の造立をする人々が現われた．また浄土の教えを一般の人々へ広めたのは熱心な聖や絵解きの僧たちであった．

上　仏教の地獄は，経典，絵画，彫刻に，極楽の至福に対照の応報のものとして描写されている．地獄は，10人の裁判官あるいは王によって監督されているものと信じられ，その長は閻魔大王で，この15世紀末室町時代の木像のような姿で絵画や彫刻に描写されている．

下　浄土教文化における重要絵画の多くは，阿弥陀仏を中心としており，それは極楽の真中に座っているが，信者の死に当たっては，西方浄土に導くようにその前に来迎をする形で示される．この図では，夕方の紫雲に乗って極楽へ男女を迎えるために降下する，菩薩に取り囲まれた阿弥陀仏の姿が見られる．

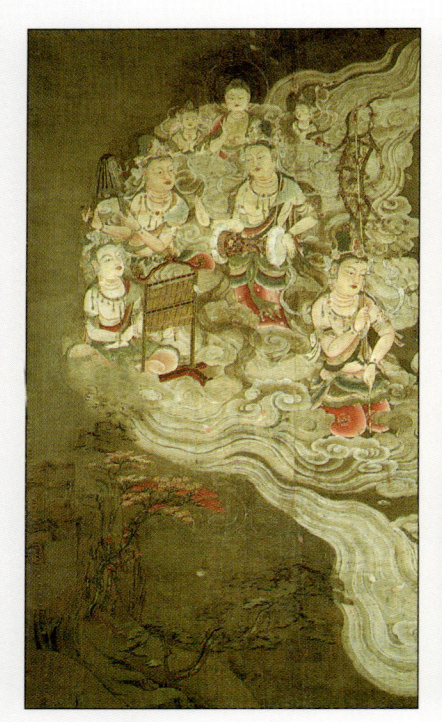

地獄と極楽

左 阿弥陀仏の浄土における救いへの道は、絵画のなかでは普通、火と水の荒れ狂う川の間の白い道(二河白道)として描写される。これらは、善導(613-681)による譬喩に基づくものである。浄土を求める人は最初は盗賊と野獣に追われている。つぎに、その人は、火と水の川の間を西の岸に向かう狭い白い道を辿っている。最後にその人は、阿弥陀仏の浄土にある蓮の冠の上に再生しているのがみられる。

右 天台宗の托鉢僧で、「市の聖(ひじり)」として知られる空也上人(903-72)は、浄土の教えをすべての人々にもたらし、阿弥陀仏への帰依を説き、念仏を朗唱をし、説教をし、奇跡を行いい、また忘我の踊りの先頭に立ちながら放浪した。この康勝(13世紀)による写実的な肖像は鐘をたたき、口から出る六つの仏像は南無阿弥陀仏の6文字を示している。

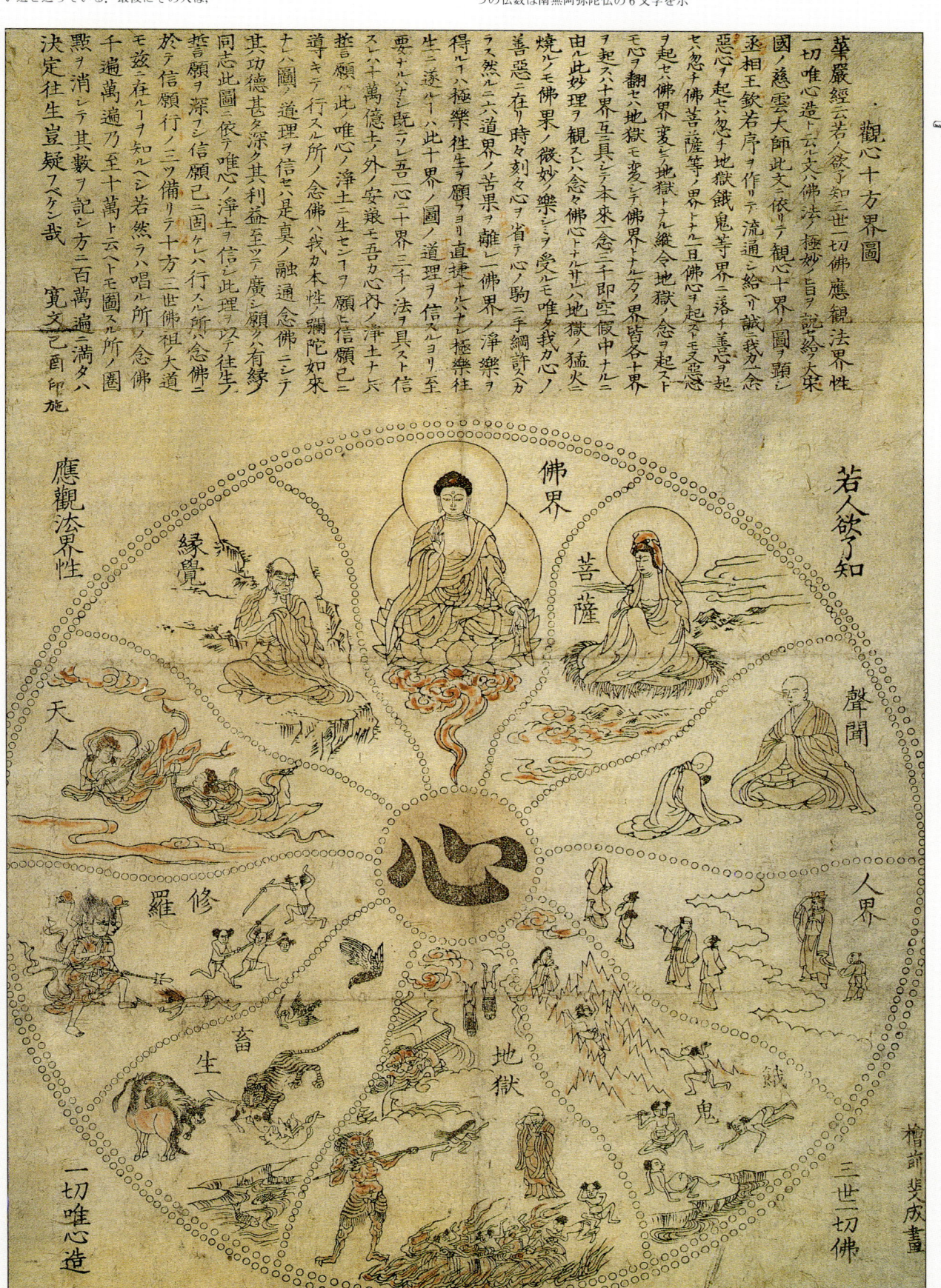

上 この源信の『往生要集』の江戸時代の版画は、下級刑吏が罪人をくり返し火のように熱い大釜のなかで罰している、仏教の地獄の恐怖を描いている。

左 阿弥陀信仰と浄土は、日本仏教の他の教義とも調和し基調をなしている。この17世紀の木版画は世俗の人のための華厳経の10の世界を浄土観の立場から説明しようとするものである。上方にある四つの区分は、仏陀、菩薩、諸仏と阿羅漢の世界を示し、下の六つの区分は六道の輪廻の領域―天上、人間、修羅、畜生、餓鬼と地獄である。中央にある心臓を表わす心の字は、浄土への信心の道を指示するものである。信者が図上の小丸に墨入れをしながら念仏を唱え、百万遍に及べば極楽往生が決定するとしている。

約束を提供するのだという信仰が一般大衆の間に広まり始めた．これらの中世の先駆者たちによって創設されたいろいろな阿弥陀教の宗派は，日本仏教の最も生気ある大衆的な潮流と妥協し合ったのである．今日，日本には，1300万人以上の浄土真宗信者，約300万人の浄土宗信者，4万人の時宗信者がいる．

武士の勃興

9世紀と11世紀の間，朝廷が比較的静穏で華麗な文化の時代を謳歌している一方，地方はゆっくりと支配がゆるみ，内乱状態になりつつあった．藤原氏は宮廷政治や策謀には巧みであったが，戦闘や過酷な軍事は好むところではなかった．その上，その多くの者は，国司となって都を離れることを好まず，地方行政や私有の荘園の管理をしてもらうのに，代理人である目代や現地の荘官を派遣・任用した．それらの連中は，しだいに軍備をととのえ，地方武士に成長していった．

荘園の急増を招いた土地の私有化は，律令制の公地公民という原則を崩壊させていった．11世紀までには，中央が任命する国司制度は崩壊していた．都の快適で文化的な環境を，遠方の地方の役職のために離れるのを望まない多くの貴族たちは，政務の実際を目代に委ねて得分のみを受けた．これを遙任（ようにん）という．その一方で，藤原氏に中央官職を独占された中下級貴族は競って受領（ずりょう）となり，地方国へ赴任していった．地方行政はほとんどが国司の権限に委ねられていたため，徴税権などを駆使して，受領は巨富を蓄えることが可能であった．彼らは成功（じょうごう）・重任（ちょうにん）をくり返し，任期がすぎても任地にとどまり，経済力をたくわえ土着し，武士団の棟梁に成長するものも現われた．地方官がその地位に埋没し，中央への報告や納税を怠ると，国庫は当然損害をこうむることになる．自分自身の保身と利益を拡充するため，地方官はしばしば地方の武家たちと同盟を結ぶことになった．

こうした土地の私有化と，ジョン・W・ホールが「家父長的権威」と呼んだものは，中央集権的軍事制度の崩壊と，家族的なあるいは地域的な結びつきを強めた武士団の勃興によって明確になってきた．公地が減少するにつれ，中央政府では徴兵のための人的資源がだんだん減少していったのである．792年には，東北地方の蝦夷に対する支配には有効な方策でなかった農民の徴兵制度は廃止され，新たに地方有力者の子弟よりなる健児（こんでい）の制がたてられたが，結局のところ軍事上の責任は個人に委ねられた．天皇，貴族，地方の仏教寺院，豪族は，公私の平和維持あるいは戦闘のために庶民による軍団を編成した．盗賊や海賊が組織され，地方が無法状態になり，神社，寺院，国衙官人と荘園管理者による軍事力の編成が進められていた．

中央の軍事体制こそが平和を確保しうるものだという原理が崩壊したことは，荘園と国衙領の利益保護の必要性が増大したことと相まって，地方武士団の発展を助長した．これらの現象は，全く新しいものではない．地方には，常に武装した集団が存在したのである．奈良時代における改革の努力に先立って，氏族という氏族は，自分たちの親族の間から選抜した訓練された武士団を維持していた．これらの氏族の多くは，自分たちの地方的勢力を律令制の枠内で維持していた．平安時代になり，その体制が損なわれてくると，これらの勢力は地方での目立つ存在として成長した．戦闘というものは，高価な道具を必要とするものである．槍と鎧，弓と矢，馬と馬丁，馬屋と秣がそれである．その供給は地方における技術者集団の働きによってなされていた．これらの時代には，専門的な軍事的技術の研鑽とこれらの技術者集団の新しい連合の結成が見られるのである．

増大する武士団の長には，地方にもとから長く居住する在地首長やその親族ばかりでなく，その地方に落ち着いた受領層，荘園の管理者，またある場合には，宮廷から解放され，氏の名を与えられ臣籍降下し，地方に定着した皇族あるいはその他の貴族の子孫もいた．貴族を祖先にもつか，またはそう主張しえた武士たちは，平家や源氏のような地方最大の武士集団の核となっていった．

強固になった武士団の進展は，時おり蝦夷との戦闘が行われる東北より北関東地帯で見られた．ここでは，武士たちの同盟が盛んとなり，そしてまた相互に激突し合っていた．これらの東国武士たちは，しばしば貴族の血筋を引いている（貴種）と主張する棟梁の下に，騎馬戦闘の技術を磨き，「兵馬の道」を作り上げていったのであるが，これは武士の伝統として，近世には「武士道」という概念を生み出すことになる．

宮廷という限られた，儀式を重んずる世界で生活している貴族とは違って，平安から鎌倉の武士たちは，田園に住んでいた．戦闘や護衛任務に従事していないときは，自分たちの保有地を管理していた．これらの武士たちは，その棟梁からくり返し，その軍事上の伝統を維持し，軍事技術を開発し，切りつめた，厳しい野外生活をするために狩猟や鷹狩に励み，武勇，忠誠，家門の誉れを尊重するよう求められていた．

領主と家臣の間のきわめて重要な個人的な絆は，当時の言葉で「御恩」と「奉公」という語で表わされている．所領給付・本領安堵で最も端的に現わされる領主の「御恩」に対して，家臣は戦争における軍事的奉仕を義務づけられた．17世紀以前は，引き続いておこる不安と戦争において，多くの武士たちは，個人または家族の繁栄，あるいは生き残りのための本能に従って行動することもあった．

時代が下るに従って中世の武士たちの生活様式を述べた史料が増えてくるが，これらの史料の多くは武士の習慣と宮廷貴族の生活様式がいかに異なっているかを示し，東国武士の粗野な慣習と西国武士の違いを示したものである．「弓矢取る身のならい」，「弓馬の道」，「もののふ（武士）の道」という表現は，すべて平安後期から鎌倉時代にかけて生み出された概念で，武士という職業を表現した．それは宮廷貴族の隔絶された生活様式と区別するのに普通に使われたものである．「坂東武者のならい」という表現は，東国の武士の軍事的個性という強い意味を表現したものである．この言葉と武士の理

これは，平清盛とその一族が厳島神社に奉納した33巻の『平家納経』のなかの1巻である．おのおのの巻物は絹や金，また水晶などで飾られた，みごとな装飾経である．宇宙救済の理想と法華経のなかの固有の菩薩の情深い介在を反映して，この巻物には観音の慈悲を記述した文章が含まれている．この巻物は，平安後期の高水準の工芸技術，平家の仏教に対する信心，仏教と神道との提携──そのなかには仏教の文言が神道の神社に贈られている──と武士である平氏の一族への宮廷文化の強力な影響が明らかにされている．

想の姿は，平安後期から鎌倉時代にかけて編集された年代記と軍記物のなかで大切に扱われている．『陸奥話記』とか『今昔物語』のなかのいくつかの話のような初期の軍記物は，生々しい武士の生き方や武勇を生き生きと描写している．浮囚の長の一族，清原武則は将軍の要請にこたえて，「将軍のために捨てる命の軽さは羽毛のようであります．敵に向かって死ぬことがあっても，背中を見せて生きようとは思いません」と語った（『陸奥話記』）．これらの物語のいくつかは，説話による記録に始まり，宮廷人かあるいは放浪の芸能民によって編集されたものである．多くのものは，疑いなく宮廷人によっても，また武士たちによっても修飾が加えられ，話におもしろみが加味されている．

武士たちの連合がまだ小規模なもので，地方における小規模の衝突をくリ返している間は，中央の貴族政権に重大な脅威をもたらすものではなかった．10世紀中頃になると，大衆を熱狂的に引きつける指導者が率いる大規模な武士団が登場し，日本各地にその支配力を発揮し，王朝国家は地方武士団の中央政府への反乱を鎮圧するには多大の困難があり，その鎮圧には，結局対抗しうる武士団に頼るしかないことが明らかになってきた．大規模な武士団のなかには藤原，平，源の氏名をもつものがあった．平氏の指導者たちは，自らを桓武天皇の末裔であると主張し，源氏はその出自を清和天皇であると主張している．

935年から940年にかけて，王朝国家を震撼させる大事件が，日本の東西で連続しておこった．10世紀には関東では平氏が勢力を広げていた．高望王の直系であると主張していた関東武者の平将門は，935年おじの国香を殺害し，一族の平良兼・良正・貞盛らと戦闘をくリ広げ，各地で勝利をおさめ，関東八州の大部分を制覇した．反乱は，一族の領地継承問題から始まり，将門が勝利を得て浮上したのである．その後939年武蔵権守興世王源経基と足立郡司武蔵武芝の争いの調停にあたったことが契機となり，朝廷から謀反人として審問を受けた．さらに常陸住人藤原玄明が国司の追捕を受け，将門のもとに逃げ込んだのをかくまったために，常陸国府と事をかまえ，焼き払い，その勢いで下野・上野の国府も陥れ，自ら新皇と称して朝廷に対抗した．これと同時に，藤原純友(すみとも)は，朝廷から瀬戸内海の海賊鎮定の命を受けて伊予掾として赴任するが，自らが反乱をおこし，伊予の日振島を根城に海賊と共謀して官物を略奪した．讃岐・阿波の国府を攻略するが，940年に小野好古・源経基の追捕使派遣に加え，部下の藤原恒利の離反にあい，941年に死んでいる．朝廷は東西両方の反乱に直面することになった．朝廷は親王と源経基（917-61）に率いられる軍隊を送って反乱の鎮圧にあたらせ，困難を伴いながらも収めることができた．このようにして，乱の鎮圧には源氏の武力に多く依存したので，これにより東西日本における源氏の影響力を強化することとなったのである．源氏のある者たちは，藤原氏と密接な結びつきを確立し，藤原氏の手足となった．朝廷の弱点は今や露呈され，地方武士団の力は，余すところなく明らかなものとなった．

強力な武士団は，11世紀においても東西日本において，その力を樹立し続けていた．東北方面では，源頼義(988-1075)とその子義家（1039-1106）に率いられた源氏の軍団は前九年の役と後三年の役（1051-62）の間にその勢力を伸長していった．前九年の役において頼義と義家は陸奥の安倍一族による反乱を鎮圧するよう朝廷から任命された．頼義・義家父子は激しい戦闘の末に鎮圧をなしとげた．その過程で，源氏の将兵は強兵となり，関東地方でその紐帯を強化した．武士団の棟梁たちは，自己防衛に熱心な地方の土地所有者から土地の保護委託を受け始めていた．

頼義と義家の偉業は，前述した『陸奥話記』の主題となっている．『陸奥話記』は作者・成立年ともに未詳であるが，前九年の役の顛末を漢文体で記した合戦記で，軍記物の先駆的作品である．北方における長期間にわたる戦役から，武士の勇武を誇示するための機会は数多く提供された．頼義の勝利は偉大な大将としての評価を不動のものにし，戦利品の下賜を通して，頼義の軍に従った東国の武士たちと家臣としての強い絆を作り上げることができた．『陸奥話記』のなかには，後世の軍記物のなかで展開する武士の理想像のパターンがすでに数多く含まれている．

頼義は練達の指揮者として，また弓馬の道の精通者として示されている．

> 安倍頼時の反乱に対して朝廷の会議は追討将軍を選ぶことになった．衆議の結果，河内守頼信の子源頼義と決まった．頼義の性格は沈着で物事に動ぜず，武略にすぐれ，将軍に最もふさわしい人物であった．長元年間(1028-37)，東国で平忠常が暴逆をふるったときに頼信が追討使となって忠常を征伐した．そのときの頼義の勇猛は抜群で，その才能は世に知られた．東国の武士たちのなかに，頼義を主君にしたいという者が多くいた．小一条院の判官代にとリたてられ，院は狩を好んだが，野を走ると鹿，狐，兎はいつも頼義によってとらえられた．好んで弱い弓を用い，射ても矢が貫通するということはない．しかしたとえ猛獣といえどもあたれば必ず倒れた．その射芸のたくみさが人にすぐれているのはこのとおりである．

また，頼義は武士団の長として理想的な人物で，寛大な措置と純粋な武力によって臣下の忠誠を克ち取ったのである．頼義はその部下のために十分に食事をとらせ，部下たちの武器を用意し，みずから陣中をまわって負傷者を見舞い，その傷をみてやった．兵たちは深く感動し，「恩をうけた将軍のために心を捧げ，義のために喜んで命を捨てる．今死んでも，何も心残りはない」と叫んだ．

源義家は，頼義同様，東国で源氏の勢力強化のために重要な役割を果たしたが，父親同様に，英雄という型で認識され

るべく描かれている．

　　　将軍の長男義家は，勇猛なことは仲間から抜きん出ており，馬と弓の技は神のようであった．白刃をおかして幾重もの敵の囲いを突破し，敵の前に出て大きな矢で敵将をいく人も射った．矢は空を切るということなく，あたれば必ず敵を倒した．雷のように早く走り，風のように軽く飛び，神のような武の名は世に高い．夷蝦は敗走し，あえて向かってくる者はいない．夷蝦はたちどころにあだ名して八幡太郎といった．

　安倍軍の抗戦は激烈で，黄海の戦では，頼義主従はわずか7騎ばかりを残すまでの大敗を喫する．これを救ったのは出羽山北の俘囚主清原光頼・武則兄弟の軍一万であった．よく知られているように，この清原氏は後三年の役で内紛をおこした後，清衡が本家を継ぎ，奥州藤原氏の基となる．その後平泉に城を築き，12世紀末に源頼朝により減亡に追い込まれるまで，東北方面で軍事・文化の両面で一大勢力であり続けたのである．藤原家が建立した仏教寺院中尊寺の金堂は，平安後期の地方建築を代表する最もすばらしいものである．

　首都により近い伊勢地方で，平家の一門が11世紀から12世紀にかけてその勢力を確立しつつあった．白河法皇に仕えた平忠盛に続いて，息子の清盛は平氏一門を盛り立てた．法皇や宮廷貴族たちは，可能な限り，ある武士団の力を他の武士団と張り合わせることで，武士の勢力を相殺させる政策を採用した．単一の武家一族が覇権を握らない限り，宮廷はその優越性を保つことができると考えられたのである．しかし，12世紀中頃になると，まず平家が，ついで源氏が，宮廷の上において勢力を伸ばし，さらに藤原氏一族の内紛や天皇家の混乱が，武士たちに政治的指導権をつかむ機会を与えたのである．

　皇位継承の争いが1156年，崇徳上皇と後白河天皇の間に勃発すると，貴族たちはそれぞれの味方をした．双方の陣営にいずれも藤原氏の一門がいた．藤原氏内部でも頼長と忠通の兄弟が摂関の職をめぐって争っていた．互いに対抗していた源氏と平家の両軍団も同様，争いにまき込まれた．1156年と1159年の保元と平治の乱に，その対抗者のすべてを巧みに排除した清盛は，為義・義朝父子をはじめとする源氏の中心的人物の大部分を殺害して消し去り，自分自身と平家のために，宮廷のなかに指導的地位を確立した．ここで留意すべきことは天皇も上皇も藤原氏一族も追放されることはなかったことである．逆に，これらの人々は，朝儀を取り行いながら，平家を追い払う機会を待っていた．しかし結局は宮廷の位階と官職をおさえ，地方の官職名を自ら名乗り，土地集積を行った清盛と平家の主だった者たちによって，思うままに支配されることとなった．平家は藤原氏同様，朝廷を自らの権力のもとに取り入れるために婚姻政策を採用した．清盛は自分の娘を高倉天皇に嫁がせ，平氏出身の天皇が生まれることを期待した．幼帝安徳は，その夢の実現となったかに見えた．

　平安京に定住し，事実上朝廷の新しい勢力集団となった，清盛の率いる平家の一族は，地方との関係や軍事的伝統との縁を弱めた．また一方，宮廷では藤原貴族や上皇から傲慢な存在と見られ，平家を追放しうる対抗軍事勢力の出現が待たれた．

　その間に源氏の残党たちは，清盛に助命され，伊豆に追放されていた若い頼朝の周辺に集まってきた．1180年には頼朝は，平家政権に対抗するのに十分強力になったと感じていた．まず頼朝の従兄弟源義仲が木曽より都に押し寄せて平家を京より後退させるが，義仲は後白河上皇をはじめとする貴族たちと反目し，かえって源義経・源範頼のために近江粟津で討たれる．その後，頼朝の異母弟義経は強力な軍事作戦を指揮し，平家を都から追い落とし，1185年壇ノ浦での海戦で平家を壊滅させた．その際，安徳天皇は瀬戸内海の海中に命を落とした．平家の指導者たちは，殺されるか，もしくは捕らわれるのを避けて自害した．

　平家の突然の興隆と悲惨な没落による哀感は，『平家物語』の中心的な主題となっている．琵琶法師によって朗吟された，この隆盛と悲哀の物語は，諸行無常，盛者必衰という仏教上の道理と結びついて，13世紀半ば頃に平家の盛衰のあり様をそのまま描いていた．『陸奥話記』の編集者によって明確に感知された武士というものの軍事的な価値は，『平家物語』というすばらしい散文のなかで最高潮に達する軍記物のなかで，滔々と語られ，その栄華はきらびやかに描写されている．力，勇気，熟練，領主への忠誠，勝利の際の寛大さ，敗北の際の勇気，個人と家族の名誉欲のすべてが高く評価され，これに反し，臆病，卑劣，裏切りは罰せられた．『平家物語』は，しばしば東国の強い源氏の武士と西国の宮廷化した平家とを，誇張した形ではあるが対照的かつ印象的に描いている．

　また大将軍権亮少将維盛は，東国をよく知っている者として，長井の斎藤別当実盛を呼んで，「やあ実盛，お前くらいの強弓の精兵は，8か国中にどのくらいいるか」とお尋ねになると，斎藤別当が嘲笑って申したことには，「とおっしゃいますと，あなたは実盛を大きい矢を使う者と思っていらっしゃるのですか．私はたった13束を使っております．実盛ほどに射ることができます者なら，関東8か国にいくらもおります．大矢を使う者といわれるほどの者で，15束に満たぬ矢を引く者はございません．弓の強さも，屈強の者が5，6人がかりで張るほどです．こういう強弓使いが射ます時は，鎧を2，3領も重ねて簡単に射通します．また大名1人と言いますなら，勢が少ないとしても，500騎以下のことはありません．馬に乗ったら，落ちることなどない．道の悪い所を駆けても，馬を倒したりしない．合戦にはまた，親が討たれようが子が討たれようが，誰かが死ねば，その屍を乗り越え，乗り越えて戦うのです．西国の者の合戦といいますと，親が討たれてしまうと供養をし，忌中の期間が過ぎてから押し寄せ，子が討たれてしまうと，その悲嘆のために寄せるのをやめます．兵糧米がなくなってしまうと，春に田を作って秋に収穫してから寄せ，夏は暑いといい，冬は寒いといって嫌います．東国では，全くそのようなことはありません」〔＊7〕

武士団の成立

中央政府の弱体化と律令制下の軍事制度の崩壊に伴って，地方の武士団が10世紀から地方に急増した．この地図は，武士の興隆を図示するのに重要な武士団の場所と会戦地を示している．都を護衛し，北方管理を主張し，荘園と村落を守り，平将門（940年），藤原純友（941年），平忠常（1028年）に率いられた地方の反乱を鎮圧するために，天皇，法皇，貴族，寺院，神社は，源氏か平家のような地方的な武士団の首領たちに，宮廷政治に参加する機会を与えて，利用せざるをえなくなったのである．延暦寺，興福寺，高野山，根来寺のような大きな寺は，数千人にのぼる僧兵を擁していた．熊野や宇佐のような神社も相当な軍事力を動員することができた．

　関東地方は，最も強力で最も独立した武士団の温床であった．多くの東北の武士は安倍氏と清原氏の軍に対して，前九年の役（1051-62）と後三年の役（1083-87）に従った．源氏軍の勝利で，東北の武士たちは東北の大部分の管理権が与えられ，膝下の部隊をふくらますことができた．

　挿入絵　後三年の役（1083-87）での源義家の偉業を物語る中世の絵巻物のうち，今日現存する3巻のなかの一つである．この場景は，頼義の長子で八幡太郎義家として知られる英雄が，敵に向かっているところを描いている．伝説によると，義家は，驚いて乱れ飛ぶ水鳥の群の姿から，敵の軍勢の位置をさぐり当てたという．巻物の絵は，その画法においては単純ではあるが，じっくり陣形を整えた両軍の対戦ではなく，個人的戦闘あるいは散発的な出撃で戦う騎乗の射手としての中世戦士の様相をよく伝えている．

凡例

- ■ 国府
- ✕ 戦場
- ⌂ 城
- ☐ 柵

- ▭ 940年平将門の支配地域
- 国香 将門に反抗した平氏
- ▭ 1028―31年平忠常の支配地域

前九年の役(1051―62年)
- ▭ 1051年までの安倍氏一族の支配地域
- → 源頼義の追攻

後三年の役(1083―87年)
- ▭ 1083年までの清原氏の支配地域
- ▭ 1083年までの藤原清衡の支配地域
- → 源義家の進攻

10―12世紀の地方武士団
- ↑ 平氏またはその一族
- ↑ 源氏またはその一族
- ↑ 藤原氏とその一族
- ↑ その他
- ↑ 武蔵七党
- ● 僧兵を抱える寺社
- ▭ 1150年頃の平氏一族の知行地

縮尺 1:5 000 000

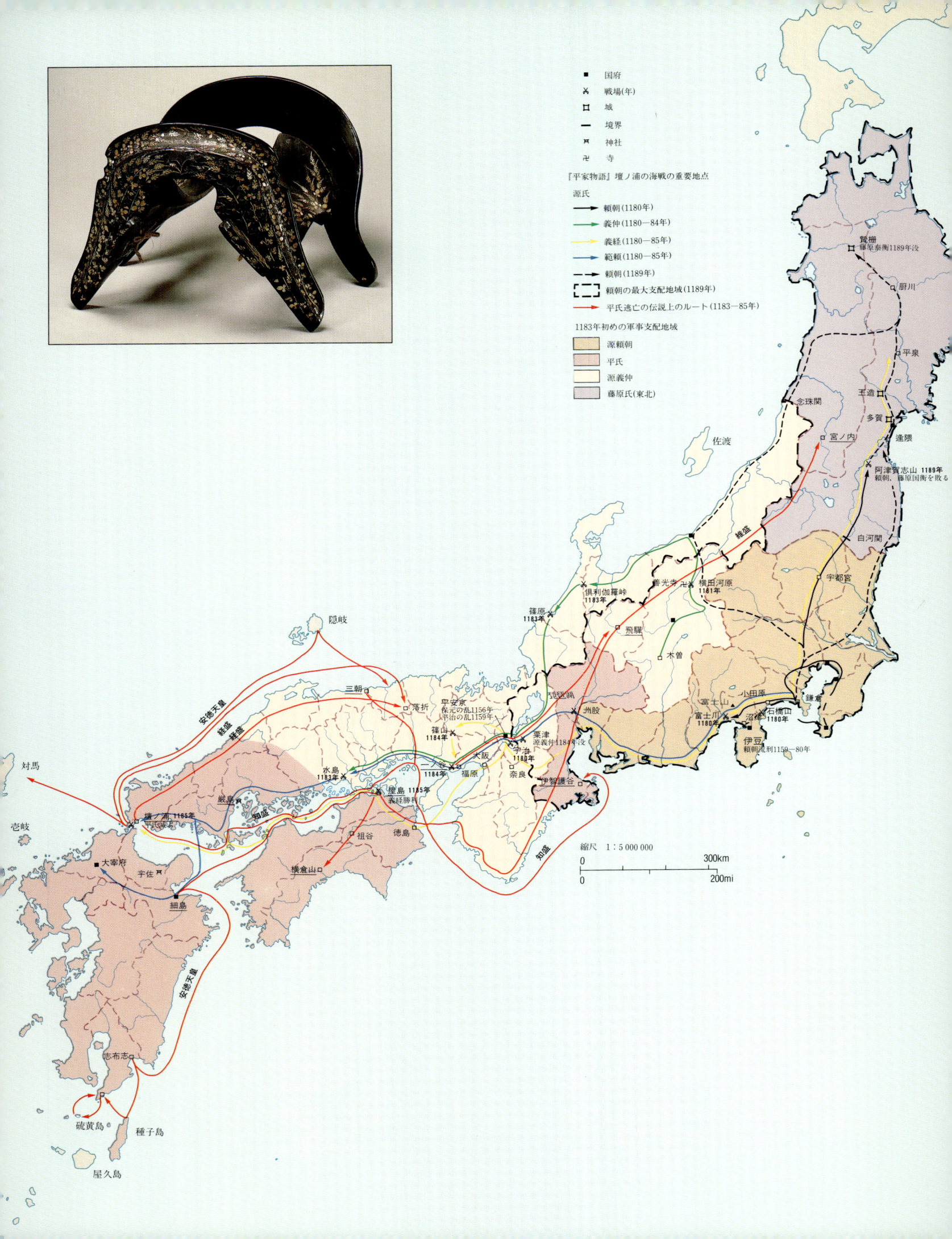

■	国府
✕	戦場(年)
⌂	城
─	境界
⛩	神社
卍	寺

『平家物語』壇ノ浦の海戦の重要地点

源氏
- ➡ 頼朝(1180年)
- ➡ 義仲(1180–84年)
- ➡ 義経(1180–85年)
- ➡ 範頼(1180–85年)
- ⇢ 頼朝(1189年)
- ⬛ 頼朝の最大支配地域(1189年)
- ➡ 平氏逃亡の伝説上のルート(1183–85年)

1183年初めの軍事支配地域
- 源頼朝
- 平氏
- 源義仲
- 藤原氏(東北)

縮尺 1:5 000 000

0　　300km
0　　200mi

地名

鷲柵　藤原泰衡1189年没
厨川
平泉
玉造
念珠関
多賀
宮ノ内
逢隈
阿津賀志山 1189年 頼朝、藤原国衡を敗る
白河関
宇都宮
維盛
横田河原 1181年
善光寺 卍
倶利伽羅峠 1183年
篠原 1183年
飛騨
木曽
佐渡
隠岐
三朝
落折
平安京 保元の乱1156年・平治の乱1159年
篠山
琵琶湖
州俣
粟津 源義仲1184年没
宇治
大阪
奈良
福原
一ノ谷 1184年
水島 1183年
厳島
屋島 1185年 義経勝利
知盛
徳島
祖谷
横倉山
伊智護谷
富士山
富士川
小田原
鎌倉
石橋山 1180年
沼津
伊豆 頼朝流刑1159–80年
対馬
壱岐
安徳天皇
経盛
雑盛
大宰府
宇佐
細島
安徳天皇
志布志
硫黄島
種子島
屋久島
壇ノ浦 1185年
平家滅亡

源平の戦と平家落人伝説

保元と平治の乱（1156年と1159年）での包括的な勝利により，平清盛と平氏は宮廷を支配し，土地の権利を確保し，その主な対抗者である源氏の首長たちを打ち破った．平家の専横は，宮廷人と後白河上皇を反平家に走らせた．1180年，以仁王は平家支配に対してクーデターをはかり失敗し，宇治の戦で戦死した．東の方でも源頼朝が反乱を指揮したが，石橋山で敗れた（1180年）．同じ年，富士川の戦では，頼朝軍はより有利であった．1180年以来，頼朝は東国でその力を強化し，家臣（御家人）を増やし，幕府創設の準備をし始めた．

1183年頼朝の従兄弟，義仲は信濃から出陣し，平家軍を敗走せしめ，都に進軍した．義仲が突然都に進入すると，平家は，幼帝安徳を連れて西の方に逃走した．義仲と頼朝の間に相互の疑惑があったために，頼朝はその弟範頼と義経を派遣して，義仲を処分し，平家の敗北を完遂せしめた．めざましい戦術家であった義経は，1185年3月屋島から平家を追い落とし，4月には壇ノ浦の海戦で平家を粉砕した．平家の主な指揮者たちは，殺害されるか，自決した．平家の子安徳帝（母が清盛の娘，建礼門院である）は，皇室の盛装のまま溺死したものと信じられている．

源氏の勝利に続いて頼朝は，反逆者としての烙印を押した義経排除に力を注ぎ，義経を保護した平泉の藤原氏を粉砕して東国における軍事力の強化を図り，鎌倉に事実上の軍事政権を樹立し，将軍の肩書とともにその存在を朝廷に承認せしめ，その幕府の強化に精力を集中した．

平家の指揮者たちは，すべて壇ノ浦で戦死したが，それらの者は伝説や文学の上では生き続けている．「平家落人（おちうど）」や遠方へ逃亡した落ちぶれた貴族や敗走した武士を含む，神のような訪問者の民間伝説はたくさんある．隠れ家を提供したところや，壇ノ浦の壊滅を何らかの方法で逃れた平家の避難者によって建てられたところは100カ所もあるといわれ，『平家物語』のなかで語られ，盲目の琵琶法師によって流布された平家の悲劇的な物語は，遠い地方にいる村人たちに強い情緒的な感銘を与えた．

挿入写真 この木製の，真珠母貝の象眼細工を施し，蜘蛛の巣と萩の葉の模様で装飾した鞍は，中世の武と文の二つの面をうまく象徴している．中世の武士道は，「弓矢と兵馬の道」として知られているが，その装飾は詩と宗教を暗示する潮汐で飾られている．

『平家物語』編集の時代になると，理想化された武士の英雄的資質は，仕えている領主のために進んで死のうとし，また虜囚の恥しめや不名誉を避けるために，必要とあれば自死できるかどうかにあった．この特殊な行動規範は，物語のなかで時に，武士道の理や武士のためにも宮廷風の手法を賛美することを強調するものに変えられている．『平家物語』では，理想的な武士というのは，単に軍事的技術の優者であるばかりでなく，人間の情感に鋭敏で，詩歌を作る道にも秀でた者であった．源頼政は，この理想像を代表する者といえるであろう．頼政は，1180年，平家に対して討伐を企て，以仁王を誘った．その反乱が失敗に終ったとき，宮廷人として面目が施せる詩歌を作った後，勇気を振って自らの生命を絶った．

> 三位入道は，渡辺長七唱（ちょうじつとなう）を呼んで，「私の首を討て」と言われたところ，唱は主人の生き首を討つことを悲しく思い，涙をはらはらと流して，「とても御首を討てるとも思われません．ご自害なさいましたら，その後で御首を頂戴（ちょうだい）しましょう」と申したので，「なるほどもっともだ」といって，西に向かい，高らかに南無阿弥陀仏と十遍唱え，最後の詞があわれである．
> 埋木（むもれぎ）のはな咲く事もなかりしに身のなるはてぞかなしかりける（自分の一生は埋木の花の咲くこともないように，世に埋もれて栄華に時めくこともなかったのに，今こうして哀れな最期をとげる，わが身のなれの果てはまことに悲しいことだ）
> これを最後の詞として，太刀の先を腹に突き立て，うつむきざまに貫かれて亡くなられた．そういう時に歌を詠めるはずはなかったが，若い時からむやみに好んだ道なので，最後の時も歌をお忘れにならなかったのである．その首を唱が取って，泣く泣く石にくくりつけ，敵の中をこっそり抜け出して，宇治川の深い所に沈めてしまった．〔＊7〕

平家の栄華は，1185年壇ノ浦の海戦でついに消滅した．ここでも，この物語の語り手は，再び敗北の姿を記述するに当たり，悲惨な海の会戦の模様を，名誉と武勇という，抽象的で心情的な要素を強調して感動的な記述を行っている．平家の兵船が源氏によってつぎつぎと破壊されたので，天皇を守ってきた清盛の妻の二位の尼は，平家の幾多の希望が託されていた幼い安徳帝とともに死ぬことを決意する．

> 二位殿はこのありさまを御覧になって，かねて日頃から覚悟していられた事なので，濃いねずみ色の二枚重ねを頭にかぶり，練絹（おりぎぬ）の袴（はかま）のももだちを高くとって，神璽を脇にかかえ，宝剣を腰にさし，天皇をお抱き申し上げて，「わが身は女であっても，敵の手にはかからないつもりだ．天皇のお供に参るのだ．君に対しお志を捧げようと君を深くお思い申し上げていられる人々は，急いであとに続きなさい」といって，船ばたへ歩み出された．天皇は今年8歳になられたが，お年の頃よりはるかに大人びていられて，御顔かたちが端麗であたりも照り輝くほどである．御髪は黒くゆらゆらとして，お背中より下にまで垂れておられた．驚きあきれたご様子で，「尼ぜ，私をどちらへ連れて行こうとするのだ」と言われたので，二位の尼は幼い君にお向かいして，涙をこらえて申されるには，「君はまだご存じございませんか．前世で行なった十善・戒行のお力によって，今万葉（まんよう）の主とお生まれになりましたが，悪い縁にひかれてご運はもう尽きておしまいになりました．まず東にお向かいになって，伊勢大神宮にお暇を申され，その後西方浄土の仏菩薩方のお迎えを蒙ろうとお思いになり，西にお向かいになってご念仏をお唱えなさいませ．この国は粟散辺地といっていやな所でございますから，極楽浄土といって結構な所がある，そこへお連れ申し上げますよ」と泣きながら申されたので，幼帝は山鳩色の御衣に角髪（みずら）をお結いになって，御涙をはげしく流されながら，小さくかわいらしい御手を合わせ，まず東を伏し拝み，伊勢大神宮にお暇を申され，その後西にお向かいになって，ご念仏を唱えられたので，二位殿はすぐさまお抱き申し上げ，「波の下にも都がございますよ」とお慰め申し上げて，千尋（ちひろ）もある深い深い海底へおはいりになる．〔＊7〕

平家滅亡の以前においても，東国では，源頼朝が鎌倉で，武家を支配する法令を樹立しつつあった．鎌倉での頼朝の幕府の創設は，平安時代の終結を示すものであったばかりでなく，朝廷と武家勢力の抗争の始まりであり，ある意味で新しい文化の幕開けでもあった．

日本の文化が公家に支配されていた時代は終リに近づいていた．宮廷人たちから学びとったばかりでなく，自らの慣習を参考とし，禅僧と中国からの新しい文化の伝播に眼を注いでいた中世の武士たちは，その時代特有の文化形態を鍛えつつあったのである．

〔編・訳者注〕 日本古典の現代語訳では，下記の文献より転載させていただいた．関係各位のご好意に厚く御礼申し上げる．

* 1：佐伯梅友校注『日本古典文学体系8，古今和歌集』237頁，292頁，317頁（岩波書店）1983
* 2：松村誠一・木村正中・伊牟田経久校注・訳『日本古典文学全集9，土佐日記，蜻蛉日記』144-145頁，149-150頁（小学館）1973
* 3：片桐洋一・福井貞助・高橋政治・清水好子校注・訳『日本古典文学全集8，竹取物語，伊勢物語，大和物語，平中物語』133-134頁（小学館）1973
* 4：阿部秋生・秋山虔・今井源衛校注・訳『日本古典文学全集15，源氏物語四』56頁，60-62頁（小学館）1974
* 5：萩谷朴著『日本古典評釈・全注釈叢書，紫式部日記全注釈，下』228-229頁，238頁，296頁（角川書店）1973
* 6：松尾聰・永井和子校注・訳『日本古典文学全集11，枕草子』106-108頁（小学館）1974
* 7：市古貞次校注・訳『日本古典文学全集29，平家物語一』330-331頁，404-405頁，1973，『同30，同二』393-394頁（小学館）1975

神道と本地垂迹

神道とは「神への道」を意味するものである．神格あるいは精霊と翻訳される「神」崇拝が神道の中枢である．6世紀における仏教の到来前には，信仰についての文献や造形を欠いているので，神道には明確に定義される神の概念や姿というものはない．神は無数にあり，至るところにある．それは，生死を問わず，いかなる人も，物も場所も，いやしくも神秘的なまたは超絶的な性質をもつものは，すべて神とみなされたからである．神道の体系は，いくつかの影響の下にしだいに発展していった．大乗仏教は，広大無辺の仏教秩序について，豊かな文献と仏像などの芸術品を提供してくれている．『古事記』と『日本書紀』に秘められている政治的理念は，天照大神から大王家への血統の正統性を確定させるために，神道の体系化を必要としたのである．皇室と貴族による神社の建立は，宗教としての神道の形成に貢献するところがあった．

右　仲媛（なかつひめ）．神道芸術では，神はしばしば高貴な婦人と子供として描写された．仲媛は応神帝の后で，八幡神崇拝では情深い菩薩観音の化身，八幡神に随行する神として現われる．普通彼女は，平安朝宮廷に普及していた唐風衣裳をつけ，平安美人の長く編んだ髪型に表現される．

左　善妙如心．仏教の教えを求めて中国あるいは朝鮮に赴いた日本の仏教僧たちは，仏教あるいは道教を源とする多くの守護神を本国にもち帰った．善妙は，中国の美しい少女で，華厳宗を学びに渡来していた朝鮮の僧義湘と恋仲になっていた．義湘が本国に戻らねばならなくなったので失恋した善妙は龍に変身し，恋人の乗った舟の水先案内と守護の役を果たした．彼女は華厳宗の守護神の一人として扱われ，1225年京都高山寺の華厳宗寺院で神道守護神の一人として祭られている．

下　伊豆山権現．このふくよかな愉快な顔の像は，現在の静岡県の伊豆山間地方の神である．その起源は定かではないが，数多くの神の像と同様に，仏教の強い影響下に進展してきたものである．この像では，廷臣のかぶる帽子をつけ，片方の肩に仏教僧の袈裟をかけている．千手観音の化身として，鎌倉時代には源氏と北条氏の奉献の対象であった．

左　蔵王権現．日本人の宗教生活のなかの一つの強力な流れは，仏教と神道の合一化であった．この神仏習合の信仰では，神道の神は仏陀と菩薩の守護神であり，その顕現なのである．蔵王権現は，奈良の南，吉野山系のなかの金峰山と結びついており，当初は地方の小さな神であったのであろうが，伝説上の役行者を発祥とする山岳修行の修験道崇拝の特別な守護神となり，いくつかの仏陀の神道的表現となったのである．その獰猛な表現は，信者に恐怖を与えることをねらったものではなく，邪悪を退散させるための姿である．

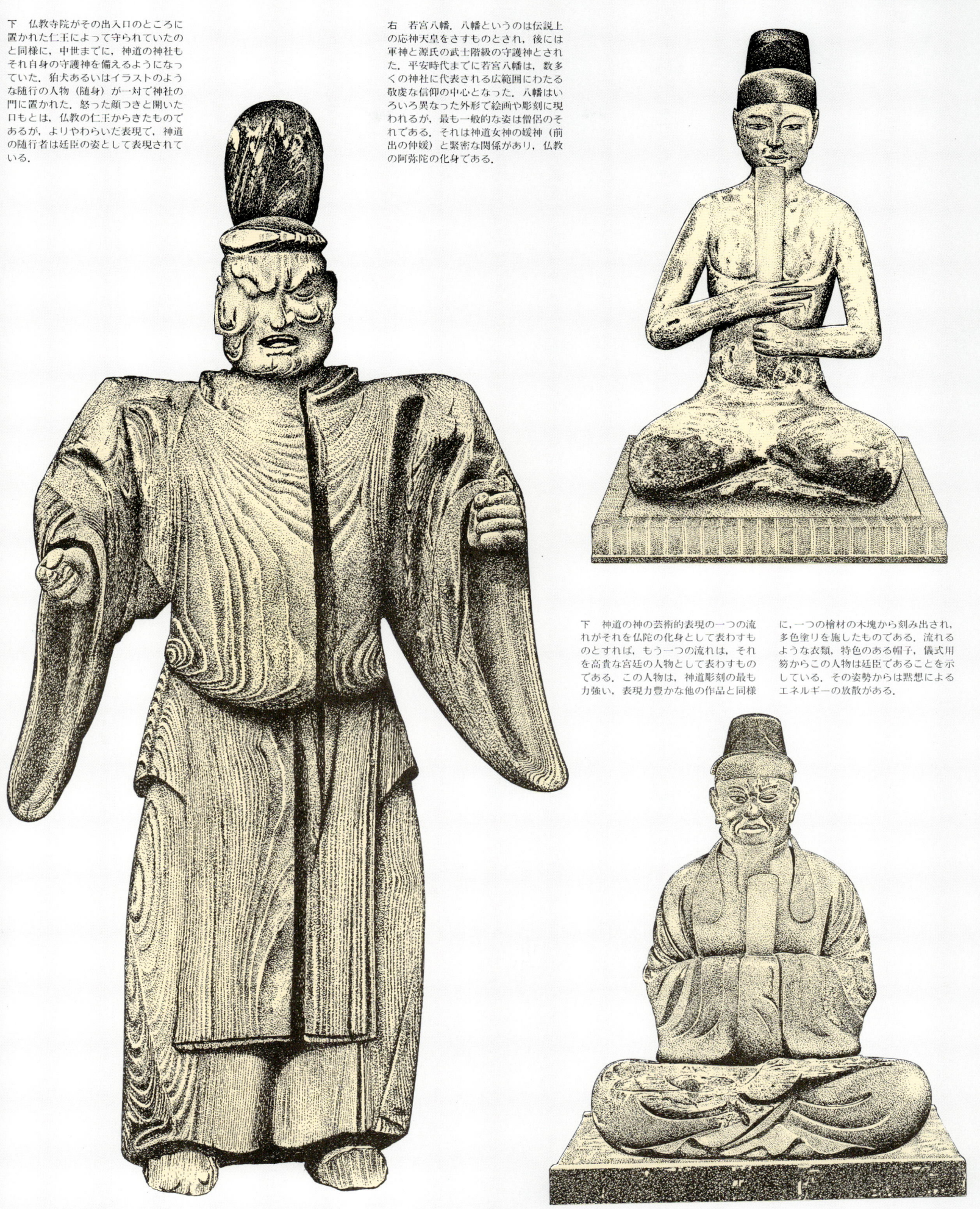

神道と本地垂迹

下　仏教寺院がその出入口のところに置かれた仁王によって守られていたのと同様に、中世までに、神道の神社もそれ自身の守護神を備えるようになっていた。狛犬あるいはイラストのような随行の人物（随身）が一対で神社の門に置かれた。怒った顔つきと開いた口もとは、仏教の仁王からきたものであるが、よりやわらいだ表現で、神道の随行者は廷臣の姿として表現されている。

右　若宮八幡。八幡というのは伝説上の応神天皇をさすものとされ、後には軍神と源氏の武士階級の守護神とされた。平安時代までに若宮八幡は、数多くの神社に代表される広範囲にわたる敬虔な信仰の中心となった。八幡はいろいろ異なった外形で絵画や彫刻に現われるが、最も一般的な姿は僧侶のそれである。それは神道女神の媛神（前出の仲媛）と緊密な関係があり、仏教の阿弥陀の化身である。

下　神道の神の芸術的表現の一つの流れがそれを仏陀の化身として表わすものとすれば、もう一つの流れは、それを高貴な宮廷の人物として表わすものである。この人物は、神道彫刻の最も力強い、表現力豊かな他の作品と同様に、一つの檜材の木塊から刻み出され、多色塗りを施したものである。流れるような衣類、特色のある帽子、儀式用笏からこの人物は廷臣であることを示している。その姿勢からは黙想によるエネルギーの放散がある。

武士の道

　12世紀から19世紀にかけて日本社会の支配層は、普通「武士」または「侍」として知られている。「武士」といっても、その多くの者は村落に住み、その武芸を磨き、戦場における自分たちの主君に奉仕する準備を進めながら、その土地を管理しているのである。これらの地方武士団のある者たちは、将軍の家臣（御家人）であった。初期の頃から、「侍」（さむらい）という語は、主君の側で武装し奉仕すること（さぶらう）と関連をもっていた。16世紀以後には、この語は地方から城下町に移り住んで俸給を受けて生活をする家臣である武士のことを指すようになった。中世以来、武士たちは、自分たちの軍事的な、質実剛健な生活を展開してきたのである。武士道の洗練を通して、主君たちは、忠実な奉仕と家族の名誉という美徳を反復して教え込んだ。極端な場合では、忠誠は、切腹という儀式のなかで、己自身をその主君のために喜んで犠牲に供するということで表現されたのである。平和な江戸時代においては、忠誠という奉仕は、しだいに行政上または儀式的な義務を意味するようになった。

右　『蒙古襲来絵詞』のなかの一場景。竹崎季長の注文でこの絵巻は作成されたものであるが、浜辺に橋頭堡を築いた蒙古の弓の射手に対して戦いをいどむ騎乗の戦士は注文主の季長である。この武士の、重傷を負った馬は、蒙古兵が放った奇妙な火の玉（てつはう）に明らかに驚かされている。日本の武士が用いる長い弓と大刀は、蒙古の弓の射手の短い弓と真直の刀剣と対照的である。季長は、この絵巻を作って神道の神社に寄進し、その功績が、恩賞の分配に際して思いおこされるよう配慮した。その英雄的な役割が間違われないように、自分が出現する場景には名前が記されている。

上　この際立って様式化された肖像は、鎌倉幕府の創設者である源頼朝（1147-99）のものであるが、甲冑をつけた武士の姿ではなく、支配者、行政官として強装束を着て笏を携えている。源頼朝は輝かしい将軍というよりも、鎌倉に武家政府の基礎を樹立し、平家の敗走を企図し、取り締まった行政官と制度の建設者として記憶されるような人物であるので、この姿の方が似つかわしい。

右　中世の初期においては、武士たちは、自らを騎乗の弓の射手であるとしていた。まもなく、刀鍛治の頭領のもとでの神聖な儀礼的な鍛造によって、打ち伸ばし、曲げ、焼きを入れた刃物は、「武士の魂」として尊重されるようになった。この刀は、14世紀の終りに作られ、紐で腰に下げるようにしつらえられた美しい大刀である。この品質の剣は偉大な美と精神的な力の対象として尊重されている。

武士の道

左　この恐ろしい場景は1159年の平治の乱を描いた絵巻物からのもので、これより平氏が力を得た。源氏の武士たちは、平氏の味方をしていた後白河法皇を誘拐しようとして探しまわり、京都の三条宮あたりを暴れまわった。建物に炎がまわると、略奪を事とする武士共は宮殿を略奪し、後白河法皇の支持者たちを殺害した。宮殿への武士の侵入を描いた像は活き活きとしている。

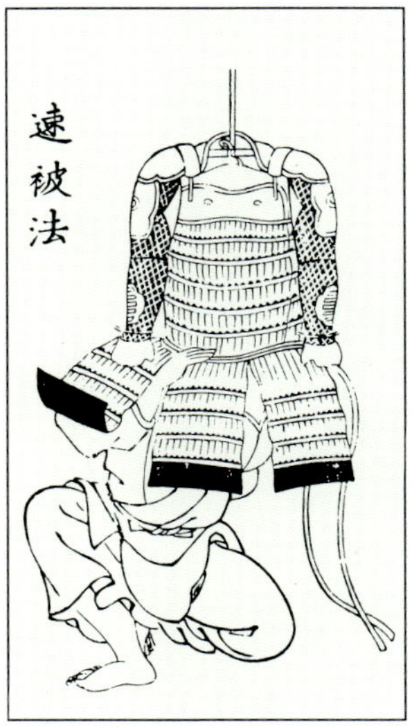

右　武道の教養についての江戸時代の作法書によって、火急の際小姓の手を借りずに甲冑を着る法を含め、いろいろ重要な技法が武士に授けられる。

中世の文化と社会

　平安末期，鎌倉，室町時代を含む12世紀から16世紀の間を指して，日本の「中世」と一般に呼んでいる．研究者によっては，その上限と下限を広げたり，狭めたりする．またその時代を日本の初期封建時代として記述する研究者たちもいる．しかし，多くの研究者は，この時代区分をほぼ認めるであろう．この時代は，戦争と武士の時代として特徴づけられている．確かに，不安定を増大せしめ，戦争を拡大した時代ではあったが，同時にまた制度の成長と変化，商業活動，宗教的活力と文化的創造性の時代でもあった．この何世紀もの間に，武士たちは大きな社会的・政治的存在となったが，そればかり強調すると，この時代の政治と文化の上に残された表面的な現象だけを見るという誤りを犯すことになるかもしれない．公家は強い文化的影響力を維持していたし，この時代の仏教は初めて，構造的に大衆的要素を取り込み始めたといえるからである．

　中世社会には政治，社会，宗教，芸術を通して，幅広い，長期にわたる変化の潮流を認めることができる．これらの発展のいくつかは，明らかに中世的なものとして記述しうるであろう．しかし，そのあるものは，遠く12世紀以前の古代にその出発点があり，あるいは他のものは，16世紀よりはるか後の近世までも引き続いてその影響が感じられるのである．これらの種々の潮流の入り混じりは，伝統的な日本社会と文化のより大きな特徴を形成したものであり，多くの場合，その影響が今日もなお残されているので，中世の伝統がヨーロッパのどの社会の歴史にも重要であるのと同様に，日本の歴史にとっても重要であるといえるだろう．この時代における文化的発展の意味を理解するためには，中世の社会を着実に変えていった政治的・社会的変化について，きちんと理解しておくことが大切なことである．

政治における変化の潮流

　政治的には，中世は三つの時期と傾向に区別することができる．第一は，新しき支配者である武士層への緩慢ではあるがもはや誰にも押しとどめることのできない政治的移行，第二には，安定した中央政権の分裂と内戦，そして第三に政治的崩壊が極限に達したかに見えたとき，戦争を通して再統一への激しい転進が行われたこと．これらの傾向の第一についていえば，一方において，武家政権の樹立を伴って12世紀末より，宮廷から武士の棟領への政治力の転移を含み，また他方において皇室の権威と公家の政治・経済力の衰退を含んでいたのである．武家政権のうち初期の鎌倉幕府と初期の室町幕府は比較的強力で安定していたが，15世紀末から16世紀初頭には，室町幕府による中央支配が崩壊し，その後は地方に群雄が割拠し互いに戦争をくり返し，徐々に局地的なリーダーを生じたのである．この過程は，戦国時代における下剋上といわれている．最終的には，戦国大名間の混戦状態から，織田信長，豊臣秀吉，徳川家康のような武将が出現した．軍事上，戦略的な才能に恵まれ，天下人たちは全国の再統一を図り，全国の統一というばかりでなく，より大きな目標達成に駆り立てられ，徳川時代という平和の時代をもたらした．

　10-11世紀には，平安の朝廷は，まだ政治力を保持していた．しばしば幼少の天皇が即位すると，藤原氏は朝廷の中の最高位の役職を独占し，摂政と天皇の母方の祖父（外戚）としての影響力を及ぼした．藤原氏の権力に挑んだ数少ない天皇は，自発的に退位して，上皇（院）として，自分の政庁を樹立しようと画策したのである．10世紀には，奈良時代に樹立された行政，土地制度，軍事，税制は崩壊しつつあった．貴族，寺院，神社と皇室までもが，公の支配地から私的な土地保有（荘園）の分割を競って始め，自分自身を守るために，軍事手段を自前でもつようになった．中央軍事制度の虚構が崩壊すると，地方の有力者たちは自ら武装し，地方武士団を結成した．特に東国の武士は北方における小競り合いのなかで，強力な忠誠心をもつ家臣団を配下に形成していったのである．貴族と寺院の有する散在荘園を管理するのが仕事であった荘官たちは，地方の武士に依頼してその警護を求めた．大規模な寺院は自らの僧兵という軍隊を作り上げ，宗教的拘束力や軍事力を，寺院の利益の擁護や伸展に用いた．断続して地方には不安が，首都には無秩序な状態がおこった．935年から940年の間に東日本でおこった平将門の反乱と同時代に西日本におきた藤原純友の反乱は，中央政権に対する重大な挑戦であったが，朝廷は，地方の武士団に援助を要請して，これらの初期の反乱は鎮圧することができ，12世紀までその権威と政治的優位にしがみついていることができたのである．

　この政治的優位は，武士たちが京都政治に介入し，政治権力を行使し始めると，ひどく脅かされた．朝廷は，一つの武士団と，他の武士団とを対抗させることによって，特に源氏と平氏とを対抗させることで，朝廷の優位を維持しようとした．12世紀半ばに平清盛の率いる平氏一族が，その主要な対抗者を一掃し，朝廷のなかで実質上の覇権を確立するまでは，朝廷の優位性維持策は都合よく展開していた．藤原氏一門がかつてやったように，清盛と平氏一族は朝廷の役職を独占し，

蒙古襲来

1268年，朝鮮を侵略し，南宋の大部分を征服したフビライ・ハン（忽必烈汗）（1215-94）という蒙古の首長は，日本に使節を派遣して服従を求めた．京都の朝廷と鎌倉の武家幕府はその要求を無視し，侵略に備えて体制を整えた．鎌倉幕府の御家人は待機させられ，寺院と神社は国の守護を祈って祈禱をした．

1274年11月，蒙古軍はついに900艘の艦船に4万4000人の軍隊と船員（蒙古人，韃靼人，中国人，朝鮮人を含む）を乗せ，南朝鮮を出発した．対馬を荒廃せしめた後，11月19日博多湾岸に軍隊を上陸させた．日本軍を退却せしめるところまで押し寄せた後，蒙古軍はその艦船に戻った．夜になると強烈な暴風が吹き，多くの艦船が沈み，艦隊を四散せしめた．

1275年と1279年にフビライは再びその要求をもたらした．執権北条時宗は，その使節を打首の刑に処した．鎌倉幕府は，博多湾沿岸に防塁を築くことを命じ，蒙古艦船襲撃用の船舶建造を命じ，御家人，非御家人の両者を動員した．1279年に，宋が最終的に壊滅すると，フビライは日本征服にその勢力を集中しうるようになった．1281年，フビライは二大艦隊からなる大艦隊の結集を命じた．6月初頭，14万人の兵員を乗せた4400艘の艦船が朝鮮と揚子江の両方から同時に出発した．南方からの艦隊は数週間遅れたが，東方からの艦隊は6月23日に博多に到着し，日本の船団との海戦をはじめた．8月16日には，蒙古艦隊は台風に襲われ，艦船と兵員の半数が失われた．日本人は，近接して2回にわたっておこった奇跡的な避難を神風のおかげだとしている．これは，日本が神国であるとする信節と結びついた．その払った努力に対して戦利品がないので，多くの武士たちは不満であった．フビライは第3回目の侵略を計画したが，実現することはなかった．

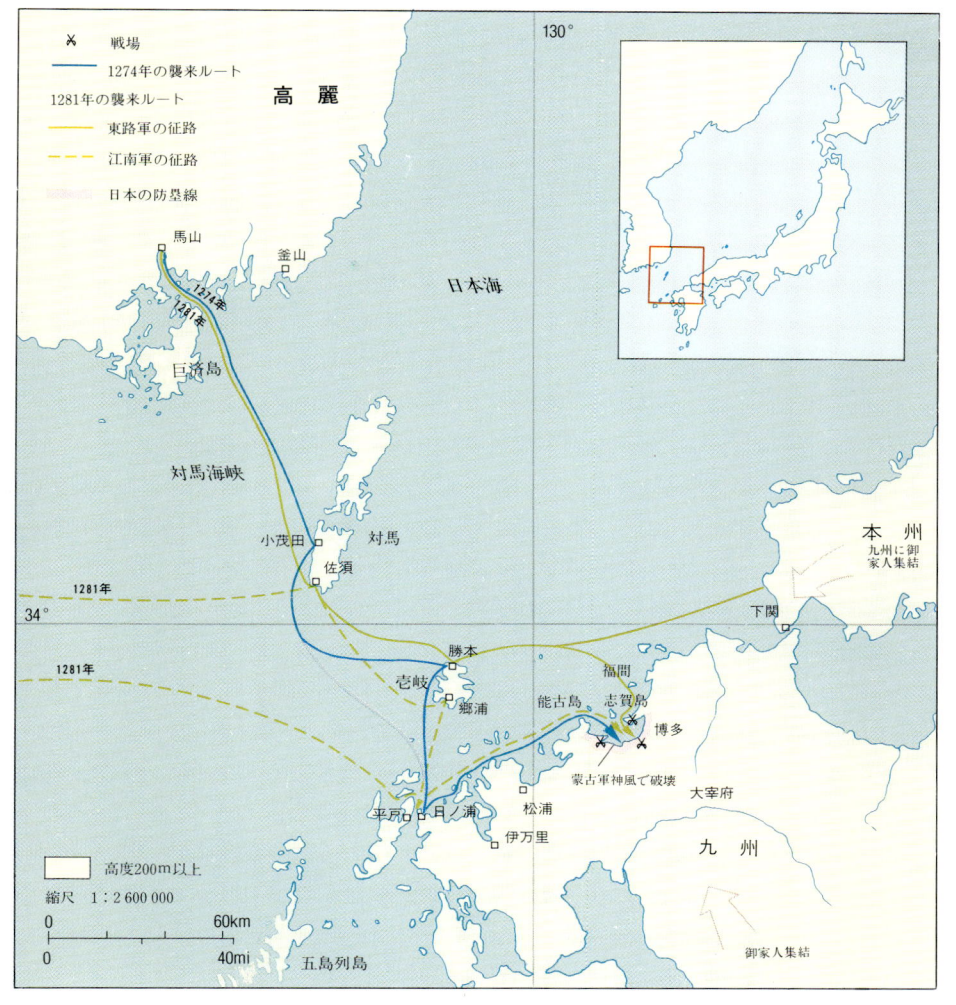

園の管理職である地頭を設置し，頼朝の家臣を全国を通して地方と荘園に配置した．これによって，日本では初めての政治制度の二重構造が見られることになるが，その体制のなかで，従来は皇室の領分に属するものと見られていた数多くの職分が，鎌倉政権によって占められることになった．同時に，朝廷は追放されることはなく，その伝統的な職能を維持し続けていたのである．頼朝は，朝廷に対して尊敬を示す将軍であり，他方自ら自律的な政権を誕生させた．つまり，朝廷や宗教勢力といった旧体制の勢力を温存し，それと協力しあいながら新しい支配を完成させたといえる．

武家政権として，幕府は，頼朝とその家臣を長とする武士の秩序における規律の維持に最も関心があったが，頼朝とその短命の2人の息子（頼家と実朝，2代・3代将軍）が殺害されて，13世紀初頭に源氏の血統が消滅した．幕府は執権の北条氏によって支配され，しだいに土地保有制度，徴税，社会全体に影響を及ぼす法律の完備へと，着実に立法・司法の権限を集中するに至った．北条政権は，西日本の監督のために，京都に幕府の探題を設けた．北条氏は，皇室の継承に口をはさむようになり，外交問題にも手を伸ばし，1274年と1281年の蒙古侵略に際しては，その防衛軍の組織は北条時宗によって編成された．朝廷は政治的・経済的影響力をさらに衰退させ，鎌倉幕府の権力に直面し，その権威の失墜を感じた．その間にも，朝廷はその政治的権力を回復する企てを数回にわたり実行した．1221年，後鳥羽法皇によっておこされた承久の乱は，北条氏の手により容易に鎮圧され，その結果，北条氏は天皇，法皇を流罪にし，より多くの土地を収公し，より多くの地頭に御家人を補任し，廷臣と皇室側の人々を罰し，皇位の継承を規制する先例を得たのである．鎌倉幕府の北条一族による支配に対して，不平を抱く武士による1331年の元弘の変に際し，武将たちは後醍醐天皇の周囲に集まった．足利氏と東日本の強力な2, 3の武家および僧兵という武装集団の支援の下に，後醍醐天皇は1333年，幕府を倒し，天皇親政体制を樹立するのに成功した．建武の新政といわれるこの王政復古は，後醍醐天皇の宮廷中心の政策が，かつての支援者たる武家を疎んじたので，3年間しか続かなかった．1336年には，後醍醐天皇は，京都を離れざるをえなくなり，その後には足利尊氏が将軍の位を引き継ぎ，北朝（光厳上皇・光明天皇）の下に室町幕府を開くこととなった．これより50年以上の間，日本は，後醍醐天皇とその支持者たちの南朝と，足利氏に支持された北朝の間での漫然とした内戦によって二分されるのである．

このようにして，室町幕府は確固たる基盤のもとに出発したわけではなかった．最初から，足利将軍は，彼自身の固有の領地も軍事組織ももたなかったので，リーダー格の武将と地方の守護に依存しなければならなかった．強力な将軍，たとえば南北両朝を合体させた3代将軍義満，独裁的な6代

既存の行政の枠組を利用して全国を支配しようと試みた．平家を追放しようとする努力を続けていた後白河法皇は，東日本で台頭してきた源氏の若大将，頼朝とその異母弟の義経の下に再編成しつつあった源氏の残党に着目していた．頼朝が東日本で源氏の勝利を目指して，武家政治の機構を樹立したとき，まず源義仲をもって京都から平家を駆逐し，さらに源範頼，源義経をもって源義仲を討たせ，彼らは1185年には，壇ノ浦の海戦で平家を敗北させ壊滅に陥れた．権力の頂点へ急激に昇りつめ，そしてたちまち悲劇的な没落へと向かった平家一門の興亡は，『平家物語』のなかに，容易に忘れえない鮮明さをもって描かれている．

12世紀末における平家に対する，源氏のすさまじい勢いの勝利は，一つの軍事勢力が他のものに取ってかわるというものであった．それは，朝廷を駆逐するものではなく，また朝廷に力を再び与えるものでもなかった．頼朝は，天皇の軍事的代行者である征夷大将軍の任につき，鎌倉に将軍府すなわち幕府を設立した．家臣に恩賞を与え，戦利品や争いとなった要求を処理し，正不正を明らかにし，秩序を維持するため，頼朝は，信頼を置いた家臣や頼朝が京都から連れてきた下級宮廷貴族を長官とする数多くの役所を設置した．このようにして頼朝は，日本における後世の武家政府のモデルを作りあげた．頼朝はまた国ごとに，軍事権・警察権をもつ守護と荘

軍義教のような強力な将軍の登場に至って、室町幕府は安定し、守護大名の連合の軍事力を有利に支配し使うことができたようにみえる。しかし、不満を抱いた守護による1441年の義教の暗殺は、幕府が本来もっていた弱体さを露呈したものである。守護とその下の地方の武士は、それぞれ地方における権力を強めようと対抗し始め、義政のような弱い将軍は政治的指導の立場から退いて独自の文化的活動へと向かっていった。やがて将軍の権力は有名無実に近くなり、1467年応仁の乱という、10年間に及ぶ戦争へと向かった。細川氏と山名氏の対立によるこの内乱の結果、京都の町は荒廃し、貴族と僧侶は地方へ移り、戦国時代という間断ない戦争の世紀へと突入していくのである。

15世紀末と16世紀初頭の混乱の世相のなかで、価値があるものは、公的地位や日増しに力を失っていく将軍を支援することではなく、忠誠を尽す家臣による真の力、確実に保有する土地、要害堅固な城、戦術上の才能、攻撃と守備に対する不断の即応性である。これらの環境のなかで、多くの守護は、その勢力範囲を拡大しすぎ、下剋上の大波にのみ込まれて、下級の武士によって転覆させられ、その結果、戦国大名という、小規模な、交戦のために堅い絆で結ばれた家臣団をもつ武将が生じた。16世紀初頭には日本中に、約250もの戦国大名が割拠するに至った。

その頂点において、分散化の過程を経て、政治的な振子は再統一の方向へ運動を始めたのである。織田信長は、本州中央部の小さな領主で、戦術の才能に恵まれ、将軍支援に上洛することを主張し、幾度かの戦闘に輝かしい勝利をおさめ、1568年、京都に入ることができた。信長は、すぐに将軍を追放し、対抗する大名や武装した一向宗の門徒を孤立化せしめ、つぎつぎと壊滅させ、天下人となった。信長の征覇は1582年の本能寺の変で終結を告げることになる。信長の後継者である豊臣秀吉は、信長の企てた西進策をさらに伸ばし、耕地の調査の実施（太閤検地）と村人の非武装化（刀狩り）をし、血なまぐさい朝鮮侵略を実施した。秀吉は、信長同様、信用が傷付けられた将軍の称号を取らず、従来の朝廷の職階のなかの位である右大臣または関白として君臨した。秀吉は死に際し、五大老制という、秀吉の息子秀頼のための諮問機関を設置した。しかし、まもなく大老の間で権力をめぐって競争がおこった。1600年、関ヶ原の合戦で軍事的大勝利を得た徳川家康は、その対抗者を撃滅して幕府を設立し、徳川幕府は19世紀まで続くことになる。

中世の政治的遺産

中世におけるこれらの政治的変化の潮流は、重要な遺産を近世に残した。朝廷から分離した幕府の機構は着実に進展をみせ定着した。時には、信長や秀吉の場合のように朝廷内部に権威を求めた例も見受けられはしたが、朝廷の外に武家政権を自立させる風潮は明治維新まで続いた。武士の掟は、武家の法律によって強化され、将軍の権力は、天皇の下での軍事的統治者として強化されていった。朝廷は弱体化され、財政的にも厳しい状況にありながらも、権威として生き残っていた。幕府が朝廷の依託を受けた合法的な政権であるという考え方が定着すると、朝廷を完全に排除する必要性はなくなった。朝廷は弱体化され、儀式や年号の制定などの役割へと権限は限定されていったが、その主権は失われず、その弱さそのものが権威の源となり、あるいは少なくともその持続性

守護大名と戦国大名
足利将軍家の中央権力の弱体化と15世紀半ばからの内乱への突入で、地方の戦国大名が指導的な政治的役割を果たすようになった。これらの3枚の地図は、15世紀末から16世紀半ばにかけての政治的に抗争した、主な大名家を示すものである。

一番上の地図は、1467年応仁の乱勃発の際の主な守護大名の配置を示すものである。将軍足利義政が無力で情勢を眺めている間に、細川氏と山名氏に率いられた対抗する連合軍が京都を荒し、地方に戦を持ち込んだ。これらの勢力は、下剋上の時代を動かし始めたもので、そのなかで多くの守護が、より強固に地歩を固めた自分の家臣に倒されていったのである。

中央の地図は、1560年の主な大名の配置を示すもので、この年織田信長は天下統一のための進軍を始め、1568年には京都に入ることができた。1560年に今川氏を倒した信長は、徳川家康と同盟を結び（1562年）、京都へ進軍した。さらに、信長は延暦寺を破壊し（1571年）、浅井氏・朝倉氏を滅ぼし（1573年）、将軍足利義昭を京都から放逐し（1573年）、武田氏を破り（1575年）、本願寺派の信徒との長引く戦に従事し、西方では毛利氏勢に挑戦していた。

『蒙古襲来絵詞』からの詳細図には、日本の小型の木造船が、大型の蒙古船を攻撃している様を示している。2巻の絵巻は、1293年頃、日本の武士竹崎季長の功績を後世に残すために描かれたもので、ここで季長は蒙古の将を倒しているところである。

の源となったのである。それと同時に、政治的権力の究極的な根源の争点は潜在的で、あいまいなものとなった。人々は王権の存在を忘れていなかったから、いざというときには、天皇親政をもちだすことで徳川将軍に対抗できる可能性を残していたことになる。逆にいえば、天皇を温存したことは、幕府の権力が強大な間は人質のようなものだったが、いったん幕府の束縛がゆるんでくると、天皇と朝廷は幕府にとって危険な存在となったのである。

政治的にもまた、中世の国家は内部的な分裂と外部からの侵略から生き残った。これによって、統一という遺産と強化された国の特異性が残された。蒙古の艦隊を四散させた神風のために、日本という国は神々により守られた神国であるという信仰が生まれた。それと同時に、中世の人々は、その社会が悪疫、自然災害、不安と内乱によって分裂するのをしばしば見てきた。新しい精神救済の道への、また平和と政治的安定への強力な熱望が人々のなかにあった。14世紀から15世紀にかけての内乱から、再統一と17世紀初頭の徳川の政治的安定へと社会を向かわせようとする政治的動きがあった。

社会・経済生活における変化の潮流

内乱と政治的不安は政治的領域ばかりでなく、社会・経済生活の分野においても、変化をもたらした。新しい階級の台頭、私的荘園制度の拡張と崩壊、新しい在地領主制の発達、農業生産物の増大、市場活動の拡大、貨幣流通の拡大、重要な都市の発達、これらのすべてが新しい中世の経済的・商業的エネルギーの展開の結果であり、かつ要因であった。

10世紀以前の日本は、貴族社会以外の何物でもないとしかいいようがない。もちろん、他の社会集団も存在していた。地方の強力な富農が力をもち、自分たちの地方的利益を守るために武装をした。貧乏な農民は公有地や私有の荘園を耕作し、税の負担と労役を引き受けた。社会機構の下積みでは、土地をもたない農民、奴隷、賤民がいたが、これらの人々の存在は、記録のうえには残りにくく、庶民の実態は歴史的記録のなかにかすかな痕跡を残すのみである。これらの人々は、社会の重要な部分を占めていたことはわかっているが、その具体的な行動や機能を詳らかにすることはできない。社会を支配し、歴史的記録を管理していたのは宮廷貴族たちであった。法律制度は貴族たちの要求に基づくものであった。僧侶や尼僧は別として、社会の知的・文学的才能を独占していたのは貴族たちであり、その他は貴族出身者が多い僧侶たちである。だから、古代の日本社会を貴族社会と記述するのは正当であろう。この貴族支配は、日本歴史の中央舞台へ、まず武士を、ついで庶民を登場させることによって変貌した。

武士は政治力を得るにつれて、自分たちの社会と文化をつくり始めた。一方において、武士は軍事技術（武）の担い手すなわち「弓馬の道」の実践家であり、他方において、武士は政治と行政の技術を習得しなければならず、それには学問の習得（文）が必要だった。さらに、武士たちは、平安朝の貴族たちから自立した武家自身の精神的・文化的理想をもっ

ていた．13世紀の終りには，武士の理想として文武両道ということが定着していた．武士たちがすべて洗練されていたというわけではない．中世を通して，特に戦時においては，多くの農村の武士たちは，この理想とする文学上の教養を獲得するのに必要な時間を割くことはできず，一方エリートの武士たちはそれができたのである．宮廷人や僧侶たちから学び，また交わりながら，北条家，足利将軍，大内氏や細川氏のような戦国大名たちは文化の保護者ともなり，同時に文化の担い手ともなっていた．

中世社会において，新興層は武士に留まらない．商人，職人，農奴の出現も，より眼につく．12世紀の初頭，小規模な地方的な商業が行われたところでは，旅まわりの行商人がいた．貨幣の流通は，あったとしてもごく小規模で，日本で市場活動というものはまだ目立たない．経済的交換は多くは現物または労役により行われ，最も規模の大きな経済活動は荘園所有者や中央政府への米またはその他の物品による地租(年貢)の支払いであった．荘園経済は，広く自給自足の経済世界であった．貴族，寺院，神社と皇室の一員は，その日常の必要と儀式上の活動のために，その広く散在している荘園に依存したのである．農民たちの生産物の大半は，生計や租税の支払いに吸収され，市場や商人たちに売るだけの余剰はほとんどなかった．

この比較的安定した経済界は，13世紀になると変化し始めた．長期にわたる経済的・社会的変革は荘園の収入の分割であった．荘園に対して，以前は貴族や寺院によって保持されていた権限や管理はその荘園のなかや周辺に住む武士たちによって奪われていった．侵食は鎌倉時代に始まった．頼朝によって，また承久の乱以後，新たに北条氏によって補せられた地頭は，自らの身を守り，荘園の収入をしだいに流用するようになった．貴族と寺院は，武士と新開地についての妥協を余儀なくされ，収入を確保するために荘園を分割しなければならなくなった（下地中分）．14世紀半ばから15世紀後半の戦闘によって，地方の守護大名のすべてが不在地主の保有する土地に，その管理権を及ぼそうと求めていたので，荘園の分割がさらに促進されることとなった．荘園に対する貴族と寺院の掌握がゆるんでくると，農民と職人たちの労働は市場向きの生産へと解放された．史料的に完全に証明することは不可能ではあるが，日本はこの時代に，農業の余剰生産物をかなり増加させたことは認めうる．この時代には，農業技術の改良が行われた．荷車用の牛がより多く飼育され，二毛作が普及した．市場は荘園内部，辻，寺院の門前などに，広く普及し定期的に開かれるようになった．市場は，しだいにより多くの地域で，月に3回あるいは6回（六斎市）開催されるようになり，常設の店舗も見受けられ始めた．遠隔の地にある市場は，鎌倉，京都，奈良，博多などの都市と商人たちの手によって連絡されていた．京都の堀川木材市場や，淀の魚市場は遠隔地からの生産物を取り寄せ，卸市場となっていった．運送業者は内海に面する港湾都市に定着した．塩，油，紙，絹，木材のような中央の荘園所有者，寺院，神社の庇護下にあった特殊な商品を扱う業者の同業者組合(座)が，畿内および各地に活発におこった．

この経済拡張は，貨幣の入手あるいは鋳造の可能性が増大するにつれて育成されたのである．13世紀の末期には，銅貨が中国から輸入され，畿内地方とそれに沿う東方沿岸地帯で使用されるようになった．秀吉が貨幣を統一するまでは，日本の支配者たちは自らの手で正金を鋳造しようとせず，中国から輸入する方を好んだ．貨幣の供給，特に良質の貨幣の供給は制限されており，混乱や退蔵の危険はあったにせよ，取引を行うのに金銭を使用することが着実に増大していった．租税はしだいに現金支払に切り変えられ（貫高制），商人，酒醸造業者，寺院による金貸業が日常生活のなかで一般化した．鎌倉幕府も室町幕府も，土倉とよばれた金貸業者に深入りしすぎた武士を助けるために，負債の支払いを一時猶予する法令を発しなければならなくなっていた．土倉の活動は，武士と農民による暴動（一揆）に油を注ぐこととなり，これは15世紀と16世紀の特徴となった．

商業と市場活動は，室町時代を通して繁栄を続けていた．京都の朝廷と隣あって室町幕府が位置していたことは，首都における活力の回復に拍車をかけたもので，京都は14世紀終りから15世紀初頭にかけて国の市場として，全国の流通の牽引車となっていた．鎌倉幕府とは異なり，室町幕府は強力な領地という基盤をもってはいなかった．活動的な将軍は，外国貿易（勘合貿易）と国内商業の促進，そしてその徴税へと政策を展開した．足利義満は公の使節を中国に派遣し，徴税を目的として商人の組織(座)を育成した．勘合貿易のかげで，倭寇とよばれる海賊が朝鮮と中国沿岸部に掠奪者として現われた．しかし，倭寇といわれた賊のなかには中国人によるものも決して少なくなかった．

15世紀末と16世紀の戦争は激しかったが，必ずしも経済活動を弱めるものではなかった．京都は応仁の乱でひどく破壊され，貴族と僧侶の多くが離散した．回復はそれでも急速に進められ，信長と秀吉の下で，都市は再び繁栄を示した．この覇権を握った2人のうち，特に秀吉は都市の主要な計画を進めた．16世紀末から17世紀初頭に京都にいたイエスス会の通辞ロドリゲス・ツヅは京都を「壮大にして人口稠密な都」と記述している．ロドリゴ・ヴィヴェロ・イ・ヴェラスコはその人口を「80万人以上としているが，他の推計によると，この地方には30万ないし40万が住んでいる」としている．ロドリゴはまた，「副王が私に告げたところによると，都の街中には，5000もの寺社とさらに多数の庵があり，また特定の地域には，当局に登録した5万人もの公娼がいる」と述べている．

倭寇と貿易

沿岸都市や航路を荒らし，人質を連れ去る海賊たちに中国や朝鮮の人々がつけた名前は「倭寇」(日本海賊)であった．中国も朝鮮も，慎重に規制をした公の貿易以外は認めてはいなかった．15世紀と16世紀には，対馬，松浦や内海沿岸からの漁師や武士たちの一団が，2,3艘から数百艘に及ぶ船隊となって朝鮮の沿岸を略奪してまわった．公の勘合貿易は15世紀には実施されていたが，15世紀末になると，倭寇の大船隊がその活動圏を中国沿岸部へと広げていた．これらの船団は中国の乱徒が中心をなしていた．中国の多くの商人たちは，不正貿易に既得権を有していたので，その管理は困難であった．海賊を効果的に抑圧する策はほとんどなかったが，国際貿易を独占しようと望んでいた秀吉が，1580年代から反海賊令の実施を開始した．

中世の文化と社会

別の面で，戦国大名と天下人によって採用された政策の多くは，商業奨励策であった．軍隊のためには，武器，甲冑，馬，戦闘には食糧，飲料，医療，要塞と城のためには建築材料，橋梁と船舶には木材を供給する商人と流通組織が必要とされた．堺の商人は16世紀の間に，中国との貿易と信長その他の戦国大名への鉄砲の供給によって豊かになっていった．伝統的な商人組織の座が，かえって商業発展の桎梏となってくると，よりたやすく管理できる新興商人や地方の商人を優遇し，その結果，初期の城下町は，その領国の商業センターとしての役割を果たした．近江の六角氏は，市場における古い座の独占を打破し，座外商人に市場を開放（楽市楽座）しようとした最初の者で，信長は安土でその模倣をした．この政策によって，商業は，その初期の荘園を基盤とした制約から完全に解放された．

16世紀半ばから17世紀半ばの年月は，しばしばキリスト教の世紀に属するものとされており，秀吉が1580年代に，キリスト教宣教師の追放政策をとるまでは，何百万という日本人がキリスト教に改宗し，カソリックの教会が日本に数多く出現するかもしれないように見えた．貿易は十字架を伴っていた．ポルトガル，スペイン，オランダ，イギリス，中国の商人が，日本をヨーロッパ，インド，アジアとの商業取引に接触するように仕向けたのである．日本の商館もさらに進出した．認可を受けた日本の貿易船がフィリピンや東南アジアへと船出し，そこには日本人の商人たちが定着する日本人町もできた．16世紀には，日本で新しく開発された鉱山から金銀の豊かな産出が見られた．貿易と商業から得られる利益に気づいていた秀吉は，輸入品を選び，貿易商から徴税し，直接鉱山を管理し，金・銀貨の鋳造を始めた．統一と政権の

継続のために，信長と秀吉は全国の経済的障壁をとりこわし，通貨制度の統一，検地を実施し，中国とヨーロッパの商人を督励し，貿易の利益の一部を上納させ，財力を誇示する絢爛豪華で大規模な城の建設を行った．

このように中世の社会・経済的な変化は，重要なものであった．武士たちは社会の変化に，その足跡を残した．しかし，それ以上に，商人と農民たちも大きな影響を残した．戦国大名，特に秀吉が武士を村落から引き離し始める兵農分離策を展開するまで，日本の中世社会は比較的，流動的であった．武士たちは，実際に田畑で耕作に従事しないまでも，村落に住みつき，土地を管理していた．婚姻も身分的制限は少なかった．しかし，厳格な身分社会への分離は，日本の中世末期に進行した．多くの戦国大名たちは，その領国の軍事力・経済力の高度化を図るために，その家臣たちを，自ら居を定めた城下町へしっかりと引きつけておこうと求めていた．さらに「一向一揆」を引きおこす民衆的な仏教の一派である浄土真宗の信者たちのような，村落に基礎を置いた軍事力の危険に気づいていたのは，秀吉一人だけではない．これも，兵農分離策が強行される一つの要因となった．

中世日本には，近世の江戸や大坂のような規模の都市はなかった．中世の城下町も数は少なく小規模のものであった．その頃は，近世の大阪堂島のような米市場はなく，大名による江戸への参勤交代制によって生まれた商業もなかった．室町時代後期の京都，堺，奈良，博多の商人集団は後世の江戸や大坂に比べて数は多くはなく，組織や繁栄度においても劣っていた．しかし，規模の違いを考慮に入れても，江戸時代の発展の多くは，すでに中世の時代においても明らかであったといって誤りではない．江戸時代経済の特徴については，中世経済の後期にはなかった参勤交代制の波紋効果以外は考えることは難しい．日本の国際関係は，大航海時代のもとでの解放と，外国への積極的な接触と，鎖国といわれる相対的な撤収の時代によって特徴づけられている．遣唐使が廃止された平安時代と奈良時代の対照を，中世と，西欧との関係がひどく制限された江戸時代との関係に照らして比較してみると，中世は国際的に開放されていた．平家は中国との積極的な商取引を再開し，内海での取引を奨励した．蒙古の侵入によって，これらの関係は中断したが，後に足利将軍や大内氏とか細川氏といった貿易を求めた大名たちによって再生した．さらに日本からやってきた海賊と東アジアの国々の暴徒は朝鮮と中国沿岸部に活発に暴れまわった．西側貿易商人の到来と日本も積極的に参加した活発なアジア貿易も加えて，16世紀は，おそらく日本の前近代史においては，最も「開放」的な時代であったといえるだろう．

救済への新しい道

中世はまた宗教・文化生活にも，広範囲に及ぶ変化をもたらした．その変化は日本の精神性と美意識の新しい基礎を作ることになった．12世紀末になると，大衆に救済の希望をもたらす鎌倉新仏教の大波がきた．この大波は社会的混乱と若い僧侶たちの自覚によって生み出されたものである．自覚というのは次のようなものであった．仏教はもっぱら選ばれた人々のための要求を満たすものになってしまっていて，僧侶生活の規律は守られず，そして年齢を加えることが単に精神的衰退でしかない，という自覚だった．仏典のある解釈によれば，1052年から日本は末法の時代に入るものと広く信じられており，その時代になると世は乱れ，人は救われないとされていた．末法の時代になると，僧侶も俗人の求道者も，祈りと善根を通して，自力による救済の道も不可能になるものと信じられていた．

救済への新しく，より容易な道，そして自分一人のためだけではなくて，社会に新しく出現した庶民のためにもなる救済の道を求めながら，これらの若い新仏教の開祖たちは阿弥陀仏の教え，浄土，法華，禅を指向した．そうしながらも，それらの改革者は，仏教の古い教派からの反発も引きおこしていたが，同時に旧仏教を刺激して，反宗教改革ともいうべき旧仏教内の宗教改革もひきおこした．鎌倉の仏教の新しい教派の間には，その教理の上に数多くの相違があるが，救済については，何らかの共通の特徴を探ることができる．そのなかの一つの共通点は，絶望の時代にあって，仏陀あるいは菩薩または経文の説く慈悲と救済の約束への信頼があった．この信仰への道は他力本願として知られているもので，阿弥陀と法華の運動のなかで顕在化してきた．禅に現われているもう一つの潮流は，自力救済を強調し，感覚的な仏の幻想を最も直接的に突き破り自らの仏性を認めさせる方法を切り開いた．さらに別の強力な潮流は，伝統的な僧侶の戒律を批判した．これは，浄土真宗のなかに僧侶の妻帯許可として最も明白に現われた．他方，俗人の修練を組み入れた禅は，僧侶社会とその清規を再確認する方向に向かった．中世社会の僧侶生活を排撃する潮流の反動として，戒律の復興に重点を置く逆流もあった．

浄土宗は，これらの鎌倉新仏教のなかで，最も広範に影響を与えたものであった．もっとも，阿弥陀仏と浄土についての教えは新しいものではなかった．初期の中国仏教のなかに，生と死の輪廻にとらわれ，自らを救うことができずにいる，生きとし生けるものすべてを救い，涅槃に至り，西方極楽浄土へ幸福のうちに連れて行ってくれる阿弥陀仏の情深い祈りは浄土経にすでに明らかにされている．浄土という言葉は，日本には奈良時代に紹介され，天台宗の寺院のなかで何世紀にもわたって，浄土教は研究されてきた．僧侶，尼僧とその貴族の後援者たちは，阿弥陀仏の図像と誓願について黙想をし，阿弥陀の名号をくり返し，真摯に希求の祈りをする，念仏すなわち「南無阿弥陀仏」を唱えた．10世紀からは，源信

中世の文化と社会

開かれており、しかも貧しき者、無学の者や罪深き者にも開かれ、念仏という最も簡単な方法によって救われるものとする。

それぞれ浄土宗、浄土真宗、時宗の間の違いは鮮明であるが、それは阿弥陀仏への信仰や信心の定義にかかっている。その信心がどのように念仏を通して表現されうるか、またどのように救済（往生）が確保されるかにかかっている。念仏こそが末法の世では、唯一の効果があるのだと教えていた法然は、不断の念仏が何よりも確実な救済の方法であると信じていた。親鸞とその門弟は、阿弥陀仏の慈悲によって導かれ、自己をすべて弥陀に委せてしまうただ1回の真摯な念仏で十分であると論じている。念仏以上に、親鸞は念仏の奥に横たわる信心を強調している。

親鸞の思想は、自分の努力や念仏という真摯な祈りによっても救済に到達することは、まったく無力、不可能であることを体得することが必要であるとしている。親鸞は、救いは全面的に阿弥陀の慈悲に依るもので、人々がその救済に到達しうるのは、その救済に値しうるのだという信念を捨て去り、ただ自分自身を阿弥陀の前に投げ出して慈悲にすがることによってのみ可能だと考えた。一人の人間が自分の無力を認める可能性は、善人にとってよりも、罪深い人にとっての方がより容易である。そこで善人ですら救われるのだから、まして悪人ならもっと容易に救われるだろう、という親鸞の有名な言葉が語られたのである。

一遍は、念仏そのものの力について強い信念をもっていた。一遍は、その人生の大部分を、網衣を身につけ、信者たちとともに、日本の道という道を彷徨して過ごした。その歩く道すがら、出会ったすべての人へ念仏を書いたお札を配り、阿弥陀の名を唱えるように勧めた。この1枚のお札を受けた人は、すでに極楽往生が決定したとされた。親鸞のように、一遍も庶民の間を歩きまわり、浄土教の教えは、最も貧しき人人の上に、最も絶望の多い者のもとにもたらされるということを確実に説いた。信徒の家における念仏の詠唱は、民俗信仰と混じり合った修行の場として、忘我の踊り念仏へと発展していった。一遍の遍歴生活は、その念仏踊りの数多くのあり様も含めて、『一遍聖絵』という長大な絵巻物に描かれている。この絵巻物は、中世における大衆宗教の活動と情熱を生き生きと描いている。13世紀の終り頃は、これらの浄土宗諸派はまだ小規模であった。しかし、それらは成長し、社会のすべての分野にその信者を作りつつあった。16世紀には、これらの諸派は、日本仏教の主要な宗派として、確実に全面的に定着したのである。特に親鸞が開いた浄土真宗は、蓮如（1415-99）によって再編成され、本願寺の下に、一向宗と呼ばれる特異な信者団体（門徒）を結集していった。

仏教は、6世紀に日本に根を下ろしたが、救済への約束と方法が、身分の低い人々や文字を知らない人々にも提供されるようになったのは、ようやく10世紀より後のことであった。「南無阿弥陀仏」と念仏を唱えることによって、阿弥陀仏への信仰を表現する誰にでも、阿弥陀仏の浄土への救済を約束されるとしたのは、空也、法然と一遍（1239-89）であった。一遍は、粗末な衣を着た門弟たちと念仏札を配って諸国をめぐり歩いた。念仏（阿弥陀の称号）を唱えながら踊る念仏踊りをもって布教した。この光景は、一遍（踊りのなかで一番背の高い人）と門弟たちが、京都で貴族たちや大衆の前で、念仏踊りをしているところを示している（『一遍聖絵』）。

（942-1017）や空也（903-972）は、末法の世における最も効果的な教えとして、阿弥陀信仰を強調した。空也が、人々にその教えを、踊りと簡単な歌とともに授けていた一方で、源信は、阿弥陀の西方浄土と地獄の恐ろしさを生と再生の六道の世界として、『往生要集』のなかに書き記している。これらの教えは、平安貴族の胸に共感を呼んだ。平等院や中尊寺のような浄土教的建築と庭園は西方浄土を模して地上に建てられたもので、彫刻と絵画は信者を浄土に導くのにやってきた阿弥陀仏の姿を描き、あるいは地獄の十王といろいろな地獄のなかで苦しんでいる罪ある人々を描いている。多くの人人は、その死の床にあって、阿弥陀仏の像に結ばれた紐を、間違いなく浄土に導いていってくれるものとして握りしめる。また、他の人々は、阿弥陀仏が紫雲のなかから来迎したのを見たと信じていた。

平安後期と鎌倉時代に、法然（1133-1212）、親鸞（1173-1262）、一遍（1239-89）が、さらに浄土宗の教えを拡張した。彼らは浄土の教えを、その寺院の関係からも、天台宗からも切り離し、法然は浄土宗、親鸞は浄土真宗、一遍は時宗を開いた。これらの宗祖のすべてに共通なのは、阿弥陀信仰こそが救済への最善の道であり、この道はすべての男にも女にも

鎌 倉

下端 鎌倉の東勝寺にあるこの洞穴は，1333年の鎌倉幕府崩壊を記念するものである．1331年以来，多くの武士たちが幕府に反対して後醍醐天皇を支援して立ち上がった．新田義貞の軍が，1333年鎌倉を占領するや，北条高時とその家族および800人に及ぶ家臣たちは自殺して果てた．

鎌倉は，今日では繁華な住宅都市と行楽地となっている．この地を訪れる人々は，夏はその浜辺を楽しみ，また町を囲む丘陵地にある寺院を参観したり散策を楽しんでいる．12世紀末までは，この地は源氏の武士一族のための小さな神社のある漁村であった．頼朝は，その幕府の所在地として鎌倉を選んでいるが，それはこれらの精神的なつながりのほかに，この町が山に囲まれて守りやすいという立地条件にあったからでもある．鎌倉幕府の下に，鎌倉は主要な軍事的拠点となり，武士たちの住居，神社，寺院が付随していた．

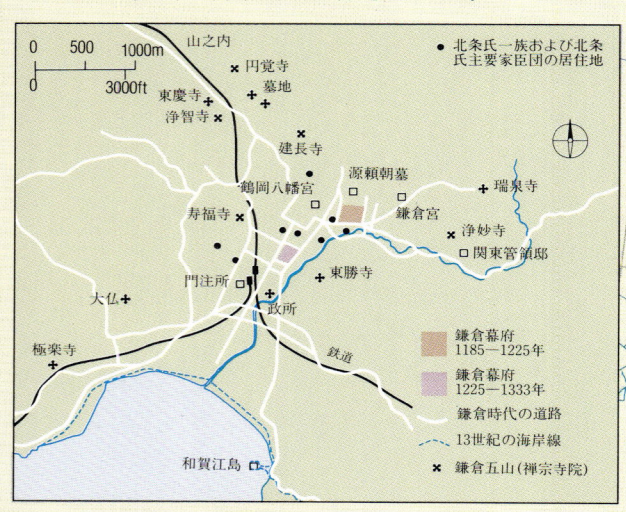

卍 新仏教に関連する寺院
卍 旧仏教に関連する寺院

宗祖の足跡
―― 親鸞(浄土真宗)
―― 一遍(時宗)
―― 日蓮(日蓮宗)
―― 道元(曹洞宗―禅宗)
―― 栄西(臨済宗―禅宗)

鎌倉は今日まで禅修行の中心を残している。しかし、宗教的な他の影響もそこに残されている。この音楽と幸福の女神である弁才天の像は、1266年鶴岡八幡宮のために注文されたものである。

情深い観世音菩薩への信仰は、宗派の系列に関係なく、日本では強いものがあった。中世の禅に関係した絵画と彫刻には、観音は異なった形で現われている。この14世紀の、臨済宗東慶寺蔵の着色木彫像は、「水月」観音を描いたものである。

中世においては、地獄の閻のおそれは、浄土宗の説教者や托鉢僧によって、10人の裁判官と地獄の「閻魔大王」の恐ろしい肖像を用いて説き明かされていた。この彫像は、1251年、幸有(こうゆう)作の地獄の十王の一人である初江王のもので、鎌倉の円応寺所蔵の一組のうちの一体である。

日本海

太平洋

縮尺 1:6 000 000
0   200 km
0 150 mi

鎌倉仏教

鎌倉時代(1185-1333)は、日本にその後仏教と仏教文化を発達させる基礎を築いた、仏教の再起と大衆への伝播の時代である。今日、日本で活力を有している仏教の最大宗派は、直接と間接とを問わず、その源を鎌倉新仏教の一つ、あるいはそれ以前のものに源流をたどることができる。この動きは、末法思想と寺院の衰退によってもたらされた不安に対する反動で、いくつかの強力な潮流として現われてくる。最も劇的な動きは、おそらく浄土宗、浄土真宗、時宗の創始者である法然、親鸞、一遍による浄土仏教の大衆的普及であったろう。

何人かの若い僧侶たちは、日本の天台仏教の腐敗に失望して、中国に旅して禅宗の教えをもち帰った。栄西は、その2回目の旅の後、臨済禅を紹介し、一方道元は、曹洞の教えをもち帰った。まもなく、日本と中国の僧たちは積極的に、禅の修行法、寺院組織と文化を日本に伝えてきた。臨済禅は、鎌倉と京都の五山、地方の協力者によって展開し、一方曹洞禅は、道元の永平寺と総持寺から北日本へと展開していった。

法華の教えの熱情的な唱導者であった日蓮は、流刑と病気に直面しても臆することなく、武士や農民の間に多くの信者を獲得した。より新しい教派からの挑戦に刺激されて、奈良仏教の古い教派である天台宗、真言宗、律宗は、再興を経験し、しだいに優位を占めつつあった武士階級の信仰と支援を競い合ったのである。

法華経

日本では何世紀にもわたって，法華経は情深い菩薩の理想へ近づきうる大乗仏教の約束を完全に表わした経典として尊ばれてきた．法華の教えは，日本へは6世紀における仏教伝来の直後におそらくもたらされたものであろう．その教えは，当時の支配層の間に信者を獲得した．聖徳太子は法華経について注釈を書いており，最澄は法華の教えを天台仏教の基礎として組み入れている．法華経に対する信仰は，『今昔物語』などの説話集に窺えるように古代の民衆の間にも広く受け入れられ，中世まで続いた．日蓮(1222-82)は天台仏教で修行し，法華の独特の功徳についての積極的な唱導者となった．

阿弥陀仏信仰者たちが，念仏を通して表わされる阿弥陀仏への信仰が救済のために十分であると信じていたのに対して，日蓮は南無妙法蓮華経という題目で祈願することで得られる法華経の力こそが唯一の効果的な実践であると論じている．阿弥陀仏の信者たちが浄土に救済を求めているのに対して，日蓮は信者が平和と繁栄を享受しうる地上の極楽の至福千年の観念を提供したのである．日蓮は，天台宗を除く他の仏教の教えを，国の災害をもたらす邪宗の根源なりと手厳しく批判し，その弾圧を要求した．日蓮の他宗派に対する攻撃の結果として，それらの宗派を支持する幕府による弾圧のために，日蓮は罰を受け，流罪に処せられた．試練を受けることも，何物をも恐れない日蓮は，流刑の期間に物を書き，北部および中部日本の武士と農民の間に熱烈な信者を集めた．日蓮の弟子のある者は京都で活動し，日蓮は京都でも市中の人々の間にも数多くの信者を獲得した．日蓮の弟子たちも，日蓮の妥協しない姿勢をともに守っていた．日蓮宗派の信者と古い仏教宗派との間の抗争は，16世紀半ば頃の京都における法華一揆に反映されている．日蓮信者の一派である富士派の信者たちは，不受不施（施しを受けず，また施さず）の主張によって，厳しい政治的弾圧を受けることになった．幾度にもわたりくり返し受けた弾圧にもかかわらず，日蓮の精力と一般大衆の支持を維持する才能は，法華経の功徳を信頼せよとの単純な教えと相まって，その教化に活力と永続力を与えていたのである．創価学会を含む，日蓮宗から出た現代宗教は，今日の日本でも活力をもち，世界各国においても拠点を築いている．

禅

個人的な悟りを瞑想を通して得ようとする禅も，中世以前に日本に伝播していた．集中的な座禅は，仏教の多くの伝統的な宗教実践の本質的な部分であった．独立の宗派としての禅は，座禅が最高の実践として強調され，12世紀から13世紀の末にかけて，中国の宋朝から伝えられ，根を下した．日本の初期の禅の支持者たちは，多くの場合，天台宗の修練を受けた僧侶たちで，伝統的な日本仏教を復興させるための手段として中国の禅を用いようと求めていた．それらが古い仏教制度の指導者たちの抵抗や敵対行為に出合うと，新しい後援者を求め，独立した禅の歩みが促された．12世紀末から13世紀にかけての禅の導入の大波と武士政権の到来とが合致したのは，おそらく偶然のことであったろう．その方法と必然性の点で，適切な精神的修練となる禅と武士の倫理との関連について今までも多くのことが述べられている．ともあれ，多くの武士たちが禅の修練の直接性に感銘し，禅の多くの後援者が武士であったことは真実であるが，すべての武士が禅に深い影響を受けていたと推測するのは誤りである．禅を実践した者の多くは，阿弥陀仏，法華経あるいは密教的な仏教への信仰を示した．すべての武士が禅の後援者であったわけではないが，禅の後援者のほとんどすべてが武士で，その直接性，個人的な悟りの境地に到達しうる可能性，瞑想の厳格さ，刃を切りむすぶような禅僧との直接対決に魅せられたものである．

「他力」に依ることを強調する浄土あるいは法華の教えとは対照的に，禅の修行者たちは，悟りは自分自身の努力によって直接に到達しうると考えていた．確かにその人々はすでに目覚めた人々であり，要求されるすべては，自己のなかの本質的な仏性を認めることで，「内面を直視し，仏を認める」（見性成仏）ことと悟っていた．この悟りの境地の認識は，合理的な方法，経典の研究や読経によって得られるものではない．初期の中国の禅僧が教えた悟りへの最善の道は，仏陀自身の瞑想のなかにある．集中的な瞑想を通して，感覚の幻想を打ちやぶり，自分の悟りの境地を直接にしかも自然につかむ合理的精神を期待できた．さらに，禅は率直で，実際的であった．悟りは，寺院のなかの座禅堂での，座った姿でも得られるだけでなく，毎日の行動，作業，食事あるいは休息といった最も日常的なことに従事しているときでも，瞬間的な自覚によって到達しうるのである．禅の教えと実践は，中国で幾世紀にもわたって発展してきた．日本の仏教を復興させる精神的方法を求めて中国に赴いた12世紀の日本の僧たちは，禅の活力に感動した．中国の禅は厳格な寺院の環境のなかで発展し，そこでは寺院生活の中核として一堂に揃っての集中的な座禅を強調し，参禅者を悟りへ導くのに，公案とか警策とかけ声のようなものの助けを借りたのである．

栄西(1141-1215)，円爾とその他の日本の禅僧および中国僧によって導入された臨済禅は，鎌倉，京都その他の地方の武士と貴族の間に熱心な後援者を得た．思いがけぬ悟りの展開を強調する臨済禅は厳格な瞑想を強調し，中国の公案と清規に強く依存したのである．将軍，天皇，幕府の武士や地方武士の首長たちの援護を受けて，臨済の寺院が鎌倉，京都その他の地方に建立された．「五山」として知られる公的に後援された寺院の組織は，幕府の援護下に，数百の寺院を含むに至った．臨済の寺院は，特に造園術，書道，絵画，茶道と

右　このすぐれた明恵上人(1173-1232)の肖像は，明恵が自然のなかで，厳しい瞑想を続けている様子を描いたもので，明恵がその生涯の大半を過ごした京都の高山寺の所蔵である．明恵は，16歳のとき奈良の東大寺に入り，そこで華厳と戒律の伝統的な教えを学び始めた．1206年には，退位した後鳥羽上皇から，京都の近くの栂尾（とがのお）に土地を賜った．そこで，明恵はその生涯を華厳の教えを再興し，正統な戒律の実践をするのに捧げた．明恵は，浄土の教えの普及に反対し，そのかわりに，仏教奥義の儀式，経典の研究，瞑想と神道の信仰を擁護した．明恵は，禅僧栄西が中国からもち帰った茶を栂尾に植えたといわれている．

いった禅に関連する芸術養成の中心でもあった．天龍寺の夢窓疎石（1275-1351）や大徳寺の一休宗純（1384-1481）に帰依した市井の人々は，禅の実践のみならず禅の文学や美術にも魅せられ，これらの芸術が世俗社会に伝えられることになった．

中国から道元（1222-82）が導入した曹洞禅の教えは北陸日本の農民と地方武士の間に広がった．これは，道元が京都の近くにその教団を作ろうとした際，既設の宗派からの反対に遭遇したからである．しかし道元は，臨済宗が支配階層と結びついたような権力の保護を究極的には避けようとした．道元は深遠で，幽玄な禅の代表者で，その著作集は禅のすべての問題に及んでいるが，その中核は，「ただ一筋に座る」こと（只管打坐）にあり，瞑想それ自体のなかに，悟りの秘法があるという道元の信念を示しているのである．それが道元の宗教的実践の中心である．道元の死後，曹洞禅は，密教的要素，大衆信仰と現世利益のための祈りを組み入れた．これによって臨済禅よりも大衆に訴えるところが多かったが，禅そのものの実践と修練の厳しさにおいてはいくらか譲るところがあった．

仏教の伝統的な宗派

中世の数世紀は，日本の仏教にとって黄金時代であった．社会的にも文化的にも仏教が根底をなしている時代であった．ただこの時代の宗教生活を論ずるに，どうしても，禅仏教の強い影響力と仏教の民衆的広がりに焦点を当てがちであるが，そればかりでなく，鎌倉新仏教は中世以降の日本仏教の基礎をつくった点で画期的な意味がある．さらに，それは日本の中世文化を理解する上で重要な鍵となっている．中世の日本文化を眺めるに際しては，さらにより広く宗教を見渡さねばならない．大衆の間では，弥勒すなわち究極の救いをもたらす菩薩，あるいは慈悲深い観音と地蔵と恐ろしい不動明王への力強い敬虔な崇拝があった．信者たちは，それらの再来を期待して法華経の経巻を埋蔵した．また怨霊信仰のもとに，御霊をまつる儀式が行われた．旅人を守るのに路傍に石像が立てられた．信者たちは，地獄と餓鬼の世界を説明する説教者たちの絵解きに聞き入った．

古代以来続く旧仏教界の内部でも，重要な宗教的発展が見られた．旧仏教界は，禅と大衆宗派のいわゆる鎌倉新仏教の出現によって，突然隅の方へ追いやられたわけではない．その反動として，旧仏教界も改革と復興を経験したのである．高山寺の明恵（1173-1232），西大寺の叡尊思円（1201-90），仙遊寺（泉涌寺）の俊芿（1166-1227）らは，すべて，寺院生活の戒律の遵守を強調する改革者たちであった．天台宗と真言宗は，新仏教出現の源泉であった．この時代に組織化され，広く普及した山岳苦行の修練である修験道は，その精神的内容を，天台と真言仏教と山岳信仰という土着の信仰か

中世の文化と社会

熊野三山

　険しい紀伊半島の南端にある熊野三社は，古い民俗宗教の自然の曼陀羅の世界であり，山岳信仰とともに，神聖な自然環境における神道と仏教とが習合した姿をみせている．三つの神社は，すさぶる神である素戔嗚尊を尊崇する山岳と峡谷の奥深くにある熊野本宮大社，熊野速玉神を祀った海岸近くの新宮（熊野速玉大社），熊野夫須美神を祀った那智の滝の近くにある熊野那智大社である．古代から熊野のような山岳地帯は神や仏の住みつく場所とみなされていた．

　平安時代末期からの浄土教の普及と神仏習合の流行につれて，熊野の神々は，阿弥陀仏やその他の仏と結びつき，熊野権現は仏陀の日本における顕現であるとされていた．

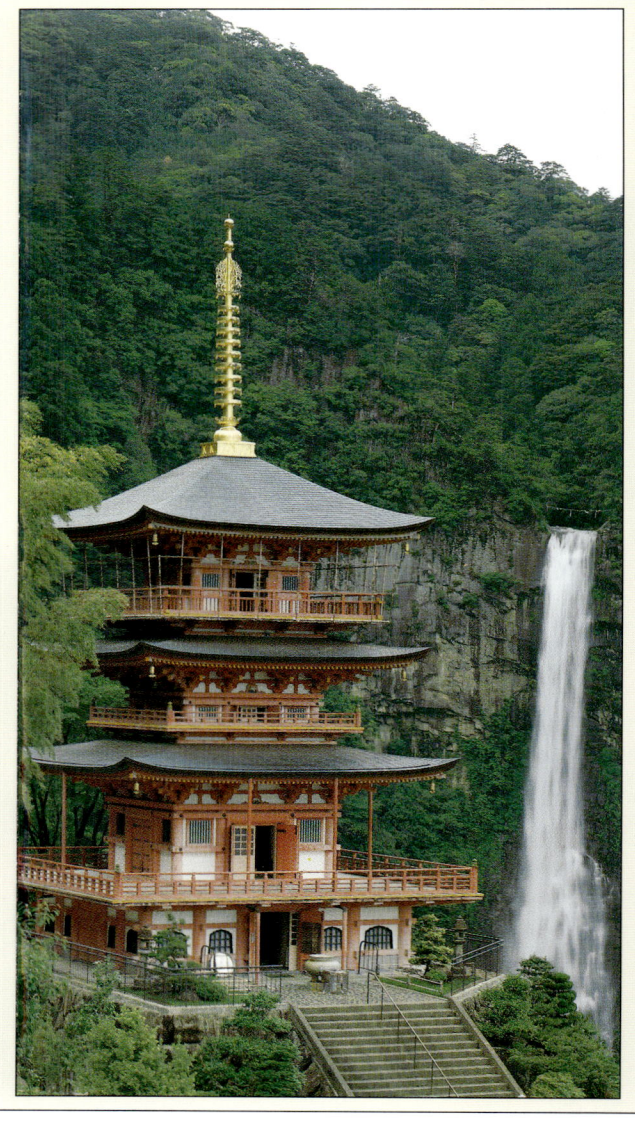

ら引き出された密教的な習俗に負うているところが大きい．熊野の山岳中心部，吉野の大峰，出羽の三山，富士山，北陸の白山，九州の英彦山などは，すべて修験の中心であった．天台宗の園城寺派の聖護院と醍醐寺三宝院の真言寺院は，中世の修験道と緊密な関係をもつ密教の寺院であった．

　旧仏教の諸派は，また別の分野でも影響力をもっていた．それらの宗派は，中世日本における大地主のなかに数えられていた．諸所に散在していた荘園は，武士たちの侵入によって一歩一歩浸食されてはいたが，16世紀末の秀吉による検地の対象となったときも，その土地基盤はなお相当な価値あるものだった．延暦寺，高野山，根来寺のような古い寺院の中心は，中世を通して僧兵という軍隊を擁していた．それらの僧兵はしばしば武士と争い，16世紀の日本統一を企てる者には障害であった．織田信長は，延暦寺を囲んで火を掛け，数千人の僧兵，僧侶，平信徒，婦女を殺害し，特に残忍な襲撃をかけている．豊臣秀吉と徳川家康は，仏教に対して敵意を示すことは信長に比べると少なかったが，仏教勢力を自己の管理の下に確実に収め，その土地保有権を吸収した．

　16世紀末には，12世紀から13世紀の仏教にみられた精神的な活気は衰退しつつあった．多くの宗派は弱体化と世俗化を呈していた．知的戦線においても，仏教は16世紀には新しい挑戦に逢着していた．キリスト教の一時的な成功は，仏教にとっては打撃であったが，中国の新しい儒教思想は，中世禅仏教の枠を破り，武士の庇護の下に花開こうとしていた．しかし仏教の宗教的・社会的・知的優越性に対するこれらの挑戦を受けたからといって，仏教は16世紀末には全く衰退

してしまったわけではない．仏教勢力は信長や秀吉による変革のために，無力になってしまったわけでもない．仏教はあいかわらず人々の精神生活に強力な影響を及ぼし続け，徳川幕府によりキリスト教弾圧の手段として宗門人別帳を作成させて，戸籍がわりに利用したことは，逆にその社会的重要性を高めることに成功したのである．

その他の信仰組織

仏教を中世日本で織りなす縦糸とすれば，神道，儒教，道教は横糸をなしていた．仏陀と菩薩への信仰とは別に，またある場合には，それとともに，中世の人々は，神道の神，仏教と神道の習合した武士の守護神である八幡神のような信仰をもっていた．多くの人々の行動は，易や陰陽五行の思想によっても規制されていた．旅立ちに際し，建物を建てるとき，子の名前をつけるとき，陰陽道が信じられていた．これらの考え方は，中世日本人の心のなかでまざり合い，区別をすることができないほど一体となってしまったのである．個人にとって，いくつかの仏陀と菩薩に信仰を捧げ，禅の修練をし，神を尊崇し，その庇護を求め，また不吉な方角を避けるための「方違え」のようないくつかの禁忌を遵守したり，孔子の倫理的・政治的関心事に興味をもつことも可能であった．日蓮を除いて，中世の日本には排他的な宗教者はあまりいなかった．

日本の歴史を通じて，われわれが現在仏教と神道と呼んでいるものの間には著しい相互作用が働いていた．平安時代から真言と天台との間の諸説統合は，仏教と土着の神との複合的な提携をも生んだ．この思想は，本地垂迹の観念として知られている．この考え方から，仏陀と菩薩は，意識ある存在であって，救済という働きをする目に見えない「本地」として扱われ，一方土着の神は，その土地土地に目に見えるようなかたちで迹を垂れたもの（垂迹）であるとする．この当時の歌が示唆しているように，仏陀の形跡は，ときとして夢のなかに顕示される．

　　仏は，私たちのあるところ，至るところに存在する
　　それでも仏は，悲しいことに私たちの目には，現実のものとしては映らない
　　人の気配もない夜明けの光のなかで
　　かすかに私たちの夢のなかに，仏は現われる

この垂迹は，人，動物，その他の自然の形で，容易に「神」の形をとりうるのである．文芸，彫像，絵画などの大衆の想像のなかでは，個々の仏陀は，それぞれの神道の相当する相手と一体であると考えられた．太陽の女神である天照は，たとえば広大無辺の大日如来と組み合わされ，八幡神は阿弥陀仏と組み合わされる．この中世の神道と仏教の混合は，日本の宗教的信仰の最も普遍的な様相を呈し，1868年に発せられた神仏分離令まで続いたのである．日本宗教の折衷傾向の典型は，「両部神道」として知られているもので，真言仏教の観念のなかで，金剛界曼陀羅と胎蔵界曼陀羅の二大曼陀羅をもって，土着の神を比定し説明しようとしている．たとえば，伊勢の内宮と外宮は，それぞれ曼陀羅の一つに相当し，伊勢で代表される種々の神は，曼陀羅のなかの階層に準じて秩序立てられている．

神道と神社は中世に開花した．神道の教義は体系化され，理論化され，組織立てられた．熊野，春日，京都の北野と伊勢などの神社は巡礼者たちの中心となった．伊勢神宮は，ますます活力ある信仰の中心となっていった．伊勢外宮の度会家は，伊勢神道の卓越性と，外宮が内宮に優越していることを主張している．京都の吉田神社の吉田兼倶（1435-1511）は，自ら神道の統一をはかり，当時広く行われていた神を仏の垂迹とする思想に挑戦した．兼倶は唯一神道を主張した．このようにして，中世の神道のなかには，仏教の要素と混じり合った折衷的な潮流が流れていたが，また一方には，土着の神を仏陀の上に優越するものと主張し，仏陀を「本地」ではなく「垂迹」と見る反本地垂迹説を主張しようとする者もあった．

中世における神道の理論的体系化によって，神仏習合の理論的根拠が明確になった結果，神仏習合は，中世における神道芸術の開花にも貢献した．神道芸術のなかには，熊野の那智の滝の図，春日曼陀羅や富士山のような神体となるもの，八幡，天神（菅原道真），若宮のような神像，また鹿，狐，烏のような神の使いとなる動物を描いたすぐれた美術が生まれた．

中世文化における新しい傾向

目につく文化活動の大部分が宮廷貴族か仏教寺院に属していた古代とは対照的に，中世の文化はあらゆる座の結合の所産であった．そこには，宮廷人，武士，僧侶，商人，庶民の文化的融合が認められる．日本がくり返し大陸と接触した結果，宋・元・明朝の中国と朝鮮から強力な文化流入がもたらされた．中世の末には南方からのヨーロッパ人とキリスト教の到来によって，日本は初めてヨーロッパ文化と直接接触がなされることとなった．

中世においては，宮廷は政治的にはわきに追いやられ，経済的にも苦しんでいたが，その文化的優越性は存続していた．天皇と宮廷人たちは，文学的伝統，特に日本の和歌について最高の権威者の地位を守り続けていた．後鳥羽・花園・後小松のような天皇たちは，学者，詩人，芸術の支援者としても名声を博していた．宮廷人の男性は，幼時から中国と日本の古典と日本の歴史を学んだ．宮廷人の妻や娘たちも伝統的な文芸の道に巧みであった．宮廷の保護の下に，伝統的な大和

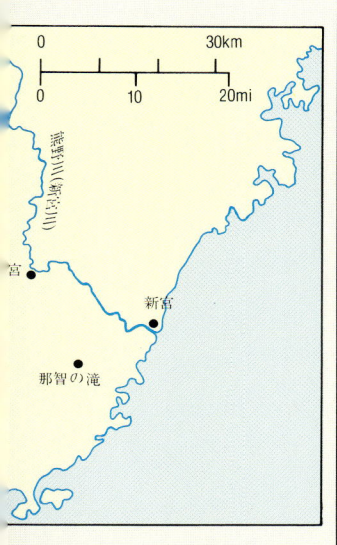

左　那智の滝は，古代から神のいます所とみなされていた．何世紀にもわたって，山岳修行（山伏）は，その修練を果たすために鋭い岩峰を登ったり，氷ついた池に足までつかって儀式的な潔めのために座り込んだりしたのである．

左端　本宮における最も力強い神は，天照大神の乱暴な弟，素戔嗚尊である．本宮にはいくつかの社があり，それぞれの神が祭られている．12世紀までは，天皇や宮廷人は，都から峻険な山道をたどって，神社に参拝するため熱心な巡礼をしていた．巡礼者たちは，この世に姿を現わした権現として，阿弥陀仏に会い，浄土への招きの約束をつかみうるかもしれぬと信じていた．

絵が土佐派として継承され，新興の狩野派にも影響を及ぼした．さらに公家たちの間では，礼儀作法における様式や振舞方が有職という名称で確立されたのである．武家方の礼儀作法を示す故実という言葉とあわせて「有職故実」という．

平安時代には，紫式部や清少納言といった才能ある宮廷女性たちが華麗な物語や随筆を書いている．この宮廷の物語の伝統は，それらの女性の死後には存続しなかった．中世においては，文芸における王朝の伝統は，おそらく書道と和歌に最もよく代表されている．勅撰の歌集が，なおすぐれた文芸性を残している．『新古今和歌集』(1205年) は，日本の最もすばらしい歌集の一つで，藤原俊成 (1114-1204) とその息子定家 (1162-1241)，僧西行のような和歌の大家による花鳥風月といった自然についての多くの歌が含まれている．その自然を述べた歌は，単純に自然の活き活きとした色彩を伝えるばかりでなく，物いわぬ，荒涼たる，単彩の風景をも伝えている．これらの歌の作者は，自然の寂しさ，悲哀，冷たさのなかに美を見出した．そのなかには中世を通して，物事の空しさと執着の危険という禅の影響の下に，茶道のなかに最もよく表現された「わび」(洗練された清貧) という美意識へと展開していく萌芽がみられた．定家の次の歌は，晩秋の寂寥たる，寒々とした，単彩の風景の美しさを完全に表現しつくしている．

見渡せば，花も紅葉もなかりけり，
　浦の苫屋の，秋の夕暮

この中世の美意識について印象深いことは，詩人，僧侶，一般庶民たちが，寂寥，不完全，ものの滅びゆく性質のなかに美を見出したというだけではなく，むしろこの美を，春の桜花や秋の紅葉という色彩豊かな世界の活き活きとした美感を超越する原理とした点にある．この点が日本人の感受性と美的感覚への中世の最も本質的な特徴である．

宮廷人との提携を通して，武家社会の上層部は，宮廷人の学識・文化のみならず政治の手法まで，あらゆる分野にまで手ほどきを受けたのである．この提携は，12世紀に，平家が宮廷にくちばしをはさみ出す前にも始まっていた．頼朝は，わざとその幕府を，宮廷政治の外に置いたのである．頼朝とその後の武家の指導者たちは，宮廷との連携を密にしすぎることから生ずる武家政権の衰退の危険を警戒し，頼朝は，常に「武の道」を維持するために，御家人の果たすべき義務を主張していた．しかしその一方では，頼朝と御家人の後継者たちは，宮廷人たちが精通していた文学と行政上の技術とを必要とし，その道を享受したのである．このようにして，宮廷人たちが，その政治的権威の多くを失い，ときには貧窮に近い状態に陥りながらも，強力な武士たちの提携者として，その社会的地位と文化的影響を維持したのである．頼朝，その子実朝，北条氏の一族，足利将軍と多くの地方武士たちも歌道や礼儀作法を学び，宮廷人と僧侶の指導の下に，独自の武家文化を創造したのである．

武士の芸術保護

すでに説いたように，多くの点で中世は武士の時代であった．武士の価値観が前面に出てきて，武士の生活様式が形をなしてきた．要塞化した館と丘の上にそびえる城は，この時代の特徴ある建築となっている．蒙古軍に対抗する九州武士の功績を描いた『蒙古襲来絵詞』は武士の功績，生活様式と衣服とともに，武家社会の思想を描いている．刀剣，鎧，甲と馬具の製造は最高の技術的・芸術的水準に到達していた．自分の主君のために命をも惜しまないという武士の忠誠倫理は，『平家物語』や『太平記』のような軍記物のなかで賞讃された．それと同時に，武士たちは，政治や貴族とのより容易な社会的交流と文化的享受のために不可欠な技能を修得しつつあった．たとえば多くの武士たちが文学に通じていた．源頼朝の息子実朝はすぐれた和歌を詠み，その歌集『金槐和歌集』は日本の和歌文学を代表する作品の一つとされるほど完成されたものであった．その他の多くの武士たちは，貴族や僧侶たち，あるいは文人たちと文芸上の名士の集まりに参加していた．義満・義政のような足利将軍，細川氏・大内氏のような守護大名，全国統一者である信長・秀吉らは，すべて芸術のよき後援者であり，かつ，その享受者でもあった．

能楽や連歌が開花したのは，こうした武士の後援による．大名の館や城，地方武士の住居は，絵画の狩野派や土佐派の名匠によって描かれた襖絵や屏風絵で飾られていた．武士たちは，仏教の新しい宗派，特に禅の信者・支援者となり，僧侶を通して中国の文化および仏教文化について，いくらかの理解を得ていた．中国から舶載された唐物への人気が中世の時代を通じて波及した．中国から渡ってきた山水画，肖像画，書籍，絹織物，陶器，漆器は，すべて大きな需要があった．将軍と大名たちは，鑑識眼についての助言を僧侶たちや同朋衆に依頼していた．どの戦国大名も，さまざまな芸術や文化で自らを飾り，その政治的・軍事的権威を高めようとした．城の築造，数多くの絵画製作の注文，連歌の宗匠や能楽師への後援，中国の芸術作品やヨーロッパの文物の熱心な収集，朝鮮陶器の獲得などに夢中であった秀吉は，芸術のパトロンとして戦国大名の代表的な一人といえるだろう．

中世社会での武士の顕著な役割は，軍記物に明瞭に反映されている．これらの物語のなかで最もすぐれたものは，『平家物語』である．平家一族の勃興と凋落の記録を土台にして，おそらく13世紀初頭の宮廷人によって執筆されたものと思われるが，物語は，琵琶の伴奏につれて詞を語る目の不自由な琵琶法師によって練り上げられ，流布されていった．軍記物の多くと同様に，『平家物語』も戦闘の行為そのものを楽

しんでいるわけではなく，むしろはかなさと，この世は無常なものであるという仏教思想にいろどられていた．この陰鬱な調子は，曲の冒頭の数節に現われ，「祇園精舎の鐘の音，諸行無常の響あり」と歌われている．『平家物語』の忘れ難い情景は，能，浄瑠璃，歌舞伎の演題のなかでくり返し再現され，今日まで聴衆の心を動かし続けている．

仏教の芸術擁護

仏教の寺院，特に臨済禅の寺院は，中世文化を織りなす縦糸と横糸の主要な結び目であった．僧侶，貴族，武士が文芸の集まりに平等に加わっていた．寺院のなかの建物が文芸のサロンとなった．中国と日本の禅僧は，仏陀の普遍性の確信と瞑想の洞察から新しい美学を形成したが，この美学は寺院のなかで磨かれ，世俗の芸術家，後援者，文化人を魅了し，中世の文化様式に活力を与えた．禅の寺院は，その配置と寺院の建物に，中国の宋代の建築様式を取り入れていた．その庭園は，枯山水といわれている．そこでは熊手でかきならした砂と石が，水，花木あるいは景色にとってかわっている．

禅僧は，日本に宋朝の水墨画と，破墨の技法などの絵画技術をもち帰った．禅の肖像画と肖像彫刻は，その描写の対象となった禅の指導者の精神的な活動力を表現しようと求めていた．羅漢の宗教画，禅の開祖や仏陀の生活を描いたものは，寺院の内外の芸術家たちへの刺激となっていた．如拙，周文，小栗宗湛，狩野正信，雪舟等楊といった画家たちは，みな禅僧と禅の寺院と密接な関連をもった．彼らは，中世の文化様式に深い影響力を及ぼした日本の水墨画の伝統を樹立するために，中国の墨絵の技法を習熟し，それを超えようとしたのである．中世の後期になると，禅の墨絵による単彩の風景の世界から，安土城・大坂城・桃山城のような大規模な城の壁面を飾るのに必要とされた金箔を貼りつけた上に，濃彩で描く大画面の絵画へと変遷していく．狩野派の画風は，このような城郭建築の需要の上に開花したのである．禅僧は，同時に学者であり，詩人でもあった．これらの禅僧は，宮廷人と武士たちに，宋学（朱子学）と中国の詩の知識を伝えた．禅僧は，仏教，老子，孔子の教えの基本的な適合性を説く三教

中世文化における中央と地方
この地図は，15世紀と16世紀の文化風景のいくつかの特質を示すものである．文化の主要な保護者は，皇室の構成員，将軍，大名，仏教寺院，神道の神社であった．京都や堺のような都市には，活気のある都市文化が増えつつあった．一方ではまた，旅をする琵琶法師・説教師・猿楽師・絵解きによって，大衆的な口承文芸の伝達が町から村へと行われた．京都では，14世紀末と15世紀には，足利将軍，特に義満と義政が文化の様式を樹立した．地方では，大内氏・朝倉氏・菊池氏といった文化に関心をもった大名家は，旅をする僧侶，能楽師の一座，茶の宗匠，雪州等楊のような画家，飯尾宗祇のような連歌師の後援をした．足利学校や金沢文庫も，いずれも地方武士により支援されたものである．仏教教典，孔子の古典などの書物が京都の禅寺院，大内氏・菊池氏・島津氏のような大名家や堺の僧侶，商人によって刊行されていた．

縮尺 1：6 000 000

■ 書籍出版地
卍 寺院
● 学校
▲ 図書館
七尾 貴族文化・寺院文化に関連する場所
太田道灌 文化活動を支援した大名
　　　 雪州等楊の行路
　　　 飯尾宗祇の行路

一致論の思想を導入した．

喫茶の慣習も禅の寺院から世俗社会へと広まった．大名と商人，特に堺の商人たちは，茶席の集まりで禅僧と交わった．村田珠光，武野紹鷗，千利休のような茶の宗匠たちは，「わび」として知られている禅の簡素と素朴の美の結合を通して，茶の湯の風習を一般化せしめ，洗練したのである．中世末期の社会に影響を及ぼした茶に対する情熱は，関連する芸術と工芸の分野の成長に拍車をかけた．陶器の世界では，素朴な日本の器，特に楽焼は優雅な中国の青磁や高麗茶碗と並んで，茶碗の首座を占める．茶室の建築，内装と庭の趣向，生け花，漆器，金属製品と竹の利用，これらのすべてが茶室のなかで「わび」の美によって統一されていた．中世の知的生活の他の領域におけるのと同様に，ここでは完全な規則正しい「唐物」の美と，不完全でやせた「わび」に貫かれた「和物」の美との間の緊張と相互作用が作動している．

中世の文学の下には，禅と共鳴するか，直接禅によって動機づけられた「わび」のような美の極致が横たわっていた．素朴な隠棲の理想は，たとえば悟りを求める禅僧の瞑想生活によって高められた．その先蹤は，禅僧によって書かれた詩における表現に見出しうる．これはまた，鴨長明（1153-1216）作の『方丈記』のなかの表現にも見られる．長明は禅僧ではなかったが，病と天災の経験から都を逃れ，小さな草庵がすべてという生活の簡素な美へと考えが進んでいった．その簡素な隠遁の喜びは，しかし，その草庵に対する執着心があればこそ生じるわけで，その執着心が仏の道における救済の妨げとなっているという認識もあった．『徒然草』のなかで吉田兼好（1258-1350）は，この中世の無心の美，不規則なもの，破れたもの，不完全なもののなかの美しさ，散り，滅びゆくもののそれぞれの美の多くを具象化して見せた．この隠遁と草庵の文学の主題は，中世の日本文学に数多く見られたが，それはまた，14世紀と15世紀に開花した能楽の底流となっていた．多くの能楽は，前世の生活の栄華と悲劇を夢想することによって再現し，これを仏の力で救うという演劇的構成をもっている．

大衆の文化

中世の時代と文化についての議論は，大衆の心のなかに成長しつつあった文化的自覚への注目なしには，完全なものとはいえない．大衆文化の証拠は，戦で引き裂かれた社会の狭間から湧いて出たものである．おそらく，戦争は古い貴族の文化的・社会的秩序の安定と支配を粉砕し，分裂が新しい集団と個人に文化的機会を与えた．もし武士たちが武器の力で，権力の座にのし上がることができたとするなら，文化人も同様のことが可能なはずである．15世紀から16世紀にかけて，より自由な社会では，すべての社会集団は，もっと容易に文化生活を創造し享受することができたであろう．

仏教の救済と応報の物語や英雄の物語は，旅する祈禱師や琵琶法師たちによって，地方に伝達されていった．能楽と狂言は，田園の娯楽や寺社の祭から生まれた．観阿弥，世阿弥とその後継者がなし遂げた洗練された能の完成があった後も，能楽は日本中の村の神社で演じ続けられていた．茶の湯も同様に，武士たちの城内，あるいは富裕な商人の茶室のなかばかりでなく，村々でも楽しまれた．飯尾宗祇（1421-1508）のような放浪の連歌師は，村のあるじたちと，歌の交換をした．都の河原は税金がかけられない場所なので，ここには河原者と呼ばれた都市の下層民たちが住んでいた．これらの人には動物の屠殺と皮はぎで生計を得ている人々と浮浪者も含まれていた．それらの者のなかには，すぐれた芸術家，工匠，大衆芸人もいた．

中世における大衆生活と文化の活力は，鎌倉後期の『一遍聖絵』のような絵巻物，職人歌合せ絵，農村や都市の風俗を描いた風俗画，あるいは南蛮図屛風などによって明らかである．それはまた，16世紀末から17世紀初頭の歌舞伎の創造からもうかがえる．この生命力と大衆的な豊かさは，徳川時代にも引き継がれ，大坂・京都・江戸といった中心的都市に，より華やかに開花したのである．

禅寺の庭園

京都は，寺院と庭園で有名である．これらの庭園のあるものは，貴族的な，あるいは浄土思想の影響を反映している．京都の最も美しい庭園の多くは禅寺に付属し，中世の禅僧とその後援者の手によって造営されたものである．禅の瞑想，庭園の美意識，山水画は，すべて密接に相互に関連し合っている．庭園の設計者は，樹木，苔，水，滝，橋を作庭の材料に使うか，あるいは，色彩を拒否する水墨画家のように，石と白砂のみに限定した．このような砂と石の枯山水の庭園は，白砂を水あるいは雲に見立て，あるいは抽象的な彫刻として楽しむ，立体的な単彩の風景として眺められるのである．

下 龍安寺禅寺の庭園は，日本における枯山水庭園のすばらしい例の一つとして広く認められている．龍安寺は，1450年，細川勝元によって建立された．庭園の設計者は不詳．静かで，おごそかな庭園は，単に，熊手でかき目をつけた白い砂利の広がりと15個の石で，そのうちのいくつかは苔で縁どられ，三つの群となっている．庭は寺院の建物と柔らかいかんじの土壁で囲まれている．しばしばこれらの石は，雌虎がその子を川の流れを超え，雲をつき抜けてそびえる峰々で，子育てしている様を表わしているといわれている．しかし，こうした説明を受けない方が，おそらく賢明で，禅におけるものの見方と同様に，自分自身の直観で理解を得るべきものであろう．

右と下 悟りというものは，瞑想の間に得られるばかりでなく，飯焚き，床のふき掃除，まき小屋や庭での作務のような単純な日常の仕事の注意深い実行の間にも得られると，僧侶は信じている．庭園の維持は，このようにして，瞑想的な日常生活の活動であり，同時に一つの美的経験であったのである．庭の片づけをするのに，若い見習僧に語られた愉快な話がある．この見習僧は，その師に，屑をどこに捨てたらよいかと問うたのに対して，師は折れた小枝と葉を焚きつけのためにとり上げ，軒から落ちる雨を受けるのに小石をもってきて，わずかばかりの砂と砂利を残して，残りはかきならして庭に戻しながら，「屑はどこにあるか？」と問い返したという．

日本の庭園

　日本の庭園は，16世紀にイベリア半島の人々が初めて日本を訪れて以来，西欧からの訪問者たちを魅了し，刺激してきた．日本の庭園芸術は古いものである．しかし，禅的な表現に基づく枯山水庭園が日本庭園の唯一の型であったわけではない．庭園美は，禅が導入されたずっと以前から発達していたのであり，禅は単に，それに新しい美的な広がりを与えたのである．

　7世紀から8世紀にかけての庭園は，中国と朝鮮に起源をもつ池，橋，あるいは宇宙の中心としての須弥山という仏教の観念を島で象徴する庭が主流であったと思われる．天皇の宮殿と平安貴族の住居には池に面して建てられた釣殿とよばれる亭が設けられ，天皇と公家たちは舟遊びや，曲折した流れに杯を浮かべて，自分の前に流れつくまでに和歌を詠む曲水の宴などの娯楽を楽しんでいた．鎌倉時代には貴族や僧侶たちは，造庭に興味を深め，日本の庭園設計の最初の書物である『作庭記』が書かれた．

上　庭には水が種々異なった形で取り入れられている．ある場合には，進路を変える水の流れは，山あいの峡谷を連想させ，一方，池のなかの松が植えられた島は，松島やその他の名所を思いおこさせるものがある．禅の庭園では，白い砂利と石は，川や海の早い流れの印象をもたらす．庭のなかにすえられた手水鉢は手を清めるためのものだが，そこへ流れ落ちる涼しげな水音は心を慰めるものであるかもしれない．

左上　二条城は，1626年，徳川幕府の京都における拠点として建てられたもので，この城から幕府の役人は宮廷を監視し，西日本を支配していた．その庭は，きわだってすばらしい形をした岩に対する人々の愛着を反映しているが，これらは贈り物として大名から幕府へ献上されたものである．

左　日本造園史のなかで最も著名なのは，14世紀の禅僧夢窓疎石(1275-1351)である．50歳まで，夢窓は悟りを求めて彷徨する禅僧として生きてた．彷徨している最中，夢窓は，自然の風景を取り入れた数多くの小さな山寺を建てた．晩年に至って，夢窓は，足利将軍と後醍醐天皇の支援を受け，京都の天龍寺と臨川寺の住持に任ぜられ，そこですばらしい庭園を設計した．その生涯の終り頃になって，西芳寺に隠退し，そこで夢窓は主に苔を使い，中国の「十大美観」の理想を取り入れた庭園を創設している．

日本の庭園

上 元来，14世紀に将軍足利義満の別荘の一部として建てられた金閣は，20世紀まで存続していたが，1950年火災により焼失した．現在の建築物は1955年に再建したもので，1988年に再度，金箔張りが施された．庭園は，禅庭園設計の要素と平安時代の水庭園とを組み入れている．金閣は水面に映り，楼閣はあたかも水上に浮かんでいるように見える．庭園は，借景を利用し，楼閣の変化に富んだ景観を提供するという大規模な設計となっている．

左 近世の庭園の典型は桂離宮に見ることができる．17世紀前期に，八条宮家の別荘として構築された桂離宮は，3代にわたる長期の造営によって完成した．庭内には茶屋が数力所にたてられ，池を舟で渡り，茶屋で茶の湯や芸能を楽しむといった遊びがくり広げられた．

能楽と人形劇

　今日の日本では，近代的な実験劇場が盛んである一方，能，狂言，文楽，歌舞伎といった伝統的演劇も，多くの支持者を得ている．中世初期の田楽から，観阿弥と世阿弥によって強烈に劇的にまで高められた能は，面・音楽・舞踊・劇という四つの要素によって構成される完成度の高い演劇である．

　夢幻能といわれる能楽は，亡霊（シテ）と旅の僧（ワキ）との出会いを介して，亡霊はやがて仏の救いを見出すが，聴衆はしばしば，この亡霊の心が乱れる姿，そして救われていく過程のなかに人間の永遠のテーマを感じるのである．能は演じられるのではなく「舞われる」ので，能における最大の緊張の瞬間は，舞のなかに表現される．その舞は，最初はゆっくり，荘厳に，しだいしだいに抑制された緊張へと登りつめていく．舞は，笛と太鼓による音楽と地謡を伴って，高揚していく．シテは，しばしば面をつけ，豪華な錦織の衣裳をつける．面はいろいろな性格の型を表わし，またより多くの場合，心の状態を表現している．演技者はその音声を訓練し，この世のものとも思えない音質を与え，その動きを通って変化に富む劇的なイメージを伝える．

　能には狂言という喜劇が一緒に演じられる．また，中世後期から人形劇も発展してくる．それらは近世になって，地方的な特色のある芸能としても残されてきた．

上　狂言は日本の喜劇である．本来は猿楽のなかの滑稽な寸劇的なものが，しだいに独立して洗練され，独自のドラマとして完成された．京都の壬生寺で演じられる壬生狂言は，そうした古い狂言の姿をとどめるもので，一種の厄払いの芸能である．現在 30 数種の演目が伝えられているが，演者は終始無言で楽器だけで劇は進行する．

左　能の演技の精神的な一つの焦点は，桧で作られた面で，演技者は舞台でそれに生命を与えるのである．面にはさまざまの変化があって，写真のものは若い美女の顔で，小面（こおもて）という．

右　文楽で用いられる人形は，等身大の半分で，1 人の主たる人形使いと 1 人または 2 人の黒衣の助手で動かされる．浄瑠璃の主題は，初期の能，歴史，伝説から出ているが，最も傑作とされる劇は，特に人形劇のために書きドされた近松門左衛門の作品である．

能楽と人形劇

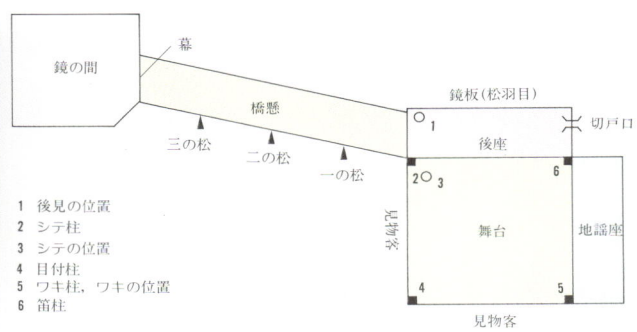

```
          幕
鏡の間 ─────────┐         鏡板(松羽目)
         橋懸              ┌─○1─────×─┐ 切戸口
    ▲    ▲    ▲          2○ 3    後座  6
   三の松 二の松 一の松      │            │ 地
                          │   舞台      │ 謡
                          │            │ 座
                          └─4────────5─┘
                              見物客
```

1 後見の位置
2 シテ柱
3 シテの位置
4 目付柱
5 ワキ柱，ワキの位置
6 笛柱

左上　最上段の翁面は，常に精神的または神秘的な意味をもっているものと見られている．神を表わした翁の白髭の面は，特別な神性が吹き込まれている．この写真のような翁面のあるものは，飾り房のような眉がついている．これらのものは，口の線で分割されていて，紐で結ぶようになっているところが独特である．この種の面は，すべて幸福とか歓びの表現で，口を大きく開け，目を細めている．翁の面は，「翁」というめでたい舞踊劇でだけ使われ，そこでは平和，長寿，豊作の祈りが踊りのなかで約束される．

左中　いくつかの面は，能のなかでの若い男の顔の特色を表現している．この面は，盲目の皇子蟬丸とか16歳で戦闘で死んだ平敦盛を表現するときにのみ用いられる．その他に，この写真のような，越智（えち）の作とされている喝食（かつしき）の面がある．

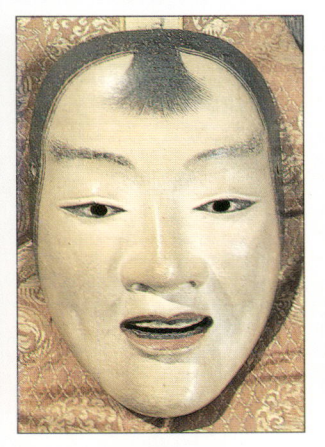

左下　多くの能の演劇は，狂気のあるいは嫉妬深い女の心，復讐心を抱く亡霊や悪霊をめぐって転回する．異なった悪霊の面は，女が悪霊に変化（へんげ）する種々の段階を表現している．この写真の般若の面は，憤怒と狂気を見せている．

左中央　小さな人形を使った旅芸人は，おそらく古い簡単な物語を演じていたのであろう．近松の書いた芝居は，熟練した人形使いの手によって演じられ，三味線の音楽，浄瑠璃の語りとともに近世の多くの見物客を引きつけた．複雑で大きな人形を操る文楽は，17世紀と18世紀に発展した．能面も人形の頭（かしら）も，それが未婚，既婚の女であろうと，武士や道化のものであろうと，それらの性格を適確に表現しているのである．

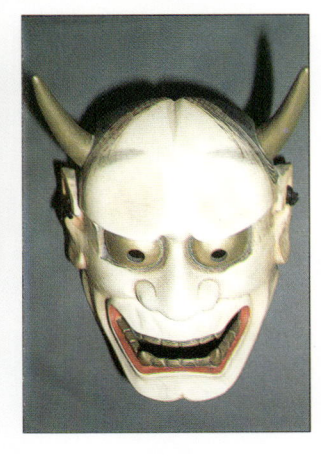

近世の城

イベリア半島からきた宣教師と商人たちは，16世紀日本の大城郭の規模と華麗さに驚嘆した．ポルトガルのイエズス会宣教師で年代記編者であったルイス・フロイス(1532-97)は，30年以上を日本で過ごしたが，織田信長が天下統一の過程で，琵琶湖に臨む安土の山の上に建設した安土城について，次のように述べている．

「町の中央の丘の頂に，信長はその宮殿と城を建てたが，その建築，力，富，荘厳さは，ヨーロッパ最大のものとも，よく比肩しうるものといえよう．その強力で，うまく組み上げられた周囲の石壁は，高さ60スパン（1スパン＝約22.9 cm，60スパン＝14 m）にも及び，多くの場所はそれ以上の高さになっている．壁の内部には，多くの美しく，すばらしい室があり，そのすべてが金で装飾され，それはあまりにも端正で，精巧に作られていたので，人の及びうる優雅さの極致に達したかのようであった．そして，中央には「天守」と呼ばれる一種の塔があったが，その塔は，われわれの城の塔よりはるかに上品で，すばらしい外見を有していた．城は7層建で，そのすべての層は内外とも，驚嘆するほどの建築で構成されていた．内外ともといったが，内側の壁は，金色とその他の豊かな色彩で描かれた絵画で飾られ，各層の外側は，それぞれ異なった色に塗装されていた．一言でいって，全体は美麗で，優美で，輝くようであった．城そのものが，高い台地に位置し，それ自体高くそびえ立っていたので，それは雲に届くほどにも見え，そして多くの味方の同盟者にも，ずっと遠方から見ることができた．城がすべて木造であるようには，内からも外からも全く見えない．それが強力な石造と漆喰造りであるかのように見えたのである」

残念なことに，安土城は1582年に破壊されている．

この地図は，姫路，熊本，松本のような日本の城郭建築の最もすばらしい典型も含め，現存あるいは再建したものも含めて重要な城の位置を示すものである．抗争する中世の武将たちは，拠点として丘の上に城（山城）を築いた．16世紀の戦国時代になると，封建領主とその家来たちが，その生き残りを賭けて水田とその灌漑施設を支配し防禦するために，開けた平野のなかの，小高い丘の上に大規模な城（平城）を築いた．

主要な現存する城郭
江戸時代以前
江戸時代(1600—1868年)
大坂 再建された城郭
縮尺 1：10 000 000
200km
150mi

下 徳川将軍家は，1626年強力な要塞，二条城を築造して，朝廷と西日本に対する幕府の拠点とした．この唐破風の門は，城の第2群の囲いへの入口となっている．

下 多くの城の大広間の襖や上段の間は，狩野派の画家によるすばらしい襖絵や屏風で飾られていた．この写真は，本来秀吉の伏見城にあったもので，後に京都の寺のなかに再築された謁見の間の内部を示すものである．

右下 松本城は平城の美しい典型である．長野県の山岳地帯のなかの，広い肥沃な盆地を支配するこの城は，1594-97に，石川数正により築造された．

近世の城

右　白鷺城として知られている姫路城は，兵庫県姫路市にそびえている．最初，14世紀に戦国武士の一族赤松氏によって築造されたが，後に秀吉と池田一族によって支配され，その規模は大きく拡充された．低い丘の上に建てられたこの城は，堀と囲いと門の複雑な構成からできている．主たる天守閣（右下の断面図参照）は，外側には5層建，内側には7層建で，三つの小さな天守閣（左下の見取図参照）とつながっている．この城は，主として駐屯地，要塞として使われたが，同時に，それは大名の住居ともなっていた．

下　山口県岩国市で，大名行列が再演されているところを示す．

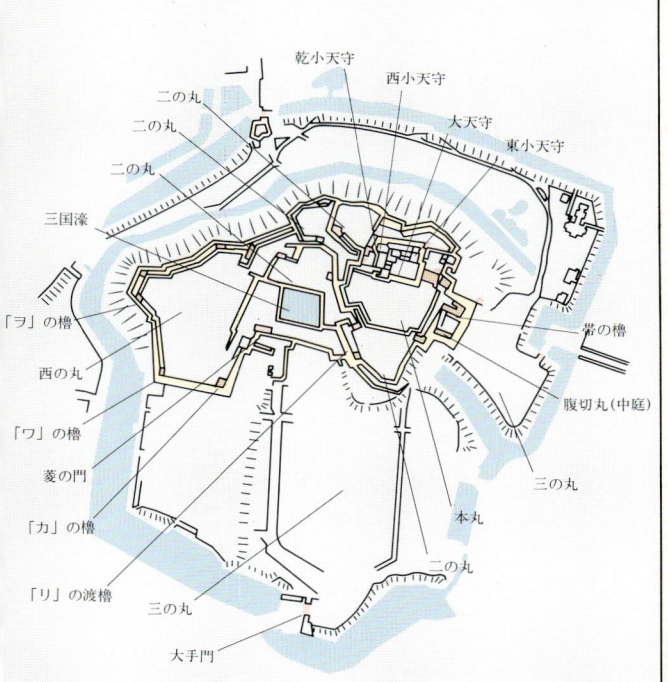

次頁　二条城とそれを取り巻く活気にあふれた通りの様子が，この当時の襖絵に描かれている．

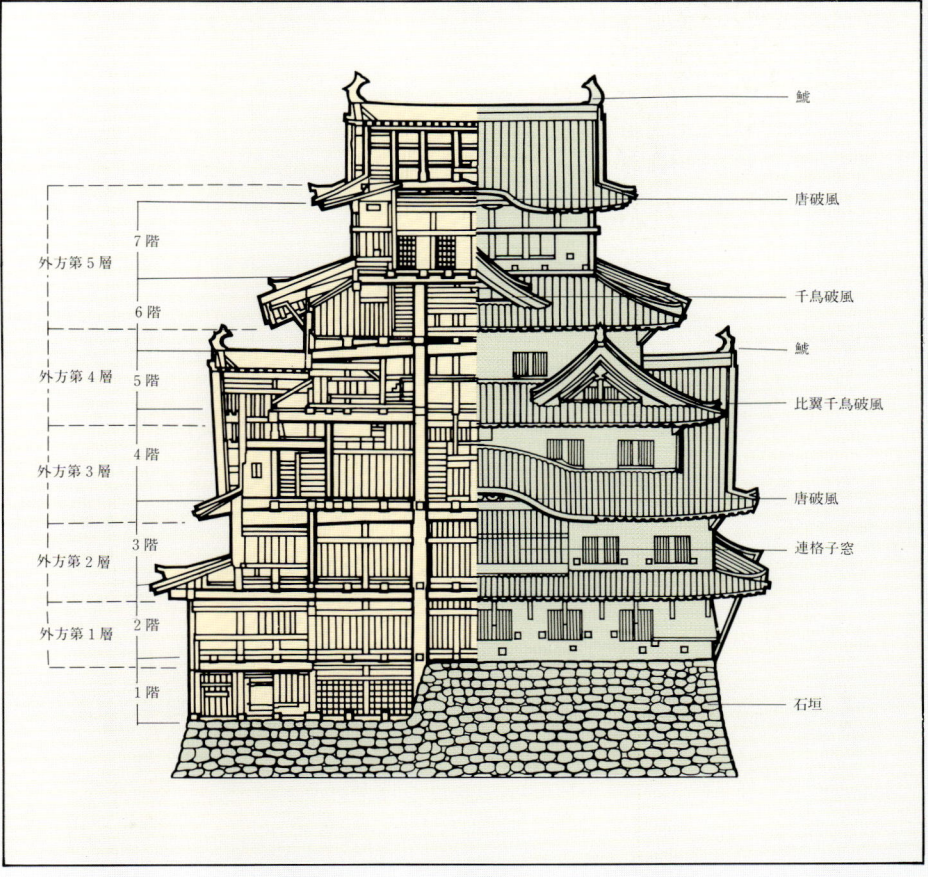

図左（見取図ラベル）：
- 乾小天守
- 西小天守
- 大天守
- 東小天守
- 二の丸
- 三国濠
- 「ヲ」の櫓
- 西の丸
- 「ワ」の櫓
- 菱の門
- 「カ」の櫓
- 「リ」の渡櫓
- 帯の櫓
- 腹切丸（中庭）
- 本丸
- 三の丸
- 二の丸
- 大手門

図右（断面図ラベル）：
- 外方第5層／7階／6階
- 外方第4層／5階
- 外方第3層／4階
- 外方第2層／3階
- 外方第1層／2階／1階
- 鯱
- 唐破風
- 千鳥破風
- 鯱
- 比翼千鳥破風
- 唐破風
- 連格子窓
- 石垣

127

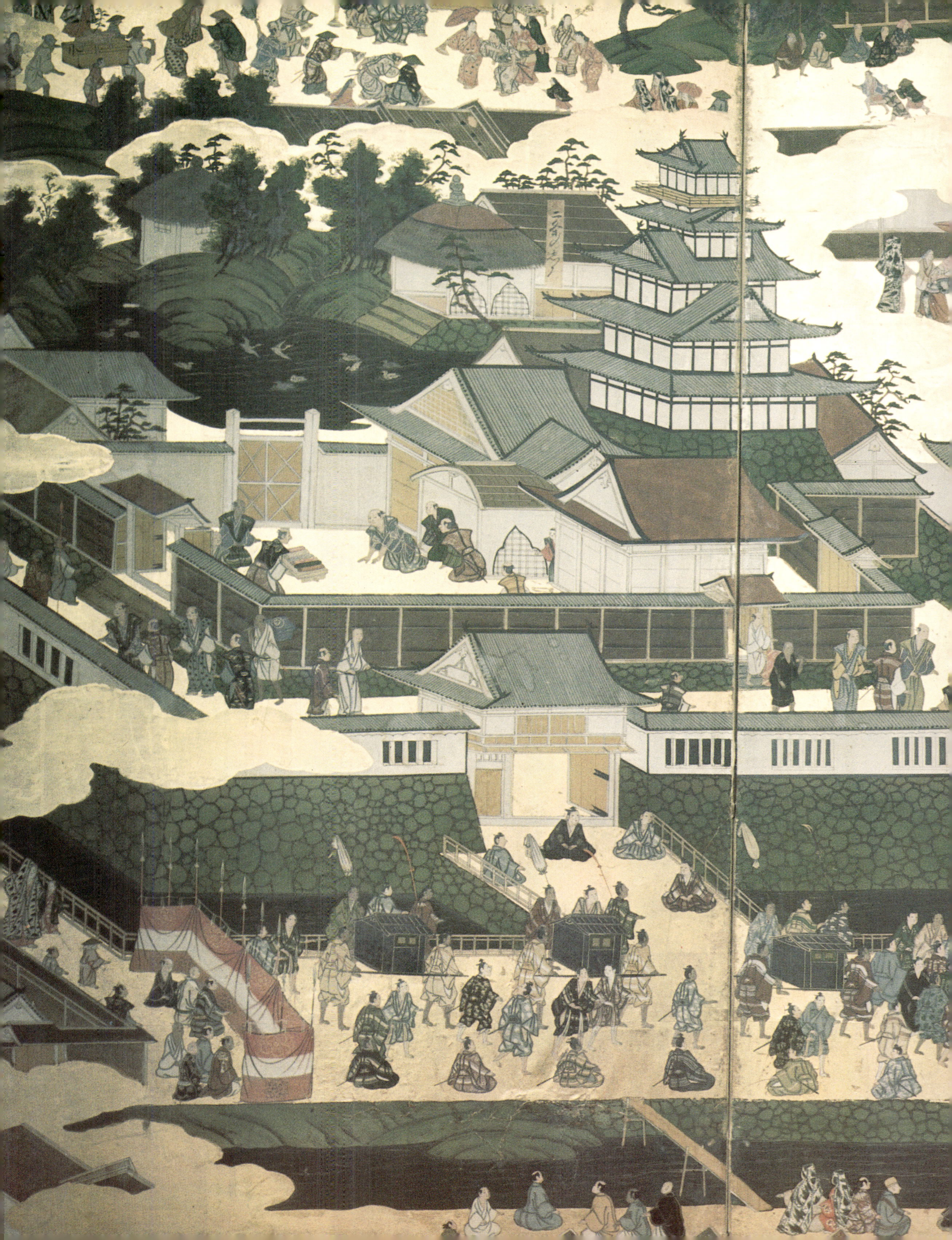

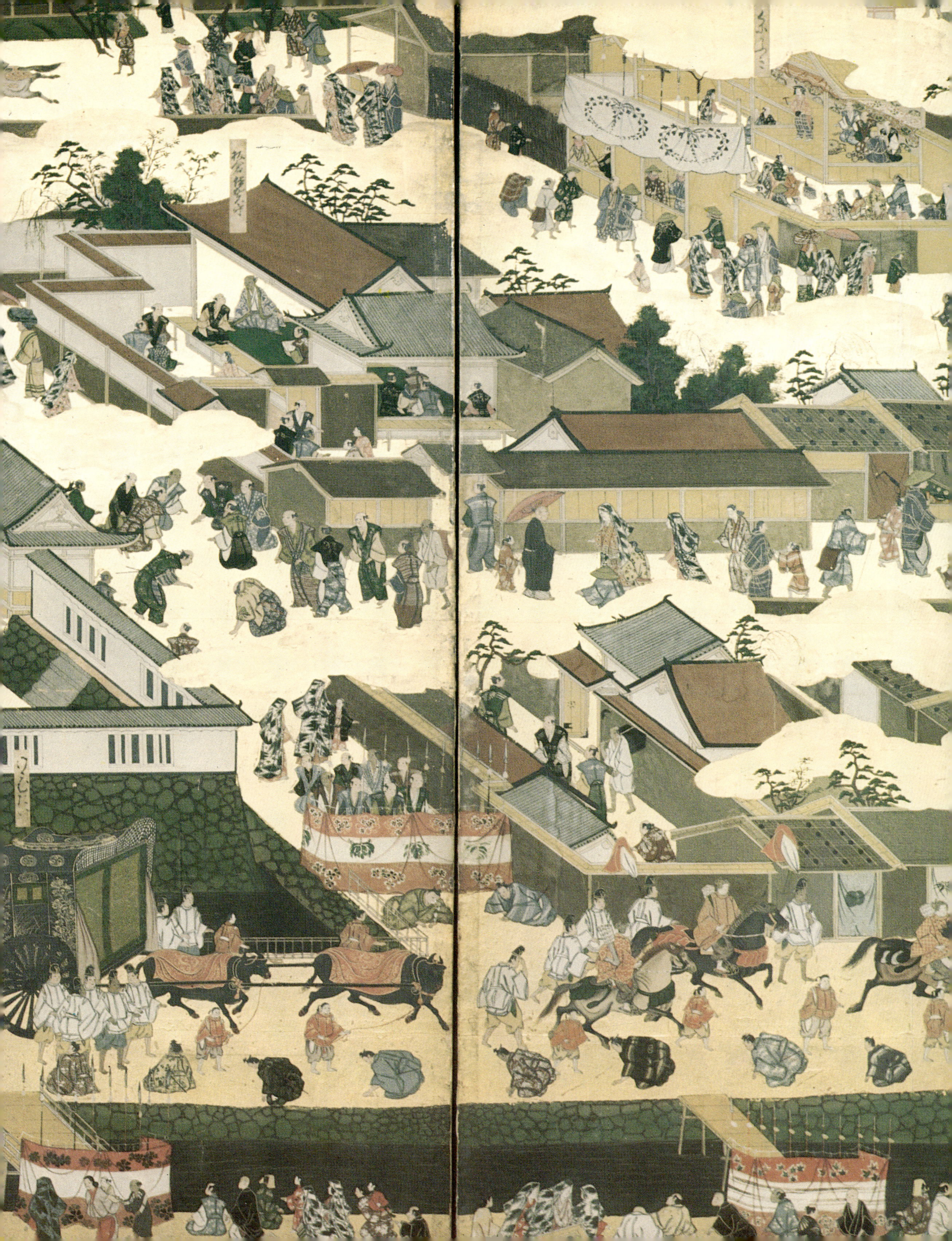

歌舞伎

　江戸時代の町人にとって最も大衆的な二つの芝居見物は,人形浄瑠璃と歌舞伎であった.17世紀末と18世紀初頭にかけての数十年は,大衆の興味の対象として,人形浄瑠璃は歌舞伎を凌いでいた.18世紀初頭になると,特に江戸で最も多くの人々をひきつけたのは歌舞伎であった.有名な役者たちは熱心なひいき客をもち,歌舞伎役者の多くは,吉原の太夫や将軍の大奥の女中たちの注目の的であった.

　歌舞伎は阿国かぶきにはじまり,遊女の踊りとして人気を得たが,1629年に幕府が遊女かぶきを禁止すると,残された道として,直ちに若衆歌舞伎に取って代えられた.1652年に,今度は若衆歌舞伎が男色の流行を理由に非合法とされると,野郎歌舞伎が生まれた.歌舞伎は,幕府の規制の下に,その規制をくぐりぬけながら大衆娯楽として発展した.逆にいうと,この幕府の規制はおそらく,歌舞伎を演劇として円熟させるのに役立ったであろう.おとなの男性の役者は,美しい前髪少年や女性の愛敬に劣らない魅力をもって,その見物客をつなぎとめる女形の芸を生み出し,歌舞伎の劇的内容を深めていったのである.

　1680年以後,元禄時代に,歌舞伎は急速に円熟した.役者によって創作された簡単な寸劇も,しだいに脚本家によって念入りに作られた,複雑な筋のものに取って代わられていった.歌舞伎の人々は,人形浄瑠璃の傑作と人形芝居に使われた演劇技術から多くのものを学んだことで,新しい発展に成功した.

右　奥村政信(1686-1764)作のこの浮世絵は,18世紀中頃の江戸の歌舞伎座の内部を描写したもので,歴史的な芝居である曽我兄弟の仇討を上演している様子を示している.この頃になると,著しく大衆化した歌舞伎は,観客の間を通り抜ける花道を開発し,もう一つの舞台としても使い,また主舞台の転換と幕引用にも用いた.天井につるされた提灯には,主な俳優の紋が入っている.歌舞伎は,一つの社交の機会で,飲み食い,おしゃべりとあらゆる楽しみを含めた1日がかりの娯楽であった.奥村政信は古典による主題の戯画,人気俳優,美人画もよくする多才な画家であったが,またこの版画に見られるように,西欧の遠近法の実験を試みている.

歌舞伎

下 歌川国貞(1786-1864)作のこの版画は、『義経千本桜』のなかの一場面で、典型的な男性的ポーズをしている歌舞伎役者を描写したものである。物語では、壇ノ浦の英雄であった義経が、その死を命じた兄頼朝から逃れるに際して、古(いにしえ)の敵である義経に滅ぼされた平家水軍の将、平知盛に出会う。壇ノ浦で殺害された知盛の化身は、逃げる義経に立ち向かうが、再び敗れる。その腰に大きな碇を結びつけ、海にとびこむ。

下 歌舞伎では、その衣裳、かつら、化粧が、その役柄をみごとに表現できるように統合されている。『暫(しばらく)』のような伝統的な芝居では、化粧は厚く、丹念で、風変りで、面のよう(隈取り)である。世話物の芝居では、それはより抑制されたもので、写実的である。女性に扮する役者(女形)は歌舞伎の重要な要素であるが、その化粧はことに念入りに行われる。能の場合と同様に、歌舞伎の役者は、ほとんど舞台関係の家系の出で、幼少の頃からその訓練を始め、役所(やくどころ)を完全に習熟しているばかりでなく、歌舞伎の動き、服装、化粧のすべての点に精通している。

上 菱川師宣(1694年没)作の、この活き活きとした肉筆画は、俳優たちが芝居のために衣裳をつけ、化粧をする歌舞伎小屋中村座の楽屋風景を描いたものである。師宣は、その時代の木版画を最初に普及せしめた、すぐれた芸術家であった。師宣は、特に風俗画と力強い筆使いによる多彩な、迫力のある人物の集団を描写するのに巧みであった。師宣の画風と浮世絵は、後世の版画師たちに大きな影響を与えるところがあった。

右 歌舞伎の芝居は、その大衆性の多くを、豪華な舞台、実際より大きく誇張した演技と多彩な衣裳に負うている。この場面は、1987年、市川猿之助一座により演じられたものである。

近世の文化と社会

新しい統一者の登場

日本の各地方で，小ぜりあいをくり返しながら，中央-京都への進出の機会をうかがっていた戦国大名の競争から，織田信長が一気に抜けだして新しい統一者として京都を征覇したのは，1568（永禄11）年であった．織田信長は1534年，尾張国の武士の家に生まれ，18歳で父の死のあと家を継いだ．信長はその父親の葬儀のとき，異風な長刀を縄で腰にくくりつけ，袴もつけずに現われて仏前に進むと抹香をつかんで位牌に投げつけたという．信長が古い道徳に対する反逆者であったことは，この挿話からも窺える．信長が統一者として成功する過程では，伝統的な価値観や宗教観をつぎつぎと破壊してゆくが，その新しい思想はすでに若き日に生まれていたのである．

織田信長が戦国大名として頭角を現わしたのは，27歳のとき，東海地方最大の大名であった今川義元の大軍をわずかな軍勢で奇襲し敗走させたばかりか，大将の義元までも討ちとった桶狭間の戦い（1560）である．このように他の大名を圧倒してゆくなかで信長は統一国家の樹立を強く望み，その決意を示すために，「天下布武」という印文の印章を用いるようになった．天下という言葉には，日本国全体という意味と，それを支配するという意味が含まれ，信長は彼自身を「天下人」すなわち天下を支配する人に擬していたことがわかる．足利幕府最後の将軍足利義昭を京都へ連れ戻し，将軍職につけるという名目で，義昭とともに京都に入った信長であるが，義昭は上洛の理由を作るために利用しただけで，まもなく見捨てられてしまう．

しかし天下人への道は決して平坦なものではなかった．いくつもの超えねばならないハードルがあった．まず第一に，まだ各地には勢力をもつ戦国大名がいる．第二に仏教徒の抵抗がある．前者についていえば，1575年3月に三河国長篠で，徳川家康と結んで武田勝頼を破った戦いが注目される．その戦いの特徴は，ヨーロッパから伝わってまだ30年ほどしかたっていない鉄砲が，信長の主要な勝因になったことである．信長は3000人の鉄砲隊を組織し，これを3列に配置し，回転交替させながら，10秒ごとに一斉射撃ができるようにした．騎馬にすぐれていた武田勢も，鉄砲にかなわず敗退した．

仏教徒との闘いは熾烈であった．一向衆と呼ばれる本願寺に属する仏教徒は畿内近国をはじめ北陸・東海地方に強い勢力をもち，ことに越前国などは，一向衆の代表者（土着の武士層）の合議制によって支配されていたので「百姓のもちたる国」と呼ばれるほどで，一向衆は戦国大名とかわらぬ戦力をもっていた．大坂石山にある本願寺は，再三の信長による猛攻撃にも屈せず数千挺の鉄砲で応戦するなど，ついに信長も講和せざるをえなかった．

しかし，各地の一向衆の勢力は，信長によって徹底的に潰滅させられた．1574年に尾張国長島では，1万人の一向衆を包囲して火をかけ皆殺しにするなど，日本史上，最も残忍な戦闘をしている．

ところでこうした信長の一向衆との戦いを見て気がつくことは，伝統的な宗教的権威に対して，信長が全く崇敬の念をもたなかったという事実である．1571年には，平安時代以来，日本で最も重要な宗教的権威であり，政治的役割を担ってきた比叡山延暦寺を信長は焼き打ちし，「悪魔の所行」と当時の貴族を嘆かせている．もちろん信長が天皇や寺社などの古代的権威をすべて否定したわけではなく，特に朝廷に対しては，その領地を確保したり，禁裏御所の修理を行うなど，その権威の回復につとめているが，これも全国統一のために，天皇の利用価値があったからにすぎず，本心から尊崇の念を抱いていたとはいえない．つまり，天下人の登場は，日本人がはじめて宗教的権威からの自由を，政治的にまた文化的に獲得できたことを意味していたのである．

織田信長の全国統一の仕事は途中で挫折した．1581年，信長が手勢だけで京都の本能寺に泊っているところを，家臣の1人である明智光秀に襲撃されて殺されたからである．しかし信長の武将たちは明智光秀に従わなかったので，まもなく光秀は豊臣秀吉に滅ぼされ，秀吉が新しい天下人になった．

豊臣秀吉は尾張国の百姓の子であったが，父親が織田信長に足軽として仕え，それから信長に見出されて巧みな戦略家として頭角を現わした．信長の統一は，日本全体から見ると3分の1強を支配下に収めたにすぎなかったが，秀吉は，まず西日本をつぎつぎと攻略し，1587年には九州まで支配下に入れて，あとは比較的，生産力の低い東日本を残すだけになった．この年，秀吉が朝鮮半島侵略の計画を発表したのも，ほぼ実質的な国内統一作業が終ったからである．1590年，東日本を攻略し，ここに秀吉の最も手強い政敵である徳川家康を江戸の城主とした．

なぜ秀吉は外国へ侵略戦争をはじめたのだろうか．豊臣秀吉自身を含めて戦国大名は，いつでも戦争ができるように常に戦時態勢を維持する必要があった．そのため大名の財政に対して過大な兵力を養わねばならず，功績のあった武士に対して恩賞を与えるために新しい領知（知は知行の意味）の獲得が必要となる．しかし，国内が秀吉の支配下に収まると，もはや過大な兵力は不要であり，また新しい領知の獲得はできないことになろう．つまり，過大な兵力の投入先と，それに見合う新しい領知の獲得，ここに，朝鮮半島侵略の必然性があった．1591年，秀吉は中国（明）攻略の計画を発表した．翌年，秀吉は15万余の大軍を結集して侵略をはじめ，4万の軍隊が平壌まで到達した．しかし朝鮮側は明の支援を得て反攻に転じ，民衆も日本軍に対してゲリラ戦を挑み，しだいに日本の敗色は濃くなり，1598年，秀吉は死に臨み，朝鮮からの全面撤兵を遺言した．

朝鮮半島への侵攻は，戦国大名の構造的矛盾を外国侵略で解決しようとする政策であったが，同時に秀吉は国内的にも矛盾を解消するために重要な二つの政策を施行している．第一は兵農分離策であり，第二は新しい土地と税金の制度の施行である．

兵農分離から見よう．戦国大名の下級武士は半農半武士で，農村に大量の武器が保持されており，武士と農民の共同体的

上端　その父の葬礼に際しての，非礼な行動のゆえに，「天下のうつけ者」とあだ名された織田信長（1534-82）は，天下統一者3人のなかの最初の人であった．自分自身の領国内を鎮圧した後，信長は対抗する大名，寺院を打ち滅ぼし，京都の支配を確保し，足利幕府を打倒した．冷酷で，果敢な信長は，いくつかの中央集権化の改革に手を染めた．信長はキリスト教に興味をもち，キリスト教の布教を許した．信長の生涯は本能寺の変で終りを告げる．

上　豊臣秀吉（1536-98）は，信長の恩顧を受けた足軽の息子であった．信長の死後，力を得た秀吉は，信長の版図を拡張し，関白の称号をもって支配した．秀吉の征覇，検地と刀狩りは日本を改革した．信長のように，秀吉も意欲的に築城し，芸術の庇護者であった．1587年，秀吉はキリスト教弾圧に転じ，朝鮮侵略の失敗のうちに，その生涯を終えた．

近世の文化と社会

文禄・慶長の役

本能寺の変で織田信長を倒した明智光秀は、その直後に豊臣秀吉に山崎の合戦で敗れ、三日天下とよばれる短い生涯を終えた。光秀に勝利した秀吉は翌年の1583年に賤ヶ岳の合戦で柴田勝家を破り、越前・加賀・能登の北陸地方を手中に収めた。さらに1584年から85年にかけて、和歌山地方と四国の長宗我部氏を傘下に収め、1587年には九州の島津氏を倒して西日本を完全に征覇した。1590年には秀吉は反転して東日本の北条氏以下の諸大名を攻め、ついに全国統一を果たした。その後秀吉はアジアの盟主を夢みて朝鮮半島へ二度にわたる無謀な侵略をくり返したが失敗した。ただ日本にとって益があったのは、多くの陶工が日本へ連れてこられて、日本の陶磁器産業の発展を促したことである。

結びつきが強かった。したがって有力な武士が農村から現われると、大名との主従関係も無視して大名を倒し、自らが大名になってしまう。これが下剋上であり、秀吉もその下剋上に乗じて天下人になったのである。ところが、自分が天下人になってしまうと、再び下剋上がおこるのは困る。下剋上を凍結しなければならない。そのためには、農村のなかにいる武士を農村から引きはなし、城下町に集住させて大名の直属とし、大名に忠誠心をもたせなければならない。つぎに農村から武器を排除し、農村に住む者は農民としての身分の枠のなかに永遠に閉じこめなくてはならない。これが兵農分離政策で、具体的には刀狩りと呼ばれる武器の徴発が各地で行われた。もちろんこれで農村から武器が姿を消してしまったわけではないが、武器の徴発だけが政策の目的のすべてではなかった。これらの政策が「惣無事令」とか「喧嘩停止令」といわれる平和を命じる法令とあわせて施行されていることを考えると、私闘を禁じ、公儀（天下人＝統一者）にだけ争いに対する最終的な裁量権があることを示すことに目的があった。すなわち、統一国家が誕生したということは、あらゆる争いが国家権力の手で裁かれ、処罰されることを意味していた。

第二の新しい土地と税金の制度は太閤検地と呼ばれた。すでに織田信長によって田畑の調査ははじめられていたが、秀吉は新しいアイディアで全国的に行った。まず土地台帳を作り、どこにどれだけの広さの田畑があるか。その田畑を米の生産高（石高）で示すと1年間に何石何斗の米がとれる土地か（実際に米を作っていない土地でも米でランクを示した）。その田畑を耕作している農民は誰か。これらのことを村ごとに検地帳に記入させた。この結果、全国の大名から下級武士に至るまで、所持する石高、あるいは給付される扶持の石高というように、米を基準にして高下が標示されるようになり、石高を統一基準として権力者は動員する軍事力や徴発する労働力を決定できるようになった。その一方で、石高に対して年貢がその何％というぐあいにかけられ、検地帳に記載された農民がその負担者となったため、農民の耕作権が公的に認められることにもなった。中世の農村では土地の領有関係が複雑だったが、これで領主と農民の関係が比較的単純で明解となることをめざしていた。この石高制は1871年まで約300年間続けられることになった。つまり豊臣秀吉の政治は、近世日本の基礎を作るものであったといえよう。

近世の文化と社会

徳川幕府の成立

豊臣秀吉が1598（慶長3）年大坂城で没すると，その息子の秀頼はまだ幼かったので，五大老と呼ばれる5人の実力ある武将が合議制で政治をとることにした．しかし次の天下人を狙う実力者のそれぞれの思惑が衝突して，まもなくその制度は破綻した．なかでも一番の実力者であった徳川家康は合議制を破り，自分と対立する武将たちを戦争に引きずりこむために，いったん自派の大名たちをひきつれて，大坂から自分の領国である関東へと去った．家康がいなくなった大坂では，彼の思惑通り，石田三成らの反家康派の武将たちが挙兵し，日本の東西を二分する戦争がはじまった．その勝敗は，約2カ月後の1600年9月15日に戦われた関ヶ原（美濃国）の合戦で決まった．両軍あわせて16万の兵士が参加し，午前8時ぐらいから猛烈な戦闘がくり広げられたが，戦いの途中で，石田三成らの西軍のなかに，家康と内通する武将が叛旗をひるがえして，午後2時ごろには徳川家康が率いる東軍の勝利が決定した．

関ヶ原の合戦から3年後，徳川家康は朝廷から征夷大将軍の宣下を受け，徳川幕府を開いた．将軍というのは武家の棟梁の意味である．織田信長や豊臣秀吉が公家と同じように朝廷内部の官位を受け，関白といった公家の最高位を占めようとしたのとは異なり，徳川家康は，公家の官位とは別の，武家の最高位をとり，朝廷から独立した武家政権の樹立を意図して将軍職についたと思われる．しかも家康はわずか2年で職を退き，息子の徳川秀忠に将軍を譲った．これは将軍職が徳川氏の子孫に継承されて永続することを誇示する意味があった．以後，1867年まで，264年間，15代にわたる徳川将軍の政権が続いたのである．この長い平和の時代は独特の日本文化を熟成し，しかも非常に高度な技術と教育を日本人のなかに普及させることになった．

徳川幕府の国家は，世界でも例の少ない中央集権的な封建国家だった（あとで述べるが徳川時代の後半になると，かえって幕府の集権的な力が弱まって，有力大名の権力が自立し，分権的な構造になる）．幕府の中央集権的な制度を大名の制度から見てゆこう．日本全国の土地は秀吉の時代から測量が進められ，土地の評価は石高という米の生産量に換算されて示された．石高は，その土地にかける税金の基準であるだけではなく，村の大きさ，武士の大きさや，それにともなう負担額の基準ともなり，米建てといわれるように，米がすべての基準として標示されたところに日本の近世の特色がある．さて，その石高で示すと，日本全国の生産量は1800万石で，そのうち約700万石が幕府の直轄地と旗本と呼ばれる直参の武士の領地だった．残りの約1100万石が約240家の大名の領知であった．大名というのは1万石以上の領知をもつ武士である．大名は自分の領知と城（あるいは館）をもち，さらに家臣団を従えている．自領内の年貢の徴収権や立法・司法・行政権をもち，まるで独立国のようであった．しかし，大名を支配する幕府の権力はより強大である．たとえば，幕府は大名の領知の一部あるいは全部を没収（改易）することができた．その理由となるのは，継嗣がなく養子の用意もなかった，幕府の法律違反（たとえば無断で城を修理するなど），といった条件である．幕府が開かれた1603年より約40年間に，71家の大名が改易され，その石高の総計は720万石に及んだ．したがって，全国の大名の約3分の1が入れ替り，その家臣団は失業して牢人になった．また幕府はこのほかに大名の領知を移動（転封）させることができた．つまり大名は，土地と人民に対して，幕府から支配権を委ねられているにすぎなかった，ともいえる．当時の記録に「殿様は当分の国主（さしあたって置かれている領主），百姓は末代（永久にかわらないもの）」という言葉が見え，耕作している百姓を移動させることはむずかしいが，大名はいつ交替させられるかわからない，と考えられていた．

このような改易と転封を通じて，幕府は徳川家に昔から仕えている子飼いの家臣を大名にとりたてた．こうした徳川の譜代の家臣である大名（譜代大名）を，幕府が置かれた江戸を中心にその周辺と，そのほか軍事的・産業的・商業的に重要な地域に配置した．その反対に関ヶ原の合戦を機に幕府に服従した傍系の大名（外様大名）を減らし，あるいは辺境の地へ追いやったり，譜代大名と外様大名を隣合わせに配置して互いに監視させるなど，巧妙な配置をした．その結果，幕府の権力は非常に安定したものとなった．

幕府が大名に要求した任務は二つある．その一つは参勤交代，もう一つは軍役であった．参勤交代というのは，戦国時代の人質の制から発展したものである．徳川家康自身，14歳まで競争相手の今川氏の人質とされていたから，その重要性がよく理解できたのであろう．幕府は諸大名に妻子を江戸に置くことを命じ，これを一種の人質とした．次に，1年ごとに江戸と国元に住むことを大名に命じた．その結果，大名は参勤のための大名行列や，また江戸と国元の二重生活のために莫大な経費がかかり，経済的に弱体化した．ここに幕府の真の目的があった．

軍役というのは，大名に限らず，幕府に従う武士がその石高に応じて負担する，兵力やさまざまの役目のことで，たとえば1万石の大名であると，戦争がおこったときには鉄砲20挺，鑓50本，弓10張，騎馬14騎を，幕府軍としてさし出す義務があった．この負担は100石単位で細かに規定されていたが，のちには平和が続いたので，実際には効力はなかった．そのかわり，幕府は江戸城の改修，港湾・橋梁の建設，京都御所の造営など，土木建築の仕事を各大名に割り当てており，これも軍役の一種であった．

幕府と大名の関係を述べたが，つぎに幕府の制度について簡単に記しておこう．幕府は譜代大名や旗本（1万石未満の武士）のなかから家格に従って人を選び，幕府官僚層とした．まずそのトップは老中といい，朝廷・大名の支配をはじめ幕政全体をみる．老中のなかでも卓越した力をもつ者を大老といい，大事の場合にのみ参与する役としたが，これはふさわしい人物がいる場合，臨時に置かれる役だった．これらは譜代大名が就いた．その下に老中を補佐する若年寄，寺社を管轄する寺社奉行，経理担当の勘定奉行，天領（幕府の領地）を支配する代官などの多様な役職があった（勘定奉行以下は旗本が就任することが多かった）．これらの職はだいたい複数の人数で構成され，若年寄などは6人前後いて，合議制で運営された．初期の幕府政治では徳川家康やその息子の2代将軍秀忠の発言力が強く将軍親政であったが，時代が下るにしたがって，しだいに合議による運営が基本的な形となってゆく．最高権力者はあまり指導性を発揮せず，全体のコンセンサスを求めて合議制で運営する日本型の政治が，すでに幕政にも現われていたようだ．

近世初期の幕府政治の重要な柱は，さらに対朝廷政策と対宗教政策にあった．天皇とこれをとりかこむ公家集団よりなる朝廷は，政治的役割はすでに終え，政争のシンボルとして利用されることはあっても，天皇の意志が政治を左右する時

徳川家康（1542-1616）は天下統一を成就した3人目で，強力な徳川幕府を樹立した．辛抱強く，先見の明があった策謀家の家康は，信長，秀吉と盟約を結び，東日本に自らの勢力を築いた．家康は，1600年関ヶ原での戦勝後3年で将軍に任ぜられ，江戸を政治的支配の強力な機構の中心地とし，これによって240以上に及ぶ大名の支配を可能なものとした．

江戸

　徳川家康が初めて江戸（現在の東京）へ移ったときは，そこは江戸湾に面した小さな町であった．徳川幕府の創設，江戸城の築造と参勤交代制の実施によって，江戸は急速に人口の集中する政治都市として発展し，18世紀半ばには人口100万人に近い商業都市へと成長した．

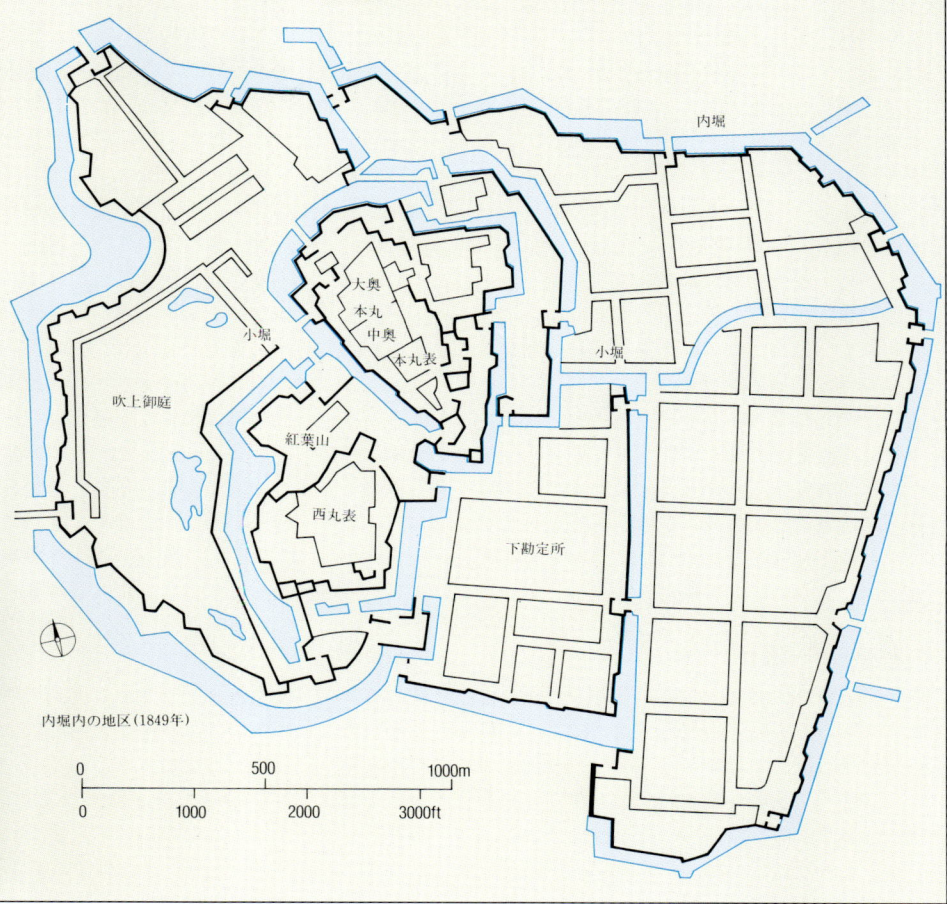

左下　江戸城は，1868年江戸が東京と改名され，翌年新しく首都とされるまで，徳川将軍の居城となっていた．この城は，その後京都から移ってきた明治天皇の住居となった．明治の王政復古に際しては，城はほとんど損傷を受けることはなかったが，江戸時代の火災や地震に罹災し，築城当初にくらべると大幅に縮小され改築が施された．今日では天皇，皇后の皇居となり，外国元首訪問の際の晩餐会などの国家の行事に使われている．

内堀内の地区 (1849年)

代は，南北朝時代（14世紀）で終っていた．しかし，政治的には無力であっても，伝統的権威の象徴としての天皇の存在は侵し難く，法的にその行動を規制することは，歴史上ありえないことだった．ところが徳川幕府は，史上はじめて朝廷に対して法的規制を加え，朝廷を支配したのである．その法律は1615年に出された「禁中並公家諸法度」といわれるもので，17条よりなり，第1条で天皇の任務を規定，政治とは全く関係のない学問，ことに和歌と歌学につとめるよう命じている．現代の日本の憲法も，天皇は日本の象徴と規定し，それを日本人は，伝統的な日本文化の象徴の意味とうけとめているが，そうした文化としての天皇のあり方は，「禁中並公家諸法度」ではじめて法的に規定されたものであった．

　幕府は朝廷を法的支配下に置き，さらに経済的にも，朝廷の領知を増加させて朝廷経済を豊かにする一方で，幕府の役人を朝廷に常駐させて経営に当たらせるなど制肘を加えた．また天皇の権限として重要な僧侶に対する名誉位の授与（紫衣勅許）も幕府によって規制され，幕府の許可を必要とするようになった．近世初頭に活躍した後水尾天皇（妻は2代将軍徳川秀忠の娘だった）は，このような幕府の規制にがまんできず，幕府に対する抗議のために突然，天皇の位を退いてしまう，という事件をおこした．

　明治維新のとき，徳川幕府から政権が天皇に返上されるという形をとったところから，近世の天皇と幕府の関係は，天皇が幕府に政治を委託していたのだ，と考える人もいる．しかし歴史的にみるかぎり，近世初頭の実態は，将軍が名実ともに日本国王であって，天皇は将軍の官位を保証する文化的・宗教的な権威にすぎない．

　徳川幕府は宗教界に対しても積極的な支配にのりだした．すでに織田信長によって宗教の不可侵性は打ち破られたことを述べたが，幕府も宗教界をタブー視せず非常に具体的な法律（「寺院法度」）を，各宗派別，大寺院別に発布し，僧侶が昇進する際の資格や寺院内部の儀礼や風俗まで細かに定めている．こうした規制にあわせて幕府はあらためて寺院（神社も同様だが）の領地を確認する証明書（朱印状）を与えた．つまり幕府支配に服するかわりに寺社は経済的保護を受けたのである．さらに寺院の場合は，宗派別に中心となる本寺とその支配を受ける末寺というピラミッド型の秩序を作り，民衆のすべてを，いずれかの寺に属させた．これはつぎに述べるキリシタン禁令と深い関係があって，仏寺に属すことでキリシタンではない，という証明が民衆に与えられたわけだが，幕府は村ごとに「宗門人別帳」という寺院別所属人の名簿を作り，これを戸籍がわりとして民衆の支配を徹底した．だから，人々は他の土地へ移る場合には，所属する寺から身元が確かであるという証明書（「寺請証文」）をもらって次の土地の寺に提出し，その寺の壇徒に入れてもらう必要があった．つまり，寺院は宗教組織であると同時に，幕府の支配機構の末端機関でもあったわけである．

　幕府はこのように大多数の宗教界を支配に収めたが，幕府

近世の文化と社会

がその存在を認めなかったり、幕府の支配を拒否した宗教もあった。その代表はキリシタン（切支丹）であり、日蓮宗の一派である不受不施派である。キリシタンに対する最初の禁令は1587年に豊臣秀吉が出したものだが、それは有名無実で、その後もキリシタンは増加し、1613年には伊達政宗がスペイン国王へ使節を派遣するなど、貿易と深く結びついたキリシタンの布教は衰えなかった。しかし、1616年に幕府はあらためてキリシタン禁令を発布し、やがてイエズス会のスペインとポルトガルの渡来を禁じ、国内のキリシタンに対して徹底した迫害を加えた。そのため多数の殉教者が出た。キリシタン禁令の背景には、キリシタンが異教徒の幕府を絶対者と認めなかったという宗教的理由や、スペインとポルトガルの内部抗争、これらの国々の経済的侵略に対する恐怖感など、さまざまの理由があげられる。

幕府はまずキリシタンの禁令を発し、ついで外国との貿易を制限し、第三に日本人の海外渡航を禁じ、1639年に鎖国体制を完成するのである。

日本のキリシタンの最後の抵抗は1637年に九州の島原でおこった反乱で、天草四郎と呼ばれる16,7歳の少年に率いられた3万人以上の民衆が原城にたてこもり、幕府軍と4カ月も戦闘するという激しい戦争が行われた（島原の乱）。そのキリシタンが敗れたのちは、ごくわずかな人々が秘密宗教としてキリシタン信仰を維持した。

幕府政治の変化

1651年、3代将軍徳川家光が没してまもなく不穏な事件がおこった。牢人による反乱である。牢人の由井正雪たちは江戸・大坂・駿府で事件をおこし、幕府に不満のある牢人たちを巻きこんで幕府を倒す計画をたてた。しかし計画は幕府に察知され、正雪は自殺し一味は捕えられた。この事件が契機となり、幕府は牢人問題に真剣に対応することになった。

幕府は一方で牢人を厳しく取り締まったが、その一方で牢人を生みだす原因も作ってきたのだから、牢人の不満が幕府に向けられるのは当然であった。前に述べたように幕府は古い大名を改易あるいは転封して、徳川家直参の武士を大名や高禄の旗本にとり立てる政策を3代将軍家光の時代まで一貫しておしすすめてきた。その結果、改易された大名の家臣は失業し、主君をもたない武士、すなわち牢人となる。幕府がはじまってから約50年間に40万人以上の牢人が生まれ、再就職できた者が半分いたとしても20万人以上の牢人が収入もなく町にあふれていたことになる。つまり幕府が大名改易政策をやめない限り、牢人問題は解決しない。

そこで幕府は対大名政策を柔軟路線に転換した。第一は、それまで主君が急死した場合の養子縁組を認めていなかったのを廃し、末後養子すなわち主君の没後に養子をたててもよいと、継嗣の条件を大幅に緩和した。それは改易の理由で一番多かったのが継嗣なく断絶というケースだったからである。

第二に、幕府は大名統制の手段として、大名の縁者を証人として幕府に出仕させたり、幕府指定の邸に住まわせたりしてきたが、その証人の制度も廃止した。こうして強圧的に大名を支配する政策が緩められ、しだいに大名は幕府に対して自立性を高めてゆくようになった。

第三に牢人対策だけではなく、戦国時代的な荒々しい武士の行動を改め、平和な時代にふさわしい武士道を奨励するために、幕府は殉死を禁止した。それまで主君と家臣は心情的に一体であると考えられてきたため、特に主君の寵愛を受けて立身出世した家臣は主君が没すると、それにあわせて切腹し主君の死に殉ずる場合が多かった。なかには殉死する気持ちがない家臣に対して、周辺から迫って無理に切腹させてしまう例も少なくなかった。こうした無意味な殉死を幕府は禁止した。また、殉死を生むような大名と家臣の親しい関係の背後には戦国的な男色が広く習慣になっていたので、幕府は男色に対しても間接的に禁止政策をとった。

このような新しい幕府政治の路線は、幕政の安定にともなって、儒教の仁政思想や仏教の慈悲の精神が政治にも反映してきた結果でもある。その典型は5代将軍徳川綱吉の「生類憐みの令」であった。綱吉は儒学を好み公正な政治を望んだが、性格が偏執的であったため異常に犬を愛し犬の保護令を発した。犬を殺したりすると死刑に処せられたり、江戸の西部に2万5000坪（8万2500 m²）にもおよぶ犬小屋を作って捨犬を養うなど異常な政治を行った。さらに犬だけではなくてあらゆる動物に保護令が及び、魚・鳥・亀などの飼育や売買も禁止され民衆は非常に迷惑し、綱吉のことを「犬公方」とあだ名した。

綱吉の死とともに、この暴政はすべて廃止されたが、生類憐みの令は別の効果を現わした。それは農村山村には狩猟などのために大量の鉄砲が残されていたが、鳥獣の殺害禁止を理由に、こうした鉄砲が幕府役人によって集められ、猟師の鉄砲以外は、ごくわずかしか農山村民の鉄砲所持を認めない、としたことである。ちょうどそれは都市で町人の帯刀禁止が実施された時期と一致しており、武士以外の武器保有が厳しく制限され、士農工商という身分制が完成されてきたことを意味している。

18世紀の日本は、政治的には最も安定した時代を経験した。18世紀の初頭の政治をリードした新井白石は儒者であるが、イタリア人の宣教師シドッチから西洋の様子を聴取するなど、世界的視野ももった合理的な精神のもち主だった。白石は李朝朝鮮との外交のうえで、徳川将軍を日本国王と外交文書に署名するように改め、幕府の威信を高めようとした。また長崎を通じてオランダ・中国へ流出した金銀を計算し、幕府経済の悪化を防ぐために、海外からの輸入制限と金銀にかわる銅の輸出を命じた（正徳の治）。

新井白石の政治は、白石を支持した6代将軍家宣の死によって比較的短命に終ったが、その政治改革の路線は、その後の幕政の基本となった。

18世紀は政治的安定の背後で、社会の変化が進行し、それに対応する政治的努力のはじまった時代でもあった。幕府ができてから約100年間は戦争で獲得した莫大な金銀があったが、それも使い果たし、幕府の収入も減少しはじめた。財政悪化を乗り切るために、貨幣を改鋳し、金貨・銀貨の金銀の含有量を減らしたりしたが、物価の騰貴を招いただけで根本的な解決にはならない。さきの白石の輸入規制もそうした財政改革の一つであった。

8代将軍徳川吉宗は、それまでの官僚まかせの政治を改めて、将軍親政を打ちだし幕政改革に着手した（享保改革）。一つは幕府収入を安定させるための経済政策である。具体的には徴税方法を改め、米作の豊作不作に関係なく税額を一定とし徴税役人の綱紀粛正をはかった。第二に優秀な人材が門閥の悪弊のため登用できないのを改め、新しい官僚層の育成をはかった。第三に法制を整理し、基本となる成文法を体系化したのである。こうした政策の結果、改革の効果が現われ

江戸時代の間、日本は軍事上のエリートである武士によって支配された社会形態を存続し、武士はその軍事的伝統の「武」を強調する一方、行政、文筆上の技能「文」を保持していた。侍の特色は2本の刀（大小）を帯びる権利をもっていたことで、一般庶民は帯刀を禁じられていたが、庶民でも特定の人々は、短刀1本、ときに2本を差すことが許された。徳川幕府の一大平和時代の下で、甲冑、兜と刀剣は、もはや戦闘のための必需品ではなく、装飾的、贅沢な儀式用の装備品と先祖伝来の家宝となる傾向にある。装飾的な鎧帷子の袖のついた赤い締紐の一領の鎧は胴丸型のもので（右図）、江戸時代に大名用として大いに普及した。象徴的な鍬形をつけた兜は、より初期の様式を反映したものであるが、はるかに精巧な技法が施されている。16世紀半ばのものとされる飾りつきの刀は、腰に吊す刀（太刀）で、家紋が飾られている。刀のつば（上図）は元来簡単

近世の文化と社会

米価の安定と商人の抑制を基本としていた．したがって支出を抑え，奢侈を禁ずるための倹約令がしばしば発布された．しかし，生活水準が向上し物資が豊かになって商業がますます盛んになると，商人に業種ごとの業者の仲間を組織させ，その営業権を公認するかわりに，上納金を徴収することが幕府収入の柱となってくる．商人の得る利益を幕府が吸いあげるだけではなく，巨大な商業資本を新田開発にも利用するなど，幕府と商業資本との結びつきが深まった．商業資本と密着した有名な官僚に田沼意次という人物がいる．田沼意次の父は紀州徳川家の中級武士（600石）で，徳川吉宗が紀州から8代将軍に就任するとき一緒に江戸へ来た．その子の意次は次代の将軍の小姓となり，10代将軍家治の信頼を受けてついに5万7000石の大名にまで出世した．その政治は大胆な湖沼の干拓や北海道の開発に商業資本を利用するなど重商主義的だった．しかし商人との結びつきが強すぎて，賄賂が横行したといわれる．豪商たちは業種の独占を幕府から認めてもらったり，その他さまざまの特権を得るために独裁的な権力をもつ田沼意次に競って賄賂を贈った．ある商人からは京人形の巨大な箱が田沼家に届けられた．早速開いてみると，生身の美女が人形のような衣裳をまとって現われた，というような挿話もある．美女を賄賂としたわけである．もっとも，こうした話は，後に田沼が失脚してから書かれたものが多く，どこまで信じてよいか明らかではない．

20年ほど田沼時代が続いた1782年ごろから天候の不順が日本を襲った．1783年には浅間山（長野県）が大爆発をおこし，死者2万人，降灰は数百kmに及ぶという大被害となった．しかし本当の被害は，爆発による天候異変から生じた凶荒であった．東北地区ではひどい冷害で穀物はほとんど無収穫になり，津軽藩（青森県）では全領民の3分の1にあたる8万人が餓死し，領内の田畑の3分の2にあたる2万町歩（2万ha）以上の土地が捨てられたという．東北全体の被害はこれと似たようなもので，娘や子供は売られ，飢餓に苦しむ人は死体の人肉まで食べるものがいたと当時の記録にみえる．このような凶作は年を追って全国的にも広がり，1785年の収穫は平年の3分の1にとどまった．

流民化した農民は都市に流入するが，都市でも米不足のため，米価は高騰して下層民の生活は窮乏化してゆく．ついに窮乏の極に達した民衆は暴徒となり，豪商の家や米商人の店を襲い掠奪に走った．これを都市の打毀しという．1784年に江戸・大坂・京都をはじめ各地の城下町では打毀しが続発し，さらに農村部でも領主の年貢徴収に耐えられない農民が一揆をおこし，1782年から89年までの間に全国で230件以上の一揆がおこった．その原因は天候の不順が第一だが，第二には，享保改革以後，年貢徴収が高率すぎて農民側の余力がなくなり，いったん減収が続くとたちまち飢餓に陥るという，人災の面もあったことも見逃せない．

このような社会不安のなかで田沼意次は失脚し，これにかわって松平定信が老中となって寛政改革といわれる幕政の改革にのりだした．改革の目標の第一は，凶作と窮乏によって荒廃の極に達している農村の再建を行うこと．第二は年貢収入の減少によって窮乏化した武士の救済，第三は新興商人層の組織化であった．第一の目標のために江戸に流入した農民を出身地に戻し，名代官といわれる優秀な代官を選んで直轄地である天領の経営に当たらせた．武士の救済のためには，いささか荒っぽいが4年以上前の武士の借金は，その債権を無効にしてしまった．商人から借金していた武士は，これで

な鉄製のものであったが，しだいに金，銀，青貝で飾りをつけた精巧な工芸品に変わってきた．

てきた17世紀中期には，幕府の収入は徳川時代を通じて最高に達し，年間100万両近い黒字財政となったほどである．また大岡越前守忠相のような名裁判官として物語の主人公になるような名代官が登場し，刑罰の量刑が緩やかになったり，武士が庶民を殺した場合の調査・処罰なども規定され，為政者の恣意性がわずかだが制限されてきた．

しかし一方では，身分的規定はますます固定化され，特に被差別部落民の居住地・職業に対する差別が助長されてくる．最下層に置かれた非人には，平民で心中に失敗した男や犯罪者を編入するという刑務所的性格ももたされ，その一方では警察機構の末端となって庶民の憎悪の対象にさせられるなど，悲惨な環境に置かれた．

ところで，都市の繁栄にともなって，政治の基調は商業の重視へと変化していた．従来の幕府政治は農村を中心と考え，

ずいぶん救われたが，損害を蒙った商人はこの法令に反発して武士に対して融資を拒絶したので，その後，かえって下級武士は窮迫する者がいた．経済面では有力商人を幕府に招き政策決定に関与させるなど，財政のたてなおしに必死になった．この点はまたのちに述べる．

松平定信の寛政改革にはもう一つの重要な政策としてイデオロギー統制にあたる寛政異学の禁があるが，その実態については文化の項で述べよう．定信の改革はあまりにも厳しかったので，かえって庶民の側から批判がおこり，

白河の清きに魚の住みかねて，もとの田沼の濁りこいしき

という川柳が作られた．白河とは松平定信の領知が奥州白河にあったところから，定信を暗示しており，あまりにも白河のような清潔さを厳しく命じるものだから，庶民にはかえって窮屈で，汚濁にまみれていた田沼（田沼は文字通り汚っている水の象徴であると同時に，前代の政治家をさす）の方が懐しく思われる，という意味の諷刺であった．

ちょうど幕府が寛政改革を行うころ，各大名のなかでも藩政改革が行われた．明らかに18世紀中期から武士階級の収入は減少し，どこの大名も巨額の融資を商人から受けており，1年先あるいは2年先の年貢まで融資の担保にしている例がある．さらに窮乏すると破産も同然で，年貢の徴集から大名自身の家計，家臣団への給与などの一切を特定の商人に委せてしまう大名すら現われてくる．こうした大名経済の破綻に対して，危機感をもった一部の大名は藩の財政再建のために緊縮財政をとる一方，藩の特産品，たとえば出雲の松平家では薬用の人参や特産の紙などを藩が率先して生産指導し，製品を藩の手で専売制にするなどして財政の再建をはかった．こうした藩政改革は，その後も各藩で試みられ，何度も窮乏と改革をくり返しながら，幕末に至って最終的に財政改革に成功した大名が経済的にも政治的にも幕府から自立した小国家的性格をもつようになり，幕府の威信の低下にともなって倒幕運動の主体となった．

幕府の寛政改革もそれなりに成功し，再び江戸の繁栄がもたらされる．都市でも農村でも庶民の力が大いに伸長した．しかし，その反面，幕府をはじめ武士の実力は相対的に低下していった．幕府はかつてのように諸大名に対して強力な権力をもたなくなり，むしろ幕府自身の経済を維持するのに精いっぱいであった．幕府はその拠点である江戸を中心に関東地方の支配を強化し，それまでの商業の中心であった大坂から江戸を自立させようとした．そうした最後の幕政改革が天保改革である．

老中の水野忠邦は1841年に前将軍の徳川家斉が没すると政治改革に着手した．それは極端な倹約令と風俗粛正策にはじまり，特権商人の弾圧や身分差別の強化など封建反動というべきものであった．忠邦がこうした改革の使命感に燃えたのは，一つに国内で封建制の破綻にともなう社会不安が高まり，特に幕臣の大塩平八郎が大坂で反乱をおこすなど，幕政批判が現われたこと．第二に，中国でのアヘン戦争（1840-42年）の情報が伝わって対外緊張が高まったことがあげられよう．忠邦の改革は，時流に逆らう点が多かったために，ほとんど失敗に終り，本格的な幕政批判がはじまる契機を作った．これに加えて北方からのロシアの脅威もあり，いよいよ近代日本の開幕への政治過程がはじまるのである．

都市と農村

戦国時代の都市の発達をうけて，江戸時代に入ると三都といわれる江戸・大坂・京都の大都市をはじめ，各地に巨大な都市が現われ，政治・商業・工業の中心をなした．戦国時代にできた城下町は，主として軍事的な目的が優先し，商業や工業も狭い領内の需要にこたえる程度であった．しかし，江戸時代の城下町は，むしろ全国的な商品流通の中心になるような三都にみられるように，新しい役割にふさわしい規模と組織をもつに至る．都市に集められた武士は武家だけの町を作り，商業地，職人町とそれぞれ身分や職業によって計画的に都市が形成されていった．

都市人口の中心は町人である．町人は商人と職人，そしてそれらの奉公人よりなり，幕府や大名は町人を支配するために五人組制度や町組の制度を作った．これは町人の自治機能を高めるためである．自治機能といっても現代でいうような住民の高い政治意識に基づくものではなく，トラブルが生じたときには，なるべく内部で処理できるように，町の有力層に一定の権限を与えたものにすぎない．したがって町人のなかでも家をもっている町人を一人前と認め，借屋層の権利は押えられた．家持層のなかから町年寄や月行事といわれる代表が選ばれ，役人との交渉役となった．農村に比べると都市はいろいろな意味で優遇され，多くは土地税にあたる地子が免除され，商人や職人は仲間を結成してそこから運上金とか冥加金として利益の一部を上納するようになっていた．

江戸時代初期の商人は，戦国時代以来の有力者が中心で，徳川幕府はその町のなかでの地位と権威を利用するために，彼らを町の役人にとりたてたりした．ところが開幕後70-80年もたつと，こうした有力商人は幕府や大名に利用されるだけで没落し，これにかわって新しい商人が登場してくる．新興商人は小規模な財産から才覚を発揮して成長した者が多く，井原西鶴が『日本永代蔵』に描いたような三井高利などがその典型である．伊勢松阪から出て京都に呉服の仕入店を作り，江戸に小売店を作って販売する．しかも「現金，掛値なし」という薄利多売を心がけ，急速な江戸店の発達をみるや，その利益を金融にまわすなど，まさに従来の商慣行にとらわれない新しい方法で大成功を収めた．

三井家ではしだいに規模が大きくなると，資産をのれん分けして分散し，同族団という強力な商業組織を作り，これを維持するために家訓を作って互いに規制をはかっている．こうしたやり方は新興商人たちに共通するものであった．

都市の住人として商人にならぶものは手工業にたずさわる職人である．江戸時代には工業の発達はめざましく，特に京都は高級呉服をはじめ陶器，漆器，金工などの工芸品の生産で全国一の伝統をもち，多数の職人が居住した．

城下町では武士の人口が大きい．日本最大の政治都市である江戸には大名の邸宅がたちならび，膨大な武家人口があった．18世紀には町方だけでも50万人を超え，武士の人口調査はないので実体はつかみにくいが，おそらく30万以上の武士およびその奉公人がいたと思われる．こうした生産にかかわらない巨大な人口をやしなうため，江戸は最大の消費都市でもあった．東北から集まる莫大な米は武士たちの収入でもあったので，蔵前にならぶ札差商人によって換金される．その結果，米を作っている農民は日常生活で米を食べることはごくまれだったけれど，江戸の町人たちは日常に白米が食べられた．

江戸で消費される米穀は東北方面から主に運ばれたが，その他の木綿，真綿，油，酒，茶などの商品は，全国一の集荷地である大坂から江戸に下ってくる．つまらないという意味

徳川幕府の下で，京都の皇室は相応に援助されてはいたが，政治的には全く無力の状態に置かれていた．1615年に天皇と公家に対して発布された法令（禁中並公家諸法度）は，彼らに学問，文化的知識の追求，宮廷活動に専念するように命じた．このような状態は19世紀半ばまで続いていたが，幕末に至って外国との関係についての幕府の扱いに不満をもった侍たちは，「尊皇攘夷」を呼びかけ，天皇親政を叫んだ．この絵画は，江戸時代初期の日本絵画界の土佐派の再興に貢献し，1654年宮廷公認の絵師になった土佐光起（みつおき）が，例年，新年の祭（歳旦祭）を記録したもので，宮廷に仕える公卿たちが，最も正式の衣裳をつけ，この絵の右上部に半ばかくされて描かれている天皇を拝礼している．

近世の文化と社会

で「くだらない」という言葉があるが，これは江戸へもってゆけないような下級の品というところからできた言葉である．江戸時代になって都市が発達し，農村と都市の分業関係がはっきりしてくるにともなって，それぞれの生産したものが交換流通される度合いも高まった．それが商業の発達だった．天下の台所といわれた大坂には，1660年代には日本海側を通り下関をまわって瀬戸内を大坂へ到達する西廻り航路が開拓され，ますます商業が発達する．同じころ江戸にも津軽をまわって太平洋側にでる日本海沿岸と江戸とを結ぶ東廻り航路が開発された．また大坂と江戸の間には初期から菱垣廻船が生まれ，はじめは中型の船だったがのちには1000石積の船も就航するなど発達する．これに対抗して樽廻船もできる．こうした廻船業に対応して難破した際の保障を目的に江戸の問屋が仲間を結成し，あわせて廻船の支配も進めたのが十組問屋といわれる組織である．大坂にも二十四組問屋などが組織され，問屋制度が発達した．このように江戸時代の前・中期は江戸と京都・大坂を軸に商品流通が展開したといえよう．これに加えて外国貿易の窓口である長崎の存在も忘れることはできない．鎖国後，外国貿易は減少したのかというと，そうではない．かえって18世紀には拡大している．むしろ鎖国とは外国貿易を幕府の管理下におくための措置であって，貿易量を制限する政策ではなかった．

物資の流通にともなって陸路の交通路も整備された．もちろん幕府が諸大名に命じた参勤交代の影響も大きいが，いわゆる五街道（東海道，中山（仙）道，日光街道，奥州街道，甲州街道）には早く伝馬制や宿駅制が整備された．五街道ばかりでなく，脇往還といわれる伊勢路，中国路，長崎路，羽州街道，北国路など，今日の主要幹線にあたる街道が整備された．こうした街道には，東海道五十三次というように適当な距離をおいて宿駅が設けられ，大名のもとめに応じる本陣をはじめ一般庶民の泊る旅籠が作られ，人馬の用意もされた．その役として周辺の農村には助郷役が課されて，農民の大きな負担となった．

江戸時代後期になると，商業もしだいに変質してくる．都市ばかりでなく織物や工芸品生産など，農村部での工業も盛んになる．また江戸は消費物資をほとんど大坂に頼っていたが，江戸周辺にも需要にこたえる生産が進み，たとえば醤油では，野田・銚子・土浦などの大生産地ができ，従来の大坂と密着した問屋制度は実情にあわなくなってきた．このような商業の構造的な変化にあわせて，幕府は寛政・天保の両改革を行い，新しくおこった商品流通を掌握し，大坂からの独立をはかろうとしたのである．しかし幕府の力が衰えていて，必ずしもその政策は成功しなかった．幕府の管理下にも入らず，むしろ武士経済を牛耳ってしまうような商業の展開が幕末の政治動向に強い影響力をもったといえよう．

都市に対して農村はどのような仕組みになっていたのだろうか．

すでに述べたように，豊臣秀吉によって全国に及ぼされた検地制度によって新しい領主と農民の関係が生まれたが，徳川幕府の政策も基本的にはこれをうけついだ．幕府の政策は藩領でも模倣されたので，幕府の直轄領である天領について説明しよう．戦国時代の村は大小さまざまだったが，幕府は行政区分として適当な大きさに村を分割統合し（村切），租税の納入や夫役の負担なども村単位で請負うように，支配の簡便化をはかった．一般的なイメージでいうと，悪代官が年貢の納められぬ百姓の家にきて無理難題をいいかける場面がでてきそうだが，そうしたことは基本的にはなかった．つまり年貢の払えぬ者も払える者も一括して村役人がまとめて代官に納めるわけで，村落内部の秩序には代官はあまり手を付けなかったのである．話をもとに戻すと，幕府から派遣された役人である代官は年貢を集め，秩序を維持し裁判を行うなどする．代官のもとには何力村かをまとめた大庄屋があり，さらに各村ごとに，いわゆる地方三役という名主（庄屋），組頭，百姓代の農民代表が統率者となった．名主たちは代々世襲の場合が多かったが，江戸時代の終りになると選挙で選ばれる場合もあった．名主は有力農民であったから貧農に金を貸したりして地主化する場合が多いが，その一方では村が疲弊して領主や代官に抵抗しなければならないときは，村の代表者として自らを犠牲にする場合も少なくなかった．

農民は本百姓といわれる家族を単位とした自作農を幕府は農村政策の基本にすえた．だいたい6,7アールから1ヘクールぐらいの田畑をもち，10石前後の収穫を得る農民である．しかし実際には自作地は少なく小作をする貧農（水呑百姓と呼ばれた）も多く，地主もいた．幕府は本百姓が減るのを防ぐために田畑永代売買禁止令（1643年）を令して田畑を売買して有力者のもとに集中するのを禁じたほか，1673年には分地制限令を出して本百姓が細分化するのを防ごうとした．愚かなという意味で「たわけ」という言葉があるが，これも「田分け」することを非難することから生じたのである．売買を禁じても年貢が納められなければ田畑を手離すほかはない．売るかわりに質にいれる形式が現われ，質地を集める質地地主が登場する．結局，江戸時代後期には酒田の本間家のような大名以上の力をもつ地主が出現する一方，土地をもたない小作農が増加し農村の分解が進んだ．

農民が負担する税の中心は年貢で，検地によって土地ごとに上中下といった生産力の評価がされ，その評価，たとえば上田一反に対して生産高を1石5斗にするといった額に対して，その何割かを年貢として徴収する．五公五民とか四公六民というのがその割合で，五公五民ならば5割が領主の年貢，5割が農民の取り分ということになる．その割合は，その年の作の出来・不出来により，サンプル調査をして決定するのが検見法である．代官の恣意性が加わったり，毎年の年貢高が予測できないという問題があって，江戸中期以降は，数年分の割合をあらかじめ一定にしておいて納める定免法に代わ

近世の文化と社会

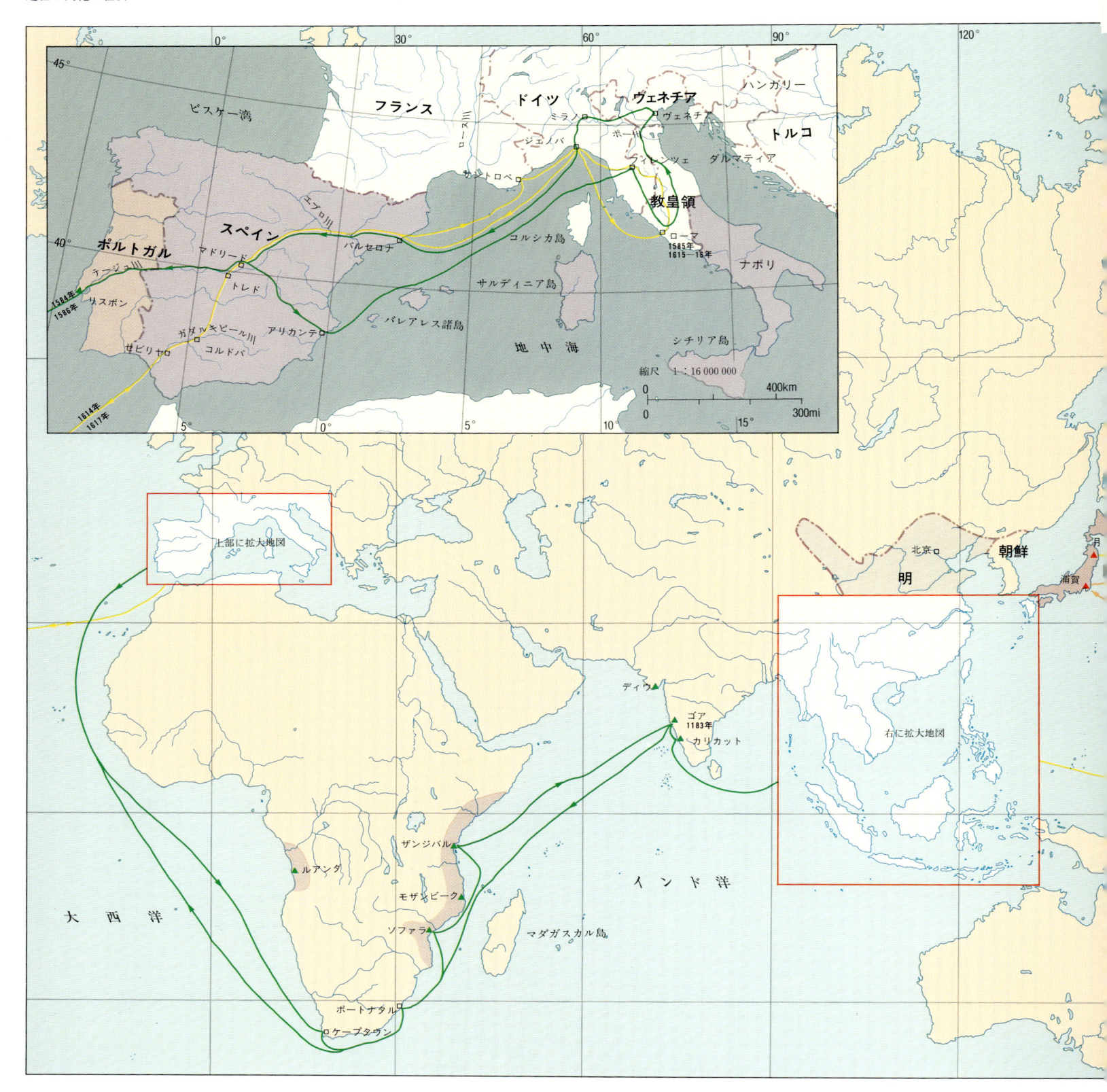

っていった．年貢は生産した米で納めるのが原則であるが，畑地や山村・漁村では米のかわりに，年貢の一部あるいは全部を貨幣で納入した．その他農地以外の土地に対して特産品などを納めさせる小物成や，労働力として徴発される課役や，村の必要経費を負担する村入用などが農民にかかってきた．百姓は生かさぬよう殺さぬよう，とか百姓と油は絞れば絞るほどよい，といった支配者の姿勢があれば，これに対抗する農民との間に熾烈な戦いがあったことも稀ではない．逃散，直訴，一揆という非常手段がとられ，農民が反抗するケースは江戸後期になると増加の傾向にあった．

江戸時代の農村の変化にはいくつかの画期がある．その一つは前期から中期にかけての17世紀後半の変化であり，もう一つは後期における変質である．前者の特徴は急激に新田開発が進み耕地面積が増大したことである．室町時代の田畑はおおよそ95万ヘクタールと見られるが，江戸時代の初期には約164万ヘクタールに，さらに中期には297万ヘクタールとなったとされる．その後は小規模な開発が多く，明治維新まで1割は伸びなかった．初期から中期への，ほとんど倍増に近い耕地の増加は農業技術の発達とあいまって元禄期の繁栄をもたらしたといわれる．教科書にも必ず説明があるように

大航海時代

17世紀初頭，徳川幕府による鎖国が施行される前に，ポルトガル，スペイン，オランダ，イギリス，中国の商人たちは日本の港を訪れ，日本人も，東アジアの海のみならず，世界の海へ渡航を試みていた．何人かの大名たちは，アジア貿易，西欧と文化的・宗教的な接触を促進するのに積極的であった．1582年には，3人の九州の大名が，ローマのグレゴリー13世とスペインのフィリップ王を訪問するのに5人のキリスト教信者の少年使節団を派遣した．この使節団は，ヨーロッパで暖かい歓迎を受け，ヨーロッパとの接触の

見込は有望と見えたが，1590年に使節団が帰国したときには，秀吉はすでにキリスト教の布教の努力に対して，反対の立場を取っていた．1610年には京都の商人田中勝助が貿易を望んでメキシコに渡航したが，翌年挫折して帰国した．1613年には仙台の伊達正宗の家来，支倉常長は使節団を率いて，メキシコ，マドリード，ローマに赴いた．1620年に日本へ帰着して，支倉はキリシタンが伊達領内で追放されていることを知った．

深耕を可能にした備中鍬や後家倒しと俗称された千歯こき，風力を用いてふるいわける唐箕など新技術が登場する一方，肥料に糠や干鰯が用いられ集約農業の基本型が形成されていった．

こうした農業技術や防虫害の知識などを記述した農書が出版され，農業技術の普及がみられた．『農業全書』（宮崎安貞著，1697年）や『会津農書』（佐瀬与次右衛門著，1684年）をはじめ多種多様の農書が中期以降たくさん出版された．それは，字が読める農民を前提としているわけで，農村文化の展開を示している．農書の大きな影響は，米作りばかりでなく，商品として売れる農作物（綿・茶・菜種・煙草など）の栽培法も解説していることである．このことは農村に米よりも利益をもたらす作物の生産が進んだことを意味している．百姓といえば米作りだけをしているという，固定的なイメージで見られることが従来多かったが，最近では，百姓のなかにもこうした商品作物を背景に商人的側面を兼ねる人々が多く，したがって，各地を移動して活動するケースも多かったという意見が出されている．ともあれ一般的にいえば農村の生活はこうした変化によって向上し，さまざまの文化が創造されたことはのちに述べよう．

近世の文化と社会

天下人の文化

織田信長や豊臣秀吉のような天下人と呼ばれる専制的な権力者は，自らの権力を誇示するスケールの大きな文化を求めた．その第一は四重にも五重にも層を重ねる天守閣を中心に巨大な規模を誇る城郭である．戦国以前の城は自然の山や川の地形を利用した山城が中心であったが，天下人の時代になると平野部に何重にも濠をめぐらし石垣を築いて豪壮な景観を見せる平城が多くなった．城下には武士や町人が集まり，城下町として栄えるには交通の便がよく，後背地として豊かな農村をもつ平野部の方が有利であったし，城下の人々を睥睨するようにそそり立つ天守の偉容が大名の誇りとなったのである．織田信長が1576（天正4）年に築いた安土城は，当時，最も大きく，最も豪華な城で，安土の山の上に，さらに石垣から最上階の屋根まで高さ46 mに及び，地下1階，地上6階の木造の城であった．その後，秀吉が建造した大坂城や徳川家光が建てた江戸城などはさらに巨大で，江戸城の場合は最上部の屋根は地上より高さ60 mに及んでいる．このような城の建築にともない石垣を積む技術や，高層にもかかわらず地震に強い構造の建築技術などが進歩をみた．

城郭建築の発達に呼応するものの一つに障屏画といわれる桃山様式の絵画の発展があった．天下人はそれまでにない強力なパトロンとして画家たちを援助し，その絵画によって豪壮な城郭の内部を飾ったのである．たとえば，先の安土城の場合をみると，金箔を張った襖に，中国古代の帝王（3皇5帝）の図をはじめ金碧濃彩画で花鳥，山水，人物などを縦横に描き，その華やかさは目を奪うようであった，と記録されている．その絵を描いた画家たちの中心になったのは狩野永徳（1543-90）である．漢画系統の画風を守る狩野派のなかに誕生した天才永徳は，わずか24歳で大徳寺聚光院の襖絵を描いているが，そこには永徳によって開かれた桃山様式と呼ばれる構図がはっきりと現われる．高さ約1.7 m，幅5.4 m（4枚の襖が続いた形になっている）の画面に，1本の梅の巨木を描き，その枝が左右に大きく広がり，その下には豊かな水の流れと水鳥の遊ぶ様子が描かれている．中世的なモノクロームの水墨画の世界を守りながらも印象は明るく，ダイナミックに枝も水も躍動している．こうした様式に目も鮮やかな色彩が加わったとき，桃山文化を特徴づける金碧濃彩画の様式は完成する．永徳が48歳のとき描いた『檜図』屏風は，その代表作である．画面の背景は純金を薄くのばした金箔で埋められ，水面は濃い紺青で塗りあげられ，前面には桧の巨木がうねるように幹と枝を広げている．襖とか屏風といった高さに制限があり，幅に制限の少ない特異な画面のなかで，ダイナミズムを極限まで表現した構図といってよいだろう．永徳以降も狩野派は時の権力者の保護のもとにすぐれた画家を生み，しだいに装飾的で優美・繊細な画風を展開していった．とくに狩野山楽（1559-1635）は花鳥画などに華麗な，しかも力強い作品を残している．狩野派の台頭に刺激されて長谷川派の画家も活躍し，長谷川等伯は水墨画にも金碧濃彩画にも両様にすぐれた作品を残し，水墨の松林図では近代日本画の先駆となるような抒情性を表現し，智積院の楓図では装飾性の極致を見せている．

一方，殿中の襖絵と違い，大名や豪商の贈答品にも用いられたのが，京都の賑いを描いた洛中洛外図である．そのなかにはさまざまな庶民の生活が描き込まれており，さらに四条河原や邸内での遊楽を描いた風俗画もたくさん作られた．これらの絵の多くは作者が明確ではなく，町のなかに職人的な画家（町絵師）の工房があり，そこでつぎつぎと制作されたものだろうと考えられている．しかし，その活き活きした画面の魅力は城郭の絵画よりも勝るものがある．

わび茶の大成

天下人が権力にまかせて新しい文化の後援をしていた時代に，中世以来の伝統的な家筋をもつ都市の豪商たちは，金殿玉楼の豪華さとは対極に置かれるべき，わび茶を楽しんでいた．すでにわび茶の成立は室町文化のなかからはじまったが，安土桃山時代になると，堺の町衆を支持者としてわび茶は型の美へと高められ，完成の域に達した．わび茶は，聖と俗，豪華と粗末，伝統と革新がいりまじった独特の芸能であった．

武野紹鷗（1502-55）は堺の代表的な町衆の一人で皮屋と称していた．室町時代末期の最大の学者である三条西実隆のもとに出入りし，連歌，歌道を学んで，その美意識の影響下に「わび」という茶の湯独特の美意識をつくりあげた人である．では紹鷗のわび茶とはどんなものであったのだろうか．たとえば，紹鷗は水指に風呂の水汲み用の釣瓶を転用し，木地の曲げものでつくった面桶の建水，さらに青々とさわやかな竹を切って蓋置を使っている．これらの器物の美しさは，生地の美であり，清らかさに通じる美であって，名工が技巧をつくして長い時間をかけた名物の美とは全く対照的である．しかし，このような生地の道具は粗末なものかといえば，なるほど磁器や胡銅の道具に比べれば粗末なものにちがいないが，生地の道具は一度使いの約束のもので，二度と使わずに捨ててしまうから，考えようによってはこれほどの贅沢はない．貧のなかの贅沢である．

もう一つここで注意しておかなければならないのは，こうした生地の道具が，常に名物を意識して用いられていることである．村田珠光の言葉として「わら屋に名馬をつなぎたるがよし」という心得が伝えられている．豪華な御殿に名馬がつないであるのは当り前で少しもおもしろくない．御殿をやつした，いわば零落した姿のわら屋に思いがけない名馬が発見されるところにおもしろさがある．実は珠光から紹鷗へと展開したわびの理念の根本には「やつし」という美の方法がひそんでいた．

名物を使わずに，あえて生地の清らかな，しかし粗末な道具を使う．ここにやつしの美がある．正式な書院を建てずに田舎家風のわびた茶の座敷をたて，そのなかに心のやすらぎを求めたのが，堺の茶の湯であり，紹鷗の茶の湯であった．

千利休（1522-91）は武野紹鷗の弟子で，堺の今市に生まれた．10代のころ紹鷗に入門し，20代のはじめにはひとかどの茶人として名を知られる存在であった．幼名は与四郎，宗易と号し，抛筌斎とも称している．また晩年の1585（天正13）年禁裏茶会の際，正親町天皇から居士号として利休号を受けている．

利休の家は魚問屋を営む町衆で，豊かではあったろうが，けっして堺を代表するような豪商ではなかった．だから，織田信長が天下をとり，その茶堂として今井宗久や津田宗及とともに用いられたとき，他の2人が豪商として茶のみならず堺の利益代表的な性格をもっていたのに対し，利休は純粋に茶道をもって仕える宗匠としての扱いであった．その段階で，天下一の茶の名人としての利休の声価は定まっていたというべきであろう．

利休のわび茶の大成とは具体的にどのようなことであったか．まず第一に茶会の形式と点前を完成させたことであり，

千利休（1522-91）．堺の魚商人であった利休は，武野紹鷗について茶の湯を学び，後に信長と秀吉の茶の師匠となった．簡素，自然，わびを愛する利休の態度は，桃山時代の豪華一辺倒に対する反対の美を提出することになった．利休は茶室の広さを4畳半から2畳へと減らし，竹製の花入れ，やわらかで不規則な形の和物茶碗，簡素な鉄釜を導入した．利休はまた，茶とともに供される食事（懐石）を洗練し，簡素なものにした．利休は自身のわびの美を禅の思想と実践にその根底に置いた．利休は秀吉の怒りを喚起し，自殺に追いこまれたが，利休の茶の湯はその後継者により広がり，日本文化に影響を与え続けているという点で，秀吉に勝ったといえる．

18,19世紀の一揆と外国の脅威

この地図は，18世紀末から19世紀にかけて徳川幕府の前にもち上がった国内および国際的な問題のいくつかを示したものである．国内的には，幕藩制度は1860年代までは一応の体裁は保っていた．しかし，その権威は農村部の一揆と町方の打毀しと日本の港を探査しようとしていた「異国」船に対して断固として決定的な措置をとりえないという事態の大波にまかれて危機にみまわれていたのである．江戸時代には，記録に残る百姓一揆は3000件を超え，その発生率は18世紀末に著しく増大している．幕府領といわず藩領を問わず全国的に発生していたが，特に発生の著しかったのは中部日本と東北日本で，飢饉の際に激しさを増した．

1836年に郡内におきた一揆は，貧しい農民たちが高価な種粕の価格に抗議し，押し借りを迫って甲斐地方一帯に広がった．一揆は，大坂で発生した大塩平八郎の乱やついて越後におきた生田万の乱にも影響を与えたために，幕府はその処理に困惑した．これらの騒動自体には体系的な革命思想は欠如していたが，幕藩体制を揺がす大きな力となった．

1792年には，アダム・ラクスマンは根室でロシアとの通商を要求し，1804年にはニコライ・レザノフは長崎の港に帆船で来訪し，貿易開始を要求している．1808年には，イギリス軍艦フェートン号が，オランダ艦船を捜索して強引に長崎港に入港し，引き上げる前に食糧を要求している．これらの事件は，アヘン戦争(1840-42)という，より険悪な情報と組み合わせて，西方の列強が東アジアを侵攻しようとしているという認識を生んだ．1853年浦賀湾に来航したマシュー・ペリー将軍の率いる艦隊によって，幕府はついに開国へと追いこまれていった．

第二に茶の湯の場である茶室の様式をきわめた点であり，第三に茶の理念を禅宗に求めた点にある．

茶室のうえでの工夫に，利休はにじり口という独特の茶室の入口を作った．ようやくはい入ることができるぐらいに小さいにじり口は，いわば日常性が客とともに茶室のなかに入ってくるのを拒否する入口である．茶会というハレの場は，日常茶飯の世界とは異質の場である．客は身も心も露地の手水鉢で清められ，狭き門をくぐり抜けるという宗教儀礼に通じる作法のもとに参入した茶室の内部は，禅の墨跡が掛けられ，一種密室的な参禅の部屋の雰囲気である．したがって当然茶室のなかは狭い．利休は4畳半から一挙に2畳，さらに1畳台目という極小の茶室を創造した．しかも，狭い茶室でありながら，むしろ客は2人，3人と多くいれる．非常に精神的な緊張は高められる．そこでは歩き方も，座り方も，茶の飲み方も点て方も厳格である．だから日常とは違った世界であり，そのなかに新しい精神の高まりを利休は期待したにちがいない．

こうして茶会をとおして追求された茶の精神の方向を利休は禅に求めた．若くして堺南宗寺で禅に触れた利休は，笑嶺宗訢，さらに古渓宗陳といった大徳寺系の禅僧に帰依し，ことに古渓と協力した大徳寺山門修復が利休の命を奪うことになるように，死を賭しての禅の交流であった．

日本史上，もっともユニークなデスポットの1人である秀吉が，茶の湯を最高の趣味としたことは，利休の幸福であり不幸であった．最大の保護者にあって，茶の湯は空前絶後の流行をみた．茶の湯は武士の教養であり，商人の富の象徴であり，権力者の文化のシンボルであった．その茶の湯の頂点に千利休がいたのである．1587(天正15)年10月，京都北野

神社の境内で大茶会が開催された．茶を楽しみとするものは身分にかかわらず貧富にかかわらず，だれでも来て茶席を開き，秀吉はじめ天下の茶堂の茶をみることができるという企画は，いまだ封建的な身分観に固定される以前の，下剋上的なはつらつとした文化の息吹きがある．天下の名物が用いられるというこの北野大茶湯には地方からも京都中からも，800人にものぼる茶人が集ったという．秀吉と利休の茶が一致した企画であった．

ところが，これ以後，秀吉と利休の間にだんだん不協和音が目立ちはじめる．第一に利休の茶が秀吉のような権力者の芸能にふさわしくない厳格さを追うようになり，ことに利休の審美眼は秀吉すら無視するという権力者からみれば異端に走ったことによる．『山上宗二記』に「宗易（利休）ハ名人ナレバ，山ヲ谷，西ヲ東ト茶湯ノ法ヲ破り，自由セラレテモ面白シ」というように近世的秩序に封じこめられない茶を利休が志向していたことがわかる．利休の茶には下剋上の論理が生きていたのである．下剋上を凍結し，兵農分離，石高制という新しい近世的秩序を要求する秀吉からみれば，たとえ茶の湯の世界であっても，それは許しがたいところであった．秀吉に保護されればこそ，茶の湯の文化は偉大なものとなったが，逆に秀吉との対立は利休の茶の死を意味していた．

大徳寺山門上に，雪駄ばきの利休木像を納めたのは僭越であるという罪によって，1591（天正19）年2月28日利休は京都屋敷で切腹してはてた．

南蛮渡来の文化

桃山文化の特色は，世界史における大航海時代の波が日本にもおしよせ，その影響下に海外の文物，ことに西欧の文物が流入したことである．その最初の影響は鉄砲とキリスト教だった．

鉄砲が日本にもたらされて戦争の様相が一変したことは前に記した．キリスト教は1549年，聖フランシスコ・ザビエルが来日し，九州・中国地方，さらに畿内へと信徒の数を増やしていった．ポルトガル国王の保護のもとに布教活動を行うイエズス会士のザビエルは，日本への布教がポルトガルにとっても経済的利益になることを知っていた．しかし単に植民地を作るために布教したわけではなく，彼は日本人の美点をよく認め，組織的な救貧活動を行った．その結果，宣教後20年間（ザビエルは2年3カ月で離日した）に，キリシタンの数は2万6500人に達し，35年後には15万人に達したという．

宣教師たちの仕事は，布教・慈善の活動が中心であったが，その一環として，まず日本人および日本文化の研究が進められた．その成果は，今日も中世日本語研究の貴重な文献である『日葡辞書』の編纂となり，またロドリゲスの『日本教会史』をはじめ，数多くの文献が著述された．第二にヨーロッパの技術が布教のためにもたらされ，印刷面ではキリシタン版と呼ばれる書物がつぎつぎと刊行され，医学・天文・建築の技術も導入されている．また日本人伝道士を養成するための学校が建てられ，セミナリオ，コレジオと呼ばれる工芸学校，語学校などが作られた．

しかし，1587（天正15）年のバテレン追放令以降，キリシタンに対する弾圧は強められた．江戸時代に入ると，ポルトガル・スペインの脅威が高まり，江戸幕府は2国との通交を断絶しキリスト教を全面的に禁止してしまった．そのためキリシタン文化の本質的な部分はほとんど影響を残さずに消えてしまった．かえってその後も影響が強く残ったのは，風俗や芸能の世界である．

南蛮風俗の一つは食べものである．唐辛子のような香辛料，天ぷらの原型である油で揚げる料理，金平糖などの菓子など，その後も日本の食べものになじんだものが多い．また衣服の面でもカルサン（軽衫）と呼ばれるズボン型の着物も庶民のなかに定着した．

芸能や遊びも，こうした外国の影響を受けて，この時代に新しい展開をみせた．遠くヨーロッパの遊びも，さらに，ヨーロッパを介して新大陸の文化も日本に渡来し，それらはまたたくまに非常なる流行をみた．その一つは日本と中国文化の接点である琉球諸島から渡来した三味線である．

日本の近世芸能のなかで最も特徴的な楽器である三味線は「永禄の比，琉球より蛇皮二絃の楽器渡り，和泉国堺にすめる琵琶法師中小路が手につたへ，長谷の観音の霊夢によって一絃をまし三絃としをしを世に三味線と呼」んだといわれる（『松の葉』）．三味線の源流はもちろん中国であろうが，琉球において蛇皮を用いたのが日本ではのちに猫の皮を用いるようになり絃の数も琵琶の影響を受けて3本になったものであろう．

永禄年間という渡来年代は必ずしも信用しがたい．三味線（シャヒセン）が頻繁に史料に登場してくるのは天正年間後半であった．ところが，三味線は平曲や浄瑠璃と組み合わされて演奏されていることがわかる．平曲や浄瑠璃，小歌と三味線は別個の芸能とも考えられるが，演者はいずれも座頭であった．先の三味線の起源でも琵琶法師が主人公となっており，また近世初期風俗画のなかにもしばしば目の不自由な僧が三味線をかかえているのは，こうした背景があったためであろう．

ポルトガル語のcartaが定着して賀留多とか歌留多とかいう字をあてるこの遊戯が日本にはいってきたのも天正・文禄年間のことである．1597（慶長2）年に発せられた土佐の大名長宗我部氏の禁制のなかに「博奕，カルタ，諸勝負令停止」とあるのが，カルタという言葉の初見史料といわれるが，四国土佐においても禁止されるほどの流行をみているのだから，畿内先進地帯ではそれ以前から相当の流行をみていたと考えてよいだろう．

もちろん，日本にもこのようなカルタを受容するようなゲームの下地があった．すなわち貝合せのような絵と字を合せるゲームで，そのなかには貝の裏に描くだけではなく，紙札にも書く場合があった．しかし，いったん西洋のカードが入ってくると，日本独自のカードゲームの発達をみて，百人一首のカード，いろはカルタ，花札などの多様な形式を生んでいる．

遊びの場面といえば，かならずカルタ，三味線と一緒に流行した煙草が描かれる約束があった．煙草は周知のようにコロンブスの新大陸発見とともにヨーロッパに紹介された習慣である．新大陸の住民が煙を吸う香りのよい葉はしだいにヨーロッパの各地に広まり，16世紀の終りごろにポルトガル人によってインドへもたらされたという．日本への伝来は，当然それよりも遅くなるはずだが諸説あって定かではない．

『蔫録』（大槻磐水著）には1605（慶長10）年に長崎に煙草が植えられたと記しているが，その根拠は薄弱で，永禄年間説，天正年間説などもあって，天正末年から文禄初年には渡来していた（植物としての煙草ではなく製品としての煙草）と考えてよいであろう．

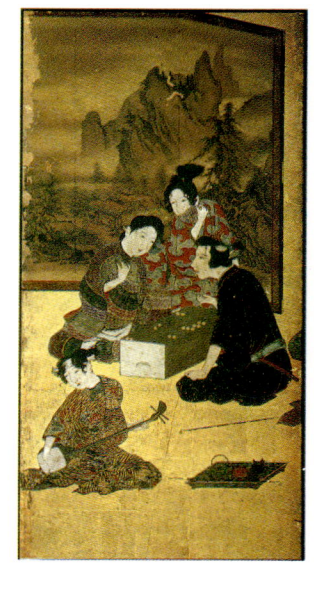

近世の文化と社会

久隈守景は北陸の加賀に深い関係のある狩野派の画家であった。美しい墨絵画家として、守景は農村と村落の風景に特色を示した。その作品は、田園地帯の庶民の生活について徳川時代の他のいかなる画家よりも、より大きい共感と愛情を示していた。守景は儒教の教養をもつ画家であった。その衣裳から見て、ここに画かれている村の風景は、日本でのものより、むしろ中国に設定されている。

左　桃山時代の画家たちとその後援者は、新奇なもの、異国風のもの、日常の行動、余暇と娯楽に魅力を感じていた。この屛風は、その時代に流行していた種々の娯楽活動の模様を示すものである。16世紀末に紹介された三味線は、江戸時代の大衆的な楽器となった。この楽器は、はじめ座頭によって奏でられていたが、宮廷人、芸人、一般の市民にも取り上げられるようになった。煙草も、ほぼ同じ時期に常習するところとなった。盤上のゲームは、幾世紀も前から知られていたが、ギャンブルとして大衆の間で愛好された。

かぶき者の文化

1612（慶長17）年といえば、まだ大坂城に豊臣秀吉の遺児秀頼が命脈を保っていたけれど、徳川家康を大御所にいただく幕府の権勢は、もはや誰の目にもゆるぎないものに映っていただろう。そんな幕府のお膝元、江戸で、ある事件がおこった。

『駿府記』にはこう記されている。江戸番衆の柴山権左衛門という旗本がいた。権左衛門の小姓に科があったので、権左衛門が処刑したところ、それを見ていた傍輩の小姓某が、にわかに刀を抜いて、主君の権左衛門を殺して逐電した。幕府は主君を弑するという罪の重大さに注目して八方手をつくして犯人を捕らえ糾明すると、権左衛門に処刑された小姓とは、たとえ主君であろうとも、理不尽のことがあれば互いに復讐を果たそうと、日頃盟約を結んでいた仲間であったことがわかった。そこで拷問を加え、その仲間を自状させると、これがいわゆる「かぶき者」の大集団であったという。一党を探索の結果、70余名が捕縛され、5、60名が逃亡した。

かぶき者——それは豊臣秀吉の最晩年より大坂の陣における徳川幕府の完全勝利まで、いわゆる慶長年間（1596-1615）に登場するある若者たちの名称であった。かぶき者のいでたちといえば、鬢髪を切り下げ、狂紋（さまざまの模様をまぜ合わせたもの）を衣服に染めだし、おそろしく長い大刀を帯び、その容貌尋常ならざる者どもだった。

「かぶき」とは傾くという動詞の連用形から生まれた言葉である。逸脱。まともならざる行動。目を驚かせる異風異体の姿が、かぶき者の実態だった。異風異体というだけなら、歴史を超えた文化の常態でもあろう。文化は常に、正統と異端を内包している。ことに歴史の変革期において、しばしば異端は正統を圧倒して強烈なるエネルギーを燃焼させることがあった。南北朝期のバサラも異風異体の語で表現された。しかし、なぜ「かぶき」がことに慶長という時代に出現し、17世紀初頭の文化に位置を占めたのか。そこには深い歴史性が介在していよう。

かぶき者の巨魁大鳥逸兵衛の太刀には戯言が刻まれていたという。その戯言とは「廿五までいき過たりや一兵衛」。1604（慶長9）年の豊国社の臨時祭礼を描いた屛風のなかのかぶき者の朱鞘には「いきすぎたりや廿三、八まんひけはとるまい」と書きつけてある。彼らかぶき者に共通する意識に生きすぎたりや、という戦国の世に遅れてきた青年たちのやり場のない怒りがあったのだろう。戦国時代の下剋上エネルギーを凍結しようとする徳川幕府の支配下で、侍の身分すら危うい牢人や、出世の見込みのない武士の子弟や、風狂の町人や公衆などの、下剋上にかわる新しい生きがいに「男伊達」を求める若者像こそ、かぶき者であった。

かぶき者の実態はけっしてかんばしいものではなかっただろう。行楽地で町人の女房たちにいたずらを仕掛けたり、ささいなことで刀を抜いて喧嘩をいどむかぶき者は、自ら仲間の名を茄子組などと称したように、他人から嫌われる存在であることを自認していた。しかしその悪も一方では流行の先端を行く時代の寵児である。かぶき者が茶屋の女（遊女）と戯れる様子を舞台にあげたかぶき踊りが人々の喝采を得たのは当然であろう。「いざや傾かん、傾かん」という囃子にのって登場する絵空事のかぶき者に、人々はかぶき者たりえぬ我が身を忘れて酔い痴れた。

保護と統制

下剋上の論理を梃子に誕生した新しき天下人は、その頂上をきわめると同時に、こんどは下剋上の論理の鎖を断ちきり、凍結し、新秩序の建設と維持に腐心しはじめる。豊臣秀吉が茶人の千利休を切腹せしめたのも、徳川家康が古田織部を切腹させたのも、下剋上の凍結と無縁ではない。古田織部は大名であると同時に千利休の茶の高弟で、利休なきあと、天下の湯指南として将軍徳川秀忠に迎えられた宗匠である。しかし1615（慶長20、元和元）年大坂夏の陣の終了とともに、大坂方内通の罪を問われて織部以下一族は滅ぼされてしまった。内通云々もさることながら、秘かに織部の横死を予言した大河内金兵衛という人がいた。大河内金兵衛はのちに「智恵伊豆」と才覚をうたわれた松平伊豆守信綱の父で、幕府側のイデオロギーを代表する1人だが、金兵衛によれば、織部は「世の宝をそこなふ人」であり、その理由は「茶碗茶入なとをも疵なきをうちわりて繕ふておもしろしなといふ」非道をしたからだという。織部は天下の名物という既成の価値の秩序を認めない。無疵の名物の茶碗をわざと打ち割って、デフォルメするなかに己の美意識を主張する。そのやり方は、かぶき者たちがお仕着せの秩序を認めず、己の意地を通そうとして破滅していった軌跡と重なりあう。

古田織部の死は、単なる一かぶき大名の死というより、文化の変質を象徴する事件だった。かぶき者の出現このかた慶長年間を通して、かぶき者に対する禁制と取り締まりは何度となくくり返されたが、一方で、延べ50万人にのぼる近世前期の牢人という完全失業武士の存在は、間断なくかぶき者を創出する。幕府はここでかぶき者対策という対症療法を超えて、一方に牢人政策の施行と、かぶき化しない文化の保護を

145

近世の文化と社会

含めた総合的な文化政策を打ちだしてくる．再び大名奉公を願う牢人を社会的に締めだす牢人政策は，武士化を諦めた多数の牢人のなかから，新たな文化の担い手を生みだす結果となった．浅井了意，三浦浄心といった仮名草子の作者たち，木下長嘯子，松永貞徳，林羅山，石川丈山などの歌人，儒者など，寛永文化の担い手にいかに牢人が多かったことか．厳しい幕府の弾圧のなかで，やむをえずとった牢人の処世の策が職業としての文化だった．

一方にかぶき者の温床をたたきながら，幕府は禁裏・公家，宗教界といった旧勢力を幕藩的秩序を支える文化の枠のなかに収めてしまった．秩序化の波はより庶民的な文芸・美術・芸能にも及んだ．大坂の陣終了後，最初の正月となる1616（元和2）年正月の江戸城中の儀式のさまを見ると，大名・旗本に加わって，多数の文化人による将軍拝賀の式があったことが『徳川実紀』に記されている．なかには「法印・法眼の医官」をはじめ，同朋・幸若・観世・後藤・本阿弥・狩野一統の画工・右筆・連歌師・大工・舞々・猿楽などが加わっていた．ここには強力な幕府による文化の再編成のあとが窺えよう．

幕府はこれらの諸文化を法的規制によって非政治化するだけではなく，扶持を与えることでその経済を支えた．たとえば宮廷経済を支える禁裏御料は秀吉の時代から約1万石だった．それが徳川秀忠によって1623（元和9）年に1万石加増され，一挙に倍加．さらに1629（寛永6）年に後水尾天皇が譲位すると仙洞御料としてはじめ3000石，のちに1万石が加えられ，短期間に宮廷収入は3倍増したことになる．しかしそれは表向きのことで，頻繁な御所の建設や女院の費用を加算すると，実質的な幕府の支出は年間20万石を超えたという．つまり，かぶきの時代を経て本格的に寛永文化が展開をみせる前提には，経済と社会の安定が必要だったのである．

サロンの文化

日本の文化創造の場が「座」であり「会」であったことは，あらためてくり返すまでもないが，寛永の時代ほど座と会が華やかだった時代も少ないだろう．芸能の座についてはともかく，会と名のつく歌会，連歌会はもちろん，詩会，和漢連句会，立花会，茶会，香会など，あるいは学問講など無数の会が四六時中開かれていた．たとえば中級の公家西洞院時慶が，1621（元和7）年の1年間に関係した茶会の数は46会に及ぶ．あるいは当時一級の茶人大名小堀遠州の茶会記で今日残されている会記は400会を超すが，それとて一生に開いた茶会の何分の一かであろう．また1629（寛永6）年上半期6カ月に禁中で開かれた立花会は30回を優に超す（この年はことに立花が流行したという事情もあるが）．このような膨大な数にのぼる会に集まる人々は，必ずしも身分的に一様ではない．公家，武家，町人，僧侶など打ち交じえての会である．

こうした会をフランスの近世文化を生んだサロンになぞらえることも可能だろう．こちらは主人公が男性であり，ヨーロッパのそれと性格を異にするが（稀には東福門院のような女性を主人公とするサロンもあった），ここには身分を超えた交流が生じ，公家，僧侶，町衆など，それぞれの社会に育まれてきた諸芸能が，サロンを通じて広がり，また新しい発展をみることになった．

2代池坊専好もサロン文化人の1人である．京都六角堂の住僧である池坊の「たてはな」は室町時代後期より書院の花として人々に受け入れられてきたが，2代専好(1575-1658)は書院飾りという制約を離れて，花を1個の独立した鑑賞作品に仕立てた．そこで2代専好の花はそれまでのたてはなと区別して立花と呼ばれている．立花は宮廷社会にも流行し，後水尾天皇の紫宸殿などを会場として公家たちが数十人も立花をたて，できばえを競い，専好が採点するなど宮廷サロンを舞台に発展した文化の一つであった．

2代専好の特色をみると，それまでのたてはなが花瓶の高さに対して花の高さが1倍半だったのに比べて，専好は2倍半ないし3倍と花そのものが強調され，枝ぶりが強く意識されて，枝と葉と幹が描く線の構成に重点が置かれ，色鮮やかな花が効果的に用いられるなど，繊細な意匠性が認められる．この繊細にして華やかな意匠性こそ，寛永文化に共通する新しい美意識であった．

小堀遠州は非業の死を遂げた古田織部の茶の弟子だが，その好みは織部のかぶきたる異風さが消えておだやかな優美さに包まれている．そうした遠州の好みを，後世の人々は「奇麗数寄」とか「奇麗さび」と呼んだ．小堀遠州の選んだ茶道具を見ると，いかにも小ぶりで華奢な印象を受ける．当時の遠州の茶会に参加した1人がその点前を見て，麻の白布で作られた茶巾を客前で畳んで見せる手わざが実に奇麗で，輪にふくらませて畳んだ形が，当時の流行語でいえば伊達，すなわち華やかでシャレていたと批評している．

小堀遠州の茶の湯論として著名な『書捨文』には「春は霞，夏は青葉がくれの郭公鳥，秋はいと淋しさまさる夕の空，冬は雪の暁，いづれも茶の湯の風情ぞかし」とあって，王朝趣味ともいうべき美意識が窺える．もっともこの史料は信憑性に欠ける点があるが，遠州の王朝文化への憧憬をもっと明確に示すのは，遠州が特に多く残した歌銘である．茶道具では器物に銘を付ける．遠州は自ら選択した器物も多いし，他から銘を付けてほしいと依頼されることも多かったとみえ，遠州が書き付けた銘がかなり今日まで残されているが，その銘の根拠に古歌を用いることが多い．これを歌銘という．たとえば瀬戸丸壺茶入銘「相坂」（根津美術館蔵）は，『古今和歌集』の「相坂の嵐の風は寒けれど，行衛しらねば佇びつゝぞぬる」から相坂の文字をとり遠州が茶入の銘としたものである．このように銘の典拠に王朝の秀歌を求め，さらに，王朝文化の伝統を象徴する藤原定家の書風定家様で器物の箱に歌を散らし書きする（ちなみに遠州は定家様の名人だった）という遠州の美意識は，寛永文化における宮廷文化の復興と呼応するものであったろう．

意匠性に富み，シャレていて奇麗で，しかも王朝趣味にあふれる「奇麗数寄」という美意識は，ひとり小堀遠州や池坊専好のそれにとどまらず，いわば寛永文化の美意識であった．新築の桂離宮を訪れた1人が，当時の手紙にその感想を「めづらしく，きれいにうつくしく」（智忠親王宛常照院書状）と綴ったように，奇麗数寄の典型を桂離宮に見ることも可能である．「月の桂」とうたわれた王朝時代以来の名所に設けられた八条家の別業（別荘）には，巧みすぎるくらいの意匠がちりばめてある．釘隠や襖の引手にみえるデザインは，当時新しい焼きものの世界を創造した野々村仁清の華やかな色絵の焼きものにも通じる．

奇麗という言葉にはいろいろの含みがあるだろうが，明るさ，華やかさ，ある場合にはいささか煩瑣なまでの装飾性，

色彩や輪郭の明快さ，さらに古今の文学に彩られる意匠性，これらの要素を総合するところに，寛永文化の美意識が新たに展開した．それは桃山の激しい黄金とわびの対照性とも，かぶきたる異端性とも異なる，いわばそれらを含み，克服し，新たに展開しえた美であった．そして，このような奇麗数寄を可能にしたのは，安定した寛永の時代相と，身分を超えたサロン文化の成立だったといえるだろう．

歌舞伎の誕生

日本の演劇を代表するものの一つに歌舞伎がある．歌舞伎は独特の様式美に特徴がある．また女形といわれる俳優は，男性だが女性の役を演じるという特徴があるが，これには，歌舞伎から女性が排除された歴史を考えねばならない．まず順序としてその発生から述べてゆこう．

「かぶき」という言葉は17世紀初頭の文化の象徴的な流行語であったが，そもそもこの言葉は，阿国という女性が「かぶき踊り」をはじめ，そのレビュー風の踊りが人気を博したところから流行したのである．

阿国かぶきが登場するより約20年前，京都で「ヤヤコ踊り」という踊りが人々の注意を引いた．当時の記録に，加賀と国と呼ばれるそれぞれ8歳と11歳の少女が「ヤヤ子踊り」を奉納したことがみえる．この国という11歳の少女こそ，かぶき踊りの始祖出雲の阿国と推定される．

かつてのヤヤ子踊りの国がかぶき踊りの阿国として再登場するのは，1603（慶長8）年のことであった．その芸態は中世的な念仏踊りが導入にあり，しかし前世のことは何事も打ち捨てることによって因縁が一転し，異相の世界へ「いざや傾かん」となだれこみ，はなやかな総踊りになったのである．

ところで，かぶき踊りを演ずるかぶき女たちは「傾城」，「白拍子」すなわち遊女であった．阿国と同時代のかぶきの座に佐渡島歌舞伎という座があった．京都六条柳町の遊女屋佐渡島が，かかえている遊女を四条河原の舞台で踊らせたのが佐渡島歌舞伎である．したがって，かぶき踊りとは遊女の踊りであり，この時代のかぶき踊りを遊女かぶきと呼んでいる．

遊女かぶきが，上は天皇より下は庶民にいたるまで人気を博したことを苦々しく感じていたのは幕府である．公家・武家・庶民の差別なくその居宅に出入りし，さらに地方を巡行する遊女かぶきの存在は，上下の秩序観よりも，ともすれば集団徒党の横の盟約を重んずるかぶき者とともに，幕府のたてた秩序を破壊するものとして禁制される運命にあった．

遊女かぶきの禁止をとおして幕府の意図したところは何であったか．結論的にいえば遊女を禁止したのでも，かぶきを禁止したのでもない．両者を分離させ，それぞれ特定の土地に囲いこむことにあった．すなわちそれは遊郭と芝居町であり，近世都市における二大「悪所」であった．

京都で，遊女かぶき全盛の時代には，昼間は四条河原などの盛り場に小屋がけした舞台でかぶき踊りを踊る女性が，夜は六条柳町で遊女として登場するという具合に，両者は一体であった．そこで遊女を一般住居地とは区画を異にした遊郭に囲いこみ，他行を禁じ，その風俗のほかへの影響を抑えようとする．遊郭が封建都市における必要悪である以上，囲いこみ支配を強化することが都市計画のうえで求められたのである．1640（寛永17）年に，島原に遊郭が移されると，遊女は厳重に管理され，ほかの地域と区別される近世的遊郭が成立するのである．同時に芝居町もかつての五条橋のたもとや六条，あるいは北野に散在していた小屋は整理され，あらた

近世の宗教

この地図は，江戸時代の宗教生活の重要な特徴を示している．信長と秀吉による戦闘的な宗派の抑制に続いて，徳川幕府は，神社，仏閣に対して法令を発し，宗派の系統を明確にし，種々の仏教各派の本山の権威を支持して，仏教を改革，再編しようとした．キリシタンの根絶に際しては，仏教寺院は身元保証人として使われた．1650年までには，ごく少数の隠れキリシタンが九州で，その信仰にすがっているだけとなった．仏教の不受不施派と念仏派は，将軍家あるいは島津のような大名により禁圧された．

伊勢神宮，富士山のような神聖な山岳やその他の多くの神社，仏閣への巡礼参拝が江戸時代に急増した．伊勢神宮だけで，平年でも何千人という参拝者があり，「お札参り」という縁起のよい年には，特に何百万という巡礼者が訪れた．それ以外の著名な巡礼の地には，四国八十八カ所霊場巡り，西国，秩父，最上霊場巡りが含まれ，そのいずれもが江戸時代における観音信仰の著しい開花を示すものである．

近世の文化と社会

めて四条河原に芝居小屋が免許されることになった．

　江戸は幕府所在地であれば地方から出てきた武士や，その奉公人も多い．そのほとんどが男性であって，初期の江戸の人口比は，圧倒的に男性が大きい特異な都市だった（約75％が男性だった）．そのため遊女屋が栄えた．遊女かぶきの禁令が散見される元和年間（1615-23）には，まず1617（元和3）年に吉原へ遊郭が設置され，麹町・鎌倉河岸・京橋柳町の遊女屋を移転させ，その設置条件の第1条には遊郭吉原以外の遊女屋禁止，遊女の他出禁止が厳命され，こうした遊郭のありかたは1657（明暦3）年の大火で新吉原へ移ってのちも，明治維新まで変化はなかったのである．新吉原は6万6000㎡ぐらいの広さに3000-5000人の遊女と，4000人から5000人くらいの関係者が住んでいた．遊女といっても非常に教養が豊かで気位の高い高級遊女もいて，その遊女を買う費用も莫大なものだった．吉原は単なる売春街ではなく，江戸の流行や風俗の発信地であり，さまざまの文芸や美術を生む母胎でもあった点が大いに注目される．

　一方，遊女から切り離された歌舞伎は，江戸の一角に芝居

近世の文化と社会

近世の交通路

江戸時代になって，よく発達し，整えられた道路網と海上航路の完成が見られた．道路網は日本を縦断し，江戸の日本橋に集中する5本の主要街道に集約されている．これらの五街道は，東海道，中山（仙）道，日光街道，奥州街道，甲州街道である．交替で江戸に参勤する義務を果そうとする大名たちは，これらの街道沿いの宿場で休息をとった．庶民は関所で旅行の許可証の検査を受け，箱根の関所では，所役人たちは江戸に入ろうとする鉄砲と江戸から出ようとする女がいないかに警戒の眼を光らせていた．この街道の体系は，通信を規制し，軍事的な同盟を管理する，人員の移動，特に大名とその随伴者たちの移動を規制しようとする点で，徳川幕府の優越性を象徴するものであった．道路輸送は時間がかかり，高価であるので，米その他の物資は海上輸送されていた．大型の船が大坂―江戸間の沿岸沿いに定期的に往復し，最遠隔の地域の産物は，日本全体を包括する沿岸航路網を経由して大坂に搬送されていた．

町が作られて，ここにまとめられ，幕末の天保改革によって，郊外の浅草猿若町に移転を命ぜられるまで，これらの芝居町にのみ公許の大芝居は興行が限定されていたのである．

元禄の歌舞伎

遊女かぶきが禁止されて急速にクローズ・アップされたのは若衆歌舞伎である．近世初頭には若衆を中心とする芸能も行われていたとみられるが，遊女かぶきの陰に隠れてしまっていた．しかし，女性が舞台にいっさい登場することを禁止されて，美少年の若衆の芸能が注目されると同時に，それまで遊女の演じていたところを若衆がかわって演じる若衆歌舞伎が成立したのである．ところが，この若衆歌舞伎の若衆は，まさに男色の対象であったから，女色における遊女が男色における若衆にかわっただけで，むしろ幕府の忌避する風俗を増長させることになり，若衆歌舞伎もまた，1652（承応元）年に禁止された．

若衆歌舞伎の禁止によって一時，歌舞伎は沈滞したが，やがて不死鳥のようによみがえり，若衆にかわって，前髪をそり落とした野郎（成年した男性）が主役となる歌舞伎が誕生する．これを野郎歌舞伎と呼ぶが，その内容は，踊りや舞中心の舞台演出から脱却して演劇としてのドラマ性を獲得し，いわゆる続き狂言（多幕物）を生み，複雑なストーリーを作りだすことになった．続き狂言の場面場面のなかに若衆歌舞伎のなかで発展してきた見世物芸的なものがはめこまれ，そのなかから軽業事・怨霊事・所作事などの芸が展開し，元禄歌舞伎の和事・荒事の名人芸へとつながっていったのである．

今日の歌舞伎の基礎となる元禄歌舞伎の完成は，野郎歌舞伎からの単純な発展とばかりはいえない．歌舞伎とともに江戸時代庶民の舞台芸能として双璧をなす人形浄瑠璃からの影響も考えにいれる必要があろう．野郎歌舞伎自体，たとえば多幕物の成立など，浄瑠璃の5段構成の影響を無視できないだろう．

そもそも人形浄瑠璃は，桃山時代に成立し近世初頭の風俗画などに必ずその舞台姿が描かれていたように，庶民の楽しみとしては欠くことのできない芸能であった．ことに男伊達の荒々しさが残る江戸で，桜井丹波掾・和泉太夫父子によって金平浄瑠璃が始められ，非常な人気をとった．坂田金時の子金平という勇猛な英雄像を創造し，その荒々しく，豪放な芸風が，のちに述べる市川団十郎の荒事の芸に影響したのである．

浄瑠璃のこうした展開は，元禄期をむかえ，竹本義太夫・近松門左衛門の登場によって一気に大成された．近松門左衛門は，牢人の出身で一時期は公家の使用人（公家侍）だった．そののち滋賀で浄瑠璃を執筆していたところ，当時，京都の浄瑠璃界でもっとも人気のあった浄瑠璃語りの宇治嘉太夫は，この近松を招き，近松は嘉太夫のもとでその弟子竹本義太夫と知りあうことになった．

1684（貞享元）年，興行師竹屋庄兵衛によって義太夫は嘉太夫のもとを離れ，大坂道頓堀に竹本座を開き，近松の書いた『世継曽我』や『出世景清』を上演，師の嘉太夫を圧倒する名声と繁栄を得たのである．義太夫は農民の出身であったが天性の美声に恵まれ，また当時流行の俗謡の類をたくみに浄瑠璃にとりこみ，古浄瑠璃などとは全く違った現代性を付与したのだといわれる．

近松門左衛門は，こうしたよき浄瑠璃語りを得て，迫力ある演劇性を『出世景清』で創造し，さらに世話浄瑠璃という

新しい世界を開拓した．1703（元禄16）年，大坂曽根崎天神でおこった心中事件を題材に浄瑠璃化し，事件後1週間目に上演した『曽根崎心中』は空前の大当たりになり，世話物のジャンルを確立させることになった．それは大衆の興味が集まるきわものであったばかりでなく，道行の構想の新しさ，浄瑠璃語りや人形遣いが姿を客に見せる出語り，出遣いという新しい演出など浄瑠璃史のうえでも注目すべき近松と義太夫の創作であった．

元禄期における歌舞伎劇の開花にも，近松門左衛門の寄与するところは大きかったが，元禄歌舞伎をいやがうえにも華やかなものとしたのは，数多く輩出した名優たちである．なかでも京坂の舞台を代表する坂田藤十郎と江戸を代表する市川団十郎，これに女形芸を代表する芳沢あやめこそ，元禄の劇壇屈指の名優といえるだろう．

和事と荒事という歌舞伎の演技の型が藤十郎・団十郎をはじめとする役者たちによって完成される一方，遊女かぶきの禁止によって女性を舞台にのせることのできない歌舞伎が，女性の演技者としての女形の芸を洗練させたのも元禄歌舞伎の特質であった．なかでも芳沢あやめは1698（元禄11）年，『傾城浅間嶽』で傾城三浦を演じて名声を得，「三がの津総芸頭」と称された女形である．

江戸時代後期の歌舞伎

近松門左衛門の浄瑠璃が人気を博し，和事の芸や女形が活躍したのはいずれも上方の舞台であったが，18世紀後半になると演劇の中心は江戸に移ってきた．上方の人気作者である並木五瓶が江戸に下り，代表作の『五大力恋緘』を書くが，その内容は，互いに愛しあいながらも男の出世を願って，わざと女が「愛想尽かし」（愛情のないことを宣言する）をして，逆に女の変心と誤解した男に殺される，というものであった．近松の心中物に対して屈折した殺しの場面が，この時期の歌舞伎に盛んに登場して，より刺激的となった．さらに19世紀に入ると，庶民の生活をリアルに描く生世話といわれる作品が現われ，鶴屋南北の『四谷怪談』などが書かれた．都市生活のなかの，恐喝，強姦，殺人といった悪の世界が取り上げられ，幽霊やお化けが悪人と血みどろの戦いをくり広げ，恐怖のシーンや残酷なシーンが観客を引きつけた．また濡れ場といわれるセクシャルな男女の性愛のシーンや，滑稽な場面など，内容がさらにリアルになって，すぐれた演劇性を創造したといえよう．

また歌舞伎には三味線音楽とその唄（代表的なものは長唄）がほとんどの場合に用いられ，こうした音曲を中心にした舞踊劇もこの時代に発達した．

当時の芝居は早朝からはじまり日暮れとともに閉演となった．場内を暗くするのは天井近くの窓を閉めることで可能だったが，夜間の照明は技術的に困難だったので昼間の芸能だったのである．劇場はだいたい700－800人の客が入れる広さで2階建だった．周囲には桟敷といわれる上等の席が配置され，桟敷でも飲食代を含めて1日4人で1両（当時の価格でほぼ米1石の値段）ぐらいの入場料だった．平土間などはもっと安かったので，劇場の経営はかなり困難だったらしい．その理由の第一は，役者の給料が非常に高く，千両役者という言葉が今日も残っているが，年収1000両で契約する役者が現われ，平均年間収入6000両程度の劇場では，よほどの大入りが続かぬ限り，常に赤字経営となり，劇場が興行主の交替で閉鎖されたり，不入りのため10日ぐらいで打止めになる

茶の湯

　茶の湯は，伝統的な日本文化の重要な中心点の一つである．ここに数多くの文化の糸がより集まり，姿を変え，茶の湯を通して，わびの理念の具体化と洗練された粗相の美が磨かれていた．茶の湯によって日本人は，完璧な美しさを誇る唐物に対して，粗末であるが簡素で，不定形の日本と朝鮮の陶器にも大きな価値を見出すことができたのである．このことが新しい美への道を切り開くこととなった．小さな素朴な茶室は，社会的な障壁を超えた別の世界を作りだした．ここでは，商人も職人も，強力な武士あるいは貴族たちも同座し，すべての者が一方において簡素なものへ，また他方において秘蔵の道具に情熱を傾けることを分かち合った．今日，日本には数多くの茶の湯の流派がある．それらの由来は直接あるいは間接的に16世紀の千利休にさかのぼる．ある者は将軍，大名あるいは宮廷人に茶を提供したのであろうし，また他の者たちは侍や庶民を相手としたのであろう．いずれにせよ，すべての者が，禅の儀式上の戒律，礼儀，美に関心を共有した．今日千利休を祖先とする流派は，京都の表千家，裏千家と武者小路千家のいわゆる三千家である．

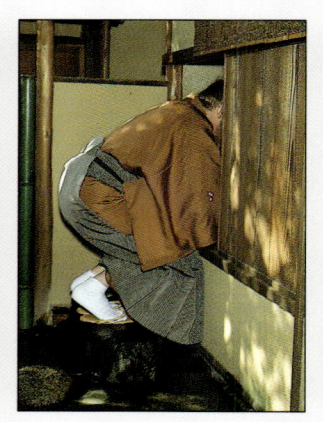

　下の写真は，京都の武者小路千家で行われた茶の集まり（茶事）のいくつかの場面を示すものである．武者小路千家流は，表千家，裏千家とともに，千利休から15代の直系の子孫である．茶事では，お茶も料理も提供されるが，それは厳格な作法に基づく行事で，客も主人もともに，その行事に心の準備をするのである．茶の湯は，日常の単調な世界を離れ，非日常の世界を創造しようと求めるものである．ここでは，客は外の門から小さな野趣のある茶庭（露地）を通って，中門へと進む．武者小路千家では，この門のことを編み笠門と呼んでいる．

　編み笠門を通りぬけ，その背後遠くにある外界を離れ，庭園を嘆賞しながら茶室の方へ移動していく．茶事の参加者たちは，そこで茶室の内露路（内庭）に入ったことになる．内庭には石が配置され，その中央に，水をたえるように彫りくぼめられた手水鉢が置かれている．客たちはここに屈んで，柄杓で手と口をすすぐ．利休は，茶の湯の修行においても，動作の節度と優雅を強調した．水を汲む柄杓のようなおよそ世俗的なものも，その扱い方があるのである．

　茶室への入り方自体も，幅60 cm，高さ60 cmの狭小な入口（にじり口）を通してなされるので，茶席へのすべての客は，そこを通るのにしゃがんで，はって進まねばならない．このことは，さらに日常の意識から遠く離れた別の世界に入ったのだという感覚を強調するものである．にじり口は，武士が否応なしに刀を入室前に外さなければならないようにしむけている．入室する最後の客は，入口の戸を締め，鍵を下す．

　にじり口を入った客は床の間と相対することになる．中世の終りになると，床の間は，茶室と一般住宅のなかに組み込まれ，軸物，陶器や竹製の花入を置く場所として使われていた．茶事の開始に際しては，床の間には1本の軸が展示されている．軸は禅僧による1行書きの書がよく使われる．この写真の場合では，書は「本来無一物」と書かれており，悟りの探求を励ますための公案によく用いられる語句である．禅僧の一休の書は，茶の世界で特に珍重されている．客たちはかけられた軸に気づき，その茶席の主人が季節のことや茶事の雰囲気に心を配って選んだものであることを知る．

　軸の拝見が済んだ後，客たちは茶室のなかにそれぞれ座る．田舎の農家の風情を真似た炉端は，利休が完成した別の特徴である．やがて主人が入ってくる．客側の正客は，主人に向ってその招待と準備についての心配りの完璧さに感謝の意を表わし，軸の書の由来について尋ねたり，その他のことを話題にする．

　客には，茶室の傍に設けられた水屋（みずや）で準備した軽い食事（懐石）が供される．

　右　茶室の様式は，それぞれ著しく変わっている．千利休は，畳2畳または3畳の，ごく小さな茶室を愛好した．これが田舎風の簡素さと洗練された貧しさ（わび）の理想の究極である．利休の後援者であった秀吉も疑いもなく2畳敷の茶室を使ってはいたが，秀吉はまた，自分用の金製の茶室を，その勢威の自己主張のために建てた．貴族や大名たちの使う茶室は，しばしば6畳敷あるいはそれ以上の広さの優雅な亭であった．多くの茶室は，外部も内部も壁は粗野な土壁，木製，竹製の仕上げで，屋根はかや葺，こけら葺となっている．この写真の茶室は，京都御所のなかに建てられている．

近世の文化と社会

興行も多かった．

一方，幕府の公許した芝居町の他に，町のなかに小芝居といわれる小型の劇場が流行しはじめ，特に天保改革で芝居町が浅草の奥へ移転させられてからは，小芝居が地の利を得て庶民の間で流行した．

劇場の構造も18世紀にはほぼ完成し，廻り舞台（舞台の中心を大きな回転盤としておき，裏に別場面の装置を作って回転させて場面転換をはかる装置），せり出し（舞台の一部をエレベーター式にしておいて，舞台下から人物を登場させる方式），花道などをそなえた舞台が完成した．こうして18-19世紀に演技様式，台本，装置，劇場などが完成されて，今日の歌舞伎の基本型ができあがった．

元禄文化

17世紀の大開拓によって，農業生産力が向上し，その成果を吸収しながら都市文化の繁栄をみたのが元禄文化といわれる17世紀末より18世紀初頭の文化であった．この時代を代表する小説家井原西鶴は『日本永代蔵』のなかで裸一貫で出発しながら，才覚と努力で大金持になった人々を描いているが，ちょうどこの時代は，伝統的な門閥商人が没落して，それにかわり，才覚と努力で成功した新興商人層が新しい文化の担い手となった時代である．

この時代にすぐれた3人の文学者が登場した．その1人は，先にあげた近松門左衛門で，彼は人形浄瑠璃の台本を数多く執筆した．そのなかで，都市商人の生活に即しながら多くの悲劇を書いた．たとえば，主人の妻と手代が密通し，愛し合う2人が人間としての感情（人情）を貫こうとすると，封建道徳に枠づけされた倫理（義理）を破ることになり，その葛藤を死（心中）によって解決しようとする悲劇である．人間の愛情の深さと，死の美学を描いた作家ともいえよう．これに対して井原西鶴は，元禄時代の人々のサクセス・ストーリーも描いたが，そのあとではサクセス・ストーリーの陰で悲惨な生活を強いられている庶民の姿を描く小説を発表しており，人間に対する鋭い洞察を示している．また西鶴は好色物で傑作を書いており，デビュー作である『好色一代男』は『源氏物語』や仏教話をパロディー化し，徹底的に性欲を謳歌した．パロディーとしての独特の文体を創りだした点もすぐれているが，赤裸々な人間の欲望を全面的に肯定しようとする西鶴の姿勢に新しさがあった．

もう1人の作家は俳人の松尾芭蕉である．それまでの俳諧は俗語をまじえた滑稽味を中心とし，伝統的な連歌や和歌の形骸化した優雅さを破壊する言葉遊びのおもしろさで人々を魅了してきた．しかし芭蕉はそのような俳諧にあきたらず，自然と人間のふれあいのなかから，極端に制限された17文字の言葉で鋭く本質をいいあてようとした．それは自然の観照であったり，人生の哀歓であったりした．創作のために彼はしばしば旅に出て，紀行文と発句を作った．その意味で彼の作品は旅の文学と呼んでもよいだろう．

見方をかえると，このような芭蕉の旅を可能にしたのは，当時，道中記の類がさかんに出版されたように交通路が整備されて旅行が比較的楽になったことや，地方の各所に芭蕉を師とあおぐ俳諧の弟子たちがいて芭蕉をもてなすサロンが形成されていたからであった．俳諧も含めて中央や地方の都市に，芸能を趣味とし，師について修行する遊芸社会が成立してきたことが窺えよう．

遊芸というのは日本の近世社会にはじまる独特の趣味生活

上 利休によると，懐石は軽く，上品においしく料理されていなければならず，味覚ばかりではなく，視覚にも訴えるものでなくてはならない．懐石という語は，禅から出たものである．仏教の僧は，戒律により，正午以後は食事を取ることが禁じられている．中国と日本の禅僧は，肉体的な作業に従事し，多くの禅の老師は，僧侶たちに軽い夕食を取ることを許している．それを「食事」と呼ばないで，衣服の下にしのばせる暖かい石（懐石）にかけて称したのである．

上 客の1人1人に，主人側は，飯，汁，向付けを置いた盆に新しい杉の箸を添えて供し，食事をするように勧める．簡素な鉄製の銚子から注がれる酒は浅い木杯で飲む．食事がすむと菓子をいただいた後，客たちは短い休憩をとるために茶室を離れる．客たちがくつろいでいる間に，主人側は茶室をあらため，茶をたてる準備をする．

左下 客たちが茶室に戻ってみると，かけてあった軸物の書ははずされ，床の間には花入に簡素な花が入れられているのに気づく．

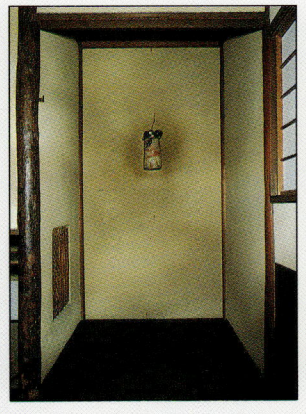

上中央 主人は，釜のなかで沸いた湯で，茶碗と用具をゆすぎ，拭く．そして茶碗のなかに茶杓で緑茶の粉を入れ，柄杓で熱湯を注ぎ，茶筅でかきまぜ，客に供する．茶には2種類あり，濃い方の茶（濃茶，こいちゃ）はより正式なもので，その濃さはクリーム状で，味は苦味が強い，これは，客人のすべてが，同じ茶碗から少量ずつを飲みまわす．より格式ばらない薄い茶（薄茶）の方は泡立てられ，1人1人別の茶碗で供される．

上 茶碗は，茶を立てる人の趣味，季節，機会に従って変わってくる．夏使う茶碗は，熱を発散させるために，より浅く，平たく，涼しさの印象を与えるものである．冬物の茶碗は，この写真のように，熱を温存するために筒型である．

をさす言葉である．中世までは芸能は専門家に管理されていて，アマチュアがこれを学ぶシステムは完成されていなかった．ところが江戸時代になるとアマチュアであるが，授業料を払って専門家から芸能を学ぶ都市の町人や武士が増加してきて，彼らは鑑賞者であると同時に芸能の演者ともなった．たとえば西鶴の『日本永代蔵』のなかにある町人が自分の芸達者ぶりを披露するところで「謡は三百五十番覚え，碁は二つとも申す（師匠にも石二つ置いて対抗できる），鞠（蹴鞠）はむらさき腰を許され，……」という形で，楊弓，小歌，浄瑠璃，茶の湯，神楽，連俳，香道，書道，口上（ものいい）などを挙げている．これらは遊芸の代表的なもので，町にはこれらの遊芸を教える教授者がたくさんいて，都市の案内記には教授者のリストと住所まで掲載されていた．このような素人の遊芸人口が増加すると，それぞれの師匠の系統によって流儀が生じ，町の師匠を中間教授層として，その上に流儀を統轄する家元が生じてくる．日本文化を特徴づける家元制度はこうして18世紀にできた制度である．

家元制度について少し述べておこう．日本では家が非常に大切にされる．家は血脈で続くのが理想であるが，実子がない場合には養子であっても家を嗣ぐことができる，むしろ一定の人格と技量はその家に付随していると日本人は考えてきた．宗教界でも浄土真宗という日本最大の宗派の一つは，開祖の僧の子孫が，血脈の続く子孫であるという理由だけで，生まれながらにして門主の地位が約束されている．同様のことが芸能の流儀にも生じてきたというわけである．流儀は，それぞれの芸能の秘伝というものを作りあげ，その秘伝を保持するのは流祖の子孫である家元だけということになる．

家元は，弟子が一定の年数の修行をつとめ相当の技量に達すると，謝礼と引きかえに，秘伝の一部を教授し，その秘伝にふさわしい活動（たとえば特殊な型の芸能を演ずることとか，あるいは初心者の弟子をとって教授することなど）を許可する証明書（許状）を発行する．こうして弟子は修行を積んで最高の秘伝まで家元から授けられても，最終的に家元そのものになることはできない．なぜならば，家元が持っている許状の発行権だけはいかなる高弟にも許さず，ただ血脈の続く子孫にのみ継承されるからである．

こうした制度は，家元という権威に抵抗した独創的な芸能を創造しようとする動きを厳しく制限することになる反面，制度のなかで忠実に家元に従っていれば，年数とともに制度内部での地位は向上し，一生その地位は安定しているという保証が与えられる．まるで，現代の日本的経営といわれる年功序列制と終身雇用制のシステムと非常によく似ているともいえよう．アメリカの社会学者シュー教授が，日本社会の原組織として「イエモト」をあげたが，それにはたしかに理由があるだった．

美術と生活文化

町人の出身である尾形光琳は，京都の美術界の大先達である本阿弥光悦に私淑して「光」の一字を号としたように，光悦と，光悦のよき協力者で17世紀における大和絵の復興に大きな役割を果たした俵屋宗達の2人の文化を継承し，簡潔で大胆な構図と，徹底した装飾性を追究し，いわゆる琳派と呼ばれる画風を確立し，その後の日本絵画に巨大な影響を残した．

18世紀の美術のなかで最も注目すべきものは浮世絵版画の成立であろう．17世紀から肉筆で美人をモデルにした絵はたくさん描かれたが，版画でこれを印刷することはなかった．一方，元禄時代は木版の書物が大量に出版された時代であり，その挿図として市井の生活を描いた木版画が書物の一部に登場していたが，これは色彩がない．ところが，1765（明和2）年に鈴木春信がはじめて多色刷の美人画を描いて刷り出し，これを当時「錦絵」と呼んだが，この登場が浮世絵の一つの画期となった．まだ色彩は淡く描線も端正であるが，上品で優雅な画風が今日も高く評価されている．その後，つぎつぎと浮世絵師が登場した．

なかでも18世紀末期に活躍した喜多川歌麿と東洲斎写楽の名を逸することはできない．歌麿は女性の半身を従来の版型に大きく描き（大首絵という），女性の肉感や性格までを表現しようとした．この歌麿の大首絵は，技法の繊細さや色彩感覚の豊かさとあいまって人気を博した．写楽は履歴もよくわからない謎の浮世絵師だが，バックを雲母摺という独特の手法で刷り，描かれた人物の顔にスポットライトがあたっているような非常に印象的な画風を示し，さらに人物の個性を表現するために表情など強いデフォルメを加えた．その個性的な表現は近代の香りも感じさせるものがある．

浮世絵は19世紀に入って風景画を題材にとりあげるようになり，葛飾北斎や安藤広重などの画家を輩出した．彼らの浮世絵がヨーロッパに伝わり，ゴッホやロートレックの絵画に影響を与えたことはよく知られている．

さて，先の尾形光琳は絵画だけを画いたのではなく，町人の着る小袖の絵なども画いた．有名なものは冬木小袖と呼ばれる女性用の白地の晴着に秋草を描いたもの（東京国立博物館蔵）で，光琳の図案は後世の着物に大きな影響を与えた．このように18世紀に入ると，日本の着物はその形式や意匠の点で大きく変化しはじめた．

女性の着物の代表は小袖といわれるタイプで，初期には比較的小さな袖がついていて幅がゆったりとした着物を体にまきつけ，細い帯で結ぶようにしていたが，18世紀になると袖がしだいに長くなって装飾性をもつ振り袖というタイプが流行し，着物そのものの幅が狭くなって現代の着物に近くなってくる．これは女性の座り方とも関係がある．それまでの日本人の座り方の一つに，他の東アジアの諸国と同じく立膝という片方の膝だけを立てて座る型があった．この座り方だと，よほど着物の幅が広いか，あるいはスカート型，あるいはズボン型でないと前がはだけてしまう．日本にはスカート型やズボン型は男性の衣類を除いてはなかったので，女性の着物は幅がとても広かったのである．ところが，この時代から女性の片膝がしだいになくなり，正座法にかわっていった．そのため着物の幅が狭くても困らなくなったのである．

幅の狭い着物はゆったりと着るわけにはゆかないので，着付けもきちんとなり，そのために帯の幅が広くなって，ほとんど腰上から胸下まで覆ってしまうような広幅の帯になった．帯が広くなると，帯そのものが着物姿のアトラクティブなポイントとして注目され，色彩やかで美しい織の帯が登場し，しかもそれまでは帯を体の前でしばっていたのに対し，結び目を背後とし，結び方にいろいろな工夫が施されて，ファッショナブルな結び方が生まれた．

帯がデザインの重要な部分を占めるにしたがって，それまでの小袖のように，着物全体が一つのデザインとして構成され，まんべんなく模様が置かれていた小袖の意匠が変わってきた．小袖の中央部は広幅の帯に覆われてしまうのだから，模様は肩口，袖，裾を中心とし，しかも小さく繊細な紋様へ

キリシタンの時代

日本でのイベリア半島のカソリック（キリシタン）伝導の努力は，1549年ジェズイトの聖フランシスコ・ザビエルが鹿児島に到着したときに始まる．日本での2年と3カ月の間に，ザビエルは，平戸，博多，山口，京都，島原，大村で布教を行い，大内義隆や大友宗麟のような大名の帰依をかち取った．ザビエルの後には，初めジェズイト，ついてフランシスコ会派，さらにドミニコ会派の熱心な神父たちが後を継いで，大名や一般庶民の改宗に努力した．カソリック信仰への純粋な関心に駆り立てられ，同時に西方との貿易と文化の接触の魅力に駆られ，1563年には10指を超える大名が，大村純忠，内藤如安や高山右近の指導を受けて洗礼を受けた．信長と数多くの大名の共感を得て，教会と学校が安土や日本の各地に建てられた．1580年には，ジェズイト会は，改宗者20万と誇称し日本での伝導団を訓練していた．1587年の秀吉による布教団の追放令発布後でさえ，改宗者の数は増え続け，17世紀初頭の最初の10年に最高潮に達した．種々のカソリック布教団の間における抗争，オランダとイギリスのプロテスタントによる批判，1612年以後カソリック教を追放しようとする固い決意をした初期の徳川将軍の情容赦のない迫害の増大により，カソリック布教団の努力は弱体化され，結局は壊滅に至るのである．1638年の島原の乱における敗北以後は，ごく少数の信者たちは，秘かに信仰を続けていた．

挿入図 この聖像は，日本に最初に紹介されたヨーロッパの絵画の一つである．16世紀末における改宗の大波とともに，宗教芸術に対する需要を，ヨーロッパからの輸入で満たすことは不可能となり，ジェズイト派の信者となった才能のある日本人がヨーロッパ風の主題を上手に改作し始めたのである．飛鳥と橙柑の樹の模様を金漆と貝の象眼細工で豊かに飾った，この聖堂の切妻の部分には，イエズス会の紋様が刻まれている．茨の冠をつけたキリストの頭は，ヨーロッパの無名の画家の手によるものであろうが，その扉や切妻は日本製で，ヨーロッパの芸術と日本人の工芸作家の腕が，16世紀日本におけるカソリック信仰の表現を作りだすのに結合したのである．

近世の文化と社会

と流行が移った．特に18世紀に入るころ染めの技術が飛躍的に進歩して，友禅染といわれる鮮やかな色彩を自由に染めわける技法が完成した．また絞りも流行して，絞り染と友禅の組みあわせなど，複雑な模様が可能になったのである．

一方，着物の材料としては，それまで輸入に頼っていた上質の絹が輸入制限されたため，国内生産が盛んになり，絹織物が，かえって豊かになると同時に，地方でも，それぞれ特産の絹製品が生産されるようになった．庶民の衣料としては，従来は麻布が中心であったのに対し，17世紀には畿内を中心に木綿生産が進み，庶民の衣料は木綿中心へと移っていった．木綿の肌ざわりは麻に比べて柔らかく，保温性にもすぐれていたので，その普及は急速だった．また木綿を染めるために藍が適していて，藍の生産や，藍染めをする染屋（紺屋）が各村各町に営まれるようになった．近代的な衣の文化が始まる19世紀末までの，日本の衣文化の基本型は18世紀の初頭にできあがった，といってもよいであろう．

近世の文化と社会

宝暦・天明期の文化

　江戸時代初期の文化は京都が中心であったが，17世紀中期以降，大坂が栄え，後半には江戸と大坂・京都が二大文化中心となりつつあった．さらに，元禄文化の初期にもその代表的な文化人の多くが京都，大坂で活躍したように，まだ上方に主力があった．ところが18世紀の中期になると，いよいよ江戸が大都市へと発展し，文化の中心も江戸へと移っていった．

　江戸の人口は，ほぼ80万から90万人と推定されている．このうち町人が53万人（武家方の人口が明らかでないが町方の人口はかなり正確だとされている），宗教関係者が3万人，吉原の遊郭関係者が8500人（そのうち遊女は3500人ぐらい）であった．18世紀に100万人近い人口をもつ都市は世界的に見ても決して多くない．

　このような江戸の発達は，江戸の住民のなかに「江戸っ子」の意識を生みだし，金銭に執着せず「いき」で「通」な人間を理想とするような精神が生まれてきた．こうした江戸文化の背景には，先に述べたように田沼意次の重商主義的な政策があって，ことに江戸の町人の資力を重視したことが，それまで文化的にも経済的にも上方に頭があがらなかった江戸の住民に自信をつけさせることにもなったのだろう．この時期から江戸は全国の文化センター的な役割を果すようになる．

　四国の讃岐藩の下級役人であった平賀源内が本草学を学んで長崎に遊学し，中国やヨーロッパの文物に触れてその天才を開かせたのもこの時代である．豊かな科学の知識をもち，文筆の上でも芝居の台本や戯作を執筆する才能をもつ源内は，地方の小役人の身分に満足できず，役人としての扶持を返上して浪人となり，江戸へ出た．このような異才を生かす場所が，文化センターとしての江戸であった．源内は各地のめずらしい物産を集めて品評会を開いたり，輸入された羊を長崎から運んで毛織物を試みたり，日本で最初の発電器（治療用として開発）であるエレキテルを作り，さらに1768（明和5）年には日本最初の寒暖計を作った．もちろんその試みが当時の人々に正確に理解されたとはいえず，源内は不遇な死を迎えるが，このような新しい学問的試みを可能とならしめたのは，一つには江戸という新しい大都市の活動力という条件であり，またこの時代の文化を特徴づける実験的精神の発露であった．

　18世紀の後半は，平賀源内の例に見たように西洋の科学の知識を急速に取り入れ，実験的にものを確かめようとする蘭学という新しい学問がおこった時代であった．

　西洋の知識が入る前から，中国から大量の書物が輸入されるようになり，中国語に翻訳されたヨーロッパの書物も日本人は読んで，間接的に知識を摂取した部分も大きいが，18世紀後半には，直接オランダ語を読解するようになった．医者の杉田玄白，前野良沢たちは，オランダの医学書と実際に人体解剖した結果が一致し，それまでの中国式の医学書が信頼できないことを知った．そこで辞書もなしにオランダの医学書の翻訳をはじめ，非常な困難をのりこえて完成し『解体新書』の名で出版した（1774（安永3）年）．さらにオランダ語の辞典が稲村三伯によって作られ（『波留麻和解』），オランダを通して西洋の学問を学ぶ蘭学が生まれ，長崎と江戸をセンターとして，日本の近代学問の基礎をつくることになった．

　蘭学ばかりでなく新しい学問誕生の動きは思想や文学などの領域にも登場してくる．

　幕府が保護したのは儒学のなかの朱子学で，はじめは林羅山を儒官として抱え，その道統である林家をもって湯島聖堂を守らせた．しかし在野の儒者のなかから陽明学派や古学派などのさまざまの流派が生じてきた．18世紀の儒学の流れを一変させたのは荻生徂徠である．朱子学は本来，自然法的な思想の構造をもっているが，徂徠は儒学を解釈しなおし，朱子学でいう道を中国古代の聖人が治政のために作為した政治上の諸制度であると考えた．その結果，論理的に，道は天から授けられた改変不可能な道徳ではなく，治政者の責任において行われる政治的な方法であると考えられた．したがって道が行われない社会の矛盾は為政者の責任である，とその非を問うことにもなり，この徂徠の思想の成立をもって，封建的思惟への批判が芽ばえ，日本の近代的思惟が成立したと評価する学者もいる．

　徂徠は文学や語学の面にもすぐれていて，中国語を中国人とかわらないぐらい理解していたといわれる．徂徠のこのような文人的才能の影響を受けた人々のなかから中国の文人へのあこがれが生まれた．彼らは日本の文人というべきだが，中国語で詩文を書くだけではなく，中国南部に発達した文人画の影響を受けながら新しい画風を作った池大雅や与謝蕪村などの文人が輩出した．蕪村は俳人としてもすぐれ，あたかも写生画を見るようなのどかな絵画的俳句を作り，そのなかに中国的な漢語を交えて語感の新しさを楽しんだり，それまで日本になかった長詩を試みた．その作品の一節を次に引用しよう（『北寿老仙をいたむ』）．

君あしたに去ぬ，ゆふべのこゝろ千々に，
何ぞはるかなる，
君をおもふて，岡のべに行つ遊ぶ，
をかのべ何ぞかくかなしき，
蒲公（たんぽぽ）の黄に，薺（なずな）のしろう咲たる
見る人ぞなき，

日本のロマンチシズムの作家といえよう．

　ヨーロッパや中国といった外国文化へのあこがれが強まった一方では，逆に日本の根元を探ろうとする日本学（国学）が大成してきたのも18世紀の後半だった．

　中国の古典や思想を学ぶ漢学に対して，日本の和歌や神道を研究する国学がはじまったのは17世紀の末であるが，18世紀の後半に活躍した本居宣長によって日本的思想として確立され，日本の近代化に大きな影響を与えた．本居宣長は伊勢の人で，ほとんど出生の地を離れることはなかった．彼は，『万葉集』の研究を通して古代の日本人の考え方をとらえようとした師の賀茂真淵に出会い，古典研究，とくに『古事記』の研究に没頭した．国学の発想は，日本的なるものとは何か，と問いを発し，外来文化の表皮をはぎとることによってこれを明らかにしようとするものだった．したがって儒教的な人間観は漢心（からごころ）として排除され，また仏教的な思想も外来文化として否定される．こうして古代へ遡及し，日本の「古道」としての生活規範があったと考えた．その生活規範とは，中国的な偉大さとか厳格な道徳主義とは全く別のもので，「もののあはれ」を感じる素直な人間の感情に即したものであり，その根底には，人の情とは女々しくたよりなく，おろかなものであるという認識があり，それだからこそ「もののあはれ」が理解できるとして人の情を肯定した点に宣長の思想の傑出した面があろう．

　宣長の研究はちょうどナショナリズムへの傾向が日本に生

じる時期にあたり，その傾向を助長することになった．国学者のなかからその後，宗教性を強く帯びる者も出てきて，狂信的な排外主義者を生むことにもなるが，宣長の学問の本質は，そうした排外主義とは別で，実証的な古典研究と深い人間の洞察からなっていることを忘れてはならない．

庶民文化の繁栄

寛政改革によって幕府政治のたてなおしが進められたあと，18世紀の発展をみた都市文化は，地域的にも，階層的にもますます広がりをみせた．さらに都市内部にとどまらず地方都市や農村部においても新しい文化が誕生してくる．

大都市における新しい文化状況として注目されるのは，中下層民の参加である．日中は労働にとられるこの人々の楽しみは，祭や季節ごとの節句の休日であり，もう一つは夜であった．しかし日本の芸能が夜間に開かれることは比較的新しく，19世紀になって大衆が繁華の場へ出かけるようになって夜見世（夜間営業）の職種が増加していった．

遊郭でいえば，江戸の吉原，大坂の新町，京都の島原といった公許の遊郭では18世紀前期から夜見世が認められていたが，特に吉原の場合，都心から10kmぐらい離れているので，かりに夜間営業をしていても庶民が遊びに行くには休暇をとるか，早朝帰らねばならない．そこで，もっと交通の便のよい私娼街が江戸の各地にできた．吉原に比べて値段もずっと安く遊べて，しかも，各町内から数十分で行ける範囲の社寺の門前，繁華街の背後，地形の悪い低地や坂などに私娼街が分布している．こうした私娼街の成立も，庶民の需要に応えるものだった．

化政文化の新しい芸能として寄席が登場した．これも庶民を対象とする夜見世である．寄席では落語といわれる滑稽な笑い話や人情話を語る芸や，歴史的な事件や人物の挿話を語る講談，音曲入りの話や怪談話など，さまざまな話芸が演じられ，屋台で食べるソバ一杯ぐらいの代金で気楽に楽しめる演芸であった．寄席の中心となった落語の内容を見ると，失敗して笑いをさそう主人公やこれを揶揄する友だちの職業が職人や奉公人あるいは借屋の住人といった庶民で，これは見物層を反映しているのであろう．

江戸の住宅はすべて木造であったから非常に火事が多く，20年に一度ぐらいの頻度で全焼したといわれる．その防火のために，江戸の市中には大きな空地が置かれていて，ふだんはここが庶民の遊び場となった．食べものを売る屋台の店や，玩具や書物を売る店など仮設の店がたちならび，その間にさまざまの見世物小屋や遊戯場が店を開いていた．見世物は，この頃に大発展した精巧なカラクリ（ゼンマイや歯車などを使って自動的に動く仕掛）の人形や道具を見せるもの，めずらしい動物や奇形を見せるもの，性的な見世物など，世俗的で刺激的なものがあった．また矢場などのゲーム場もあった．こうした盛り場もまた庶民の文化の一つである．

休日や節句には，物見遊山が盛んになった．この時期には『江戸名所図会』をはじめ各地の名所の由来や見所を図入りで案内する詳細な名所案内がたくさん作られた．いいかえると，名所めぐりをして楽しむ人々が登場してきたことになる．名所とは，本来和歌の題材として詠まれるような有名な場をさしたのだが，この時代は，神社仏閣をはじめ川辺海辺，橋，民間信仰の対象となる地蔵や稲荷，名物の木や森といったあらゆるものが見物の対象として名所にあげられている．人々は単に見物に行くのではない．たとえば神社仏閣であれば，その縁日に参詣をかねて遊びに行き，屋台の店を見たり見世物小屋に入ったり，門前の遊郭で遊んだりしてくる．川辺や丘陵であれば，花の名所，紅葉の名所，あるいは菊や躑躅の名所など，それぞれの季節の見所があって，その季節の遊びに出かける．さらに納涼（花火），祭礼など，あらゆる機会をとらえて庶民が遊びだしたところに，この時代の特徴があった．

物見遊山は江戸といった都市の内部にとどまらない．寺社参詣を名目として，はるか遠方まで旅行に出るようになった．たとえば庶民の信仰を集めた富士，木曽の御嶽などの山岳信仰の地，伊勢神宮，西国三十三カ所，四国八十八カ所の観音霊場めぐりなど，数十日もかかる旅行があった．これらは個人の力では費用が賄えないので，地域の人々が講というグループを作り，毎月積み立てて一定の額に達すると，そのなかの数人が選ばれて一同の代参として出発する．こうした人々がさらにグループとなって団体旅行になる場合もあった．

伊勢神宮の場合は全国の信仰を集めていて，一生に一度は伊勢参りをしたい，というのが庶民の願いであったから，その規模も大きく設備もととのっていた．伊勢には御師と呼ばれる一種の旅行エージェントがいて，宿の手配から参宮の段取りなど一切の世話をし，常時，地方を廻って参宮予定の情報を集めていた．

伊勢参宮の流行は，ほぼ60年周期ぐらいで熱狂的な大群集の伊勢参り（おかげ参り）として爆発し，とくに1830（文政13）年のおかげ参りは史上最大の規模で全国から延べ500万人が参加したと推定されている．このときの人々の姿をみると，仮装した集団がいたり，仕事着のまま抜けだして伊勢に向うといった狂騒と祝祭的世界に身を委ね，日常生活から解放された庶民の姿を見ることができる．このような一種のマス・ヒステリアの状態で踊り狂うことは，伊勢参宮とは別に19世紀には頻繁におこっており，豊年踊りとかさらに幕末の「ええじゃないか」のように，芸能を一つの方法とする民衆の蜂起と見ることもできる．

民衆の旅行と地方どうしの交流が，さまざまの情報の交換につながり，交通を通して文化が普及した．先の名所図会も『西国三十三カ所名所図会』といったように地方の名所案内も多いし，また温泉などの記事も現われ，流行しはじめた湯治の案内にもなった．このような名所図会を旅の文芸と見ることもできる．また旅の楽しみや失敗を描いた十返舎一九の『道中膝栗毛』が1802（享和2）年に第1巻が出て人気を取り，その後21年間，全43冊もの続篇が書き続けられるというベストセラーに成長している．これなども旅行が庶民の身近なものになったことが背景にあり，旅の文芸の一つである．

旅をした人々のなかに芸道の師匠や文人といった文化人も少なくない．茶の湯やいけばなのような芸道も，師匠が地方を巡回すると，その地方の弟子たちによる結社が生まれ，それが江戸や京都にいる家元と結ばれて家元組織の一部になる．つまり，遊芸が交通の要衝である集散地や宿駅を起点として，その後背地の農村にまで浸透していったのである．こうして地方の文化社会が成立し，農村舞台を作って歌舞伎を演じたり，文人を招いて書画会を開いたり，さらに地方の生活に根ざした文芸を創造するなど，全国的な文化の時代が到来したといってよいだろう．

このような広範な文化の成立の背景には，教育の普及と高い識字率をあげなければならない．庶民の教育機関として普及したのは寺子屋で，ここで6，7歳より4，5年の教育を受

この六曲の屏風の形をした象眼細工の漆塗リの喫煙具は，煙管による喫煙風習の流行が増大したことばかりでなく，江戸時代工芸の遊び心と高度に装飾的な技術を例証するものである．かぶき者と呼ばれる粗野で若い伊達男たちが初期江戸時代に喫煙という熱狂的流行の先導をするがまもなく，娯楽街の住人や一般市民の間に受け入れられていく．不正な換金作物として，また火災発生の危険故の，度重なる幕府の煙草禁止令も，喫煙熱中の度合を減少せしめる効果はあまりなかった．

近世の文化と社会

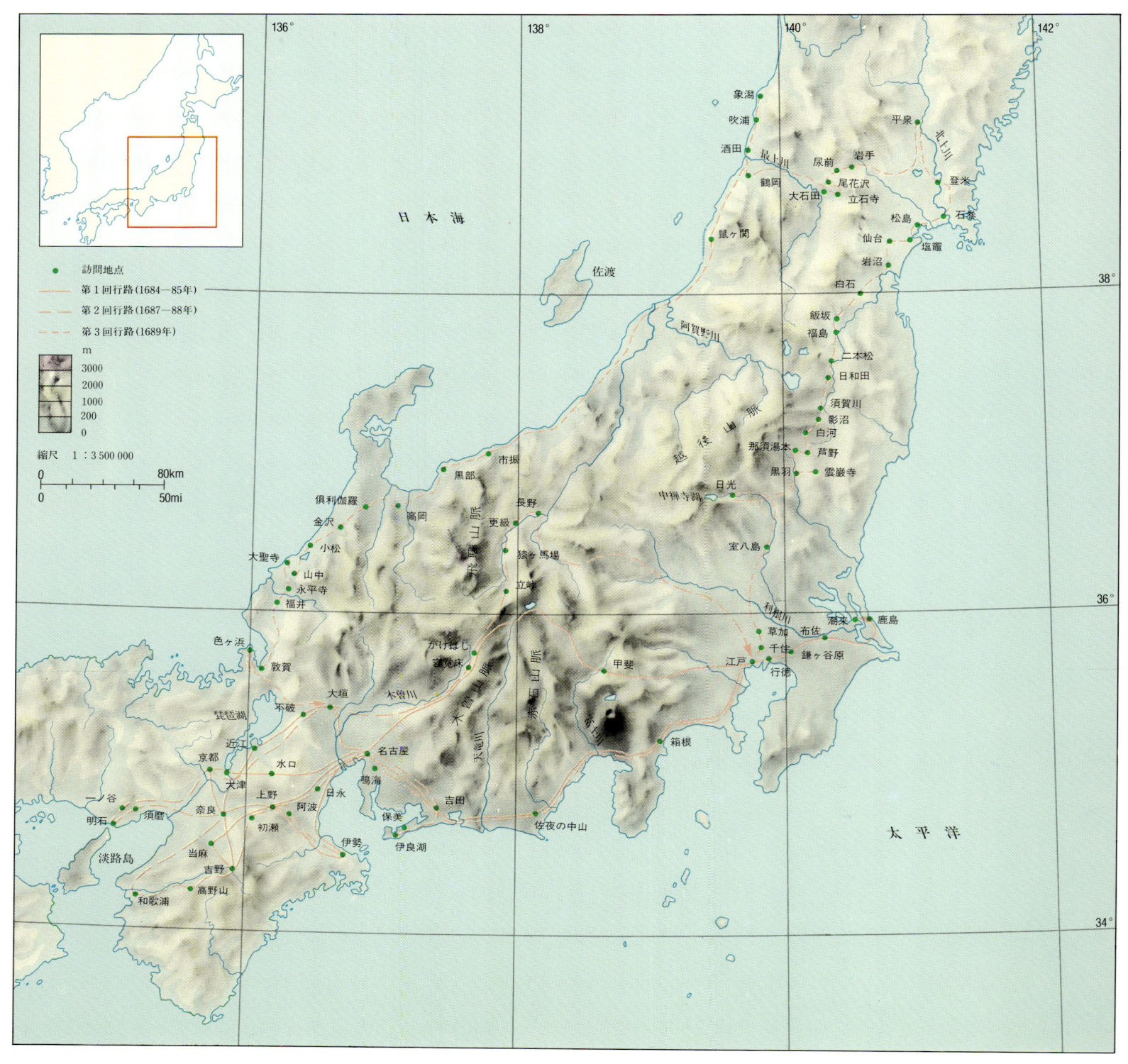

- 訪問地点
- 第1回行路（1684-85年）
- 第2回行路（1687-88年）
- 第3回行路（1689年）

縮尺 1:3 500 000

けた．教育の中心は手習い（書道）だが，その手本になるものが，日常に必要な熟語や手紙文，あるいは物の名などを記した往来物で，書法を学びながら言葉や文章を学ぶことができた．その他は算術と読書で，教師の個人的な経営になるものだった．寺子屋の数は不明だが，江戸だけで手習いの師匠が800人いたといい，全国では数千カ所あったものだろう．寺子屋の他に，公立の初等教育機関ともいうべき郷学（町などで経営）も設立が判明しているものが数十カ所あった．推定によれば，幕末の就学率は男子で43％，女子で10％といい，それにともなって識字率もかなり高かったと思われる．

寺子屋での教育は10歳から11歳ぐらいで終って，大多数のものは奉公に出た．しかし，さらに高度の教育を受けようとするものは，教師の評判をきいて聴講生の集まる私塾へと進む．塾では中国の四書五経をはじめ古典の読解や作文などが行われた．

その他，各藩が藩士の子弟を教育するための藩校や藩の儒者に塾を開かせた家塾などがあった．また教育そのものではないが，儒教の内容をわかりやすく解釈し，さらに世俗の身近なエピソードをまじえて講釈する石門心学の席が設けられた．これを心学舎といい，老若男女が世渡りの術ともいうべき素朴な道徳を教えられた．その数は全国で170カ所以上あった．

いわば，日本の近代化を支えた教育や文化の原点は，すでにこの化政文化のなかに，ほとんど整えられていたといっても過言ではない．

松尾芭蕉の旅

松尾芭蕉（1644-94）は、旅を自分の人生と文学の視野を広げ、現実に対する洞察力を深めるために利用している。その生地、江戸から芭蕉は3回にわたって長大な旅をしている。1684-85年に、西の方、名古屋、奈良、京都に旅し、この旅は『野ざらし紀行』（1685年）に記述されている。京都を訪れた後、芭蕉は江戸の東北にある風光の地、鹿島に仲秋の満月を見に旅をしている。芭蕉は後に旅のスケッチ『鹿島紀行』（1687年）を著わしている。1687年、再び芭蕉は西方に旅し、このたびは瀬戸内海に面した須磨、明石を訪れ、帰路日本アルプスに近い更科を通る山岳路を通って江戸に戻っている。これらの旅は、二つの日記『笈の小文』（1688年）と『更科紀行』（1688年）に記録されている。1689年の晩春、芭蕉は、その最も長く、最も創造的な俳句行脚とされるべき旅に出発している。その旅行中、芭蕉は、北日本の最も淋しく、未開発のいくつかの地に旅している。芭蕉は、2500 kmの旅程を156日で踏破している。この旅で芭蕉は、『奥の細道』（1694年）に含まれている最もすばらしい俳句を作り出している。

上　江戸時代の間に、着物はその型とデザインの点で著しい進歩を遂げた。袖の短い小袖は、本来下着であったが、しだいに上着として用いられるようになった。袖は、より長く、広くなり、この写真のような長く揺れる振り袖の出現をみた。

江戸時代の食生活

現代日本料理の基本的なスタイルは江戸時代にできあがったといってよい。

日本人の食生活の基本は米で、米はたんぱく質は足りないが、ほぼ完全食品というべき高カロリー食品である。江戸時代の農民は米を生産しながら日々の食生活では食べることは少なく、麦・粟・稗・ソバ・芋を主食としていたが、都市住民はほとんど米を主食とし量も1日1人の9 dLを平均として飯米を計算していた（このカロリー量は2625キロカロリーになる）。飯には必ず汁がつく。最も貧しい食事は、汁と漬物しかない。汁は大豆で作った味噌を使い、ここでたんぱく質を摂取していた。汁のなかみは、庶民の場合は野菜や海草が主であるが、高級な汁になると、魚鳥、貝類などが用いられた。漬物も日本の食文化に欠かせないものである。最もポピュラーな漬物である沢庵漬は「貯え漬」の転訛であるといわれるように、野菜の保存を目的とするのが漬物であった。漬物は日本の代表的な発酵食品であるが、そのほか納豆や調味料の味噌・醤油をはじめ発酵食品はかなり多い。

副食物は野菜類のほかに、魚が主たるもので、肉は少ない。日本には大型家畜が近代になるまで食用にはならなかった。古代の法令に牛馬や鶏の食用を禁じており、野生の猪や兎、あるいは野鳥は食べたが、飼育している家畜は食べなかった。もちろん日本には羊はいなかったので、西欧や中国で最もよく食べられた肉類が食卓にのぼることは、江戸時代にはほとんどなかったといえる。鶏と卵も古代以来食べなかったが、18世紀に入るとにわかに食べるようになり、19世紀には卵料理の書物も登場する。つまり日本人の肉食の特徴は獣肉や牛・豚などを食べないところに原則があるのではなく、野にあるか、ミウチの家畜かという区別に原則があるので、家畜は食べないが、野にあるものはイノシシをはじめ、いろいろ獣肉も食べていた。

魚と野鳥は日本人の好む食べものである。海辺から近い所では海の鮮魚を生食することは古くからあった。さしみという言葉が記録に登場するのは15世紀である。18世紀の江戸の人々は、その年の最初にとれた鰹を食べるのを何よりの贅沢と考えており、驚くべき価格で取引されて幕府はしばしば禁令を出したほどであった。

日本の料理として著名なすしも、本来は魚の保存法としてできたものである。魚を塩と炊いた米の飯で漬物にすると発酵し、酢っぱい魚と飯の漬物ができるわけである。ところが18世紀になると、長期間漬けて発酵させるのではなく、炊きたての飯に酢をまぜ、その上に生魚をのせる「早ずし」が生まれて人気を博し、これが今日の握りずしになったのである。

日本の宴会の料理をみると、中世の武士の正式の宴会では30 cm四方ぐらいの大きさの膳が三つ、五つ、七つも並び、数が多いほど贅沢な料理とされた。しかし、この料理皿の数は多くても形式的すぎて温かくしてあるものも冷たくなり、見るためで食べるにはふさわしくない料理になってしまった。当時のヨーロッパからきた宣教師の書いたものを見ると、こうした形式化した料理を改革し、食べやすく、またおいしい料理を創造したのは16世紀に流行した茶の湯であると書いてある。

茶の湯の料理では膳は一つしか出ない。だから見せるためにたくさんの料理を並べることができないので、温かい料理はできたてを運び、冷たい料理は十分冷やして給仕することになった。また、客が自分で調味する必要はなく、亭主が十分に調味し、また食べやすい形に小さく調理して客前に運ばれるので、人々にもてはやされたのである。

18世紀から19世紀になると、専門の料理屋が都市市民の人気を集めるようになる。すでに17世紀から簡単な一膳飯屋は江戸などにもたくさんできたが、本当に高級な料理は各家に雇われている料理人の仕事だった。ところが化政文化の時代には、すっかり料理屋の時代となり、町ごとに料理屋がある、といった状態だったという。

江戸の有名な料理屋では、店で出す献立や料理法を出版し、これに顧客の文人が推薦文を書くといったことがあった。有名料理屋ばかりではなく、江戸時代には料理書の出版は非常に盛んで、四季おりおりの献立表や、精進料理、会席料理、豆腐料理などのそれぞれの専門料理書など種類も多かった。また18世紀から中国料理が長崎を通じて日本に伝えられ、和風化したシッポク料理が流行している。

食べものの発展と軌を一にして嗜好品も普及した。煙草は16世紀の末に日本に伝えられ、かぶき者が好んだことは前に述べた。その後煙草は鹿児島から関東に至るまで各地で生産されるようになり、女性の喫煙も非常に多かった。喫煙の習慣が広がると、そのための道具、煙管、煙草入、根付などの工芸が発達し、特に根付などはミニアチュールの工芸の一つとして、かえって欧米で高い評価を受けた。

茶も遊芸としての茶の湯のほかに、日常の飯後や食間の飲みものとして普及をみた。庶民の間で日常の茶として受け入れられたのは抹茶ではなく、茶葉を揉んで乾燥させた煎茶であった。ことに18世紀になって茶葉の緑色をきれいに残した煎茶が工夫され、煎茶は高級な飲みものとなり、また味も非常によくなった。これが現代の日本で飲まれている煎茶である。

酒も江戸時代になると、濁り酒とちがって粕を絞りとって作る澄明な清酒が主流となる。酒は各地で特産品が生まれるが、やはり上方の酒が上等で、江戸に舟運を用いて大量の酒が送られた。こうして日本型食生活の基本型が完成したのである。

浮世絵に見る風俗

劇作者, 芸人, 歌人, 版画師, 画家はすべてその身辺の都市生活のなかから学ぶものが多かった. 「浮世」と現世の楽しみを肯定する考え方は, 特に強力な魅力をもっていた. しかし, ある画家は街道筋や村落で見られる風景に注目し, またごく少数の画家と浮世絵師は, 人口の大部分を構成していた農民のたえまない辛苦と時おりの喜びを反映する絵を描いていた. 江戸の社会は洗練度を増し, 書籍と版画の普及に開放的であった. その時代の活発な芸術的・文化的な所産は, 伝統的な文化よりも, 江戸の日常生活と大衆文化について鮮明なイメージを与えてくれるのである.

下　鳥居清廣は版画師鳥居派に属する1人で, 歌舞伎役者, 好色画, 日常生活の情景の版画に特色を示していた. この新鮮で, 若々しい版画は, 庶民の子供の遊びを優しく, おだやかな表現でとらえている.

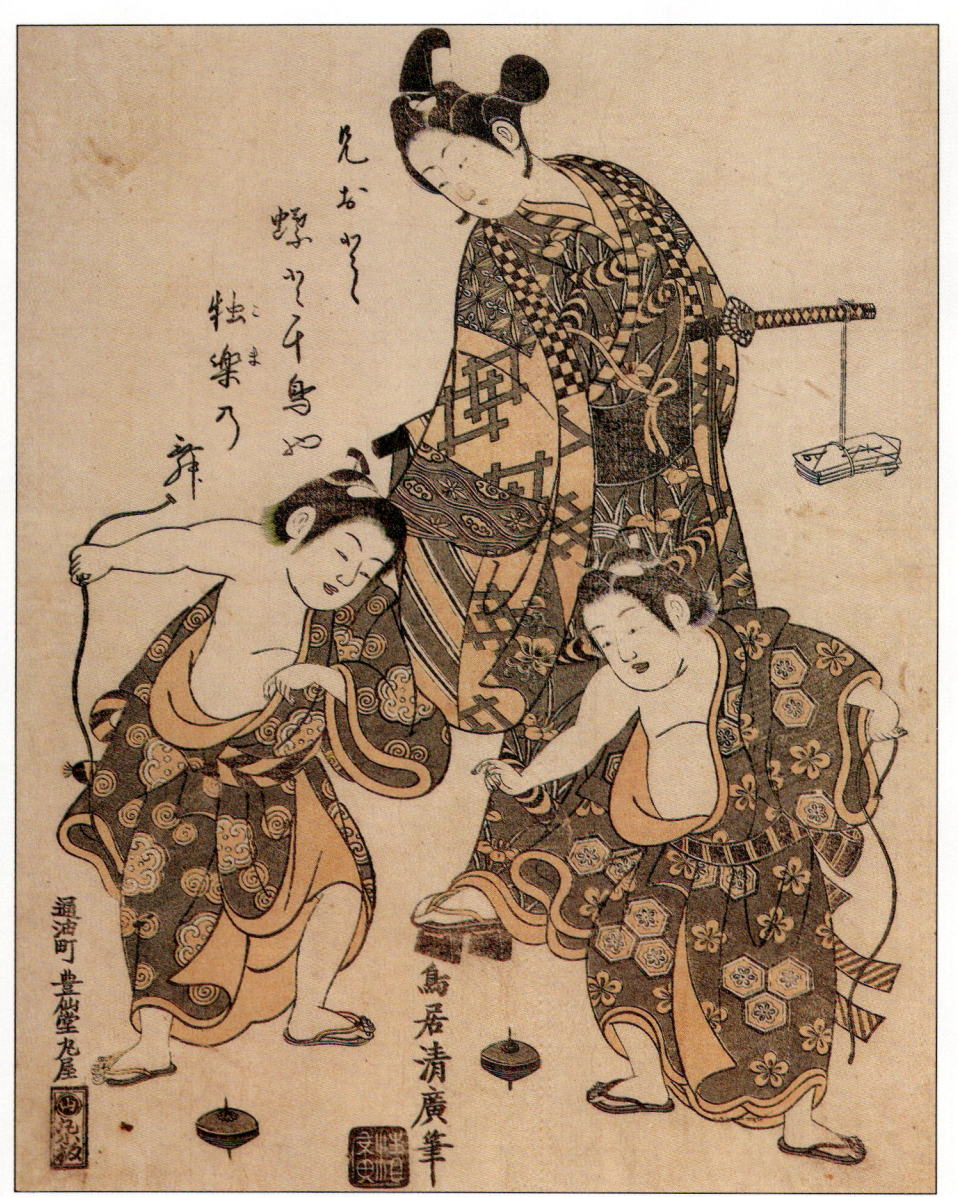

浮世絵に見る風俗

上 江戸を通って流れる隅田川は、娯楽の場であった。その堤に沿って、茶店、料亭、遊びの場所が並んでいた。夏の夜には、川の水は花火と桃灯と灯籠の光を映し出す。この鳥居清長 (1752-1815) 作の版画は、舟による川遊びを描いたものだが、手前の舟は遊客に飲食物を運ぶものである。

左 1790年 (戌の年) 用絵暦 (えごよみ) からの、この無署名の版画は、明らかに貧困に窮した人形師の荒涼とした仕事場を示している。この人形師は、達磨の人形と干支のなかの動物という最も大衆的なその地の趣味を満すものを作っている。

右 日本中の神社と寺院は、定期的に地元の祭礼を催し、それに信者全員が参加した。この絵は『下野国二荒神社の子の年の初夜における春の渡御祭の五景』のうちの一つである (1815年頃)。「神社の渡御」というのは、神社の神々を夜間、境内の一方の側から他の側へ御移しすることに関連している。祭礼は、その年の最初と最後の月にとり行われた。

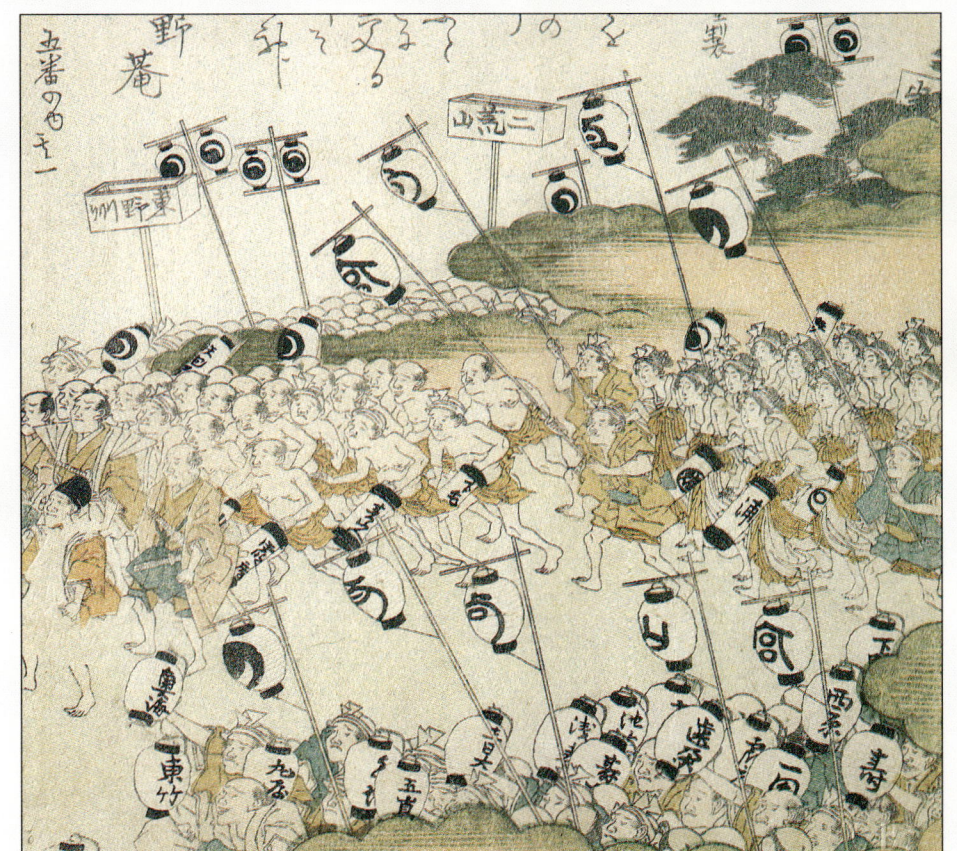

上 この絵は、1804年と日付のある無署名の東海道の宿場シリーズからのもので、題に『見附-浜松へ四里八丁』とある。見附の宿場での2人の旅人が蕎麦を食べているところであるが、店のはり紙によると、一皿16文 (もん) とある。

陶芸

日本の陶芸は，その背後に1万年を超える不滅の伝統をもっている．若い日本の陶芸家たちは，個性的な現代の芸術表現を求めようとすると，自分たちはこの豊かな伝統の継承者であることに気づく．

縄文土器の華麗な力強さ（本文35頁）と弥生式器物の左右対称の洗練さ（本文38頁）が現われた後，日本の陶器は，様式上と技術的変化については，中国と朝鮮の陶芸の影響下に留まる傾向にあった．5世紀半頃には，須恵器製作の朝鮮の技術が導入された．奈良時代になると，鉛釉薬を使った唐三彩の導入と模倣が見られる．伝統的な土器が数多くの中世の窯で作られ続けていた一方で，13世紀以来の流行は，禅僧や貿易商によって導入された唐物と称された宋朝の陶器である．16世紀末から17世紀にかけては，焼きものの豊かな成果の時代が訪れた．江戸時代の陶芸の基礎をなすに至った朝鮮陶工の渡来，わびに対する審美眼，茶の湯の普及，大名と商人たちの需要，都市人口の増大，それらのすべてが日本の陶芸の開花に貢献するところとなった．

下　輝くような羽毛の雉子の姿をした香炉は，色釉薬をかけたもので，17世紀半ばに活躍していた京都の陶工，野々村仁清が京都の仁和寺近くの窯で作ったものである．仁清の作は，単純な釉薬をかけた器から高度に装飾を施した多色エナメル質の器まで，色々な種類の型のものに及んでいる．仁清の作品の大部分は茶道具または食器類である．

左端　17世紀半頃から長崎のオランダ人が，東南アジアやヨーロッパ向けの輸出用に日本の陶器を買い始めた．特に，濃青色と白の陶器と釉薬をかけた琺瑯質の絵の具を作出する朝鮮と中国の技法を会得した九州の有田の陶芸師から買い集めた．これらの陶器は，古伊万里と柿右衛門と呼ばれた．柿右衛門は，その白さ，純粋な赤色と澄明な釉のために賞美された．

左　九谷の陶器は，普通上釉で装飾が施されているが，青九谷（緑色九谷）と色絵九谷の主な2種類がある．この九谷の皿は，肥った人間の姿をした菩薩である布袋が宝物が一杯つまった袋をかついで，風変りな微笑をたたえているデザインのものである．九谷の生産地については北陸説と九州説があって論争されている．

右　有田陶器へのオランダからの最初の注文は，1658年ヨーロッパ向けに船積された．日本の陶工たちは，この写真のような18世紀初頭の中国風の青と白の皿を大量に製造していた．

陶芸

右上　革新的で、「形式にこだわらない」、わびの精神を創造した千利休の茶の湯は簡素と自然を強調することで、静かで、素朴な陶器を必要とした．梅花模様の黒の茶椀は、19世紀初頭の陶工楽の作とされる．

右中央　茶席で使われるもう一つ別の焼物は水指である．16世紀から作り出された美濃地方の窯で焼かれたこの志野の水指は無雑作に升型と葦の模様が描かれている．底部には三角状に釉薬をかけ残している．

右下　瀬戸浩によるこの作品では、金色の線が淡い紫色の表面を上下に起伏している．透明釉の金銀線をあしらった花瓶やその他の作品は、近代的な形態と伝統的な色と柄のモチーフを組み合わせたものである．

161

根 付

　19世紀の西欧の日本訪問者は，複雑な彫刻を施した，木製と象牙製の根付としばしばそれにつけられる優雅な装飾が施された小さな薬入れ（印籠）という奇妙な小物に好奇心をそそられた．着物には，物入れはついていない．煙草や個人的な小物類，印判や薬袋などをしまう場所がほとんどないので，印籠は必要な道具だった．その印籠に紐を通し，その紐を帯にとめておく部分が根付である．

　17世紀末までは，根付はまだ平たい，簡単なボタンの形をしていた．18世紀になると，江戸，大坂やその他の都市の町人は，より丹念に彫刻の施された根付を探し求めるようになった．それは，着物に対して出された幕府の倹約令に対抗しようとする一つの方法でもあった．大坂の刀剣商であった因幡通龍が著わした『装剣奇賞』（1781年）には，主として大坂，京都，江戸，名古屋の素人，玄人57人に及ぶ根付彫刻師を挙げている．19世紀初頭になると，根付彫刻の黄金時代となって，その材料と主題がより豊かで，変化に富むものとなって，多くの根付には作者の銘が刻まれるようになった．多くの根付は象牙と木を材料にしていたが，この両材料とも使用中に光沢が出てくるからで，骨，漆器，金属も使われていた．

　根付の題材は制限がなく，中国の伝説，日本の神話，歴史，文学，禅を含めた仏教，神道，能，歌舞伎に及ぶ．

　根付は，創意と目新しさが協調されたところから，よりユーモラスで，表現的なものになる傾向があった．それらはわかりやすく，楽しい．根付は比較的安価で，輸送が楽であったため，西欧の個人収集のため，あるいは博物館向けに大量に輸出された．しかし，明治維新のために伝統的な技芸と文化的な興味が打撃を受け，衣服の変化があったために，根付と印籠はだんだん実用性を失っていった．

中央左　優雅な象牙の彫刻は，縁起のよい，幸福の象徴とされる中国の伝説上の動物である麒麟を描写したものである．

中央右　中国の主題に基づくこの木彫は，老人が潮の玉を抱いている姿の海の竜王を描いている．

中央下　この象牙の根付は唐獅子が玉を抱いている姿を彫刻している．

下端　19世紀の木彫根付は，中国の主題を描いている．学問の神（日本では寿老人）が気持ちよさそうに供の鹿と居眠りをしている．

下　天界の四方を守護する仏の守護神の1人で，北方を守る毘沙門天のこの像は，つげ材を用いている．

上端　大原光廣（1810-75）によるこの風変りな象牙彫刻は，蛸の足の上に蠅がとまっているという自然の対象を並置して，ありふれた主題を，芸術の魅力的な作品に変えている．

上　この座った猪は木彫で，牙は象牙のはめ込細工となっている．とぐろを巻いた蛇も木彫である．

右　この尾張の為隆による根付は，太鼓の上にとまる鶏を彫っている．

根付

左 複雑な象牙彫刻には、民間伝承の七福神が、竜頭のついた宝船に幸福のお守りを積んで船出する様子を描いている。

上 剣道は、江戸時代には武士に修練を続けさせるために発展したものである。この根付は、一風変わって剣道の防具をかたどり金属製である。

左上 この微笑む従者は象牙彫で、色をつけた埋込細工である。

左 一つの有名な挿話のなかで、菩提達磨は壁に面して瞑想9年、その脚は萎縮して、ついに崩れ落ちたという。これが、押して転ばすと起き上がってくる、ずんぐりむっくりの達磨人形のもとになったのである。

上 この象牙の根付は、『西遊記』の孫悟空で、三蔵法師を助けて魔法を駆使する猿を描いたものである。

左上 この象牙の彫刻は平忠盛が油泥棒につかみかかっているところである。

左 小野小町は、平安時代の貴族出身の美人で、すばらしい歌人であった。しかし、老年になると、小町は貧窮に打ちひしがれることになる。この無銘の18世紀の木彫根付では、小町をやせ衰えた老女とし、小さな草ぶき屋根の小屋に丸くちぢこまっている姿を描写している。

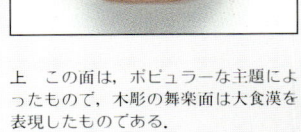

上 この面は、ポピュラーな主題によったもので、木彫の舞楽面は大食漢を表現したものである。

右上 菩提達磨(達磨)は、中国に禅を伝えた伝説上のインド僧である。ある挿話では、達磨は揚子江を葦の葉で渡ったとされる。ここでは達磨は、葉に乗って漂っている。

右 この20世紀の木彫根付では、羅漢が水のたえまなく流れ出る不思議の桃を抱えているところを示している。

163

浮世と浮世絵

下　この元禄時代の版画は，遊女が遊郭で適当な客を引っ張っているところを示す．女の着物の蜘蛛の巣模様は，間違いなくこの女の職業の関連を示すものである．遊びの場所に出没する訪客と同様に，若いこの客も顔をかぶり物で隠そうとしている．

右　遊郭は，本来1618年江戸市中の中心地，日本橋近くに設けられた「吉原」という区域であった．ここは，1657年の大火で破壊され，浅草の北に再建され，「新吉原」と改称された．この鳥井清忠作の版画は，比較的大きな茶屋の一つである「大文字屋」での遊女とその旦那を遠近画法で描写している．若い遊女が煙管で一休みをしている一方で，別の2人は双六で遊んでいる．もっと奥の室内では，芸者衆が客をもてなしている．

　世界の数多くの都市には，遊びの場所，娯楽，賭博，売春にあてられた町がある．ある都市では，それは荒涼として，不道徳で，危険な場所である．また，他の都市では，それは無害の娯楽の場所である．徳川時代日本の大都市には，こうした悪所と呼ばれ，権力によって特認された区域があった．歌舞伎の芝居町や吉原などの遊里がそれである．また，路上の娯楽，角力の見世物，これらのものが徳川日本の浮世ともいうべき非日常の空間を形作っていたのである．

　浮世では，社会の並の秩序は排除され，ひっくり返されてしまう．ここでは，商人の財力は武士の身分を上回り，社会から見捨てられた歌舞伎の役者，道楽者，高級娼婦たちが服装と流儀についての通人となり，節倹，秩序，公正に対する孔子の道徳的訓戒は軽蔑されるに至った．義理ではなく，人情が動的な推進力で，幕府の倹約令は軽侮されていた．大衆的な露骨で鋭い小説家たちは，浮世についてほとんど飽くことをしらない興味をもち，その世相を描いたものがいわゆる浮世草子である．

浮世と浮世絵

左端 なつては神を喜ばせるために演じられた古い祭祀の一つであった角力は、江戸中期には職業的な大衆娯楽となっていた。毎年数回の大相撲が、回向院その他の場所に建てられた土俵で行われた。角力取りのなかで最も優秀な者は、偉大な歌舞伎役者や著名な芸者と同じように有名となり、熱情的な支持者を引きつけていた。歌川国貞 (1723-1880) は、役者、美女、角力取りの肖像に真髄を表わしていた。

左 この2人の女性の大首絵は、花柳界での最も著名な版画絵師であった喜多川歌麿 (1754-1806) の作品である。

上 この肖像は、作家であり詩人であった井原西鶴の晩年の姿を画いたものである。この浮世の機智に富んだ年代記作家で詩人で、審美家でもある西鶴は、元禄時代の都会人を駆り立てていた愛と金欲という二つの情熱を主題にした。近松と同様に、義務（義理）と人間の感情（人情）との間の緊張を探索し、都市生活のなかの明暗両面を描き出している。

左上 役者が著名になった役や演技をしている姿を様式化し、輝くような色をつけた版画に刷り出している。この歌川国政作の画では、市川海老蔵が「暫」の役に扮しているところを描写している。

寺社参詣

本文84頁所載の地図は，平安時代の巡礼の経路を調査したものである．幾世紀もの間に，より多くの巡礼の場所と巡回路が追加された．平和，繁栄，より多くの情報のすべてが江戸時代の旅行と巡礼の急増に貢献した．徳川幕府は旅行を制限していたが，寺社参詣の方は，より寛大に扱われていた．多くの都市の住民も村人も，喜んで寺社参詣に参加した．神聖な寺院や神社を訪れる参拝者たちは，その参拝のあと寺社の近くで，飲食や性の喜びが充たされる自由を楽しんだのである．多くの者にとっては，参詣という宗教的な目的は，旅の道連れとか道中見受けられるより世俗的な楽しみの次にくる，第二義的なものであった．

左　瀬戸内海の海中に立つ巨大な赤い鳥居のある島の神社．厳島神社は日本三景の一つである．この歌川豊春(1735-1814)の版画は，弁天祭に際して，船に乗った巡礼者や遊山の者たちが神社に群がっているさまを示している．

下　日本で最も神聖な場所とされている伊勢は，江戸時代に，単独の巡礼地としては最大の場所となった．この伊勢曼陀羅は，内宮も外宮も，巡礼者たちが己れの身を浄め，神社の前で祈りを捧げているところを示している．

第3部　近代日本

MODERN JAPAN

明治維新とその遺産

王政復古

　慶応3(1867)年12月9日の王政復古の大号令は，10年間におよぶ対外関係をめぐる国内対立に終止符を打つことになった．その対立の初期の段階では，幕府が強い主導権をとりもどし，1858年，大老井伊直弼はタウンゼント・ハリスに迫られていた日米修好通商条約の調印を勅許を得ずに強行した．これに対し，朝廷を中心にして強い批判がおこった．また折りしも幕府内では将軍継嗣問題をめぐって一橋慶喜を推す一橋派と徳川慶福（のちの家茂）を推す南紀派との対立が激しかったが，この二つの問題が結びついて幕府を揺さぶり，朝廷の発言力が強まっていった．井伊直弼は，この二大問題に対する反対派を厳しく弾圧したが，それに憤激した志士により1860年暗殺されてしまった．幕府の指導者たちは動揺し，朝廷との融和をはかって反幕府勢力を抑えようとして公武合体運動を進め，さらにその後，幕政改革を行い，雄藩の藩主を幕政に参画させその意見をとりいれて，政局の安定をはかろうとした．この推移は，雄藩藩主の間で主導権争いを生じさせることとなった．1860年代には，薩摩，長州，土佐各藩が次々と幕府再建策を述べた意見書を提出したが，そのいずれもが朝廷の力を大きくし，そして自藩を優位に導こうとするものだった．政局は，尊王攘夷派の主導権の掌握，文久3(1863)年の8月18日の政変，翌年の禁門の変，第1次長州征伐と推移していくが，そのなかで幕府の威信はさらにゆらいでいった．幕臣たちは，指導者たちの政策がめまぐるしく変わるなかで，消極的に身を処すことで自らの保身をはかった．1865年将軍家茂は，1862年に緩和された参勤交代を復活しようとしたが諸大名は応じなかった．また1866年の第2次長州征伐にも（1864年の第1次のものとは異なって），失敗した．朝廷を組み込んだ権力の再編成が不可避の情勢となり，慶喜は，1867年，土佐藩の建白を容れて大政奉還に同意した．このときの慶喜は，新たな公議政体のなかでも実権を握れるとの構想をまだもっていた．しかし慶喜は政局を読み間違った．というのは薩長両藩を中心とした倒幕派の政治力に敗れ，慶喜を朝敵として征討する密勅が下されたからである．戊辰戦争は1869年の春まで続き，薩摩，長州，土佐各藩からなる官軍が旧幕府勢力を征討していった．

　その激動の10年間の政局とともに，268年にもおよぶ徳川の世は終わることになった．だが，それですぐ世の中が変わったというわけではなかった．日本の社会が流動化したわけではなく，戦闘は武士と武士の間で闘われたにすぎなかったからである．都市や農村の支配体制には手が付けられず，貢租は以前と変わらず徴収されつづけた．しかも経済状態も悪かった．1866年と1869年は，大規模な不作の年で，多くの地域が飢饉にみまわれていた．この事態は，貢租のほかにその地域を通過した官軍や幕府軍などの重課も加わってさらに悪化した．このような状況は，開港の影響による1860年代の急激なインフレとあいまって，人々を大きな不安に陥れたが，その一方で，「世直し」の噂が爆発的に広まったように，社会の変革への期待もいだかせることになった．このなかで最も有名なものは，お札が空からふった（たいていは富豪の家にだったが），という噂から始まるものだった．そのお札の幸運にあやかろうと呑めや唄えや踊りやのお祭りさわぎが始まり，日頃快く思っていない富豪の家に「ええじゃないか，ええじゃないか」と唄いながら踊り込み，金品を強要したりした．こういうお祭りさわぎが，「ええじゃないか」と呼ばれるこの民衆運動を，その他の一揆や打ち壊しから際だたせた特徴だった．

　官軍のなかには，進軍していった地域で，農民の指導者に対して年貢の大幅な減免を約束するものもあり，その噂も広まった．もちろんこれは，人々の明るい将来への期待をふくらませることになった．結局，その期待はすぐ打ち砕かれ，民衆に新たな世の到来を予言した人々を失望させ憂鬱の淵に追いやった．もっと深刻な事態は，この武士の戦争が関係のな

明治維新後，東京や横浜では「文明開化」が進み，洋服や汽車などの新しい文物が急速に広まっていったが，他の地方での普通の日本人の生活は，そう一挙に変わったわけではなく，農村部では，文明開化はなかなか進まず抵抗にもあった．

明治維新とその遺産

た横井小楠は，1869年その親西洋的姿勢のゆえに暗殺者に襲われ，また同じ年には大村益次郎も同じ運命にあっていた．1871年には長州の指導者だった広沢真臣も，その諸藩への規制強化などへの不満から暗殺された．少なくとも明治の最初の10年間は，維新政府の指導者は常に暗殺の危機にさらされていた．木戸孝允は，約束の場所に到着したとき，途中で木戸は殺されたという知らせがあったと，その相手の人物から聞かされたことが一度ならずあった．

五箇条の誓文・慶応4（1868）年3月

このような不安定な情況に直面して新政府の指導者たちは，天皇がもつ伝統的な権威を国家統合に利用していった．慶応4(1868)年3月14日，天皇が，公卿・諸侯以下文武百官を率いて，天地神明に誓う形式をとって，五箇条の誓文が発せられた．誓文は，抽象的な言葉で表現され，諸藩列侯の新政府への動揺を最小限にくいとめるべく，政治の基本方針として公議と改革がうたわれていた．

（1）広く会議を興し万機公論に決すべし
（2）上下心を一にして盛に経綸を行ふべし
（3）官武一途庶民に至る迄，各其の志を遂げ人心をして倦まざらしめんことを要す
（4）旧来の陋習を破り天地の公道に基くべし
（5）智識を世界に求め大に皇基を振起すべし

この注目すべき誓文は，由利公正が起草し福岡孝弟が修正した草案を，木戸孝允がまとめたものだった．この誓文は支配者層向けのものだったとはいえ（誓文と同時に出された「五榜の掲示」で民衆は以前のように高札の指示に従うことが命ぜられた），「官武一途庶民に至る迄」という，のちに重要な意味をもってくる箇条があった．変革と改革をうたっていたが（「旧来の陋習を破」ることには誰もが反対できないだろう），何をするかは全く具体的ではなかった．重要な問題については「万機公論に決す」るというのは，諸侯の意見を聞くという意味だった．「智識を世界に求め」ることは「大に皇基を振起」し，維新前，多くの志士が慨嘆していた幕府と朝廷が並立する「政令二途に出ずるの患」に終止符を打つ国家体制を作っていこうとするものだった．このように，重要なことが誓われたが，具体的に何をなすかは明らかでなかった．

五箇条の誓文から4年後，木戸孝允は「智識を世界に求め」る岩倉遣外使節団の副使としてワシントンにいた．木戸は，使節団の書記・久米邦武らにアメリカ憲法の翻訳という困難な仕事に取り組ませていた．木戸は久米とよく議論したが，ある日久米が，日本は世界的な大改革を行っているときだから，政策が当分朝令暮改するのもやむをえないが，天皇が神明に誓うて仰せ出されたものを変改することだけは慎まねばならぬと述べた．木戸はこれを聞いてそれは何のことだと反問した．久米は，木戸がまとめた五箇条の誓文の存在を指摘した．木戸は，その存在を忘れていたのである．反復・熟読したあとで，木戸は，発布当時は，封建諸侯の動揺を抑える一時的な方便であったものが，日本の国家の基本理念としてきわめて有効に使えるものであることを発見して非常に元気づけられた．第2次世界大戦後，昭和天皇もまた戦後日本の民主化

右　明治維新までは神仏混交であった．両部神道によって，在来の神々と仏が結びつけられ，多くの神社では僧侶が神官を兼ねていた．明治元(1868)年政府は，国学者や神道家の主張を容れて，天皇を神聖な絶対的存在とする神道の国教化の方針を打ち出し，神仏分離令を発した．当初政府は，「神武創業の始に原（もと）つ」く理念から祭政一致の実現を目指したのである．祭政一致の方針は転換されるが，神道は天皇の神格化をおしすすめ，国体の万国無比を植え付けていくことに利用されていった．明治4(1871)年神社制度が確立され，①神社の儀は国家の祭祀であること，②全国神社を国家の任命制にすること，③全国民はその地域の神社の氏子となることを義務づけること，を布告した．この写真は，1900年頃，2人の神官を撮影したもので，1人は背中に神棚を背負っている．

い百姓・町人の生活に直接打撃を与えたことだった．1864年，長州が京都の禁門の変で敗北したとき，戦乱で生じた火災がこの歴史ある町に大被害を与えた．こののち戦火にみまわれた町でも同じであった．官軍の一大攻撃目標となった会津若松では，会津軍は，町人が邪魔になるとまず全市街を焼き払った．こういったことは，1870年代の士族の反乱でも行われた．維新の指導者・木戸孝允は，萩の乱（1876年）に際して，その日記に「品川弥二郎萩表より書状を送れり，前原等寛典に処せらるヽときは萩城のもの願いても其首を断し度云々と申すと，実に暴動の為人民の困苦思い遣られしなり，当時は大に市人も安堵すと云々」，と書きしるしていた．戊辰戦争の後でも，全国の人々は，もっとひどい戦乱がおこるのではないかとの不安に怯えていた．薩摩・長州の支配は，それまでの問題を何も解決したわけではなかったうえに，薩摩と長州の間には分裂の恐れさえあったからである．

そのような不安には充分な根拠があった．維新で将軍を権力の座から追放はしたが，それにかわる新たな政体の姿は明らかでなかったからである．そのうえ，薩摩と長州は同盟関係にあるよりも対立していた期間の方が長かった．薩長同盟は日本全国至るところで不信の眼で見られ，戊辰戦争で官軍に抵抗する場合の多くは，薩長への不信をその名分とした．東北地方での奥羽越列藩同盟は，実際，朝廷への恭順の意を表わし，薩長への不信をその同盟の大義名分として掲げた．新政府は開国和親と条約履行の方針を明らかにしたが，それは新政府の指導者と目される人物への非難と暗殺の恐怖をもたらした．幕末期には，すぐれた足跡を残した人物たちが暗殺されていった．開国和親派のなかで大きな影響力をもってい

明治維新とその遺産

上　開港を要求する欧米列強と攘夷を叫ぶ声に包囲されるなかで，1858年，幕府は不平等条約の締結を余儀なくされた．幕府は，1860年から，大小7回にわたって条約批准やその変更あるいは万国博覧会などに使節団を派遣，そのなかで欧米の制度・文物が学ばれていった．この写真は，1862-63年の第1回の遣欧使節団がパリで撮ったものである．竹内下野守保徳を正使として，38人の士族の使節団が江戸・大阪の開市，兵庫・新潟の開港の延期を交渉すべく派遣された．この使節団には，福沢諭吉（1835-1901，福沢は第1回遣米使節団にも参加）や福地源一郎（1841-1906，右から4番目）も加わっていたが，彼らは欧米文化紹介のパイオニアとなった．

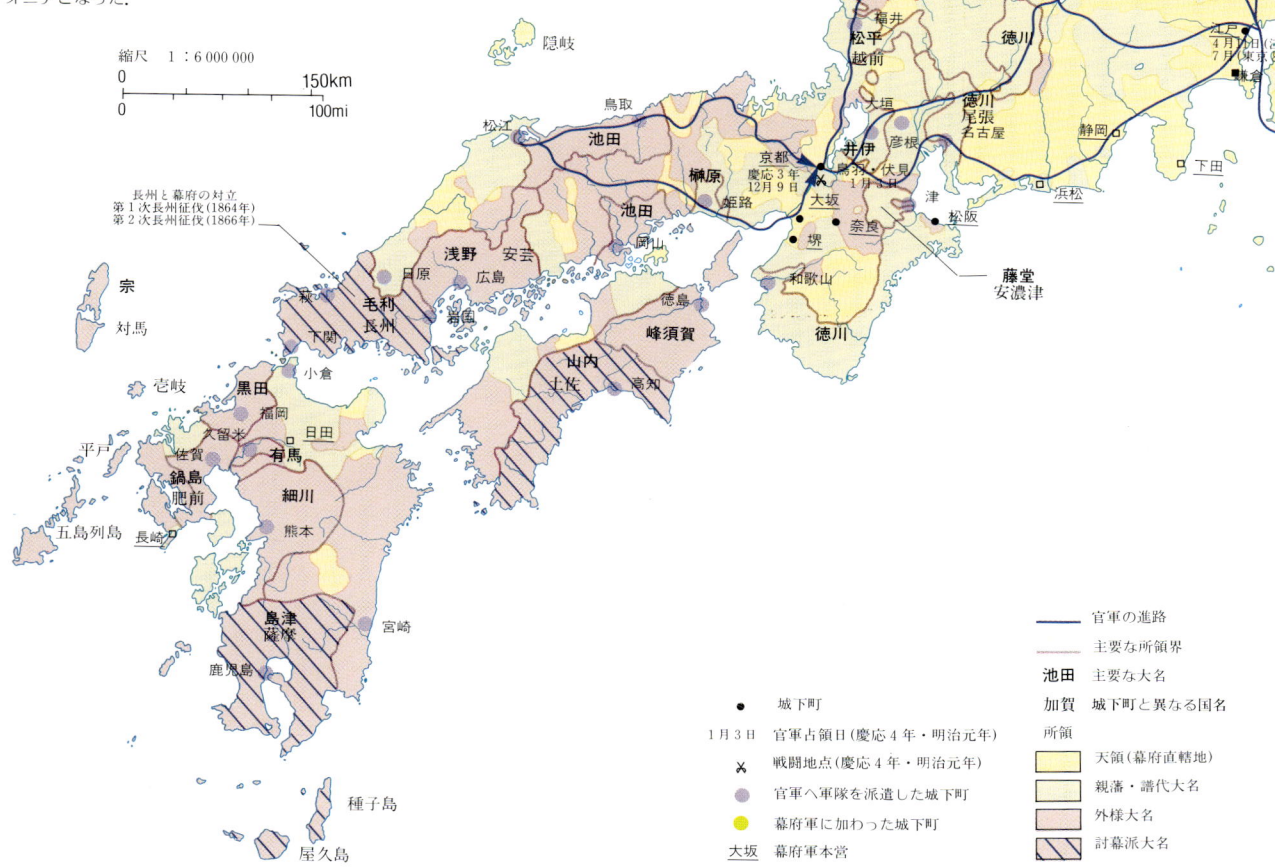

縮尺　1:6 000 000

― 官軍の進路
― 主要な所領界
池田　主要な大名
加賀　城下町と異なる国名

所領
□ 天領（幕府直轄地）
□ 親藩・譜代大名
□ 外様大名
▨ 討幕派大名

● 城下町
1月3日　官軍占領日（慶応4年・明治元年）
× 戦闘地点（慶応4年・明治元年）
● 官軍へ軍隊を派遣した城下町
● 幕府軍に加わった城下町
大坂　幕府軍本営

西郷隆盛（1827-77，標準的な日本人からすれば大男であった）は，明治維新における役割や苦境にたたされた士族に示した態度から，味方だけでなくその敵からも敬愛された．西郷は征韓論に敗れて，薩摩に帰り，そこで不本意ながら西南戦争（1877年）の指導者となった．その死後も，西郷の人柄やその無私の精神を人々を徳望し西郷伝説が生まれた．

の起点を祖父明治天皇のこの誓文に求めた．誓文は，このように，その抽象的な言葉のゆえに開明的な解釈を許し，時代を越えて，日本の政治やその理念のよりどころとして生命を保ち続けた．

維新の指導者は，天皇の勅語とともにその姿そのものも活用した．若き天皇は，新政府の象徴として地方巡幸を行い，この巡幸は，国民に天皇の存在を知らしめ，天皇自らも直接国民にふれる機会となった．日本が近代国家として形を整えるにつれて，天皇は国民からかけ離れた「雲の上」の存在となり宮中にますます閉じ込められていった．だが，明治国家の建設期には地方巡幸・行幸（あわせて693回）を行い，天皇は，そのなかで「皇基を振起」する国家建設に向けての闘いの列に無言のうちに加わったのである．黎明期の新聞もこの努力に力を貸した．1874年11月2日の『読売新聞』は読者に次のように注意を喚起していた．「明三日は天長節といって，日本皇帝睦仁陛下の御誕生日でございます．以前将軍で国中の御政治をあずかっていた頃とちがって今では皇帝さまが御自しんで御政治を遊すようになったからは此日本に生れた人々は旧の五節句などとは違い大祝日ゆえどんなにもして朝廷を御祝申上，また銘々も気げんよく楽しまねばなりません……皇帝の御名まえも知らずに居る人がいくらも有りますが此国に生れて知らずに居ては親の年をしらぬようなもので済ない事だからよく覚えて居ねばならず……」．

天皇のもつ伝統的権威は，当初から新政府が諸藩列侯の協力を得るための中心的な役割を果たしたが，やがては国家への民衆の統合をはかっていく梃子として最大の威力を発揮していったのである．

中央集権化

明治維新の最も注目すべき歴史的成果は中央集権化だった．維新の原動力となった指導者たちは，中央集権化に対し，何か確固としたヴィジョンをもっていたわけではないが，もしかりにあったとしてもそれを維新直後に明らかにすることは危険だったろう．だが指導者は，西欧列強が支配する世界のなかで独立を維持していくには何をなすべきかは充分認識していた．元号として明治を採用し（『尚書』の「其始為民明君之治」からとられた），首都を将軍がいた江戸（東京）に決めたことは，統一国家創出へ向けての政治改革への指向を早くも表明したものだった．

天皇親政の宣言は，中央集権化に向けての重要な第一歩となった．というのは，それは，数多くの小国家が分立しているような幕藩体制の終焉を意味したからである．切迫していた外交問題もまた，生麦事件後の攘夷の不穏な動きに備えて始まった開港地への外国軍隊の駐留がその象徴だったが，万国に対峙しうる統一国家・日本建設の必要性を強く認識させていた．

しかし，1868-69年の戊辰戦争の勝利が，そのまま中央集権化につながったわけではなかった．その勝利で，徳川将軍家の政治的な影響力は完全に排除されたが，新政府の財政基盤となる所領としては幕府から没収した天領があるだけだった．将軍家は，6歳の田安亀之助（のちの家達）に相続させ，

左　幕末維新の動乱
幕府軍の敗北と明治維新をもたらした1868-69年の一連の戦闘は，戊辰戦争と呼ばれる（1868年は，干支でいえば戊辰にあたった）．慶応3(1867)年12月9日，薩摩と長州を主力とする討幕派は，京都で政変を決行し，天皇は王政復古の大号令を発した．幕府軍は，討幕派を撃とうとしたが，慶応4(1868)年1月3日の鳥羽・伏見の戦いに敗れた．慶喜と幕府軍は江戸へ逃れ，同年3月東征軍は江戸に入り，その総攻撃の直前，薩摩の西郷と幕臣の勝海舟が交渉，その結果，江戸城は無血で明け渡された．東北地方では，31の諸藩からなる奥羽越列藩同盟が，1868年の夏から秋にかけて，抵抗を示した．この抵抗も，明治元(1868)年9月22日の会津若松での会津藩の敗北で事実上平定された．榎本武揚は旧幕府の8隻の軍艦を率いて北海道・箱館で明治2(1869)年5月まで抵抗を続けた（榎本は共和国の樹立を宣言した）．戊辰戦争の終結とともに，全国は新政府の政権下に入った．戦費の支払いや封建体制の処理の問題が，新政府の課題として残された．

70万石の一大名に格下げのうえ，駿府に移封された．幕臣たちのなかには，朝敵となった将軍を見放して，他の大名とともに競って朝廷への恭順の意を表わす者もいた．薩摩と長州の軍事力の圧倒的な優位は，薩長が新幕府を作るのではないかとの疑いをひきおこしていた．簡単にいえば，明治維新当初の実情はそれ以前の統治形態とはほとんど変わらなかったのである．

新幕府樹立の疑惑を緩和し，重い財政負担となり始めていた軍事費を軽減するためもあって，西南雄藩は1869年朝廷に版籍奉還を上表した．薩摩，長州，土佐の指導者は，肥前にも共同歩調を説き，4藩の藩主を促して天皇に連名の建白書を上表させたのである．そこには，「抑，臣等居る所は即ち天子の土，臣等牧する所は即ち天子の民なり，安んぞ私有すべけんや．今，謹で其版籍を収めて之を上る．其与ふべきは之を与へ，其奪ふべきはこれを奪ひ，……而して制度典型軍旅を政より戎服器械の制に至るまで，悉く朝廷より出で，天下の事大小となく，皆一に帰せしむべし，然後に名実相得，始て海外各国と並立すべし」，と述べられていた．だが版籍奉還は廃藩ではなかった．建白書は，すべては対外関係に対応するために，封土の再配分と政令の帰一を求めていたからにすぎなかったからである．再び4藩に政治的にしてやられた他の列藩は遅れをとるまいと，以前から版籍奉還を願い出ようとしていたと強調して，競って同様の建白書を提出した．木戸孝允は，4藩の版籍奉還の上表に対し，その日記に，「其実の挙る緩急有ると雖以て千歳之基を定るに足る依りてまた御東幸之上は数十の諸藩相応に此儀に出て其実の日を逐うて挙るの一策を廻らさんと思う」，と記した．

天皇は明治2(1869)年6月これらの奉請を聴許，同時に各藩主を旧所領の知藩事に任命した．これは単なる地位の変化にすぎないかのように見えるが，藩の解体から中央集権的な体制に向けての道を切り開いていくものだった．知藩事の家禄は各藩収租高の10分の1と固定され，1868年の藩治職制で開始された藩政改革はその速度を一段と増していった．この過程で，公卿・諸侯の名称は廃され，新たに華族とされた．つぎつぎと出される藩政改革の命令によって藩は，政治的・軍事的権限を奪われ，単なる租税徴収の機関にすぎなくなっていった．

藩の完全な解体に向けてさらなる段階にこのまま進んだように思えるかもしれないが，まだ新政府への不信感が強く，これを公然と表明するのは政治的には得策ではなかった．維新の指導者は出身藩にもどり，そこで改革を断行した．長州では，家禄を削減し，賞典禄を破棄し，士族の帰農商が奨励された．このような長州での急進的な改革の実施は，政府が将来どのような政策を実行しようと考えているかを示すものであった．同様に，中央政府はその所領（もと天領）で全国に先駆けて急激な改革を行った．それに加えて260余の藩のうちの13の藩も，多くは財政的な窮状を理由として，その領地の天皇への帰属・廃藩を自発的に申し出た．ある藩の建白書には，「方今内外多事の折柄公費莫大にして自から国用給不加之庶民泣号の声達九重……是迄管轄の士民弥以て朝廷御支配に奉願度」というようなことが述べられていた．

明治維新とその遺産

明治天皇・睦仁は嘉永5(1852)年に生まれ，慶応3(1867)年即位したときは数えてまだ16だったが，明治維新の表舞台に立たされた．薩摩，長州，土佐各藩の武力を主力として倒幕に成功すると，陋習に支配された京都を去って東京に遷都した．天皇がもつその伝統的権威は新政府のなかで重要な機能を担い，神格化された存在となっていった．天皇は親政したわけではなかったが，その治世の重要な政治的場面では，たとえば，五箇条の誓文，軍人勅諭，教育勅語，明治憲法（立憲政体の開幕を告げるとともに天皇大権が絶対化された），すべて天皇の名をもって定められたものだった．1912年の崩御は，一つの時代の終わりを告げるものとうけとられ，御大葬の日，乃木希典とその妻が殉死した．

　明治4(1871)年2月薩長土の藩兵を集め，1万人の御親兵を組織した（翌年3月，近衛兵と改称）．明治4(1871)年7月14日，廃藩が宣言され，新たな行政単位，県を置くことが宣言された．その後，県はしだいにその数を減らし，その行政地域は拡大された．廃藩置県は，革命的なもので，第2の明治維新として歓迎する者がいたほどだった．廃藩置県に向けては周到な準備と根回しが行われ，その起動力となった者は，山県有朋や鳥尾小弥太や野村靖らの長州系の小壮官僚や軍人だったが，彼らは深い注意を払いながら，維新の要人へ接近してその説得にあたり，廃藩断行を助けた．政府首脳のなかには，岩倉具視が有名だが，実施直前までその動きに気付かない者がいるほどだった．廃藩置県は，それまでの政策の流れの上からも，長期的な観点からみても，当然予想されたこととはいえ，それに向けての歩みはこのように注意深く巧妙に行われたものだった．

　このような政策の実施は政府の責任をますます増大させた．版籍奉還で知藩事となった大名を華族とし，廃藩置県を断行したことで，各藩の藩士の家禄は政府の負担となったからである．これらの藩士は士族とされ，そのうち下級の者は卒とされた（ほどなく卒は士族に編入された）．このような大きな財政負担となる多数の非生産的な階級の存在は，新政府を悩ます大きな問題であった．

新政府

明治新政府が権力基盤を強固にするにつれて，その布陣も変化した．維新直後の人心の一致が何よりも優先した時期には，公家・有力諸侯が上位の官職を占めていた．維新の原動力となった雄藩の下級武士の指導者は，他藩の有能な者もその列に加わっていたが，公家・諸侯の下位の地位に甘んじていた．この時期には五箇条の誓文に示されるように，政策決定にあたって衆議を尽くして公論を重視する方針がとられ，諸藩は公議人を東京におき，藩主を補佐し，国元へ政策を伝えるよう命じられた．政府がその直轄地を増やし権力基盤に自信をもつにつれて，公家・諸侯の威光を借りることも，またそのような人物を容れる余地も小さくなり，西南雄藩の下級武士出身の維新官僚がますます重要な地位につくようになった．維新官僚は，廃藩置県で出身藩が正式に廃されて，一層その関心を中央の問題だけに集中していけるようになった．同僚のなかからは，藩を裏切り主君に不忠を働くものとの不満から帰郷する者が現われたり，また官職にある旧藩主のなかには，これからの時代は身分・家柄ではなく実力いかんによるとの自覚から自ら身をひく者もいた．政府部内は，しだいに維新官僚が圧倒的な比重を占め，中央の意志を断固として貫徹するようになり，藩情や藩の利害などを顧みなくなっていった．廃藩置県とともに新知事は二，三の例外を除いて他藩出身者が任命された．これは長州藩も例外ではなく（薩摩は違ったが），初代の知事は旧幕臣だった．

軍制や官制を近代化し確固たるものとするために，政府は伝統も利用した．1869年夏の版籍奉還とともに，政体が改革され，8世紀の大宝令の古制にならって神祇官と太政官の2官がおかれた．その太政官制は，内閣制度が1885年採用されるまで存続した．天皇周辺の国学や神道のイデオロギーの強さを考えれば，神道の国教化が目指されその影響が政体におよんだのも当然だった．神祇官の設置は，天皇を神道の最高神天照大神をはじめとする一群の神々と結びつけてその神格化をはかり，祭政一致の理念を実現させていこうとするものだった．1869年から1871年まで神祇官は太政官の上位に位置していた．官制の近代化が進むなかで，その地位は格下げされていき，1877年，この年政府は最後で最大の士族の反乱に直面していたが，一つの時代の終わりを告げるかのように，内務省の一局となった．

1868年の政体書に基づいて誕生した太政官制は，1869年の改革で左右大臣・大納言・参議による構成となり，ついで1871年の改革で太政大臣・左右大臣・参議の決定機関である正院と立法府の左院と各省長官・次官の連絡機関の右院の三院制となった．太政官の最初の長であったのは公家出身の右大臣（のちに太政大臣）三条実美だったが，1874年岩倉具視が代行した時期を除いて，三条は内閣制度採用まで太政大臣であり続けた．実質的な政策決定にあたったのは士族出身者からなる参議であり，薩摩の大久保利通，長州の広沢真臣や木戸孝允，肥前の副島種臣や大隈重信らが就任した．古代の官制を復活させたことにともなって，士族出身の官僚は一時は古代の時代の香りをさせる氏・姓を自らにつけることになった．たとえば，大久保は藤原朝臣利通，大隈は菅原朝臣重信，伊藤は越智宿禰博文と名乗った．また唐に倣った古代の九位の位階制も復活し，1885年ヨーロッパに範をとった華族制度が創設された後も残り，第2次世界大戦敗戦まで存続した．

明治新政府の下級士族出身の指導者は，このように天皇と伝統を活用しながら，その実力と地位を着実に上昇させ，きわめて短期間のうちに中央集権化に向けての政策を断行していった．もちろん一世代ぐらいは，藩の利害を何よりも優先しようとする傾向が残った．新政府は，藩の声を地方の行政のなかに取り込む懐柔策をとったり，あるいは武力を背景に強硬策をとったりして，その解消をはかろうとしたが，藩の不満は武力反乱という形で爆発することもあった．ともあれ日本は，廃藩と藩の軍事力の解体で，万国に対峙しうる近代統一国家建設に向けてさらなる一歩を踏み出していったのである．

士族支配の終焉

明治維新は，公家とも結んだ西南雄藩の連合勢力が，徳川幕府を政治力でも凌駕したことで実現された．その勝利は，雄藩連合軍が，その戦略も装備も士気も幕府軍よりもはるかに優っていたことで，確実なものとなった．新政府を引っ張っていったのは，下級士族出身の維新官僚だった．彼らは，有力諸侯の力を弱体化させ，天皇の伝統的権威を活用し，統治の体験を積み重ねていくなかで，強力なヘゲモニーを握っていった．一世代にわたって，士族が明治の日本を統治したとはいえる．しかし同時に，12世紀から権力を維持し続けた武装集団である，武士の解体政策も進められていったのである．家禄は切り下げられ，ついで一挙に金禄公債と引き替えられた．刀は長い間武士の階級の証であり名誉の象徴だったが，帯刀は陋習として禁止された．刀に象徴された武士の武力の独占は終わった．警察と軍隊は新たに募集・徴兵された者が担うことになった．武士が身分，衣服，苗字，住居にもっていた特権は廃止され，「一君万民」をうたう新たな四民平等の社会とされた．

このような士族の解体が可能だったことは，江戸時代の社会のなかで武士の威信や現実の地位が大きく変化していたことを物語っている．活発な商業活動で社会が繁栄していくなかで，武士の収入は固定した家禄しかなく，時代とともに武士の生活は苦しくなっていった．武術も，徳川の世に先立つ戦国時代に修練されたものだったが，太平の世が続くなかで，ものの役に立たなくなった．武士でも最良の部分は政治や学問に熱心だったが，多くの者は無為のうちに，怠惰な生活を送り，先例言格をくずさないことだけに気を配る毎日を過ごしていた．仕事のわりに人が多すぎて1週間のうち1日以上の「勤番」をもつ者はまれだった．一方太平の世の中で，商業と農業の分野では，武士のなかの最良の者と変わらぬ学問をもち，しかもそれ以上に独立心旺盛で進取の気性に富んだ人物が生み出されていた．日本全国どこでも，もしどこかの藩が財政難を理由に貢租や賦役をあげようとすると，正道を求めて直訴や一揆がおこされた．開国後，軍備の洋式化がはかられていくなかで，諸藩のなかには平民と士族との混成軍

の編成を試みる藩もあったが，そのなかで平民が士族よりも洋式の軍事訓練や教練に適していることが明らかとなっていた．諸外国の例も，平民で編成された軍隊の方が優秀であることを示していた．武士だけに依拠するより「国民の総武士化」の方が賢明に思えた．諸外国の例は，元来日本国内で模索されていたこと，たとえば朱子学の実証主義的な研究や大衆宗教のなかの倫理規範にも示されていたように，現実の武士と規範としての武士道とを分離して考えようとする模索が正しいことを裏づけていたのである．

士族を解体していった改革の進め方をみると，新政府の指導者が，自分たちが目指す目的を実現していくうえでいかに注意深くしかも実行力を兼ね備えていたかがわかる．廃藩置県後，政府は各藩の家禄を引き継いだ．この負担が，改革を実行するうえで，新政府の重荷となることは火を見るより明らかだった．政府は，この大きな財政負担を段階的に整理していく政策を採った．まず家禄を減じ，ついで石高の大きい者には高い租税を課し（家禄税），100石以下の者には一時金の支給とひきかえに家禄奉還を許し（家禄奉還制度），最終的には1876年，金禄公債（これは士族に，旧来の特権であった家禄に換えて公債を支給して，それを資本として新しい世の中で実業・商売を始めさせるとともに，その公債の資本への転化を意図したものだった）を発行して秩禄処分を完了した（金禄公債証書発行条例）．その秩禄処分が行われた1876年，廃刀令で武士の帯刀が禁止された．義務であったものが違法となったのである．19世紀の終わり頃には，著名なキリスト教徒であった新渡戸稲造のように，武士道を西洋の騎士道と匹敵する倫理規範として評価する者も出現したが，明治の初めの政府指導者は，旧士族の存在を危惧する傾向が強かった．政府内には，改革に性急すぎて長く忠義を励んだ者を冷遇しすぎるとの声も確かにあったが，大勢を占めていたのはかつての仲間の士族を遊民無頼の徒であるかのようにみなす声であった．

武士を解体するもう一つの方法は，もちろん，外征を行うことだった．朝鮮がそのような機会を提供するように見えた．江戸時代，日本の国境は明確ではなかった．薩摩が琉球を統治していたが，貿易継続のために琉球の中国への朝貢を認めていた．松前藩は，北海道を直轄していたが，樺太・千島と南下してくる強大なロシアに対抗することは全く不可能だった．対馬藩は朝鮮との貿易の特許をもっていたが，交易地の釜山では，朝鮮が恩恵として与えるという形での交易に甘んじていた．

その朝鮮との関係が，突然，大問題となったのである．そ

1877年の西南戦争は，明治政府の士族の特権の廃止や秩禄処分などの士族解体政策，新政府の薩摩への介入に反対した，士族の最後の大規模な武装反乱だった．多くの薩摩の士族は，1873年，征韓論の撤回など自分たちの意見に反した政策に憤慨し，西郷とともに政府を去っていた．反乱は，1877年2月勃発し，西郷が自刃した9月まで続いた．当時の伝承によると，ここに描かれているように，薩摩の女たちが薙刀で政府軍と戦った，といわれている．

れは早くも1860年代半ば幕府のなかでも論議の対象となっていた．列強があらゆる方向から日本に進出してきている情勢に対処するには，近隣諸国と国境を確定し外交関係を結ぶことが必要だった．明治政府は新政権樹立報告の使節を朝鮮に派遣し，朝鮮と対馬の宗氏との間の条約を破棄し，国家間の直接の国交を結ぼうとした．朝鮮はこれを望まず，日本が西洋諸国に倣い，正式の外交関係の樹立を要求するなら，夷狄として攘夷しなければならないと伝えてきた．この回答は，日本の指導者を激怒させたが，列強に長い間強いられていた屈辱をはらすべく，彼らは強硬に事を運ぼうとした．こうして，エネルギーを持て余しながらも非生産的な階級である士族を外征させるという，少なからず魅力的な機会が訪れた．1873年8月には，留守政府によって征韓へ向けて行動を開始することが決定された．維新最大の軍事的指導者で留守政府の筆頭参議・陸軍大将であった西郷隆盛が，死を賭して戦いの条件をつくると自らの遣韓大使派遣を提案したのである．というのは，朝鮮に渡って開国を迫れば，暗殺されるかあるいはそうならずに侮辱を受けただけでも，日本は征韓の大義名分を手に入れられるというわけだった．

2カ月後，この決定は「智識を世界に求め」るという五箇条の誓文を実践した遣外使節から帰国した大久保・岩倉らによって覆された．西洋列強と日本との国力の差をいやというほど思い知らされて帰ってきた彼らは，征韓が時期尚早であり，たとえ日本がそれに成功しても，その成果は西洋に横取りされ，結局は貪欲な西洋を利するだけである，と主張した．反征韓派が勝利を収めたが，政府部内の征韓派の指導者は，これを有司専制だと抗議して下野した．征韓派は，翌年の台湾での琉球漁民の殺害に端を発した台湾出兵（この結果，中国は琉球の日本帰属を認める形となり，1879年その帰属が確立した）が行われても，怒りは治まらなかった．

征韓論の撤回は国辱であるとの批判と，政府に対するかねてからの個人的な憤激や不満とが結び付くことで，新政府が思いもかけなかった大規模な形で士族の不平に火がつくことになった．その不平は維新の原動力となった雄藩で最も大きくなった．というのも，雄藩では，士族の特権的な地位の保持に対する期待がいちばん大きかったからである．一方，東北地方の士族は，戊辰戦争での敗北で，維新後期待するものも小さくなっていた．征韓論争後，かつて政府の中心的な指導者であった者が不平から反乱をおこした．1874年には江藤新平が佐賀で「征韓党」を率いて乱をおこし，1876年には長州（萩）で，また九州（秋月と熊本）で勃発した同様の乱が鎮圧された．1877年には維新の英雄西郷隆盛が薩摩で最大規模の士族の反乱である西南戦争を引きおこしたが，明治政府は，その軍事力を総動員してこの内乱を鎮圧しなければならなかった．

西南戦争を境にして，武力反乱がもはや不可能であることがはっきりした．士族の反乱のほとんどは封建的な意識に根ざしたもので，藩の枠を越えたり他の階層と協力して立ち上がることはなかった．士族は階級的な特権の喪失への怒りから立ち上がったので，士族に劣らず不平だった民衆を糾合することはできなかったからである．銃を使わず刀のもつ神秘的な力に頼って敗北した熊本の神風連の乱がその極端な例だった．西南戦争は，規模も大きく範囲も広く，政府に対して最も脅威を与えたものだった．薩摩ほど，士族が多く，軍事的訓練がいきとどいて士気も高いところはなかったからである．政府軍は，中央から遠く離れたところで闘わねばならず兵力が不足した．士族を徴募して補おうとの意見も強かったが，それでは創設早々の徴兵制の崩壊につながるので，結局，士族を巡査としその巡査隊を軍隊に編入する形をとって戦地に送った．そのなかには戊辰戦争で薩摩に敗れた諸藩の士族も含まれていた．政府にとって幸いだったのは，輸送手段や戦略で優っていたことだった．西郷は自刃したが，帝国憲法発布を記念した特赦によって名誉を回復し，近代日本における軍人精神の鑑・国民の英雄として復活した．

徴兵令と学制

士族だけを対象としないとすると，軍隊は身分の別なく編成されるということだった．徴兵令は明治5 (1872) 年11月告諭され，翌年1月施行された．平民からの徴兵は維新前から多くの藩で試みられ（その多くは農村の指導者層の子弟だった），幕府崩壊前夜には幕府自身も旗本に石高に応じた兵賦を出させるなどして農兵制をとっていた．外国の平民の軍隊の優秀さが知られたことも，この傾向に一層の拍車をかけていた．1869-70年欧米の軍制を視察しプロシア軍の優秀性に深い感銘をうけてきた山県有朋・西郷従道らは，徴兵制による軍隊の創設を建言した．1870年秋には，大山巌・桂太郎・品川弥二郎が普仏戦争観戦と軍制調査のためヨーロッパに派遣された．また普仏戦争でみせたパリ市民の高い戦意が知られ，戊辰戦争で民衆がみせた無関心な態度との落差が強調されたりもした．徴兵制の確立をめざす山県らは，この苛酷な国際環境における軍備の整頓は，民衆の教化とその軍隊での訓練にかかっており，士族に依存するのではなく国民皆兵主義を採ることである，と強く主張したのである．そこでも，「今，本邦古昔の制に基き，海外各国の式を斟酌し，全国募兵の法を設け，国家保護の基を立てんと欲す」，と古代中国に倣ってかつて行われていた防人の史実がもちだされていた．

日本の徴兵令は，モデルとしたフランスのもののように，長男の徴兵を猶予し（日本では養子も付け加えられた），家制度へ打撃を与えないよう配慮された．また代人料を支払えば免役された．しかし当初は，大規模な軍事力が必要だったわけでもなく，志願兵制度もあったので，徴兵制度が真に意義をもつのはもっとあとになってのことだった．当初の徴兵該当者の編入率は低く，1879年の全国平均は6％にすぎなかった．西南戦争後，政府が軍事力を必要としたのは，もっぱら地租改正に伴う混乱のなかで燃えあがった農民一揆の弾圧に対してであった．立憲体制へ向けての改革が実を結んでいくなかで，政府の指導者は軍隊の増強と徴兵制度の充実を考慮できるようになった．立憲体制が確立した1890年代になってようやく，政府は再び朝鮮問題に関心を向けられるようになったのである．そのときから軍事費は急激に増大していった．その間，多くは士族出身だったが，将校団の育成がはか

明治維新とその遺産

られた．士族の伝統は，天皇の軍隊への奉公が日本人の意識のなかでますます大きな意義を占めるようになっていったことに引き継がれたのである．

一方国力を強化するためには，国民教育も必要だった．1872年頒布の学制は，全国を8大学区に分け，各大学区に32の中学校，各中学区に210の小学校を設けることをうたっていた．以後長年にわたって問題となったのは小学校であったが，「学事奨励に関する被仰出書」（学制の前文で学制の教育理念を示したもの）の高らかな響きは，学制の意図をあますところなく明らかにしていた．それはまず，「学問は身を立つるの財本とも云うべき者にして，人たるもの誰か学ばずして可ならんや．夫の道路に迷ひ，飢餓に陥り，家を破り，身を喪の徒の如きは，畢竟，不学よりしてかかる過ちを生ずるなり」と述べ，これに続けて，過去において「学問は士人以上の事とし」，しかも「士人以上の稀に学ぶ者も，動もすれば国家の為にすと唱へ」，学問の目的が「身を立つるの基たるを知らず……」．これは「浴襲の習弊」であり，「自今以後……一般人民多事を抛ち，自ら奮て必ず学に従事せしむべき様心得べき事」とうたっていたのである．

この小学校の財源と教育内容は，ほぼ20年間にわたって論議の的となった．農民は，小学校の財源に当てるとして地租に地方税が付加されたとき，不満を洩らしたし，保守主義者は，リベラルな教科書が使用されすぎていて，日本の伝統的精神がおざなりにされ国の運命が危うくされていると非難した．最終的には，教育制度は文部大臣森有礼によってその枠組が作られた．森は薩摩出身の士族で1885年から憲法発布当日不敬な行為を働いたとして暗殺される1889年まで文部大臣の職にあった．森は，その教育制度の目的を学問を身につけ高い国家意識をもつ国民の育成においた．この教育制度の根幹は師範学校での教師の養成におかれ，その師範学校では，兵式体操が必須とされ，寮の生活には陸軍の内務班の制度がとりいれられ，また教師は軍人と等しい責任を担っていることが強調された．そして師範学校では文字どおり軍人が重要な役割を果たした．しかし，高等教育・研究を担う大学では，科学や人文の分野で世界に抗していくために，最大限の学問の自由が認められていた．

日本は，その教育制度のなかでこの相対立すると思われる二つの目的を両立させることに著しい成功を収めた．20世紀初頭には，学童年齢に相当する児童のほぼ全員が義務教育を修了するようになった．小学校では，国定教科書による修身教育を通して，忠君愛国の精神が植え付けられた．それに対して，大学は東京大学が1877年創立され，ついで第2番目の帝国大学として1897年京都帝国大学が創立されたが，その帝国大学での研究は，国体に関する問題にふれる皇室の起源やその歴史に関連するものを除いては，非常に自由であった．1930年代の超国家主義の嵐が吹き荒れるまで，大学における学問・研究の自由な雰囲気が問題とされるようなことはなかった．

地租改正

新政府が改革を遂行していくには安定した歳入が必要だっ

た．幕藩体制下での貢租は各藩ごとに不統一で，藩内でも異なる場合もあった．新政府は，廃藩置県で中央集権化を実現したので，新たな統一的な地価の査定とそれに基づいた地租が可能となり，また士族の俸禄も政府が支給したので，その作業が不可欠となったのである．徴兵令と学制が施行されたその年の1873年7月，地租改正条例が公布された．幾多の論議を経て近年の収穫高に基づいて地価を査定することが決定された．当初税率は地価の3％で金納とされた．これに加えて1％の地方税が付加されたから，最低限の税率は地価の4％となった．

地租改正は，近代的な租税の形式を整えて財政の赤字を解消としようとするものだった．政府は，士族の俸禄や各藩の債務だけでなく，幕末期の数多くの攘夷事件での賠償金も引き継いで支払い，しかもその上改革にも着手して，膨大な財政負担を抱えていたから，可能な限り歳入を確保しなければならなかったのである．一方で，租税の公平をはかるという公約も履行しなければならなかった．もちろん，問題はこの地租改正をどのように遂行していくか，とりわけその地価の査定にかかっていた．農地の調査は1876年まで続けられ，地租改正事務局は1881年に閉鎖されたが，林野などの調査は1882-83年までかかったといわれている．薩摩の地租改正作業はようやく西南戦争後に実施された．たいていの地方では，農民の負担は従来の貢租とほとんど変わらなかった．旧幕領地では，商業が盛んで旧制度下で優遇されていたので（その理由は，一つには，軍事費の負担が少なかったからである），従来より高いものとなり，西南雄藩では，幕末期軍備の近代化のため重税が課せられていたので，わずかながらも軽減となった．

いずれにしろ，農民たちが，新政府の財源を負担しているのが自分たちであると感じたことは間違いなかったし，それも当然だった．地租のほかに安定した財源はなかった．農民は金納せねばならず，都市の市場から離れたところではそのことからいろいろな不利を被った．1870年代後半，各地で地租軽減を求めて一揆が盛んとなった．江戸時代とは異なり政府は弾圧をひかえるだろうとの期待もあったからだった．政府は，自らの手足となる軍隊を徴兵制で手に入れており，断固たる弾圧で一揆に臨んだが，1876年一揆は激しくなり，1877年1月政府は地租を2.5％に引き下げざるをえなかった．

日本の農民はこの地租改正から利益も不利益も被った．1870年代，政府が切迫した情勢のなかで健全な財政政策を行えず，インフレが着実に進んでいった．だがその結果農産物の価格も上昇し，農民がそこから受けた利益は大きなものとなった．その上江戸時代さまざまに課せられていた禁令が解かれたことにも恵まれた．農民に苗字が許され，のちには全員がつけることになった．江戸時代，藩の重商主義的政策によって行われていた作付制限が廃止された．1872年には田畑永代売買禁止令も廃止され，旧来の身分制度を越えての通婚も許された．しかしその結果，農民は新たな商品経済市場の下に従属させられるようにもなり，また従来の封建的領有制に近代的な法的所有権がとって変わり，新たに地価が

定められ地券が発行され地租が課された．この機会を活かしてチャンスを広げる者，あるいは逆に打撃を受ける者も生まれた．1880年代，インフレからデフレになり，後者の数が著しく増大した．

このようにして近代的な制度が整備され，士族が治世する時代は急激に終焉していった．多くの志士たちは，維新に向けて活動をしている間，維新後日本が目指すようになった資本主義的な世の中など全く予想だにしなかっただろう．志士たちは，強力な政府と国体を作ろうとしたのであり，士族がそれを主導していくことにも全く疑いをもっていなかった．結局，日本を指導していったのは旧士族出身の者だったが，彼らが作りあげた体制は，士族でない者でも有能で教育と機会に恵まれれば旧体制よりはるかに活躍できるものとなった．とはいえ，富国強兵が国家の目標であり，小学校で武士道に連なる忠君愛国が第一義とされたように，民法では士族の封建的な家制度が規範とされた．一方，多くの士族は，新たな競争的な社会で打ち勝っていく力にも乏しく，金禄公債をほどなく手放さざるをえなかった．それでもたいていは武士の誇りをもって生活を送っていたが，貧困には苦しめられた．

すべてが将来の日本の社会に重要な意味をもった急激な改革が，このように短期間の間に遂行された理由を考えたとき，おそらく江戸時代の社会の特質のなかに，その答えを見出すことができるだろう．大名は，自らがどのように考えようとも，領地を実際に所有しているのではなく，封じられて統治していたにすぎなかった．大名の家臣も，知行地を与えられてはいたが，実際に所有していたわけではなかった．1869年の薩長土肥の版籍奉還の上表文で「臣等居る所は即ち天子の土」と述べていたのは，すべての士族に当てはまっていた．ヨーロッパのように本当の領主層が存在していたなら，その領主層のために大きな政治的な妥協を必要とし，領主の追放には革命を必要としただろう．そうでなかったからこそ，プロシアでは数世紀を要した過程が，日本では10年で達成されたのである．明治の日本では革命的な精神と熱狂が広範に存在していたが，実際の革命は必要とはされなかった．

西洋との遭遇

1870年代，政府の指導者は多くの困難な政治的な問題を抱えその決断を迫られていたが，同時にこの70年代は文化的にも根源的な変化を生じていた時期でもあった．明治の初期において，その意味で最も重要だったのは，西洋との遭遇であり欧米文化をモデルとしたその着実な受容であった．1000年以上にわたって日本は中国の文物を模範として，その文化を形作ってきた．中国の文化が混ざり合った日本の文化は東洋文化の一翼に位置し，日本人の意識のどこかには中国の影響がずっと残っていた．しかし中国はもはや崇拝の対象ではなくなった．そのかわりに，中華意識に溺れて社会が停滞すれば，その国の運命がどのようになるかの具体的な教訓とされた．18世紀初頭には，あの荻生徂徠も，自らを「東夷」と称していたほど，つまり当時の儒学者のなかで最も大きな存在であったといえる徂徠も，中国文化崇拝の傾向は歴然たるものがあったのである．だが1880年代，当時の思想界の

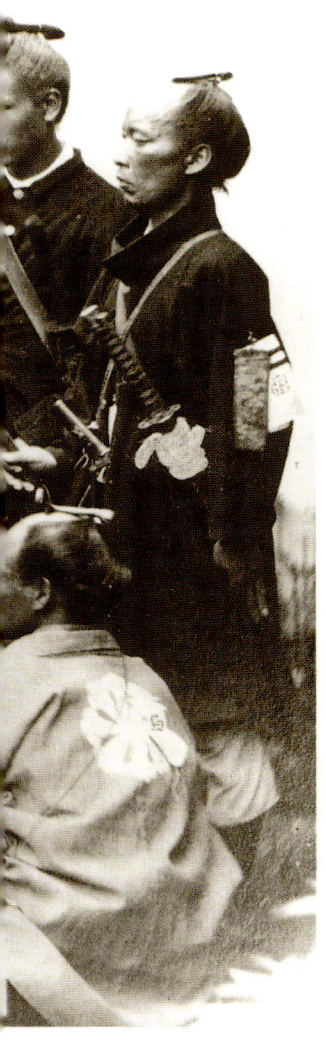

この二つの写真は，薩摩，長州，土佐各藩の倒幕軍の若い士族（上）と徴兵を受け西洋式の訓練を受けた兵隊（下）との著しい対照を示している．維新の指導者は，藩への帰属意識や特権意識の強い士族からではなく，西洋式の徴兵制で軍隊を編成した方がよいと考えていた．その軍隊の土台を作ったのが，長州の大村益次郎，山県有朋だった．大村は，奇兵隊を始めとする諸隊の経験から，農民でも，きちんと訓練をすれば，武士と同様にいやそれ以上に戦えることを確信していた．大村は，ナポレオンの崇拝者で，フランス式の軍隊の編成をとったが，山県やその他の政府の指導者は，1871年の普仏戦争でのプロシアの勝利に感銘を受け，のちに1886年から89年の兵制改革でプロシア式兵制への全面的な転換を行った．1873年の徴兵令は，その主要な対象であった農民には歓迎されなかった．しかし，この徴兵制による軍隊は，1877年の西南戦争で西郷軍を打ち破り，その強さを初めて実証した．

第一人者であった福沢諭吉は，日本が西洋から中国や朝鮮と同一視，すなわちアジアの一員とみなされないように，「脱亜」すべきであると主張した．

確かにこの中国観の変化は突如生じたものではなかった．江戸時代の知識人は，中国文化と現実の国家としての清とを明確に分けていたし，徂徠も自分の漢学の教養は決して中国の学者に劣らないと自負していた．漢学を普遍的な真理として全面的に受け容れられたわけではなかったのである．明治になっても，大陸の盟邦の近代化を指導し日清提携して西欧の支配に対抗していこうとする思潮も存在したが，それらを押し付ければ，今度は日本が尊大であるとみなされる危険があった．明治以前から，長崎でのオランダとの接触を通じて，西洋に関心を抱き西洋の書物を研究する先覚者も存在した．蘭学・洋学は漢学よりも科学的・実用的で関心をそそられるものだった．このような動きのなかでも，古代の事例が姿を現わした．たとえば，1860年の遣米使節団の副使村垣淡路守範正は，「昔遣唐使といへとわつか海路を隔たる隣国なり．米利堅は皇国と昼夜反対にして一萬里なり」，と自らのアメリカ行きをかつての遣唐使と比較していた．これ以後，幕府が倒壊するまでにあと6回の大小の使節団が欧米に派遣された．維新のとき将軍慶喜の弟昭武は，将来の幕府の近代化に備えてパリに留学していた．

だがこのような動向も，明治初期の欧米文化の急激な流入とその積極的な受容に比較すれば，規模も小さく人材も限られていた．ありとあらゆる種類の書物や思想が日本に入ってきた．ルネッサンス，啓蒙主義，ヴィクトリア時代のものが同時に入ってきたのである．「岡倉天心流に巨視的に見れば」，と歴史家色川大吉は述べている．「日本文化史上の大混乱は，明治時代にまさるものはなかったとおもう．縄文期以来，日本文化は，いくたびもインド，中国，南蛮文化などの巨濤に洗われたが，一，二世紀の時をかけるとつねに沈静し，固有の風土化，日本化がなされてきた．その最たるものは七一八世紀の奈良時代であろうが，それとて一九世紀後半に生じた明治時代の大混乱にくらべれば，影響のはんいはせまく，衝撃は弱い．明治のそれは権力者を動顛させるばかりではなく，中間層に激情をよびおこし，さらに底辺の民衆の深部にまでその波紋をひろげたのである」．

富国強兵のスローガンは新政府の官僚が西洋文明の受容をどのように考えていたかをよく示している．このことを，佐久間象山のような幕末期の蘭学者たちは，東洋の道徳と西洋の芸術を融合して日本の文明化をはかるというように論じていた．しかし，1870年代までには，使節や留学生の眼にはそれ以上のものが必要であることは明らかとなっていた．西洋の文明はもっと差し迫った課題を突きつけていたからである．文明開化のスローガンは，日本の近代化に献身しようとする者たちが，何を最優先しなければならないかと考えていたかをよく示している．福沢諭吉の『学問のすゝめ』は，1872年から76年にかけて17編の小冊子として出版されたものだが，その冒頭は，「天は天の上に人を造らず人の下に人を造らずと云ヘリ．されば天より人を生するには，万人は万人皆同じ位にして……賢人と愚人との別は学ぶと学ばざるとに由て出来るものなり」，といった言葉で始まっていた．福沢は続けて，学問の目的は，「人間普通日用に近き実学なり……是等の学問をするに，何れも西洋の翻訳書を取り調べ……年少にして文才ある者へは横文字をも読ませ，一科一学も事実を押ヘ，其事に就き其物に従ひ，近く物事の道理を求めて今日の用を達すべきなり」，と述べていた．この著作は，民衆向けにわかりやすい言葉で書かれていたので，偽版も併せれば数百万部

1858年，日本と5カ国との間で修好通商条約が結ばれ，翌年から横浜・長崎・箱館の3港で貿易が開始された．開港以前の横浜は，小さな漁村にすぎなかったが，これを機に発展していった．外国の商人とその家族がやってきたが，日本人は，彼らの見たこともない立居振舞や服装や仕事に強い関心を抱いた．江戸の人々の好奇心に応えるべく，横浜を描いた浮世絵が出版された．この浮世絵は，五雲亭(歌川)貞秀(1807-73)の作で，1870年日本で最初に架けられた横浜の西洋式の鉄橋を描いたものである．1872年には，日本最初の鉄道が横浜—新橋間に開通した．

明治維新とその遺産

岩倉具視は，倒幕運動や明治新政府の中心人物のなかで，岩倉より影響力の劣った三条実美を別にすれば，ただ1人の公家出身者だった．政治的策略にきわめて長けており，長州・薩摩の対立を調整し，維新の先頭に立って朝廷の利益を守った．岩倉は，天皇中心の体制作りに全力を傾け，自由民権運動に反対した．しかし，欧米巡回の旅は，日本が欧米諸国に近代国家として認めてもらうためには，立憲体制をとった方が賢明であることを岩倉に教えた．1881年，岩倉は井上毅に憲法の起草を命じた．

が発行され，その発行部数から考えれば，字を読める者のほとんどが読んだといってもよいだろう．

1875年，まだ『学問のすゝめ』の続編が出版されていたが，福沢はバックルやギゾーに依拠して，日本の独立という困難な課題を論じた『文明論之概略』を書いた．福沢は，そのなかで，日本は「今の時に当て，前に進まん歟，後に退かん歟，進で文明を逐はん歟退て野蛮に返らん歟，唯進退の二字あるのみ」と述べ，「断じて西洋の文明を取る可きなり」，と断言していた．なぜなら，今日の西洋は日本よりもはるかに進んでおり，西洋から学んで西洋に追いついていかなければ，日本の独立は危うくなるからであった．福沢にとって，文明化は，単に外形の事物を意味していたのではなく，内に存する精神こそが重要だった．福沢は，西洋にみられるような個人の敢為活発の精神と国民の独立心こそが，将来も日本の独立を保ち諸外国から侮りを受けないために不可欠であると考えていたのである．政府が人民の独立の気風を抑圧してきたから，日本の進歩が妨げられてきたのであり，日本は西洋との交際を一層密にすることで，人民独立の気風を養成することが重要であった．この『概略』だけでなく他の著作のなかでも，日本の独立と文明の進歩のためには，西洋の文明を積極的に学ばなければならないと強調していた．教育者として（私立としては最も古い慶應義塾の創立者），新聞の発行者として（時事新報），福沢は多方面にわたってこの時代の思潮を代表していた．福沢の著作は数多く，福沢本と呼ばれ，進歩的な文化の代名詞となった．

明治の日本では，種々雑多の膨大な数におよぶ西洋の著作が翻訳・出版されたが，そのなかで最大の影響を与えたのがサミュエル・スマイルズの『SELF-HELP（西国立志編）』だったことは，意外の観を与えるかもしれない．中村正直（敬宇）は，1866年幕府から留学生の監督としてイギリスに派遣されたが，幕府滅亡を受けて帰国する際『SELF-HELP』をもち帰り，『西国立志編　一名自助論』として翻訳したのである．この西洋の発明家や企業家の伝記をまとめた著作は，明治の青年のバイブル的存在となり，その文章は20世紀に入っても教科書に掲載されていた．中村は，スマイルズの『西国立志編』を出版した同じ年の1871年，ジョン・スチュワート・ミルの『ON LIBERTY（自由之理）』も出版したが，この本はほどなく代議政体に関する基本文献となった．

岩倉遣外使節団

直接西洋に学ぼうとする情熱は，知識人や増えつつあった留学生に限ったものではなかった．政府も，政治上や財政上の問題を抱えているにもかかわらず，それをあらゆる限り奨励し，天皇自らも華族たちに再度にわたり，「眼を宇内開化の形勢に著け，有用の業を修め，或は外国へ留学し，実地の学を講ずるより要なるはなし……誠に能く人々此に注意し，勤勉の力を致さば，開化の域に進み，富強の基礎を立，列国に並馳するも難らざるべし」，といった洋行を奨励する詔勅を渙発していた．実際，廃藩置県後ただちに明治政府の中心人物たちは自ら西洋視察に出発したのである．

岩倉遣外使節団は（特命全権大使岩倉具視の名にちなんでそう呼ばれる），1871年から1873年までの1年9カ月間外遊した．大久保利通（薩摩），木戸孝允・伊藤博文（長州）ら，将来，明治立憲国家の建設者となる人物が副使だった．政府の各省も代表を派遣したので，一行総勢48名にもおよんだ．そのうえ，旧大名や公家も随員を伴って加わったので，総員は結局その倍以上の106名にまでなった．5名の若い女子もパイオニアとして西洋教育を学ぶべく派遣され，数十名

明治維新とその遺産

の留学生も欧米の学校を目指した．その送別の宴に臨んで，天皇は，使節団に対し条約締盟国を歴訪して各国の元首に国書を奉呈・聘問の礼をとり，その制度文物を見聞し，国内改革の方略を報告するよう求める旨の勅語を下賜した．

どんな国でも設立まもない新政府がその首脳のなかばを長期間にわたって国外に派遣することなど思いもしないだろう．国内政治は留守政府に任されたが，その責任者は薩摩の西郷隆盛だった．留守政府は，「内地の事務の改正は使節団の帰国後遂行し，新規の改正は派遣中は出来得る限り避けること」などの「約定」(12箇条)を結んでいた．だが実際は，留守政府は使節団が外地にいる間，精力的に改革を推進した．学制と徴兵令の公布，地租改正への準備が休みなしに続けられた．その他，帰国した使節団を驚かせたものに，太陰暦を廃止しての太陽暦の採用があった．だが，最も重要なのは，征韓を決定したことであった．ただしこの征韓論は使節団の帰国後撤回された．

この視察が，将来の国家ヴィジョンを描くうえで指導者たちにいかに大きな影響を与えたかはいくら強調してもしすぎることはない．使節団は各班に分かれて，法律，教育，産業などの分野を視察した．使節団が強く印象づけられたのは，欧米先進諸国において工業・貿易がその国力の原動力となっていることであった．たとえば，大久保利通はロンドンから友人に宛てた書簡のなかでつぎのように書いていた．「製作所の盛なる事は曾て伝聞する処より一層増り，至る処黒煙天に朝し，大小の製作所を設けさるなし，英国の富強をなす所以を知るに足るなり」．木戸孝允はアメリカの教育制度に感銘を受け，つぎのように述べていた．「学校その他製作場等に至り候ては，なかなかわが痴筆に尽し難く，後来，子弟のためには大に心を用ひ申さずては全国の保安は覚束なし……十年の後その病を防ぐ，ただ之真学校を起すにあり」．木戸はまた議会制度にも感銘を受け，「人民猶其（政府）超制を戒め，議士なる者有て事毎に験査し，有司の意に随て憶断するを抑制す，是政治の美なる所以なり」，と述べていた．

帰国した使節団は，寸前のところで征韓論を抑えることが

岩倉遣外使節団

岩倉遣外使節団は，明治4(1871)年11月末，蒸気船「アメリカ号」に乗船して日本を出発した．使節団の目的の一つであった不平等条約改正の予備交渉は，ワシントンで明治5(1872)年2月から始められたが，アメリカが同意するような不十分なものではかえって将来に禍根を残すと，6月交渉を打ち切った．これ以後は，君主・政府指導者や政治家への表敬訪問や意見の交換，工場などの視察に打ち込み，政治や産業発展など西洋近代文明をかたちづくる諸要素を全力でわが物にしようとした．そして各地に留学生を配置し，また各分野での近代化を推進すべく御雇い外国人を雇った．岩倉や使節団の本体は1873年9月帰国した．征韓論をめぐって政治的危機が生じているのを知って，それより早く大久保は5月，木戸は7月に急遽帰国していた．

できた．使節団は，日本の国力が外征を行うにはまだ不充分であることを思い知らされていたのである．内治の充実こそが最優先されねばならなかった．だが使節団は，欧米諸国を視察したことで，落胆させられたのではなく，逆に勇気づけられていた．一つには，日本の独立が差し迫っては脅かされていないとわかったことだった．最も重要だったのは，西洋がその優位を確立したのがそう昔のことではないことを認識したことであった．大久保はつぎのように述べている．「右首府々々（イギリスの諸都市）の貿易或は工作の盛なる五十年以来の事なるよし」．使節団の太政官少書記官久米邦武も，これをつぎのように指摘している．「今の欧州と四十年前の欧州とは，其観の大に異なることも，亦想像すへし，陸に走る汽車もなく，海を駛する汽船もなく，電線の信を伝ふることもなく，小舟を運河に曳き，風帆を海上に操り，馬車を路に駆」っている情況にすぎなかった．いいかえれば，日本はまだ欧米との競争から脱落してはいない，その差を狭め追い付くことができる，ということだった．木戸も，わが人民は「決して今日の米欧諸州の人と異なる事なし．ただ学不学にあるのみ」と書いていた．しかも，ヨーロッパは利害を一にしておらず，国力や文化においてもおのおの相違していた．

　この使節団の帰国後，明治政府が各分野でどこを模範に政策を進めていくかが明確なものとなった．政治制度はヨーロッパ，とりわけプロシアが魅力的だった．教育制度の中央集権化はフランス，産業はイギリスだった．使節団は，アメリカの開拓技術をとりいれるためグラント政権の農務局長官ホーレス・ケプロンを雇い，北海道開発計画を立案させた．帰国した使節団を待ち受けていたのは，地租改正事業や農民一揆，士族の反乱だったが，何をなすべきかは彼らの頭のなかではっきりと形を成していた．

立憲国家への道

　明治の日本は，非西洋国家としては，初めて立憲国家となった．制定までは紆余曲折があったが，明治憲法は改憲されることなしに1945年まで存続した．憲法とそれに基づく政体は，非常に柔軟で弾力に富むものであった．憲法・立憲政体の形成過程は，日本社会の安定性と強固さについて多くのことを物語ってくれる．

　19世紀の日本での立憲政府の成立をもたらした背景として四つの要素が考えられる．幕府や藩での政策決定が，幕臣・重臣らによる合議制で行われていたこと，モデルとして西洋があったこと，指導者たちの間の相互作用，地方名望家の動向，である．このいずれについても，簡略な説明を加えておく．

　士族専制が行われていた社会の文化的伝統など立憲制の土壌としてふさわしくないように思えるだろう．しかし，江戸時代中期までには，儒学が広く学ばれていたことで，社会の様相はそれ以前とはきわめて異なったものとなっていた．確かに上に立つものが他からの干渉を許さず，家父長的な専制を行う体制には手を加えられなかった．しかし，道理と正義のような概念が深く浸透したことで，中世のように支配者が民衆に構わず勝手な政治を行うようなことはできなくなっていった．藩主は，貢租を著しく増加させようとすると，農民の指導者から抗議を受け，もし秩序を乱す恐れがあるなら幕府の咎めを受けるのを覚悟しなければならなかった．藩主は，将軍や天皇と同様に，権力者というよりその象徴的存在となっていった，そして重臣が重要な問題の決定にあずかるのが当然のこととなっていた．これは将軍も同様だった．1853年ペリーが提出したフィルモア大統領からの国書は諸大名の諮問に付された．その回答の一つは，家臣の意見を聞く機会がなかったので，諮問を秘密にするよう要請していた．幕末期，政治的な意見の統一をはかろうとして有力な大名による会議の設立が試みられたが（公議政体論），将軍慶喜が大政奉還を行ったのはその諸侯会議での主導権確保を予測してのものだった．激動の時代において，欧州列強との不平等条約の締結を余儀なくされ評判を落とせば，いかなる政府であっても，政治的なコンセンサスを得ることが不可欠だっただろう．これが，慶応4（1868）年3月の五箇条の誓文の「広く会議を興し万機公論に決すべし」の背景だった．

　西洋の代議制は，明治の指導者のある者にとっては見習うべきものであったし，ある者には警戒心を抱かせたものであった．木戸孝允は，先にふれたように，岩倉遣欧使節団の外遊から帰国したとき，欧米においては議会が国民的合意を作りだし政府の専制を防ぐ役割を果している，という楽観的というより理想主義的な見解を抱いていた．これに対し他の者，たとえば大久保利通や伊藤博文が有名だが，イギリスにおいて議会の権限が増大するにつれて王室の力が縮小されてきたことに危惧の念を抱いていた．どのような見解を抱くにしろ，それに応じてモデルとすべき議会はヨーロッパにそろっていた．ともあれ，欧米先進諸国に倣った立憲制度が日本でも必要なこと，それが西洋諸国に日本の近代化を認めさせ条約改正を実現させる上での前提条件であることでは，意見の一致をみていた．

　指導者間の相互作用は，錯綜していて興味をそそるものがあった．1873年の征韓論争は，板垣退助や江藤新平ら土佐・佐賀出身の参議の下野，西郷隆盛指揮下の近衛兵の離脱とい

伊藤博文（1841-1909，上）と板垣退助（1837-1919，右）は明治の指導的な政治家だった．2人は政治的意見のうえで共通するところも多く協力することもあったが，政治改革に対する態度は対照的だった．伊藤は，権力内に一貫してとどまった．維新の指導者として参議・内務卿を歴任，プロシア型の天皇の権限がきわめて強く人民の権利が厳しく制限された憲法を制定した．板垣は，伊藤の要請を容れて政府に戻ったこともあったが，自由民権運動の指導者として政府の外に立ち，立志社など政治結社を設立し，のちに日本最初の本格的な政党・自由党を結成した．板垣が暗殺者に襲われた際いったといわれる，有名な「板垣死すとも自由は死せず」の言葉は，自由民権運動を大いに鼓舞した．

う事態をもたらした．1877年木戸孝允が病死し，同年には西郷も自刃し，また翌年には大久保利通が不平士族の手で暗殺された．こうして維新の「三傑」は1年の間に次々と死んだ．次代を担う指導者たち——長州の伊藤博文・山県有朋や薩摩の松方正義たち——は有能で経験もあったが，薩長閥の代表とみなされた．その後，明治においては，薩長という言葉は，政府非難と同義であった．

板垣退助と副島種臣は，征韓論争後下野した土佐と佐賀の指導者だったが，江藤新平（佐賀）や西郷隆盛（薩摩）と異なり武力に頼らず，その他の不満な指導者とともに民撰議院設立建白書を政府に提出した（江藤も建白書には名を連ねてはいた）．彼らは，建白書のなかで，1873年の危機は，まさに政府の基盤を脅かし，閣議で決定された政策を覆し，国の威信を失墜させた，と指摘し，「夫れ政府の強き者何を以て之を致すや」と尋ね，「今民撰議院を立るは，則政府人民の間に情実融通，而相共に合て一体となり，国始めて強かるべし」と述べていた．さらに続けて，日本は欧米各国の例に倣って議院の設立に向かって進まなければならない，と主張した．というのは，欧米各国の議会は，「前に成規なく皆自ら之を経験発明せしなればなり．今我其成規を撰んで之を取らば何企及ぶ可らざるや」，というものだったからである．技術や機械と同様に，議会も輸入できる，同じものがすでにあるならそれを発明する必要はない，というわけだった．

板垣は，政府の高官だったから，政府内でも民撰議院をふくむ国憲起草の準備が進められているのを知っていたが，自ら主導権を握ってその先を越そうとした．板垣は大部分それに成功した，というのは板垣の名は自由民権運動とともに永遠のものとなったからである．自由民権運動は主として地方の，それも土佐の士族の運動として始まったが，その枠を越えて発展するのに時間はそれほどかからなかった．板垣が土佐に設立した立志社（その名はスマイルズの『西国立志編』にちなんだもの）は，その設立趣意書で「三千有余万の人民盡同等にして，貴賎尊卑の別なく，当さに其一定の権利を享受し，以て生命を保ち，自主を保ち，職業を勉め，福祉を長じ，不覊独立の人民たる可きこと，昭々乎として明白なり．是の権利なる者は，権威以て之を奪ふを得ず，富貴以て之を圧するを得ず，蓋し天の以て均しく人民に賦与する所の者にして……」，と宣言していた．このようにして，士族は，ジョン・ロックやアメリカ独立宣言のなかに自らの思想を表現する言語を見出したのである．土佐の不平士族の間で始まった運動は，数年のうちに，農村の指導者層（豪農）にまで広がった．1878年の愛国社の再興前後から，運動とその支持基盤は士族にとどまらず国民的なものとなっていき，1880年愛国社は組織を拡大して国会期成同盟会となり，1881年には自由党が結成された．1881年，政府は，開拓使官有物払い下げ事件に対する世論の沸騰を回避し，さらなる自由民権運動の高揚に対処すべく，国会開設の詔を発して10年後の国会開設を約束した．政府を開かれたものにするというのも，この詔が意図しているものだったが，実際は狭められた．というのは，人気のあった大隈重信を政府から追放したからである．大隈は，急いで政党の組織に着手し，翌年改進党を結成した．

最近の研究によって，この自由民権運動の歴史的意義が民衆の広範な参加にあったことが明らかとなった．全国至るところで，農村の指導者層——地主や地方の商人や山林地主——は学習会で，また時には知識人や教師とともに政社を結成して，国事について熱心に討議を重ねた．たとえば，奥多摩の村々の政社では，翻訳書を使って定期的に条約や外交や立憲政体に関する学習会を開いていた．その学習会では，私擬憲法草案を討議したり，東京の新聞記者の遊説に耳を傾けたり，早期の国会開設を求める請願書に署名したり，福沢諭吉のような国民的指導者に請願書の起草を依頼したりした．これらは，政府の奨励のもとに行われたのではなく，それどころか逆に，強硬な弾圧策に抗して展開されたものだった．

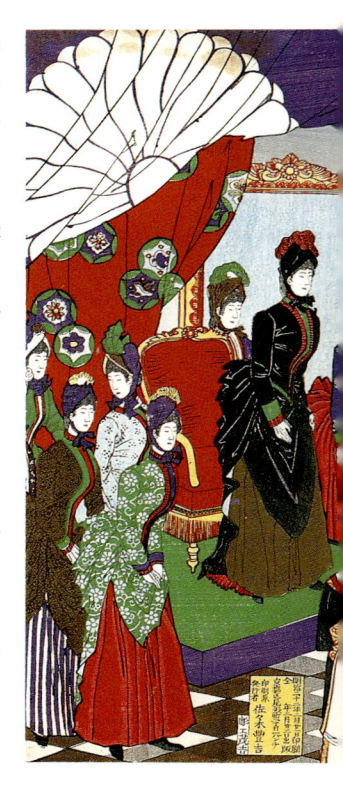

立憲政体へ向けての動きは，このように民衆に国事に関心をもたせようとするような有識者の活動に限定されたものでは決してなかった．運動は，確かに有識者の不満から始まったが，すぐさま民衆のなかに深く広く入っていったのである．日本の社会は，政治に対して，決して不活発でも無関心でもなかった．地方の名望家は，江戸時代から，自分たちの意見をはっきりと主張するようになっていた．彼らの見識は高くその時代の問題に精通し，村落の支配者として政治的訓練を積み重ね，国事に強く関心をもつ者もいた．幕末から明治にかけての激動は「放浪の求道者」とも呼ぶべき一群も生み出していたが，彼らは維新の嵐のなかで自藩が賊軍となったり廃藩となったことで仕官や立身の機会を失った者だった．彼らは，富裕で独立心の旺盛な名望家に家庭教師や地元の学校の教師として雇われ，その名望家たちの不満や希望を言語化し思想としてまとめあげていく力をもっていた．日本の歴史のなかで，自由民権運動の時期は，民衆が積極的に政治に参加した稀有な時代であり，また政府が，秩序とヒエラルキーを維持すべく，その弾圧に全力を傾けた時期だった．

この運動のエネルギーを政府の方に吸収しようとして地方民会が設立された．民会は，1878年に設置され，議案の発議権はなかったが，のちの納税額に基づく制限選挙制度下で行われることになる衆議院選挙の予行演習とはなった．民会は，通常，知事提案の案件を討議するだけだったが，しばしば知事と対立し，名望家に選挙や議会の体験を積ませることになったからである．1890年代立憲政治が実現したとき，その衆議院の立候補者の多くが県会などでの体験を積んだ人人だった．

明治憲法の起草

上に述べた政治的混乱のなかで，政府は最大限の力を発揮して憲法制定の主導権を握り続けた．1875年，政府は板垣退助と木戸孝允を何とか説得し，短期間だったとはいえ，政府に復帰させることに成功した（大阪会議）．元老院の権限強化や正院と諸省の分離問題で政府部内は揺れ，1年余でこの協力体制は分解したが，ともかくも大阪会議に基づいてその年に設けられた元老院では，憲法草案が編纂され，数次の案をへて，1880年『日本国憲案』として完成され，太政官に提出された．この憲法草案は，岩倉具視らに日本の国体にあわないと反対されて廃案となったが，自由民権運動の高揚期

大日本帝国憲法は，1889年2月11日発布された．発布当日の式典を描いた上の錦絵に示されているように，憲法は天皇がかしこくも「臣民に下し賜は」ったものであり，自ら統治権を制限して臣民に市民的権利・自由を与え国政への協賛を求められたものだ，ということが強調された．伊藤博文を中心として憲法起草にあたった者が苦心したのは，天皇大権の原則をくずさずに限定されたものであるにしろ議会政治の可能性も残しておこうとするところにあった．明治憲法は，確かに民主的なものとはいえなかったが，両義的な解釈を許すものだったので，天皇大権のもとでの絶対主義・軍国主義的な政治とともに，政党政治への道も開かれていた．明治憲法は，1947年5月3日の現在の日本国憲法の施行に伴い廃止された．

を迎えた1879年暮れから1881年にかけて，参議たちは自らの憲法草案を提出するよう求められた．その機会を長く待ち望んでいた大隈重信は，1881年急進的な草案を直接天皇に提出，これが伊藤博文・岩倉らの怒りを買い，大隈の政府からの追放，10年後の「国会開設の詔」につながった．

今や，外部からの介入を排除して，政府内の指導者たちの手だけで憲法起草への準備が進められることになった．伊藤博文を長とするグループがヨーロッパに派遣され，憲法調査にあたった．伊藤らは，ベルリンやウィーンでドイツ流の憲法理論をシュタインやグナイストから学び，帰国後，ドイツ人法律顧問のロエスレルやモッセの助言も受けて起草に取り組んだ．初めの草案はドイツ語で起草されたが，これは1947年の憲法原案が英語で起草されることを予言するかのようであった．1885年，それまでの太政官制度にかわって内閣制度が創設され，伊藤が初代総理大臣となった．また前年には，華族令を定め，旧公家・大名をヨーロッパ流に倣った華族として，国会開設後の下院（衆議院）で多数を占めると予想される政党勢力に対する防波堤となるべき上院（貴族院）の土台が作られていた．明治20年代に入り，伊藤とその側近が起草した憲法草案は，伊藤を議長とする枢密院において（1888年4月設置），天皇親臨のもと審議された．明治憲法が公式に発布されたのは，先の詔で約束された1890年の国会開設の前年の1889年だった．

憲法の制定の作業から排除された政党はなす術もなく，政党間のつまらない抗争を始めた．1881年松方正義が新大蔵卿に就任して，厳しい緊縮政策をとったため（松方財政），農民の不満が高まっていった．農民の収入は地租を支払えないほど急激に減少し，松方デフレによる不況は下層の農民—小農や小作人—を実力行動に駆りたてることになった．1884年，借金に苦しむ農民が全国で60余の騒乱をひきおこし，とりわけ秩父では，2個大隊1軍団編成の数千人の農民が，「新政厚徳」を掲げて闘った．ゲリラ隊は，高利貸しを襲い，さらに東京をめざそうとして鎮圧にきた憲兵隊や軍隊と交戦した．この秩父事件は，江戸時代の「世直し一揆」の系譜をひくものだったが，そのスローガンは自由民権運動の思想で新たに表現されたものだった．この事件は，政府はもちろん，政党の指導者も驚かせた．自由党はその直前急いで解党し，改進党も事実上の解党状態となり，活動の焦点を国会開設に向けていった．政府の有司専制の非難と民撰議院設立の要求から始まった運動は，このようにして懐柔され，体制内にとりこまれていった．

1890年明治憲法が施行されたとき，伊藤博文らその制定者の考慮にもかかわらず，権力の重要な権限の一部が議会に移り，新たな政治情況が生み出されていった．憲法起草の過程で最も意が注がれたのは，天皇の地位であった．この憲法では，天皇は国家の神聖不可侵な元首であり，唯一の主権者・統治権者と規定された．そして，憲法は天皇が定め発布し臣民に下賜した欽定憲法であり，統治権の遂行にあたってかしこくも自ら帝国議会に協賛を求められた，というたてまえが貫かれた．国民の市民的権利も認められていたが，それは法の定むるところに従って制限されるものだった．議会は衆議院・貴族院の二院制がとられ，貴族院は皇族と世襲もしくは互選により選出される華族の議員と天皇の勅選になる議員および多額納税者の代表者から構成された．衆議院は，直接国税15円以上の納税者のみが選挙権をもつ，制限選挙で選ばれた（有権者はわずか人口の1.1％，約45万人だった）．予算案が通過しない場合，前年度の予算が施行される規定であった．憲法では，天皇の大権に累がおよばないように，内閣の性格は曖昧なものであった．実際，総理大臣は，同等者のなかの第一人者にすぎず，その選出方法も規定されておらず，指導者たちのグループが天皇に対して後継首班奉請の任にあたった．当初は，そのような指導者たちが，のちにこの人々は元老と呼ばれるが，権力の比重を薩摩から長州に移しながら，交互に首相の座に就いた．このような欠点があったにもかかわらず，この憲法は，日本が第2次世界大戦で敗北するまで，保持された．議会の権限は，時間がたつにつれ，ますますその比重を衆議院に移していった．衆議院に当選できるかどうかは，選挙戦を組む農村の名望家にその帰趨を握られていた．選挙権が与えられる納税額は，1900年，1920年と引き下げられ，ついに1925年には撤廃されたが，女性に参政権が与えられたのは第2次世界大戦後であった．

日本と西洋の出会い

19世紀半ばの日本は，国内問題に追われるとともに，中国について日本の開港を要求する欧米列強の脅威も増大していた．1853年以前にも，欧米各国は日本を開港させようと試みていたが，それは散発的なもので，政治的・経済的な背景をもっていたわけではなかった．1778年と1792年には，ロシアが根室に来航して通商を求め，1804年にも，長崎に来航して通商を要求した．幕府は，これらを拒絶した．19世紀に入るとイギリスも再三日本近海に現われ，薪水補給や通商を求めてきたが，幕府はこれも拒絶した．1825年，幕府は，異国船打払令を出し，清・オランダ船以外のすべての外国船を撃退することを命じた．この打払令は，列強の圧力に対しては何の効果もなく，その圧力はますます強まった．

この圧力に対する国内の世論は分裂した．日本は，オランダを通して，欧米の強大な力の前に中国が屈したことも知っていた．幕府や諸藩では，西洋の技術の導入がはかられた．すでに1840年代には，水戸，佐賀，薩摩の各藩では，洋式工場が設けられていた．1850年佐賀藩は，大砲鋳造に必要な反射炉を完成し，52年には36ポンド砲を鋳造した．蘭学者のなかには，勇敢にも，積極的な開国策を主張する者もいた．開港後も朝廷は，幕府に，日本の独立を脅かそうとしている列強に対して攘夷を実行して，神州を守ることを強く迫るようになる．

右上 安政6(1859)年7月強引に調印された修好通商条約が発効すると，横浜その他の開港地に入港してくる外国船はその数を増していき，居留民も急激に増えていった．これに対して日本人が複雑な反応を示したのも無理はなかった．不平等条約や外国人の存在には憤りながら，西洋の文明や風習，その軍事力には好奇心を示した．この一芳斉芳藤の1861年の浮世絵は，力士が外人の水兵を打ち負かしているのを描いたものだが，ここにはそのような好奇心と憤りとが交錯した心情が表わされている．

右 1848年カリフォルニアを獲得して，アメリカの日本への関心は非常に高まった．日本は，上海―サンフランシスコ航路の都合のよい燃料の補給地だった．フィルモア大統領は，ペリー提督を派遣した．ペリーは，4隻の黒船(軍艦，そのうちの2隻は蒸気船)を率いてきた．ペリーは12隻を約束されていたが，このとき指揮下にあったのは6隻であった(残りの2隻は琉球・上海)．ペリー艦隊は，嘉永6(1853)年6月浦賀に来航，受取を拒否する幕府に強引に国書を手交し，来年春にその回答を得るために再び来航すると告げて去った．この作者不明の安政元(1854)年のスケッチは，浦賀沖の黒船を描いたものである．

右 安政5(1858)年，アメリカ総領事タウンゼント・ハリスとの交渉によって調印された日米修好通商条約について，オランダ，ロシア，イギリス，フランスとも同様の条約が結ばれた．この条約には，神奈川・長崎などの開港に加えて，最恵国待遇や治外法権の条項が含まれていた．日本は，関税自主権を失い，高い保護関税をかけることができなくなった．商人だけでなく新開地のもつ猥雑なエネルギーにひきよせられた人々が，新たな機会を求めて日本にやってきた．このような外国人の到来は，攘夷運動を刺激し，開港した1859年から外国人の暗殺が続いた．攘夷運動は，外国人の日本への到来を押し止めることはできなかった．浮世絵の出版元は，この『五箇国人物行歩図』のような，異国の香りを漂わせる馬車や音楽隊を描いたものを喜んだ．

日本と西洋の出会い

下　明治維新とともに、西洋の文物との接触の機会は膨らんだ。政府が近代化政策を推し進め、外国人居留地も拡大するなかで、東京や横浜では洋服・時計・洋傘などが流行して、少なくとも表面的には、西洋化の兆しが見られた。袴の下に靴をはくというのも珍しくはなかった。多くの日本人にとって、肉食は下品で忌むべきものであり、その習慣は徐々にしか広まらなかった。しかし、1860年には、スキヤキが開港地で流行し、日本人のなかにも愛好するものがいた。このような皮相な文明開化が流行する一方で、明治維新は王政復古という形で行われたものでもあったので、復古的色彩も強く神道による国民教化もめざされた。この1872年の錦絵は、西洋と東洋を取り混ぜあわせて鉄道と蒸気船を見物にきた七福人を描いたおもしろい作品である。

上　ペリー艦隊に対抗できる軍事力もなく、幕府としては、なんらかの譲歩をして時間を稼ぐ以外に道は残されていなかった。安政元(1854年)1月、通告通り、ペリーが再び来航、3月下田・箱館の2港の開港を含む日米和親条約を結んだ。黒船来航のニュースは、全国にまたたくまに広がり、無名の絵師たちは、想像を交えながら、赤ら顔の高い鼻をした異人を描いた。ペリーを「年齢六十歳許リ毛髪半白」としたこの肖像画は、宗広という即席の絵師が描いたものである。

ジャポニスム

1859年から日本が開港し居留地も増加するとともに，欧米人が日本を訪れ，直接その芸術や文化にふれる機会をもつことになった．それまで250年以上にわたって，接する機会もなく，ほとんど顧みられなかった文化が，欧米人にとって驚くほど異質で魅力的なものだったのである．

ヨーロッパにおける日本芸術の受容の起爆剤となったのは，1862年のロンドン博覧会でのラザフォード・オールコック卿の浮世絵コレクションの展示だった．これに続いたのが，1867年のパリ万国博覧会での，広重などの浮世絵100点を含む，日本の芸術品や手工芸品の出展だった．そしてこの浮世絵こそが，芸術家や知識人の間にほかならぬ日本に対する興奮を引き起こしたのであった．

まず日本芸術へ熱狂的に傾倒したのはフェリクス・ブラックモンだといわれている．彼は，1856年，印刷屋ドラトールの店で，日本から送られてきた陶器のパッキングとして使われていた北斎の「漫画」を発見して，それを模写し始めた．すぐその後に続いて，ゴンクール兄弟，ゾラ，ドガ，モネ，ホイッスラーなど多くの著名な画家たちが，競って日本の浮世絵を収集した．1872年，フランスの芸術評論家フィリップ・ビュルティは，このような日本の浮世絵や文化一般への突然の熱狂ぶりを，ジャポニスムと呼んだのである．

上 喜多川歌麿(1753-1806)は，この『ひんざる』(1796年)のような，江戸・吉原の遊郭の花魁を巧みな構図で描いた美人画で有名である．歌麿の関心は，人物の精緻な肖像ではなく，境遇や気分，ちょっとした動きで変化する女性の様を描くことにあった．歌麿の浮世絵は，焦点をきわめて接近させ，その特徴が最もよく出るように描かれていた．

下 メリー・カサット(1845-1926)の浮世絵との出会いは，その熱狂的心酔者のデガやピサロの影響や，1890年の春，エコール・デ・ボザールで展示された歌麿の浮世絵89点を見たことであった．カサットの『手紙』と呼ばれる一連の作品は，歌麿の花魁を描いた作品『ひんざる』の影響が顕著である．カサットは，しかし，題材を歌麿の花魁から何不自由なく暮らしているブルジョアの女性に変えていた．歌麿が描いた紙は床入り後を暗示するものだったが，カサットは，ラブレターらしきものに置き換えて描いた．

左 モネが，広重の『名所江戸百景・亀戸天神境内』のふじの浮世絵を所有していたことは有名である．安藤広重(1797-1858)は，西洋の画家に最も大きな衝撃を与えた浮世絵師だった．広重は風景画で最も知られ，光とそれが醸し出す霧開気，月明かり，雨，雪を巧みな陰影と豊かな色彩感覚で描き浮世絵に新境地を開いた．

上 クロード・モネ(1840—1926)は，1860年代に初めて浮世絵と出会い，1871年から熱心に収集し始めた．モネのコレクションは，数百点にもおよび，特に歌麿・北斎・広重に力を入れ，その多くの作品は，ギヴェニーのモネの家の壁に飾られていた．モネは，浮世絵師が用いた巧みな光線の具合やそれが醸し出す効果に感銘を受けていた．モネがたびたび描き有名となった池に水仙が咲き誇るギヴェニーの庭園は，日本風庭園だった．

上 フェリクス・ブラックモンは，フランスの陶磁器会社の食刻工かつデザイナーだったが，日本風のデザインのとりこになった最初の1人だった．1866-67年，ブラックモンは，北斎と広重をまねてユウジン・ルソー会社の彩色陶器一式をデザインした．

右 ヴィンセント・ヴァン・ゴッホもまた，日本の浮世絵師の熱狂的な崇拝者だった．ゴッホは，浮世絵師のもつ描線，色彩，図法，人物と風景の構成のとりこにされた．この1887年の画材商ジュリアン(ペレ)・タンギィの肖像画は，並べられた浮世絵の前に座っているパリの商店主を描いたものである．ゴッホは，のちに浮世絵からモチーフを借りて，四季の風景のなかにその地方の衣装を着た人物を構成した作品を描いた．

ジャポニスム

下 ジェームズ・マックニイル・ホイッスラーは、印象派で最初に当時フランスを熱狂させていた日本美術のとりこになった1人だった。モネ、デガ、ダンテ・ガブリエル・ロゼッティなどのように、ホイッスラーは、陶器、浮世絵、屏風を収集し、チェルシーの自宅をそれで飾った。明治維新に先立つ4年前の1864年には、ホイッスラーは、その影響を色濃く受けた作品を描いた——最初は表面的なものだったが、しだいにそれは深いものとなっていった。この作品は、『紫と金のカプリス2：金屏風』と名づけられ、1864年のサインがある。モデルはジョオーで、屏風と畳におかれている浮世絵は広重のものである。この作品や他の1864年の初期の作品には、「着物」が描かれている。ホイッスラーは、しかし、その後より深く、日本の浮世絵の美的な調和の世界を追求していった。

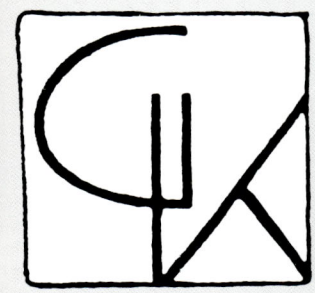

上 19世紀の終わりまでには、日本美術の流行やその影響も下火になっていった。しかし、世紀末のウィーンにはその影響がまだ残り、レオポルド・バイエルやグスタフ・クリントなどの画家が、東洋の印鑑を真似て自分のモノグラムをデザインしていた。

左 印象派のなかでトゥルーズ・ロートレックは、日本の浮世絵師の精神、フラットな人物構成、前景の強調、鋭角的な図法のとりこになった1人で、これらをとりいれて、1893年の『ディヴァン・ジャポネス』のようなパリの売春婦たちを描いたポスターを残した。

帝国日本

明治立憲体制

　近代日本の立憲体制が確立したのは1890年のことだった．試行錯誤を重ねて建設されたこの体制は，民衆の活力を引き出し，さらなる国家目標である富国強兵をはかっていこうとするものだった．日本は，この体制のもとで，19世紀後半の帝国主義国家間の熾烈な競争のなかで，不平等条約の改正と列強への仲間入りを切望しまたその国力を身につけて，あの日本となったのである．したがって，この立憲体制を要約して見ておくことは有益だろう．

　まず，1888年の市制・町村制，1890年の府県制・郡制といった地方制度の確立であった．日本の軍制を確立した長州の山県有朋が，第1次伊藤内閣で内務大臣に就任，地方制度の確立に向けての政策を推進，政党間の党派争いが地方政局におよばないようにするとともに，農民の騒擾の終息をはかろうとしたのである．山県は，徴兵制度の実をあげるためには国民に国家的観念を植え付け，自治思想を育てる必要があると論じ，地方制度改革の必要を力説した．1887年までに，山県は，ほとんど権限のない市町村議員や市町村長を公選として自治への関心を高揚させ，有産者に有利な等級選挙で知識と財力のある名望家を議員として，地方自治の基礎としようとする構想を完成していた．実際の地方政治の運営にあたる知事や郡長は官選とされた．内務大臣は，日本の大臣のなかでは，最も強力な権限をもっていた．内務大臣は，知事を任命し，その知事は地方の自発的な発議をすべて拒絶できた．内務大臣は，地方議会を停会させることもできた．市町村会は，地方予算の編成や地方税徴収の権限を与えられたが，その主なねらいは二次的で重要でない業務から政府を解放するところにあった．この地方制度はねらい通りの成果をあげた．明治20年代以後，農村での騒擾は姿を消し，約30年間は地方の政局は中央の対立に巻き込まれなかった．

　つぎには，軍隊制度の確立であった．藩意識から，明治初めの軍隊の国家への忠誠心は低かった．征韓論争後，西郷ら薩摩の軍の高官が下野し，西南戦争をひきおこしたが，政府がこのような事態に直面して，軍隊の国家への忠誠心を高め，軍紀を確立しようとしたのも当然だった．山県は，ここでも中心となり，ドイツに派遣した桂太郎の意見を容れて，ドイツ式の参謀本部制度の確立に努めた．1878年には参謀本部が設置され，1882年11月には陸軍大学校が設立され高級参謀の養成にあたった．大学校はドイツに範をとり，その教官もドイツ参謀少佐メッケルら2名のドイツ人だった．参謀本部は，政府から独立して天皇に直属した．これにより，将来の政府の軍事費や軍政への関与はきわめて限定されたものとなった．山県は，軍隊のイデオロギーや軍人精神にも関心を寄せた．1882年軍人勅諭が出され，政治活動の禁止と，天皇への絶対服従がうたわれた．天皇と皇族男子は軍位をもち，すでに事実上は確立していた天皇の統帥権は，明治憲法で規定されることになった．軍人は政治への関与が禁止されたが，政府では軍人が重要な地位を占めた．近代日本の内閣で軍人が占めた割合は非常に高かった．初めて軍人が内閣の過半数を割ったのが1898年，明治期の内閣では大臣ポストの45%を軍人が占めた．1900年の軍部大臣現役武官制の確立は，軍部の政党や政府に対する優位を確固たるものとした．というのは，陸軍，海軍いずれかの大臣が辞任すれば，内閣は崩壊せざるをえなくなったからである．

　三つ目に重要だったのは，国民生活と深く関わった近代的な警察制度の確立であった．1880年代，各府県警察は内務大臣が直接任命した警保局官僚の指揮下に置かれ，中央集権的警察制度が確立した．1884年には，各府県に警察官訓練所が設立され，1886-87年には，すべての村落に1-2名の巡査を駐在させる警察網作りが開始された（散兵警察）．こうしてすべての市町村にはりめぐらされた警察網は，中央政府の意向を日常生活のレベルにまで浸透させることを可能とさせた．選りすぐられた，士気の高い警察官が，全国あらゆるところに駐在することになったのである．警察は，民衆の衛生や徴兵を監視し，大掃除を励行させたり，風俗矯正にも目を光らせた．都市部の派出所・交番所の多くは交差点におかれ，大衆騒擾の際にはその襲撃対象となったが，村落では，秩序を保ち，不満を抑止する役割を果たした．

　1880年代にはまた，日本資本主義の基盤も形成された．大蔵卿松方正義の徹底した緊縮財政のもと，赤字の官営事業が払い下げられ，また明治10年代のインフレが終息し，日本銀行や郵便貯金制度も確立されていったのである．同じ時期，将来の日本の産業発展の道を探るべく数多くの興業調査も行われていた．政府のこのような政策で，華族の金禄公債を資本に設立されていた銀行が産業に投資できる状況となり，その後の経済発展に寄与することになった．その恩恵を最も被ったのは，鉄道会社であった．松方の名は，そのデフレ政策による農村の深刻な不況と結び付いて悪名高いが，しかし，ほぼ10年にわたる大蔵卿・大蔵大臣の就任期間の間に，日本経済は強化され，さらなる発展に向けての基盤が確立されたのである．

　1880年代は，教育制度が確立されていった時期でもあった．そしてその10年間は，教育の内容と性質をめぐっての対立が激しく展開された時期であった．保守派は，福沢諭吉のような西洋式に偏向した教育では将来「君臣父子の大義」を知らない子供ができてしまう恐れがあるから，今後はわが国の伝統的な思想に基づいて仁義忠孝を根本とした儒教主義的な教育を行っていかねばならないと主張した．従来小学校は地方税で維持されその財源は乏しいものであったから，政府は，その財源の面からも介入して，小学校への統制を強め，

松方正義
松方（1835-1924）は，薩摩の下級士族の出身だった．西郷隆盛や大久保利通よりは年下だったが，松方は2人と知己で，新政府に登用された．慶応4（1868）年4月，松方は日田県知事となり，豪商からの御用金借入にあたった．明治3（1870）年10月，民部大丞として中央政府に入り，その後伊藤博文とともに地租改正事業にあたった．1878年，ヨーロッパに渡り，フランス政府の財政政策に感銘を受けた．1881年，大隈重信の後任の大蔵卿となった．松方は，西南戦争の戦費調達のための1878-79年に乱発された不換紙幣がもたらしたひどいインフレを抑えるため，紙幣発行額の縮小，増税，官業の整理などの苛酷なデフレ政策を推進した．松方財政は，農民に大きな打撃を与えた．松方財政は，その後の近代産業の発展の基盤となり，その官業払い下げは政商が財閥に発展していく跳躍台となった．

ここに描かれた三井銀行は、東京で初めて近代的な商業銀行業務を行った。三井家は、維新まで、徳川幕府と密接な関係をもっていた。しかし、1860年代、三井は、将来を見通して、反幕府側の指導者とも関係を結び、維新後も新政府から大きな便宜を獲得することになった。明治4(1871)年、三井は、両替業から西洋式の銀行への転換の許可を政府に願い出た。結局このときのものは政府の指令で三井・小野組共同出資の第一国立銀行となり(1872年)、三井銀行設立が実現したのは1876年となった。資本金200万円・支店数30であった。三井は銀行業界で圧倒的な優位に立ち、1882年松方正義が日本銀行を設立するまでは、官金取り扱いで大きなシェアを占めていた。三井銀行は、三井物産・三井鉱業とともに広範な多角的経営を営む巨大財閥・三井の中核となった。なお三井財閥は、連合軍の占領時代に解体された。

復古的な教育政策を強力に推進していった。先にふれた文部大臣森有礼は、国民道徳に関する勅語の渙発について、天皇の侍講元田永孚と対立したが、結局は、元田が勝利を収め、1890年教育勅語が発布された。教育を忠孝を中心とする儒教主義的な王道論的徳育で律しようとする元田の構想からは後退していたが、この教育勅語は、近代日本において、あらゆる思想や信仰を超越するものとなった。小学校をはじめ公立各学校では、徳育に関する根本原理として祝日・祭日の儀式に奉読され、生徒は暗記させられた。勅語のつぎのような冒頭は、全体を象徴するものだった。「朕惟ふに我か皇祖皇宗国を肇むること宏遠に徳を樹つること深厚なり、我が臣民克く忠に克く孝に億兆心を一にして世々厥の美を済せるは此れ我力国体の精華にして、教育の淵源亦実に此に存す」。これに続いて、父母への孝、兄弟・友・夫婦の和、朋友への信といった儒教道徳の遵守が、そしてさらに、「恭倹己れを持し、博愛衆に及ほし、学を修め業を習ひ以て知能を啓発し、徳器を成就し、進て公益を広め、世務を開き、常に国権を重し、国法に遵ひ、一旦緩急あれは義勇公に奉し、以て天壤無窮の皇運を扶翼すへし」、と説かれていた。明らかに、「智識を世界に求め」ていこうとした開かれた精神は復古的なものにとってかわられ、欧米を規範としていこうとした歩みも棚上げされてしまったのである。

このことを示す、他の事例もあった。キリスト教の禁令は、岩倉使節団の帰国後の1873年、ようやくその意見によって撤廃された。キリスト教は、1880年代、その信徒と勢力を非常に増大させた。ミッションの牧師や日本人信徒は、日本の道徳は混乱し新たな規範を必要としているから、キリスト教が旧来のものにとってかわり新たな規範の基軸となるべきであると論じていた。だが、伊藤博文は、憲法制定準備の過程で、そのような国家統合の基軸を作り出すことを決断していた。伊藤は、枢密院の憲法制定議会における演説で(1888年6月)、ヨーロッパの憲法政治は千余年の歴史をもち、しかも「又た宗教なる者ありて之が機軸を為し、深く人心に浸潤して人心此に帰一せり、然るに我国に在ては宗教なる者其力微弱にて一も国家の基軸たるべきものなし」、したがって「我国に在て機軸とすべきは独リ皇室あるのみ」、と述べていたのである。

いいかえれば、天皇への忠節心に、キリスト教が西洋の道徳や価値の規範となっている役割を果たさせようというものだった。教育勅語は、それ以外の道徳体系を、日本の国家体制を統合している基軸への脅威とするものだった。教育勅語発布の直後の一つの事件が、それを実証していたように思える。東京帝国大学の予備門、第一高等学校の英語の教師であったキリスト教徒の内村鑑三は、その奉戴式で同僚・生徒の奉拝に続かず、軽く頭をさげただけで、拝礼しなかった。内村は、不敬として激しく非難され、それを避けるためには教壇を去らざるをえなかった。この事件は、愛国心とキリスト教信仰に関する激しい論議をひきおこした。文部省は、キリスト教に対する疑惑を捨てず、1899年宗教学校(すなわちキリスト教学校)の生徒の徴兵猶予を取り消した(私立学校令)。このようにして立憲政治が始められてまもなく、世界に智識を求めようとした明治初期の開明的な雰囲気は狭められたのである。

列強への仲間入り

立憲体制が確立するとともに、それまで棚上げせざるをえなかった外交問題に取り組めるようになった。明治政府は、1871年清国と日清修好条規を締結(日本の批准は1873年)、1876年には朝鮮に迫って日朝修好条規を結んで朝鮮を開国させていたが、1882年の壬午事変以後は朝鮮政府の清国への依存が強まり、朝鮮国内の改革派を援助してひきおこした1884年の甲申事変にはみじめな形で失敗した。この甲申事変の結果として、日本は清国と1885年天津条約を結び、朝鮮からの両国軍の撤退と出兵の際の相互事前通告などを決めたが、同じ年清は、朝鮮に軍事顧問のソウル駐在を認めさせるなど、その影響力を日本よりはるかに大きいものとした。一方不平等条約への不満も、日本国内ではかねてからしだいに強まっていた。1880年代、政府は改正へ向けて列強との交渉を重ねていたが、その改正案が明らかになるごとに、屈辱的であるとの不満の声が大きくあがった。改正案への反対から、「三大事件建白運動」や大隈外相暗殺未遂事件が引き起こされた。国会開設の時期が近づき、民権派の間で運動の再結集がはかられていくが、そのなかでももちろん、この条約改正問題が最も重要な課題の一つとなった。

1890年帝国議会が開設されたが、衆議院では、民党が圧倒的多数を占め、政府と激しく対立した。政府は、買収や解散、苛酷な選挙干渉、天皇の詔勅などの手段を用いて、なんとか民党を取り込もうとした。だが、民党は、薩長藩閥政府との対決姿勢を崩さなかった。1893-94年対外強硬派は条約履行を迫って、政府を激しく揺さぶった。

外交政策の成功・日清戦争は、そのような政府と民党との対立関係に変化をもたらした。1894年、伊藤博文内閣は条

帝国日本

左 1895年1月の日本軍の『威海衛攻撃水上之進軍』と題する小林清親の作品である。第2軍山砲大隊小隊長南部麒次郎中尉は、その攻撃をつぎのように記録している。「(1月)24日栄城湾に上陸、(28日までには威海衛近くに達した)山東は見渡す限り白雪皚々として寒気は別して峻烈であった。髭はつららのように凍った。凍傷を避けるため耳には毛布製の覆いをつけ、手足にも同じく毛布製の防寒手袋、靴下をつけた。しかし冷たさは骨まで沁み通った……乗馬すると足が冷え行軍を続けられないので、大概は徒歩で前進した……こうして数日が終った」。

約改正交渉に成功した。関税自主権の完全な回復は1911年までまたねばならなかったが、治外法権の撤廃で法的な主権は回復され、日本は外国人への裁判権をもつことになった。条約改正の交渉が行われているそのさなか、朝鮮では甲午農民戦争が勃発していた。この反乱が契機となって、日本と清とは開戦した。この日清戦争の勝利で日本は列強の仲間入りを果たし、中国からさまざまな権益を獲得した。

1894年中国は、朝鮮の要請に基づき甲午農民戦争鎮圧のため救援軍を派遣したが、日本も1885年の天津条約に基づいて出兵を決定した。日本軍は現地に到着するや、朝鮮政府に日本人顧問のもとでの内政改革を強硬に要求した。これより先、日本は日清両国による内政改革を清に提議していたが、清はこれを拒否、開戦となったのである。開戦後の戦闘では、装備を近代化し戦略にも優った日本軍が、各戦線で勝利を収めた。数ヵ月の間に、日本軍は朝鮮半島を進撃し、南満州の遼東半島を占領し、北洋艦隊を打ち破った。

これらの外交・軍事上の勝利は、国際体制のなかで二流の地位に甘んじていた日本国民に、歓呼の声をもって迎えられた。それまで政府批判を続けていた徳富蘇峰も、これを機に政府寄りの姿勢をとるようになった。将軍たちへの授爵や軍事費の増大など、戦勝は軍部に著しい利益をもたらした。また、勝利は天皇の聖徳とされ、天皇の権威も高まった。日清戦争は、経済的にも利益をもたらした。なぜなら、下関条約は、清の膨大な賠償金の支払い、台湾の割譲、遼東半島の租借を取り決めていたからである。締結直後、ドイツ、フランス、ロシアが「東洋平和のため」という口実で遼東半島の還付を勧告してきた。これが、三国干渉と呼ばれているものである。三国干渉によって、日本は自らの運命を自らの手に収めるのはまだ先であることを思い知らされた。下関条約は、上に述べたほかにも、重要な条項が盛り込まれていた。その一つは、清に、従来の開港場以外にも新たに4港を開かせ、資本輸出も認めさせたことだった。そして、朝鮮に対する中国の宗主権の否認、すなわち朝鮮の独立が宣言されていたことであった。朝鮮は、これにより今度は、日本とロシアの勢力争いの場となっていった。

1894-95年の日清戦争は、日本を、それまでの半植民地的な国家から帝国主義国家の地位にまで引き上げた。台湾は、日本にとって初めての、植民地領有・開発の経験だった。1898年ロシアが還付を要求した当の遼東半島を租借したことは、日本国内におけるロシアに対する憤激を再び燃えあがらせた。朝鮮でのロシアの影響力も、日本がそれまでに獲得した権益を上回り始めた。1900年の義和団事件に際し、日本は、列強の主力軍として北京に出兵してその鎮圧に活躍、その結果、イギリスから東洋の憲兵としての評価を受け、日英は接近、1902年の日英同盟の締結となった。

日英同盟で、日本が他国との交戦中、ヨーロッパの第三国が参戦すれば、イギリスの参戦義務が規定されたことで、日本はロシアとの最終決着に踏み出す準備が整った。1904年2月、日本海軍の旅順攻撃、陸軍の仁川上陸で日露戦争は始まった。旅順には、ロシア極東艦隊が集結し要塞も築かれており、日本軍は1904年一杯にもおよぶ激しい攻防戦の末にようやく旅順を陥落させた（1905年1月2日開城）。また満州に進撃した日本軍は、1904年6―10月の遼陽・沙河の会戦、1905年3月の奉天の会戦と激戦を展開した。1905年5月20日、東郷平八郎率いる連合艦隊は、地球を半周してきたバルチック艦隊を、対馬沖で全滅させた（日本海海戦）。セオドア・ルーズベルト米大統領は、エール大学時代からの友人・金子堅太郎男爵の熱心な要請が奏効したこともあって、6月、両国に講和を勧告、ロシアをポーツマス（米国ニューハンプシャー州）での講和会議のテーブルにつかせた。日本は、この講和条約で、旅順・大連の租借権および長春以南の鉄道とその付属の利権、北緯50度以南の樺太とその付属の諸島を

日清戦争

日清戦争は、朝鮮で勃発した。きっかけは1894年5月から激しくなった甲午農民戦争（東学党の乱）だった。東学党は、儒教や道教、朝鮮土着の信仰を混合した一種の宗教運動として始まった。朝鮮政府から非合法化され、民族主義的な色彩を帯び、朝鮮社会の腐敗や貧困を弾劾し、外国勢力を駆逐しようとする運動となった。日本も中国も朝鮮宮廷からの乱鎮圧の要請を受けて出兵したが（1894年6月）、7月下旬日本軍が大院君を脅迫して王宮に入り閔妃派を追放して親日政権を組織したその直後、日清両国は戦端を開いた。中国軍が勝利を収めるものと思われたが、作戦にも装備にも訓練にも優る日本軍が、北方の平壌まで一挙に進み、遼東半島まで侵攻した。戦闘は、1895年3月には終わった。4月の下関条約は、中国にとっては過酷なものであった。中国は、朝鮮の独立を認めさせられたが、これは朝鮮への日本の支配権を認めるということだった。2億両（3億6000万円）の賠償金も支払われた。遼東半島、台湾、澎湖諸島の割譲は、日本の帝国主義的な領土拡張の開幕をつげるものとなった。そして、中国は、開港地での日本の通商的特権も認めさせられた。この条約締結の6日後、フランス、ドイツ、ロシアが日本に遼東半島の還付を勧告してきた。この後、日本とロシアは朝鮮と満州をめぐって緊迫の度を高めていく。

帝国日本

地図中の注記

満州
奉天（瀋陽）
遼陽
鞍山
営口
海城
岫巌
安東
新義州
北京
天津
遼東半島
三国干渉で返還
花園口
金州
旅順
大連
渤海（アーサー港）
鴨緑江
1894年10月25日
安州
平壌 1894年9月16日
元山
1894年8月21〜30日
日本海
威海衛 1895年2月12日 日本軍1895年5月まで占領
1894年10月24〜30日
仁川
漢城
朝鮮
牙山 1894年7月29日
釜山
対馬海峡
対馬
1894年6月12〜29日
下関 1895年4月17日 下関条約締結
広島（総軍司令部）
大阪
佐世保
日本
黄海
清国
蘇州
杭州
済州島
東シナ海
琉球諸島 1879年沖縄県設置
澎湖諸島 1895年日本軍占領
台湾 1895年日本軍占領

凡例

- 戦闘地点（日付）
- 1876年に日本へ開かれた港
- 1895年に開かれた日本との交易港
- 日本艦隊進路
- 清国艦隊進路
- 甲午農民戦争の地域
- 1894年の日本領土
- 1895年4月1日の日本割譲要求地域
- 下関条約で日本に割譲された清国領土

縮尺 1:9 000 000
0　300km
0　200mi

帝国日本

左　日露戦争
日本とロシアの朝鮮・満州に対する帝国主義的な野望が，1904年の戦争を導いた．日本軍は奇襲をかけ，旅順を閉塞した．ロシア軍は，陸上の戦闘で多数の犠牲者を出し，補給も不足して，奉天まで後退した．1905年3月，35万のロシア軍と25万の日本軍で戦われた奉天の会戦は，決定的な決着がつかなかった．日本軍首脳は，補給線がのびきり限度に達していることを認識していた．その間，バルチック艦隊は地球を半周し，ようやく日本に迫りつつあった．日本海軍は，対馬海峡で待ち受け，5月20日の日本海海戦でバルチック艦隊を全滅させた．両軍とも激戦に疲れ，和平を求めていた．両国は，ルーズベルト大統領の斡旋で，米国ニューハンプシャー州のポーツマスでの会議に臨み，講和条約を締結した．日本の領土は著しく拡大した．

右　
明治時代では，工場といっても，この写真の東京の金属加工場のような小規模なものや作業場としかいえないようなものが，その大部分を占めていた．

下　
日本最初の鉄道は，政府の手によって，この当時の錦絵にあるように，新橋—横浜間に開通された．

獲得した．ロシアの韓国への影響力を排除し，米英両国にも韓国の保護国化を承認させ，第2次日韓協約を結んで韓国の外交権を奪って，ソウルに統監府をおいて伊藤博文が初代の統監に就任した．韓国の近代化をはかろうとした伊藤の努力はごくわずかしか成果をあげず，伊藤は1909年韓国人の愛国者安重根によって暗殺された．これより先，日本は，1907年のハーグ密使事件をきっかけに第3次日韓協約を押し付け韓国の内政権も手に入れていたが，伊藤が暗殺されると翌年1910年8月には日韓併合条約を締結して韓国を植民地とした．

日露戦争は20世紀初めての大戦争だった．膨大な戦死者数は，10年後のヨーロッパ西部戦線での塹壕戦の不毛さをあらかじめ予測させるものだった．しかし，諸外国の人々は，それよりも，予想もしなかった日本の勝利に驚き，その勝利に目を奪われてしまった．国内では，軍部の威信は—軍事費も含めて—著しく増大したが，今回は戦費を償う賠償金を獲得できなかった．膨大な戦費にもかかわらず賠償金がとれないとわかると，ポーツマス条約への国民の不平不満に火がつき，調印当日の9月5日，日比谷焼き打ち事件を始めとして全国で暴動がひきおこされた．

それでも，列強の一員に加わりたいという明治の日本の悲願は成就された．明治天皇（1912年死去）は神格化された存在となり，軍服姿の御真影はどのような貧しい家にも飾られた．中国とロシアの艦隊は海の底に沈んでいたから，日英同盟が続く限り（同条約は1922年ワシントン会議での四カ国条約で廃棄された），日本海軍の敵になるものはなかった．結果的にみれば，山県有朋の陸軍が獲得した利益が最も大きかった．日露戦争中は，山県のもとで栄達を重ねた桂太郎が首相であった．1907年の帝国国防方針で，ロシア・アメリカを仮想敵国として陸軍8師団の増設，海軍の八・八艦隊が長期目標とされた．財政難で当面実現したのは，陸軍の2個師団増，海軍の戦艦1隻・巡洋艦3隻であったが，1911年の辛亥革命を機に陸軍が2個師団増設を強く迫り，第1次護

憲運動など政党との対立を経ながらも1915年大隈重信内閣のもとで実現させるなど，政局のうえで軍部がもった影響力は大きかった．日本は，第1次世界大戦で列強がヨーロッパ戦線に釘付けとなったその機に乗じて，山東半島のドイツ租借地を占領，1915年には対華21カ条の要求を突きつけるなど，中国における権益を強化・拡大していった．日本は，世界で帝国主義が時代遅れになりつつあったとき，まさにそのとき帝国主義国家として成熟したのである．

産業化と経済成長

明治新政府の指導者は殖産興業を国家目標としたが，幕末期に欧米を見聞した人々もすでに産業の発展こそが欧米の今日をもたらしたことを洞察していた．徳富蘇峰は，明治20年代にベストセラーとなった著書『将来之日本』のなかで，楽観的に，「(日本は将来) 太平洋中の一埠頭となり，東洋の大都となり，万国商業の問屋となり，数万の烟筒は煙を吐いてために天日を暗からしめ」るだろう，と予言していた（ただし初出は1884年の「自由道徳および儒教主義」）．明治の絵師は，広重が描いたような春の光景のなかに煙を吐いて走る蒸気機関車を好んで描き，絵の題材としても，富岡製糸工場がそれまでの富士山にとってかわろうとする勢いだった．

しかし，不平等条約で，関税自主権を奪われ，関税を5％以上に上げることができなかったから，近代的な産業を保護・育成していくことは不可能だった．だが見方をかえれば，かえってそれが日本にとって幸いしたということもできる．というのは，在来産業に力を注がざるをえず，まだその力を身につけていなかった近代的な産業への投資をひかえさせられたからである．1870年代，政府は，官営模範工場の設立に莫大な資金を投入したが，1881年からの松方財政のなかで，その大部分は投資金額を大幅に下回る安い金額で政商に払い下げられていった．この払い下げを跳躍台にして多くの財閥が形成されていき，明治30年代からは三井・三菱・住友などが巨大化していった．1930年代には，財閥は巨万の富を誇りながら貧しい生活にあえぐ民衆をかえりみようとしない民衆の敵・反社会的存在であるとの激しい批判にさらされることになる．明治期の欧米への輸出品は生糸や茶がほとんどであり，また財閥の多くも石炭や銅などの鉱山から大きな利潤をあげていたから，日本の産業は，一次産品をまず活用することで発展の糸口をつかんでいったといえる．

資本主義への発展の重要な契機となったのは，1881年の松方正義の大蔵卿就任だった．松方は古典派的な経済政策をとった．歳出を削減してデフレ政策をとって正貨を準備し，兌換制度を確立しようとしたのである．赤字を抱える官業経営を止め，煙草税や酒造税を上げ，他の間接税も新設し，公債償還政策を推進した．政府は，この政策で歳入の平均28％を紙幣銷却・通貨安定策の資金にあてることに成功し，資本原蓄への道を切り開いた．地租が固定されているなかでのデフレは，政府には有利だったが，農民には打撃となった．紙幣の価値は，3年で4分の1も下落した．1885年，日本銀行が設立され，唯一の発券銀行となった．農村の不況は深刻なものとなり，1884年頃までは農民の反乱が頻発したが，

先にふれたような警察の力によって，それへの不満は封じ込められていった．

その後の経済成長は，まず在来の農業などの産業部門の発展から生じていった．20世紀に入る頃までその在来の産業部門は発展し，そこから膨大な資本が供給されていった．在来の経済構造で，増大していく人口に必要な農産物などの生産をまかない，同時にしだいに発展しつつあった工業への労働力をも供給したのである．江戸時代からの低い人口増加率・高い死亡率の傾向は19世紀いっぱい続いた．近代医学がいきわたって死亡率を引き下げていたなら，間違いなく経済成長は鈍っていただろう．中国の政治的・社会的混乱や中国製品の品質の粗悪さに乗じて，日本はその主要輸出産品である茶や生糸の輸出額を伸ばしていった．日本の指導者は強い指導力をもっていたばかりでなく，その経済政策を倹約に基礎をおくのが伝統となっていたので，政府は経済に対して強いヘゲモニーを発揮していくことになった．幕末期の諸藩では，軍備の整備を急激にはかっていくなかで，専売制度など重商主義的な政策が強められていった．たとえば，長州では，藩内で各種の商品の調査が実施され，藩を維持するのに必要最低限な量は自給自足できることが確認されていた．1880年代には同様な調査が全国規模で実施され，有名な『興業意見』では，各伝統産業はすべて生産高を拡大できる実力をもっていると報告されていた．明治政府は，軍事部門を除いては，官営企業を払い下げていったが，近代産業の育成には非常に積極的だった．外国資本の脅威を前に，企業間での競争が国益を損うおそれがあるところまで激しくなったときには，その合併を推進した．たとえば，三菱汽船と合同汽船が激烈な競争を展開した際には，1885年両社を合併させて日本郵船を誕生させ，外国資本との競争に打ち勝つために，郵船の沿岸および上海航路に対して，補助金を出した．日本資本主義の形成期において，政府が最大のしかも最も重要な投資者だった．政府の出資が全資本金に占める割合は，平均40%以上にのぼり，しかもそれを下まわることはほとんどなかった，とヘンリー・ロソフスキーは述べている．そこから，チャーマーズ・ジョンソンが描いたような，規制指向型国家と，発展指向型国家との対比を見ることができるだろう．後者の国家では，企業が主体性をもち，国家は寡占化に対してだけ介入するのが通例である．しかし，明治の日本は，国際間の競争で不利な立場におかれていること（不平等条約や天然資源の不足）をはっきりと認識して，その不利の克服に向けて，政府は指導力を発揮し，官民あげて協力していったのである．

1890年代，立憲体制の確立とともに，経済構造も変化した．政府の軍事費は急激に膨らんだ．下関条約による中国からの賠償金で設立された八幡製鉄所は，日本の重工業化の画期となった．中国・朝鮮への綿糸の輸出は急激に増大し始めた．日本経済において近代工業の占める割合も目に見えて増大した．このことは特に，日露戦争の頃，顕著となった．1905年までに，それまでの茶と生糸に代わって綿糸・綿織物・絹織物が主要な輸出品となり，耐久消費財の輸入高も国産品のそれの約4分の1にまで下がった．発展した日本資本主義にとって，国内市場はあまりにも小さすぎるから，輸出の重要性がますます大きくなっていった．

このような発展にもかかわらず，まだまだ日本の経済は黎明期の段階であったことを強調しておきたい．1900年の段階で，工業生産高はまだ国民総生産の10%を下回っていた．明治の末で13%程度であり，1931年でも25%をわずかに上回る程度だった．1909年で，労働人口のわずか3%が工場で働いているにすぎなかった．その当時，最も発展していたのは綿糸紡績業だったが，大部分の労働者が働いていたのは零細な規模の製糸工場だった．1909年で，500人以上の規模の工場で働いていたのはたった2.9%，50-499人規模では29.5%，その他の圧倒的多数は50人以下の工場で働いていた．生活様式や消費生活も，幕末から明治の末までの半世紀の間は，ほとんど変わらなかった．たとえ変化を生じた場合でも，それは表面的なもので，和傘が洋傘に，障子がガラス窓に，というものにすぎず，将来生ずるであろう変化の単なる序章にしかすぎなかった．この期間は，伝統的なものと近代的なものが併存していたのである．宮中では天皇を筆頭に洋服を着し，官僚にも礼服として洋服が採用され，1880年代の鹿鳴館では，上流階級の淑女たちがヴィクトリア風の装いで舞踏会に登場して，日本の西洋化を欧米人にアピールした．しかし，社会全体に目を移せば，上流から庶民になればなるほど，また都市から農村部にいけばいくほど，西洋化の割合は低いものにとどまっていた．パンや肉食は贅沢であり，めったに食卓に上ることはなかった．在来産業への需要が引き続き残されたことは，輸入を減少させたうえ，その製品や生産者の寿命を引き延ばすことになり，それだけ経済の混乱を小さなものとした．

戦争が日本社会に与えた影響

新しい洋風の生活様式や下着・靴などの品々を浸透させていくうえで，最も貢献したのはおそらく軍隊であった．日清・日露の両戦争は，人心を天皇や政府に統合したり，朝鮮や中国への蔑視観を強める契機となったが，その両戦争はまた，明治後半期の日本人の生活を大きく変えていく契機ともなったのである．多くの日本人が，洋風のものを日常生活に深く取り入れるようになったのは，世紀転換期のことだった．

第1次世界大戦は，経済や社会生活のうえになお一層の大きな変化をもたらした．日本は，確かにイギリスの同盟国として参戦したとはいえ，ドイツの租借地の青島と南洋諸島の占領に力を注いだだけだった．先進国である欧米各国が，軍需物資の生産に全力を傾けたので，日本はヨーロッパやアジア，特にアジアで新市場を獲得することになった．また，この第1次世界大戦で，日清戦争で獲得していた権益を活用し，資本輸出を行い在華紡を上海に設立していった．そして，造船会社も規模とその数を増大させていった．かつて中国の北洋艦隊やロシアのバルチック艦隊と闘った日本の帝国海軍の軍艦は外国から購入したものであったが（これは撃沈された中国もロシアも同様），今や日本は世界の主要な造船国となったのである．それまで日本を非常に苦しめていた外債償還の問題は，輸入をはるかに上回る輸出の急激な伸びとともに解消した．このような「天佑」は，わずか5年しか続かなかっ

第1次世界大戦

日本は，実にうまく第1次世界大戦に関与して，国際的発言力を強め，アジア・太平洋地域における地位も高めた．列強がヨーロッパでの大戦争に全エネルギーを奪われたことで，日本は，中国・南洋諸島におけるドイツ領の占領，さらには中国における権益拡大の好機を得ることになった．1914年8月23日，日本はドイツに宣戦布告した．1914年11月までには，日本は，山東半島のドイツの租借地青島，赤道以北のドイツ領南洋諸島を占領した．1915年1月には，日本は，中国に秘密裡に21カ条の要求を突きつけ，山東半島だけでなく他の中国本土や南満州や東部内蒙古における日本の権益の承認を迫った．中国はこの21カ条の要求を世界に公表，日本は欧米各国や中国の激しい非難にさらされた．この対華21カ条の要求は，日本の帝国主義的な野望を露骨に示したものであり，これを契機に中国国内では排日・反帝国主義の激しい民族運動が高まった．1918年，日本は，長年の宿望であった列強の仲間入りを果たして，ヴェルサイユ会議に5大国の一つとして参加した．ヴェルサイユ会議で，山東半島の旧ドイツ権益の継承と旧ドイツ領南洋諸島の委任統治が承認され，国際連盟では，常任理事国となった．この旧ドイツ権益の継承に反対して，中国では五・四運動が展開された．

ツアーが倒れ，ボルシェビキ革命が成功するといったロシアの混乱に乗じて，日本は大陸への勢力拡大を企て，1918年8月，シベリア出兵を宣言した．かねて英仏両国から日米両国に出兵要請があったが，日本軍の出兵に難色を示していたアメリカがチェコ軍の反乱を機に7月出兵を決意，日本にも出兵を提議してきたのをとらえてのものだった．日本は，日米間の取り決めをはるかに上回り米英仏軍などの3倍にもおよぶ72000人もの軍隊を派遣，東シベリア地方を占領した．1920年の連合軍の撤兵後も，日本は国際的な批判のなかで出兵を続け，1922年になってようやくシベリアから撤兵した．

ソビエト連邦
オホーツク海
カムチャッカ
ニコラエフスク
サハリン
アレクサンドロフスク
=サハリンスキー
マグダガチ
イルクーツク
チタ
アムール川
ブラゴベシチェンスク
ハバロフスク
樺太
千島(クリル)列島
ハルビン
モンゴル
東内モンゴル
自治区
ウラジオストック
奉天
瀋陽
大連
安東
北京
天津
旅順
(アーサー港)
韓国
(朝鮮)
日本海
日本
煙台
威海衛
山東
青島
1914年
釜山
東京
中華民国
黄河
太平洋
南京
上海
漢口
揚子江
寧波
東シナ海
沖縄
小笠原諸島
南鳥島
(マーカス島)
硫黄島
福建
福州
厦門
汕州
広州
香港
(英国領)
台湾
ビルマ
イラワジ川
海南島
ウェーク島
マリアナ諸島
1914年10月
シャム
仏領インドシナ
メコン川
南シナ海
フィリピン
インド洋
グアム島
エニウェトク島
クワジャリン島
委任統治，1920年
トラック島
マーシャル諸島
1914年10月
パラオ諸島
1914年10月
カロリン諸島
1914年10月
マライ
ブルネイ
北ボルネオ
サラワク
ボルネオ
ギルバート諸島
委任統治，1920年
ナウル島
1914年
ニューギニア
1914年9月
ニューアイルランド島
委任統治，1920年
スマトラ
蘭領東インド
ニューブリテン諸島
パプア
(オーストラリアへ)
ソロモン諸島
1914年9月
委任統治，1920年
エリス諸島
ジャワ
チモール島
珊瑚海
ニューヘブリデス諸島
フィジー諸島
ニューカレドニア島
オーストラリア
ニュージーランド
タスマニア島
100°
120°
140°
160°
180°
1914年8月までの領土
日本
イギリス
ドイツ
フランス
オランダ
ポルトガル
アメリカ
対華21カ条における特殊
権益要求地域(1915年)
日本シベリア出兵(1918—22年)
1919年の獲得地
日本
イギリス
オーストラリア
主要貿易港
主要鉄道
縮尺 1：48 000 000
0
1500km
0
1000mi

帝国日本

たが，その影響はもっと長く残った．物価は，工場労働者の賃金の上昇が追いつかないほど急激に上昇していった．初めて，日本は労働力不足に直面した．

休戦とともに，輸出は急激に減少し，戦争時のインフレとはうって変わって逆に物価下落となった．近代的な工業部門で競争力を維持していくには，投資を増加し生産性を上げなければならなかった．1922年から1933年で，労働者1人当りの生産性は60％上昇した．しかし，その過程と併行して，工業労働者と農業従事者との間の賃金・福利厚生の格差がますます拡大した．これとともに，企業の独占化も進み，三井，岩崎（三菱），安田，住友，大倉などの同族が株をもつ，持株会社を中核として，財閥の力が圧倒的なものとなっていった．

産業構造がこのように2極に分解したことは，重大な意味をもっていた．政治的には，経済的苦境に陥っていた農村部が，選挙制度の恩恵によって，かなりの影響力をもっていた．このことは，農村出身の兵士の代弁者や擁護者をもって任ずる軍部の政治的な野望を大きくさせていくことにつながった．経済的に見れば，このような分極構造は，安い労働力を供給し続けることにつながっていた．なぜなら，技術の発達で，生産性が高まり，労働力をそれほど必要としなくなっていたからである．農村の生産性もその収入も低く押し込められていたので，国内市場の拡大もきわめて小さく緩慢なものだった．

第1次世界大戦後の10年間は，多くの矛盾があらわとなり経済政策も失敗を重ねた時期となった．その要因の一つとして，この時期の日本が，戦前で最もリベラルな雰囲気に包まれていた大正デモクラシーの時代であり，世界がそうであったように，あらゆる面で政府から自立しようとする傾向が強かったことがあげられるだろう．また，米価統制の失敗で，1918年の米騒動をひきおこしてしまっていたから，政府の経済政策力は不信の眼でみられていた．この米騒動で，寺内正毅（山県系の陸軍元帥，元朝鮮総督）内閣は総辞職し，1918年，平民出身の政友会総裁原敬を首相とする，初めての政党内閣が誕生した．官僚による産業統制は，後景に退きつつあるように思えた．デモクラシーが世界の大勢であり，日本もその潮流のなかにあるように思えた．原敬は，1921年に暗殺されるまで，官僚と軍人の強固な牙城を巧みに切り崩していき，政党や議会の力を伸長させていった．

戦争景気の急激な終焉とともに，大規模な労働争議が発生し，労働運動が高揚した．特に1921年の川崎・三菱造船所争議は大きなもので，これに続いて多数の争議がひきおこされた．農村では，小作争議が頻発し，小作人の改善を目指す農民組合が結成された．農村からの出稼ぎ者は，戦争景気のときに，正職員であれ臨時工であれ高賃金を体験しており，不況で帰郷したとき，彼らは，農作業にもそれに見合った報酬を要求したのである．小作料の引き下げを求める小作争議は1921年に頻発して，農民運動が高揚していき，翌年には全国組織として日本農民組合が結成され，1926年には左翼政党の労働農民党が組織された．

1920年代は慢性的な不況の時代だったが，この不況は，1923年9月日本の中枢・京浜一帯を襲った関東大震災で，一層悪化したものとなった．銀行手持ちの手形が決済不能となり，日本銀行の特別融資で一時をしのいだが，銀行の基盤は不安定なものとなった．この震災手形を抱える銀行への信用は揺らぎ，政府が日本銀行に特別融資を行わせて震災手形の処理をはかったので，銀行の命運も対応の鈍い官僚の手に委ねられた．そのうえ，一部の銀行は，それ以前からこげついていた不良貸し付けを多く抱え，苦境に陥っていた．1927年3月，議会で震災手形の処理が審議されているさなか，蔵相の発言を機に銀行への激しい取りつけ騒ぎがおこり，銀行の休業が続出した．そのなかで，鈴木商店が倒産を申請し，鈴木商店に対する巨額の不良債券をかかえた台湾銀行の救済が大問題となり，事態を一層深刻化させた．この金融恐慌が残した影響は深刻なものだったから，日本は他の工業国より2年早く大恐慌に突入したということができる．

この金融恐慌の結果，財閥による企業集中が急激に進んだ．銀行が，財閥の中核となり，非財閥系企業への支配力をます

上　1927年の春，金融恐慌が日本を襲った．政府による震災手形の処理法案が審議されている折（関東大震災で支払い不能となった手形，政府は決済の一定期間の猶予を保証していた），その震災手形を抱えている銀行が破産するとのうわさが広まり，取り付け騒ぎがおこった．37もの銀行が破産し，台湾銀行も破産寸前だった．この恐慌で，若槻礼次郎内閣は倒れ，金融業界では弱小銀行の整理と5大銀行による支配が進んだ．

左　一般的にいって，1946年の農地改革以前の日本の農村の情況は悲惨なものであった．松方正義のデフレ政策の結果，1880年代農村はひどい不況となり，繭の価格が暴落し，1885年だけで10万もの農家が破産した．多くの農民が小作農への転落を余儀なくされた．これに対し，農民の騒擾もおこった．第1次世界大戦後，韓国や台湾から安い米が輸入され，再び農産物価格の低落がひきおこされた．農民組合で農民の利益を守ろうとする動きが現われた．1930年代の農村の困窮は著しく，欠食児童や婦女子の身売りが続出し，また小作地のとりあげをめぐっての小作争議も各地で頻発した．政府も農民組合もこのような悲惨な情況を打開できなかった．この写真は，奈良県で開かれた日本農民党の政治大会でのものである．

ます強めたのである．このようにして，1920年代末の日本の経済は，第1次世界大戦を迎えたときとは，全く異なったものとなった．だがこのような経済構造は，明治にその起源をもつものだったといえる．大正時代，経済は急激な成長をとげ，新たに電気，化学，機械の各工業も発展したが，先に述べたような工業と農村との賃金・福利厚生などの格差は一層拡大したのである．企業の集中と独占化の進展は社会的・政治的不安をもたらし，1930年代の危機的情況の要因となっていった．

都市文化

1890年の教育勅語の発布の頃までには，政府の指導者の多くは，日本の精神文化に欧米の影響がおよぶのを押し止めようと，いや少なくともその流れを変えようとするようになっていた．だがそれはとうてい不可能で，欧米の影響は止むことなくずっと続いた．20世紀の日本では，単なる工業化以上の事態が進展しており，社会は先にふれた経済の2極構造に示された以上に複雑な様相を呈していたのである．日本の社会は，それでも活発な都市文化を育て続けた．それは，多くの人々が学校で熱心に勉学に励み，自らの教養を高めた結果もたらされたものだった．中学校以上の教育機関は増設され，その生徒数も著しく増大した．明治の末には，義務教育の就学率が97%を超え，ほとんどの人々は読み書きの能力を身につけていた．

このような都市文化は，その起源を江戸時代の町人社会に求められるが，そのうえに欧米文化の影響を大きく受け続けたことで，豊かなものとなり華開いたものだった．文学が，この新たな文化において，指導的な役割を演じた．明治の作家たちは，当初，江戸期の戯作文学に倣ったものを書いたり，イギリスの政治小説の翻訳・翻案をしていたが，明治も後半の10年を迎えるころには，日本の近代文学の古典ともいえる作品が生み出された．ここでは，森鷗外（1862-1922）と夏目漱石（1867-1916）の2人の作家だけをあげておこう．鷗外と漱石は，日本文学だけではなく，世界文学においてもきわめて重要な位置を占めている．鷗外は，東京帝国大学医学部を卒業し，軍医としてのキャリアと文学者のそれとを両立させた．鷗外は，近代詩や歴史小説の分野での功績を残したが，特に歴史小説のなかでは，封建的な倫理や道徳観念が日本人の精神世界においてもつ意味を追求した．このような歴史小説は，最近欧米でも翻訳され始め，ようやく西洋の人々にも知られるようになってきている．夏目漱石は，東京帝国大学のラフカディオ・ハーンの後任の英文学教授となって，ロンドンに留学し，そこで数年間の苦悩に満ちた生活を送ったが，英文学との格闘の結果，自らに深く根をおろしている漢文学の伝統の重みを思い知らされた．1907年，漱石は東大を去り，朝日新聞に入社，小説を連載し始めた．漱石は死ぬまで，急激な文化の変貌のなかで生ずる心理的・精神的緊張を鋭く描いた作品を次々と発表した．漱石は，人間の醜いエゴイズムに激しい不快感を表わし，日本の近代化への深い懐疑を示した．漱石の門下からは，重要な小説家が輩出された．

明治文化の他の分野でも，文学と比肩されるような伝統と

右　1890年浅草に，日本で最初の高層ビル・凌雲閣が建てられた．この12階建てのビルには，日本最初のエレベーター（8階まで）が備え付けられた．階ごとに，店，劇場，バー，レストランが設けられ，最上層の三つの階には展望台，さらにその上には尖塔があり，68mの高さを誇った．凌雲閣はその建て物にちなんで，12階とも呼ばれた．この名物とともに，浅草は（昔からその一つだったが），東京の最もにぎやかな歓楽街となった．

近代化との格闘が行われていた．絵画では，イタリア人のフォンタネージやラグーザやキヨソネが雇われ，彼らが新設の工部大学校でヨーロッパの具象主義を教えた．そのような芸術と技術が混在した状態から，新たな日本画の画風が形作られていった．音楽でも，欧米人（この場合はアメリカ人のメーソン）が雇われて，小学校用の唱歌集編纂にあたった．明治の末には，小学校ではステファン・フォスターの「マイ・オールド・ケンタッキーホーム」を日本の音律に編曲した「蛍の家」が唄われていた．

第1次世界大戦後になると，このような情況は，遠い昔の話しのようになってしまった．この時期の新文化の輸入は，政府の手によるものではなく自発的なものであり，日本の文化も幅広く世界の潮流のなかに加わっていこうとするものだった．日本は，世界の5大国の一つとなり，国際連盟の常任理事国ともなった．これらは，青年の間に，新しい文化の潮流に対する親近感を増大させ，変化への期待を大きく膨らませた．

このような新たな動きが，学生から始まったことは当然のことであった．東京帝国大学では，1918年12月，将来を約束されたエリートのなかから社会問題に強い関心をもつ者が集まり，新人会が設立された．この新人会の結成は，吉野作造が後援したものだった．吉野は，大正デモクラシーの指導的な理論家として，明治憲法体制下においても民主主義の実現が可能であることを強調していた（民本主義）．国際主義の理想は，新渡戸稲造の国際連盟書記局事務次長就任もあって，多くの新しき世代の指導者の情熱を燃えあがらせた．1923年の関東大震災後の東京再建の過程で，江戸時代の香りを残していた街並や文化は消滅していったが，それはまた時代の変化と新たな時代の到来を予感させるものとなった．都市化がさらに進むなかで，上に述べたような思想の側面とともに，その表面的な部分でも，欧米的な大衆文化が熱心に受け容れられた．映画館，カフェ，ダンスホール，レヴューは流行に敏感な若い男女の心をとらえた．この世代を言い表わす新造語が学生の間から生まれた．モダン（modern），モガ（modern girlを縮めたもの）が，それである．新たな娯楽の世界の登場とともに，その影響は経済の分野にも現われ，既製服が生産され，大きなビール工場も誕生した．

日本全国で，大都市の新聞がもつ影響は時代とともに大きくなっていた．だがこの時期，新たに登場した総合雑誌がその新聞よりも強い影響力をもつようになった．そのなかでも『改造』は，最も人気の高い雑誌であった．先に論じたような工業と農業の経済格差に対応して，都市と遅れた貧しい農村との文化的な格差も著しいものとなった．

その他，社会改革や革命に関する著作がおよぼした新たな影響もあった．カール・マルクスの著作は，その思想が実現したと思われたロシア革命後はその影響力を大きなものとしていった．中国での革命とラディカリズムもまた，日本に影響をおよぼし，ある者はそれに刺激を受け，ある者はそれに警戒心を抱いた．

内務省の官僚は，以前から社会的なラディカリズムの国内への浸透に不安をもっていた．内務省社会局では，そのような事態を未然に防ぐために工場法や労働組合法のような社会立法の必要性について論議を重ねていたが，雇用者など当事者は，わが国には固有の主従の情宜の美風があり，そのような立法は不必要だと主張していた．工場法はようやく1911年制定され，施行はさらに遅れた1916年であったが，1920年代の農民運動や労働運動の高揚が政府のさらなる対応策を必要とさせていった．

政府は，アメとムチの政策でこれに臨んだ．1925年，普通選挙法を制定，納税額の制限を撤廃して，満25歳以上の男子に選挙権を与えた．この普選法での初めての選挙は1928年実施されたが，有権者は1200万人に上った．この普選法は，ムチの治安立法と抱き合わせであった．政府は，普選法とともに，治安維持法を成立させたからである．治安維持法は，「国体を変革し又は私有財産制度を否認することを目的として結社を組織し又は情を知りて之に加入したる者は十年以下の懲役又は禁固」と定め，その危険思想の取り締まりには特別高等警察があたった．国体という概念は曖昧なものだったが，しだいに拡大解釈され，天皇制あるいは天皇そのものを意味するものとなり，反政府活動の弾圧に利用された．1928年治安維持法は罰則が強化され，国体変革に対する最高刑は死刑となった．同じ1928年には3・15事件と呼ばれる共産主義者およびその同調者への大弾圧が行われたが，共産主義陣営が完全にその打撃から立ち直ることができたのは第2次世界大戦後のことであった．

また1928年には，若き天皇・裕仁の即位の御大典が挙行された．元号は昭和とされたが，それは「百姓昭明　万邦協和」からとられたものだった．この若き天皇は，ある意味で，いままで論じてきた諸々の潮流を象徴するものだった．保守派は，家系に色盲の血が流れていることを理由に婚約者との成婚に反対したが，天皇はそれを押し切って結婚した．さらに，男子がなかなか誕生せず，しきたりにしたがって側近が局を娶ることを勧めた際も，天皇は断固としてこれを拒絶した．皇太子時代の1921年には，強い反対の声があがるなかでイギリスを訪問したが，天皇にとっては，堅苦しい宮中生活から解放されたイギリスでの体験は，のちのちに至るまで懐かしい想い出となった．裕仁は，父・大正天皇が病弱だったことから，1922年から摂政の地位にあった．1928年の即位に際しての勅語では，臣民を慈しみ，臣民に調和をもたらし，日本の繁栄と世界平和のために全力を尽くすことを誓っていた．警察は，御大典に際し神経を尖らせ，7000人以上もの天皇の臣民を検束した．『改造』を所持していただけで拘束されたものもいたが，彼らは御大典が終わるまで正式の令状もなしに1カ月もの長期にわたって検束された．このように見ると，昭和天皇の時代が，戦争と平和の二つの時期に分かれるのも，何ら不思議ではないだろう．

満州侵略

第1次世界大戦後から満州事変までの期間，日本でリベラルな風潮が強まっていったというのも事実である．最初の平民出身の宰相原敬の死後，その跡を継いだのは同じ政友会の高橋是清で，その後は，官僚や貴族院勢力を基盤とした内閣が1924年まで続いたが，その年には，第2次護憲運動が成

日本における近代文学の確立に最も功績を残したのは，森鷗外（1862-1922，上）と夏目漱石（1867-1912，下）であった．方法は異なったが，2人は，文学を通して，皮相な近代化が進む一方で伝統的な文化が忘れ去られようとしている情況と格闘したのである．鷗外は，ドイツに留学し軍医として栄達を極めるし，漢文学，日本文学，西洋文学の深い教養を身につけていた．鷗外の小説は，セックスから史伝物まで，鋭敏な意識で書かれていた．漱石は，近代日本の知識人の孤独と罪の意識を追求した．

1920年代から1930年代に入る頃までは，日本でもデモクラシーの風潮が広まり，都市文化が華開き，対外関係も協調体制の下にあった．望遠鏡で星を覗いている若い女性は（右上），すでに嵐を呼ぶ暗雲が満州の上にたちこめ，政治的危機が日本に迫りつつあるなどとは，おそらく思ってもいなかっただろう．彼女らは，大衆文化やレジャーが出現し，それらが都市のライフスタイルをいろどっていた世相を反映した存在だった．宝塚や松竹の歌劇団は（右下），「良家の子女の健全娯楽」として，多くの中流の若い女性を魅した．

功し，加藤高明を首班とする護憲三派内閣が誕生した．加藤内閣の外相の幣原喜重郎は，1922 年ワシントン会議で調印された東アジアおよび太平洋に関する諸条約に基づく体制，いわゆるワシントン体制下で協調外交を推進した．幣原は，国民党の蔣介石が勢力を拡大するなかでも中国不干渉の政策をとり，浜口雄幸内閣の外相のときも（1928-31）同様の政策をとろうとした．元老の死去とともに（西園寺公望だけが生存，1940 年死去），日本の指導者層は一枚岩ではなくなり，軍部，実業界，官僚，農村部の代表者たちがそれぞれ主導権を争った．加藤内閣以降，政党内閣が憲政の常道となったかのように思えた．護憲三派は，政党に反対する貴族院の勢力の削減に力を尽くすとともに，社会立法を上程し，軍部の発言力を抑え軍縮を行おうとした．また普選法とともに治安維持法も成立させた．1922 年からワシントン会議の軍縮案や陸軍軍縮は実行に移され，浜口内閣も 1930 年のロンドン海軍軍縮会議の軍縮案を受け容れた．浜口は反対を押し切って調印したが，海軍軍令部や右翼や政友会などから統帥権干犯であると激しい攻撃にさらされた．原は政党政治の腐敗に憤激した青年によって，1921 年暗殺され，浜口も 1930 年 12 月狙撃され，その傷がもとで翌年死亡した．政党内閣の時代も，1932 年の 5・15 事件での犬養毅首相の暗殺とともに終わりを告げた．このように国際協調を求めようとする潮流も確かに勢力をもっていたが，結局，軍国主義の勢力がそれを上回ったのである．

国際協調に対する反対勢力は，日本社会のあらゆる階層に存在していた．その最上層には，明治の指導者たちがいた．彼らの悲願は，日本を帝国主義列強の一員に加えることだった

上　昭和天皇・裕仁は，1926 年 12 月 25 日皇位を継承．元号は『書経』の「百姓昭明　万邦協和」からとられた．天皇は政治的判断を下さず，重臣・元老，内閣や官僚が決定した政策に従うだけだった．だがまれには，自らの意志をはっきりと表明することもあった．青年将校による 1936 年の 2・26 事件の際には，反乱部隊に対する断固たる処置を指示したが，これがその早期鎮圧をもたらした主な要因となった．また 1945 年には，御前会議でその裁断を下し，ポツダム宣言をめぐる膠着状態を打ち破った．

が，第1次世界大戦後，帝国主義が急激に退潮したことに戸惑っていた．ドイツ，ロシア，オーストリア・ハンガリー，清といった各帝国の崩壊は，新興国にとって勢力拡大の絶好の機会となるかのように見えたが，英米などのアングロ・サクソンの戦勝国は，自国の植民地は維持しながらも，反植民地主義を強く唱えた．五摂家筆頭の家柄に生まれた若き日の近衛文麿は，1918年ヴェルサイユ会議出席の途上，そのような英米本位の外交に対して激しい告発をなしていた．そのうえ，国際協調体制であるワシントン体制が（これで日本は20年にもおよぶ日英同盟廃棄という犠牲を払うことを余儀なくされた），問題を孕んでいたのである．九カ国条約は，中国問題に関する国際協調と領土保全・主権尊重をうたっていたが，他の調印国は中国の民族運動の矛先をかわすために，新興の帝国主義国日本をその標的とさせている，と日本の目には映った．満蒙を日本の生命線と考える者たちは，いかなることがあっても，日本の満州における特殊権益は認められるべきだと主張した．満州は，日露戦争という血の犠牲であがなった地であり，しかも増大し続ける人口の吐け口となって人口問題を解決できる唯一の土地だった．協調主義者の幣原喜重郎のような者たちにしても，満州の獲得自体に反対したわけではなかった．ただ，その遺産の領有に至るまでの方法論が異なるだけであった．

日本社会の下層の部分，特に軍部内においては，日露戦争以後軍隊に外敵との本格的な実戦経験がなく，国防力に対する懸念が強まっていた．青年将校たちは，明治の薩長閥の支配体制のおかげで出世した軍部首脳が政党に気を使い，派閥間の暗闘に明け暮れているのに危機感を抱き，軍部の革新の必要を感じていた．青年将校は，政党が軍部内におよぼした影響と思えるものに対して神経を尖らせ，それに蔑視の眼差しを向けていた．それを実証するかのようにしばしば暴露された高官の疑獄事件は，火に油を注ぐ結果となった．歴史や政策に対する思慮は乏しいのに憂国の情には凝り固まっていたこれら青年将校は，満蒙に日本の運命がかかっており，政党やそれと癒着した軍人や官僚の軟弱外交によって，満蒙地域を失わせてはならないと確信していた．軍部内に政党と見解を同じくする穏健派がいるように，政党や実業界のなかにも熱狂的な急進派が存在した．大恐慌による農村の不況は，特に対米輸出の激減で繭市場は消滅したのも同然となったが，社会不安を一層高めた．青年将校は，政党は，農民の苦しみにではなく，その支持基盤である財閥の利害ばかりに眼を向けて不況をひどくしていると攻撃した．

1920年代半ば頃から，国民党の北伐が進行していくなかで満州が焦点となっていった．1927年，政権の座から長く遠ざかっていた政友会は，陸軍の長老・田中義一をその総裁に迎え，幣原の中国への軟弱外交を非難した．1927年，田中は，首相就任直後，蒋介石の北伐阻止を口実として，2度にわたって山東出兵を行った．1年後，関東軍高級参謀たちは満州の軍閥の首領である張作霖の爆殺事件をひきおこした．この事件を契機として満州全土を占領しようとの計画だったが，翌年それどころかこの事件の責任で田中内閣は退陣に追い込まれた．田中は，天皇に日本の陸軍に関係者はいな

いと報告したが，それが事実に反したものだったことで，天皇が不信を表明したからである．しかし，謀略は続けられた．関東軍の参謀たちは，まず満州を占領し，その後傀儡政権を樹立して日本と同盟関係を結ばせる，というもっと野心的な計画を立案したのである．

1930年と1931年，日本経済は深刻な恐慌状態に陥った（昭和恐慌）．浜口内閣は，世界恐慌に見舞われるなかでデフレ政策を実施し，最悪の時期に金解禁を断行してしまったからである．浜口内閣は，ロンドン海軍軍縮条約批准をめぐって海軍軍令部と対立していたが，参謀本部の青年参謀は，陸軍士官学校の卒業年度に応じてグループを作り，内外の政治情勢に対する研究を深めていた．1931年3月の桜会のクーデターの陰謀は，宇垣一成陸相の反対で，寸前のところで挫折した．この年の9月18日，関東軍参謀部と兵器廠を押さえていた謀略家たちは，柳条湖を攻撃，計画にしたがい満州全域の占領に突き進んでいった．

統帥権の独立と関東軍の戦略上の地位も加わって，関東軍の行動を抑えるためには政府や軍中央部の断固たる決断が不可欠だった．現実問題としては，参謀本部の下級参謀は関東軍の行動を強く支持し，高級参謀は賛否の態度を明らかにするのを躊躇していたが，大勢は支持だった．幣原外相は，情勢を読み間違い，関東軍がこれほど早期に行動に出るとは思わなかったため対応が遅れ，勃発後も事変の終結を望んで不拡大方針を繰り返しはしたが，それを実行することはできなかった．その年が終わるまでには，関東軍は，満州のほぼ全域の占領を完了した．若槻礼次郎内閣は倒れ，幣原も外務省を去った．1931年12月犬養毅が首相となり，軍部の独走をなんとか抑えようとしたが，それに向かっての政策を実行する前に，5・15事件で，上海事変から帰国した海軍青年将校の一団の手によって暗殺されてしまった．5・15事件の目的は，軍人内閣の樹立にあったが，それが実現するのはほぼ10年後だった．元老・重臣・宮中は，そのかわりに，穏健で人望のあった海軍大将斉藤実，ついて同じく海軍出身の岡田啓介に挙国一致内閣を作らせて，時局を乗り切る道を選んだ．

1930年代の軍国主義

1930年代，日本は，明確な政策に基づいたわけではなかったが，満州から徐々に南方へと侵攻していった．1933年，日本は，リットン調査団の報告に基づく日本軍の満鉄付属地内への撤兵勧告などを不満として，国際連盟を脱退した．同じ年，日本は満州国の独立を承認した．1930年代における初めての傀儡国家の成立であった．この満州国の皇帝は，清朝最後の皇帝宣統帝・溥儀であり，関東軍司令官が大使を兼ねていた．国務院総理・各部部長には，多くが明治の日本への留学経験をもつ満州人の長老が就任していたが，総務庁の長官・次官や各部の副部長には日本人官僚がおさまって統治の実権を握っていた．日本は，当初の重点を重工業の部門において莫大な投資を行い，傀儡国家の発展をはかったが，その成果が明らかになる前に日本は敗北してしまった．

アジアでの覇権を目指した軍事的侵略行為は，イギリス・アメリカ・ソ連などとの対立を深めることになり，日本を国

日本の植民地支配

19世紀半ばからほとんどのアジアの国が西洋列強の植民地となるなか，唯一日本だけが，列強との不平等条約から抜け出て，イギリスとの同盟国の地位を獲得し，自らの帝国主義的野望を追求していった．朝鮮，中国，ロシアの弱体化に乗じた日本の膨張は欧米列強をみならったものだったが，その過程で列強との対立が深まっていった．1890年代朝鮮が日本の利益線とされたが，のちには満州が日本の生命線と唱えられた．そして，日本経済を発展させ軍事力を充実させるうえからも，また満州の豊かな鉱物資源を獲得するためにも，侵略へとますます駆り立てられていった．1879年，それまで中国が名目上とはいえ宗主権をもっていた琉球の日本帰属を断行した．1894年には，中国の朝鮮への宗主権を奪うべく戦争の手段に訴えた．日本は，勝利を収め，下関条約（1895年）で澎湖諸島・台湾・遼東半島を獲得した．しかし，遼東半島は，ロシア，ドイツ，フランスの三国干渉によって，還付を余儀なくされた．中国に対する勝利で，日本は，領土拡大をはかる帝国主義国家への道をまっしぐらに進んでいくことになった．また日本の勝利は，東アジアにおける国際関係を劇的に変化させ，その中心は中国から日本へと移った．

1904-05年の日露戦争での日本の勝利は，世界を驚かしたが，その勝利で日本は，韓国に対する一切の指導権，旅順・大連の租借権と長春以南の鉄道ならびに付属利権，樺太の南半分を獲得した．1910年，日本は韓国を併合し，韓国や満州の経済的な搾取に進み出していった．また，第1次世界大戦でドイツに宣戦布告し，中国や南洋諸島におけるドイツ領を獲得した．1918年から1922年の間，日本はシベリア出兵し東シベリアや北満州へ大部隊を派遣した．1931年からは，満州へも支配の手を伸ばし，傀儡国家をでっちあげ中国へも侵攻した．1940年9月ドイツがヨーロッパ各地を占領した情勢を受けて北部仏印に進駐，1941年7月にはドイツ軍のロシア侵攻に応じて南部仏印に進駐した．日本が，英米本位の世界秩序に対抗していくなかで，その刺激を受けて，タイやフィリピンなどのアジア諸国では独立運動がおこった．1941年12月，日本の戦闘機は真珠湾を奇襲攻撃，日本軍は香港・マニラ・シンガポールや南太平洋の広大な地域を抑え，大東亜共栄圏建設の夢を実現しようとした．

帝国日本

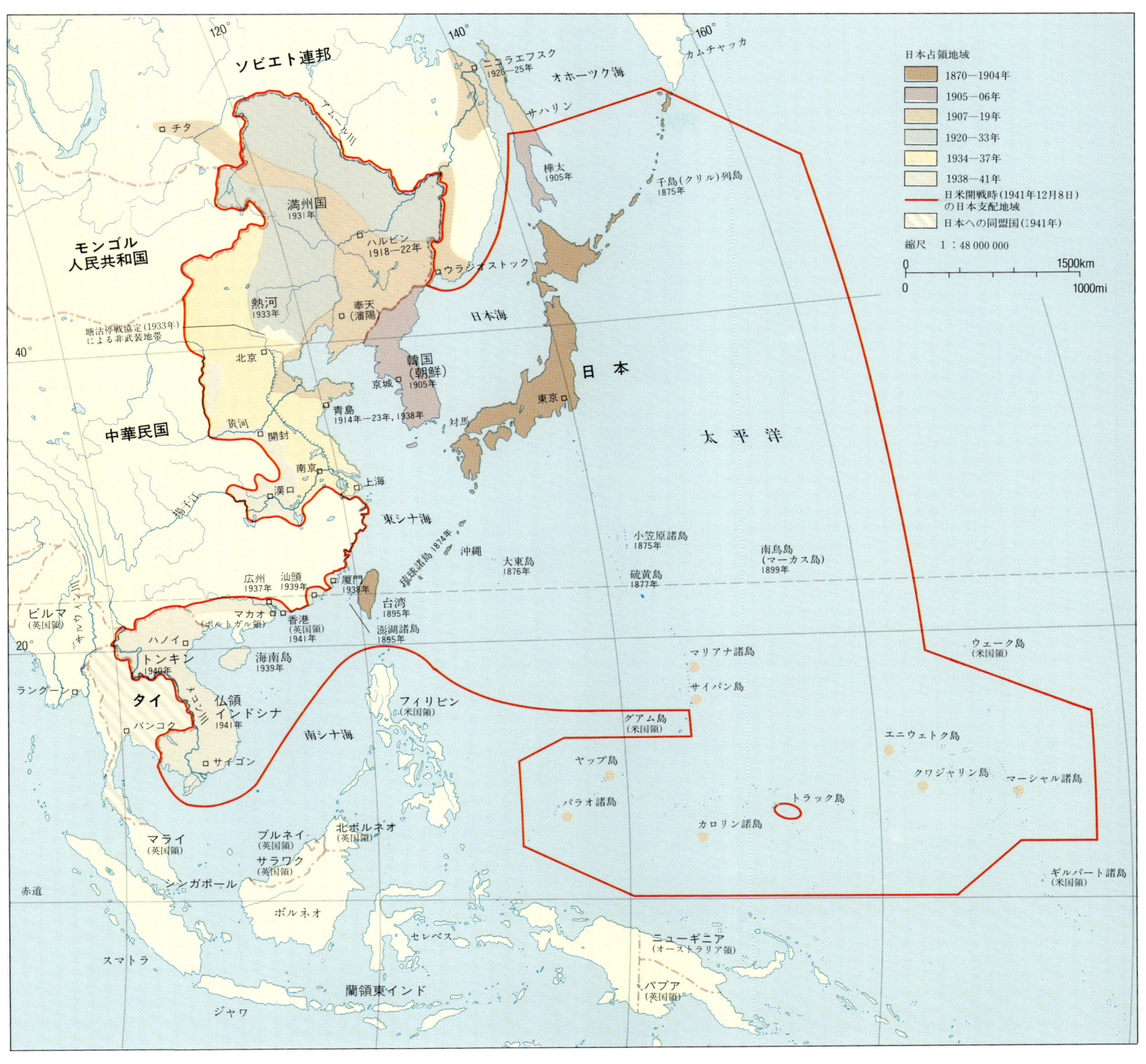

日本占領地域
- 1870—1904年
- 1905—06年
- 1907—19年
- 1920—33年
- 1934—37年
- 1938—41年

日米開戦時(1941年12月8日)の日本支配地域

日本への同盟国(1941年)

縮尺 1:48 000 000

際世論のなかで孤立させていった．政府は，軍部の満州・華北侵略への国民の熱狂的な支持の声に押されて，軍部の行動を抑える機会をつかむことができなかった．軍部の独断専行と謀略は止まず，青年将校は，明治維新の志士を気取り，昭和維新という言葉が広まった．軍部の人事の刷新，皇道派の象徴だった真崎甚三郎教育総覧の更迭が，統制派と皇道派との派閥争いの導火線となった．1935年には，統制派の中心で軍務局長だった永田鉄山が，自分の陸軍省の執務室で，皇道派で真崎を崇拝していた相沢三郎中佐によって虐殺された．そして翌36年2月26日には，満州への移動を命じられた師団が，その皇道派の将校の指揮の下，蹶起した．危機的情況を作りだして軍部政権を樹立し国家改造をはかろうとするものだった．蹶起軍は，宮城を包囲し，高橋是清蔵相・斉藤実内大臣・渡辺錠太郎陸軍教育総監らの殺害には成功したが，国家改造・軍部内閣樹立には失敗した．この失敗の大きな要因となっていたのは，天皇が蹶起軍を反乱軍として断固鎮圧せよと命じたことだった．1936年の2・26事件は，統制派と皇道派との派閥争いに終結を告げるものとなり，事件後，実権は統制派の手に握られ，海外侵略へと導かれていった．

軍部の抑制をはかる道を模索していた重臣たちは，近衛文麿に期待をかけた．近衛は，1937年6月初めての内閣を組閣したが，以後近衛はこれを含めて3回内閣を率いることになる．第1次近衛内閣成立直後の7月7日，北京郊外の蘆溝橋で日本軍と中国駐留軍が衝突した．事変不拡大の休戦協定の締結寸前までいったが，中国軍の予期しない徹底抗戦の姿勢や日本の軍部の強硬な態度もあって，日中戦争は泥沼とな

帝国日本

って長期化し，結局1945年まで続いた．

日本の中国侵略や虐殺，特に南京虐殺の報道で，英米の世論は徹底的に反日的なものとなった．しかし，ドイツは，日本への友好的態度を崩さず，駐独陸軍武官大島浩少将とナチスのリッベントロップがソ連を牽制するような協定締結の打診を行い，その後の交渉をへて1936年11月日独防共協定を調印，翌年イタリアもこれに参加した．この協定は英米，とくにイギリスの対日警戒心を深めさせた．1938年，ドイツは満州国を承認し，1940年には，松岡洋右外相が10年の有効期限をもつ日独伊三国同盟を締結した．三国同盟には，それぞれがヨーロッパおよびアジアにおける新秩序建設とその指導的地位を占めることを相互に認め合うこと（1・2条），締結国の一国が非交戦国，つまりアメリカとの交戦状態に入ったときは，参戦の義務を負うこと（3条）がもりこまれていた．松岡は，この同盟で，対米戦争の可能性を回避しようと考えたのだが，実際は，その反対に，国務長官コールド・ハルなどアメリカの上層部に，日本がファシズムの陣営に立つものと確信させることになった．それでもやはりアメリカは，情況を読み間違っていたといわねばならない．

確かに，多くの日本人は，1930年代，西欧における自由主義的なデモクラシーの原理が没落しつつあり，民族の尊厳を守り国体を護持していくためには，腐敗し行き詰まっている政党政治にかわって，国家の改造・革新が不可欠だと確信するようになっていた．1930年代後半には，民衆に人気がありカリスマ性のある近衛文麿が，そのような政治体制の最適の指導者として期待され，その革新運動の象徴的存在となった．1940年，近衛が二度目の首相に就任したとき，政党にとってかわる組織として，大政翼賛会が広範な支持を背景に結成された．近衛は，若い優秀なブレーンを周辺に集めて，最終的には昭和研究会という政策研究会を作り，内外の情勢に関する研究を深めていた．多くの革新官僚も，自分の能力を発揮でき政策実行の機会を与えてくれる近衛に魅力を感じていた．大政翼賛会の発足にあたって，政党は自発的に組織を解消し，翼賛会に合同していった．だが，翼賛会は，官製の上意下達機関となり，期待されたような組織や運動にはならなかった．日本は，大衆に基盤をもつファシズム政党を結成したり，天皇の絶対性を凌駕するような総統・独裁者を生み出すことはできなかったのである．

1939年9月ドイツがポーランドに侵攻して第2次世界大戦が勃発，ナチスは，1940年西部戦線で勝利をおさめ，1941年6月ソ連に侵攻した．これより先の1941年4月，松岡は，ヒットラーの誘いに乗り，日ソ中立条約を締結していた．松岡は，この条約で，ドイツ，日本，イタリア，ソ連といったもたざる国の同盟を形成し，これを背景に中国での日本との共同歩調を拒絶していた英米の陣営に対抗し，日米戦を回避しようとしたのである．ドイツのソ連侵攻で，この松岡の構想は崩壊した．近衛は，日米交渉を継続するため，いったん総辞職して，交渉継続に反対しドイツと同盟して北方へ侵攻しようとする松岡外相を除き，改めて第3次近衛内閣を発足させた．日本の資源獲得の道は，南方侵攻か，あるいは中国からの撤兵でアメリカとの妥協をはかるかのいずれかしか残

されておらず，近衛は，アメリカとの関係改善に向けて，つまり松岡の枢軸外交の転換を目指して努力を重ねたのである．最終段階では，日米間の妥協成立を期待して，フランクリン・ルーズベルト大統領とのトップ会談の可能性も追求した．この会談が不可能となったとき，近衛は失意のうちに首相の座を去り，交渉打ち切り・開戦を主張する東条英機がその後を継いだのである．

真珠湾攻撃と日本の敗戦

近衛・ルーズベルト会談は，二つの理由から実現しなかった．一つは，アメリカが，首脳会談に入る前提条件として，日本軍の中国からの撤退や三国同盟の空文化を強く主張したからである．アメリカの指導者は，近衛の軍部への影響力を疑問視していたし，日本との妥協が日本を有利に導き，その結果，蒋介石が日本の提案を受諾してしまうことを恐れていたのである．もう一つは，日本の軍部が，日米会談へ向けての準備交渉が行われている間も，1941年7月2日の御前会議で決定された「情勢の推移に伴う帝国国策要綱」にそって進むことを譲らなかったからである．その要綱によれば，日本は，「世界情勢変転の如何に拘らず大東亜共栄圏を建設」していく方針を堅持し，「支那事変処理に邁進し且自存自衛の基礎を確立する為南方進出の歩を進め又情勢の推移に応じ北方問題を解決す」，とされていた．簡単にいえば，大日本帝国は，全面的に戦争準備を進め，その進展情況に従って行動しようというものだった．陸軍の首脳部は，事実上のソ連との戦争であった1939年のノモンハン事件での大敗北で，精鋭を誇る関東軍が火力と機動力においてソ連軍に圧倒的に劣勢であることがはっきりしたことで，対ソ作戦計画の破綻を認識させられ，その結果，矛先を南方に向け，1940年北部ついで1941年南部と仏印に進駐し，戦力拠点の構築をはかっていた．この進駐で，アメリカは態度を硬化させ，在米日本人資産の凍結と石油の対日輸出全面禁止でもってこれに応えた．資源のじり貧に直面し，日米開戦の際の奇襲を成功させるのに可能

上 五摂家筆頭という名門に生まれた近衛文麿（1891-1945）は，3度にわたって内閣を組織した．1930年代初めから日本の国際的孤立が深まるなかで，国内では右翼による政治家の暗殺があり，国外では軍部が満州・中国を侵略していくといった情勢も進行し，政党の権威は地に落ちていき，軍事力が再び強まっていった．戦前最後の政党内閣の首相犬養毅は1932年暗殺された．政党から第1次近衛内閣に入閣した大臣は2人だった．その第1次近衛内閣成立直後の1937年7月7日日中戦争が勃発した．第2次，第3次近衛内閣のとき，日本はアメリカとの戦争の一歩手前までいき，内政・外交とも軍事的独裁的傾向が強まった．

右 捕虜となった日本人が撮影したこの写真は，12月8日（現地時間では7日）の朝，奇襲攻撃した日本人パイロットの目に映った真珠湾を示している．4隻の戦艦と2隻の船が撃沈され，また4隻の戦艦と12隻の船が航行不能となり，死傷者は3500人を超えた．日本側の損失は，戦死者64名，戦闘機29機，特殊潜行艇5隻だった．この奇襲攻撃は，アメリカ太平洋艦隊の戦闘遂行力の壊滅とアメリカの戦意喪失という重要な戦略目的の実現においては失敗した．

上　幣原喜重郎は，外相を2回（1924-27，1929-31），首相を1回（1945-46）務めた．戦前の外務大臣時代は，英米との国際協調を基調とした「幣原外交」を推進したことで知られている．1930年代幣原の国際協調，その親欧米的姿勢は，国家主義者の目には危険なものと映った．幣原は，1931年から45年まで，貴族院議員として半ば引退も同然の地位におかれた．1945年10月，幣原は首相に任命された．その数カ月の就任期間中，国体の護持に努めた．幣原の進歩党は，1946年4月の戦後第1回の普通選挙で敗北を喫した．

な日限も迫り，軍部は，作戦遂行の妨げとなる近衛・ルーズベルト会談には乗り気でなかった．9月6日の御前会議で10月下旬までに対米交渉がまとまらない場合の対米開戦が決定されていたが，東条英機内閣成立の条件としてそれがいったん白紙撤回され，改めて11月5日「帝国国策遂行要領」が決定された．この間ひき続き野村吉三郎駐米大使が日米交渉にあたっていたが，11月26日アメリカからハル・ノートの提示を受け，これを最後通牒とみなした日本は，「帝国国策遂行要領」に従って12月8日（現地時間では7日）の真珠湾攻撃を決定した．

開戦直後の日本の勝利は戦術上は目覚ましいものであったが，戦略的な長い目で見たとき，それは日本を破滅に導いたものとなった．軍部の一部，特に海軍は，長期戦では勝利の可能性がないことを認識し，アメリカとの戦争を望んではいなかったが，時を伸ばせば，アメリカの戦争体制が整い，資源や生産力で劣る日本が，緒戦でも勝利を収める可能性がなくなることを恐れていたのである．このような情況認識があれば，普通は，交渉の道を模索し，その実現の可能性が高まるものだが，実際は全く反対のことが起こったのである．南方の資源が活用されたのは短期間だけで，その動員計画もきわめてルーズで，制空権・海上権をアメリカに奪われた後は輸送量も目にみえて減った．一方，初期の戦闘で屈辱を味わったアメリカおよび連合国は，戦意を高揚させ，戦争終結が日本の無条件降伏以外の形ではありえないことを確認していた．

1942年6月初旬のミッドウェー海戦で，太平洋戦争の戦局の転換は早くも訪れた．日本は戦闘機とパイロットに甚大な損失を被り，日米の戦力の均衡はくずれた．アメリカ軍による太平洋諸島の奪還作戦では激戦が展開され，死傷者は膨大な数にのぼった．もし日本が戦争の実態を認識していなかったとしたら，戦争は取り返しのつかないところまで進んだだろう．軍事的敗北が続くなかで，日本の政局も変化したのである．1944年7月，サイパン陥落の責任をとらされて東条内閣が倒れ，陸軍大将の小磯国昭が後任となった．同年10月には，マッカーサーがフィリピンに再上陸し，翌45年4月にはアメリカ軍が沖縄に上陸して激戦を展開，6月23日沖縄の日本軍は降伏した．このような戦況の推移を受けて，4月には，退役海軍大将の鈴木貫太郎が首相に就任していた．何とか和平への道を探ろうとする努力が開始された．1944年末から始まっていたサイパン・テニアンを基地としたB29の空襲は翌1945年2月頃から本格化し，京都を除く，日本のほとんどの都市が焼夷弾で廃墟となった．太平洋全域で，日本軍はアメリカ軍に分断されて全く孤立し，補給を受けられず飢餓にさらされていた．海軍首脳は，未熟練のパイロットでの神風特別攻撃隊の出撃を決断，燃料の欠乏や戦闘機の性能面での劣勢を挽回しようとした．日本本土では，農業労働力も不足して，深刻な食料危機に陥り，また，燃料不足から松脂から油を採るまでになった．1945年2月には，近衛文麿が，戦争終結を訴える上奏文を天皇に提出していた．近衛は，そのなかで，戦争がこれ以上長引けば共産革命につながる，国体護持の建前から考えれば最も憂うるべきは敗戦よりも敗戦に伴って起こる可能性のある共産革命である，この10年を振り返ってみれば，軍部内一味の革新運動は，結果

帝国日本

的に国体変革・共産革命をねらう分子に利用されることになった，と述べていた．

アメリカ側では，国務長官ジョセフ・グルー（前駐日大使）が，無条件降伏の修正をはかって，日本の指導者層に敗戦後も国体は護持されることを確信させようと努力していた．グルーはそれに失敗したが，トルーマン大統領は，6月下旬のポツダム会議を受けて，米英中の3国の名において，つぎのような宣言を発した．「吾等は日本人を民族として奴隷化せしめ又は国民として滅亡せしめんとする意図を有するものに非さる……日本国は其の経済を支持し且公正なる実物賠償の取立を可能ならしむるが如き産業を維持することを許さるへし……日本国は将来世界貿易関係への参加を許さるへし……前記諸目的（戦争犯罪人の処罰，戦争遂行能力の破砕，民主主義的傾向の復活強化）か達成せられ且日本国民の自由に表明せる意志に従い平和的傾向を有し且責任ある政府か樹立せらるるに於ては連合国の占領は直に日本国より撤収せらるへし」．

鈴木内閣は，はじめこれに回答できずに，コメントせずの意味で黙殺すると声明した．アメリカは，この黙殺を拒絶とみなし，人類最初の原子爆弾投下を決断した．8月6日には広島，ついて同9日には長崎に，原子爆弾が投下され，その恐ろしさのヴェールを世界の前に初めて脱いだ．8月8日には，ソ連も対日宣戦を布告して，満州・朝鮮に侵攻してきた．このソ連の宣戦は，樺太・千島の引き渡しなどを条件にソ連が参戦を約束したヤルタ協定に基づいたものだった．日本政府内の意見は対立していた．阿南惟幾陸相は，本土決戦となれば，敵は大損害を被り，アメリカ軍は，損害をくいとめるためには国体護持の条件をのむだろう，と主張した．8

太平洋戦争

1941年6月のドイツ軍のソ連侵攻の機に乗じて，7月日本軍は南部仏印に進駐した．これにアメリカは，石油の対日全面禁輸などを断行，イギリス・オランダ・中国とともに対日経済封鎖体制をとった．対米交渉を継続しながらも，日本の指導者は戦争の準備も進めていた．1941年12月8日朝，日本軍の急降下爆撃機が真珠湾を奇襲攻撃，アメリカ太平洋艦隊の大部分を壊滅させた．同時に，日本軍は，香港，マレー半島に侵攻した．日本軍は，電撃的な侵攻で勝利を収め，短期間でアジア・太平洋の広範な地域を占領した．しかし，1942年6月のミッドウェー海戦で戦局は転換，日本の敗戦は必至となった．

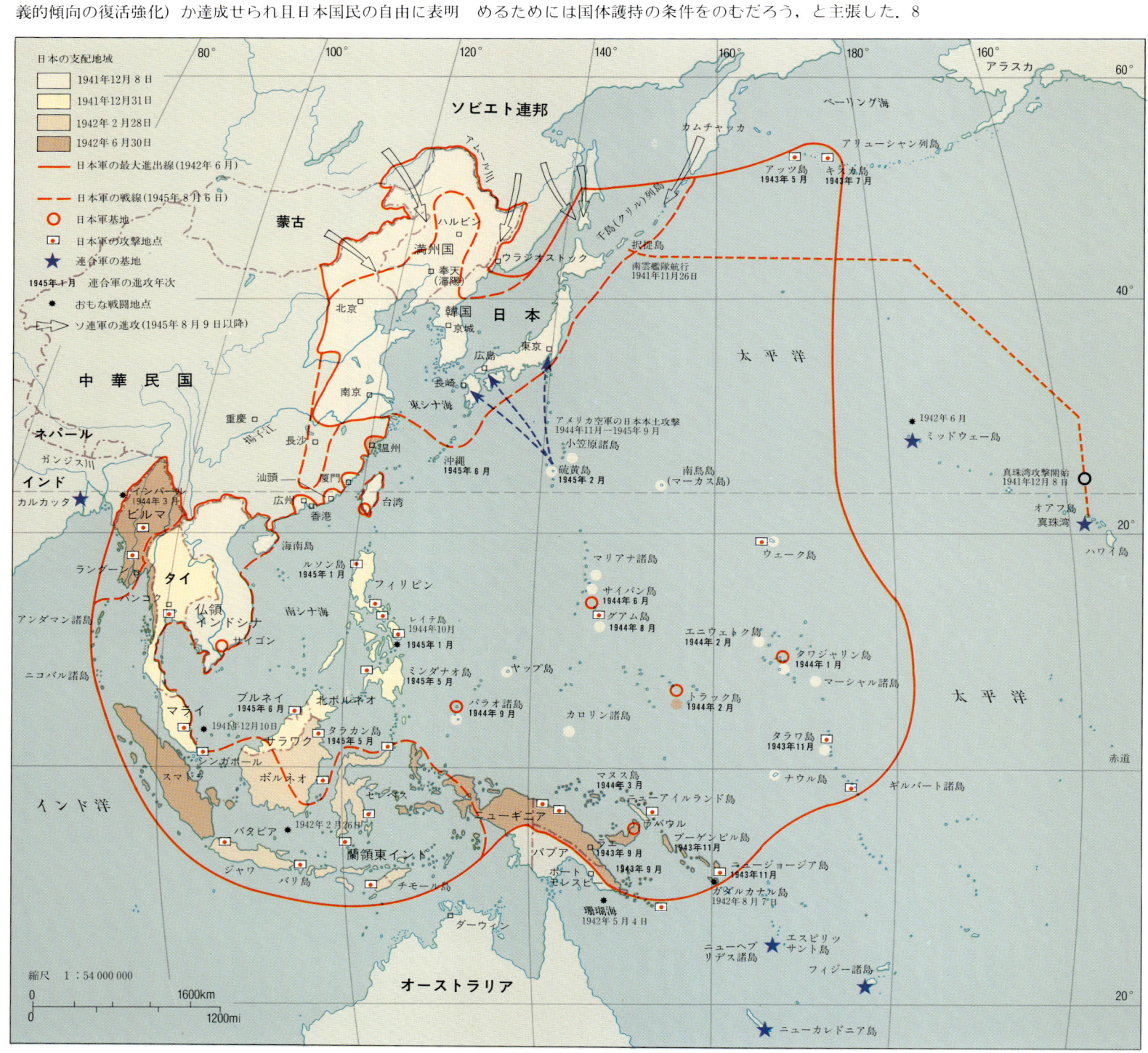

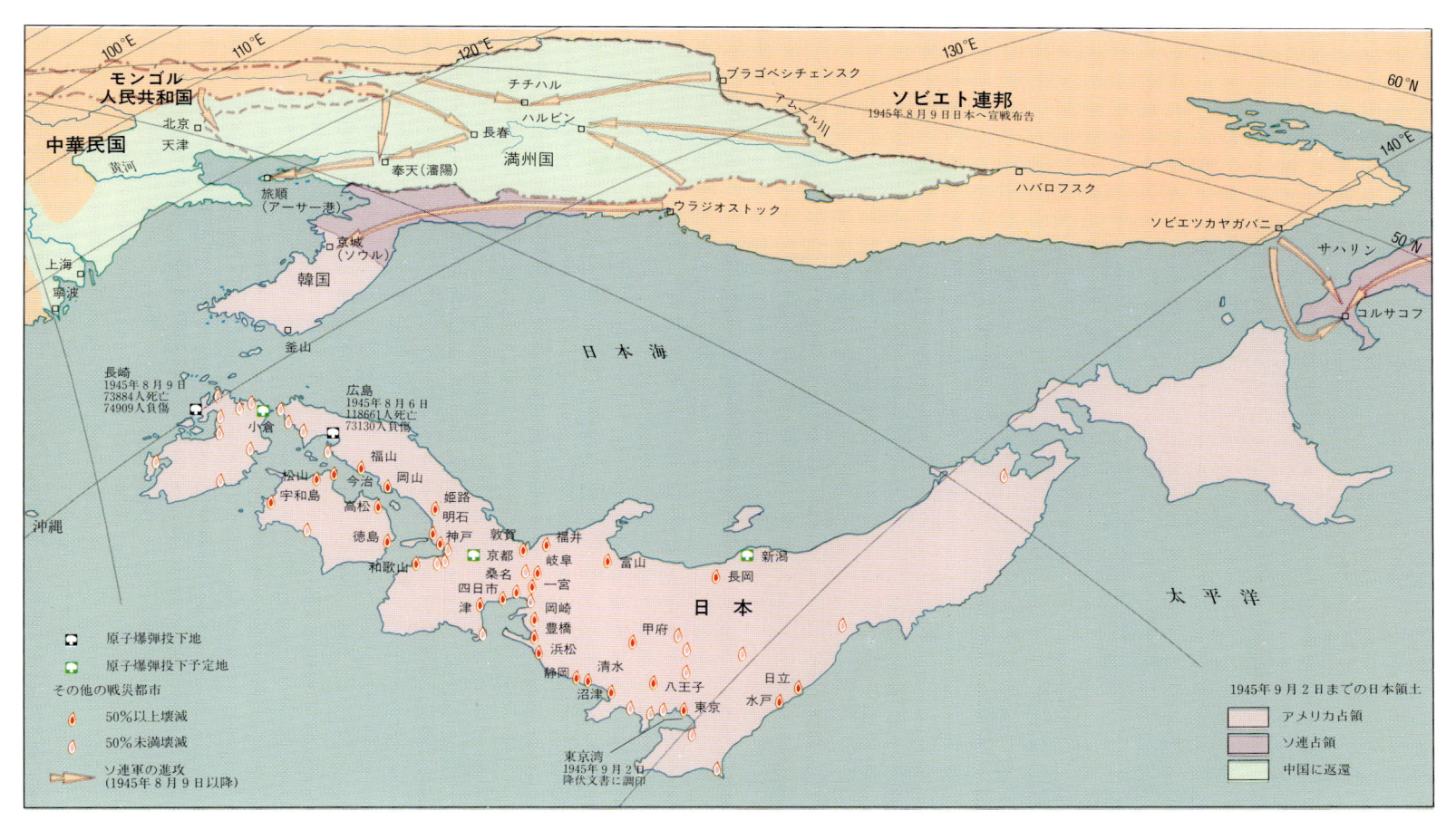

上　戦災と敗戦

1945年春頃には、日本のほとんどの都市は空襲で壊滅状態となっていたが、政治指導者・軍部首脳のなかからは敗戦を必至とし終戦工作の道を探ろうとする動きが出ていた。一方特に陸軍の首脳部などは、戦争終結を拒絶し徹底抗戦して活路を開くべきだと主張していた。鈴木内閣は、無条件降伏を勧告した1945年7月26日のポツダム宣言に回答できずに黙殺、これでアメリカの指導者はマンハッタン計画で開発した原子爆弾を日本の都市に対して使用することを決断した。その対象として論議されたのは、京都、新潟、小倉、広島、長崎だった。まず、古都・文化都市である京都がその対象から外された。8月6日広島、8月9日長崎で原子爆弾が炸裂した。8月9日からは、ソ連軍の満州・朝鮮への侵攻が始まった。8月14日天皇の裁断によりポツダム宣言受諾派と徹底抗戦派との間の膠着状態が打ち破られた。日本は降伏し、占領と改革に身を委ねることになった。終戦のプロセスや占領政策に関する研究者の評価は分かれているが、敗戦の激動と戦後の改革で、日本が、平和で繁栄した民主国家として再建の道を歩み始めることになったことは疑いようがない。

右　人類に対して最初に使用された原子爆弾は、1945年8月6日午前8時15分広島に落とされた。瓦礫の中から発見されたこの時計は、その時刻を刻んで止まっていた。

月10日、日本政府は、「天皇の国家統治の大権を変更するの要求を包含し居らざることの了解の下に」ポツダム宣言の受諾を連合国側に通告したが、連合国側はバーンズ米国務長官の名で、「天皇と日本政府の国家統治の権限が連合国軍最高司令官の制限の下に置かれ（subject to、「従属するものとす」を日本の当局者はこのように訳した）、日本の最終的統治形態は日本国民の自由意志にゆだねる」、という巧みな含みをもった回答を伝えてきた。この回答をめぐって再び論議が起こり、陸相や参謀総長・軍令部総長ら徹底抗戦派は不満の態度をとり、海相・外相ら受諾派は、制限の下に置かれた天皇でも天皇は天皇であり、国民も天皇制維持の正しい選択をするであろう、と主張した。意見は対立し、回答期限も迫り、天皇自身の裁断を仰ぐこととなった。天皇は、ポツダム宣言受諾を決断した。ポツダム宣言受諾の詔勅が起草され、天皇は自らそれを録音、8月15日正午、ラジオから放送されることになった。

その前夜の8月14日の夜、近衛第一師団の一部が最後のクーデター行動を引き起こし、師団長を殺害して皇居に侵入、玉音を録音したレコード盤を奪取しようとした。レコード盤はこういった事態を予測して厳重に保管されており、翌日予定通り放送され、国民は初めて天皇の声を聞くこととなった。終戦の詔勅は、よく読むと、今でも説得力にとんだ魅力的な文章である。たとえば、「尚交戦を継続せんか終に、我か民族の滅亡を招来するのみならす延て人類の文明をも破却すへし斯の如くんは朕何を以てか億兆の赤子を保し皇祖皇宗の神霊に謝せんや」という一節である。また「耐え難きを耐え忍ひ難きを忍ひ以て万世の為に太平を開かんと欲す」という最後の一節は、『春秋左史伝』からとられているが、宗教的な響きすらもっている。

1868年の明治維新の際、有栖川宮は官軍を率いて江戸へ向けて進軍した。今回はそれとは逆の敗戦処理であったが、竹田宮が満州に飛ぶなど皇族たちは遠い戦場に赴き降伏の説得にあたり、終戦直後の首相の座についたのも東久邇宮稔彦王だった。

改革と復興

占領と鎖国

1945年9月からサンフランシスコ平和条約が発効した1952年4月まで、日本は連合国軍の占領下におかれた。最高司令官はダグラス・A・マッカーサー元帥であった（1951年4月朝鮮戦争処理問題で解任、後任リッジウェイ中将）。マッカーサーは、ワシントンの合衆国陸軍省の指揮下にあり、占領は事実上アメリカの単独占領であった。占領政策の最高決定機関として極東委員会がワシントンに設けられ、最高司令官の諮問機関としても、イギリス、ソ連、合衆国、中国の代表からなる対日理事会が東京に設けられたが、通常、委員会は事後承認を行うだけであり、理事会も名目的なものだった。GHQ（連合国最高司令官総司令部）は、日本の降伏直後は、合衆国の国務・陸軍・海軍各省からなる合同委員会の命令に基づいて、占領政策を遂行していた。しかし、アメリカ・ヨーロッパの政府や世論は、欧州問題に関心を奪われており、マッカーサーは日本の最高権力者として絶対的な権力を行使することができた。政策遂行のためには多数の人員が必要であり、また日本語や日本の実情にも通じていなければならなかったから、統治の形態としては、最高司令官の指令・勧告に基づいて日本政府が間接統治する方法がとられた。最高司令官の指令・勧告は、結果として、日本の各省の官僚の手を経て実施されることになり、時がたつにつれて、ますます官僚の役割が大きくなった。当初、GHQが実施しようとした改革は官僚を驚愕させるほど広範なものであり、官僚は指令・勧告を実施するだけでも精一杯だった。

戦後、多くの日本人が海外から復員し引き揚げてきた。また日本は、1952年の独立まで、どの国とも外交関係も通商関係ももっていなかった。このようにみると、今度はオランダではなく海外の情報や文化がアメリカからもたらされるという相違はあったが、日本は江戸時代のような鎖国状態に戻ったといってよかった。当初貿易はGHQの官僚の統制下におかれた。

マッカーサーによる改革は、明治維新のそれと比肩するものだったといえるだろう。つまり、日本の諸制度は時代遅れで欠陥が多く、旧来の陋習を破り智識を世界に求めなければならない、と再び宣言されたのである。この改革もまた上から行われたが、今回は富国強兵ではなく平和かつ公正な国家建設がその目的とされた。この2度目の改革でも、批判は許容されなかった。プレス・コードで、連合国軍の占領政策を批判する言論活動が厳しく取り締まられ、アメリカやヨーロッパの記者でも批判すれば、連合国軍からの日本入国許可証の更新は困難となった。民主的改革を推進するなかで、このようなアイロニカルな事態も生じていたが、GHQによる改革は日本の社会の動向に見合ったものであり、都市の中産階級にとっては恩恵となり歓迎できるものとなった。国民は、日本軍の中国などの占領地での残虐な行動を知って、軍部の指導者には徹底的に幻滅しており、そしてその上に、衣食住のことで頭が一杯で、戦争時に抱いていたような神州日本の誇りや鬼畜米英の叫びなどは忘れさられていた。

GHQがまず実施したのは、軍国主義勢力の一掃だった。軍隊の解散はもちろん、排外主義・侵略主義的な団体も解散・結社禁止を命じられ、戦争指導に積極的役割を果たしたと指定された数十万の人々が、公職・教職から追放された。戦争責任追求のため、極東国際軍事裁判が行われた。元首相の東条英機を含む7名が絞首刑、16名が終身禁固刑に処せられた。しかし、日本の戦争はナチスのような壮大な計画性があったわけではなく、しだいに戦争責任追求の声はどこかに消えていき、終身禁固刑を受けた者もしだいに釈放されていった。東条英機内閣の商工大臣だった岸信介はA級戦犯に指定されたが、裁判にかけられることもなく、1957年には首相に就任した。

国家神道は廃止され、1946年元旦天皇は人間宣言を行った。自らの神格を否定して、「朕ト爾等国民トノ間ノ紐帯ハ、終始相互ノ信頼ト敬愛トニ依リテ結バレ、単ナル神話ト伝説トニ依リテ生ズルモノニ非ズ」、と宣言したのである。警察・地方行政などに強大な権力を握っていた内務省も廃止され、その権限は各省に分散された。財閥解体も指令された。教育分野でも、それまでの東京帝国大学中心主義の学校体系が改められ、高等教育の機会の拡大がはかられた。すべての改革は、自由化と権力の分散化を推進して、かつての一部のエリートが支配した権力偏重の社会を変えていこうとするものだった。平和と民主主義がその時代の合い言葉となった。日本は再び「世界の平和及安全の脅威とならざることを確実」にするとともに、国民は、政治への発言力を増大させ、自らの労働に対する報酬を増加させるよう奨励された。後からみれば、GHQの指令・勧告の多くは理想主義的で押し付けが

1945年8月6日広島、9日長崎へ原子爆弾が投下された後の8月14日、日本はポツダム宣言の受諾を決定、9月2日アメリカ海軍戦艦ミズーリ号で降伏文書に調印した。戦争終結とともに、日本の統治権は、連合国軍最高司令官ダグラス・マッカーサーの手に移った。マッカーサーの下には、アメリカ軍を主力とした15万の軍隊と5500のビューロクラートがいた。そのビューロクラートは、GHQの各専門部局を構成し、日本の政治家・官僚の協力をえて政策の実行にあたった。上の写真は、皇居を見下ろす位置にあったGHQの置かれた第一生命ビルの前をパレードする戦車部隊である。

日本の主要都市と産業設備のほとんどは，1945年2月頃から本格化した空襲で，焼き尽くされるか，あるいは瓦礫の山と化していた．人々は，失業，インフレ，深刻な食料・衣服・住居の不足に苦しんだ．都市の住民は，着物など家に残っていたものを携えて農村へ買い出しに出かけ，苦労して食料をもち帰った．闇市が街角に生まれ，人人は，都市の瓦礫を漁って金目になるものを探した．

ましいものとみえよう．だが，当時の時代情況にあって，もし占領がアメリカ以外の国によって行われていたとしたら，社会改革はそれほどうまくいかなかっただろう．

このような占領政策の頂点に立つのが，新憲法の制定である．この憲法は，幣原喜重郎内閣の修正案では民主化が不徹底とGHQ民政局自ら作成した改正案を示し，それをもとに政府原案が作られ，1947年施行されたものだった．憲法前文は，リンカーンのゲティスバーグの演説を思い起こさせるものがある．その第1条は，「天皇は，日本国の象徴であり日本国民統合の象徴であって，この地位は，主権の存する日本国民の総意に基く」，と定めていた．また新憲法では，「健康で文化的な最低限度の生活を営む権利」，「労働者の団結権・団体交渉権などの保障」，「学問の自由」，「人種，信条，性，門地による差別の禁止」，など30条にわたって国民の基本的人権も定められている．華族制度は廃止され，貴族院には参議院がとってかわった．枢密院は廃止され，宮中勢力も一掃された．

この新憲法は，平和憲法と呼ばれるが，それは，第9条で「国権の発動たる戦争と，武力による威嚇又は武力の行使は，国際紛争を解決する手段としては，永久にこれを放棄」し，この「目的を達成するため，陸海軍その他の戦力は，これを保持しない」と誓ったことに由来している．これはかつての不戦条約の言葉を思いおこさせるものがある．朝鮮戦争が始まると警察予備隊が設けられ，サンフランシスコ平和条約発効とともに保安隊に改組され，1954年新たに航空隊を設けて自衛隊が発足した．自衛隊の違憲問題について，政府は，「新憲法にあっても固有の自衛権は放棄しておらず，国境を越えてその自衛権を行使しないし，また攻撃的な装備はしないから違憲ではない」との解釈で乗り切った．これは憲法解釈上多くの問題をはらんでおり，戦後において，自衛隊問題ほど論議を呼んだものはない．自衛隊の現状にあわせて第9条の修正を論じようとしても，それが他の戦後の改革の成果も台なしにしてしまうのではないかとの思いをひきおこしてしまい，その結果として，GHQの原案に基づき制定されたことが明らかであるにもかかわらず，新憲法は戦後40年間，国民の強い支持を受け，確固たるものとなってきている．

経済・社会改革

GHQが経済改革であげた最も注目すべき成果は，小作人を自作農へと変えた農地改革だった．農地改革は，明治の地租改正に優るとも劣らないほど意欲的かつ重要な意義をもつものだった．というのは，この農地改革で，窮乏に喘いでいた農村が，生産性を上昇させ，つぎつぎと新たな製品を消費していくダイナミックな社会へと変貌を遂げることができたからである．戦時中の政府も，ある点では，こういった改革を行おうとし，戦時体制下，地主の権利を制限して小作人の権利を保護していた．また，相対的にみれば，都市の住民がひどい食料不足に悩まされていたことで，農民の生活は向上していた．GHQの指令に基づき，1946年2月第1次，ついで1947年3月からさらに徹底した第2次農地改革が開始され，地主，自作農，小作人からなる農地委員会が設立され，買収農地やその譲渡対象となる小作人を選定していった．農地は，強制的に買い上げられ，インフレ前の安い価格で小作人へ譲渡され，小作人のほとんどは4年以内に支払いを完了した．この農地改革で，1930年代の深刻な社会不安をひきおこす元凶となっていた，寄生地主制が一掃された．保守派の政権は，当初は，自らの支持基盤である地主から土地を収用することに不安だったが，農地改革で地主となり，収入を増やした農民が，その保守政権を支持し，農村部に有利な選挙区と

改革と復興

あいまって，農地改革が保守の政治基盤を一層強固なものとしたことがすぐ明らかとなった．農業技術の進歩や政府の保護政策などで，農村は戦前のものとは大きくその姿をかえた．

産業の民主化は，各産業部門の独占企業の解体という大胆な計画でもって始められたが，実際には，わずかの数が実行されたにとどまった．しかし，大財閥はそれを形成していた各企業体に解体され，それら財閥の中核となっていた三井・岩崎(三菱)などの同族の持ち株は処分され，株式の民主化が行われた．しばらくは，財閥の名前を使うことすらタブーとなり，たとえば一時三井生命は中央生命と改称された．財閥解体の方針が緩和されていくなかで，企業は旧来の名称を復活させていった．再編された旧財閥は，同族が支配するものから，系列企業の幹部たちの合議制で経営されていく（この形態の起源は江戸期の「番頭政治」にまでさかのぼれる），銀行を中核とする企業グループとなった．この旧財閥の系列企業は，大きな力を維持し続け，日本の経済成長に伴いその力はますます大きくなっていった．実例をあげると，1985年に関していえば，九つの大きな貿易商社が，日本の輸出の46％，輸入の78％を取り扱っている．三菱商事1社で，それぞれ6％，16％という巨大なものである．このように経済の民主化計画は，旧財閥の所有形態とその排他性を変えはしたが，その独占的な力には手を加えられなかった．だが，財閥の経営陣が追放されたことで生じた間隙をぬって，新たな才能と独創力をもったパイオニアの企業家たちが登場してきた．戦前の財閥支配のなかでは，ソニーや松下の創業者たちは，おそらくもっと多くの困難に直面せざるをえなかっただろう．

経済におけるもう一つの重要な変化は，労働者に関するものであった．戦前の労働運動は，一時期かなりの高揚をみせたが，1930年代には衰退していき，その後，労資協調して戦争を遂行するために産業報国会が各職場に組織され，1940年には大日本産業報国会がつくられたことで，完全にその姿を消すことになった．初期の占領政策で労働組合の結成が奨励されたうえに，経営の民主化や労働者の生活の困難も加わって，労働運動はさかんとなっていった．左翼の指導者たちは，もはや権力の弾圧もなくなり，労働運動の急進化を熱心にはかって，それにかなりの成功を収めた．そして，全官公庁労働組合協議会・全日本産業別労働組合会議・日本労働組合総同盟などを結集する全国労働組合共同闘争委員会を中心として，吉田内閣打倒・民主人民政府樹立を掲げて，1947年2月1日を期してのゼネストを宣言するほどになった．だがGHQは，2月1日の前日，「現下の困難かつ衰弱せる日本の状態において，かくの如き致命的な社会的武器を行使することを許さない」とゼネストを禁止，これ以降は，どのような美辞麗句に飾られていても，占領目的が，多くのものが思っていたような革命的なものでないことがますます明らかなものとなっていった．政府や企業の保守派は，気を取り直した．その後の10年間は，数々の大争議が起こったが，新たな形態の労働組合運動がしだいに発展していった．労働組合の多くは，全国組織に加盟しながらも，職業別ではなく，企業別に組織された．労働条件や賃金の交渉は企業内で行われ，その一方で，全国組織は政治的なイデオロギー的な問題に対する運動を展開していった．以後日本が経済成長を続けて繁栄を獲得していくとともに，労働者の企業への忠誠心は強まっていった．労資の対立より，賃上げをめぐっての春闘が主役となった．このような労使関係のあり方は，密接な労使協調を生み出すことになった．

占領後数年で，当初，改革と民主化をうたったGHQの政策は転換し始め，それまでの社会主義者の政治家にかわって保守派の政治家たちがGHQに受け入れられていった．この転換には，明確な理由があった．一つは，GHQの多くの官僚たちが，目的を達成し制度の改革は完了したと考えたことだった．当初の占領政策を推進したニューディール派の改革者たちはしだいに帰国していき，大胆な改革にはあまり熱心ではない者がその後任となった．しかし，最も大きな要因だったのは，国際情勢の変化である．中国内戦での国民党の敗北と中国共産党の勝利が明確となるなかで，アメリカの世界戦略上における日本の重要性が高まったからである．GHQの官僚たちは，自由主義陣営である日本での左翼運動が，自分たちや占領政策に挑戦するものであると考え始めた．2・1ゼネストの禁止で始まった労働運動や社会運動への弾圧は，1950年の朝鮮戦争の勃発でその頂点に達した．当初，右翼や国家主義者をその対象とした追放政策だったが，今度は共産主義者がその対象とされ，かつては熱心に結成を奨励された労働組合が危険な存在とみなされ始めた．GHQ当局の手によって，教職員のレッドパージが行われ，過度経済力集中排除法の指定を受けた企業の分割も取り消された．企業を分割してその力を弱めることより，日本経済の復興が，アメリカの世界戦略のうえで重要になり始めたのである．

1952年の占領終了までに，数々の予期しなかった歴史のアイロニーが生まれていた．その一つは，日本の左翼が，反米の立場をとって平和憲法を支持して護憲運動を展開する一方で，アメリカは日本の再軍備を奨励する，といったものであった．また，日本の官僚がGHQがもっていた広範な権限を受け継ぎ，その権限を使ってアメリカ製品の輸入を阻止して日本の産業の保護をはかった，というものであった．そして，占領直後には，占領軍を解放軍と規定した日本の左翼が，密接な対米関係は中国という隣国との絆を断ち切ってしまうのではないかと懸念する，といった具合であった．

占領で推進された広範な改革が，日本の社会を中産階級を中心とする資本主義社会へと変化させたのは，誰も否定できないだろう．改革のいくつかに関しては，たとえば女性の平

1945年9月から1952年4月まで，日本政府は，事実上アメリカの単独占領の下におかれた．占領初期には，日本の非軍事化，戦争犯罪人の処罰，侵略戦争責任者の処罰・追放，新憲法の制定，アメリカにならった教育制度の導入，労働組合結成の促進，財閥解体などの政策が遂行された．この写真は，GHQ教育局長D・R・ヌージェント中佐が，日本の文部省の担当者と新しく編成されたカリキュラムに関して論議しているものである．戦前の教育制度は，エリート主義，国家主義，軍国主義の基盤と考えられた．教育改革は，日本の民主化推進の要とされた．

戦後の経済的・産業的な混乱が続くなかで、GHQは、民主化の一環として、労働組合の結成を奨励した．民間あるいは官業組合が急速に発展した．1949年には、組合員はほぼ700万人となり、約35000の民間および官営の企業・工場における組合組織率はピークに達した（賃金労働者の50％を超えた）．しかし、GHQは、ストライキや賃上げ要求を警戒するようになった．1947年には2・1ゼネストを禁止し組合の政治活動を圧迫したように、すでにその政策の重点を民主化から日本経済の再建へと転換していた．この写真は、1949年8月の国会議事堂前の労働組合の代表者のデモ行進である．

等のように、まだまだその実現までには時間がかかるものもある．だが、息苦しく抑圧的な戦時体制とは著しく相違した社会を作り出し、しかもそれが日本のあらゆる階層から歓迎されたことは、占領政策が成功したことを物語っている．

復興と繁栄

元外務大臣大来佐武郎はその著書『東奔西走』のなかで、日本が降伏する数カ月前の1945年4月に1人の友人と語りあったことについてふれている．それによれば、2人は、この戦争の敗北が避けられないこと、その失敗の要因は日本が膨張しすぎたことにあったことで意見の一致をみていた．日本は必ず武装解除を強制されるだろうが、しかしかえってその方が日本にとっては幸いかもしれない．結局、「軍備というものだって、カーキ色の服の下の軍備だけが軍備ではない．セビロ服の下の、科学技術や敢闘精神は、いずれも潜在的軍備である．今度の日米戦もカーキ服がセビロ服に負けたのだともとれる」と述べあっていた．

40年後から見れば、この回想は、将来を予言するものだったように見える．戦前と異なり、世界市場が開放されて資源を自由に輸入できるようになり、そのうえ列強との対立もなくなったことで、日本は大きな軍事力を保有する必要もなくしてその目的を達成したといえるだろう．日本は、戦後の世界の自由貿易体制の恩恵を最も受けた国として世界経済の舞台に再登場し、今や、自動車、家電製品、半導体といった数々の製品の最大の生産国となり、それらの産業の企業力・技術力でも世界の先端を走っている．

1954年の日本の国民総生産は、210億ドルをわずかに超えるだけだった．1967年にはその3倍半となり、1966年から1970年までの5年間で2倍となり、2000億ドルとなった．1980年には、1兆ドルとなっている．日本経済は、アメリカについて、世界第2位の大きさとなり、世界の経済活動の10％を占めている．

日本がなぜこのような成功を達成することができたかは、経済的な面からも政治的な面からも研究テーマとなった．チャーマーズ・ジョンソンは、通産省に関する研究のなかで、政府の行政指導などの積極的な産業政策が企業が発展していくうえで果たした役割を協調している．政府は、外貨が不足していた時期には、基幹産業にその割り当てを優先して育成にあたり、その一方で、斜陽産業には補助金を与えて段階的に生産から撤退させていった．ジョンソンによれば、これは西洋のそれとは逆のやり方、つまり、西洋では、官僚は、斜陽産業ではなく活力に満ちた成長産業に補助金を支出する政策をとってきた、という．他の論者は、日本の政府はみかけほど強力な力はもっておらず、今も輸出依存型の経済構造の転換に失敗しているように、これまで産業の合理化や再編にも失敗してきた、と論じている．さらに他の論者は、「戦後の日本」に学んだ韓国や台湾やシンガポールの急激な成長を指摘している．しかし、世界経済が根本的にその構造を変え、その変化をもたらす最大の推進力だったのが、日本の経済成長であることには、誰も注目していない．

戦後の日本経済の成長過程を述べてもそれがもたらされた背景を説明することにはならないが、その背景と思われるものをいくつかあげれば、成長過程をみることにも役立つだろう．まずは、政治の安定である．1947-48年の片山哲内閣を除いて、保守政党が選挙で勝利を収め、首班を指名し、内閣を組織してきた．このような保守政党の優勢が続いてきたのには、農村部に有利な選挙区のあり方が大きく作用している．都市部の人口の膨張にもかかわらず、62％の代議士は農村部から選出されていたのである．しかも、評論家たちが1980年代の選挙での保守政治の終焉を予測したのに反して、経済が順調に成長し、国民の各層が豊かになるに伴って都市部においても保守の支持層が多数を占めるようになった．したがって、1980年代には、都市に不利な一票の格差の是正が若干とはいえはかられたが、これも保守の優勢を揺さぶることにはならなかったのである．しかし、だからといって、保守政党は、決して一枚岩というわけではない．指導部はいくつかの派閥から構成されており、その起源は、吉田茂（1878-1967）の時代にまで遡る．吉田は、占領時代から引き続いて独立後の政権も担当し、日本の進路を定めた人物である．その吉田の時代以降は、大蔵大臣が、政権を獲得していくうえでの不可欠の経歴となった．そのような大蔵大臣の経験をもつ自民党の実力者たちは、税制を無難にこなし、貿易の拡大政策を継続し、外国の圧力に抗して日本経済を保護する政策をとった．政策の基本は長期的な展望におかれ、政府が任命した各審議会が、定期的に、国内外のあらゆる情勢に関する報告を行ってきた．

日本経済は、朝鮮戦争時、アメリカからの特需の恩恵を被った．アメリカはGHQを通じて1948年経済安定九原則を指令、翌1949年にはデトロイトの銀行家ドッジを派遣してドッジラインに基づく徹底した均衡予算などの経済政策を実行させ、さらにシャープによる税制の大改革を行わせた．これらによって戦争時から戦後まで引き続いていたインフレがくいとめられた．日本経済は、このような形で再建がはかられて国際経済と結びつき、1949年4月には1ドル＝360円という単一為替レートが設定された．日本経済は、ドッジラインによって深刻な不況に陥ったが、朝鮮特需で息を吹き返し、さらにそれを飛躍台にして成長を遂げていった．

日本は、世界的に見れば、他の点からも有利な立場に立っていた．それは、第2次世界大戦で、確かに工場は徹底的に破壊されたが、先進国と長期戦を闘っている間に、労働者の技術も進歩したことである．つまり、工場が再建されたとき、

それは当然，爆撃を受けなかった国々よりも，設備ははるかに最新式なものとなり，かつそのうえに労働者の生産性も高いものとなったということだったからである．

奇跡の高度成長の背景

日本の指導者は，実際には，自国の政治的・経済的な運命をアメリカとの密接な関係の維持に賭ける以外には選択の余地は残されていなかったのだが，それがかえって幸いした．防衛をアメリカが肩代わりしたことで，日本は防衛費を国民総生産のわずか1％以内に抑えることができたからである．GNPの成長を考えれば，1％というわずかな数字でも，予算の額から見れば，その規模は世界の6位か7位になるが，15％と推測されるソ連はいうまでもなく，アメリカの6—7％，イギリスの5—6％と比べれば，はるかにそれらを下回っていた．日米関係でそれよりも重要なのは，戦後の世界の自由貿易体制に日本が復帰するに際してのアメリカの援助であり，また当初は開発費の一部を回収するものとしてアメリカも歓迎したその産業技術の供与だったろう．その後アメリカは日本製品の最大の輸出市場となったが，そのような事態になるとは誰もが予測できなかった．1950年代，国務長官ジョン・フォスター・ダラスは，日本の指導者に，日本製品はアメリカの消費者の関心をごく限られた形でしか引いていないので，東南アジアの市場を開拓していくべきだと勧告していた．その30年後，貿易の大きな不均衡が，日米が抱える最大の問題となったのである．戦前には，日本製品は，安かろう悪かろうとのイメージと結び付いていたが，現在では，テクノロジーの発達で，日本製品は高品質の信頼性の高いものとなっている．

日本の人口増加率も抑制され続けてきた．戦後直後は，満州や他のアジア諸国からの引き揚げ者もあって，人口は7000万人にも膨れあがったが，1950年代人々が生活の向上を求めたことや，そこに人工中絶が合法化されたことも加わって，日本の人口増加率は先進工業国なみの低いものとなった．1980年代までには，1億2000万を数える人口の年齢構成は他の先進諸国に似たものとなり，高齢者社会の到来に備えて，高い社会負担と手厚い社会福祉に向けての政府の政策がますます必要とされている．日本人が望む生活水準は，今や，世界でも最も高いものである．

日本経済の構造的な変化もまた重要であった．まずは，工業と農業との労働人口比率の劇的な変化だった．第2次世界大戦の終了時も，日本はまだ農業国家だった．農業はGNPのほぼ25％を占め，労働人口の50％近くが農業に従事し，国民は，その収入の50％以上を食料品に費やしていた．その後，第1次産業が労働人口に占める割合は急激に減少していった．1950年で48.3％，1960年で32.6％，1970年には19.3％となり，1985年には8.8％となった．同じ期間の間に，第2次産業への就業比率は，3分の1上昇し，第3次産業のそれは29.8％から56.9％と2倍となった．その間，農業技術の進歩で生産高は増大し，日本人の食べ物の嗜好も変化した．1980年代には，以前は輸入しなければならなかった米が大幅な生産過剰となり，日本はアメリカの農産品の最大の海外市場ともなった．自民党政府は，支持基盤である農民への配慮から，生産過剰のなかにあっても生産者価格と消費者価格という米の二重価格制を維持して，多額の赤字を負担している．1950年代の半ば，日本の農産品価格は，国際レベルの130％だったが，1970年代初めには200％となり，1980年代初めには250％となった．アメリカを始めとする海外からだけでなく日本の消費者も，この食管制度の改革や市場の自由化を要求している．政府は，米作からの転作の奨励や減反政策を行っているが，農民の怒りを恐れて，農政の基本的なあり方を変えることには躊躇している．

日本製品の品質が高まり，技術力も高度になって，それまで輸入に依存しなければならなかった部門も自立し，その分のコストも引き下げることができた．紡績業では，化学繊維が綿にとってかわった．原材料の輸入に関しても，日本は，輸送手段の著しい発展によって，大きな恩恵を被ることになった．日本の工場地帯は，その労働力と同じく，沿岸沿いに位置しているが，そこに入港してきたのは日本の造船所で建造された巨大な鉱物運搬船やスーパータンカーだった．このような工場と港湾設備が一体となった臨海工業地帯の建設は，合理的な工業配置を可能にするとともに，原料輸入と製品輸出の際の時間とコストを削減させた．現在は民間の企業となっているが，第2次世界大戦での世界最大の戦艦であった大和を建造したかつての呉海軍工廠で，大和建造の体験とその技術を活かして最初のスーパータンカーが建造された．新工法によって，その建造コストは，かつてアメリカ・ヨーロッパの競争相手との間に存在した価格格差がなくなるところまで引き下げられたのである．日本は，石油を初めとしてあらゆる資源を輸入に依存しなければならず，その経済発展とともに，世界最大の資源輸入国となっていった．ある人は，1970年代の石油危機は日本の経済発展に終止符を打つものだ，と考えたが，1980年代に入り，石油価格の低落や産業のハイテク化—半導体やエレクトロニクス，日本はこれらに対する輸入依存度はきわめて低い—によって，日本は強い競争力を身につけ，勝利を収めていった．

日本の最大の資源は，人であった．戦後の立法で労働条件が改良され，企業別の組合組織と終身雇用とが相まって労働者の企業への忠誠心を高めるのに役立った．1950-60年代，労働者の生産性は賃金の伸びをはるかに上回り，有利な為替レートと相まって，日本製品の国際競争力が強められ，輸出が増大していった．社会福祉が物価の上昇に追いつかず，大企業は終身雇用制をとっていたから，労働者が企業への忠誠心を高めたのも当然だった．そのような企業への忠誠心は，社歌や社員旅行や朝の体操に象徴されているが，ときにはそれらは諷刺の対象ともなった．

このような労働者の動向は，大衆がおかれている状況を反映したものだった．1960年代に入っても，まだ消費の機会は限られ，住宅の供給も不足し，大部分の労働者の生活は貧しいとはいえないまでも決して豊かなものではなかった．その後，労働者の生活は豊かになっていったが，まだまだ欧米の労働者の快適さからはほど遠いものである．社会福祉が不充分で，人々は貯蓄などで自らそれへの備えをしなければならなかった．政府は，マル優制度で一定限度額までの貯金の利子を非課税にする一方で，それ以外の利子所得や不動産所得には課税して，貯蓄を奨励する政策をとった．貯蓄制度はこのように優遇されたので，国民の可処分所得の20％はそ

上 1950年代の初め頃には，日本経済は，戦争と戦後の混乱による荒廃情況を脱して復興し始めた．1951-55年の間でGNPの平均年間成長率は8.6％であった．1955-60年では9.1％，1960-65年では9.7％，1965-70年では13.1％であった．各造船所では，この写真の戦争中軍艦を建造していた長崎三菱造船所のように，今度はタンカーが建造された．この写真の労働者は，その多くは女性だが，昼食後，職場に戻ろうとしているときのものである．

右 日本経済の奇跡の高度成長の過程で，全く労使の対立がなかったわけではなかった．この写真は，1959年，東京のある鉱業機械の工場で，スト中の労働者がバスで工場の門を突破しようとしているときのものである．工場のなかのスト反対の労働者は，外のスト側の労働者にホースで水をかけている．この争議は，賃金引き上げを要求して5カ月間続き，その間スト派と反対派が数度にわたって激しく衝突し，警察の介入を招いた．

れに回された。銀行はその預金を企業に回し、企業はそれを資本として膨張し続けた。

ハイテク化を支えていくのにも、国民の高い教育が不可欠であったが、これは、教育を尊重する日本の伝統と結び付いてうまくいった。高等教育機関に進む若者も、その機関も、ともにその数を急激に増やした。日本では、中学生の95.9％が高校に進学し、その高校生の38.9％がさらに大学などに進学している（『国民生活白書 1992年版』）。これに比例して、日本の学卒者の技術者に占める割合は、アメリカに比較すると2倍におよび、労働者の技術の質も高いものとなっている。

現在の日本社会

1980年代後半の日本は、著しく都市化が進み、中流意識をもったサラリーマンが国民の大多数を占める社会となった。かつてのような門地・家柄で厳しく階層づけられた社会は、交通機関の著しい発達や国民のサラリーマン化とともに、その均質化が進んでいった。多様な方言や社会的地位で異なった言葉もラジオ・テレビの発達のなかで画一化されていった。日本のような消費者本位の、つまり消費者の物に対する関心が非常に高く消費者が王様の社会を想像することは難しいだろう。それでは、日本の伝統的な文化や価値観はその姿を消してしまったのだろうか。

この問いに答えるためには、まず、日本人の高い労働倫理を強調することから始めるのが適しているだろう。日本では、現在でも、働くことは積極的な価値をもっており、それは衰えようとはしていない。どんな仕事にも誇りをもち、どんなことをさせられても満足しているかのようにみえる。たとえば、デパートの開店前の準備として朝礼で心構えを毎日繰り返したり、地下鉄の駅員が満員の電車を敬礼して見送ったりする場合でも、である。トーマス・ローレンは、銀行の新入社員教育を研究したなかで、無給で行われる研修についてふれている。それによれば、この研修のポイントは、怠慢を恥じて、働くことに大いに感謝の気持ちを抱かせることにおかれていた、ということである。日本人は、欧米人に比べて、長時間働き、ほとんど休みをとらない。政府が国民に、もっと休みをとって余暇を楽しもうとキャンペーンすることなど、他の国では考えられないことである。経済史家の速水融は、このような国民性が江戸時代からのものであると述べている。速水によれば、勤労を尊ぶ儒教の倫理に物質的な刺激が加わって、実際の産業革命に先立って精神革命が行われ、それが「日本人の勤勉」として明治維新以降の工業化を支えていく一つの重要な条件となった、ということである。

二つ目に強調しなければならないのは、やはり教育である。学歴は仕事や社会で重要な意味をもち続けている。高等教育機関の数が増えたにもかかわらず、いやかえってその増加によって、いい会社に入れるようないい学校には入学希望者が殺到して、入学がきわめて難しくなってきている。ますます多くの若者がいい学校に入るために受験勉強に青春を費やしている。それは名門の私立の小学校から始まり、中学校、高校、大学、そして入社試験と続くのである。最大の新興宗教団体の一つである創価学会もこのような社会のあり方にふさわしく、布教に力を尽くし功績のあった会員に、大学に倣って、講師・助教授・教授の称号を与え、先生も尊称として広く使用している。日本人の教育熱心は江戸時代から始まっていたが、特に18世紀初頭の改革で、門地・身分に加えて学問が立身の道具となって、それが著しく強まった。多くの日本人は、苛酷な受験戦争を緩和することが必要なことには同意するだろうが、またその一方で暗黙のうちに若者がそのような試練に耐えることはよいことだと思っている。トーマス・ローレンは、日本の高等教育に関する研究のなかで、日本の生徒は、高校までの12年間にわたる教育のなかでトータルすればアメリカの生徒よりも4年分も授業数が多くなっており、日本の平均的な高卒の基礎学力はアメリカのカレッジ卒に匹敵する、と述べている。理科と数学の国際学力テストで、日本の生徒の平均点は世界一であった。家族の規範が弱まっていくなかで、受験戦争が日本人を労働力として陶冶する役割を果たしていること、をローレンは示唆している。

いったん会社に入ると、その人の生活において会社や同僚との付き合いが占める割合が、他の先進工業国とは比較にな

改革と復興

らないほど大きなものとなる．いい地位に就くには一つの会社に勤め続けた方がよいし，またどんな地位についていても社宅や社員旅行などでの付き合いや人の意見を聞くことが大きな意味をもっている．困難に際したときには，相互に助け合いながらもその責任は誰かがとるという日本社会の伝統はまだ強く残っている．会社経営が失敗すれば，その責任者が辞めることは当然のこととされる．社長であっても，自分の功績よりも会社が第一であり，まず会社のために献身しなければならないとされる．日本では，買収や合併や買い占めを行って短期的な収益をあげることはめったにない．というのは，日本は，長期的な目で会社の利益を考え，露骨に収益を追求することを卑しむような社会であるからである．このような社会の特徴もまた，その伝統に由来したものである．

1980年代に入り，日本人の心情からは，かつて親の世代が示したような戦争体験や敗戦をめぐる複雑な感情は，その姿を消している．日本人は，自国の歴史に非常に強い関心を抱いており，それこそたくさんの歴史物語や歴史小説や人物伝が熱心に読まれている．歴史ものほどテレビで人気の高い番組はない．日本が国際社会のなかで占める地位が急激に高くなるに伴い，日本への関心が高まり，その国民性・アイデンティティ・ユニークさについての書物が世界中で氾濫することになった．このような「日本および日本人論」は，日本の急激な変化の一側面を物語るものであるとともに日本の成功を反映したものである．

戦後の国際政治のなかで，日本は，その力も能力ももちあわせていないとして，積極的な役割を果たそうとはしてこなかった．当初は，本当にそうだったのだが，のちには，その方が好都合となったからである．日本の指導者は世界の首脳会議に参加するようになっても，写真撮影のときにはいつも端か後ろに立つのを常としているが，それは言葉があまりできないこともあるだろうが，また雄弁さや個性ではなく派閥力学で首相が決定されるという政治の仕組も背景となっているだろう．日本は戦後の国際体制からの恩恵を受けてきたが，国力が大きくなっても，積極的な発言や行動で国際政治に寄与していこうとは考えてこなかったように思える．しかし，今では，国力に見合った国際政治への責任を自覚しようとして，国際化の必要が叫ばれるようにもなった．またその一方で，日本市場の閉鎖性や輸出至上主義への国際的な非難の声の高まりは，多くの日本人の間に，不快感や強い反発も生み出し始めている．

このような国際的な非難に対する日本人の反応は，ある論者が示唆するように，世代別に三つに分けることが可能である．熟年の世代は，戦争から復興期の廃墟のなかでの苦難を体験し，戦後日本が諸外国から受けた援助に感謝の念をもっており，今度は日本がそのお返しをするべきであると考えている．仕事の第一線に立っている中年の世代は，熟年世代のような試練を体験しておらず，国際的な非難に対して高飛車な反応を示して，日本社会や日本製品の優秀性を誇る傾向が強い．最後は，高度経済成長のなかで豊かさを当然のものとして育った，現在の学生の世代である．彼らは，国際的な非難に怒りをもったり傲慢さを示したりすることとは無縁のようである．この世代は，彼らの存在に戸惑っている上の世代から新人類と呼ばれているが，この新人類は，かつての日本では見られなかったほど，見聞も広く，教育もあり，経験も豊かである．日本の将来は，彼ら新人類にかかっているだろう．

今日の日本

今日の日本

労　働

左上　新宿駅の毎朝のラッシュアワー時の乗降客は約150万人である．勤務時間帯が異なるフレックス・タイムが広がればこのような光景も珍しくなるかもしれない．

右上　地元でとれたものを市場へ運ぶ途中，海岸ベリの護岸壁で一休みする2人の女性．日本海側の奥丹後半島でのもの．

左下　このカメラ工場の朝礼での体操は，身体の運動だけが目的ではない．集団の連帯意識を高めて生産性の向上につなげようとするものである．海外進出した日系企業もこのような体操を取り入れているが，現地の従業員の反応は複雑である．

中央下　戦後の日本工業躍進の牽引者となったのが，自動車とエレクトロニクスの二つの産業だった．この写真のマツダも，他の自動車メーカーと同様に，早くから組立ラインにロボットを導入した．

今日の日本

右下　京都の西陣は、昔から高級絹織物業の中心だった。通りには、機織の音が聞こえてくる。今では機械化も進んだが、西陣の絹織物への需要は減りつつある。西陣の絹織物業者は苦しい時代を迎えている。

戦後の日本では、若者は高賃金を求めて都会や工場で働き、農業の担い手はだんだん女性と老人ばかりとなっていった。政府と各地方の農協は、補助金と技術指導で、農業の機械化と集約化を奨励していった。この写真は、岩手県で専門家が女性たちに対して講習を行っているものである。その成果は目覚ましく、日本では米の生産がここ十数年消費を上回って過剰となっている。

1980年代後半、アメリカ・オーストラリアを先頭とした外国からの、牛肉・果物・米の日本市場の完全開放を求める声が高まっている。都会の住民も、安い輸入品を以前から強く求めている。だが自民党は、農村が大票田であるから、日本の農業の息の根を止めるものとして、完全な市場の自由化には反対している。

今日の日本

食　事

今や,鮮やかな包丁さばきで美しく盛り付けられたサシミやスシは,東京や大阪とほぼ同じようにロンドンやデュッセルドルフやニューヨークでも人気の高い―しかもはるかに安い―ものとなっている.日本人は,居酒屋などで,各地の特産品をつまみにしながら,ビールや日本酒や焼酎で一杯やって騒ぐのが好きである.

スポーツとレジャー

下　剣道は,伝統的な迫力あるスポーツで,武道のなかで盛んなものの一つである.この写真は,警視庁警察学校での剣道の練習風景である.

216

今日の日本

中央 相撲は日本で最も古いスポーツである．古代には神社での神儀として行われていたが，江戸時代に非常な人気を博して盛んとなった．現在，年6回のテレビの大相撲中継は，多くの熱心なファンを獲得している．

左下 志賀高原や蔵王（樹氷で有名）などの日本のスキーリゾート地は，世界でも有数のすばらしいものである．混雑もまたはなはだしいが，熟練したスキーヤーは，それを避けて，もっと奥のスロープで滑る．

下 古い昔から，日本人は，さわやかな春の季節に，花見を楽しんできたにこの写真のような昼間だけでなく夜にも行われる．この写真は，現在の東京上野公園の花見光景だが，この光景は，昔の絵巻物などに残されている花見を楽しむ平安貴族や江戸庶民の有様を彷彿とさせるものがある．

下中央 パチンコ店は，都会と田舎をとわず日本中いたるところに存在し，田園風景のなかに華やかなネオンをつけたパチンコの殿堂の姿を見出すのも珍しくない．たいていの人にとっては，電車の時間待ちなどの暇つぶしにすぎないが，のめり込む人もいる．

右下 女性だけの華やかな宝塚歌劇団は，50年以上の歴史をもち，大阪や東京のファン—その多くは若い女性—を楽しませてきた．

今日の日本

日本の児童のほとんどは，学校が終わると，塾に通っている．算盤から数学・英語まで，それこそ考えられるだけのありとあらゆる種類の塾が存在している．塾の多くは中学校や高校に入るための学習塾だが，他にも，家庭や学校で学んで興味をもった習字などを教える塾もある．字がうまくなるのはやさしいことではなく，その練習は幼いときから始められる．上達した生徒は，この写真のような大新聞社主催の子供の習字大会に参加する．ワープロが普及すれば日本から習字がなくなる，と心配する親もいる．だが，書は人なり，という考えはいまだ根強いものがある．

今日の日本

信仰と行事

平日の神社では、あるいは祭りなど何もなければ日曜日でも、わずかに幼児と遊ぶ若い母親の姿を見るだけである。しかし、正月や祭りの日ともなれば、神社はにぎやかとなって参拝者や見物人でごったがえす。

下　京都・八坂神社の幸運と長寿を祈願する鷺の舞い。

左下　京都北東、比叡山・日吉神社の瀧の神に毎日の果物とお神酒を献げる若い神官。

右下　祖先の供養のため、春秋のお彼岸には、菩提寺への墓参りが行われる。真夏のお盆もその祖先供養の伝統行事である。

219

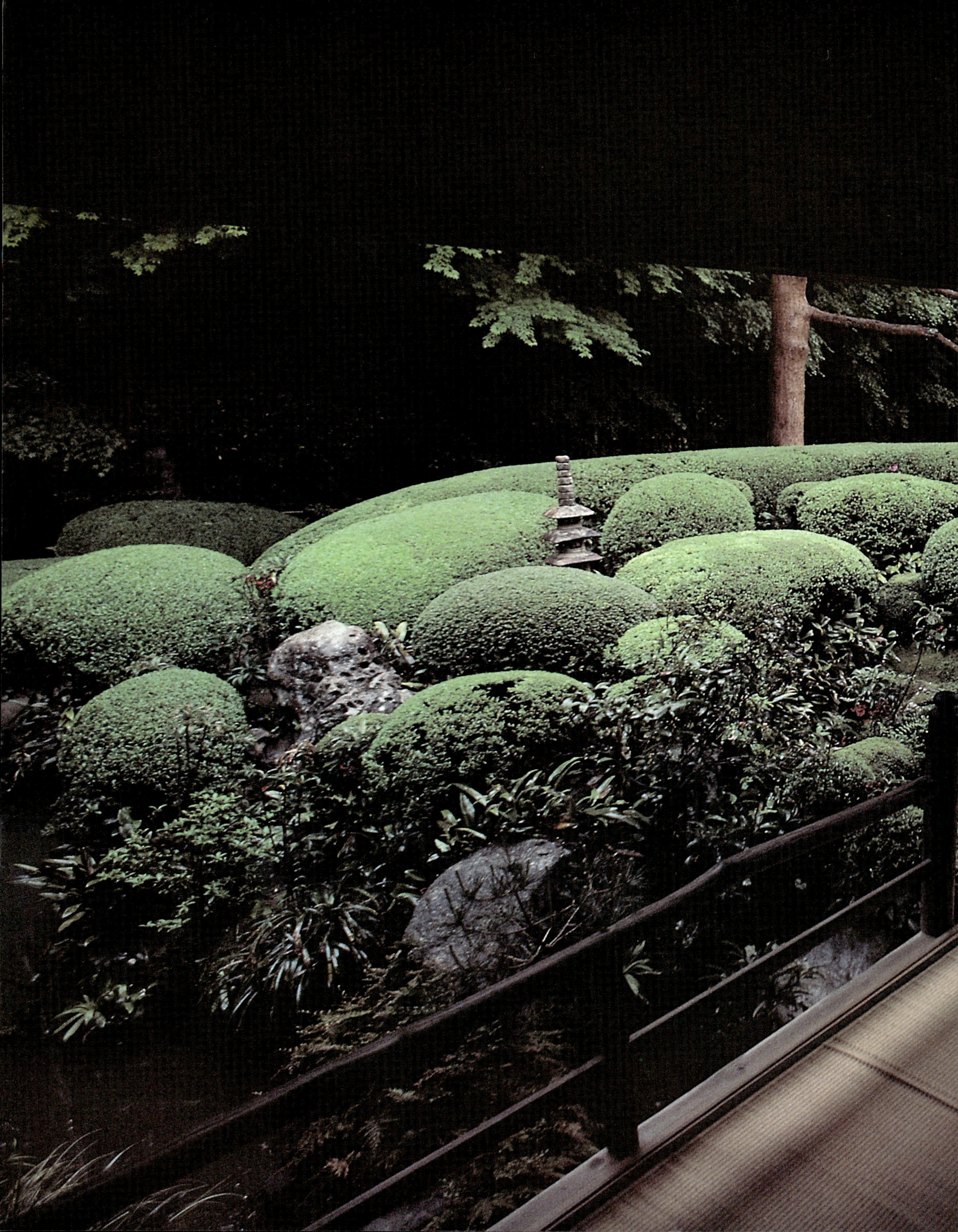

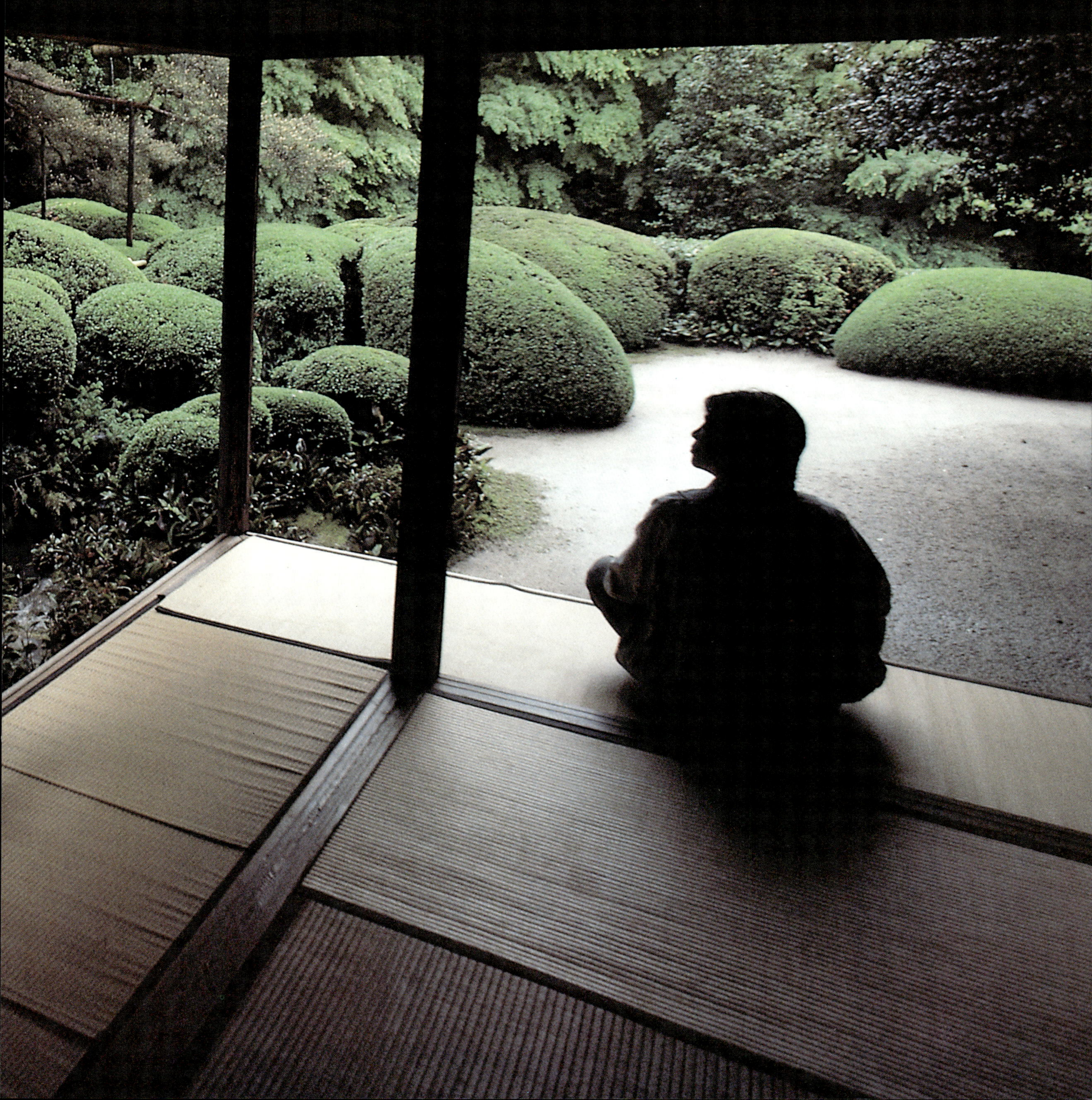

今日の日本

前頁　この写真の詩仙堂は，京都・東山の比叡山に近いあたりの中腹にあり，石川丈山（1583-1672）が思索のなかで出家生活を送ろうとして建てたものである．丈山は，朱子学者で，漢詩も作り，徳川家康に仕えて，関ヶ原の合戦にも参加した．丈山は，のちに武士の身分を捨て，禅を修行，仏門に入った．丈山は，隠遁場所として詩仙堂を建て，詩作にふけった．ツツジや木立が周りの斜面を蔽い，詩仙堂では今でも静寂のなかで思索にふけることができる．

下　密教では，現在でも比叡山の延暦寺や高野山の金剛峰寺（下の写真）で実践されているように，祈禱，経典研究，秘儀，苦行を行う（密教は古くからの山岳崇拝と結びつき修験道の源となった）．この写真は，空海が葬られている高野山奥の院で，冬季の苦行に励む修行僧の姿である．

下　日本では少数の，きわめて少数にとどまるが，奇跡的な経済繁栄のなかでの楽な生活を送るかわりに，それに反発して，この写真の座禅する僧のような，厳しい，宗教的な，思索のなかでの生活を選ぶものもいる．

今日の日本

中央　東京の浅草は，多くの者が訪れる下町の歓楽街である．浅草には，観音様を本尊とする浅草寺もあり，江戸時代から，多くの庶民の信仰を集めた．この写真の女性は，休日や祭日に浅草に集まる人々に縁起物を売っている．

左下　日本ではどの国よりも手相見に人気があり，長い歴史をもっている．

右下　日本では，今でも男根崇拝的な裸祭りが行われている．この写真は，稲沢の裸祭りである．祭りでは，ふんどし姿の若者が部落中を御神体を献げて回る．このような祭りでは，若さや男らしさが競われる．祭りはたいていは，凍てつくような寒い時期か，あるいは夏の暑い時期に行われ，祭りの食べ物や酒を準備して，部落全部をあげて参加する．

下　日本人は，どんな神社にでも願いをかなえてもらおうと祈願する．神社では，100円程度でおみくじが売られている．おみくじは神社内の木や格子にくくりつけられるが，それで神様に願いがかなえてもらえるというわけである．

223

今日の日本

左の二つ　祇園祭リは、日本で最も古くて最も荘重な祭リで、京都で毎年7月行われる。その起源は9世紀にまで遡り、応仁の乱による30年の中断を除けば10世紀後半から絶えることなく行われてきた。商人や店もちの町衆の祭リで、山鉾の豪華さを競い、その大きな、重い、車輪のついた山鉾で町を巡行するのである。祇園祭リは、八坂神社・祇園さんの祭礼である。

未　来

日本人は、未来に希望をもっている。その未来での安全と繁栄は、国際協調の発展、情報・知識のテクノロジーの進歩と若者の活躍によってもたらされる、と考えている。21世紀に備えて、幼稚園の児童もコンピューターを学んでいる（下の写真）。最近の筑波や埼玉で開かれた科学博覧会のテーマにも21世紀の社会がうたわれていた（その下の写真）。国際社会で日本がおかれている立場には微妙なものがあり、また国内の政局も予測できない面があるが、そのなかにあっても若い世代には新たな世紀に向かえるだけの力を蓄えさせようとしている。

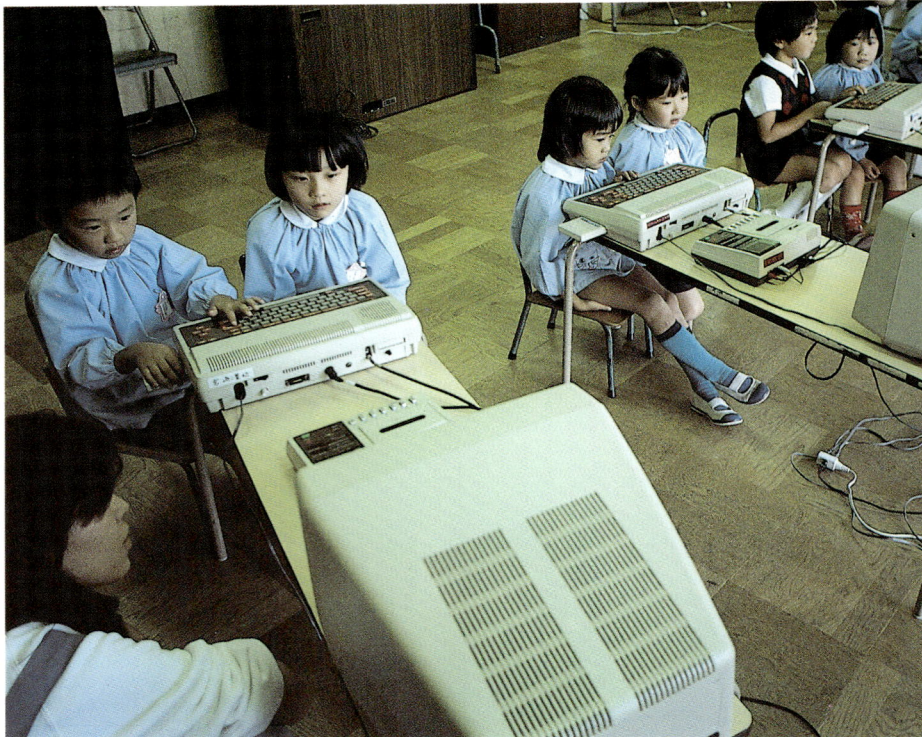

参考文献

欧文で書かれた日本と日本文化に関する研究は、膨大なものがある。この文献目録は主として英語で書かれた文献から選んでいる。また、専門的な文献よりも、一般的な文献をあげ、比較的最近発表された文献をとりあげている。より多くの特別な研究書や雑誌論文にとりくもうという方は、欧文の文献目録、たとえば、ダワー『日本の歴史と文化―古代から現代まで―』など、次の「欧文研究書・研究論文に関する目録と研究」の項にかかげる書物を見ていただきたい。

欧文研究書・研究論文に関する目録と研究
Association for Asian Studies, *Cumulative Bibliography of Asian Studies*, 1941–65 (1969) and 1966–70 (1973); and *Bibliography of Asian Studies*, annually, 1970–; Ann Arbor, Michigan.
J. Dower, *Japanese History and Culture from Ancient to Modern Times*, New York, Markus Wiener, 1986.
P. Grilli, ed., *Japan in Film: A Comprehensive Catalogue of Documentary and Theatrical Films on Japan Available in the United States*, Japan Society, New York, 1984.
International House of Japan Library, *Modern Japanese Literature in Translation*, Tokyo, 1979.
Japan Society, *What Shall I Read on Japan?* New York, 1984.

概　説
歴史と地理
The Cambridge History of Japan, 6 vols., Cambridge, Cambridge U.P., in progress.
Encyclopedia of Asian History, 3 vols., New York, The Asia Society, 1987.
J. K. Fairbank, E. O. Reischauer and A. M. Craig, *East Asia Tradition and Transformation*, Boston, Houghton Mifflin, 1978.
N. Ginsburg, "Economic and Cultural Geography," in Arthur Tiedemann, ed., *An Introduction to Japanese Civilization*, Lexington, Mass., Heath, 1974.
J. W. Hall, *Japan from Prehistory to Modern Times*, New York, Delacorte, 1970.
—— *Government and Local Power in Japan 500–1700*, Princeton, Princeton U.P., 1966.
Kōdansha Encyclopedia of Japan, 9 vols., Tokyo and New York, Kōdansha International, 1983.
G. B. Sansom, *Japan: A Short Cultural History*, London, Cresset, 1952.
—— *A History of Japan*, 3 vols., Stanford, Stanford U.P., 1958–63.
A. E. Tiedemann, ed., *An Introduction to Japanese Civilization*, Lexington, Mass., Heath, 1974.
H. P. Varley, *Japanese Culture, a Short History*, Honolulu, University of Hawaii Press, 1984.

美術と音楽
T. Akiyama, *Japanese Painting*, Geneva, Skira, 1961.
E. Harich-Schneider, *A History of Japanese Music*, Oxford, Oxford U.P., 1973.
Heibonsha, *Survey of Japanese Art*, Translation of *Nihon no bijutsu* series. Published jointly by Weatherhill and Heibonsha, 30 vols.
L. P. Roberts, *A Dictionary of Japanese Artists*, Tokyo and New York, Weatherhill, 1976.
J. Stanley-Baker, *Japanese Art*, London, Thames and Hudson, 1984.

日本文学
Y. Habein, *The History of the Japanese Written Language*, New York, Columbia U.P., 1984.
D. Keene, ed., *An Anthology of Japanese Literature: From the Earliest Era to the Mid-Nineteenth Century*, New York, Grove, 1955.
D. Keene, *Japanese Literature: An Introduction for Western Readers*, New York, Grove, 1955.
J. Konishi, *A History of Japanese Literature: The Archaic and Ancient Ages*, Princeton U.P., 1984; *The Early Middle Ages*, Princeton U.P., 1986; 3 vols. to follow.
E. Miner, H. Odagiri and R. E. Morell, *The Princeton Companion to Classical Japanese Literature*, Princeton, Princeton U.P., 1985.
H. Sato and B. Watson, trans., *From the Country of Eight Islands: An Anthology of Japanese Poetry*, New York, Doubleday, 1981.

文化と思想
R. F. Benedict, *The Chrysanthemum and the Sword: Patterns of Japanese Culture*, Boston, Houghton Mifflin, 1946.
B. Earhart, *Japanese Religion: Unity and Diversity*, California, Dickenson, 1974.
D. Keene, *Landscapes and Portraits: Appreciations of Japanese Culture*, Tokyo, 1971.
J. M. Kitagawa, *Religion in Japanese History*, New York, Columbia U.P., 1966.
I. Morris, *The Nobility of Failure: Tragic Heroes in the History of Japan*, New York, Holt, Rinehart and Winston, 1976.
H. Nakamura, *Ways of Thinking of Eastern Peoples: India, China, Tibet, Japan*, Honolulu, University of Hawaii Press, 1964.
R. Tsunoda, W. T. de Bary and D. Keene, eds., *Sources of Japanese Tradition*, New York, Columbia U.P., 1958.

時代別・テーマ別の研究書
日本と日本語の起源
W. G. Aston, trans., *Nihongi, Chronicles of Japan from the Earliest Times to A.D. 697*, London, Allen and Unwin, 1896; reprinted 1956.
J. E. Kidder, *Japan before Buddhism*, London, Thames and Hudson, 1959.
—— *The Birth of Japanese Art*, New York, Praeger, 1965.
—— *Prehistoric Japanese Arts: Jōmon Pottery*, Tokyo and New York, Kōdansha International, 1968.
—— *Ancient Japan*, Oxford, Phaidon, 1977.
—— *Early Japanese Art: The Great Tombs and Treasures*, London, Thames and Hudson, 1964.
—— *Early Buddhist Japan*, London, Thames and Hudson, 1972.
G. Ledyard, "Galloping along with the Horseriders: Looking for the Founders of Japan," *Journal of Japanese Studies*, Vol. 1, no. 2, 1975, pp. 217–54.
F. Miki, *Haniwa*, Tokyo, Weatherhill, 1974.
R. A. Miller, *Origins of the Japanese Language*, Seattle, University of Washington Press, 1980.
E. S. Morse, *The Shell Mounds of Ōmori*, Tokyo, 1879.
R. Pearson, G. Barnes and K. Hutterer, eds., *Windows on the Japanese Past, Studies in Japanese Archaeology and Prehistory*, Ann Arbor, University of Michigan Press, 1986.
D. L. Philipi, trans., *Kojiki*, Tokyo, University of Tokyo Press, 1968.
—— trans., *Songs of Gods, Songs of Humans: the Epic Tradition of the Ainu*, Princeton, Princeton U.P., 1979.
—— trans., *Norito, A New Translation of Ancient Japanese Ritual Prayers*, Tokyo, 1959.
R. Tsunoda and L. C. Goodrich, *Japan in the Chinese Dynastic Histories*, California, P. D. and Ione Perkins, 1951.

原始宗教
W. T. de Bary, ed., *The Buddhist Tradition in India, China and Japan*, New York, Columbia U.P., 1969.
Japan Society, *Hōryūji, Temple of the Exalted Law*, New York, Japan Society, 1981.
H. Kageyama, *The Arts of Shinto*, Tokyo, Weatherhill, 1973.
H. Kageyama and C. Guth Kanda, *Shinto Arts*, New York, Japan Society, 1976.
K. Tange, Y. Watanabe and N. Kawazoe, *Ise: Prototype of Japanese Architecture*, Cambridge, Mass., M.I.T. Press, 1965.

奈良時代の政治と文化
W. W. Farris, *Population, Disease, and Land in Early Japan, 645–900*, Cambridge, Mass., Harvard U.P., 1985.
R. Hayashi, *The Silk Road and the Shōsōin*, Tokyo, Weatherhill, 1975.
I. Hori, *Folk Religion in Japan, Continuity and Change*, Chicago, University of Chicago Press, 1968.
L. Hurvitz, trans., *Scripture of the Lotus Blossom of the Fine Law*, New York, Columbia U.P., 1976.
I. H. Levy, *The Ten Thousand Leaves: A Translation of Man'yōshū, Japan's Premier Anthology of Classical Poetry*, vol. 1 (of projected 4 vols.), Princeton, Princeton U.P., 1981.
—— *Hitomaro and the Birth of Japanese Lyricism*, Princeton, Princeton U.P., 1984.
A. Matsunaga, *The Buddhist Philosophy of Assimilation*, Tokyo, Sophia U.P., 1969.
Nippon Gakujutsu Shinkōkai, comp., *Man'yōshū: One Thousand Poems*, New York, Columbia U.P., 1965.
M. Ōoka, *Temples of Nara and their Art*, Tokyo, Weatherhill, 1973.

平安時代の政治・社会と文化
R. Borgen, *Sugawara no Michizane and the Early Heian Court*, Cambridge, Mass., Harvard East Asian Monographs, 1986.
J. W. Hall and J. P. Mass, eds., *Medieval Japan, Essays in Institutional History*, New Haven, Yale U.P., 1974.
G. C. Hurst III, *Insei: Abdicated Sovereigns in the Politics of Late Heian Japan, 1086–1185*, New York, Columbia U.P., 1976.
I. Morris, *The World of the Shining Prince: Court Life in Ancient Japan*, Oxford, Oxford U.P., 1960.

平安文学
R. Bowring, *Murasaki Shikibu: Her Diary and Poetic Memoirs*, Princeton, Princeton U.P., 1982.
R. Brower and E. Miner, *Japanese Court Poetry*, Stanford, Stanford U.P., 1961.
N. Field, *The Splendor of Longing in the Tale of Genji*, Princeton, Princeton U.P., 1987.
P. T. Harries, trans., *The Poetic Memoirs of Lady Daibu*, Stanford, Stanford U.P., 1980.
E. G. Harris, trans., *The Tales of Ise*, Tokyo and Rutland, Vt., Tuttle, 1972.
H. C. McCullough, trans., *Brocade by Night: Kokin Wakashū and the Court Style in Japanese Classical Poetry*, Stanford, Stanford U.P., 1985.
—— trans., *Kokin Wakashū: The First Imperial Anthology of Japanese Poetry*, Stanford, Stanford U.P., 1985.
H. C. and W. H. McCullough, trans., *A Tale of Flowering Fortunes (Eiga monogatari)*, 2 vols., Stanford, Stanford U.P., 1979.
E. Miner, *Japanese Poetic Diaries*, Berkeley, University of California Press, 1969.
I. Morris, *The Tale of Genji Scroll*, Tokyo and New York, Kōdansha International, 1971.
I. Morris, trans., *The Pillow Book of Sei Shōnagon*, New York, Columbia U.P., 1967.
E. G. Seidensticker, trans., *The Gossamer Years: the Diary of a Noblewoman of Heian Japan (Kagerō nikki)*, Tokyo and Rutland, Vt., Tuttle, 1964.
—— trans., *The Tale of Genji (Genji monogatari)*, New York, Knopf, 1976.
M. Ury, trans., *Tales of Times Now Past: Sixty-two Stories from a Medieval Japanese Collection*, Berkeley, University of California Press, 1979.

平安時代の仏教
A. A. Andrews, *The Teachings Essential for Rebirth*, Tokyo, Sophia U.P., 1973.
T. Fukuyama, *Heian Temples: Byōdōin and Chūsonji*, Tokyo, Weatherhill, 1976.
P. Groner, *Saichō: the Establishment of the Japanese Tendai School*, Berkeley, University of California Press, 1984.
Y. Hakeda, *Kūkai, Major Works*, New York, Columbia U.P., 1972.
D. Hirota, trans., *No Abode, The Record of Ippen*, Kyoto, Ryūkoku U.P., 1986.
Kyōkai, *Miraculous Stories from the Japanese Buddhist Tradition: the Nihon ryōiki of the Monk Kyōkai*, trans. K. Nakamura, Cambridge, Mass., Harvard U.P., 1973.
D. and A. Matsunaga, *Foundations of Japanese Buddhism*, 2 vols., Los Angeles and Tokyo, 1974–76.
T. Sawa, *Art in Japanese Esoteric Buddhism*, Tokyo, Weatherhill, 1976.

中世の社会と文化
P. Arnesen, *The Medieval Japanese Daimyō*, New Haven, Yale U.P., 1979.
D. Brown, *Money Economy in Medieval Japan*, New Haven, Yale U.P., 1951.
D. Brown and Ishida Ichirō, trans., *The Future and the Past, A Translation and Study of the Gukanshō*, Berkeley, University of California Press, 1979.
P. Duus, *Japanese Feudalism*, New York, Knopf, 1969.
L. Frederic, *Daily Life in Japan at the Time of the Mongol Invasions, 1185–1603*, New York, Praeger, 1972.
K. Grossberg, *Japan's Renaissance, the Politics of the Muromachi Bakufu*, Cambridge, Mass., Harvard East Asian Monographs, 1981.
J. W. Hall and J. P. Mass, *Medieval Japan: Essays in Institutional History*, New Haven, Yale U.P., 1974.
J. W. Hall and T. Toyoda, eds., *Japan in the Muromachi Age*, Berkeley, University of California Press, 1977.
J. P. Mass, ed., *Court and Bakufu in Japan: Essays in Kamakura History*, New Haven, Yale U.P., 1982.
—— ed., *The Development of Kamakura Rule 1180–1250*, Stanford, Stanford U.P., 1979.
—— ed., *Warrior Government in Early Medieval Japan—A Study of the Kamakura Bakufu Shugo and Jitō*, New Haven, Yale U.P., 1974.
H. C. McCullough, trans., "A Tale of Mutsu" (*Mutsuwaki*), *Harvard Journal of Asiatic Studies*, 25 (1964–66), 178–211.
B. W. Robinson, *The Arts of the Japanese Sword*, London, Faber and Faber, 1970.
M. Shinoda, *The Founding of the Kamakura Shogunate 1180–85*, New York, Columbia U.P., 1960.
C. Steenstrup, *Hōjō Shigetoki*, London and Malmo, 1979.

参考文献

S. R. Turnbull, *The Samurai: A Military History*, New York and London, Macmillan, 1977.
H. P. Varley, *Imperial Restoration in Medieval Japan*, New York, Columbia U.P., 1971.
—— *Samurai*, New York, Delacorte, 1970.
—— *The Ōnin War*, New York, Columbia U.P., 1967.
—— trans., *A Chronicle of Gods and Sovereigns: Jinnō shōtōki of Kitabatake Chikafusa*, New York, Columbia U.P., 1980.

中世の文学と能

K. Brazell, trans., *The Confessions of Lady Nijō*, New York, Doubleday-Anchor, 1973.
T. B. Hare, *Zeami's Style: The Nō Plays of Zeami Motokiyo*, Stanford, Stanford U.P., 1986.
D. Keene, ed., *Twenty Plays of the Nō Theatre*, New York, Columbia U.P., 1970.
D. Keene and H. Kaneko, *Nō, the Classical Theatre of Japan*, Tokyo and New York, Kōdansha International, 1966.
D. Keene, trans., *Essays in Idleness, the Tzurezuregusa of Kenkō*, New York, Columbia U.P., 1967.
H. Kitagawa and B. Tsuchida, trans., *The Tale of the Heike (Heike monogatari)*, 2 vols., Tokyo, Tokyo U.P., 1975.
K. Komparu, *The Noh Theatre: Principles and Perspectives*, Tokyo, Weatherhill, 1983.
W. R. LaFleur, *The Karma of Words, Buddhism and the Literary Arts in Medieval Japan*, Berkeley, University of California Press, 1933.
H. C. McCullough, trans., *The Taiheiki: A Chronicle of Medieval Japan*, New York, Columbia U.P., 1959.
—— trans., *Yoshitsune—A Fifteenth Century Japanese Chronicle*, Stanford, Stanford U.P., 1971.
E. Miner, *Japanese Linked Poetry*, Princeton, Princeton U.P., 1978.
D. Pollack, *Fracture of Meaning: Japan's Synthesis of China from the Eighth through the Eighteenth Centuries*, Princeton, Princeton U.P., 1986.
E. Pound and E. Fenollosa, *The Classic Noh Theatre of Japan*, New York, New Directions, 1975.
J. Rimer and M. Yamazaki, trans., *On the Art of Nō Drama, the Major Treatises of Zeami*, Princeton, Princeton U.P., 1984.
B. Ruch, "Medieval Jongleurs and the Making of a National Literature," in Hall and Toyoda, eds., *Japan in the Muromachi Age*.
A. L. Sadler, trans. *The Ten Foot Square Hut*, Tokyo and Rutland, Vt., Tuttle, rpt. 1971.

中世の宗教

A. Andrews, *The Teachings Essential for Rebirth*, Tokyo, Sophia U.P., 1973.
A. Bloom, *Shinran's Gospel of Pure Grace*, Tucson, University of Arizona Press, 1965.
A. Grapard, "Shintō," *Kōdansha Encyclopedia of Japan*, vol. 7, pp.125–32.
T. Kuroda, "Shinto in the History of Japanese Religion," *Journal of Japanese Studies*, 7.1 (1981), 1–21.
N. MacMullin, *Buddhism and the State in Sixteenth Century Japan*, Princeton, Princeton U.P., 1985.
L. Rodd, *Nichiren, Selected Writings*, Honolulu, University of Hawaii Press, 1980.
S. Weinstein, "Rennyo and the Shinshū Revival," in Hall and Toyoda, eds., *Japan in the Muromachi Age*.

禅と禅文化

M. Collcutt, *Five Mountains, the Rinzai Zen Monastic Institution in Medieval Japan*, Cambridge, Mass., Harvard U.P., 1981.
H. Dumoulin, *A History of Zen Buddhism*, New York, Random House, 1963.
Dōgen, *Record of Things Heard,—A Translation of the Shōbōgenzō zuimonki*, trans. Thomas Cleary, Boulder, 1980.
J. Fontein and M. L. Hickman, *Zen Painting and Calligraphy*, Boston, Museum of Fine Arts, 1970.
E. Herrigel, *Zen in the Art of Archery*, London, 1953.
P. Kapleau, *The Three Pillars of Zen*, New York, Beacon, 1964.
H. Kim, *Dōgen Kigen Mystical Realist*, Tucson, University of Arizona Press, 1975.
D. Pollack, trans., *Zen Poems of the Five Mountains*, Decatur, Ga., Scholars Press, 1985.
J. H. Sanford, "Mandalas of the Heart: Two Prose Works by Ikkyū Sōjun," *Monumenta Nipponica*, 35.3 (1980), 273–98.
Y. Shimizu and C. Wheelwright, *Japanese Ink Paintings*, Princeton, Princeton U.P., 1976.
H. Shin'ichi, *Zen and the Fine Arts*, Tokyo and New York, Kōdansha International, 1971.
D. T. Suzuki, *Zen and Japanese Culture*, New York, Pantheon, 1959.
—— *Essays in Zen Buddhism*, new ed., Rider, London, 1970.

中世の美術と建築・庭園

K. Hirai, *Feudal Architecture of Japan*, Tokyo, Weatherhill, 1973.
T. Ito, *The Japanese Garden: An Approach to Nature*, New Haven, Yale U.P., 1972.
L. Kuck, *The World of the Japanese Garden*, Tokyo, Weatherhill, 1968.
T. Matsushita, *Ink Painting*, Tokyo, Weatherhill, 1974.
S. Noma, *The Arts of Japan*, vol. 1, Tokyo and New York, Kōdansha International, 1967.
J. Rosenfield and S. Shimada, eds., *Traditions of Japanese Art: Selections from the Kimiko and John Powers Collection*, Cambridge, Fogg Art Museum, Harvard, 1970.
I. Schaarschmidt-Richter and Osamu Mori, *Japanese Gardens*, New York, Morrow, 1979.

茶の湯

R. Castile, *The Way of Tea*, Tokyo, Weatherhill, 1971.
L. A. Cort, *Shigaraki: Potters Valley*, Tokyo and New York, Kōdansha International, 1980.
R. Fujioka et al., *Tea Ceremony Utensils*, Tokyo, Weatherhill, 1973.
T. Hayashiya, M. Nakamura and S. Hayashiya, *Japanese Arts and the Tea Ceremony*, Tokyo, Weatherhill, 1974.
R. Koyama, *The Heritage of Japanese Ceramics*, Tokyo, Weatherhill, 1972.
K. Okakura, *The Book of Tea*, New York, Dover, 1964.
Ura Senke Tea School, *Chanoyu Quarterly*, Kyoto, 1970–.

16世紀の政治統一

M. E. Berry, *Hideyoshi*, Cambridge, Mass., Harvard U.P., 1982.
D. M. Brown, "The Impact of Firearms on Japanese Warfare, 1543–98," *Far Eastern Quarterly*, 7.3 (1948).
G. Elison and B. L. Smith, eds., *Warlords, Artists and Commoners: Japan in the Sixteenth Century*, Honolulu, University of Hawaii Press, 1981.
J. W. Hall and M. B. Jansen, eds., *Studies in the Institutional History of Early Modern Japan*, Princeton, Princeton U.P., 1968.
J. W. Hall, K. Yamamura and K. Nagahara, eds., *Japan before Tokugawa: Political Consolidation and Economic Growth, 1500–1650*, Princeton, Princeton U.P., 1981.

16–17世紀の国際関係

W. Adams, *Memorials of the Empire of Japan in the XVI and XVII Centuries*, London, Hakluyt Society, 1850.
A. Boscaro, *Sixteenth Century European Printed Works on the First Japanese Mission to Europe: A Descriptive Bibliography*, Leiden, E. J. Brill, 1973.
C. R. Boxer, *The Christian Century in Japan, 1549–1650*, Berkeley, University of California Press, 1951.
R. Cocks, *The Diary of Richard Cocks, Cape-Merchant in the English Factory in Japan, 1615–1622*, 2 vols., Tokyo, Sankōsha, 1899.
M. Cooper, SJ, *This Island of Japon: João Rodrigues' Account of 16th-Century Japan*, Tokyo and New York, Kōdansha International, 1973.
—— trans., *They Came to Japan: An Anthology of European Reports from Japan, 1543–1640*, Berkeley, University of California Press, 1965.
G. Elison, *Deus Destroyed: the Image of Christianity in Early-Modern Japan*, Cambridge, Mass., Harvard U.P., 1973.
D. F. Lach, *Asia in the Making of Europe*, Chicago, Chicago U.P., 1965.
G. B. Sansom, *The Western World and Japan: A Study in the Interaction of European and Asiatic Cultures*, New York, Knopf, 1950.

桃山の美術と文化

T. Doi, *Momoyama Decorative Painting*, Tokyo, Weatherhill, 1977.
I. Kondo, *Japanese Genre Painting*, Tokyo and Rutland, Vt., Tuttle, 1961.
B. Leach, *Kenzan and his Tradition: the Lives of Kōetsu, Sōtatsu, Kōrin and Kenzan*, London, Faber and Faber, 1966.
W. Malm, *Japanese Music and Musical Instruments*, Tokyo and Rutland, Vt., Tuttle, 1959.
H. Mizuo, *Edo Painting: Sōtatsu and Kōrin*, Tokyo, Weatherhill, 1972.
S. Noma, *Japanese Costume and Textile Arts*, Weatherhill, 1974.
—— *The Arts of Japan*, vol. 2, Tokyo and New York, Kōdansha International, 1967.
Y. Okamoto, *The Namban Art of Japan*, Tokyo, Weatherhill, 1972.
N. Ōkawa, *Edo Architecture: Katsura and Nikkō*, Tokyo, Weatherhill, 1975.
J. M. and A. Pekarik, eds., *Momoyama: Japanese Art in an Age of Grandeur*, New York, Metropolitan Museum of Art, 1975.
T. Takeda, *Kanō Eitoku*, Tokyo and New York, Kōdansha International, 1977.
Y. Yamane, *Momoyama Genre Painting*, New York and Tokyo, 1973.

徳川の政治と社会

H. Bolitho, *Treasures among Men: the Fudai Daimyō in Tokugawa Japan*, New Haven, Yale U.P., 1974.
C. J. Dunn, *Everyday Life in Traditional Japan*, London, Putnam, 1969.
J. W. Hall, *Tanuma Okitsugu, 1719–1788: Forerunner of Modern Japan*, Cambridge, Mass., Harvard U.P., 1955.
J. W. Hall and M. B. Jansen, eds., *Studies in the Institutional History of Early Modern Japan*, Princeton, Princeton U.P., 1968.
S. Hanley and K. Yamamura, *Economic and Demographic Change in Preindustrial Japan, 1600–1868*, Princeton, Princeton U.P., 1977.
W. B. Hauser, *Economic Institutional Change in Tokugawa Japan: Osaka and the Kinai Cotton Trade*, Cambridge, Cambridge U.P., 1974.
K. Nakai, *Shogunal Politics: Arai Hakuseki and the Premises of Tokugawa Rule*, Cambridge, Mass., Harvard U.P., 1988.
G. Rozman, *Urban Networks in Ch'ing China and Tokugawa Japan*, Princeton, Princeton U.P., 1974.
T. C. Smith, *The Agrarian Origins of Modern Japan*, Stanford, Stanford U.P., 1959.
R. Toby, *State and Diplomacy in Early Modern Japan: Asia in the Development of the Tokugawa Bakufu*, Princeton, Princeton U.P., 1984.
C. Totman, *Politics in the Tokugawa Bakufu, 1600–1843*, Cambridge, Mass., Harvard U.P., 1967.
T. Tsukahira, *Feudal Control in Tokugawa Japan: the Sankin Kōtai System*, Cambridge, Mass., Harvard U.P., 1966.
H. Webb, *The Japanese Imperial Institution in the Tokugawa Period*, New York, Columbia U.P., 1968.
K. Yamamura, *A Study of Samurai Income and Entrepreneurship*, Cambridge, Harvard U.P., 1974.

徳川時代の思想

R. Bellah, *Tokugawa Religion: the Values of Pre-Industrial Japan*, New York, Free Press, 1957.
R. P. Dore, *Education in Tokugawa Japan*, Berkeley, University of California Press, 1965.
H. Harootunian, *Toward Restoration: the Growth of Political Consciousness in Tokugawa Japan*, Berkeley, University of California Press, 1970.
M. Maruyama, *Studies in the Intellectual History of Tokugawa Japan*, trans. M. Hane, Princeton, Princeton U.P., 1974.
T. Najita and I. Scheiner, eds., *Japanese Thought in the Tokugawa Period 1600–1868: Methods and Metaphors*, Chicago, Chicago U.P., 1978.
P. Nosco, ed., *Confucianism and Tokugawa Culture*, Princeton, Princeton U.P., 1984.
H. Ooms, *Tokugawa Ideology: Early Constructs, 1570–1680*, Chicago, Chicago U.P., 1985.
B. T. Wakabayashi, *Anti-Foreignism and Western Learning in Early Modern Japan: The New Theses of 1825*, Cambridge, Mass., Harvard U.P., 1986.

歌舞伎と文楽

J. R. Brandon, W. P. Malm and D. H. Shively, *Studies in Kabuki: Its Acting, Music and Historical Context*, Honolulu, University of Hawaii Press, 1977.
C. J. Dunn, *The Early Japanese Puppet Drama*, London, Luzac, 1966.
E. Earle, *The Kabuki Theatre*, Oxford, Oxford U.P., 1956.
M. Gunji, *Kabuki*, Tokyo and New York, Kōdansha International, 1983.
D. Keene, *Bunraku: The Art of the Japanese Puppet Theatre*, Tokyo and New York, Kōdansha International, 1965.

江戸時代の文学

H. Hibbett, *The Floating World in Japanese Fiction*, New York, Grove, 1959.
Ihara Saikaku, *The Life of an Amorous Woman and Other Writings*, trans. Ivan Morris, New York, New Directions, 1963.
D. Keene, *World within Walls: Japanese Literature of the Pre-Modern Era 1600–1867*, New York, Holt, Rinehart and Winston, 1976.
—— trans., *Chūshingura*, New York, Columbia U.P., 1971.
—— trans., *Major Plays of Chikamatsu*, Tokyo and New York, Kōdansha International, 1961.
Matsuo Bashō, *The Narrow Road to the Deep North, and Other Travel Sketches*, trans. Nobuyuki Yuasa, London, Penguin, 1966.

浮世絵：江戸時代の美術

J. Earle, *An Introduction to Netsuke*, London, 1980.
E. Grilli, *The Art of the Japanese Screen*, Tokyo and New York, 1970.
J. Hillier, *Hokusai*, New York, Dutton, 1975.
C. Ives, *The Great Wave: the Influence of Japanese Woodcuts on French Prints*, New York, Metropolitan Museum of Art, 1974.

R. Lane, *Images from the Floating World: The Japanese Print*, New York, Putnam, 1978.
H. D. Smith, *Hiroshige: One Hundred Famous Views of Edo*, New York, Brazilier, Inc., 1986.
D. Waterhouse, *Harunobu and His Age*, London, British Museum, 1964.

鎖国時代と西洋
Centuries
C. R. Boxer, *Jan Compaigne in Japan, 1600–1850*, The Hague, Martinus Nijhoff, 1950.
C. L. French, *Shiba Kōkan, Artist, Innovator and Pioneer in the Westernization of Japan*, Tokyo, Weatherhill, 1974.
G. K. Goodman, *Japan: The Dutch Experience*, London, 1986.
M. B. Jansen, *Japan and its World: Two Centuries of Change*, Princeton, Princeton U.P., 1980.
D. Keene, *The Japanese Discovery of Europe, 1720–1830*, Stanford, Stanford U.P., 1969.

明治維新とその影響
W. G. Beasley, *The Meiji Restoration*, Stanford, Stanford U.P., 1972.
A. M. Craig, *Chōshū in the Meiji Restoration 1853–1868*, Cambridge, Mass., Harvard U.P., 1961.
T. M. Huber, *The Revolutionary Origins of Modern Japan*, Stanford, Stanford U.P., 1981.
M. B. Jansen, *Sakamoto Ryōma and the Meiji Restoration*, Princeton, Princeton U.P., 1961.
M. B. Jansen and G. Rozman, eds., *Japan in Transition: From Tokugawa to Meiji*, Princeton, Princeton U.P., 1986.
O. Statler, *Shimoda Story*, New York, Random House, 1969.
C. Totman, *The Fall of the Tokugawa Bakufu 1862–1868*, Honolulu, University of Hawaii Press, 1980.

近代日本政治の歩み
G. Akita, *Foundations of Constitutional Government in Modern Japan, 1868–1900*, Cambridge, Mass., Harvard U.P., 1967.
W. G. Beasley, *The Modern History of Japan*, 3rd ed., London, St Martin's, 1981.
J. W. Dower, *Empire and Aftermath, Yoshida Shigeru and the Japanese Experience, 1878–1954*, Cambridge, Mass., Harvard U.P., 1988.
P. Duus, *The Rise of Modern Japan*, New York, Houghton Mifflin, 1976.
M. Hane, *Peasants, Rebels, and Outcastes: the Underside of Modern Japan*, New York, Pantheon, 1982.
J. P. Lehmann, *The Roots of Modern Japan*, London, St. Martin's, 1982.
T. Najita, *Hara Kei in the Politics of Compromise, 1905–1915*, Cambridge, Mass., Harvard U.P., 1967.
——— *Japan: The Intellectual Foundations of Modern Japanese Politics*, Chicago, Chicago U.P., 1974.
T. Najita and J. V. Koschmann, eds., *Conflict in Modern Japanese History: The Neglected Tradition*, Princeton, Princeton U.P., 1982.
E. H. Norman, "Japan's Emergence as a Modern State" (1940), in J. W. Dower, ed., *Origins of the Modern Japanese State*, New York, Pantheon, 1975.
T. J. Pempel, *Policy and Politics in Japan: Creative Conservatism*, Philadelphia, Temple U.P., 1982.
K. Pyle, *The Making of Modern Japan*, Lexington, Mass., Heath, 1978.
B. Shillony, *Revolt in Japan: the Young Officers and the Feb. 26, 1936 Incident*, Princeton, Princeton U.P., 1973.
R. Storry, *A History of Modern Japan*, London, Penguin, 1965.
N. Thayer, *How the Conservatives Rule Japan*, Princeton, Princeton U.P., 1969.

近代の経済発展
J. Abegglen and G. Stalk, Jr., *Kaisha, The Japanese Corporation*, New York, Basic Books, 1985.
R. Dore, *Flexible Rigidities: Industrial Policy and Structural Adjustment in the Japanese Economy, 1970–1980*, Stanford, Stanford U.P., 1986.
——— *Land Reform in Japan*, Oxford, Oxford U.P., 1959.
——— *Shinohata, a Portrait of a Japanese Village*, New York, Pantheon, 1980.
S. Garon, *The State and Labor in Modern Japan*, Berkeley, University of California Press, 1988.
A. Gordon, *The Evolution of Labor Relations in Japan: Heavy Industry, 1853–1955*, Cambridge, Mass., Harvard U.P., 1987.
C. Johnson, *Miti and the Japanese Miracle, The Growth of Industrial Policy, 1925–1975*, Stanford, Stanford U.P., 1982.
D. Okimoto, ed., *Japan's Economy: Coping with Change in the International Environment*, Boulder, Westview Press, 1982.
H. Patrick, ed., *Japanese Industrialization and its Social Consequences*, Berkeley, University of California Press, 1976.
H. Patrick and H. Rosovksy, eds., *Asia's New Giant: How the Japanese Economy Works*, Washington, D.C., The Brookings Institution, 1976.
R. Smethurst, *Agricultural Development and Tenancy Disputes in Japan, 1870–1940*, Princeton, Princeton U.P., 1986.
R. J. Smith, *Kurusu: A Japanese Village, 1951–1975*, Stanford, Stanford U.P., 1978.
A. Waswo, *Japanese Landlords, The Decline of a Rural Elite*, Berkeley, University of California Press, 1977.
D. E. Westney, *Imitation and Innovation: The Transfer of Western Organizational Patterns to Japan*, Cambridge, Mass., Harvard U.P., 1987.
K. Yoshihara, *Sōgō Shōsha: the Vanguard of the Japanese Economy*, Oxford, Oxford U.P., 1983.

近代日本と国際関係
D. Borg and S. Okamoto, eds., *Pearl Harbor as History: Japanese American Relations, 1931–41*, New York, Columbia U.P., 1973.
K. E. Calder, *Crisis and Compensation: Political Stability and Public Policy in Japan, 1949–1986*, Princeton, Princeton U.P., 1988.
K. E. Calder and R. Hofheinz, Jr., *The East Asia Edge*, New York, Basic Books, 1982.
Committee for the Compilation of Materials on Damage Caused by the Atomic Bombs in Hiroshima and Nagasaki, *Hiroshima and Nagasaki: the Physical, Medical, and Social Effects of the Atomic Bombings*, trans. by Eisei Ishikawa and D. L. Swain, New York, Basic Books, 1981.
F. H. Conroy, *The Japanese Seizure of Korea, 1868–1910*, Philadelphia, University of Pennsylvania Press, 1960.
J. B. Crowley, *Japan's Quest for Autonomy: National Security and Foreign Policy, 1930–38*, Princeton U.P., 1966.
J. Dower, *War without Mercy: Race and Power in the Pacific War*, New York, Pantheon, 1986.
E. Frost, *For Richer for Poorer: The New U.S.-Japan Relationship*, New York, Council on Foreign Relations, 1987.
J. Hershey, *Hiroshima*, New York, Bantam, 1946.
M. Ibuse, *Black Rain*, trans. J. Bester, Tokyo and New York, Kōdansha International, 1981.
A. Iriye, *The Search for a New Order in the Far East, 1921–1931*, Cambridge, Mass., Harvard U.P., 1965.
R. J. Lifton, *Death in Life: Survivors of Hiroshima*, New York, Random House, 1967.
M. Mayo, ed., *The Emergence of Imperial Japan: Self Defence or Calculated Aggression*, Lexington, Mass., Heath, 1970.
I. H. Nish, *Japanese Foreign Policy, 1869–1942*, London, Routledge and Kegan Paul, 1977.

近代の思想と文化
C. Blacker, *The Japanese Enlightenment: A Study in the Writings of Fukuzawa Yukichi*, Cambridge, Cambridge U.P., 1964.
B. H. Chamberlain, *Things Japanese*, London, 1905.
A. M. Craig and D. H. Shively, eds., *Personality in Japanese History*, Berkeley, University of California Press, 1970.
Y. Fukuzawa, *An Encouragement of Learning*, trans. D. A. Dilworth, Tokyo, Sophia U.P., 1969.
——— *Autobiography*, trans. E. Kiyooka, New York, 1966.
C. Gluck, *Japan's Modern Myths: Ideology in the Late Meiji Period*, Princeton, Princeton U.P., 1985.
L. Hearn, *Japan: An Attempt at an Interpretation*, London, Macmillan, 1913.
D. Irokawa, *The Culture of the Meiji Period*, trans. and edited by M. B. Jansen, Princeton, Princeton U.P., 1985.
S. Okuma, *Fifty Years of the New Japan*, London, 1909.
H. Passin, *Society and Education in Japan*, New York, Columbia U.P., 1982.
S. Picken, *Death and the Japanese*, London, Athlone, 1985.
D. W. Plath, *Long Engagements: Maturity in Modern Japan*, Stanford, Stanford U.P., 1980.
K. Pyle, *The New Generation in Meiji Japan: Problems of Cultural Identity*, Stanford, Stanford U.P., 1969.
D. Roden, *Schooldays in Imperial Japan*, Berkeley, University of California Press, 1980.
I. Scheiner, *Christian Converts and Social Protest in Meiji Japan*, Berkeley, University of California Press, 1970.
D. H. Shively, ed., *Tradition and Modernization in Japanese Culture*, Princeton, Princeton U.P., 1971.

近代日本の美術
M. Harada, *Meiji Western Painting*, Tokyo, Weatherhill, 1974.
M. Kawakita, *Modern Currents in Japanese Art*, Tokyo, Weatherhill, 1974.
T. Miyagawa, *Modern Japanese Painting*, Tokyo and New York, Kōdansha International, 1967.
J. T. Rimer, "Tokyo in Paris, Paris in Tokyo," in Japan Foundation, ed., *Paris in Japan: the Japanese Encounter with European Painting*, Tokyo and St Louis, 1987.

現代の社会と文化
J. Anderson and D. Richie, *The Japanese Film: Art and Industry*, Princeton, Princeton U.P., 1984.
G. Bernstein, *Haruko's World: A Japanese Farm Woman and Her Community*, Stanford, Stanford U.P., 1983.
C. Blacker, *The Catalpa Bow: A Study of Shamanistic Practices in Japan*, London, Allen and Unwin, 1975.
A. Bock, *Japanese Film Directors*, Tokyo and New York, Kōdansha International, 1978.
I. Buruma, *Behind the Mask*, New York, Meridian, 1984.
L. Dalby, *Geisha*, New York, Vintage Books, 1983.
G. De Vos, *Japan's Minorities: Burakumin, Koreans, Ainu, and Okinawans*, Minority Rights Group, 1983.
T. Doi, *The Anatomy of Dependence*, Tokyo and New York, Kōdansha International, 1973.
B. Duke, *The Japanese School*, New York, Praeger, 1986.
F. Gibney, *Japan the Fragile Superpower*, rev. ed., New York, Meridian, 1980.
H. Hardacre, *Kurozumikyō and the New Religions of Japan*, Princeton, Princeton U.P., 1986.
T. S. Lebra, *Japanese Women, Constraint and Fulfilment*, Honolulu, University of Hawaii Press, 1984.
T. S. and W. P. Lebra, eds., *Japanese Culture and Behavior: Selected Readings*, Honolulu, University of Hawaii Press, 1974.
J. D. Morely, *Pictures from the Water Trade*, New York, Fontana, 1986.
C. Nakane, *Japanese Society*, Tokyo and Rutland, Vt., Tuttle, 1970.
E. O. Reischauer, *The Japanese Today*, Cambridge, Mass., Harvard U.P., 1988.
D. Richie, *The Films of Akira Kurosawa*, Berkeley, University of California Press, 1984.
——— *The Japanese Movie*, New York and Tokyo, Kōdansha International, 1982.
T. Rohlen, *Japan's High Schools*, Berkeley, University of California Press, 1983.
I. Scheiner, ed., *Modern Japan: an Interpretive Anthology*, New York, Macmillan, 1974.
R. J. Smith, *Japanese Society: Tradition, Self, and the Social Order*, Cambridge, Cambridge U.P., 1984.
E. Vogel, *Japan as Number 1: Lessons for America*, Cambridge, Mass., Harvard U.P., 1979.
M. White, *The Japanese Educational Challenge*, New York, Free Press, 1987.

現代文学：批評
R. Bowring, *Mori Ogai and the Modernization of Japanese Culture*, Cambridge, Cambridge U.P., 1979.
M. Miyoshi, *Accomplices of Silence: the Modern Japanese Novel*, Berkeley, University of California Press, 1974.
J. T. Rimer, *Japanese Fiction and its Traditions*, Princeton, Princeton U.P., 1978.
——— *Mori Ōgai*, New York, Twayne, 1975.
M. Ueda, *Modern Japanese Writers and the Nature of Literature*, Stanford, Stanford U.P., 1976.
H. Yamanouchi, *The Search for Authenticity in Modern Japanese Literature*, Cambridge, Cambridge U.P., 1978.

英訳された近代日本文学
Akutagawa Ryūnosuke, *Japanese Short Stories*, trans. Takashi Kojima, New York, Liveright, 1961.
Kawabata Yasunari, *Snow Country*, trans. Edward Seidensticker, New York, Knopf, 1958.
——— *The Sound of the Mountain*, trans. Edward Seidensticker, New York, Knopf, 1970.
Mori Ōgai, *The Wild Geese*, trans. K. Ochiai and S. Goldstein, Tokyo and Rutland, Vt., Tuttle, 1959.
I. Morris, *Modern Japanese Stories—An Anthology*, Tokyo and Rutland, Vt., Tuttle, 1962.
Natsume Sōseki, *Botchan*, trans. A. Turney, London, Owen, 1973.
——— *Kokoro*, trans. E. MacClellan, London, Owen, 1967.
——— *Mon*, trans. F. Mathy, London, Owen, 1972.
E. Seidensticker, *Kafū the Scribbler, The Life and Writings of Nagai Kafū, 1879–1959*, Stanford, Stanford U.P., 1965.
E. Shiffert and Y. Sawa, eds., *Anthology of Modern Japanese Poetry*, Tokyo and Rutland, Vt., Tuttle, 1972.
Tanizaki Junichirō, *Diary of a Mad Old Man*, trans. H. Hibbett, New York, Knopf, 1965.
——— *Some Prefer Nettles*, trans. E. Seidensticker, New York, Knopf, 1955.
——— *The Makioka Sisters*, trans. E. Seidensticker, New York, Knopf, 1957.
Yukio Mishima, *The Temple of the Golden Pavilion*, trans. I. Morris, New York, 1956.
——— *Death in Midsummer and Other Stories*, trans. E. Seidensticker, New York, 1966.

付　表

天皇表

代	天皇名	生没年	在位年	即位大礼年
1	神武	} 伝説上の天皇		
2	綏靖			
3	安寧			
4	懿徳			
5	孝昭			
6	孝安			
7	孝霊			
8	孝元			
9	開化			
10	崇神			
11	垂仁			
12	景行			
13	成務			
14	仲哀			
15	応神	4世紀末-5世紀初		
16	仁徳	} 5世紀前半		
17	履中			
18	反正			
19	允恭	} 5世紀中頃		
20	安康			
21	雄略	} 5世紀後半		
22	清寧			
23	顕宗			
24	仁賢			
25	武烈			
26	継体	} 6世紀前半		
27	安閑			
28	宣化			
29	欽明	509-571	531/539-571	
30	敏達	538-585	572-585	
31	用明	?-587	585-587	
32	崇峻	?-592	587-592	
33	推古*	554-628	593-628	
34	舒明	593-641	629-641	
35	皇極*	594-661	642-645	
36	孝徳	597-654	645-654	
37	斉明*	594-661	655-661	
38	天智	626-672	661-672	(668)
39	弘文	648-672	672	
40	天武	?-686	672-686	(673)
41	持統*	645-703	686-697	(690)
42	文武	683-707	697-707	
43	元明*	661-722	707-715	
44	元正*	680-748	715-724	
45	聖武	701-756	724-749	
46	孝謙*	718-770	749-758	
47	淳仁	733-765	758-764	
48	称徳*	718-770	764-770	
49	光仁	709-782	770-781	
50	桓武	737-806	781-806	
51	平城	774-824	806-809	
52	嵯峨	786-842	809-823	
53	淳和	786-840	823-833	
54	仁明	810-850	833-850	
55	文徳	827-858	850-858	
56	清和	850-881	858-876	
57	陽成	869-949	876-884	
58	光孝	830-887	884-887	
59	宇多	867-931	887-897	
60	醍醐	885-930	897-930	
61	朱雀	923-952	930-946	
62	村上	926-967	946-967	
63	冷泉	950-1011	967-969	
64	円融	959-991	969-984	

藤原摂政・関白

	摂政	関白
良房(804-872)	866-872	—
基経(836-891)	873-880	887-891
忠平(880-949)	930-941	941-949
実頼(900-970)	969-970	967-969
伊尹(924-972)	970-972	—
兼通(925-977)	—	973-977
頼忠(924-989)	—	977-986
兼家(929-990)	986-990	990
道隆(953-995)	990-993	993-995
道兼(961-995)		995
道長(966-1028)	1016-1017	(996-1017)
頼通(990-1074)	1017-1020	1020-1068
教通(997-1075)	—	1068-1075
師実(1042-1101)	1087-1091	1075-1087
		1091-1094
師通(1062-1099)	—	1094-1099
忠実(1078-1162)	1107-1114	1106-1107
		1114-1121
忠通(1097-1164)	1123-1129	1121-1123
	1142-1151	1129-1142
		1151-1158
基実(1143-1166)	1165-1166	1158-1165
基房(1144-1230)	1166-1173	1173-1179
基通(1160-1233)	1180-1183	1179-1180
		1184-1186

鎌倉将軍

1. 源　頼朝(1147-1199)	1192-1199	
2. 源　頼家(1182-1204)	1202-1203	
3. 源　実朝(1192-1219)	1203-1219	
4. 九条頼経(1218-1256)	1226-1244	
5. 九条頼嗣(1239-1256)	1244-1252	
6. 宗尊親王(1242-1274)	1252-1266	
7. 惟康親王(1264-1326)	1266-1289	
8. 久明親王(1276-1328)	1289-1308	
9. 守邦親王(1301-1333)	1308-1333	

鎌倉幕府執権

1. 北条時政(1138-1215)	1203-1205
2. 北条義時(1163-1224)	1205-1224
3. 北条泰時(1183-1242)	1224-1242
4. 北条経時(1224-1246)	1242-1246
5. 北条時頼(1227-1263)	1246-1256
6. 北条長時(1229-1264)	1256-1264
7. 北条政村(1205-1273)	1264-1268
8. 北条時宗(1251-1284)	1268-1284
9. 北条貞時(1271-1311)	1284-1301
10. 北条師時(1275-1311)	1301-1311
11. 北条宗宣(1259-1312)	1311-1312
12. 北条煕時(1279-1315)	1312-1315
13. 北条基時(?-1333)	1315
14. 北条高時(1303-1333)	1316-1326
15. 北条貞顕(1278-1333)	1326
16. 北条守時(?-1333)	1327-1333

足利将軍

1. 尊氏(1305-1358)	1338-1358	10. 義稙(1466-1523)	1490-1493
2. 義詮(1330-1368)	1359-1368	11. 義澄(1480-1511)	1495-1508
3. 義満(1358-1408)	1368-1394	義稙(1466-1523)	1508-1521
4. 義持(1386-1428)	1395-1423	12. 義晴(1511-1550)	1522-1547
5. 義量(1407-1425)	1423-1425	13. 義輝(1536-1565)	1547-1565
6. 義教(1394-1441)	1429-1441	14. 義栄(1540-1568)	1568
7. 義勝(1434-1443)	1442-1443	15. 義昭(1537-1597)	1568-1573
8. 義政(1436-1490)	1449-1473	織田信長(1534-1582)	1568-1582
9. 義尚(1465-1489)	1474-1489	豊臣秀吉(1536-1598)	1582-1598

徳川将軍

1. 家康 (1543-1616) 1603-1605
2. 秀忠 (1579-1632) 1605-1623
3. 家光 (1604-1651) 1623-1651
4. 家綱 (1641-1680) 1651-1680
5. 綱吉 (1646-1709) 1680-1709
6. 家宣 (1662-1712) 1709-1712
7. 家継 (1709-1716) 1713-1716
8. 吉宗 (1684-1751) 1716-1745
9. 家重 (1711-1761) 1745-1760
10. 家治 (1737-1786) 1760-1786
11. 家斉 (1773-1841) 1787-1837
12. 家慶 (1793-1853) 1837-1853
13. 家定 (1824-1858) 1853-1858
14. 家茂 (1846-1866) 1858-1866
15. 慶喜 (1837-1913) 1867

明治時代の政治家

- 大久保利通 (1830-1878)
- 木戸孝允 (1833-1877)
- 西郷隆盛 (1827-1877)
- 岩倉具視 (1825-1883)
- 伊藤博文 (1841-1909)
- 黒田清隆 (1840-1900)
- 松方正義 (1835-1924)
- 大山 巌 (1842-1916)
- 西郷従道 (1843-1902)
- 山県有朋 (1838-1922)
- 井上 馨 (1835-1915)
- 西園寺公望 (1849-1940)

内閣総理大臣

伊藤博文	1885-1888	若槻礼次郎	1931	岸 信介	1957-1958
黒田清隆	1888-1889	犬養 毅	1931-1932	岸 信介	1958-1960
山県有朋	1889-1891	斎藤 実	1932-1934	池田勇人	1960
松方正義	1891-1892	岡田啓介	1934-1936	池田勇人	1960-1963
伊藤博文	1892-1896	広田弘毅	1936-1937	池田勇人	1963-1964
松方正義	1896-1898	林銑十郎	1937	佐藤栄作	1964-1967
伊藤博文	1898	近衛文麿	1937-1939	佐藤栄作	1967-1970
大隈重信	1898	平沼騏一郎	1939	佐藤栄作	1970-1972
山県有朋	1898-1900	阿部信行	1939-1940	田中角栄	1972
伊藤博文	1900-1901	米内光政	1940	田中角栄	1972-1974
桂 太郎	1901-1906	近衛文麿	1940-1941	三木武夫	1974-1976
西園寺公望	1906-1908	近衛文麿	1941	福田赳夫	1976-1978
桂 太郎	1908-1911	東条英機	1941-1944	大平正芳	1978-1979
西園寺公望	1911-1912	小磯国昭	1944-1945	大平正芳	1979-1980
桂 太郎	1912-1913	鈴木貫太郎	1945	鈴木善幸	1980-1982
山本権兵衛	1913-1914	東久邇宮稔彦王	1945	中曽根康弘	1982-1983
大隈重信	1914-1916	幣原喜重郎	1945-1946	中曽根康弘	1983-1986
寺内正毅	1916-1918	吉田 茂	1946-1947	中曽根康弘	1986-1987
原 敬	1918-1921	片山 哲	1947-1948	竹下 登	1987-1989
高橋是清	1921-1922	芦田 均	1948	宇野宗佑	1989
加藤友三郎	1922-1923	吉田 茂	1948-1949	海部俊樹	1989-1990
山本権兵衛	1923-1924	吉田 茂	1949-1952	海部俊樹	1990-1991
清浦奎吾	1924	吉田 茂	1952-1953	宮沢喜一	1991-1993
加藤高明	1924-1925	吉田 茂	1953-1954	細川護熙	1993-
加藤高明	1925-1926	鳩山一郎	1954-1955		
若槻礼次郎	1926-1927	鳩山一郎	1955		
田中義一	1927-1929	鳩山一郎	1955-1956		
浜口雄幸	1929-1931	石橋湛山	1956-1957		

天皇表

代	天皇名	生没年	在位年	即位大礼年
65	花山	968-1008	984-986	
66	一条	980-1011	986-1011	
67	三条	976-1017	1011-1016	
68	後一条	1108-1036	1016-1036	
69	後朱雀	1009-1045	1036-1045	
70	後冷泉	1025-1068	1045-1068	
71	後三条	1034-1073	1068-1073	
72	白河	1053-1129	1073-1087	
			1086-1129†	
73	堀河	1079-1107	1087-1107	
74	鳥羽	1103-1156	1107-1123	
			1129-1156†	(1108)
75	崇徳	1119-1164	1123-1142	
76	近衛	1139-1155	1142-1155	
77	後白河	1127-1192	1155-1158	
			1158-1192†	
78	二条	1143-1165	1158-1165	(1159)
79	六条	1164-1176	1165-1168	
80	高倉	1161-1181	1168-1180	
81	安徳	1178-1185	1180-1185	
82	後鳥羽	1180-1239	1183-1198	(1184)
83	土御門	1195-1231	1198-1210	
84	順徳	1197-1242	1210-1221	(1211)
85	仲恭	1218-1234	1211	
86	後堀河	1212-1234	1221-1232	(1222)
87	四条	1231-1242	1232-1242	(1233)
88	後嵯峨	1220-1272	1242-1246	
89	後深草	1243-1304	1246-1260	
90	亀山	1249-1305	1260-1274	
91	後宇多	1267-1324	1274-1287	
92	伏見	1265-1317	1287-1298	(1288)
93	後伏見	1288-1336	1298-1301	
94	後二条	1285-1308	1301-1308	
95	花園	1297-1348	1308-1318	
96	後醍醐	1288-1339	1318-1339	
97	後村上	1328-1368	1339-1368	
98	長慶	1343-1394	1368-1383	
99	後亀山	?-1424	1383-1392	
北1	光厳	1313-1364	1331-1333	(1332)
北2	光明	1322-1380	1336-1348	(1338)
北3	崇光	1334-1398	1348-1351	(1350)
北4	後光厳	1338-1374	1351-1371	(1354)
北5	後円融	1359-1393	1371-1382	(1375)
100	後小松	1377-1433	1382-1412	(1392)
101	称光	1401-1428	1412-1428	(1415)
102	後花園	1419-1471	1428-1464	(1430)
103	後土御門	1442-1500	1464-1500	(1466)
104	後柏原	1464-1526	1500-1526	(1521)
105	後奈良	1497-1557	1526-1557	(1536)
106	正親町	1517-1593	1557-1586	(1560)
107	後陽成	1572-1617	1586-1611	(1587)
108	後水尾	1596-1680	1611-1629	
109	明正*	1624-1696	1629-1643	(1630)
110	後光明	1633-1654	1643-1654	
111	後西	1637-1685	1655-1663	(1656)
112	霊元	1654-1732	1663-1687	
113	東山	1675-1709	1687-1709	
114	中御門	1702-1737	1709-1735	(1710)
115	桜町	1720-1750	1735-1747	
116	桃園	1741-1762	1747-1762	
117	後桜町*	1740-1813	1762-1771	(1763)
118	後桃園	1758-1779	1771-1779	
119	光格	1771-1840	1780-1817	
120	仁孝	1800-1846	1817-1846	
121	孝明	1831-1867	1846-1867	(1847)
122	明治	1852-1912	1867-1912	(1868)
123	大正	1879-1926	1912-1926	(1915)
124	昭和	1901-1989	1926-1989	(1928)
125	今上	1933-	1989-	

*：女帝　†：院政

図版リスト

略記：t＝上，tl＝左上，tr＝右上，c＝中央，b＝下など．

地図はすべてラヴェル・ジョーンズ（オックスフォード），アラン・メイス（ホーンチャーチ）作製．

見返しの図：西日本の地図，観音三十三霊場．ブリティッシュ・ライブラリー，ロンドン．

2–6. Samurai dressing styles: Tokugawa Reimeikai Foundation.
8–9. Drawings by John Fuller, Cambridge.
11. Dōtaku bell: Christie, Manson and Woods Int. Inc., New York.
23. Sapporo snow festival: Robert Harding Picture Library, London.
24t. River: Robert Harding Picture Library.
24b. Agricultural scene: Robert Harding Picture Library.
25. Mt Fuji: Robert Harding Picture Library.
26t. Bicycles at Kita Senju station: Hutchinson Picture Library, London.
26b. Outdoor hot springs, Nikkō National Park: Robert Harding Picture Library.
27t. Jōdogahama beach: Zefa/Orion, London.
27b. Kobe: Zefa/Orion.
28. Shinjuku, Tokyo, by night: Robert Harding Picture Library.
28–29. Mizushima industrial area: Zefa/Orion.
30. Mt Aso: Hutchinson Library.
30–31. Ricefields: Robert Harding Picture Library.
31. Okinawa: Zefa/Orion.
32. Volcano: Zefa/Orion.
32t. E. S. Morse: Equinox Archive.
33. Naumann tusk, 11cm: Yukiko Nakatsu (Equinox Archive).
35tl. Dogū figurine: Kōdansha, Tokyo.
35tc. Conical pottery jar: Keio University/Shōgakukan, Tokyo.
35bl. Flame-edged jar: Tsunan-cho Kyoiku-Iinkai/Shōgakukan.
36–37c. Ainu village: Munro collection, Pitt Rivers Museum, Oxford.
36–37b. Ainu woman: Robert Harding Picture Library.
37t. Bear carved from whale tooth: Shōgakukan.
37c. Ainu woman of Monbetsu: Popperfoto, London.
37b. Ainu pounding rice: Munro collection, Pitt Rivers Museum, Oxford.
38. Dōtaku bell: Tokyo National Museum.
39c. Drawings by John Fuller, Cambridge.
40cr. Reconstruction of Toro dwelling: Martin Collcutt.
40br. Aerial of Toro site: Wings Photo Agency, Tokyo.
40bl. Site plan: John Brennan, Oxford.
42. Burial tumulus of Nintoku: Georg Gerster/John Hillelson Agency, London.
43tr. Site plan: John Brennan, Oxford.
43l. Haniwa warrior, ht. 125·7cm, National Treasure, late tumulus period, Kuwai Site, Ōta, Gumma Prefecture: Tokyo National Museum.
43ct. Haniwa boat, Saitobaru Tomb, Saito, Miyazaki Prefecture: Tokyo National Museum.
43cb. Haniwa horse, late tumulus period, Ojima Site, Nitta, Gumma Prefecture: Tokyo National Museum.
43r. Head of female figure, ht. 20·2cm, Nintoku Tumulus: Imperial Household Collection, Tokyo.
44. Drawings: John Fuller, Cambridge.
45. Mirror: Christie, Manson and Woods, Int. Inc., New York.
47. Armor in the Ō-Yoroi style: Tokugawa Reimeikai Foundation.
48–49. Ise shrine: Robert Harding Picture Library.
50l. Site plan: John Brennan, Oxford.
50–51c. Ise aerial view: Shōgakukan.
50–51t. Ise shrine, inner sanctuary: Gakken Publishers, Tokyo.
50–51r. Ise purification ceremony: Shūeisha, Tokyo.
51r. Izumo shrine: Zefa/Orion.
53t. Illustrated Sūtra of Past and Present Karma: Atami Museum, Kanagawa Prefecture.
53b. Death of the Buddha, scene from 17th-century handscroll: British Museum, London.
54b. Pagoda: Hōryūji/Shōgakukan.
54–55tl. Site plan: John Brennan, Oxford.
55cl. Gilt bronze triad of Sakyamuni with attendants, ht.
86·4cm, 623 AD, Hōryūji, Nara Prefecture: Hōryūji/Shōgakukan.
54–55c. Aerial view of Hōryūji: Hōryūji/Shōgakukan.
56t. Kasuga mandala, hanging scroll, 14th century: British Museum.
56br. Prince Shōtoku as a child, wooden statue, 18th century: British Museum.
58b. Shōtoku's tomb: J. Edward Kidder.
58tr. Bronze Buddha: Bijutsu Shuppan-Sha, Tokyo.
59l. Male and female gods: Shūeisha, Tokyo.
59c. Site plan: John Brennan, Oxford.
59r. Aerial of Asuka region: Gakken, Tokyo.
60t. Aerial view of Heijō: Wings Photo Agency, Tokyo.
60b. Site plan: John Brennan, Oxford.
61r. Household register: Gakken Publishers, Tokyo.
61l. 〔奈良国立文化財研究所蔵〕
62tr. Aerial of Tōdaiji: Hōryūji/Shōgakukan.
62tl. Site plan: John Brennan, Oxford.
62br. Great Buddha: Zefa/Orion.
62bc. The monk Chōgen Shōnin, wood, ht. 82cm, Tōdaiji: Photo Hiromichi Inoue.
63. Drawing: John Fuller, Cambridge.
64. Multi-headed goddess: Kōfukuji/Shōgakukan.
66t. Drawings: John Fuller, Cambridge.
66b. View of treasure hall: Gakken, Tokyo.
68–69. 〔『航空写真大観 京都わが山河』(京都新聞社)〕
69c. Exterior of palace: Kunaichō, Kyoto Office/Shōgakukan.
69tr. Site plan: John Brennan, Oxford.
69b. Interior of palace: Kunaicho, Kyoto Office/Shōgakukan.
71. Kasuga shrine: Zefa/Orion.
74–75. Page of calligraphy from the Ishiyama-gire, ink on handmade papers, ht. 20·2cm, 12th century: Umezawa Hikotaro Collection, Tokyo.
75. Lotus Sūtra fan, ink and colors on decorated paper, ht. 25·6cm, second half of 12th century: Tokyo National Museum.
76. Illustration from Album of 36 Poetic Sages, ht. 35·7cm, Kamakura period: Thé Museum Yamato Bunkakan, Nara.
79. Tale of Genji, Chapter 50: Tokugawa Reimeikai Foundation.
81. Poem by Li Zhiao, calligraphy attributed to Saga Tenno, 809–23: Imperial Household.
82. Heike Nōkyō (illustrated scrolls presented by the Taira family to the Itsukushima shrine), ht. 26·5cm, 12th century: Itsukushima-jinja, Hiroshima.
83. The monk Saichō (Dengyō Daishi), ink and colors on silk, ht. 129cm, 11th century: Ichijōji, Kyoto.
85. The monk Kūkai (Kōbō Daishi), posthumous portrait (detail), Kamakura period: Kyōōgokokuji, Kyoto.
86l. Diagram: John Brennan, Oxford.
86–87. Womb World mandala, colors on silk, Kyōōgokokuji, Kyoto, c.900, ht. 183·6cm: Tōji.
87. Esoteric ceremony: Shingon'in.
87c. Diamond World mandala: Kyōōgokokuji, Kyoto.
87cr. Fudō: Daigoji.
87b. Drawing: John Fuller, Oxford.
88–89. Mount Kōya: Hutchison Library.
90bl. View of Byōdōin: Zefa/Orion.
90br. Phoenix: Byōdōin.
91l. Site plan: John Brennan, Oxford.
91r. Amida Buddha, ht. 110cm: Hōōdō of the Byōdōin, Uji.
92tc. A judge of hell, wood sculpture, painted and gilt, Muromachi period, late 15th century, ht. 39·3cm: Victoria and Albert Museum, London.
92tr. The White Path crossing two rivers, ink, colors, gold pigment and kirikane on silk, hanging scroll, 82·6 × 39·7cm: Seattle Art Museum (Eugene Fuller Collection).
92b. Amida Raigō, Heian period, late 11th century, color on silk: Kōyasan, Wakayama Prefecture. Size: central painting 211 × 211cm, side panels 211 × 104cm.
93c. Diagram of the Ten Worlds, hand-colored woodblock print, 1669: British Museum.
93tr. Drawing: John Fuller, Cambridge.
93cr. Hell, from "The Foundations of Rebirth," woodblock print: British Library.
94. Sūtra scrolls of the Heike nōkyō, paper scrolls on wooden rods with metal mounts and knobs of metal and crystal, ht. 30cm: Itsukushima, Hiroshima.
97. Scene from Later Three Years' War Picture Scroll (Gosannen-no-eki emaki): Tokyo National Museum.
98. Saddle, wood with mother-of-pearl inlay, ht. 30cm, 12th century: Tokyo National Museum.
100–101. Drawings: John Fuller, Cambridge.
102l. Minamoto Yoritomo by Fujiwara Takanobu: Jingoji, Kyoto.
102r. Katana blade, attributed to Masamune of Sagami Province, 1264–1344: Werner Forman Archive.
102–03t. Takezaki Suenaga from the Mongol Invasion Scroll: Imperial Household.
102–03b. The burning of the Sanjō Palace from the Heiji Scroll: Werner Forman Archive/Boston Fine Arts Museum.
103br. Putting on armor: from the Tanki Yōryaku by Masahiro Mura, 1837.
106–07. Mongol Invasion Scroll: Imperial Household, Kyoto.
110–11. Scene from pictorial biography of the priest Ippen (Ippen Shōnin Eden), silk scroll by Eni, 1299, ht. 38cm: Tokyo National Museum.
112t. Site plan: John Brennan, Oxford.
112b. A cave at Kamakura, Takatoki monument: Werner Forman Archive.
113. Drawings: John Fuller, Cambridge.
115. Portrait of the priest Myōe, attributed to Jōnin, hanging scroll, ink and color on paper, 146 × 56·8cm, 13th century: Kōzanji/Benrido Co.
116r. Pagoda and Nachi Falls: Zefa/Orion.
116cl. Shrine rooftops: Zefa/Orion.
120c. Plan: John Brennan, Oxford.
120b. Daitokuji: Erich Hartmann/Magnum, London.
121t. Ryōanji: Zefa/Orion.
121b. Gardener at Daitokuji: Rene Burri/Magnum.
122tr. Nijō castle garden: Robert Harding Picture Library.
122cl. Traditional garden arrangement: Burt Glinn/Magnum.
122b. Moss garden: Zefa/Orion.
122–23t. Golden Pavilion: David Halford, London.
123b. 〔撮影：岡本茂男〕
124–25t. Noh stage: Werner Forman Archive.
124bl. Mask: Zefa/Orion.
124–25bc. Bunraku: Hutchison Library.
125bc. Bunraku puppets: Zefa/Orion.
125tr. Mask: Zefa/Orion.
125cr. Mask: Werner Forman Archive.
125br. Mask: Zefa/Orion.
126bl. Interior of castle: Werner Forman Archive.
126br. Matsumoto castle: Zefa/Orion.
126cr. Gateway to Nijō castle: Werner Forman Archive.
127cl. Reenactment of daimyō procession: Zefa/Orion.
127tr. Himeji castle: Zefa/Orion.
127bl. Plan: John Brennan, Oxford.
127br. Diagram: Inkwell, Bicester, Oxford.
128–29. Nijō castle, screen painting: Werner Forman Archive.
130–31. Backstage scene by Hishikawa Moronobu: Tokyo National Museum.
130b. Interior of theater: British Museum.
131t. Taira no Tomomori and the Anchor by Kunisada: Dr Richard Illing/Phaidon Press, Oxford.
131cr. Actor making up: Hutchison Library.
131br. Modern performance at Nagoya, June 1987, by the Ichikawa Ennosuke Troupe: P. Perrin – Sygma/John Hillelson Agency.
132t. Oda Nobunaga: Kobe Municipal Museum.
132c. Hideyoshi: Itsu Art Museum.
132b. Ieyasu: Tokugawa Reimeikai Foundation.
134–35. Edo castle: Aspect Picture Library, London.
135r. Plan: John Brennan, Oxford.
136. Sword, Itomaki-no-tachin, Ko-Bizen with blade, signed Eiroku, 1558: Christies, London.
137l. Tsuba: Christies, London.
137c. Armor: Aka-Ito-Odoshi, Tachi-Do, 17th century: Christies, London.
139. Events of the Year at the Imperial Court, ink and colors on paper, one of a pair of sixfold screens, each 140 × 350cm, by Tosa Mitsuoki, 1617–91: Sen Sōshitsu, Kyoto.
142. Sen no Rikyū: Collection of Omote Senke Fushinan, Kyoto.
144–45. Village life, ink and colors on paper, one of a pair of eightfold screens, each 90·4 × 344cm, attributed to Kusumi Morikage, c.1620–90: Nariaiji, Kyoto/Kyoto National Museum.
144b. Detail from Hikone screen, one of a pair of sixfold screens by unknown artist, early 17th century, National Treasure: Hikone Castle, collection of Ii Naoyoshi.
150–51. All pictures courtesy of Sen Sōoku, Tea Master, Mushanokōji Senke Tea School, Kyoto, with the exception of 151cr, Hutchison Library and 151b Werner Forman Archive.
153. Japanese Christian traveling shrine: Christies, 22 May 1985.
154–55b. Smoking set: Victoria and Albert Museum, London.
157c. Kimono: Victoria and Albert Museum.

158bl. Mother and children: British Museum/Phaidon Press, Oxford.
158br. Maker of papier-mâché dolls, unsigned surimono, 1790, 13 × 10cm: Chester Beatty Library, Dublin.
158–59t. A pleasure boat on the Sumida River by Kiyonaga: British Museum.
159bc. A procession, surimono by Shumman, c.1810, 19 × 17·6cm: Chester Beatty Library, Dublin.

159br. Traveler eating noodles, surimono by Hokusai, c.1904, 13·5 × 18·1cm: Chester Beatty Library, Dublin.
160–61t. Pheasant incense burner by Ninsei: Ishikawa Museum.
160bl. Kakiemon, young woman: Christies Ltd, London.
160bc. Kutani ware, with portrait of Hotei: Ishikawa Museum.
161bl. Arita blue and white dish: Christies Ltd, London.
161tr. Shino ware, black raku tea bowl: British Museum.
161cr. Shino ware: Equinox Archive.
161br. Mutation in stripes, ceramics by Seto Hiroshi, Tochigi Prefecture.
162–63. Netsuke: all pictures from Christies Ltd, London, with the exception of 163tl: Michael Holford.
164t. Courtesan accosting a client by Mitsunobu: British Museum.
164–65b. Sumo wrestlers, woodblock print by Kunisada: Victoria and Albert Museum/Michael Holford Library.
165t. Interior scene of the Daimojiya in Naka-no-chō by Torii Kiyotada: British Museum.
165bl. Two courtesans, woodblock print by Utamaro: Victoria and Albert Museum.
165c. Kabuki actor, Ichikawa Ebizō in the Shibaraku episode, woodblock print by Utagawa Kunimasa: Phaidon Archive, Oxford.
165cr. Saikaku by Haga Isshō: Collection of Kubo Katsutaka/Shōgakukan Publishers, Tokyo.
166t. The festival of Benten at the Itsukushina shrine by Utagawa Toyoharu: British Museum.
166b. Ise shrine pilgrimage mandala: Ise Shrine Administration Agency.
167. Train, woodblock print: British Museum.
168–69. Village street: Popperfoto Ltd, London.
169. Shinto priests: Michael Dean, Nihon Token, London.
170. First Japanese diplomatic delegation 1862: BBC Hulton Picture Library, London.
171. Saigō Takamori: Asahi Shimbun Photo, Tokyo.
172. The Meiji emperor, Mutsuhito: Imperial Collection, Kyoto.
174–75. Women fighting in the Satsuma rebellion, woodblock print by Nagayama Umosai: Kanagawa Prefectural Museum.
176t. A group of southern officers: BBC Hulton Picture Library.
176b. Conscripts in French uniforms: BBC Hulton Picture Library.
178–79. Yokohama iron bridge: Kanagawa Prefectural Museum.
179c. Iwakura Tomomi: Asahi.
181l. Itō Hirobumi: Asahi.
181r. Itagaki Taisuke: Asahi.
182–83. Meiji emperor presents the first imperial constitution, 1889, woodblock print by Yoshu Shuen: Kanagawa Prefectural Museum.
184t. Sumo wrestler: Kanagawa Prefectural Museum.
184bl. Arrival of Perry's ships: University of Tokyo.
185t. The Seven Deities go on a train: Kanagawa Prefectural Museum.
185br. Commodore Perry: Kanagawa Prefectural Museum.
185b. Parade of five nations: Kanagawa Prefectural Museum.
186bl. "Wisteria Blooms over Water at Kameido" by Hiroshige, from *One Hundred Views of Edo*: British Museum.
186bc. The Water Lily Pond by Monet: National Gallery, London.
186br. Plate by Bracquemond: Victoria and Albert Museum.
186tr. *The Letter*, by Mary Cassatt: Metropolitan Museum of Art, New York, Gift of Paul J. Sachs, 16.2.9.
186tc. Portrait of courtesan by Utamaro: British Museum.
187br. Poster for "Divan Japonais" by Toulouse-Lautrec: British Museum.
187t. *Caprice in Purple and Gold*, by James Whistler: Phaidon Archive, Oxford.
187bl. Portrait of Tanguy by van Gogh: Musée Rodin, Paris/Phaidon Archive, Oxford.
187tr. Monograms of Bauer, Klimt and Roller, members of the Vienna Secession: Phaidon Archive, Oxford.
188. Matsukata Masayoshi of Satsuma: Asahi.
189. The Mitsui bank – Japan's first, c.1873, by Andō Hiroshige II or III: Kanagawa Prefectural Museum.
190. March to attack Weihaiwei by Kobayashi Kiyochika: Kanagawa Prefectural Museum.
192–93. Bronze workers in factory: Popperfoto Ltd.
193. First railroad from Tokyo to Yokohama, 1872, by Andō Hiroshige II or III: Kanagawa Prefectural Museum.
196t. Japan Farmers' Party: Asahi.
196c. Bank crash, 1927: Asahi.
197. First skyscraper in Tokyo, with Japan's first elevator, at Ryōunkaku, 1890, by Ichijū Kunimasa: Local History Archives, Ministry of Education, Tokyo.
198t. Mori Ōgai: Asahi.
198c. Natsume Sōseki: Asahi.
199t. Women watching the stars, 1936, by Ōta Chou: National Museum of Modern Art, Tokyo.
199bc. Emperor Hirohito in ceremonial robes: Popperfoto.
199b. Osaka dance troupe 1931: Asahi.
202t. Konoe cabinet, 1938: Asahi.
203tr. Shidehara Kijūrō: Keystone Collection, London.
203b. Attack on Pearl Harbor: The Research House/US Navy.
205. Hiroshima clock: Keystone Collection.
206. Tanks of the USA: Asahi.
207. Tokyo after the war: Keystone Collection.
208. MacArthur's forces in Japan: Keystone Collection.
209. Labor union picket, Tokyo: Popperfoto Ltd.
210–11t. Shipyard workers, Nagasaki: Keystone Collection.
211. Battle between strikers and police: Keystone Collection.
212–13. Boys' race: Zefa/Orion.
214tl. Morning rush hour at Tokyo's Shinjuku station: Magnum Photos, London.
214r. Sea of Japan coast, Oku-Tango Pen: Robert Harding Picture Library.
214bl. Staff exercises in camera manufacture: Popperfoto Ltd.
214br. Car assembly line: Mazda Corporation, Tokyo.
215bl. Machine weaving a kimono at Kyoto City: Philip Gordon/Reflex Picture Agency.
215r. Agricultural scene, Iwate Prefecture: R. Ian Lloyd, Robert Harding Picture Library.
216tl. *Sushi* bar: Magnum Photos Ltd.
216tr. Students at the Metropolitan Police Academy study martial arts: Aspect Picture Library.
216bl. Inakaya Restaurant: Burt Glinn, Magnum Photos.
216cr. Sumo wrestling, boys stretching before practice: Magnum Photos Ltd.
217bl. Skiers: Zefa.
217t. Blossom viewing: Robert Harding Picture Library.
217bc. Pachinko parlor: Robert Harding Picture Library.
217br. Takarazuka Revue: Magnum Photos Ltd.
218–19. Calligraphy contest for children: Magnum Photos Ltd.
219. Crane dance, Yasaka shrine: Hutchison Library.
219r. Ancestor Day, Tokyo Cemetery: Robert Harding Picture Library.
219bc. Priest offering fruit to the spirits of the waterfall, Mount Hiei: Robert Harding Picture Library.
220–21. Zen temple garden: Burt Glinn, Magnum Photos Ltd.
222l. Mt Kōya monks: Hutchison Library.
223tl. Buddhist monks: Magnum Photos Ltd, Elliott Erwitt.
223tr. Buying fortunes outside temples and shrines: Richard Kalvar, Magnum Photos Ltd.
223cl. Good-luck charms on shop stall: Philip J. Griffiths, Magnum Photos Ltd.
223br. Palm reading, Kyoto: Richard Kalvar, Magnum Photos Ltd.
223br. Naked festival, Inazawa: Richard Kalvar/Magnum Photos Ltd.
224tl. Festival performers: Philip Gordon/Reflex.
224tr. Kindergarten class using computers: Hutchison Library.
224br. Trade fair: Rene Burri, Magnum Photos Ltd.
224bl. Festival procession: Philip Gordon/Reflex.

図版の収集に協力、指導くださった、フサ・マクリン（ボドレアン図書館、オックスフォード）、イズミ・ティトラー（ボドレアン図書館、オックスフォード）、フィリッパ・マーティン（オリエンタル・インスティテュート、オックスフォード）、グレッグ・アーヴィン（大英博物館）に感謝の意を表する。

編・訳者のことば

　本書はこのシリーズのなかでも，いささか特異な一冊である．すなわち，外国人によって，外国人のために編集・執筆された日本文化史であるという特異性である．それは参考文献の欄を見ていただければ一目瞭然のごとく，欧文の日本研究論文，著者のみがあげられている．つまり，欧米における日本研究の現在が示されたのが本書である．

　近代の研究だけをとってみても，欧米人の日本研究はまことに多彩であった．日本史についていえば，駐日大使をつとめたライシャワー教授のお兄さんにあたるロバート・ライシャワー教授の"Early Japanese History"がプリンストン大学出版部より刊行されたのが1937年であった．本書は古代日本史に関する欧文で書かれた最初の高度な概説書といってよいだろう（ロバート・ライシャワー教授は刊行後，日中戦争の犠牲となった）．

　日本史に関する本格的な研究が，アメリカについていえば1930年代ぐらいから本格化し，第一世代といわれる人々（彼らの多くは，明治時代に来日した宣教師の息子たちであった）によってになわれた．戦後の日本史研究の深化は，ジョージ・サンソン，エドウィン・ライシャワー，ジョン・ホール，マリウス・ジャンセンといった人々によって急速に展開していった．原著の執筆者にそのなかでは最も若いジャンセン教授が加わっていることは，本書の価値を高からしめている一つの要素といえよう．

　さらにその次の世代に属するのが，本書の編者として中心的役割を果たしたマーティン・コルカット教授である．若き日に太平洋戦争に何らかのかたちでかかわった第二世代の研究者がすべて引退したあと，今，50歳前後のコルカット教授の第三世代が，現代のアメリカの日本研究をになう中軸となっている．いうまでもなくジャンセン教授は近代史の専門家であり，コルカット教授は中世史の専門家である．そこで近世史を専門とする私が，近世史の本文のみをお手伝いすることになって，原著は編集された．1979年より80年にかけて，プリンストン大学大学院で講座を担当し，ジャンセン教授，コルカット教授と席をならべたご縁によるものである．

　現代の日本史研究は，アメリカにおいても主題がますます細分化し，専門化している．その全業績に目配りすることは不可能である．したがって概説として，万遍なく論点に触れることも必要だが，それぞれの執筆者の特色をいかした論述がより求められるところである．本書のねらいである地理的観点を軸として日本文化史を論ずるに，コルカット教授は宗教文化の視点を，私は近世前期の文化を中心に，ジャンセン教授は政治史を念頭において，特色ある記述をこころがけた．その結果，概説でありながら，ある部分はかなり詳しい論文調になっている．

　原著はイギリスの編集会社において制作された．その編集者との交渉を一切とりまとめ，原稿の加除整理，キャプション原稿の作成など，細かい枠組みの調整までしたのがコルカット教授である．原著は三人の名前があがっているが，三分の二はコルカット教授の著作である．

　さていよいよ翻訳が企画されたのであるが，完成まで思いがけぬ日時を経過してしまった．その理由の一つは原著の編集がイギリスで，しかも非常に厳格なスケジュール的規定のなかでおこなわれたことにある．アメリカ東海岸に住むコルカット教授とイギリスのイクイノックス社（現アンドロメダ・オックスフォード社）との間では連日電話とファクシミリのやりとりがあったときいている．おそらくそれは大変な作業であったと思われる．なんとなれば，イギリスの編集者は日本文化についてほとんど全くの素人である．しかし図版を集めレイアウトするのは彼らであるから，そこには思いがけぬ考えちがいが生じるのはやむをえない．また，写真をみながらイラストにおこす仕事も，現物を知らずにおこすのだから，われわれの目からみると不可解な点も生じる．これらの面倒な仕事をコルカット教授は忍耐強くおこなったのであるが，やはり時間的な障壁に苦しまれたようである．

　今回，翻訳にあたっての一つの問題はここに遠因する．フィルム化されている原著の図版の訂正は困難なことが多い．図版の変更は最小限に抑えねばならない．また図版の多くは欧米にある在外資料で，出所のあきらかでないものもある．しかし，これは逆に考えると，外国の出版物でなければできぬ特色でもあるので功罪なかばというべきだろう．いいわけめくのだが，日本の読者からみると首をかしげるイラストや図版もあるが，これは以上のような事情によるものであるということをご了解いただけると幸いである．

　翻訳にあたっては，第3部について立川健治氏が担当し，疑問箇所についてはジャンセン教授に問い合わせている．近世については私の元原稿に戻しているので，翻訳というのとはいささか趣きを異にしている．それ以外の序文より索引に至るまでのすべては二人の協力者を得てコルカット教授が監修し，私がそれを助けた．まず第一次訳稿は土肥耕三氏によってかなり早く作られた．氏が92年7月19日に急逝され，本書完成を墓前に報告することになったのはまことに残念である．第一次訳稿は中村修也氏によって補訂され，そのうえでコルカット教授と私による読みあわせがおこなわれた．土肥，中村両氏の協力に，また日本の地理について補訂いただいた石井英也氏にもあつく感謝の意をささげたい．

　本書がなるについて，もう一人の重要な協力者は椿真智子氏である．椿氏は地図の校正を担当してくださった．面倒なお仕事をお引受けいただき，あつく御礼申しあげる．

　訳稿の完成を根気よくお待ちくださった朝倉書店編集部にもあわせて御礼申しあげたい．

1993年10月　熊倉功夫

地名索引

*は小規模な単位領域（例：国，地方，領土，地域など）を示す．

ア 行

相川 38°03′N138°16′E 170
愛知* 21
会津 37°30′N139°57′E 133,148,153
青森 40°50′N140°43′E 21,22,148
赤石山脈 13,14,156
赤坂 35°31′N137°35′E 148
明石 34°39′N135°00′E 33,153,156,205
上野 33°42′N130°49′E 133
アカプルコ（メキシコ）16°51′N99°56′W 141
阿寒国立公園 23
安芸* 21,170
秋田 39°44′N140°05′E 13,21,22,57,67,71,97,148,153,170
上松 35°47′N137°40′E 148
アーサー港 →旅順
朝日 36°50′N137°00′E 35
旭川 43°47′N142°20′E 22
旭岳 43°40′N142°48′E 13,14
浅間山 36°25′N138°32′E 18
足利 36°21′N139°26′E 22,73,119,170
足摺宇和海国立公園 22
足摺岬 32°42′N133°00′E 13
芦野 37°00′N140°12′E 35
アジャンター（インド）20°30′N75°48′E 52
飛鳥 34°32′N135°50′E 52,70,84
吾妻山 37°55′N140°16′E 17
阿蘇 32°58′N131°02′E 97
阿蘇国立公園 22
阿蘇山 32°55′N131°05′E 18
阿高貝塚 32°45′N130°42′E 35
阿達太良山 37°38′N140°20′E 18
熱海 35°07′N139°04′E 22
阿津賀志山 37°55′N140°42′E 98
安土 35°08′N136°07′E 153
アッツ島（アメリカ）52°51′N170°46′E 204
安濃津* 170
油津 31°35′N131°23′E 109
尼崎 34°42′N135°23′E 20,22
天草 32°21′N130°00′E 133,153
天草諸島 13
天橋立 35°38′N135°02′E 119
奄美大島 28°00′N129°00′E 13
アマラバティ（インド）16°35′N80°20′E 52
アムステルダム（オランダ）52°21′N4°54′E 180
厦門（中国）24°30′N118°08′E 109,180,195,201,204
アユタヤ（タイ）14°20′N100°35′E 52,141
新居 34°40′N137°35′E 148
荒井上原 37°34′N140°25′E 35
アラカン* 141
アラスカ* 204
荒屋 37°10′N138°48′E 33
アリカンテ（スペイン）38°21′N0°29′W 140
有田 33°12′N129°52′E 133
有馬 32°39′N130°18′E 22,153
アリューシャン列島（アメリカ）204
アレクサンドロフスク＝サハリンスキー（旧ソ連）50°55′N142°12′E 195
阿波 34°43′N136°19′E 156
阿波* 21
淡路島 34°25′N134°47′E 13,21,156
粟津 34°56′N136°00′E 98
安国寺 33°30′N131°44′E 39
アンコール（カンボジア）13°26′N103°50′E 52
鞍山（中国）41°06′N122°58′E 191
安州（北朝鮮）39°36′N125°42′E 191
アンダマン諸島 204
安東（中国）40°04′N124°27′E 191
安中 36°20′N138°54′E 148
アンボイナ（インドネシア）4°50′S128°10′E 141
飯坂 37°49′N140°23′E 156
飯田 35°35′N137°50′E 22
硫黄島〔鹿児島〕30°48′N130°16′E 98
硫黄島〔東京〕23°40′N142°10′E 195,201,204

伊賀* 21,70,84
威海衛（中国）37°30′N122°04′E 191,195
壱岐（島）33°47′N129°43′E 13,21,33,35,39,46,57,97,98,105,153,170
生口島 34°18′N132°47′E 39
池上本門寺 35°33′N139°42′E 113
池田 34°52′N135°23′E 73
石和 35°39′N138°38′E 119
胆沢城 39°17′N141°05′E 71,97
石垣島 24°20′N124°05′E 13
石神 40°44′N140°12′E 35
石狩平野 13
石川* 21
石鎚山* 57
石飛 32°50′N130°36′E 33
石巻 38°25′N141°18′E 22,156
石橋山 35°11′N139°07′E 100
石舞台 34°30′N135°52′E 41
石山 34°33′N136°23′E 41
石山本願寺 34°42′N135°30′E 119
伊豆* 21,98
伊豆諸島 13,15
伊豆半島 13
和泉* 21,70,84
出雲 35°21′N132°46′E 21,39,41,57,97
伊勢 34°36′N136°41′E 21,57,84,113,119,146,148,156
伊勢志摩国立公園 22
潮来 35°57′N140°31′E 156
板付 33°36′N130°24′E 39
板橋 35°43′N139°43′E 148
市原 35°31′N140°05′E 22
市来 31°33′N130°14′E 153
伊智護谷 34°28′N136°43′E 98
一乗谷 35°58′N136°17′E 119
一関 38°56′N141°08′E 22,148,170
一ノ谷 34°40′N135°06′E 98,156
一宮 35°18′N136°48′E 205
市振 37°00′N137°48′E 156
厳島 34°18′N132°18′E 98,113
厳島神社 34°16′N132°18′E 59
一本松 40°42′N139°57′E 35
伊都 33°20′N130°30′E 46
伊東 34°58′N139°04′E 113
井戸尻 35°52′N138°14′E 35
稲岡 35°00′N134°00′E 113
田舎館 40°50′N140°44′E 39
稲田 40°20′N140°04′E 113
因幡* 21
稲葉山 35°20′N136°40′E 119
稲荷山 36°19′N139°08′E 41
犬吠埼 35°41′N140°52′E 13
犬山 35°22′N136°58′E 126
伊場 34°40′N137°40′E 39
茨城* 21
今城 34°43′N135°36′E 33
今治 34°04′N132°59′E 22,39,148,205
伊万里 33°18′N129°51′E 105
祖谷 35°39′N133°51′E 98
伊予* 21
伊良湖 34°37′N137°06′E 156
西表島 24°20′N123°55′E 13
入田 32°56′N132°57′E 39
イルクーツク（旧ソ連）52°15′N104°17′E 195
色ヶ浜 35°45′N136°00′E 156
いわき／磐城 36°58′N140°56′E 22,143,148,153,170
岩木山 40°38′N140°18′E 13
岩国 34°10′N132°09′E 126,170
岩崎山 34°18′N134°08′E 41
岩清水八幡宮 34°53′N135°42′E 57
岩宿 36°22′N139°16′E 33
岩手* 21
岩手〔岩出山〕38°46′N140°35′E 156
岩手山 39°53′N140°59′E 18
岩上 32°55′N131°30′E 33
岩戸山 33°20′N130°44′E 41
岩沼 38°06′N140°51′E 156
岩野河 34°04′N135°18′E 35
石見* 170
岩見沢 43°12′N141°47′E 22
岩村田 36°20′N138°25′E 148
インパール（インド）24°47′N93°55′E 204

ウィーン（オーストリア）48°13′N16°22′E 180
ウェーク島（アメリカ）18°26′N168°00′E 195,201,204
上田 36°27′N138°13′E 148,170
ヴェネチア（イタリア）45°26′N12°20′E 140,180
上野〔静岡〕34°45′N138°54′E 33
上野〔三重〕34°45′N136°08′E 156
温州（中国）28°02′N120°40′E 204
元山（北朝鮮）39°07′N127°26′E 109,133,191,192
宇佐 33°31′N131°22′E 97
宇佐八幡 33°31′N131°20′E 57,113
宇治 34°54′N135°48′E 84,98
牛ヶ首 37°10′N138°13′E 39
牛川 34°41′N137°25′E 33
牛原 30°00′N136°31′E 73
碓氷峠 36°21′N138°37′E 148
臼杵 33°07′N131°48′E 153
有珠山 42°33′N140°48′E 18
宇都宮 36°36′N139°52′E 13,21,22,98,119,148,153
宇土 32°41′N130°38′E 153
姥山 35°44′N140°00′E 35
馬高 37°36′N138°47′E 35
浦賀 35°15′N139°42′E 140,143,153
ウラジオストク（旧ソ連）43°06′N131°50′E 13,15,192,195,201,204,205
浦和 35°52′N139°40′E 21
瓜郷 34°47′N137°20′E 39
瓜生堂 34°35′N135°54′E 39
瓜破 34°35′N135°30′E 39
蠢山（韓国）35°32′N129°21′E 109,133
ウルルン島（韓国）37°33′N130°51′E 13
宇和島 33°13′N132°32′E 22,126,148,205
上ノ国 38°00′N140°30′E 33
上場 32°03′N130°30′E 33
雲厳寺 36°54′N140°14′E 156
雲仙天草国立公園 22

永源寺 35°08′N136°19′E 119
永平寺 113,146,156
営口（中国）40°40′N122°17′E 191,192
江刺 39°13′N141°12′E 113
エスピリッサント島（バヌアツ）15°50′S 166°50′E 204
蝦夷* 170
愛知山 39°00′N136°11′E 148
越後 37°11′N139°16′E 21,143
越後山脈 13,14,156
越前* 21,170
越前国府 37°10′N138°12′E 113
越中* 21
越中山 38°24′N139°44′E 33
江戸 →東京
択捉（島）（旧ソ連）45°00′N148°00′E 143,204
エニウェトク島（アメリカ）12°00′N161°00′E 195,201,204
愛媛* 21
エリス諸島（太平洋）195
襟裳岬 41°55′N143°13′E 13
円覚寺 35°31′N139°42′E 113,146
煙台（中国）37°27′N121°26′E 195
延暦寺 35°07′N135°42′E 57,84,97,146

オアフ島（アメリカ）21°30′N158°00′W 204
逢隈 38°09′N140°54′E 98
応神天皇陵 34°34′N135°39′E 41
王塚 33°30′N131°31′E 41
近江 35°08′N136°05′E 21,70,84,143,156
大石田 38°35′N140°25′E 156
大磯 35°18′N139°19′E 148
大分 33°13′N131°37′E 21,22
大垣 35°22′N136°36′E 156,170
大阪／大坂 34°40′N135°30′E 13,15,20,21,22,33,46,119,126,143,148,153,170,191
大阪平野 13
大境 36°57′N137°17′E 39
大崎 38°37′N141°12′E 133
大島〔東京〕34°45′N139°25′E 13
大島〔和歌山〕33°27′N135°52′E 148
大隅* 21

大隅諸島 13
大台野 37°14′N140°50′E 33
大津 35°00′N135°50′E 21,70,148,156
大塚 35°31′N139°38′E 39
大宮 35°55′N139°39′E 22,148
大牟田 33°02′N130°26′E 22
大村 32°56′N129°58′E 153
大森貝塚 35°35′N139°44′E 35
大湯環状列石 40°25′N140°53′E 35
岡崎 34°58′N137°10′E 148,153,205
岡谷 36°03′N138°00′E 22
小笠原諸島 15,18,143,195,201,204
岡山 34°40′N133°54′E 13,20,21,22,33,126,148,153,170,205
沖永良部島 27°21′N128°34′E 13
隠岐諸島 13,21,39,57,98,148,153,170
沖縄（島）27°00′N128°30′E 13,15,18,21,33,109,143,195,201,204,205
沖ノ島 33°15′N129°46′E 39
沖ノ原 36°55′N139°39′E 22
奥尻島 42°00′N139°50′E 13
置戸 43°42′N143°35′E 33
長万部 42°30′N140°22′E 22
恐山 41°17′N141°03′E 18,57
阿玉台 35°43′N140°42′E 35
小樽 43°12′N141°00′E 22
小田原 35°15′N139°08′E 98,119,126,133,148
落折 35°18′N134°29′E 98
鬼功部 38°51′N140°36′E 97
尾道 34°25′N133°11′E 22
尾花沢 38°37′N140°22′E 156
小浜 35°30′N135°45′E 119,148,153
オポルト（ポルトガル）41°09′N8°37′W 180
尾張* 21,170
園城寺 35°01′N135°51′E 146
御岳 31°36′N130°44′E 18

カ 行

甲斐* 21
開城（韓国）37°59′N126°30′E 133
海南島（中国）19°00′N109°30′E 195,201,204
会寧（北朝鮮）42°27′N129°44′E 192
開封（中国）34°47′N114°20′E 46,109,201
開聞岳* 57
加賀* 21,170
ガガヤン（フィリピン）18°22′N121°40′E 141
香川* 21
角二山 38°34′N140°14′E 33
掛川 34°47′N138°02′E 148
影沼 37°12′N140°14′E 156
かけはし 35°46′N137°41′E 156
鹿児島 31°37′N130°32′E 13,20,21,22,33,119,133,143,148,153,170
笠置山 34°48′N136°01′E 84
牙山（韓国）36°55′N126°34′E 191
火山列島 15
鹿島 35°58′N140°42′E 22,113,156
春日大社 34°40′N135°45′E 57,84
春日山 37°10′N138°13′E 119
上総* 21
加曽利 35°37′N140°10′E 35
ガダルカナル島（ソロモン諸島）9°32′S 160°12′E 204
勝坂 35°23′N139°31′E 35
月山 38°33′N140°02′E 57
勝本 33°52′N129°42′E 105
神奈川 35°29′N139°36′E 21,143,148
金沢 36°36′N136°38′E 13,21,22,33,119,126,148,153,156,170
加納 35°19′N136°47′E 39
カブール（アフガニスタン）34°30′N69°10′E 52
鎌ヶ谷原 35°39′N140°02′E 156
鎌倉 35°19′N139°33′E 22,100,113,119,153,170
上賀茂 35°00′N135°47′E 35
上賀茂神社 35°05′N135°45′E 57
上黒岩 33°30′N132°56′E 33,35
上平寺 35°37′N136°00′E 153
カムチャッカ（旧ソ連）15,195,201,204
亀山 34°52′N136°28′E 39,148

地名索引

加茂〔兵庫〕 34°55′N135°13′E 39
加茂〔岐阜〕 35°26′N137°01′E 143
加茂〔新潟〕 37°39′N139°03′E 170
伽耶(韓国) 35°04′N129°03′E 39
唐古 34°26′N135°55′E 39
唐津 33°28′N129°58′E 126,148
樺太 →サハリン
カリカット(インド) 11°15′N75°45′E 140
軽井沢 36°22′N138°37′E 148
カルカッタ(インド) 22°35′N88°21′E 204
カレー(フランス) 50°57′N1°52′E 180
カロリン諸島(アメリカ) 195,201,204
川入 34°36′N133°46′E 39
川口 35°48′N139°43′N 22
川越 35°55′N139°30′E 119
川崎 35°32′N139°42′E 20,22,148
河内* 21,70,84
咸興(北朝鮮) 39°49′N127°40′E 67
漢口(中国) 30°35′N114°19′E 195,201
韓国*/朝鮮* 105,143,195,201,204
漢城(北朝鮮) 39°52′N126°30′E 46
漢城/ソウル(韓国) 37°30′N127°00′E 15,109,133,191,192,201,204,205
丸都(中国) 42°38′N127°12′E 46
関東平野 13
観音山 36°25′N139°04′E 41

魏(中国)* 46
紀伊* 21,84
紀伊山地 13,14
喜界島 28°18′N129°56′E 13
象潟 39°12′N139°55′E 156
キスカ島(アメリカ) 52°00′N178°30′E 204
木曽 35°51′N137°43′E 98
木曽山脈 35°30′N137°48′E 13,156
北上 39°18′N141°05′E 22
北川 33°22′N131°04′E 35
北九州 33°50′N130°50′E 13,15,20,22,41
北白川 35°02′N135°48′E 35
北野神社 34°59′N135°47′E 57,84
北ボルネオ* 195,201,204
吉林(中国) 43°53′N126°35′E 192
畿内* 41,57
吉備* 41
吉備津 34°43′N133°44′E 113
岐阜 35°27′N136°46′E 21,126,148,153,205
九州山地 13,14
桐生 36°13′N139°39′E 143
教皇領* 140
京都/平安京 35°00′N135°45′E 13,20,21,22,33,56,57,67,70,71,74,97,98,109,113,119,133,146,148,153,156,170
行徳 35°44′N139°54′E 156
京泊 31°52′N130°12′E 153
清澄 35°10′N140°02′E 113
霧島火山帯 18
霧島屋久国立公園 22
ギルバート諸島(太平洋) 195,201,204
基隆(台湾) 25°05′N121°45′E 109
近畿* 22
金谷里(韓国) 37°34′N127°30′E 33
金州(中国) 38°10′N121°40′E 191

グアム島(アメリカ) 13°30′N144°40′E 195,201,204
グーツ(オーストリア) 47°05′N15°22′E 180
久遠寺 35°25′N138°25′E 113,146
草津 35°05′N136°00′E 148
白根山 36°37′N138°36′E 18
串田 36°41′N137°01′E 35
クシナガラ(インド) 24°58′N84°54′E 52
久住山 33°07′N131°14′E 13
釧路 42°58′N144°24′E 13,23
葛生 36°20′N139°40′E 33
九谷 36°23′N136°37′E 113
屈浦里(北朝鮮) 42°15′N130°18′E 33
国後(島)(旧ソ連) 44°15′N146°00′E 141
恭仁宮 34°47′N135°50′E 70
狗奴* 46
クビル 34°35′N129°42′E 39
熊野 33°54′N136°06′E 57,84,97,113,146
熊本 32°50′N130°42′E 20,21,22,126,148,170
倉敷 34°36′N133°43′E 22
俱利伽羅 36°25′N136°50′E 156
俱利伽羅峠 36°40′N136°49′E 98
栗橋 36°09′N139°42′E 148
栗林 36°48′N138°26′E 33
クリル列島 →千島列島
久留米 33°20′N130°29′E 22,148,170
呉 34°14′N132°32′E 192
黒羽 36°51′N140°07′E 156
黒部 35°37′N137°24′E 156
クワジャリン島(アメリカ) 10°00′N163°20′E 195,201,204

桑名 35°04′N136°40′E 148,205
郡内 35°41′N139°26′E 143
群馬* 21

蓟 40°00′N116°25′E 39
慶州(韓国) 35°52′N129°15′E 52,67
華厳寺 35°27′N136°44′E 146
ケープタウン(南アフリカ共和国) 33°56′S 18°28′E 140
慶良間列島 13
ケルン(ドイツ) 50°56′N6°57′E 180
建康/南京(中国) 32°09′N119°30′E 46,52
元山(北朝鮮) 39°07′N127°26′E 109,133,191,192
建長寺 35°20′N139°33′E 113,146
建仁寺 35°03′N135°44′E 113,146

ゴア(インド) 15°31′N73°56′E 140
国府 34°24′N131°35′E 33
高句麗 39,46
広州(中国) 23°08′N113°20′E 66,109,141,195,201,204
杭州(中国) 30°14′N120°08′E 46,109,112,191
上野* 21
神津島 34°10′N139°10′E 13
高知 34°30′N132°51′E 21,22,109,126,148,170
郷浦 33°45′N129°41′E 105
鴻巣 36°02′N139°32′E 148
甲府 35°42′N138°34′E 21,148,205
興福寺 34°41′N135°49′E 84,97,113
神戸 34°40′N135°12′E 13,20,21,22,148,205
こうもり塚 34°34′N133°45′E 41
高野山 34°14′N135°36′E 57,84,97,113,133,156
郡山 37°23′N140°22′E 22
国分寺 35°20′N133°42′E 41
小倉 33°54′N130°52′E 148,153,170,205
極楽寺 35°19′N139°34′E 113
五島列島 13,22,105,109,148,170
コペンハーゲン(デンマーク) 55°43′N 12°34′E 180
小仏峠 35°39′N139°18′E 148
駒ヶ岳 42°05′N140°41′E 18
小松〔香川〕 34°10′N133°47′E 113
小松〔石川〕 36°25′N136°27′E 156
小茂田 34°14′N129°12′E 105
御油 34°50′N137°18′E 148
五稜郭 41°50′N140°44′E 170
コルサコフ(旧ソ連) 46°36′N142°50′E 143,205
コルシカ島(フランス) 42°00′N9°10′E 140,180
コルドバ(スペイン) 37°53′N4°46′W 140
金剛峰寺 34°13′N135°36′E 84,146

サ 行

西海国立公園 22
蔵勝上 35°41′N139°32′E 39
サイゴン(ベトナム) 10°46′N106°43′E 141,180,201,204
済州島(韓国) 33°18′N126°33′E 67,133,191
西大寺 34°42′N135°47′E 57,113,146
埼玉* 21
斎藤山 32°49′N130°38′E 39
西都原 32°05′N131°24′E 41
サイパン島(アメリカ) 14°48′N145°36′E 201,204
サイベ沢 41°51′N140°42′E 35
佐伯 32°58′N131°51′E 153
蔵王山 38°09′N140°26′E 18
佐賀 33°16′N130°18′E 21,148,170
堺 34°35′N135°28′E 20,22,109,119,148,153,170
佐賀関 33°14′N131°52′E 148
酒田 38°55′N139°51′E 153,156,170
坂下 34°50′N136°21′E 148
相模* 21
坂本 36°20′N138°43′E 148
先島諸島 13
佐倉 35°19′N139°21′E 148
桜井 37°49′N140°55′E 39
桜方丘 34°42′N135°10′E 39
桜馬場 33°23′N129°38′E 39
座散乱木 38°21′N140°56′E 35
佐須 34°08′N129°15′E 105
佐世保 33°10′N129°42′E 22,191
薩南諸島 13
札幌 43°05′N141°21′E 13,20,21,23,33
薩摩* 21,170

佐渡 38°00′N138°24′E 13,21,22,39,57,71,73,74,97,98,143,148,153,170
里木貝塚 34°35′N133°34′E 35
里浜貝塚 38°19′N141°04′E 35
讃岐* 21
サハリン/樺太(島)(旧ソ連) 50°00′N 143°00′E 13,15,18,33,143,195,201,205
佐味田 34°35′N135°44′E 41
佐夜の中山 34°45′N138°08′E 156
更級 35°40′N138°07′E 156
猿ヶ馬場 36°23′N137°54′E 156
サルディニア島(イタリア) 40°00′N9°00′E 140,180
沢田 40°47′N140°22′E 35
山陰海岸国立公園 22
ザンジバル(島)(タンザニア) 6°00′S39°20′E 140
サーンチー(インド) 23°38′N77°42′E 52
山東* 195
三殿台 35°30′N139°41′E 39
サントロぺ(フランス) 43°16′N6°39′E 140
サンフランシスコ(アメリカ) 37°45′N 122°30′W 180
サンミゲル(フィリピン) 15°48′N120°36′E 141
三里塚 35°45′N140°24′E 33

西安(旧満州) 42°28′N125°10′E 192
西安 →長安
紫雲出 34°18′N133°46′E 39
ジェノバ(イタリア) 44°24′N8°56′E 140,180
志雄 36°23′N136°47′E 153
塩釜 38°19′N141°00′E 156
塩尻 36°08′N137°58′E 148
潮岬 33°25′N135°48′E 13
滋賀* 21
シカゴ(アメリカ) 41°50′N87°45′W 180
志賀島 33°41′N130°17′E 46,105
紫香楽宮 34°53′N136°05′E 70
信貴山 34°37′N135°40′E 84
四国山地 13,14
支笏洞爺国立公園 22
淄州 36°50′N119°10′E 67
静岡/駿府/府中 34°58′N138°24′E 21,22,119,126,148,153,170,205
賤ヶ嶽 35°28′N136°14′E 133
地蔵坂 35°24′N139°24′E 39
シチリア島(イタリア) 37°30′N14°00′E 140
四天王寺 34°40′N135°32′E 57,113
尻前 38°44′N140°26′E 156
信濃* 21
篠原 36°21′N136°23′E 98
篠山 35°03′N135°28′E 98
新発田 37°57′N139°20′E 148
芝山 34°44′N135°40′E 41
柴山出村 36°22′N136°24′E 39
志布志 31°30′N131°07′E 98,153
志摩* 21,84
島田 34°50′N138°10′E 148
島根* 21
島原 32°48′N130°20′E 126,153
清水 35°01′N138°29′E 22,205
下総* 21
下鴨神社 35°04′N135°46′E 57
下城 32°58′N131°53′E 39
下田 34°40′N138°55′E 143,148,170
下野* 21
下関 33°59′N130°58′E 22,105,143,148,153,170,191,192
ジャワ(インドネシア) 7°25′S110°00′E 195,201,204
上海(中国) 31°13′N121°25′E 180,195,201,205
岫巌(中国) 40°12′N123°12′E 191,192
重慶(中国) 29°31′N106°35′E 109,204
佐賀(中国) 24°53′N113°31′E 66
寿福寺 35°19′N139°32′E 113
順天(韓国) 34°56′N127°28′E 133
駿府 →静岡
上越 37°08′N138°14′E 153
相国寺 35°02′N135°46′E 113,146
漳州(中国) 24°57′N117°42′E 109
上信越高原国立公園 22
小俁 32°54′N130°48′E 133
浄智寺 35°19′N139°32′E 113
浄妙寺 35°19′N139°33′E 113
庄内 38°54′N139°50′E 113,170
聖福寺 33°36′N130°24′E 113
浄光寺 35°19′N139°33′E 113
上毛* 41
浄瑠璃寺 34°43′N136°01′E 84
徐州(中国) 35°22′N116°45′E 66
新羅 67
白河 37°07′N140°14′E 71,73,98,119,148,156,170

白須賀〔山形〕 38°42′N140°03′E 35
白須賀〔静岡〕 34°42′N137°31′E 148
白滝 43°59′N143°16′E 33
知床国立公園 23
知床岳 44°14′N145°17′E 18
知床岬 44°24′N145°20′E 13
白石 38°00′N140°38′E 156
志波姫 39°34′N141°09′E 71
新義州(北朝鮮) 40°04′N124°25′E 191,192
シンガポール(シンガポール) 1°20′N 103°50′E 141,180,201,204
辰韓 39,46
新宮 33°42′N136°00′E 84,148
神宮寺 34°46′N134°10′E 41
清朝* 191
晋州(韓国) 35°11′N129°05′E 133
真珠湾(アメリカ) 21°22′N158°00′W 204
新庄 38°45′N140°18′E 148
仁川(韓国) 37°30′N126°38′E 191,192
新町 36°17′N139°01′E 148
瀋陽 →奉天

水潜寺 36°13′N138°46′E 146
油頭(中国) 23°22′N116°39′E 195,201,204
周防* 21
須賀川 37°15′N140°21′E 156
直坂 36°33′N137°06′E 33
杉久保 36°45′N138°12′E 33
杉本寺 35°14′N139°43′E 146
須恵 35°32′N130°30′E 33
崇神天皇陵 34°35′N135°52′E 41
ストックホルム(スウェーデン) 59°20′N 18°03′E 180
砂山 38°50′N139°50′E 39
洲股 35°18′N136°40′E 98
須磨 34°38′N135°07′E 156
スマトラ 2°00′S102°00′E 141,201,204
住吉大社 34°37′N135°30′E 57
駿河* 21
諏訪 36°02′N138°09′E 39
油頭(中国) 23°22′N116°39′E 195,201,204
駿府 →静岡

青岸渡寺 33°34′N135°58′E 146
清津/チョンジン(北朝鮮) 41°40′N129°55′E 13,67
関ヶ原 35°22′N136°26′E 148
石人山 33°10′N130°32′E 41
石壮里(韓国) 36°39′N127°32′E 33
千金甲 32°38′N130°41′E 41
摂津* 21,70,84
瀬戸内海国立公園 22
セビリヤ(スペイン) 37°24′N5°59′W 140
セレベス(インドネシア) 2°00′S120°30′E 141,201,204
善光寺 36°38′N138°10′E 98,113,146,148
千住 35°47′N139°49′E 156
泉州/チュワンチョウ(中国) 24°57′N 118°36′E 141
専修寺 34°55′N136°38′E 119
専勝寺 36°30′N139°02′E 113
仙台 38°16′N140°52′E 13,20,21,22,33,148,153,156,170
泉通寺 35°30′N135°46′E 146
善善寺 34°14′N133°47′E 113
善導寺 33°18′N130°30′E 113
泉福寺洞窟 33°07′N129°48′E 33
仙北 39°29′N140°24′E 133

宋(中国)* 112
草加 35°50′N139°49′E 156
惣持寺 37°18′N136°57′E 113
増上寺 35°40′N139°46′E 146
早水台 33°23′N131°32′E 33
相馬 37°48′N140°56′E 170
宗谷岬 45°30′N141°40′E 13
ソウル →漢城
蘇州(中国) 31°22′N120°45′E 39,191
曾畑貝塚 32°45′N130°42′E 35
ソビエツカヤガバニ(旧ソ連) 48°58′N 140°19′E 205
ソファラ(モザンビーク) 19°49′S34°52′E 140
ソロモン諸島(太平洋) 195
ソンクラ(マレーシア) 7°12′N100°35′E 141

タ 行

大安寺 34°40′N135°49′E 57
大宮大寺 34°39′N135°50′E 57
大木囲貝塚 38°18′N141°01′E 35
太原(中国) 37°50′N112°30′E 66,109
醍醐寺 35°00′N135°46′E 146
帝釈峡 34°53′N133°14′E 35
大乗寺 36°40′N136°36′E 113

地名索引

大聖寺 36°18′N136°19′E 156
大石橋(中国) 40°36′N122°33′E 192
大雪山 43°43′N142°47′E 13
大雪山国立公園 22
大山* 57
大山隠岐国立公園 22
大東島(太平洋) 25°00′N131°00′E 201
大同(中国) 40°10′N113°15′E 109
大徳寺 35°02′N135°44′E 146
台南(台湾) 23°01′N120°14′E 109,141
タイペイ →台北
台北/タイペイ(台湾) 25°05′N121°32′E 15,141
大宝寺 34°13′N134°18′E 146
大明神 39°32′N141°00′E 35
大連(中国) 38°53′N121°37′E 191,192,195
台湾(台湾) 24°00′N121°00′E 13,15,67,109,141,191,195,201,204
ダーウィン(オーストラリア) 12°23′S130°44′E 204
高岡 36°40′N136°50′E 156
高崎 36°20′N139°00′E 22,148
多賀城 38°20′N140°58′E 57,67,71,97,98
高田 37°07′N138°14′E 148
高槻 34°50′N135°35′E 153
高根木戸 35°39′N140°01′E 35
高橋 31°30′N130°20′E 39
高松 34°21′N134°02′E 13,21,22,33,126,148,153,205
高松 34°36′N133°55′E 133
高松塚 34°27′N135°49′E 41
滝川 43°35′N141°55′E 22
多久 33°18′N130°06′E 133
竹野 35°40′N134°55′E 39
竹原 33°43′N132°55′E 41
大宰府 33°31′N130°32′E 57,67,98,105,119
田沢 36°55′N138°44′E 33
田島ヶ丘 34°05′N130°58′E 33
但馬* 21
タスマニア島(オーストラリア) 42°00′S147°00′E 195
立岩 33°30′N130°55′E 39
タチカルシュナイ 44°00′N143°33′E 33
立川 42°36′N140°30′E 33
立峠 36°08′N137°55′E 156
田辺 33°43′N135°22′E 148
種子島 30°35′N131°00′E 13,22,35,39,67,97,98,109,113,148,153,170
田能 34°35′N135°40′E 39
玉造 38°31′N140°49′E 71,98
大明神 37°00′N139°48′E 33
タラカン島(インドネシア) 3°20′N117°38′E 204
タラワ島(ギルバート諸島) 1°25′N173°00′E 204
樽岸 42°36′N140°30′E 33
樽前山 42°44′N141°24′E 18
ダルマティア* 140
丹後* 21
ダンチヒ(ポーランド) 54°22′N18°38′E 180
壇ノ浦 34°00′N131°00′E 98
丹波* 21,70,84
知恩院 35°00′N135°46′E 146
筑後* 21
千種 38°00′N138°19′E 39
筑前* 21
チシマコタン 44°48′N142°44′E 35
千島列島/クリル列島(旧ソ連) 13,15,18,195,201,204
チタ(旧ソ連) 52°03′N113°35′E 195,201
父島 27°00′N142°10′E 143
チチハル 47°21′N124°00′E 205
秩父多摩国立公園 22
チッタゴン(バングラデシュ) 22°20′N91°50′E 141
千葉 35°38′N140°07′E 20,21,22,35,73
チモール島(インドネシア) 9°30′S125°00′E 141,195,204
中宮寺 34°36′N135°44′E 57
中国山地 13,14
仲仙寺 35°35′N133°12′E 41
中部山岳国立公園 22
忠類村 42°34′N143°17′E 33
チュワンチョウ →泉州
長安/西安(中国) 34°12′N108°57′E 39,52,66,109
張掖(中国) 38°56′N100°27′E 66
鳥海山 39°05′N140°04′E 13,57
長光寺山 34°03′N131°04′E 41
長沙(中国) 28°10′N113°00′E 204
銚子 35°45′N140°50′E 22,168
長者久保 40°55′N141°07′E 33
長州 170
長春(中国) 43°51′N125°15′E 192,205

朝鮮* →韓国*
長楽寺 36°13′N139°24′E 113
長林寺 44°56′N142°35′E 35
チョンジン →清津
青島(中国) 36°02′N120°25′E 195,201
鎮南浦(北朝鮮) 38°45′N125°28′E 192
津 34°41′N136°30′E 21,22,148,170,205
塚原 38°00′N138°18′E 113
月ノ浦 35°30′N141°59′E 140
月見野 35°35′N139°30′E 33
筑紫平野 33°18′N130°18′E 13
筑波山 36°16′N140°06′E 119
対馬(島) 34°30′N129°20′E 13,21,22,35,39,46,57,98,105,109,133,148,153,170,191,192,201
鶴岡 38°43′N139°50′E 148,153,156
敦賀 35°40′N136°05′E 156,205
津和野 34°29′N131°45′E 148
ディウ(インド) 20°42′N70°59′E 140
ディラオ(フィリピン) 14°56′N120°38′E 141
出羽 38°44′N139°50′E 21,57,71
出羽山脈 13
出羽洞窟 32°48′N131°27′E 33
天王 33°59′N131°57′E 39
天津(中国) 39°07′N117°08′E 191,192,205
天神橋 33°50′N135°53′E 35
天台山(中国) 29°09′N121°02′E 67,112
天王山 36°58′N140°31′E 39
天龍寺 35°01′N135°41′E 113,146
土井ヶ浜 34°13′N130°58′E 39
唐(中国)* 66
東京/江戸 35°42′N139°46′E 13,15,20,21,22,33,35,126,148,156,170,195,201,204,205
等持院 34°59′N135°45′E 84,146
東大寺 34°41′N135°51′E 57,73,84,97,113,146
道後 33°52′N132°43′E 113,153
登州(中国) 37°30′N122°05′E 67
遠江* 21
東福寺 34°59′N135°47′E 113,146
当麻 34°32′N135°46′E 156
十勝岳 43°27′N142°41′E 18
尖石 36°00′N138°29′E 35
常盤 39°24′N141°13′E 39
徳島 34°03′N134°34′E 21,22,98,148,170,205
徳之島 27°40′N129°00′E 13
トコロ貝塚 44°07′N144°04′E 35
常呂川 43°30′N143°53′E 33
土佐* 21,170
栃木* 21
鳥取 35°32′N134°12′E 21,22,148,153,170
轟貝塚 32°43′N130°38′E 35
鳥羽 34°29′N136°51′E 148
投馬 46
苫小牧 42°39′N141°33′E 22
富山 36°42′N137°14′E 21,22,126,148,153,170,205
豊川 34°50′N137°26′E 22
豊橋 34°46′N137°22′E 205
登米 38°41′N141°12′E 156
トラック島(アメリカ) 7°12′N151°18′E 195,201,204
鳥居峠 36°00′N137°49′E 148
トルファン 42°55′N89°06′E 52
トレド(スペイン) 39°52′N4°02′W 140
登呂 34°58′N138°25′E 39
十和田八幡平国立公園 22
トンキン* 201
敦煌(中国) 40°28′N94°47′E 66

ナ 行

奴 33°34′N130°42′E 46
ナウル島(太平洋) 0°32′S166°55′E 195,204
苗代川 33°20′N130°24′E 133
中尾 31°53′N130°46′E 35
長井 33°44′N130°59′E 39
長岡(新潟) 37°27′N138°50′E 22,148,205
長崎/長崎(長崎) 32°45′N135°42′E 35,70
長崎 32°45′N129°52′E 13,20,22,33,141,143,148,153,170,204,205
中津 33°37′N131°11′E 153
中津川 35°32′N137°30′E 148
長門* 21
長野 36°39′N138°10′E 21,22,156,170
中林 36°26′N138°38′E 33
中原 36°08′N137°56′E 35
中村 33°02′N132°58′E 119
中山 34°24′N132°30′E 39
那古寺 35°00′N139°54′E 146

勿来関 36°54′N140°46′E 71
名古屋 35°08′N136°53′E 13,20,21,22,126,148,156,170
名護屋 33°18′N129°52′E 133
那須岳 37°08′N139°58′E 18
那須湯本 37°00′N140°05′E 156
那智* 57
那智の滝 33°40′N135°54′E 84
七尾 37°03′N136°58′E 119,153
難波 34°30′N135°30′E 67,70,84
那覇 26°14′N127°40′E 13,21,33,143
ナポリ* 140
ナポリ(イタリア) 40°50′N14°15′E 180
奈良/平城京 34°41′N135°50′E 20,21,22,57,67,70,84,98,113,119,148,156,170
成田 37°00′N140°25′E 33
鳴海 35°02′N136°58′E 156
南京(中国) 32°02′N118°52′E 109,195,201,204
南昌(中国) 28°37′N115°57′E 109
南西諸島 13,15,18,39
南禅寺 35°01′N135°48′E 146
男体山 36°47′N139°29′E 18
南海(中国) 23°09′N113°20′E 39
南部 39°38′N141°58′E 143

新潟 37°58′N139°02′E 13,21,22,143,148,170,205
新潟平野 13
新島 34°27′N139°18′E 13
新居浜 33°57′N133°15′E 22
新山 34°34′N135°45′E 41
丹生 33°08′N131°47′E 33
ニコバル諸島(インド) 204
ニコラエフスク(旧ソ連) 53°20′N140°44′E 195,201
西志賀 35°02′N136°54′E 39
西田 39°25′N141°10′E 35
西本願寺 34°59′N135°45′E 146
二条 35°01′N135°45′E 126
日原 34°36′N131°50′E 170
日光 36°45′N139°37′E 119,148,156,170
日光国立公園 22
二本松 37°37′N140°26′E 156
ニューアイルランド島(パプアニューギニア) 2°30′S151°30′E 195,204
ニューカレドニア島(フランス) 21°30′S165°30′E 195,204
ニューギニア 195,201,204
ニュージョージア島(ソロモン諸島) 8°11′S160°36′E 204
ニューブリテン諸島(パプアニューギニア) 195
ニューヘブリデス諸島(太平洋) 195,204
仁徳天皇陵 34°34′N135°29′E 41

沼田 36°38′N139°03′E 153
沼津 35°08′N138°50′E 98,148,205
沼津貝塚 38°26′N141°24′E 35

寧波/明州(中国) 29°56′N121°32′E 67,109,112,195,205
根来 34°13′N135°16′E 97,133
寝覚床 35°41′N137°38′E 156
鼠ヶ関/念珠関 38°34′N139°34′E 73,98,156
熱河* 201
根室 43°20′N145°33′E 23,143

濃尾* 41
濃尾平野 13
野川 35°31′N139°30′E 33
野沢 36°38′N137°41′E 33
野尻 34°47′N137°43′E 148
能代 40°13′N140°00′E 148
能登* 21
能登客院 37°00′N136°48′E 67
能登半島 13
延岡 32°36′N131°40′E 22,148,153

ハ 行

海城(中国) 40°53′N122°45′E 191
博多 33°38′N130°24′E 20,67,105,109,119,143,153
馬韓* 46
バガン(ミャンマー) 21°07′N94°53′E 52
萩 34°25′N131°22′E 148,153,170
ハーグ(オランダ) 52°05′N4°16′E 180
白山 36°10′N136°46′E 13,14,57,97
白山国立公園 22
白村江(韓国) 35°57′N126°42′E 67
羽黒山* 59
函館/箱館 41°46′N140°44′E 13,22,143,148,170
箱根 35°14′N139°06′E 148,156

長谷寺 34°30′N135°51′E 146
バタビア(インドネシア) 6°08′S106°45′E 141,204
八王子 35°40′N139°20′E 205
八丈島 33°05′N139°51′E 13
八戸 40°30′N141°30′E 22,148,170
初瀬 34°42′N136°02′E 156
花泉 38°50′N141°03′E 33
花輪台 35°55′N140°05′E 35
ハノイ(ベトナム) 21°01′N105°53′E 141,201
ハノーバー(ドイツ) 52°23′N9°44′E 180
ハバナ(キューバ) 23°07′N82°25′W 141
ハバロフスク(旧ソ連) 48°30′N135°06′E 195,205
パプア* 195,201,204
浜北 34°48′N137°54′E 33
浜田 34°56′N132°04′E 148
浜松 34°42′N137°42′E 20,22,126,148,170,205
パラオ諸島(アメリカ) 195,201,204
原ノ辻 33°45′N129°43′E 39
パリ(フランス) 48°52′N2°20′E 180
バリ島(インドネシア) 8°20′S115°07′E 204
播磨* 21
バルセロナ(スペイン) 41°25′N2°10′E 140,180
ハルピン(中国) 45°45′N126°41′E 192,195,201,204,205
バレアレス諸島(スペイン) 140
パレンバン(インドネシア) 52
ハワイ島(アメリカ) 19°30′N155°30′W 204
バンコク(タイ) 13°44′N100°30′E 141,201,204
磐梯朝日国立公園 22
磐梯山 37°36′N140°04′E 18
バンタム(インドネシア) 6°00′S106°09′E 141
ハンブルグ(ドイツ) 53°33′N10°00′E 180

比叡山 35°05′N135°50′E 57,84,97
東内モンゴル自治区* 195
東本願寺 34°59′N135°46′E 146
東山 37°30′N139°45′E 33
肥後 32°49′N130°38′E 21,133
彦崎貝塚 34°27′N133°42′E 35
英彦山* 57
彦根 35°17′N136°13′E 126,170
聖嶽 34°35′N131°16′E 33
肥前* 21,170
備前* 21
日田 33°20′N130°56′E 170
飛驒 36°17′N137°23′E 21,100
飛驒山脈 13,14,156
日立 36°35′N140°40′E 22,205
常陸* 21
備中* 21
日永 34°56′N136°31′N 156
日ノ岡 35°22′N129°34′E 105
姫路 34°50′N134°40′E 22,126,148,153,170,205
姫谷 34°35′N134°12′E 133
日向 32°25′N131°38′E 21,41
兵庫 34°44′N135°16′E 21,113,143,148
平等院 34°55′N135°48′E 84
ピョンヤン →平壌
平泉 39°00′N141°05′E 97,98,156
平川 31°29′N130°31′E 35
平沼 36°15′N137°54′E 35
平戸 33°22′N129°31′E 105,109,133,141,148,153
平戸島 33°17′N129°28′E 13,170
ビリニュス(旧ソ連) 54°40′N25°19′E 180
弘岡 33°35′N133°32′E 119
弘前 40°34′N140°28′E 126,148,153,170
広島 34°23′N132°27′E 13,20,21,22,126,148,153,170,191,192,205
広田 30°27′N130°58′E 39
日和田 37°30′N140°22′E 156
備後* 21

フィジー諸島(太平洋) 195,204
フィリピン(フィリピン) 13°00′N123°00′E 141,195,201,204
フィレンツェ(イタリア) 43°47′N11°15′E 140
深川 34°27′N131°20′E 133
福井 36°04′N136°12′E 21,22,148,156,170,205
福井洞窟 33°21′N129°42′E 33
吹浦 39°11′N139°54′E 156
福江 32°41′N128°52′E 153
福江島 32°40′N128°45′E 13
福岡 33°39′N130°21′E 13,20,21,22,33,73,126,148,170

235

地名索引

福島 37°44′N140°28′E 21, 22, 148, 156, 170
福島 35°50′N137°42′E 148
福州(中国) 26°09′N119°21′E 67, 109, 195
福田 34°34′N134°20′E 39
福知山 35°19′N135°08′E 148
福建(中国)* 195
福原 34°40′N135°10′E 73, 100
福間 33°46′N130°23′E 105
福山 34°29′N133°21′E 126, 143, 148, 205
ブーゲンビル島(パプアニューギニア) 6°00′S 155°00′E 204
布佐 35°51′N140°08′E 156
釜山/プサン(韓国) 35°05′N129°02′E 13, 105, 109, 133, 191, 192, 195, 205
富士 35°10′N138°37′E 22
藤沢 35°22′N139°29′E 39, 148
富士山 35°23′N138°42′E 13, 14, 18, 57, 98, 146
富士箱根伊豆国立公園 22
伏見 34°57′N135°46′E 170
藤原京 34°30′N135°49′E 70
豊前* 21
ブダガヤ(インド) 24°42′N85°00′E 52
ブダペスト(ルーマニア) 47°30′N19°03′E 180
府中 →静岡
府内〔対馬〕 34°18′N129°20′E 148
府内 33°17′N131°37′E 119, 148, 153
舟塚山 36°10′N140°21′E 41
舟津原貝塚 34°33′N133°38′E 35
船元 34°28′N134°20′E 35
船山 32°54′N130°36′E 41
撫寧 39°52′N119°15′E 192
プノンペン(カンボジア) 11°35′N104°55′E 141
扶余(韓国) 36°17′N126°54′E 52
ブラゴベシチェンスク(旧ソ連) 50°19′N 127°30′E 195, 201
プラハ(チェコスロバキア) 50°05′N14°25′E 180
フランクフルト(ドイツ) 50°06′N8°41′E 180
ブリュッセル(ベルギー) 50°50′N4°21′E 180
ブルネイ* 195, 201, 204
ブルネイ(ブルネイ) 4°56′N114°58′E 141
ブレスト(フランス) 48°23′N4°30′W 180
不破 35°21′N136°24′E 156
豊後* 21

平安京 →京都
平(中国) 39°33′N118°56′E 67
平壌/ピョンヤン(北朝鮮) 39°00′N125°47′E 15, 39, 46, 109, 133, 191, 192
平城京 →奈良
北京(中国) 39°55′N116°25′E 15, 109, 140, 191, 192, 195, 201, 204, 205
ペグー(ミャンマー) 17°18′N96°31′E 52
別府 33°18′N131°30′E 22
ペテルスブルグ(旧ソ連) 59°55′N30°25′E 180
ベルリン(ドイツ) 52°32′N13°25′E 180
弁韓* 46
伯耆* 21
放光寺 31°51′N130°12′E 39
澎湖諸島(台湾) 191, 201
豊州(中国) 40°34′N107°15′E 66
房総半島 13
防長 34°01′N131°24′E 143
坊津 31°19′N130°13′E 67, 109, 153
奉天/瀋陽(中国) 41°45′N123°29′E 191, 192, 195, 201, 204, 205
法隆寺 34°36′N135°44′E 57, 84
星野 36°20′N139°33′E 33
ボストン(アメリカ) 42°21′N71°04′W 180
細島 32°25′N131°36′E 100
渤海* 67
法起寺 34°38′N135°44′E 57
法華経寺 34°47′N140°00′E 113, 146
ポートナタル(南アフリカ) 30°44′S30°27′E 140
ポートモレスビー(パプアニューギニア) 9°30′S147°07′E 204
保美 34°39′N137°10′E 156
保良宮 34°55′N135°54′E 70

堀ノ内 35°41′N139°39′E 35
ボルドー(フランス) 44°50′N0°34′W 180
ボルネオ 1°00′N114°00′E 141, 195, 201, 204
ボロブドゥール(インドネシア) 7°36′S 110°08′E 52
本宮 33°49′N135°47′E 84
本郷 34°05′N131°24′E 33
本国寺 35°00′N135°46′E 146
香港(イギリス) 22°15′N114°15′E 195, 201, 204
本荘 39°27′N140°02′E 148
本門寺 35°35′N139°42′E 146
本薬師寺 34°31′N135°47′E 57

マ 行

前田 37°27′N140°30′E 35
前橋 36°24′N139°04′E 21, 170
マカオ(ポルトガル) 22°13′N113°36′E 109, 201
マーカス島 →南鳥島
マグダガチ(旧ソ連) 53°27′N125°44′E 195
馬山(韓国) 35°10′N128°35′E 105
馬山浦 35°12′N128°36′E 192
マーシャル諸島(アメリカ) 195, 201, 204
桝形囲 38°19′N141°02′E 39
益田 34°40′N131°51′E 119
増田 34°30′N143°47′E 33
マダガスカル島(インド洋) 17°00′S46°00′E 140
松浦(九州) 33°21′N129°44′E 75, 105, 109
松江 35°29′N133°04′E 21, 22, 126, 148, 153, 170
松尾神社 35°02′N135°42′E 57
松坂 34°35′N136°32′E 153, 170
松島 38°22′N141°02′E 156
松原客院 34°35′N135°33′E 67
松前 34°40′N140°06′E 148, 153, 170
松本〔長野〕 36°18′N137°58′E 22, 126, 148, 170
松本〔島根〕 35°20′N132°55′E 41
松本〔山口〕 34°21′N131°25′E 133
松山 33°50′N132°47′E 21, 22, 126, 148, 205
マドリード(スペイン) 40°25′N3°43′W 140
マニラ(フィリピン) 14°36′N120°59′E 141
マヌス島(パプアニューギニア) 2°00′S 147°00′E 204
マラッカ(マレーシア) 2°14′N102°14′E 141
マリアナ諸島(アメリカ) 195, 201, 204
マルク(インドネシア) 1°05′N127°30′E 141
マルセイユ(フランス) 43°18′N5°22′E 180
満州*/満州国* 191, 192, 201, 204, 205
万寿寺 35°03′N135°44′E 113
三戝 41°10′N140°25′E 148
三重* 21
三河* 21
三雲 33°28′N129°59′E 39
御蔵島 34°05′N139°39′E 13
神子柴 35°52′N137°59′E 33
三朝 35°31′N133°54′E 98
水沢 39°10′N141°07′E 153
水島 34°32′N133°44′E 22, 98
三隅 34°49′N132°04′E 153
三津 33°13′N130°16′E 39
三井寺 35°53′N135°41′E 84
三ヶ日 34°41′N137°48′E 33
ミッドウェー島(アメリカ) 28°15′N177°25′W
水戸 36°22′N140°29′E 21, 148, 153, 170, 205
水口 35°00′N136°10′E 156
港川 26°16′N127°43′E 33
水俣 32°13′N130°23′E 22
南アルプス国立公園 22
南御山 37°30′N139°58′E 39
南鳥島/マーカス島 24°18′N153°58′E 15, 195, 201, 204
峯畑 35°55′N137°50′E 35
美濃 35°34′N136°56′E 21, 148
三原山 34°43′N139°23′E 18
美作* 21
任那* 67
三村寺 36°12′N140°16′E 113
宮 35°04′N136°57′E 148
宮城* 21
三宅島 34°08′N139°33′E 13

宮古 39°38′N141°59′E 148
宮古島 24°46′N125°16′E 13
宮崎 31°56′N131°27′E 21, 148, 170
宮田 33°43′N130°41′E 35
宮山 34°52′N134°50′E 33
宮ノ内 34°52′N139°06′E 98
宮ノ台 35°26′N140°23′E 39
ミュンヘン(ドイツ) 48°08′N11°35′E 180
妙音寺 36°02′N138°58′E 146
妙顕寺 35°00′N135°46′E 146
妙心寺 35°01′N135°43′E 146
妙蓮寺山 35°22′N132°39′E 41
ミラノ(イタリア) 45°28′N9°12′E 140, 180
三輪山* 57
明(中国)* 133, 141
ミンダナオ島(フィリピン) 7°30′N125°00′E 204
武蔵* 21
陸奥* 21
宗像 33°49′N130°35′E 73, 97
村上 38°13′N139°28′E 170
室生口 34°29′N136°05′E 84
室生寺 34°31′N136°04′E 84
室戸岬 33°13′N134°11′E 13
室八島 36°24′N139°52′E 156
室蘭 42°21′N140°59′E 22, 143

明州 →寧波
雌阿寒岳 43°24′N144°01′E 18
メキシコ(メキシコ) 19°25′N99°10′W 141
目久美 34°28′N133°23′E 39

最上 38°46′N140°31′E 170
木浦(韓国) 34°50′N126°25′E 133, 192
モコト貝塚 43°59′N144°16′E 35
モザンビーク(モザンビーク) 15°00′S40°44′E 140
盛岡 39°43′N141°08′E 21, 22, 148, 153, 170
森崎 34°13′N134°36′E 35
守山 35°03′N136°00′E 39
茂呂 35°33′N139°47′E 33

ヤ 行

焼津 34°52′N138°20′E 22
八尾 34°38′N135°36′E 153
八木 35°06′N135°26′E 153
薬師寺 34°40′N135°47′E 57
屋久島 30°20′N130°30′E 13, 22, 67, 97, 98, 109, 113, 148, 153, 170
焼山 34°50′N140°40′E 18
八坂神社 35°00′N135°47′E 57
屋島 34°21′N134°06′E 98
休場 35°06′N138°51′E 33
八代 34°30′N130°37′E 22, 73, 133, 148, 153
ヤップ島(アメリカ) 9°23′N138°29′E 201, 204
柳川 35°43′N138°49′E 35
ヤマウス 44°58′N142°33′E 35
山形 38°16′N140°19′E 21, 22, 148, 170
山県 35°21′N136°50′E 97
山川 31°12′N130°37′E 109, 148, 153
山木 35°01′N138°54′E 39
山口 34°10′N131°28′E 21, 119, 153
山崎 34°53′N135°41′E 133
山下 32°44′N130°37′E 41
山科本願寺 34°59′N135°50′E 119
山城* 21, 70, 84
山添 33°30′N130°28′E 41
山田寺 34°30′N135°50′E 57
大和* 21, 46, 70, 84
山中 34°16′N136°23′E 156
山梨 35°44′N138°33′E 21, 22
山畑 34°42′N135°40′E 41
弥生町 35°39′N139°46′E 39
槍ヶ岳 36°21′N137°39′E 13, 18
八幡 33°00′N132°56′E 153

遊寺 35°20′N139°19′E 146
夜臼 33°42′N130°26′E 39
湧別 44°14′N143°32′E 33
由義宮 34°39′N135°38′E 70
油津 31°36′N131°23′E 153
湯殿山 38°42′N140°00′E 57

榆林(中国) 38°52′N110°05′E 109
横倉山 33°33′N133°25′E 98
横田河原 36°38′N138°11′E 98
横手 39°20′N140°31′E 126
横浜 35°28′N139°28′E 13, 20, 21, 22, 33, 35, 180
横道 37°52′N139°35′E 33
吉崎 36°10′N136°20′E 119
吉田〔北海道〕 43°36′N144°00′E 33
吉田〔愛媛〕 33°17′N132°30′E 143
吉田〔愛知〕 35°48′N137°25′E 148, 156
吉田本願寺 35°01′N135°47′E 57
吉野 34°24′N135°54′E 84, 156
吉野熊野国立公園 22
吉野山* 57
吉見 10°39′N139°29′E 41
四日市 34°58′N136°38′E 22, 205
米子 35°27′N133°20′E 148
米ヶ森 39°26′N140°20′E 33
米沢 37°56′N140°06′E 22, 148, 153, 170

ラ 行

ラエ(パプアニューギニア) 6°45′S147°00′E 204
楽山 35°28′N133°05′E 133
洛陽(中国) 34°47′N112°26′E 39, 46, 52, 66
ラサ(中国) 29°41′N91°10′E 52
ラバウル(パプアニューギニア) 4°24′S 152°18′E 204
羅浮山(中国) 23°22′N114°48′E 52
ラングーン(ミャンマー) 16°47′N96°10′E 201, 204
灤県(中国) 39°45′N118°44′E 192
蘭州(中国) 36°01′N103°46′E 66
陸中海岸国立公園 22
利尻島 45°10′N141°12′E 13
利尻礼文サロベツ国立公園 22
リスボン(ポルトガル) 38°44′N9°08′W 140
立石寺 38°20′N140°26′E 119, 156
リバプール(イギリス) 53°25′N2°55′W 180
琉球諸島 13, 109, 191, 201
龍河洞 33°36′N133°46′E 39
竜門司 31°46′N130°38′E 133
涼州(中国) 37°43′N101°58′E 66
遼東半島* 191, 192
遼陽(中国) 41°16′N123°12′E 191, 192
旅順/アーサー港(中国) 38°46′N121°15′E 191, 192, 195, 205
リヨン(フランス) 45°46′N4°50′E 180
ルアンダ(アンゴラ) 8°50′S13°15′E 142
ルアン(フランス) 49°26′N1°05′E 180
ルクセンブルク* 180
ルソン島(フィリピン) 17°50′N121°00′E 141, 204
霊芝寺 34°13′N134°33′E 146
レイテ島(フィリピン) 10°40′N124°50′E 204
礼文島 45°23′N141°00′E 13
ローマ(イタリア) 41°53′N12°30′E 140, 180
ロンドン(イギリス) 51°30′N0°10′W 180

ワ 行

隈府 33°00′N130°48′E 119
和歌浦 34°12′N135°12′E 156
若狭* 21, 84
若松 37°30′N139°58′E 126, 170
和歌山 34°12′N135°10′E 21, 22, 148, 170, 205
倭国* 46
鷲羽山 34°27′N133°48′E 33
輪島 37°23′N136°53′E 148
ワシントン(アメリカ) 38°55′N77°00′W 180
和田 31°12′N138°13′E 146
稚内 45°26′N141°43′E 22
ワルシャワ(ポーランド) 52°15′N21°00′E 180

索　引

イタリック数字の頁は，図版または地図の説明文に対応する．

ア 行

愛国社　182
相沢三郎　201
『会津農書』　141
アイヌ語　36
アイヌ人　23,36,37,*37*
赤染衛門　78
秋月の乱　175
明智光秀　132,*133*
浅井了意　146
浅間山　137
朝日新聞社　197
足利学校　*119*
足利尊氏　105
足利義昭　*106*,132
足利義教　106
足利義政　106
足利義満　105,108,*123*
阿闍梨　85
飛鳥　59
飛鳥川　59
飛鳥寺　54,*59*
飛鳥文化　57
安土城　126,142
校倉造り　65
阿蘇国立公園　29,*30*
阿蘇山　29,*30*
厚司　*37*
阿南惟幾　204
安倍頼時　95
アヘン戦争　138,*143*
天草四郎　136
天照大神　44,50
阿弥陀信仰　88
阿弥陀仏　110
新井白石　136
有栖川宮　205
有田焼　*160*
在原業平　77,78
安康天皇　46
安重根　192
安藤広重　152,186,*186*
安徳天皇　72
『安楽集』　90

飯尾宗祇　*119*,120
井伊直弼　168
イエズス会　108,126,136,144
家元制度　152,155
いき　154
生田万の乱　*143*
池大雅　154
池坊専好（2代）　147
異国船打払令　184
伊弉諾尊　12
伊弉冉尊　12
石川数正　*126*
石川丈山　146,*222*
石田三成　134
石山切　*74*
維新官僚　173
伊豆山権現　100
和泉式部　76,78,81
出雲　50
出雲大社　51,*51*
伊勢　50,*51*,117
伊勢（歌人）　74,76,77
伊勢神宮　50,84,117,147,155
伊勢参り　155
伊勢曼陀羅　*166*
伊勢詣　84
『伊勢物語』　78
板垣退助　181,*181*,182
板付遺跡　40
市川海老蔵　*165*
市川猿之助　*131*
市川団十郎　149
一条天皇　78
市場　108
一揆　108

一休宗純　115
厳島神社　83,*166*
一向一揆　110
一向宗　106,111
一向衆　132
一遍　91,111,*111*,113
『一遍聖絵』　111,*111*,120
一芳斎芳藤　*184*
位田　73
伊藤博文　173,179,181,*181*,183,189
稲作遺跡　38
稲作栽培　38
稲作の道　39
因幡通龍　162
稲村三伯　154
犬養毅　199,200,*202*
犬公方　136
井上毅　179
井原西鶴　138,151,152,*165*
異風異体　145
今井宗久　142
今川義元　132
色川大吉　178
いろはカルタ　144
岩倉遣外使節団　169,170,178,179, 180
岩倉具視　172,173,175,179,*179*,182
岩宿遺跡　*32*
允恭天皇　46
院政　72
印籠　162

ヴェルサイユ会議　200
ヴェルサイユ条約　*194*
宇垣一成　200
浮世　164
浮世絵　130,152,158,164,*178*, *184*,186,*186*
浮世草子　164
氏　44
宇治　90,91
宇治嘉太夫　149
右大臣　173
歌川国貞　*131*,*165*
歌川国政　*165*
歌川貞秀　*178*
歌川豊春　*166*
宇多天皇　72,77,*84*
打毀し　137,*143*
内村鑑三　189
海の影響　15
浦賀　*143*,*184*
裏千家　150
ウラル・アルタイ語　36
運上金　138

『栄華物語』　72
永観　91
栄西　113,114,*114*
叡尊思円　115
ええじゃないか　155,168
慧遠　90
江上波夫　44
易　117
疫病　61
絵暦　*159*
蝦夷　36,94
江戸　135,138,139,154,158
江戸城　135,*142*,171
江戸っ子　154
『江戸名所図会』　155
江藤新平　175,181
エネルギー資源　19
榎本武揚　171
絵巻物　96,*103*
エレキテル　154
円珍　85
円爾　114
円仁　85
円応寺　*113*
延暦寺　56,70,83,85,*106*,116,132
『蓋録』　144

『笈の小文』　*157*
奥羽越列藩同盟　169,*171*

奥州藤原氏　96
『往生要集』　91,*93*,111
王政復古の大号令　168,*171*,185
王朝文化　147
応仁の乱　106,*106*,108
欧陽詢　81
往来物　156
大内義隆　*152*
大岡忠相　137
大来佐武郎　209
正親町天皇　142
大久保利通　173,175,179,181
大隈外相暗殺未遂事件　189
大隈重信　173,183,193
大河内正敏　145
大阪（大坂）　28,139
大阪会議　182
大坂城　142
大塩平八郎の乱　138,*143*
大島浩　202
大庄屋　139
大相撲　*165*,*217*
大田文　74
大槻磐水　144
大友宗麟　*152*
大原光廣　162
大村純忠　*152*
大村益次郎　169,*177*
大森貝塚　32,*32*,34
大山巌　175
岡倉天心　178
小笠原諸島　12
岡田啓介　200
尾形光琳　152
沖縄　12,31,203
荻生徂徠　154,177
阿国かぶき　130,147
『奥の細道』　*157*
奥村政信　*130*
小栗宗湛　119
桶狭間の戦い　132
織田信長　106,*106*,110,132,*132*, 133,134,135,142
小野小町　76,77,*163*
小野好古　95
帯　152
表千家　150
親潮　16
女形　*131*,149
オランダ　154
織物技術　38
オールコック，ラザフォード　186
卸市場　108
園城寺　85
温泉　*27*
陰陽道　117

カ 行

改易　134,136
開港　168,*170*
外国貿易　139
開国和親　169
改進党　182
懐石　142,*150*,151
『改造』　198
『解体新書』　154
開拓使官有物払い下げ事件　182
『懐風藻』　63
鏡　*39*,*45*
柿右衛門　*160*
『書捨文』　147
柿本人麿　*76*
部曲　59
学制　176,*177*
『学問のすゝめ』　178
隠れキリシタン　147
家訓　138
『蜻蛉日記』　76,77
鹿児島　30
カサット，メリー　186
火山　12,*12*
火事　155
『鹿島紀行』　*157*

春日神社　56,*56*,63,70
化政文化　155,156
河川　14
華族制度　171,173,183
華族令　183
刀　102
刀狩　106,133
刀狩り　*106*,133
片山哲　209
家畜　*157*
花鳥風月　118
勝海舟　171
葛飾北斎　152,186,*186*
桂太郎　175,188,192
桂離宮　*123*,147
加藤高明　199
過度経済力集中排除法　208
仮名　*74*,77
金沢文庫　*119*
仮名草子　146
金子堅太郎　190
狩野永徳　142
狩野山楽　142
狩野派　118,119,*126*,142
狩野正信　119
姓　44
『楽府』　81
かぶり　147
歌舞伎　130,*131*,147
歌舞伎座　*130*
かぶき者　145
貨幣　108
鎌倉　99,*99*,112
鎌倉新仏教　110,*113*
鎌倉幕府　105,112
神風　*104*,107
神の概念　48
歌銘　147
鴨長明　120
賀茂真淵　154
カラクリ　155
樺太　24
唐物　118,120,150,160
カルサン　144
カルタ　144
枯山水　119,121,*122*
家禄税　174
家禄奉還制度　174
川崎・三菱造船所争議　196
観阿弥　120,124
冠位十二階　57
寛永文化　146,147
官業払い下げ　188,*188*,193
元興寺　63
勘合貿易　108,*108*
関西地方　28
灌頂　88
勘定奉行　134
鑑真　63
寛政異学の禁　138
寛政改革　137,138,139,155
関税自主権の回復　190
関税自主権の喪失　*184*
観世音菩薩　*113*
間接統治　206
貫高制　108
関東軍　200,202
関東大震災　12,196,198
関東地方　25
関東平野　25,*34*
関東ローム層　34
漢委奴国王　44,*45*
観音　53
観音霊場八十八カ所　29
関白　71,*132*
漢文　77
桓武天皇　61,65,68,69,70,83,88,95
関門海峡　29
寒流　16
官僚制　60

祇園祭り　*224*
企業別労働組合　210
気候　12,17,*17*

岸信介　206
『魏書』　45,*46*
義湘　100
寄生地主制　207
生世話　149
貴族院　183
貴族社会　107
貴族の生活　74
貴族文化　68,74
喜多川歌麿　152,*165*,*186*
北九州市　29
北野大茶湯　144
北野天満宮　*183*
木戸孝允　169,173,179,180,181,182
木下長嘯子　146
紀貫之　77,*77*
黄海の戦　96
騎馬民族　42,44
奇兵隊　*177*
義務教育　176
着物　152,*157*
九カ国条約　200
狩野派　
九州　12,29
旧石器時代　32,*32*,34
教育勅語　172,189,197
景戒　65,78
行基　65
狂言　120,124,*124*
凶作　137
行商人　108
京都　28,68,*68*,69,108,121
京都帝国大学　176
享保改革　136
極東委員会　206
極東国際軍事裁判　206
居住パターン　20
清原清衡　96
清原武則　95,96
清原光頼　96
義理　151
キリシタン　136,144,*152*
キリシタン禁令　136
霧島屋久国立公園　30
キリスト教　48,109,*141*,144
キリスト教禁令の撤廃　189
奇麗数寄　147
義和団事件　190
金印　*44*,*45*
金解禁　200
『金槐和歌集』　118
金閣　*123*
金属器　32
金属技術　38
禁中並公家諸法度　135,*139*
均田制　73
金平浄瑠璃　149
欽明天皇　54
禁門の変　168
金融恐慌　196,*196*
禁裏御料　146
金禄公債　173,174,177,188
金禄公債証書発行条例　174

空海　70,84,85,*85*,86,88,*222*
空襲　203,205,207
空也　91,*93*,111,*111*
久隅守景　145
九谷焼　*160*
百済　46,54
功田　73
国造　44,59
熊野三山　116
熊野神社　84
熊野詣　*84*
組頭　139
久米邦武　169,181
クラーク，ウィリアム・S　23,*23*
鞍作止利　55
グルー，ジョセフ　204
呉海軍工廠　210
黒潮　15
軍記物　95,118
軍国主義勢力の一掃　206
郡司　60
軍人勅諭　172,188

索引

郡制 188
軍部大臣現役武官制 188
軍役 134

慶應義塾 179
恵果 85
経済安定九原則 209
警察予備隊 207
恵慈 55
『傾城浅間嶽』 149
恵聰 55
京浜地帯 26
劇場 149,151
下剋上 104,106,133,144
華厳経 63
華厳宗 64
ケプロン, ホーレス 23,23,181
検見法 139
喧嘩停止令 133
顕教 88
元弘の変 105
源氏 95,96,104,112
『源氏物語』 68,78,79
原子爆弾 30,204,205
見性成仏 114
原子力エネルギー 19
源信 91,93,110
遣隋使 67
県制 21
憲政の常道 199
現世利益 64
検地制 106,133,139
検地帳 133
剣道 163
遣唐使 59,67,76,83,85
源平の戦 99
憲法十七条 55,57
建武の新政 105
倹約令 137
元老 199
元老院 182
元禄歌舞伎 149,149
元禄文化 151,154

小磯国昭 203
5・15事件 199,200
後一条天皇 72
古伊万里 160
郷学 156
公儀 133
公議政体論 181
皇居 135
『興業意見』 194
航空隊 207
高句麗 46
孝謙天皇 63,70
考古学 32
甲午農民戦争 190,190
高山寺 114
皇室 61
工場法 198
『好色一代男』 151
公職追放 206
甲申事変 189
公地公民 59
交通 31
皇道派 201
高度経済成長 212
公武合体運動 168
興福寺 56,58,63
工部大学校 198
鉱物 19
神戸 27,28
神戸ポートピア 27
弘法大師 83
光明皇后 66
高野山 70,86,88,88,116,222
幸有 113
評 59
御恩 94
五街道 139,149
古学派 154
五箇条の誓文 169,173
コーカソイド 37
『後漢書』 44,44,45
『古今和歌集』 68,77
国学 154,173
国衙領 72,74
国際化 17
国際政治 212
国際連盟 198
国際連盟の脱退 200
国司 60
国体護持 204
石高制 133,144
国分寺 57,62,63

国分尼寺 57,62,63
国民総生産 209,210,210
国民党 199,200
黒曜石 34
古渓宗陳 143
御家人 99,102
護憲運動 192,198,208
護憲三派内閣 199
小作争議 196
後三年の役 95,96
『古事記』 32,45,48,61,100,154
五重塔 54,54
後白河天皇 72,96,99,105
御親兵 172
戸籍 59,61
御前会議 199,202
小袖 152,157
後醍醐天皇 105,112
『五大力恋織』 149
五大老制 106
国会開設の詔 182
国会期成同盟会 182
国家神道 206
ゴッホ, ヴィンセント・ヴァン 186
古道 154
後鳥羽上皇 105
五人組制度 138
近衛上奏文 203
近衛文麿 200,201,202
近衛兵 172,181
近衛・ルーズベルト会談 203
小林清親 190
古墳 42,43,46
古墳時代 32,42
古墳の副葬品 42
古墳文化 41
五榜の掲示 169
小堀遠州 146,147
後水尾天皇 135,146,147
米騒動 196
米の栽培 38
小物成 139
コレジオ 144
金剛界曼陀羅 86,87,117
金光経 55
金剛峰寺 70,86,88,222
金光明経 63
『今昔物語』 78,95,114
健児の制 94
墾田永年私財法 73
コンビナート 29
金平糖 144
金碧濃彩画 142

サ 行

座 108
西園寺公望 199
西行 118
西郷隆盛 171,175,180,181
西郷従道 175
西国三十三カ所 155
『西国三十三カ所図会』 155
『西国立志編』 179,182
祭政一致 173
細石器 34
西大寺 63
最澄 70,83,83
斉藤実 200,201
西都原古墳 43
在日韓国人 21
財閥 193,196,196
財閥解体 206,208
サイパン陥落 203
在米日本人資産凍結 202
西方極楽浄土 92
西芳寺 122
西明寺 85
蔵王権現 100
堺 109
坂田金時 149
坂田藤十郎 149
嵯峨天皇 70,81,83,88
佐賀の乱 177
作付制限の廃止 177
『作庭記』 122
佐久間象山 178
桜会 202
桜島 30
酒 157
鎖国 16,110,136,139
佐瀬与次右衛門 141
座禅 114
左大臣 173
『佐竹本三十六歌仙』 76
薩長同盟 169

札幌 23
札幌農学校 23,23
佐渡島歌舞伎 144
ザビエル, フランシスコ 144,152
侍 102
『更科紀行』 157
3・15事件 198
三院制 173
山陰地方 28
山岳信仰 14
山岳地帯 12
参議 173
参議院 207
産業報国会 208
参勤交代 110,134
『山家学生式』 84
三国干渉 190,200
『三国志』 45
三十六歌仙 74
三種の神器 50
三条実美 70,85,85
三条西実隆 142
サンスクリット 85
三世一身の法 73
三蔵 52
三大事件建白運動 189
山東出兵 200
山東半島 193,194
サンフランシスコ平和条約 206,207
散兵警察 188
参謀本部 188
山陽地方 28
山林 14
三論宗 63

寺院法度 135
自衛隊 207
ジェズイト会 152
紫衣勅諚 135
ＧＨＱ 206,206,208,208,209
地方三役 139
志賀島 44,45
只管打坐 115
職 72,74
私擬憲法草案 182
直訴 140
職田 73
式年造替 51
地獄 92
四国 12,29
四国八十八カ所 155
四国八十八カ所霊場巡り 147
時事新報 179
寺社参詣 166
寺社奉行 134
時宗 91,111
市場の自由化 210
地震 12
静岡市 40
市制 188
詩仙堂 222
氏族社会 44
士族の反乱 169,173,174,175
四諦 52
下地中分 108
七福神 163
執権 105
質地地主 139
十返舎一九 155
シッポク料理 157
シテ 124

三味線 125,144,145,149
朱印状 135
『拾遺集』 76
就学率 197
衆議院 183
衆議院選挙制度 182,183
修身教育 176
終身雇用制 210
終戦の詔勅 205
自由党 181,182
十二単衣 76
自由民権運動 179,181,182
周文 119
宗門人別帳 135
儒学 154
儒教 48,116,136
宿駅制 73
受験戦争 211
修道院 115
守護 105
守護大名 106,106
朱子学 154
儒者 136
十組問屋 139
出生率 22
『出世景清』 149
首都 22
首都圏 25
狩猟採集段階 32
殉死 136
俊仍 115
春闘 208
巡礼 117
書 76,218
攘夷 170,184
攘夷事件 177
荘園 68,72,72,74,104,108
蒋介石 199,202
城郭 126,142
小学校 176
城下町 110,138
承久の乱 105
商業 108
商業資本 137
小国家 41
聖護院 116
成功 94
上皇 72,104
小乗仏教 52,52,55
正倉院 65,66
松竹歌劇団 198
正朝 90,90
浄土経 89
浄土教 110
聖徳太子 54,56,57,57,58
称徳天皇 61,65
正徳の治 136
浄土ヶ浜 27
浄土宗 91,111
浄土真宗 91,110,111,152
浄土仏教 88
証人の制度 136
常任理事国 198
障屏画 142
条坊制 73
聖武天皇 56,61,62,63,64,70,70,83
定免法 139
縄文遺跡 36
縄文時代 32,34
縄文社会 36
縄文狩猟採集文化 34
縄文人 15
縄文中期の文化 34
縄文土器 34
庄屋 139
条約改正 180
条約改正問題 189
醤油 139
『将来之日本』 193
条里制 60,73
生類憐みの令 136
浄瑠璃 125,130,144
笑話宗訴 143
昭和維新 201
昭和恐慌 200
昭和研究会 202
昭和天皇 169,198,199,203,205
諸行無常 96
殖産興業 193
植生 14
植民地 200
女性の参政権 183
如拙 119
食管制度 210

ジョンソン, チャーマーズ 194,209
白河法皇 72,96
新羅 46,47
白鷺城 127
自力 92
私立学校令 189
汁 157
シルクロード 65,66,67
城 126
新大阪国際空港 28
辛亥革命 192
新幹線 31
神祇官 61,173
人口 19,20
人口増加 22
『新古今和歌集』 118
神国 104,107
神護寺 88
壬午事変 189
人骨化石遺物 34
真言宗 70,85,85
震災手形 196,196
神社 48
神社制度 169
心中 151
真珠湾攻撃 200,202,203,204
新人会 198
新人類 212
新田開発 137,140
寝殿造り 90
神道 48,49,51,56,117,173
神風連の乱 175
神仏習合 56,100,117
神仏分離令 117,169
進歩党 203
神武天皇 32,50
新薬師寺 63
新吉原 148
親鸞 91,111,113
森林 15
神話 48,50
神話の起源 32

隋 58
推古天皇 54,58,59
垂迹曼陀羅 56
『隋書』 58
随身 101
水田栽培 38
垂仁天皇 43
水墨画 119
枢密院 183,189
菅原道真 72
杉田玄白 154
助郷役 139
朱雀大路 68,68
素戔鳴尊 50
すし 157
崇峻天皇 54
鈴木貫太郎 203
鈴木商店 196
鈴木春信 152
崇徳上皇 96
スマイルズ, サミュエル 179,182
墨絵 145
隅田川 159
受領 94
『駿府記』 145

世阿弥 120,124
征夷大将軍 105,134
青函トンネル 31
征韓論 171,174,175,180,182
正座法 152
政治勢力 41
清酒 157
清少納言 76,79,81
政体書 173
条約改正 180
青銅器と鉄器の時代 41
政党政治 202
政党内閣 199
西南戦争 171,174,175,177,188
青年将校 200
政友会 196,199,200
清和天皇 71,95
関ヶ原の合戦 106,134
石門心学 156
石油危機 19,210
摂関時代 72
摂関制度 71
雪舟等楊 119,119
摂政 71,198
瀬戸大橋 31
瀬戸内海 16,29
セミナリオ 144
世話浄瑠璃 149

禅　110,114,143
『前漢書』　45
前九年の役　95,96
戦国時代　106
戦国大名　106,106,109,110,132
千手観音　53
仙台　25
煎茶　157
禅寺　121
遷都　70
善導　90,93
千利休　120,142,142,143,145,150
専売制　138
千歯こき　141
前方後円墳　42,42,43
善妙如心　100
占領軍　208
千両役者　149
創価学会　114,211
『装剣奇賞』　162
『宋書』　46
創造神話　48
曹洞禅　115
僧兵　85,116
宗谷海峡　32
僧侶の妻帯許可　110
副島種臣　173,182
蘇我氏　54,58
蘇我稲目　54
蘇我入鹿　58
蘇我馬子　54
蘇我蝦夷　58
『曽根崎心中』　149
租庸調　59
ソ連の対日宣戦布告　204
尊王攘夷　168
村落組織　41

タ 行

大安寺　63
第一国立銀行　189
第1次世界大戦　194,194,196
対華21カ条要求　193,194
大化改新　57,58
大化改新の詔　59
代官　134,139
大航海時代　140
太閤検地　106,133,139
醍醐寺三宝院　116
醍醐天皇　72
大衆の文化　120
大正デモクラシー　196,198
大正天皇　198
大乗仏教　52,52,55,75,83
大政奉還　168
大政翼賛会　202
胎蔵界曼荼羅　86,86,117
大東亜共栄圏　200,202
帯刀禁止　136,173
大徳寺聚光院の襖絵　142
大納言　173
第2次世界大戦　202
対日経済封鎖　204
対日石油輸出禁止　202,204
対日理事会　206
大日本産業報告会　208
大日本帝国　202
大日本帝国憲法　→明治憲法
台風　18
大仏の開眼供養　65
『太平記』　118
太平洋　15
太平洋戦争　12,204
大宝律令　59
大宝令　173
大名行列　127
大名制度　134
太陽暦の採用　180
平敦盛　125
平清盛　83,95,96,99,104
平忠常　95,96
平忠盛　96
平知盛　131
平将門　95,96,104
大陸との地橋　32
大老　134
台湾　190,190
台湾銀行　196,196
台湾出兵　175
高倉天皇　168
高橋是清　198,201
高松塚古墳　32,59
高森遺跡　32
高山右近　152

高床式倉庫　38,66
宝塚歌劇団　198,217
竹内保徳　170
竹崎季長　102,107
武田勝頼　132
竹宮　205
『竹取物語』　78
武野紹鷗　120,142,142
竹本義太夫　149
竹屋庄兵衛　149
太宰府　59
太政官　173
太政大臣　173
大刀　102
脱亜論　178
伊達政宗　141
田中義一　200
田沼意次　137,138,154
煙草　144,145,157
煙草禁止令　155
田畑永代売買禁止令　139
田畑永代売買禁止令の廃止　177
ダム　19
ダラス，ジョン・フォスター　210
他力　92,114
他力本願　110
樽廻船　139
達磨　163
俵屋宗達　152
単一為替レート　209
短歌　63,77
男色　136,149
単独占領　206,208
壇ノ浦の海戦　96,99,105
暖流　15

治安維持法　198,199
地価　22
治外法権　184,190
近松門左衛門　124,149,151
智顗　83
地形　12
地券　177
地質　19,19
千島海流　15
千島列島　12,24
地租　193
地租改正　175,176
地租改正反対一揆　177
秩父事件　183
秩禄処分　174
知藩事　171
地方巡幸　171
地方税　176,177,188
地方武士団　102
地方民会　182
茶　114
茶会　142,143
茶室　143,150
茶の湯　120,142,150,157
忠君愛国　176
中国　16,44
中国式の官僚制度　61
中国地方　28
中世の社会　104,108
中世の神道　117
中世の政治　106
中世の文化　104
中尊寺　96,111
中部地方　26
長安　60,68
重源　62
張作霖爆殺事件　200
逃散　140
長州征伐　168
手水鉢　122,143
朝鮮　16
朝鮮侵略　106
朝鮮昭武　178
朝鮮戦争　207,209
朝鮮特需　209
朝鮮半島　58,59
朝鮮半島侵略　132,133
町村制　188
朝廷　61
重任　94
町人　138
徴兵制　174,175,177,188
潮流　15
地理　12
珍海　91
鎮護国家　56,64
陳寿　45
青島　194,194

通　154

通産省　209

漬物　157
対馬海峡　32
津田宗及　142
妻問婚　76
鶴岡八幡宮　113
鶴屋南北　149
『徒然草』　120

帝国国策遂行要領　203
帝国国防方針　192
鉄道　178,192
鉄砲　132,144
寺請証文　135
寺内正毅　196
寺小屋　155
天下一　142
天下人　104,106,109,132
天下人の文化　142
天下布武　132
伝教大師　83
天守閣　127,142
天津条約　189
天台宗　70,83,83,110
天長節　171
天皇　32,44,134,135
天皇の人間宣言　206
天ぷら　144
転封　134,136
天保改革　138,139,149
伝馬制　139
天武天皇　61
天龍寺　122
天領　139

唐　67
銅戈　39
東海地方　26
東海道　159
東海道五十三次　139
東学党の乱　→甲午農民戦争
唐辛子　144
陶器　160
等級選挙　188
東京　25,28,171
道鏡　61,65,70
東京大学　176
東京帝国大学　197,198
陶芸　160
東慶寺　113
道元　113,115
東寺　69,70,86,88,88
道綽　90
東洲斎写楽　152
東勝寺　112
唐招提寺　61
東条英機　203,206
統帥権　188,200
統帥権干犯　199
統制派　201
同族団　138
東大寺　62,62,63,64
東大寺の大仏　56
銅鐸　38,39
『道中膝栗毛』　155
倒幕運動　138
討幕の密勅　168
東福門院　146
東北地方　25,70
銅矛　39
唐箕　141
樽尾　114
土器製作　32
土偶　34,36
徳川幕府　134,135
徳川昭武　178
徳川家達　171
徳川家斉　138
徳川家宣　136
徳川家治　137
徳川家光　136,142
徳川家茂　168
徳川家康　106,132,134,134,145
徳川綱吉　136
徳川秀忠　134
徳川慶福　168
徳川（一橋）慶喜　168,171
徳川吉宗　136,137
『徳川実紀』　146
徳富蘇峰　190
土佐派　139
土佐光起　139
『土佐日記』　77
外様大名　134
都市　14
都市文化　197

土壌　19
土倉　108
ドッジライン　209
鳥羽・伏見の戦い　171
鳥羽法皇　72
伴造　44
豊臣秀吉　106,110,132,132,133,
　133,134,134,139,142,143,145
豊臣秀頼　106,134,145
渡来人　46
鳥居清忠　164
鳥居清長　159
鳥居清廣　158
鳥尾小弥太　172
トルーマン　204
登呂遺跡　38,40,40
問屋制度　139
曇鸞　90

ナ 行

内閣制度　173,183
内藤如安　152
内務省　173,198
内務大臣　188
ナウマンゾウ　33
長唄　149
長岡京　60,65,68,70
長崎　30,139,204,205
長崎三菱造船所　210
長篠の戦い　132
永田鉄山　201
仲麻呂　160
中臣氏　54
中臣鎌足　→藤原鎌足
中大兄皇子　→天智天皇
中村座　131
中村正直（敬宇）　179
名古屋　26
ナチス　202
那智の滝　116,117
夏島遺跡　34
夏目漱石　197,198
難波　58
名主　139
生麦事件　171
並木五瓶　149
南無阿弥陀仏　92,93
奈良時代　60
奈良時代の政治　60
奈良時代の仏教　63
奈良時代の文化　61
奈良仏教の六大宗派　63
南京虐殺　202
南七大寺　63
南蛮図屏風　152
南蛮文化　144
南北朝　105

2・1ゼネスト　208,209
新嘗祭　51
二院制　183
二河白道　93
錦絵　152
西陣　215
西廻り航路　139
二十四組問屋　139
二条城　122,126,127
にじり口　143
日英同盟　190,192,200
日独伊三国同盟　202
日独伊防共協定　202
日蓮　113,114
日蓮宗　136・
日露戦争　190,192,200,200
日韓協約　192
日韓併合　192
日誌　77
日清戦争　189,190,200
日清提携論　190
日ソ中立条約　202
新田義貞　112
日中戦争　201,202
日朝修好条規　189
新渡戸稲造　174,198
瓊瓊杵命　50
2・26事件　199,201
日本アルプス　26
『日本永代蔵』　138,151,152
日本海　15
日本海海戦　190,192
日本海流　15

『日本教会史』　144
日本銀行　188,189,193
『日本国憲案』　182
日本国憲法　207
日本資本主義　194
『日本書紀』　32,41,43,45,46,48,50,
　54,58,61,100
日本庭園　121,121,122
日本的経営　152
日本農民組合　196
日本農民党　197
日本郵船　194
『日本霊異記』　65,78
二毛作　108
人形劇　124
人形浄瑠璃　149,151
人情　151
仁徳天皇　46
仁徳天皇陵　42,42,43

根来寺　116
根付　157,162,162
涅槃　83
年貢　72,108,139
念仏　90,91,93,110,111,111
念仏踊り　111,111
能　124
能楽　118,120
農業　21
農業技術　34
農業技術の発達　140
農業・工業用地　14
『農業全書』　141
農耕社会　32
農村舞台　155
農地委員会　207
農地改革　197,207
農民制　175
農民一揆　137,175
農民組合　197
乃木希典　172
『野ざらし紀行』　157
野尻湖　33
野々村仁清　147,160
野村吉三郎　203
野村靖　172
ノモンハン事件　202

ハ 行

梅雨　18
俳諧　151
俳句　157
ハイテク産業　28
廃刀令　174
廃藩置県　172
博多　104
萩の乱　169,175
『白氏文集』　81
白村江　46,59,67
幕政批判　138
幕藩制度　143
白鳳文化　58
ハーグ密使事件　192
バサラ　145
蓮の花　83,86
長谷川等伯　142
支倉常長　141
旗本　134
八支聖道　52
八不中道　63
バテレン追放令　144
花札　144
花見　217
埴輪　43,43,44,48
破墨　119
浜口雄幸　199
林羅山　146,154
速水融　211
原敬　196,198
ハリス，タウンゼント　168,184
ハル，コールド　202
バルチック艦隊　190,192,194
ハル・ノート　203
『波留麻和解』　154
反海賊令　108
班固　45
藩校　156
藩治職制　171
バーンズ　205
藩政改革　138,171
反正天皇　46
版籍奉還　171,177
班田収授の法　59
班田制　73

239

索　引

反本地垂迹　56,117
ハーン，ラフカディオ　197

比叡山　83
日吉神社　56,84,219
菱垣廻船　139
東久邇稔彦　205
東廻り航路　139
光源氏　79
被差別部落　137
菱川師宣　131
敏達天皇　54
備中鍬　141
ヒットラー　202
秘伝　152
『檜図』屏風　142
日比谷焼き打ち事件　192
卑弥呼　45
姫路城　127
百姓一揆　140,143
百姓代　139
百人一首　144
白蓮社　90
ビュルティ，フィリップ　186
氷河期　12
平等院　90,91,111
平泉　96
平賀源内　154
平仮名　77
平城　126,142
毘盧遮那仏　53,62,63,85,88
広沢真臣　169,173
広島　204,205
琵琶　66
琵琶法師　96,99,118,144

ファシズム　202
風俗粛正策　138
フェートン号　143
フェリス，ウェイン　61
溥儀　200
福岡孝弟　169
福沢諭吉　170,178,182,188
福地源一郎　170
福原　69
武家文化　118
府県制　188
富国強兵　177,178,188
武士　94,102,104,107,118,136
富士山　25
武士団　94,96,104
武士道　94,136,136
武士の勃興　94
伏見城　126
不受不施派　114,136,147
藤原京　60,68,70
藤原氏　58,61,70,104
藤原時代　70,72
藤原兼家　77
藤原(中臣)鎌足　58,70
藤原公任　74,76
藤原定家　118,147
藤原彰子　78
藤原純友　95,96,104
藤原忠平　72
藤原忠通　96
藤原種継　68
藤原為時　78
藤原恒利　95
藤原定子　78
藤原時平　72
藤原俊成　118
藤原仲麻呂　63
藤原宣孝　78
藤原教通　72
藤原玄明　95
藤原房前　70
藤原不比等　70
藤原道長　72,90,91
藤原基経　72
藤原百川　61
藤原良房　71
藤原頼長　96
藤原頼通　72,90
譜代大名　134
札差商人　138
仏印進駐　202,204
普通選挙　203

普通選挙法　198,199
仏教　48,52,55,56,63,70,83,92,111,115
仏教の伝播　52
仏教の導入　51
仏陀　52
仏塔の進化　55
武道　216
不平等条約　170,181,188,189,194,200
フビライ・ハン(忽必烈汗)　104
不輸不入　74
ブラックモン，フェリクス　186,186
振り袖　152,157
古田織部　145,147
プレス・コード　206
フロイス，ルイス　126
文久3年8月18日の政変　168
分国制　21
文人画　154
分地制限令　139
文武両道　108
文明開化　168,178,185
『文明論之概略』　179
文禄・慶長の役　133
文楽　124,125

平安京　68,69,69
平安時代　68
平安時代の宗教　83
平安時代の巡礼　84
平安時代の文化　74
平曲　144
平家　83,96,99
『平家納経』　95
平家の落人伝説　99
『平家物語』　96,99,105,118,118
平氏　95,104
平治の乱　96,99,103
平城京　60,60,70
兵農分離　110,132,133,144
兵馬の道　94
平野　14
平和と民主主義　206
部民　44
ペリー，マシュー　143,181,184
弁才天　113

保安隊　207
ホイッスラー，ジェームズ・マックニイル　187
鳳凰堂　90,90
保元の乱　96,99
奉公　94
澎湖諸島　190
放射性炭素年代測定法　34
『方丈記』　120
法成寺　72,91
北条氏　105
北条高時　112
北条時宗　105
奉天の会戦　190,192
法然　91,111,111,113
法隆寺　54,54,63
北伐　200
北洋艦隊　190,194
北陸地方　26
法華経　75,83,95,114
菩薩の理想　53
干鰯　141
戊辰戦争　169,171,171,175
細川勝元　121
細川氏　106
菩提僊那　64
北海道　12,23
北海道開拓使　23
北海道開発計画　181
法華一揆　114
法華寺　65
法相宗　64
ポツダム会議　204
ポツダム宣言　199,204,205,205
北方領土　12,24
ポーツマス条約　190,192
ホール，ジョン・W　74,94
本阿弥光悦　152
本願寺　111,132
本地垂迹　56,83,100,117

本州　12,25
本草学　154
本土決戦　204
本能寺の変　132,132
本百姓　139

マ 行

舞　124
前野良沢　154
前原一誠　169
『枕草子』　76,81
真崎甚三郎　201
町絵師　142
町年寄　138
マッカーサー，ダグラス・A　203,206,206
松方財政　177,183,188,188,193
松方正義　182,183,188,193,197
末後養子　136
マツダ　214
松平定信　137,138
松平信綱　145
松永貞徳　146
末法の時代　83,92,110
松本城　126
満州国　200
満州事変　198
曼陀羅　56,86
マンハッタン計画　205
万葉仮名　77
『万葉集』　63,76,154

三浦浄心　146
水野忠邦　138
ミズーリ号　206
見世物　155
三井銀行　189
三井家　189
三井財閥　189
三井高利　138
密教　84,87,88,222
密教文化　86
ミッドウェー海戦　203,204
三菱　30
三菱商事　208
『御堂関白記』　72
源実朝　105,118
源為義　96
源経基　95
源範頼　96,99
源義家　95,96
源義経　96,99,105,131
源義朝　96
源義仲　96,99,105
源頼家　105
源頼朝　96,99,99,102,105,112,118
源頼政　96
源頼義　95,96
壬生狂言　124
任那日本府　46,67
屯倉　44
宮崎安貞　141
みやび　74,80
明恵　114,115
冥加金　138
ミル，ジョン・スチュワート　179
民主化　209
民撰議院設立建白書　182
民本主義　198

武蔵武芝　95
武者小路千家　150
無条件降伏　204,205
夢窓疎石　115,122
『陸奥話記』　95,96
村垣範正　178
村上天皇　72
村очка　139
紫式部　78,80
『紫式部日記』　80
村田珠光　120,142
室生寺　84
室町幕府　105

明治維新　22,168

明治憲法　172,181,183,183
明治天皇　169,172,192
名所図会　155
瞑想　83,114
面　124,125
蒙古襲来　104
『蒙古襲来絵詞』　102,107,118
モガ　198
モース，E・S　32,32
モダン　198
木簡　61
本居宣長　80,154,155
元田永孚　189
モネ，クロード　186
物語　78
もののあはれ　79,80,154
物部氏　54
物部守屋　54
物見遊山　155
木綿　153
桃山文化　144
桃山様式　142
森有礼　176,189
森鴎外　197,198
文部省　189
文武天皇　70

ヤ 行

薬師寺　55,63
薬師如来　64
八坂神社　219,224
やつし　142
山県有朋　172,175,177,182,192
山城　126,142
山背大兄王　58
邪馬台国　44,45,46
大和　44
大和絵　79
大和言葉　63
大和政権　34,44
大和朝廷　46,48,54
山名氏　106
『山上宗二記』　144
山伏　117
闇市　207
弥生時代　15,32,38
弥生土器　40
弥生文化　39
ヤルタ協定　204
野郎歌舞伎　130,149
八幡製鉄所　194

由井正雪　136
維摩経　53
遊郭　147,148,155,164
遊芸　151,152
遊女かぶき　130,147,148
友禅染　153
有職故実　118
郵便貯金制度　188
雄略天皇　46
湯島聖堂　154
夢殿　54
ユーラシアプレート　19,19
由利公正　169

遙任　94
陽明学派　154
横井小楠　169
横浜　178
与謝蕪村　154
芳沢あやめ　149
吉田兼倶　117
吉田兼好　120
吉田茂　208,209
吉田神社　117
『義経千本桜』　131
吉野ヶ里遺跡　46
吉野作造　198
吉原　148,154,155,164
寄席　155
『世継曽我』　149
『四谷怪談』　149
淀川　68
四カ国条約　192

ラ 行

楽市楽座　109
ラクスマン，アダム　143
洛中洛外図　142
楽焼　120
ラッシュ　214
蘭学　154

陸軍大学校　188
立花　147
立花会　146
リッジウェイ　206
立志社　181,182
律宗　64
律令制　59,68
リニア・モーターカー　31
李白　81
琉球　31,31
琉球処分　175,200
柳条湖事件　200
龍安寺　121
凌雲閣　197
領知　132
遼東半島　190,190
良忍　91
両部神道　117,169
遼陽・沙河の会戦　190
料理屋　157
旅順の陥落　190
臨海工業地帯　210
臨済禅　114
臨川寺　122
輪廻　83,93
琳派　152

ルーズベルト，セオドア　190
ルーズベルト，フランクリン　202

レザノフ，ニコライ　143
レッドパージ　208
連歌　118,120
蓮華経　55
蓮如　111

老中　134
労働組合　208,209
労働組合法　198
労働農民党　196
牢人　136,145,146
六斎市　108
鹿鳴館　194
蘆溝橋事件　201
ロシア革命　194,198
ロシア極東艦隊　190
ロソフスキー，ヘンリー　194
ロドリゲス・ツヅ　108
ロドリゴ・ヴィヴェロ・イ・ヴェラスコ　108
ロートレック，トゥルーズ　187
ローレン，トーマス　211
ロンドン海軍軍縮会議　199
ロンドン海軍軍縮条約　200

ワ 行

倭　32
和歌　77,117
若衆歌舞伎　130,149
若槻礼次郎　196,200
若年寄　134
若宮八幡　101
ワキ　124
脇往還　139
和気清麻呂　61
倭寇　108,108
和魂洋才　178
ワシントン会議　192,199
ワシントン体制　200
渡辺錠太郎　201
わび　118,120,150
わび茶　142
和物　120

編・訳者

マーティン・コルカット
1939年 ロンドンに生まれる
1962年 ケンブリッジ大学歴史学部卒業
1975年 ハーバード大学大学院博士課程修了
現 在 プリンストン大学東洋学部教授
（専攻 日本文化史）

熊倉 功夫
1943年 東京都に生まれる
1965年 東京教育大学文学部卒業
1971年 東京教育大学大学院文学研究科博士課程修了
現 在 国立民族学博物館第一研究部教授
（専攻 日本文化史）

立川 健治
1950年 佐賀県に生まれる
1978年 京都大学文学部卒業
1983年 京都大学大学院文学研究科博士課程修了
現 在 富山大学人文学部教授
（専攻 日本近代史）

図説 世界文化地理大百科
日 本（普及版）

1993年11月25日 初 版第1刷
2001年 4 月20日 　　　第2刷
2008年11月20日 普及版第1刷

編・訳者 マーティン・コルカット
　　　　 熊 倉 功 夫
　　　　 立 川 健 治
発行者　 朝 倉 邦 造
発行所　 株式会社 朝倉書店
　　　　 東京都新宿区新小川町6-29
　　　　 郵便番号　162-8707
　　　　 電　話　03(3260)0141
　　　　 FAX　 03(3260)0180
　　　　 http://www.asakura.co.jp

〈検印省略〉

© 1993〈無断複写・転載を禁ず〉　　　凸版印刷・渡辺製本

Japanese translation rights arranged with ANDROMEDA OXFORD Ltd.,
Oxford, England through Tuttle-Mori Agency Inc., Tokyo

ISBN 978-4-254-16873-0　C 3325　　　Printed in Japan